《中国城市轨道交通年度报告2012》参编人员名单

首席顾问：

施仲衡

高级顾问：

沈子钧　张　弥　沈景炎　周庆瑞

课题组组长：

韩宝明

副组长：

冯爱军　鲁　放

主要研究人员：（按拼音排序）

曹雪明　陈　菊　高　尚　顾雪景　郭文雅　韩圣章　何春辉　何立娜　胡　程　黄海锋
简　炼　江苏军　姜　锋　黎锡波　李得伟　李　竹　梁敏之　卢　恺　刘国玲　刘焕文
刘　蕊　刘韶曼　刘晓嵘　马恭鑫　毛　寅　潘修程　乔　磊　乔亚静　邱莅伟　屈　娜
施　翃　宋立新　孙　飞　孙会勇　孙　巍　孙杨正　檀　勇　唐　锐　王大庆　王芳玲
王慧珺　魏　运　吴焕君　吴林林　吴云辉　谢尧晖　徐　凌　徐　昭　许巧祥　晏雪梅
杨国文　叶晓平　叶永松　易晨阳　易危香　余　乐　袁敏正　张　慧　张　琦　张　旺
张艳英　张　元　张　云　张增勇　周　娜　朱敢平　朱开伟

参编单位名单

主持单位：

《都市快轨交通》杂志社
中国土木工程学会城市轨道交通技术工作委员会

参与单位：

北京市轨道交通建设管理有限公司
北京城市快轨建设管理有限公司
北京市地铁运营有限公司
上海申通轨道交通研究咨询有限公司
广州市地下铁道总公司
深圳市地铁集团有限公司
深圳市轨道交通建设办公室
天津市地下铁道集团有限公司
重庆市轨道交通（集团）有限公司
南京地铁集团有限公司
长春市轨道交通集团有限责任公司
武汉地铁集团有限公司
大连地铁有限公司
沈阳地铁集团有限公司
成都地铁有限责任公司
佛山市轨道交通发展有限公司
西安市地下铁道有限责任公司
苏州市轨道交通集团有限公司
宁波市轨道交通集团有限公司
郑州市轨道交通有限公司
青岛地铁集团有限公司
昆明轨道交通有限公司
无锡市轨道交通发展有限公司
合肥城市轨道交通有限公司
福州市城市地铁有限责任公司
石家庄市轨道交通有限责任公司
乌鲁木齐市轨道交通项目建设执行办公室
东莞市轨道交通建设工作领导小组办公室
济南市轨道交通规划建设工作领导小组办公室
太原市轨道交通建设管理办公室

2012

中国城市轨道交通年度报告

中国城市轨道交通年度报告课题组　编写

北京交通大学出版社
·北京·

内 容 简 介

《中国城市轨道交通年度报告》是一本全面反映中国城市轨道交通发展情况的专业统计资料，每年定期出版。报告的核心内容大多经过各城市地铁公司或轨道办的审核，准确性较高。本次年度报告是第 5 次出版，系统介绍了 2012 年度中国城市轨道交通的发展情况，对 2012 年末中国城市轨道交通的运营线路和在建线路等数据做了全面统计，并给出了中国内地 53 个城市和 6 个城市群的城市轨道交通最新进展、规划、建设、运营、主要技术特点等基本情况，还提供了城市轨道交通行业主要行业组织、主要企业和 2012 年大事记等实用信息。集中盘点了 2012 年度中国城市轨道交通行业的发展现状和发展趋势。

本书可供各级相关政府部门及城市轨道交通领域管理、决策、建设、研究人员参考，也可作为企业进行城市轨道交通产业投资决策的重要依据，同时也可作为相关专业院校教师和学生的教学辅助资料。

版权所有，侵权必究。

图书在版编目(CIP)数据

中国城市轨道交通年度报告 2012/中国城市轨道交通年度报告课题组编写. —北京：北京交通大学出版社，2013.5

ISBN 978-7-5121-1471-5

I. ①中… II. ①中… III. ① 城市铁路–研究报告–中国–2012 IV. ① U239.5

中国版本图书馆 CIP 数据核字（2013）第 108734 号

责任编辑：韩素华　特邀编辑：黎　涛
出版发行：北京交通大学出版社　　邮编：100044　　电话：010–51686414
印 刷 者：北京艺堂印刷有限公司
经　　销：全国新华书店
开　　本：210×275　印张：20.25　字数：608 千字　彩插：2
版　　次：2013 年 6 月第 1 版　2013 年 6 月第 2 次印刷
书　　号：ISBN 978–7–5121–1471–5/U•137
印　　数：3 001～5 000 册　定价：200.00 元

本书如有质量问题，请向北京交通大学出版社质监组反映。对您的意见和批评，我们表示欢迎和感谢。
投诉电话：010-51686043，51686008；传真：010-62225406；E-mail：press@bjtu.edu.cn。

序

——构建科学、安全的城市轨道交通体系

截至2012年底，全国17个城市开通轨道交通运营线路2 008 km，比上年又增加了3个城市，线路长度增加了329 km，我国用十几年走完了发达国家百年走过的历程，为缓解各城市交通出行难、提高城市形象、促进经济发展作出了巨大贡献。

截至2012年10月，国务院已批复了34个城市的轨道交通近期建设规划，共157条线路4 384 km，总投资超过2万亿元，2020年规划线路将达到6 000 km左右，建设和运营继续呈现欣欣向荣的发展势头。近期，国务院又颁布了优先发展公共交通的8项重点任务，温家宝总理及有关部委领导从建设指导思想、项目批复、发展战略、提高质量、突出效益、资金筹措、建设运营的科学性与安全性等方面对城市轨道交通建设与运营作出了重要批示并发表了讲话，全方位为城市轨道交通健康、可持续发展指明了方向，中国共产党第十八次全国代表大会提出经济建设“五位一体”的总体布局，大力推进生态文明建设，坚持节约能源、保护环境、改善民生的国策，为城市轨道交通生态建设奠定了基础。在大好形势下，新的一年里城市轨道交通建设应重点做好以下几项工作。

1. 科学核查目标，实现稳中求进

为适应城市化快速发展、扩大内需潜力、解决交通拥堵、节约资源需求，许多城市的空间发展战略、布局结构和规模范围频频调整，导致城市轨道交通的线网规划和建设规划不断地进行调整，呈现出建设步伐加快、线网规模不断扩大的趋势，从立项情况看，在今后10年城市轨道交通将进一步得到蓬勃快速发展。

总结过去的经验，有的城市在线网规划、系统制式、规模标准、埋设方式、向远郊延伸等方面做得不够合理，以及存在行政过度干预、盲目攀比等现象，致使项目建设规模、标准、运能、造价与实际需求不匹配，给轨道交通建设带来一定的负面影响。因此，今后要在城市全面发展的基础上，进一步分析轨道交通与城市空间、产业、社会和资金之间的协调与整合，以科学发展观建立或修编城市轨道交通的发展目标，达到科学建设、稳中求进、开拓创新、稳步发展、不断提高质量和效益的目的。

首先，根据城市已取得的实践经验，进一步审查城市轨道交通的线网规划、建设规划，运能、标准、技术的合理性、前瞻性、经济性和可实施性，鼓励发展多种制式的轨道交通系统，提高规划编制水平，坚持规划先行，严格规划的审核权限审批制度，进一步提高规划的约束力和执行力，凡经国家批准的项目必须严格执行。

其次，坚持量力而行、有序发展的方针。结合城市经济发展、客流预测和财政情况，科学选择建设时序和建设强度，实现合理发展，防止盲目攀比。

第三，科学制定和完善城市轨道交通技术发展政策和策略，重点抓好车辆、设备和大型施工机具的研发、制造、安装体系，坚持自主创新与技术引进相结合的方针，提高设备的制造配套能力和市场竞争力，满足多层次的轨道交通发展需求；加快与国际接轨的步伐，创建具有我国特色的开发、设计、生产制造、试验验证、运营维护、检测维修的产品标准化体系，建立并完善产品准入、产品安全论证和产品质量监督制度，大力发展技术先进、安全可靠、经济实用、节能环保、技术通用的轨道交通装备，推动我国轨道交通装备全面达到世界先进水平。

第四，创新城市轨道交通投融资机制。坚持政府主导下的多元化投资方式，确保政府建设资金的投入；扩大融资渠道，吸引和鼓励社会资金参与建设和运营，完善土地综合开发政策，弥补资金缺口，确保融资目标的实现。

2. 加强科学管理，确保质量安全

我国城市轨道交通建设和运营的质量安全工作总体上是好的，但也存在一些问题。在建设过程中，有的城市不遵守基本建设程序、行政过度干预，赶进度、抢工期，压缩勘察、设计、施工时间；有的对地质情况、地下管线和建筑物状况的分析预控不足；设计施工单位对风险源认识不充分；风险管理制度不健全，安全责任不落实，应急处置措施针对性不强；部分设备系统在产品设计、生产、安装、调试过程中存在安全隐患等。在运营中，试运营时间过短，问题难于充分暴露，特大城市对网络化运营的复杂性认识不足，运营管理力量薄弱，对运营故障应急处置、安全监管缺乏经验，运营安全法制不健全，给城市轨道交通建设和运营质量安全带来很大隐患。

为了确保城市轨道交通建设和运营安全，必须加强科学管理。

首先要牢固树立安全第一的观念。正确处理速度、质量、效益与安全的关系，把安全作为城市轨道交通建设与运营工作的基础和保障。

其次，全面加强质量安全监管，建立全过程的质量安全风险管控机制和第三方安全评估制度，提高规划、勘察设计水平，从源头强化监管，重点抓好周围环境调查、地质调查、安全风险评估、可行性研究、初步设计、施工图审查等制度，确保前期工作的深度和质量；认真推进隐患排查治理，以“隐患就是事故”的理念防患未然；完善产品设计、研发等审查把关制度。要健全安全运营管理机制，完善试运营期安全评估、初期运营国家验收的有关规定，严格验收程序，规范开通条件，加强已运营线路沿线保护区的安全管理，制定保护区安全管理制度，防止沿途风、雪、冰、盗对运营安全的威胁。对于获得审批的城市，运营部门应提前介入规划、设计、施工，保证建设项目符合今后安全运营的要求。

第三，强化质量安全主体责任落实，严格按照法律法规、标准规范以及合约履行各自的责任。建设单位对工程项目负总责，勘察、设计单位对勘察、设计质量和深度负责，造成质量安全事故应承担经济、法律责任，施工单位保证施工安全和工程质量，不能“以包代管、只包不管”，健全管理体系，确保施工质量安全。

第四，完善管理体制，降低建设和运营成本。按科学规律、实事求是地确定工程进度和造价，避免单纯的价格竞争和抢工期。

3. 注重环境控制，实现生态经营

党的十八大把生态文明建设放在突出地位，要求努力建设美丽中国，实现中华民族的永续发展，对城市轨道交通建设和运营有着更加特殊的意义和内涵。城市轨道交通工程规模大、技术复杂、能耗多、涉及面广，与国计民生有着密切的联系，是影响城市生态环境的重要因素。因此，在建设与运营的全过程中必须把生态保护放在首要位置。

从规划阶段开始就要加大自然生态系统和环境的保护力度，在建设与运营阶段除充分发挥城市轨道交通的优势和特点外，还要把资源消耗、环境损害、生态效益纳入经济社会发展的评价体系。在轨道交通建设的各个环节注意节约土地资源和能源，实现资源共享，提高效率，以达到低投入高产出；车站布置要紧凑合理，大型枢纽、换乘站注重换乘方便，交通、站区建设一体化，

充分挖掘车站与周边空间的综合开发利用；选用节能产品和设备，合理选择车辆制式和编组，推行状态修，优化车辆段规模，减少土地占用面积，优化列车运营组织，降低牵引能耗，回收再生能源；加强噪声振动的理论研究与控制措施，制定合理的控制方法和标准，深入研究施工方法，有效减少对环境的影响，建立新型的生态建设与运营体系，为实现美丽中国奠定基础。

4. 加强人才培训，促进科技创新

城市轨道交通建设与运营的迅猛发展，凸显设计、施工、运营、管理人才和技术水平的不足。各城市应根据自身特点和要求，建立具有针对性的人员培训机制。进一步加强人才培训和员工的继续再教育，抓紧建立关键岗位人员从业资格管理制度，加强劳务作业人员的培训制度，提高人员整体素质；督促企业落实责任，坚持把专业培训作为长期任务，依托建设运营时间，有计划、分步骤地开展工作；充分利用社会化资源，发挥行业协会、科研院所、高等院校等单位的平台作用，建立培训基地和跨地区交流的培训机制；在行业内迅速培养大批领军人才，建设充满生机活力的青年科技队伍。此外，行业内应集中力量加强基础理论研究和重大科研攻关，加强完善城市轨道交通相关学科的建设、规范和健全科技人员的再教育、再提升。完善以企业为主体、以市场为导向、产学研结合的科研机制，加强科技成果总结与推广，推动技术进步及技术创新，建设一流的管理队伍，管好、用好一流的城市轨道交通设施。

新的一年开始了，让我们共同努力，为新一轮城市轨道交通建设高潮贡献更大的力量。

施仲衡

2013.元.20.

前　言

目前，中国已成为世界上城市轨道交通发展最迅速的国家。截至2012年末，仅在中国内地，已有17个城市拥有64条运营线路，总里程达2 008 km。另有12个城市的首条线路正在建设中。全部在建线路数量达80条，总里程近2 000 km。目前已发展和规划发展城市轨道交通的城市总数已经超过50个，全部规划线路超过400条，总里程超过14 000 km。

如此大的发展规模自然吸引了社会众多关注，然而我国城市轨道交通行业的管理还没有统一的归口政府部门，信息的全面获取比较困难。为了促进社会各界对我国城市轨道交通行业的整体了解，《都市快轨交通》杂志社和中国土木工程学会城市轨道交通技术工作委员会牵头，联合组织全国各主要城市地铁公司成立了“中国城市轨道交通年度报告”课题组，每年编写《中国城市轨道交通年度报告》，今年是第5次出版。今年的年度报告工作继续得到了中国城市轨道交通协会的支持。

2012年度《中国城市轨道交通年度报告》的主要内容是中国内地53个城市和6个城市群的城市轨道交通的发展概况，所有数据截至2012年末。此外，还提供了城市轨道交通行业实用信息、2012年大事记和以《都市快轨交通》理事单位为主体的中国城市轨道交通行业主要单位的简介等内容。

在内容的编排顺序上，基本按照各城市发展时间早晚进行排序，各城市介绍按照规划情况、在建情况、运营现状等顺序来阐述，单位介绍顺序一般按照拼音排序。对线路的称谓，无论是“轨道交通”、“地铁”还是“轻轨”，一般均尊重各城市当地习惯叫法。

需要特别说明的是，由于中国城市轨道交通发展日新月异，资料更新很快，报告中的数据无法保证绝对的准确和完整，仅供行业内相关人士辅助参考之用。值得欣慰的是，大部分城市的资料都得到了相关城市地铁公司的确认和支持，应该具有一定的可信度。

为了2012年度《中国城市轨道交通年度报告》的顺利出版，今年有30家各城市的地铁公司和轨道办给予了大力支持，提供并核实了大量数据。由于有些城市存在着多个轨道交通建设和运营单位，各参编单位不负责审核本单位管辖范围外的资料。例如，北京轨道交通建设管理公司不负责审核北京运营相关内容，上海申通集团不负责审核张江有轨电车和22号线内容，天津地铁集团不负责审核天津9号线内容等。

韩宝明、冯爱军负责领导年度报告的总体工作，鲁放负责具体的组织实施工作。在具体的编撰人员中，王芳玲、刘韶曼、顾雪景、卢恺、刘蕊、易晨阳则承担了本版年度报告主要内容的整理工作，刘润招、胡文、王飞、彭宇拓、王莹、丁丹丹、王飞、禹丹丹、郑清等为前4次年度报告承担了大量工作，奠定了很好的基础。各城市地铁公司和轨道办参与年度报告编写审核的工作人员包括在本书的参编人员名单中。

许多专家也无私地提出了许多建议和意见，限于篇幅在此不能一一列出，仅向他们致以诚挚的敬意和谢意！

由于水平有限、工作量大，报告中的错误和不实在所难免，希望大家批评指正。欢迎行业内相关人士积极参与报告的研究和撰写工作，促使年度报告的质量不断提高，成为行业发展的积极力量！

课题组联系方式：010-51688553 chinametro@vip.sina.com

“中国城市轨道交通年度报告”课题组

2013年4月

目 录

第1章 中国城市轨道交通2012年度线路统计 …… 1

1.1 中国城市轨道交通2012年度发展概述 …… 2
1.2 各城市2012年末已经运营线路统计 …… 2
1.3 各城市2012年末正在建设线路统计 …… 4
1.4 各城市线网总体规划统计 …… 7

第2章 已经运营城市轨道交通的城市发展情况 …… 11

2.1 北京 …… 12
2.1.1 北京市城市轨道交通2012年度最新发展动态 …… 12
2.1.2 北京市城市轨道交通线网规划 …… 12
2.1.3 北京市城市轨道交通建设情况 …… 13
2.1.4 北京市城市轨道交通运营现状 …… 15
2.1.5 北京市城市轨道交通建设和运营管理模式 …… 17
2.1.6 北京市轨道交通技术特点和创新项目简介 …… 18
2.1.7 北京市城市轨道交通发展历程 …… 20
2.2 上海 …… 21
2.2.1 上海市2012年城市轨道交通发展最新动态 …… 21
2.2.2 上海市城市轨道交通线网规划 …… 21
2.2.3 上海市城市轨道交通建设情况 …… 22
2.2.4 上海市城市轨道交通运营现状 …… 23
2.2.5 上海市城市轨道交通工程建设和运营管理模式 …… 27
2.2.6 上海市轨道交通技术特点和创新项目简介 …… 28
2.2.7 上海市城市轨道交通发展历程 …… 28
2.3 广州 …… 29
2.3.1 广州市2012年城市轨道交通发展最新动态 …… 29
2.3.2 广州市城市轨道交通规划 …… 29
2.3.3 广州市2012年城市轨道交通建设情况 …… 30
2.3.4 广州市2012年城市轨道交通运营现状 …… 31
2.3.5 广州市城市轨道交通建设与运营管理模式 …… 33
2.3.6 广州地铁发展大事记 …… 34
2.4 天津 …… 34
2.4.1 天津市轨道交通2012年度最新发展动态 …… 34
2.4.2 天津市城市轨道交通线网规划 …… 34
2.4.3 天津市城市轨道交通建设情况 …… 35
2.4.4 天津市城市轨道交通运营现状 …… 35
2.4.5 枢纽工程 …… 37
2.4.6 天津市城市轨道交通技术特点和创新项目简介 …… 38
2.4.7 天津市城市轨道交通发展历程 …… 39
2.5 深圳 …… 40
2.5.1 深圳市2012年度城市轨道交通最新动态 …… 40
2.5.2 深圳市城市轨道交通线网规划 …… 40
2.5.3 深圳市城市轨道交通建设情况 …… 41

2.5.4 深圳市城市轨道交通运营现状 …… 42
2.5.5 深圳市城市轨道交通建设和运营模式 …… 44
2.5.6 深圳市轨道交通技术特点和创新项目简介 …… 44
2.5.7 深圳市城市轨道交通发展历程 …… 49
2.6 南京 …… 50
2.6.1 南京市城市轨道交通2012年度最新发展动态 …… 50
2.6.2 南京市城市总体规划和轨道交通规划 …… 50
2.6.3 南京市2012年城市轨道交通建设情况 …… 51
2.6.4 南京市2012年城市轨道交通运营现状 …… 52
2.6.5 南京市轨道交通建设和运营模式 …… 53
2.6.6 南京市城市轨道交通发展历程 …… 54
2.7 重庆 …… 54
2.7.1 重庆市城市轨道交通2012年度最新发展动态 …… 54
2.7.2 重庆市城市轨道交通线网规划 …… 54
2.7.3 重庆市城市轨道交通建设情况 …… 55
2.7.4 重庆市城市轨道交通运营现状 …… 56
2.7.5 重庆市轨道交通技术特点和创新项目简介 …… 58
2.7.6 重庆市城市轨道交通发展历程 …… 58
2.8 长春 …… 59
2.8.1 长春市城市轨道交通2012年度最新发展动态 …… 59
2.8.2 长春市城市轨道交通线路规划 …… 59
2.8.3 长春市2012年城市轨道交通建设情况 …… 60
2.8.4 长春市2012年城市轨道交通运营现状 …… 61
2.8.5 长春市城市轨道交通建设和运营模式 …… 62
2.8.6 长春市城市轨道交通技术特点和创新项目简介 …… 62
2.8.7 长春市城市轨道交通发展历程 …… 64
2.9 武汉 …… 64
2.9.1 武汉市2012年城市轨道交通进展最新动态 …… 64
2.9.2 武汉市城市轨道交通规划 …… 64
2.9.3 武汉市2012年城市轨道交通建设情况 …… 65
2.9.4 武汉市2012年城市轨道交通运营现状 …… 66
2.9.5 武汉市城市轨道交通工程建设和运营管理模式 …… 67
2.9.6 武汉市轨道交通技术特点和创新项目简介 …… 67
2.9.7 武汉市城市轨道交通发展历程 …… 67
2.10 大连 …… 67
2.10.1 大连市城市轨道交通2012年度最新发展动态 …… 67
2.10.2 大连市城市轨道交通线网规划 …… 68
2.10.3 大连市城市轨道交通建设情况 …… 69
2.10.4 大连市城市轨道交通运营现状 …… 70
2.10.5 大连市城市轨道交通发展历程 …… 70
2.11 沈阳 …… 71
2.11.1 沈阳市城市轨道交通2012年度最新发展动态 …… 71
2.11.2 沈阳市轨道交通线网规划 …… 71
2.11.3 沈阳市2012年城市轨道交通建设情况 …… 74
2.11.4 沈阳市2012年城市轨道交通运营现状 …… 74
2.11.5 沈阳市城市轨道交通建设和运营模式 …… 75
2.11.6 沈阳市轨道交通技术特点和创新项目简介 …… 75

2.11.7 沈阳市城市轨道交通发展历程 …… 76
2.12 成都 …… 77
2.12.1 成都市城市轨道交通2012年度最新发展动态 …… 77
2.12.2 成都市城市轨道交通线网规划 …… 77
2.12.3 成都市2012年城市轨道交通建设情况 …… 79
2.12.4 成都市2012年城市轨道交通运营现状 …… 80
2.12.5 成都市城市轨道交通建设和运营模式 …… 81
2.12.6 成都市城市轨道交通技术特点和创新项目简介 …… 81
2.12.7 成都市城市轨道交通发展历程 …… 81
2.13 佛山 …… 82
2.13.1 佛山市2012年城市轨道交通发展最新动态 …… 82
2.13.2 佛山市城市轨道交通规划 …… 82
2.12.3 佛山市2012年城市轨道交通建设情况 …… 83
2.13.4 佛山市2011年城市轨道交通运营现状 …… 83
2.13.5 佛山市城市轨道交通工程建设和运营管理模式 …… 84
2.13.6 佛山市轨道交通技术特点和创新项目简介 …… 84
2.13.7 佛山市城市轨道交通发展历程 …… 84
2.14 西安 …… 84
2.14.1 西安市城市轨道交通2012年度最新发展动态 …… 84
2.14.2 西安市城市轨道交通线网规划 …… 84
2.14.3 西安市城市轨道交通建设情况 …… 86
2.14.4 西安市城市轨道交通运营现状 …… 86
2.14.5 西安市轨道交通运营管理模式 …… 87
2.14.6 西安市轨道交通技术特点和创新项目简介 …… 87
2.14.7 西安市城市轨道交通发展历程 …… 87
2.15 苏州 …… 88
2.15.1 苏州市2012年城市轨道交通发展最新动态 …… 88
2.15.2 苏州市轨道交通线网规划 …… 88
2.15.3 苏州市城市轨道交通建设情况 …… 89
2.15.4 苏州市城市轨道交通运营现状 …… 89
2.15.5 苏州市城市轨道建设和运营管理模式 …… 90
2.15.6 苏州市轨道交通技术特点和创新项目简介 …… 90
2.15.7 苏州市城市城市轨道交通发展历程 …… 91
2.16 杭州 …… 91
2.16.1 杭州市轨道交通2012年度最新发展动态 …… 91
2.16.2 杭州市城市轨道交通线网规划 …… 92
2.16.3 杭州市城市轨道交通建设情况 …… 93
2.16.4 杭州市城市轨道交通运营现状 …… 93
2.16.5 杭州市城市轨道交通建设和运营管理模式 …… 94
2.16.6 杭州市城市轨道交通发展历程 …… 94
2.17 昆明 …… 95
2.17.1 昆明市城市轨道交通2012年度最新发展动态 …… 95
2.17.2 昆明市城市轨道交通线网规划 …… 95
2.17.3 昆明市城市轨道交通建设情况 …… 96
2.17.4 昆明市城市轨道交通运营现状 …… 97
2.17.5 昆明市城市轨道交通建设和运营模式 …… 97
2.17.6 昆明市轨道交通技术特点和创新项目简介 …… 97

2.17.7 昆明市城市轨道交通发展历程 …… 97

第3章 其他在建城市轨道交通的城市发展情况 …… 99

3.1 哈尔滨 …… 100
3.1.1 哈尔滨市城市轨道交通2012年度最新发展动态 …… 100
3.1.2 哈尔滨市城市总体规划和城市轨道交通线网规划 …… 100
3.1.3 哈尔滨市城市轨道交通建设情况 …… 101
3.1.4 哈尔滨市轨道交通建设管理模式 …… 101
3.1.5 哈尔滨市城市轨道交通发展历程 …… 102
3.2 宁波 …… 102
3.2.1 宁波市城市轨道交通2012年度最新发展动态 …… 102
3.2.2 宁波市总体规划和城市轨道交通线网规划 …… 102
3.2.3 宁波市城市轨道交通建设情况 …… 103
3.2.4 宁波市城市轨道交通建设管理模式 …… 104
3.2.5 宁波市城市轨道交通发展历程 …… 104
3.3 郑州 …… 105
3.3.1 郑州市城市轨道交通2012年度最新发展动态 …… 105
3.3.2 郑州市城市轨道交通线网规划 …… 105
3.3.3 郑州市2012年城市轨道交通建设情况 …… 109
3.3.4 郑州市城市轨道交通建设管理模式 …… 109
3.3.5 郑州市轨道交通技术特点和创新项目简介 …… 109
3.3.6 郑州市城市轨道交通发展历程 …… 110
3.4 青岛 …… 110
3.4.1 青岛市城市轨道交通2012年度最新发展动态 …… 110
3.4.2 青岛市城市轨道交通线网规划 …… 111
3.4.3 青岛市2012年城市轨道交通建设情况 …… 113
3.4.4 青岛市城市轨道交通建设管理模式 …… 113
3.4.5 青岛市轨道交通技术特点和创新项目简介 …… 114
3.4.6 青岛市城市轨道交通发展历程 …… 114
3.5 东莞 …… 115
3.5.1 东莞市城市轨道交通2012年度最新发展动态 …… 115
3.5.2 东莞市城市总体规划和城市轨道交通线网规划 …… 115
3.5.3 东莞市城市轨道交通建设情况 …… 116
3.5.4 东莞市城市轨道交通建设管理模式 …… 117
3.5.5 东莞市轨道交通技术特点和创新项目简介 …… 117
3.5.6 东莞市城市轨道交通发展历程 …… 117
3.6 无锡 …… 118
3.6.1 无锡市轨道交通2012年度最新发展动态 …… 118
3.6.2 无锡市轨道交通线网规划 …… 118
3.6.3 无锡市城市轨道交通建设情况 …… 120
3.6.4 无锡市轨道交通建设管理模式 …… 120
3.6.5 无锡市轨道交通技术特点和创新项目简介 …… 120
3.6.6 无锡市城市轨道交通发展历程 …… 121
3.7 合肥 …… 121
3.7.1 合肥市2012年轨道交通发展最新动态 …… 121
3.7.2 合肥市城市轨道交通规划 …… 121

3.7.3 合肥市2012年轨道交通建设情况 …… 122
3.7.4 合肥市城市轨道交通建设管理模式 …… 123
3.7.5 合肥市城市轨道交通发展历程 …… 123
3.8 南昌 …… 123
3.8.1 南昌市城市轨道交通2012年度最新发展动态 …… 123
3.8.2 南昌市总体规划和城市轨道交通线网规划 …… 123
3.8.3 南昌市城市轨道交通建设情况 …… 125
3.8.4 南昌市城市轨道交通建设管理模式 …… 125
3.8.5 南昌市轨道交通技术特点和创新项目简介 …… 125
3.8.6 南昌市城市轨道交通发展历程 …… 125
3.9 南宁 …… 126
3.9.1 南宁市城市轨道交通2012年度最新发展动态 …… 126
3.9.2 南宁市总体规划和城市轨道交通线网规划 …… 126
3.9.3 南宁市城市轨道交通建设情况 …… 128
3.9.4 南宁市城市轨道交通建设管理模式 …… 128
3.9.5 南宁市城市轨道交通发展历程 …… 128
3.10 长沙 …… 128
3.10.1 长沙市城市轨道交通2012年度最新发展动态 …… 128
3.10.2 长沙市总体规划和城市轨道交通线网规划 …… 129
3.10.3 长沙市城市轨道交通建设情况 …… 130
3.10.4 长沙市城市轨道交通建设管理模式 …… 131
3.10.5 长沙市城市轨道交通发展历程 …… 131
3.11 福州 …… 131
3.11.1 福州市城市轨道交通2012年度最新发展动态 …… 131
3.11.2 福州市城市总体规划和城市轨道交通线网规划 …… 131
3.11.3 福州市城市轨道交通建设情况 …… 133
3.11.4 福州市城市轨道交通建设管理模式 …… 133
3.11.5 福州市城市轨道交通发展历程 …… 133
3.12 贵阳 …… 133
3.12.1 贵阳市城市轨道交通2012年度最新发展动态 …… 133
3.12.2 贵阳市城市总体规划和城市轨道交通线网规划 …… 134
3.12.3 贵阳市城市轨道交通建设情况 …… 135
3.12.4 贵阳市城市轨道交通建设管理模式 …… 135
3.12.5 贵阳市城市轨道交通发展历程 …… 135

第4章 尚在规划城市轨道交通的城市发展情况 …… 137

4.1 石家庄 …… 138
4.1.1 石家庄市轨道交通2012年度最新发展动态 …… 138
4.1.2 石家庄市城市总体规划和城市轨道交通线网规划 …… 138
4.1.3 石家庄市城市轨道交通规划线路 …… 139
4.1.4 石家庄市城市轨道交通发展历程 …… 140
4.2 乌鲁木齐 …… 140
4.2.1 乌鲁木齐市城市轨道交通2012年度最新发展动态 …… 140
4.2.2 乌鲁木齐市城市总体规划和城市轨道交通线网规划 …… 140
4.2.3 乌鲁木齐市城市轨道交通近期规划线路 …… 141

4.2.4 乌鲁木齐市城市轨道交通发展历程……142
4.3 厦门……142
4.3.1 厦门市城市轨道交通2012年度最新发展动态……142
4.3.2 厦门市城市总体规划和城市轨道交通线网规划……142
4.3.3 厦门市城市轨道交通规划线路……144
4.3.4 厦门市城市轨道交通发展历程……144
4.4 兰州……145
4.4.1 兰州市城市轨道交通2012年度最新动态……145
4.4.2 兰州市城市总体规划和城市轨道交通线网规划……145
4.4.3 兰州市城市轨道交通规划线路……145
4.4.4 兰州市城市轨道交通发展历程……147
4.5 济南……147
4.5.1 济南市城市轨道交通2012年度最新发展动态……147
4.5.2 济南市城市总体规划和城市轨道交通线网规划……147
4.5.3 济南市城市轨道交通发展历程……148
4.6 太原……148
4.6.1 太原市城市轨道交通2012年度最新发展动态……148
4.6.2 太原市城市总体规划和城市轨道交通线网规划……148
4.6.3 太原市城市轨道交通规划线路……149
4.6.4 太原市城市轨道交通发展历程……151
4.7 温州……152
4.7.1 温州市城市轨道交通2012年度最新发展动态……152
4.7.2 温州市城市总体规划和城市轨道交通线网规划……152
4.7.3 温州市城市轨道交通规划线路……153
4.7.4 温州市城市轨道交通发展历程……154
4.8 西宁……154
4.8.1 西宁市城市轨道交通2012年度最新发展动态……154
4.8.2 西宁市城市总体规划和城市轨道交通线网规划……154
4.9 徐州……156
4.9.1 徐州市城市轨道交通2012年度最新发展动态……156
4.9.2 徐州市城市总体规划和城市轨道交通线网规划……156
4.9.3 徐州市城市轨道交通规划线路……157
4.9.4 徐州市城市轨道交通发展历程……158
4.10 珠海……158
4.10.1 珠海市城市轨道交通2012年度最新发展动态……158
4.10.2 珠海市城市总体规划和城市轨道交通线网规划……158
4.10.3 珠海市城市轨道交通规划线路……160
4.10.4 珠海市城市轨道交通发展历程……160
4.11 惠州……160
4.11.1 惠州市城市轨道交通2012年度最新发展动态……160
4.11.2 惠州市城市总体规划和城市轨道交通规划……160
4.11.3 惠州市城市轨道交通规划线路……162
4.11.4 惠州市城市轨道交通发展历程……162
4.12 常州……163
4.12.1 常州市城市轨道交通2012年度最新发展动态……163
4.12.2 常州市城市总体规划和城市轨道交通规划……163
4.12.3 常州市城市轨道交通规划线路……164

4.12.4 常州市城市轨道交通发展历程 …… 165
4.13 鞍山 …… 165
4.13.1 鞍山市城市轨道交通2012年度发展最新动态 …… 165
4.13.2 鞍山市城市总体规划和城市轨道交通线网规划 …… 165
4.13.3 鞍山市城市轨道交通规划线路 …… 167
4.14 洛阳 …… 167
4.14.1 洛阳市城市轨道交通2012年度最新发展动态 …… 167
4.14.2 洛阳市城市总体规划和城市轨道交通线网规划 …… 167
4.14.3 洛阳市城市轨道交通规划线路 …… 168
4.14.4 洛阳市城市轨道交通发展历程 …… 169
4.15 邯郸 …… 169
4.15.1 邯郸市轨道交通2012年度最新发展动态 …… 169
4.15.2 邯郸市总体规划和城市轨道交通线网规划 …… 169
4.15.3 邯郸市城市轨道交通规划线路 …… 170
4.15.4 邯郸市城市轨道交通发展历程 …… 171
4.16 济宁 …… 171
4.16.1 济宁市城市轨道交通2012年度最新发展动态 …… 171
4.16.2 济宁市城市总体规划和城市轨道交通线网规划 …… 171
4.16.3 济宁市城市轨道交通规划线路 …… 173
4.16.4 济宁市城市轨道交通发展历程 …… 173
4.17 阜新 …… 173
4.17.1 阜新市城市轨道交通2012年度最新发展动态 …… 173
4.17.2 阜新市城市总体规划和城市轨道交通线网规划 …… 173
4.17.3 阜新市城市轨道交通发展历程 …… 174
4.18 银川 …… 174
4.18.1 银川市城市轨道交通2012年度最新发展动态 …… 174
4.18.2 银川市城市总体规划和城市轨道交通线网规划 …… 174
4.18.3 银川市城市轨道交通规划线路 …… 176
4.18.4 银川市城市轨道交通发展历程 …… 176
4.19 包头 …… 176
4.19.1 包头市城市轨道交通2012年度最新发展动态 …… 176
4.19.2 包头市城市总体规划和城市轨道交通线网规划 …… 176
4.20 唐山 …… 177
4.20.1 唐山市城市轨道交通2012年度最新发展动态 …… 177
4.20.2 唐山市城市总体规划和城市轨道交通线网规划 …… 177
4.20.3 唐山市城市轨道交通规划线路 …… 178
4.21 芜湖 …… 178
4.21.1 芜湖市城市轨道交通2012年度最新发展动态 …… 178
4.21.2 芜湖市城市总体规划和城市轨道交通线网规划 …… 178
4.21.3 芜湖市城市轨道交通规划线路 …… 180
4.22 保定 …… 180
4.22.1 保定市城市轨道交通2012年度最新发展动态 …… 180
4.22.2 保定市城市总体规划和城市轨道交通线网规划 …… 180
4.22.3 保定市城市轨道交通规划线路 …… 181
4.22.4 保定市城市轨道交通发展历程 …… 181
4.23 柳州 …… 181
4.23.1 柳州市城市轨道交通2012年度最新发展动态 …… 181

4.23.2 柳州市城市总体规划和城市轨道交通线网规划 …… 181
4.24 大理 …… 182
4.24.1 大理市城市轨道交通2012年度最新发展动态 …… 182
4.24.2 大理市城市总体规划和城市轨道交通线网规划 …… 182
4.24.3 大理市城市轨道交通发展历程 …… 184

第5章 区域性城市群的轨道交通发展情况 …… 185

5.1 长三角城市群 …… 186
5.1.1 长三角城市群总体规划 …… 186
5.1.2 长三角城市群轨道交通规划 …… 187
5.2 珠三角城市群 …… 188
5.2.1 珠三角城市群轨道交通发展概况 …… 188
5.2.2 珠三角城市群总体规划 …… 188
5.2.3 珠三角城市群轨道交通规划 …… 189
5.2.4 珠三角城市群轨道交通建设情况 …… 190
5.2.5 珠三角城市群轨道交通运营现状 …… 192
5.3 中原城市群 …… 194
5.3.1 中原城市群2012年轨道交通发展最新动态 …… 194
5.3.2 中原城市群总体规划 …… 194
5.3.3 中原城市群轨道交通规划 …… 196
5.4 环渤海城市群 …… 197
5.4.1 环渤海城市群2012年轨道交通发展最新动态 …… 197
5.4.2 环渤海山东半岛城市群总体规划 …… 198
5.4.3 环渤海京津冀地区城际轨道交通网规划 …… 200
5.4.4 环渤海辽宁中部城市群城际轨道交通发展规划 …… 201
5.5 长株潭城际轨道交通 …… 202
5.6 呼包鄂地区城际铁路规划 …… 203

第6章 城市轨道交通行业部分单位介绍 …… 205

6.1 年度报告主办和协办单位 …… 206
6.1.1 《都市快轨交通》杂志社 …… 206
6.1.2 中国土木工程学会城市轨道交通技术工作委员会 …… 206
6.1.3 中国城市轨道交通协会 …… 207
6.1.4 北京卓越信通电子股份有限公司 …… 209
6.1.5 北京市地铁运营有限公司地铁运营技术研发中心 …… 214
6.1.6 汉高股份有限公司 …… 217
6.2 建设及运营管理单位 …… 222
6.2.1 北京京港地铁有限公司 …… 222
6.2.2 北京市轨道交通建设管理有限公司 …… 222
6.2.3 北京市基础设施投资有限公司 …… 223
6.2.4 长春市轨道交通集团有限公司 …… 224
6.2.5 广州市地下铁道总公司 …… 225
6.2.6 杭州市地铁集团有限责任公司 …… 225

6.2.7 昆明轨道交通有限公司……226
6.2.8 南京地铁集团有限公司……227
6.2.9 青岛地铁集团有限公司……227
6.2.10 上海申通地铁集团有限公司……227
6.2.11 深圳市地铁集团有限公司……229
6.2.12 沈阳地铁集团有限公司……229
6.2.13 苏州市轨道交通集团有限公司……231
6.2.14 天津市地下铁道集团有限公司……231
6.2.15 乌鲁木齐市轨道交通建设领导小组办公室……232
6.2.16 无锡市轨道交通发展有限公司……232
6.2.17 武汉地铁集团有限公司……233
6.2.18 西安市地下铁道有限责任公司……234
6.2.19 香港铁路有限公司……235
6.2.20 重庆市轨道交通（集团）有限公司……237
6.3 设计研究单位……238
6.3.1 北京城建设计研究总院有限责任公司……238
6.3.2 北京城建勘测设计研究院有限责任公司……239
6.3.3 北京全路通信信号研究设计院……241
6.3.4 北京市轨道交通设计研究院有限公司……242
6.3.5 北京市市政工程设计研究总院……243
6.3.6 第二炮兵工程设计研究院……244
6.3.7 广州地铁设计研究院有限公司……245
6.3.8 上海市城市建设设计研究院……246
6.3.9 深圳市城市交通规划设计研究中心有限公司……247
6.3.10 中国中铁二院工程集团有限责任公司……248
6.3.11 中铁第四勘察设计院集团有限公司……249
6.3.12 中铁第五勘察设计院集团有限公司……251
6.3.13 中铁第一勘察设计院集团有限公司……252
6.3.14 重庆市轨道交通设计研究院有限责任公司……254
6.4 施工单位……254
6.4.1 广东华隧建设股份有限公司……254
6.4.2 上海城建（集团）公司……255
6.4.3 中铁电气化局集团有限公司城铁公司……257
6.4.4 中铁二局股份有限公司……258
6.4.5 中铁六局集团北京铁路建设有限公司……259
6.4.6 中铁三局集团有限公司……259
6.4.7 中铁十八局集团有限公司……260
6.4.8 中铁十六局集团北京轨道交通工程建设有限公司……261
6.4.9 中铁十一局集团城市轨道工程有限公司……262
6.4.10 中铁隧道集团三处有限公司……263
6.4.11 中铁隧道集团有限公司广州指挥部……264
6.4.12 中铁一局集团新运工程有限公司……265
6.5 专业服务咨询机构……266
6.5.1 MSI环球有限公司……266
6.5.2 奥雅纳工程顾问（香港）……267
6.5.3 栢诚（亚洲）有限公司……268
6.5.4 北京安捷工程咨询有限公司……269

6.5.5 国枫凯文律师事务所 …… 270
6.5.6 广州轨道交通建设监理有限公司 …… 271
6.5.7 林同棪国际工程咨询（中国）有限公司 …… 273
6.5.8 上海申通轨道交通研究咨询有限公司 …… 273
6.5.9 亚新工程顾问（国际）有限公司 …… 274
6.6 设备厂商 …… 275
6.6.1 艾默生网络能源有限公司 …… 275
6.6.2 北京CBE国际隧道模具有限公司 …… 277
6.6.3 北京交大思诺科技有限公司 …… 278
6.6.4 北京交大微联科技有限公司 …… 279
6.6.5 中国北车长春轨道客车股份有限公司 …… 280
6.6.6 常州市铭锦弹簧有限公司 …… 281
6.6.7 隔而固（青岛）振动控制有限公司 …… 282
6.6.8 汉森（青岛）电气工程配电系统有限公司 …… 284
6.6.9 江门市中建科技开发有限公司 …… 285
6.6.10 曼奈柯斯（上海）电气有限公司 …… 286
6.6.11 南车四方车辆有限公司 …… 287
6.6.12 南京恩瑞特实业有限公司 …… 287
6.6.13 南京曼奈柯斯电器有限公司 …… 288
6.6.14 宁波东港紧固件制造有限公司 …… 289
6.6.15 庞巴迪公司 …… 290
6.6.16 青岛立安德森电气工程科技有限公司 …… 291
6.6.17 青岛四方车辆研究所有限公司 …… 292
6.6.18 萨克斯汽车零部件系统（上海）有限公司 …… 293
6.6.19 上海新华控制技术（集团）有限公司 …… 294
6.6.20 浙江天铁实业股份有限公司 …… 295
6.6.21 株洲时代新材料科技股份有限公司 …… 295
6.7 学校 …… 296
6.7.1 北京交通大学 …… 296
6.7.2 哈尔滨铁道职业技术学院 …… 297
6.7.3 武汉铁路司机学校 …… 298
6.7.4 中国矿业大学（北京） …… 300

附录A 城市轨道交通行业常用网站 …… 301

A.1 轨道交通公司网站 …… 301
A.2 媒体类网站 …… 301
A.3 轨道交通论坛 …… 302

附录B 城市轨道交通2012年大事记 …… 303

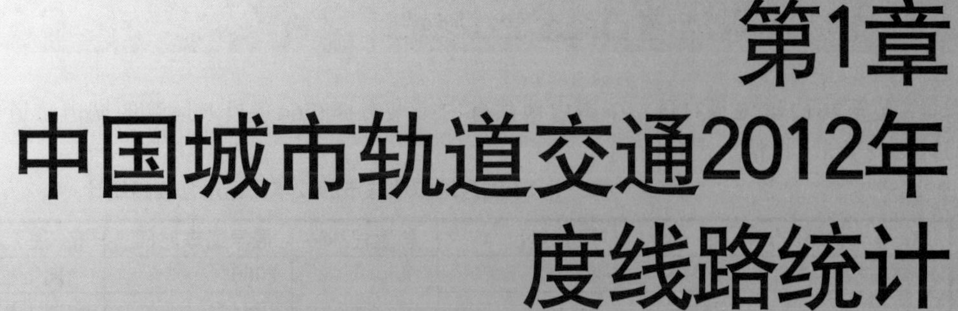

第1章 中国城市轨道交通2012年度线路统计

1.1 中国城市轨道交通2012年度发展概述

自20世纪60年代北京建成第一条地铁线路以来，经过40多年的发展，中国进入了城市轨道交通的蓬勃发展时期。截至2012年12月31日，在中国内地已有17个城市拥有了64条建成并正式运营的城市轨道交通线路，总里程达2 008 km。2012年末，全国有29个城市82条线路（含续建段）正在紧张建设中，总里程超过1 900 km。中国内地共有53个城市正在建设或规划新的城市轨道交通线路，总规划里程超过14 000 km。

2012年内，不含续建段，新投入运营线路10条。其中杭州地铁1号线、苏州地铁1号线和昆明地铁机场线是这三个城市的第一条线路，表示苏州、杭州和昆明正式加入运营城市的行列。同时，还有几个城市的第一条线路正在紧张建设，预计于2013年通车，将使得运营城市数量进一步增长。

2012年内，没有规划城市转为在建城市，只有苏州、杭州和昆明由在建转为运营，运营城市和在建城市总数与2011年一样为29个。

1.2 各城市2012年末已经运营线路统计

截至2012年12月31日，中国内地共有17个城市拥有64条投入运营的城市轨道交通线路，总运营里程达2 008 km。详情如表1-1所示。

表1-1 中国内地17个城市2012年已经运营线路统计

序 号	城 市	线 路	运营里程/km	总里程/km	最早通车时间	备 注
1	北京	1号线	30.4	442	2000	一期工程1969.10
		2号线	23.1		1984	一期工程1969.10
		4号线	28.2		2009.9	
		5号线	27.6		2007.10	
		6号线	30.7		2012.12	一期
		8号线	18		2008.7	一期及二期
		9号线	16.5		2011.12	全线
		10号线	57.1		2008.7	一期、二期
		13号线	40.9		2003.1	
		15号线	31.5		2010.12	一期首开段和东段
		机场线	28.1		2008.7	
		八通线	19		2003.12	
		亦庄线	23.2		2010.12	
		大兴线	21.8		2010.12	
		昌平线	21.3		2010.12	一期
		房山线	24.6		2010.12	含剩余段
2	上海	1号线	36.9	439	1995.4	含北延线
		2号线	60.3		2000.6	一期延伸线
		3号线	40.2		2000.12	一期、北延伸线
		4号线	33.8		2005.12	与3号线共线运营11.5 km
		5号线	16.6		2003.11	
		6号线	32.7		2007.12	
		7号线	43.9		2009.12	一期、北延线
		8号线	37		2007.12	一期、二期
		9号线	49.8		2007.12	一期、二期、三期
		10号线	35.2		2010.4	一期、支线

续表

<table>
<tr><th>序号</th><th>城市</th><th>线路</th><th>运营里程/km</th><th>总里程/km</th><th>最早通车时间</th><th>备注</th></tr>
<tr><td rowspan="2">2</td><td rowspan="2">上海</td><td>11号线</td><td>43.8</td><td rowspan="2"></td><td>2009.12</td><td>北段一期、支线</td></tr>
<tr><td>13号线</td><td>9.4</td><td>2012.12</td><td>一期西段</td></tr>
<tr><td rowspan="8">3</td><td rowspan="8">广州</td><td>1号线</td><td>18.5</td><td rowspan="8">221.1</td><td>1999.6</td><td></td></tr>
<tr><td>2号线</td><td>31.8</td><td>2010.9</td><td>新2号线</td></tr>
<tr><td>3号线</td><td>67.3</td><td>2010.1</td><td>3号线及其支线</td></tr>
<tr><td>4号线</td><td>46.7</td><td>2010.1</td><td></td></tr>
<tr><td>5号线</td><td>31.9</td><td>2009.12</td><td>一期</td></tr>
<tr><td>8号线</td><td>15</td><td>2010.9</td><td>2号线拆解</td></tr>
<tr><td>广佛线首通段</td><td>5.93</td><td>2010.11</td><td>广州境内部分</td></tr>
<tr><td>珠江新城APM</td><td>3.96</td><td>2010.11</td><td>广州珠江新城旅客自动输送系统</td></tr>
<tr><td rowspan="4">4</td><td rowspan="4">天津</td><td>1号线</td><td>26.2</td><td rowspan="4">131.4</td><td>2005.12</td><td></td></tr>
<tr><td>2号线</td><td>22.7</td><td>2012.7</td><td></td></tr>
<tr><td>3号线</td><td>29.7</td><td>2012.10</td><td></td></tr>
<tr><td>9号线</td><td>52.8</td><td>2004.3</td><td></td></tr>
<tr><td rowspan="5">5</td><td rowspan="5">深圳</td><td>罗宝线（1号线）</td><td>40.65</td><td rowspan="5">176.4</td><td>2004.12</td><td>全线2011.6</td></tr>
<tr><td>蛇口线（2号线）</td><td>35.08</td><td>2010.12</td><td>2号线首通段2010.12，全线2011.6</td></tr>
<tr><td>龙岗线（3号线）</td><td>41.09</td><td>2010.12</td><td>3号线高架2010.12，全线2011.6</td></tr>
<tr><td>龙华线（4号线）</td><td>20.3</td><td>2004.12</td><td>全线2011.6</td></tr>
<tr><td>环中线（5号线）</td><td>39.23</td><td>2011.6</td><td>全线2011.6</td></tr>
<tr><td rowspan="2">6</td><td rowspan="2">南京</td><td>1号线</td><td>46.8</td><td rowspan="2">84.8</td><td>2005.9</td><td>1号线南延线于2010.5开通</td></tr>
<tr><td>2号线</td><td>38</td><td>2010.5.28</td><td></td></tr>
<tr><td rowspan="4">7</td><td rowspan="4">重庆</td><td>1号线</td><td>37</td><td rowspan="4">131.1</td><td>2011.7</td><td>沙坪坝至大学城段2012.12开通</td></tr>
<tr><td>2号线</td><td>19.2</td><td>2005.6</td><td>动物园至新山村2006.7开通</td></tr>
<tr><td>3号线</td><td>56.1</td><td>2011.9</td><td>鱼洞至二塘2012.12开通</td></tr>
<tr><td>6号线</td><td>18.8</td><td>2012.9</td><td>康庄至礼嘉2012.12开通</td></tr>
<tr><td rowspan="2">8</td><td rowspan="2">长春</td><td>3号线</td><td>31.96</td><td rowspan="2">48.29</td><td>2002.1</td><td></td></tr>
<tr><td>4号线</td><td>16.33</td><td>2012.5</td><td></td></tr>
<tr><td rowspan="2">9</td><td rowspan="2">武汉</td><td>1号线</td><td>28.9</td><td rowspan="2">56.63</td><td>2004.7</td><td>2010.7开通1号线二期</td></tr>
<tr><td>2号线</td><td>27.73</td><td>2012.12.28</td><td></td></tr>
<tr><td>10</td><td>大连</td><td>3号线</td><td>63.45</td><td>63.45</td><td>2002.11</td><td>二期2004.9，三期支线2008.12</td></tr>
<tr><td rowspan="2">11</td><td rowspan="2">沈阳</td><td>1号线</td><td>27.9</td><td rowspan="2">49.8</td><td>2010.9</td><td></td></tr>
<tr><td>2号线</td><td>21.9</td><td>2011.12</td><td>一期</td></tr>
<tr><td rowspan="2">12</td><td rowspan="2">成都</td><td>1号线</td><td>18.5</td><td rowspan="2">40.9</td><td>2010.9</td><td></td></tr>
<tr><td>2号线</td><td>22.4</td><td>2012.9</td><td>一期</td></tr>
<tr><td>13</td><td>佛山</td><td>1号线</td><td>14.8</td><td>14.8</td><td>2010.11</td><td>广佛线首通段佛山境内</td></tr>
<tr><td>14</td><td>西安</td><td>2号线</td><td>20.5</td><td>20.5</td><td>2011.9</td><td>北客站—会展中心</td></tr>
<tr><td>15</td><td>苏州</td><td>1号线</td><td>25.7</td><td>25.7</td><td>2012</td><td></td></tr>
<tr><td>16</td><td>杭州</td><td>1号线</td><td>48</td><td>48</td><td>2012.11</td><td>Y型</td></tr>
<tr><td>17</td><td>昆明</td><td>6号线</td><td>25.4</td><td>25.4</td><td>2012.6.28</td><td>机场专线</td></tr>
</table>

说明：

（1）统计时间截至2012年12月31日；

（2）由于统计口径问题，线路里程可能稍有变化；

（3）运营里程与建设里程不一致的，一般以运营里程为准；

（4）如引用本数据应注明来源于《中国城市轨道交通年度报告2012》。

1.3 各城市2012年末正在建设线路统计

在2012年末，中国内地共有29个城市的88条（段）线路先后处于建设状态，总里程超过1 900 km。详情如表1-2所示。

表1-2 中国内地29个城市2012年正在建设线路统计表

序号	城市	线路	首末站	在建里程/km	站数	开工时间	预计通车时间
1	北京	6号线二期	草房—通州新城	12.6	7	2011.2	2014.9
		7号线	北京西客站—焦化厂	23.7	21	2010.9	2014.12
		8号线剩余段	鼓楼大街—美术馆	3.5	3	2010.3	2013.12
		10号线剩余段	丰台站—前泥洼站	2.4	3	2011.3	2013.5
		昌平线与8号线联络线	朱辛庄—平西府	6.3	3	2011.2	2013.12
		昌平线二期	十三陵—南邵	9.53	6	2013.3	2015.12
		14号线	张郭庄—善各庄	47.3	37	2010.4	2014.12
		现代有轨电车西郊线	香山路—巴沟	9.1	7	2011.2	2015
		地铁S1线西段	石门营—苹果园	10.2	8	2011	2013.7
		15号线一期西段	清华东—望京西	10.25	7	2011	2014.12
		合计		135.33	102		
2	上海	11号线北段二期	罗山路—交通大学	20.9	13	2008.12	2013
		12号线	七莘路—金海路	40.4	32	2008.12	2013
		13号线一期	华江路—南京西路	16.4	14	2010.10	2013
		16号线	龙阳路—滴水湖	59	13	2010.3	2014
		合计		136.7	72		
3	广州	6号线（首期）	浔峰岗—长湴	24.3	22	2007	2013
		8号线北延段一期	凤凰新村—文化公园	1.8	2	2011	2015
		广佛线后通段	西朗—沥滘站	11.6	7	2011	2014
		7号线首段	新客站—大学城南	18.6	9	2011	2016
		9号线	飞鹅岭—高增	19.8	10	2010	2015
		6号线二期	长湴—香雪	17.6	10	2011	2016
		13号线首期	鱼珠—象颈岭	28.3	11	2011	2016
		合计		122	71		
4	天津	5号线	北辰科技园北站—李七庄站	34.8	28	2012	2016
		6号线	新外环东路站—咸水沽站	56.1	48	2012	2016
		2号线机场延伸线	滨海国际机场站	4.5	1		
		合计		95.4	77		

续表

序 号	城 市	线 路	首末站	在建里程/km	站 数	开工时间	预计通车时间
5	深圳	机场线（11号线）	福田—松岗	51.9	18	2011.12.29	2016.12
		西丽线（7号线）	丽湖—太安	30.173	28	2012.10.23	2016.12
		合计		82.07	45		
6	南京	3号线	林场站—秣陵街道站	48.6	28	2010.1	2014
		4号线一期	珍珠泉站—仙林东站	33.8	18	2011.12	2015
		10号一期	安德门站—雨山路站	21.6	14	2010.1	2014
		宁高城际轨道交通一期	南京南站—禄口机场站	35.8	8	2011.12	2014
		宁天城际轨道交通一期	大桥北路站—金牛湖站	45.2	17	2012.6	2014
		宁和城际轨道交通一期	南京南站站—黄里站	37.6	18	2012.12	2015
		合计		222.6	103		
7	重庆	1号线沙大段延伸段	大学城—尖顶坡	2	1	2012	2013
		2号线延伸段	新山村—鱼洞	12	8	2010	2014
		3号线北延伸段	碧津—举人坝	9.9	7	2012	2015
		6号线一期	上新街—五里店	5	4	2009	2014
		6号线二期	茶园—上新街	12	4	2010	2014
			礼嘉—北碚	25.6	8	2010	2013
		6号线会展支线	礼嘉—悦来	12.58	6	2010	2013
		合计		135.18	69		
8	长春	1号线一期	北环路站—红咀子站	18.5	15	2011.5	2015.12
		2号线一期	西湖站—东方广场站	22.8	19	2012.10	2016
		合计		41.3	34		
9	武汉	3号线一期	市民之家—沌阳大道	33.2	23	2012.3	2015
		4号线一期	武昌火车站—武汉火车站	16.5	15	2009.7	2013
		4号线二期	武昌火车站—黄金口	16.9	13	2010.8	2014
		合计		66.6	51		
10	大连	1号线一期	姚家—会展中心	18.3	16	2009	2014
		2号线一期	辛寨子—港湾广场	20.6	16	2011	2014
		8号线	河口—旅顺新港	42.67	8	2009.5	
		合计		81.57	40		
11	沈阳	2号线北延线	医学院站—车场站站	6.8	4	2010.4	2013
		合计		6.8	4		
12	成都	2号线一期工程	茶店子客运站—经干院站	22.4	20	2007.12	2015
		1号线南延线	世纪城站—广都北站	5.42	5	2012.9	2015
		2号线西延线	茶店子客运站—犀浦站	8.74	6	2010.9	2013
		2号线东延线	经干院站—龙泉东站	11.1	6	2011.12	2014
		3号线一期工程	红牌楼南站—天回镇南站	21	17	2012.5	2015
		4号线一期工程	公平站—沙河站	22.4	16	2011. 11	2015
		合计		91.06	70		

续表

序号	城市	线路	首末站	在建里程/km	站数	开工时间	预计通车时间
13	佛山	广佛线二期	澜石站—新城东站	6.678	4	2012.9	2015
14	西安	1号线一期	后卫寨—纺织城段	25.4	19	2008.10	2013.9
		2号线南延段	会展中心—韦曲南段	6.09	4	2009	2014
		3号线一期	鱼化寨—保税区段	39.15	26	2011	2015
		4号线试验段	大唐芙蓉园—五路口	6.71	5	2012	2016
		合计		77.35	54		
15	苏州	2号线	京沪高铁苏州站—迎春南路	26.6	22	2009.12	2013
		2号线东延线	迎春南路—星华街	13.8	11	2012.9	2016
		2号线北延伸线	苏州高速—太东路	1.8	2	2012.9	2016
		4号线主线	苏虞张路—同津大道	42	30	2012.9	2017
		4号线支线	红庄—龙翔路	11	8	2012.9	2017
		合计		95.2	73		
16	杭州	1号线下沙延伸段	文海南路—下沙江滨	5.45	3	2012	2015
		2号线东南段	朝阳村—钱江路	18.2	13	2008.9	2014
		2号线西北段	钱江路—丰潭路	12.5	11	2011.9	2017
		合计		36.15	27		
17	昆明	首期工程	北部汽车客运站—广电大学	41.9	31	2009.8	2013
		3号线	石咀—东部客运站	19.26	17	2010.8	2014
		合计		61.16	48		
18	哈尔滨	1号线一期	哈尔滨东站—医大二院站	14.58	16	2008.9	2013
		1号线二期	医大二院站—哈尔滨南站	3.15	2	2009	2013
		合计		17.73			
19	宁波	1号线一期	高桥镇—东环南路	20.878	20	2009.6	2014
		2号线一期	鄞州古林—北仑	28.35	22	2010.12	2015
		合计		49.228	42		
20	郑州	1号线一期	西流湖站—市体育中心站	25.63	20	2009.6	2013
		2号线一期	广播台站—向阳路站	20.63	16	2012.12	2015
		合计		46.26	36		
21	青岛	3号线一期	青岛站—青岛北站	24.9	22	2010.6	2014
		2号线一期	泰山路站—李村公园	25.2	22	2012.11	2017
		合计		50.1	44		
22	东莞	2号线首建段	东莞火车站—虎门火车站	37.8	15	2010.3	2015
23	无锡	1号线	堰桥站—长广溪站	29.42	23	2009.11	2014
		2号线	梅园站—安镇西站	26.6	22	2011.1	2014
		合计		56.02	45		
24	合肥	1号线（一二期工程）	合肥站—徽州大道站	24.58	23	2012.6	2016.12
		2号线	长宁大道站—大众路站	27.764	24	2012.12	2017.06
		合计		52.344	47		

续表

序号	城市	线路	首末站	在建里程/km	站数	开工时间	预计通车时间
25	南昌	1号线一期	双港大道—奥体中心	28.737	24	2009.12	2014
26	南宁	1号线一期	石埠—南宁东站	32.1	25	2011.12	2016
27	长沙	1号线一期	汽车北站—万家丽路	23.57	20	2010.12	2014
		2号线一期	望城坡—光达	22.26	19	2009.9	2013
		合计		45.83	39		
28	福州	1号线	象峰—东部新城	29.2	24	2009.12	2014
29	贵阳	1号线	下麦西站—长坝村	31.9	23	2009	2015

说明：

（1）统计时间截至2012年12月31日；

（2）由于统计口径问题，线路里程可能稍有变化；

（3）2012年当年已通车线路不包含在在建线路中；

（4）尊重各地铁公司意见，少量试验段未包含；

（5）如引用本数据应注明来源于《中国城市轨道交通年度报告2012》。

1.4　各城市线网总体规划统计

根据各城市的最新规划，目前中国内地共有53个城市规划了总数超过400条的城市轨道交通线路，总里程超过14 000 km。详情如表1-3所示。

表1-3　中国内地53个城市线网总体规划统计

序号	城市名	规划期	线路条数/条	总长度/km	备注
1	北京	2007-2016	19	664	
2	上海	2010—2015	18	850.88	不包括22号线、磁悬浮及有轨电车
3	广州	2010-2020	19	815.2	
4	天津	2005-2020	9	234	
5	深圳	2010-2020	16	596.9	组团快线4条、干线6条、局域线6条
6	南京	至2050年	22	784	
7	重庆	2012-2020	18	820	17线1环
8	长春	2010-2020	4	94.08	
		2020-2050	7	256.9	
9	武汉	2010-2017	7	215.3	武汉市轨道交通近期建设规划
10	大连	2003-2020	6	193.1	远景年为2030年，规划9条线路
11	沈阳	2003-2010	2	50	
		2012-2018	5	168	
		2020-2050	11	400	
12	成都	2010-2020	12	500	
		远期	24	1106	
13	佛山	2010-2050	8	264.3	棋盘加放射式结构
14	西安	2006-2020	6	251.8	三主三辅，棋盘加放射型
15	苏州	2010—2015	4	164.6	
16	杭州	至2050	8	278	本规划已作修编，已上报国家审批。
17	昆明	远期	9	296.7	

续表

序 号	城市名	规划期	线路条数/条	总长度/km	备 注
18	哈尔滨	2008-2020	10	340	9线1环
19	宁波	2013—2020	5	100.11	3号线一期、2号线二期、4号线、5号线一期、3号线二期
20	郑州	2008-2020	9	301.2	
		2020-2050	17	636.8	
21	青岛	远期	19	814.5	
22	东莞	2012—2022	4	218.3	
23	无锡	2012-2017	5	157.77	2006年调整后
24	合肥	2009-2025	7	215.3	
		远期	12	322.5	
25	南昌	2009—2016	2	50.6	已获国家批准
		至2050	5	168	远景规划，包括1、2号线一期
26	南宁	2010—2015	2	53.1	1号线一期、2号线一期
		2016—2020	6	189.5	1、2、3、4、5、7号线
		2021—2050	8	252.1	1、2、3、4、5、6、7、8号线
27	长沙	2012—2018	6	142.13	
		至2050	12	456	
28	福州	2009—2016	2	45.92	1号线、2号线
		至2050	7	184.6	
29	贵阳	2010-2030	4	142	
30	石家庄	2012-2020	6	241.7	
31	乌鲁木齐	2008-2020	7	211.4	
32	厦门	2011-2020	3	75.3	远期为6条，将达到246.2 km
33	兰州	远期	6	202	包括三条市域线
34	济南	2010-2050	6	255	
35	太原	2005-2020	7	233.6	
36	温州	2050	5	264.3	
37	西宁	远期	3	65	主城核心区形成“井”字形构架结构
38	徐州	2012-2020	4	117.9	
		2012-2050	5	151.9	
39	珠海	至2050	3	57	另加上6条城际线，总计300 km
40	惠州	至2050	7	271.2	2条为城市线，5条为城际线
41	常州	2011-2018	2	53.88	远期为4条
42	鞍山	远期	3	140	
43	洛阳	2012之后	4	102.7	
44	邯郸	2008-2020	2	88	
45	济宁	2011-2020	1	64.05	
		2021-2030	3	160.92	
		远期	4	187.7	
46	阜新		3		
47	银川	远期	4	126	
48	包头	远期	5		
49	唐山	2011-2020			公开招标
50	芜湖	2016-2030	3	75.1	
51	保定	2011-2030	4		
52	柳州	2010-2020			
53	大理	远期	10		洱海旅游观光客车线、主城轨道交通线及8条概念规划线

说明：

（1）统计时间截至2012年12月31日；

（3）由于统计年限不同，各城市之间没有可比性；

（4）规划情况始终不断变化，仅供参考；

（5）部分城市的规划已经变化但尚未正式公布，暂用原有正式规划；

（6）如引用本数据应注明来源于《中国城市轨道交通年度报告2012》。

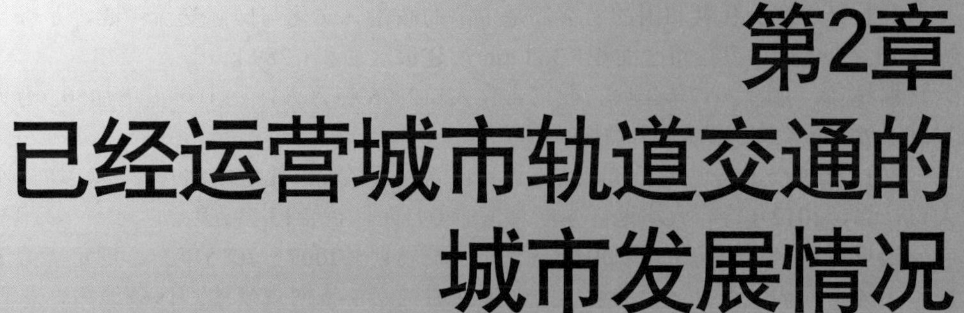

第2章 已经运营城市轨道交通的城市发展情况

2.1 北 京

2.1.1 北京市城市轨道交通2012年度最新发展动态

2012年北京城市轨道交通发展迅速，2012年11月，国家发展和改革委员会印发了《北京市城市轨道交通近期建设规划调整（2007—2016年）》。在调整方案中，新增8号线三期、16号线、新机场快线，将S1线东段工程调整为6号线西延工程。6号线一期、9号线北段、10号线二期、8号线二期南段四条地铁新线，均于2012年12月30日同步开通运营。至2012年年底，北京市轨道交通运营里程达到442 km，比2011年增加18.78%。

2.1.2 北京市城市轨道交通线网规划

1. 北京市城市轨道交通线路规划

北京是中华人民共和国的首都，是中国的政治、文化与国际交流中心，是综合性产业城市。全市面积16 410.54 km^2，其中市区面积1 368 km^2，建成区面积1 289 km^2。

据统计，截至2012年年底，北京常住人口2 069.3万人，比上年末增加50.7万人。其中，在京居住半年以上外来人口773.8万人，增加31.6万人。

2012年北京市实现地区生产总值达到17 801万亿元，比上年增长7.7%，增幅比上年低0.4%。按常住人口计算，2012年全市人均地区生产总值87 091元，折合13 797美元。

根据《北京市城市快速轨道交通近期建设规划（2007—2015年）》规定，截至2015年，北京市将建成“三环、四横、五纵、七放射”的轨道交通网络，线网规模达到19条线路，总长561.5 km。为完善和提升城市交通功能，缓解中心城区交通拥堵状况，促进新城发展，完善既有网络运营功能，促进公交出行，2012年11月，国家发展和改革委员会印发了《北京市城市轨道交通近期建设规划调整（2007—2016年）》。在调整方案中，对北京市城市轨道交通近期建设规划确定的建设任务及目标进行调整。在原有基础上，新增8号线三期、16号线、新机场快线，将S1线东段工程（自五路居至苹果园，长8.9 km）调整为6号线西延工程，调整后新增线路里程89 km。预计到2016年北京市轨道交通运营里程将达到664 km。北京市远期线网规划如图2-1所示。

图2-1 北京市远期线网规划

2. 北京市城市轨道交通规划线路

1）北京地铁6号线西延

北京地铁6号线是一条贯穿中心城的东西向轨道交通骨干线，西起石景山区苹果园站，东至通州区东小营。6号线西延工程西起苹果园站，东至五路居站，全长8.946 km，共5站5区间，其中，高架站2座，地下站3座，换乘站2座，该线路计划2013年开工，2016年建成。

2）北京地铁8号线三期

北京地铁8号线三期工程北起中国美术馆南（8号线二期设计终点），南至五福堂，线路全长17.3 km，均为地下线，共设置14座车站，其中8座为换乘站。在大红门桥站与和义站之间的线路东侧设置大红门停车场。

线路自美术馆以南引出后，沿王府井大街、台基厂大街向南敷设，在台基场大街与前门东大街路口转向西沿前门东大街敷设。在前门大街转向南沿前门步行街、前面大街、永定门内外大街、南苑路、南大红门路向南敷设。沿线下穿护城河、二环路、三环路、四环路，至终点站五福堂。

该工程计划于2013年3月开工建设，2016年12月通车。

3）北京地铁16号线

北京地铁16号线是北京地铁2015年建设规划（调整版）中的一条线路，是西部城区贯穿南北的一条大动脉，线路自北清路永丰站开始，由西向南拐至永丰路，沿圆明园西路至西苑，从西苑站出入后转站万泉河路，经北四环向东再折向南到达苏州街，经苏州桥沿西三环向南敷设，在万寿寺设站后线路转向东，下穿紫竹院公园、动物园后至三里河路向南敷设，向南行进至丽泽商务区后向西转至丰台站，然后线路转入万寿路南延，与9号线并行至丰台公园后转入富丰路，向西进入终点榆树庄。线路全长40 km，均为地下线路，共设24座车站，其中换乘车站11座，在终点榆树庄站设置车辆段一处。计划2016年底通车。

4）北京地铁海淀山后线

北京地铁海淀山后线是北京地铁2015年建设规划（调整版）中的一条地铁线路，是16号线北延工程，和16号线贯通运营。工程起自16号线永丰站，沿北清路自东向西敷设，一直到北安河，线路全长9.5 km。共设4座车站，在线路终点北安河设置车辆段一座。

5）北京地铁燕房线

北京地铁燕房线工程由主线、支线及房山线西延伸段三部分组成，均为高架线，其中：主线线路沿燕房路—京周路—大件路—长虹西路走行，长约15.3 km，设站9座，平均站间距1.9 km；支线起于周口店地区，沿兴房大街—京周路分布，长约6.1 km，设站3座，平均站间距约2 km，并设置顾册停车场。

房山线西延段连接主线与房山线西端，长约2.2 km。

6）北京新机场快轨

线路自中心城区至北京新机场，采用快速轨道交通方式以实现“半小时”到达的目标，项目争取与新机场同步建设。线路暂以北京南站至北京新机场，长37 km，估算投资197亿元。中心城区起点的具体位置在可研阶段论证确定。

2.1.3　北京市城市轨道交通建设情况

北京市正在建设的城市轨道交通规划线路有10条，包括地铁6号线二期，地铁7号线，地铁8号线剩余段，地铁10号线剩余段，昌平线与8号线联络线，地铁14号线，地铁15号线一期西段，现代有轨电车西郊线，地铁S1西段，昌平线二期。

1．北京地铁6号线二期

北京地铁6号线二期是6号线一期工程的东延，线路西起草房与6号线一期相连，东至通州新城，正线长约12.556 km，均为地下线，共设7座车站，换乘站2座。本工程对于沟通城市中心区与周边区域联系，带动通州地区发展具有极大的作用。

6号线二期已于2011年2月28日举行开工仪式，预计2014年12月开通。

2．北京地铁7号线

北京地铁7号线是北京城区横贯东西的一条轨道交通线，起点位于北京西客站，以地下线方式敷设，沿羊坊店南路向南至广安门外大街后转向东，沿广安门大街、广渠门大街向东至东四环，在规划仓储西路转向南，沿规划仓储西路向南穿越规划绿地到达化工路，穿过化工路后沿垡头西路向南至垡头南路再转向东，穿过双丰铁路，经玻璃二厂、染料厂等工业用地范围，沿规划道路向东南敷设，到达终点焦化厂站。7号线线路全长23.67 km，全部为地下线，全线共设车站21座，换乘站8座（既有北京西站，菜市口站，磁器口站，双井站；同步建设九龙山站；近期建设达观营站，广渠门外站；远期南楼梓庄站），原焦化厂内设置车辆段一处。

7号线已于2010年9月开工建设，预计于2014年12月通车试运营。

3．北京地铁8号线二期剩余段

8号线二期剩余段为鼓楼大街至美术馆，线路全长约3.5 km，有3座地下车站，分别为什刹海站、南锣鼓巷站和美术馆站。

线路沿旧鼓楼大街、地安门大街行进，在地安门大街东大街折向东、在美术馆后街折向南至8号线二期终点美术馆站。该段线路计划与2013年12月通车试运营。

4. 北京地铁10号线剩余段

北京地铁10号线二期工程大C段（劲松站至首经贸站和西局站至巴沟站线路长30.1 km）于2012年12月30日开通试运营，剩余段（丰台站、泥洼站及其三区间和角门东站）线路全长约2.4 km，共3座车站3个区间线，计划于2013年5月5日通车试运营。

5. 北京地铁昌平线与8号线联络线

北京市轨道交通昌平线与8号线联络线工程是一条连接昌平线与8号线的轨道交通线，旨在分流昌平线建成后对13号线的客流压力，提高回龙观地区轨道交通的服务水平，充分发挥8号线骨干作用的轨道交通线。线路自昌平线朱辛庄站开始，上跨七北路，沿回昌路东侧南行，由高架转为地下，下穿回龙观交易市场，至回南北路折向东，在育知路与回南北路交叉路口东侧设育知路站，线路出站后沿规划的回南北路东行，经育知路、文华西路、文华路、文华东路、站前东街，在回南北路与站前东街交叉路口的东北侧地块内设平西府站，线路出站后沿回南北路北侧的规划绿地东行，至黄平西侧路折向南与8号线二期工程的起点相接。线路总长6.293 km，其中高架和过渡段长1.700 km，地下线长4.593 km。设置3座车站，一座高架站为朱辛庄站（与昌平线同台换乘），两座地下站，分别为育知路站和平西府站。

昌平线与8号线联络线已于2011年2月28日举行开工仪式，预计于2013年底通车试运营。

6. 北京地铁14号线

北京地铁14号线是一条连接城区东北、西南方向的轨道交通“L”型骨干线，既服务于城中心地区，同时也服务于外围的边缘集团，其兼顾交通疏解和引导发展的功能。其南段线路西起丰台区永定河以西的张郭庄，上跨永定河及丰沙铁路后，沿丰沙铁路向东入地后，沿京石高速北侧辅路向东敷设，下穿京石高速路后，沿丰体南路、丰台北路、丽泽路向东，在菜户营立交桥的南侧，斜穿规划绿地后，沿着凉水河向东，斜穿过北京南站，然后向东经松林南街、安乐林路、蒲芳路向东，经十里河、弘燕路后，向北转至西大望路敷设。东段线路由南向北沿西大望路、金台路、甜水园街至朝阳公园南门，经朝阳公园西门后，向东北穿过东四环北路后，沿酒仙桥路向北，在万红西街折向西，穿过机场高速和京顺路后，进入望京地区；在望京地区，本线沿广顺南大街和广顺北大街行经北五环广顺桥后，至本线的终点朝阳区的善各庄。14号线线路全长47.3 km，地下线42.2 km，高架及地面线5.1 km，全线共设车站37座，其中高架站2座，换乘站9座。线路在西端的张仪村地区设停车场一处，北端在马泉营设车辆段一处。

14号线已于2010年4月开工建设。首通段（张郭庄—西局）预计于2013年5月初通车试运营，东段（九龙山至终点）预计于2014年年底通车试运营。

7. 北京轨道交通15号线一期西段

15号线一期西段工程于2011年开工，线路长10.25 km，全部地下线，7座车站，预计2014年年底开通。

8. 北京现代有轨电车西郊线

北京现代有轨电车西郊线西起香山路4号停车场，东至10号线巴沟站西北侧。线路全长9.064 km，区间以地面为主，地下和高架为辅；设车站7座，其中1座换乘站。全线共设车辆段一座，位于本线终点巴沟站东北侧。

西郊线已于2011年2月28日举行开工仪式。

9. 北京轨道交通S1西段

北京市中低速磁浮交通示范线（S1线）西起门头沟区的石门营站，东至海淀区的慈寿寺站，与地铁

6号线及地铁10号线在慈寿寺站相接。该线经过门头沟区、石景山区、海淀区等三个行政区，是北京西部地区的一条东西方向的轨道交通线，是门头沟区、石景山区与中心城区的快速联系通道，对于促进门头沟新城发展、改善城市西部交通状况、缓解地铁1号线的运营压力具有重要意义。

其中西段工程西起门头沟新城西南角的石门营站，向东高架跨越京原路（规划三石路），经规划绿地沿东西向规划沙石坑西侧路中敷设，之后转向北沿规划滨河路南延敷设，至石龙路转向东，沿该路敷设，跨西六环、永定河后，沿阜石路西延在石景山热电厂和石景山之间进入首钢厂区北侧，在阜石路高架和京门铁路南侧转向东，之后沿京门铁路南侧控制带敷设，至苹果园枢纽。

西段工程线路全长10.165 km，全部为高架线路，共设车站8座，换乘站1座。石门营站北侧设车辆段1处、车辆段内设备用控制中心1座。

S1线西段已于2011年2月28日举行开工仪式，计划2013年7月试运行。

10. 北京轨道交通昌平线二期

昌平线是一条连接中心城区与昌平新城的南北向的轨道交通快速客运线路，它的建设对于改善城市北部昌平至市区的交通状况，拉近市区与郊区新城的时空距离具有重要意义。

昌平线二期工程线路北起十三陵风景保护区南侧的涧头村，沿京包高速路北侧向南敷设，过八达岭高速与京包高速匝道桥后，线路沿京银路方向向南，至西关环岛转向东南，沿政府街、府学路穿过昌平老城区。过东沙河后沿昌崔路进入昌平新城东扩区，在内环东路转向南，接入一段工程起点。

二期工程正线全长约9.53 km，全部为地下线。共设站6座，分别为十三陵景区站、西关环岛站、昌平站、亢山广场站、水库路站、昌平新区站，平均站距约1.6 km，最大站距约2.0 km，为昌平新区站至南邵站区间；最小站距约1.08 km，为亢山广场站至水库路站区间，二期工程无换乘站。二期工程在线路北端设十三陵景区车辆段一座。

昌平线二期工程计划于2013年3月开工，计划2015年12月通车试运营。

2.1.4 北京市城市轨道交通运营现状

目前北京市轨道交通共有16条运营线路，其中，除地铁4号线、大兴线由北京京港地铁运营公司运营外，其余线路均由北京地铁运营公司运营管理。运营线路总里程达442 km，共261个车站，如图2-2所示。2012年市公共交通日均出行量达到2 060万人次，公共交通使用率达到44%，其中轨道交通承担的约占到30%多。2012年北京地铁公司所辖线路共运送乘客21.02亿人次，同比去年增长12.4%，这也是北京地铁公司年客运量首次突破21亿人次。

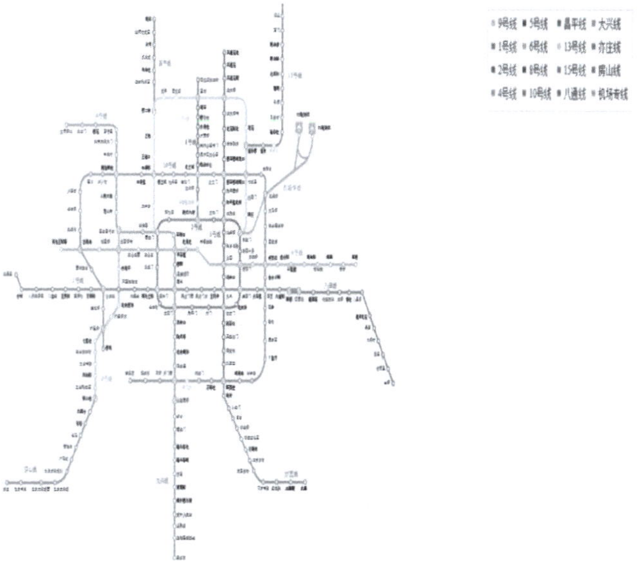

图2-2 北京市地铁运营线路图

1. 北京市城市轨道交通运营线路

1）北京地铁1号线

北京地铁1号线代表色为红色，西起苹果园，东至四惠东，大部分线路与长安街重合，全长30.4 km，于2000年6月28日全线开通。全线共有车站26座，其中换乘站10座，在古城、四惠各设一处车辆段。

2）北京地铁2号线

北京地铁2号线代表色为蓝色，走向与原北京内城城墙基本重合，该线为环形线，全长23.1 km，于1987年12月28日全线通车运营。全线设有车站18座，其中换乘站9座，在太平湖设有车辆段1处。

3）北京地铁4号线

北京地铁4号线代表色为青绿色，北起安河桥北，南至公益西桥，是北京市道路交通网络中一条贯穿市区南北的轨道交通主干线，正线全长约28.2 km，已于在2009年9月28日正式通车运营。全线共设车站24座，其中换乘站10座，在南端的马家堡设车辆段，北端的龙背村设停车场。

4）北京地铁八通线

北京地铁八通线代表色是红色，是北京地铁1号线的东段延长线，是北京的第一条郊区线路，主要服务于通州地区，全线西起四惠站，东至土桥站，全长18.964 km，于2003年12月28日全线通车试运营。全线共设13座车站，其中换乘站2座。

5）北京地铁5号线

北京地铁5号线代表色是紫色，北起昌平区天通苑北站，南至丰台区宋家庄站，线路途经天坛、地坛等著名景区，以及东单等商业区。线路全长27.6 km。共设23座车站，换乘站6座。2007年10月7日开通试运营。

6）北京地铁6号线一期

北京地铁6号线一期代表色是土黄色，西起五路居，东至草房，是一条贯穿中心城的东西向轨道交通骨干线，是北京地铁“三环、四横、五纵、七放射”中重要的“一横”，其主要作用是承担京城东西方向的客流，为地铁1号线分担客流压力，是北京市内第一条时速为100 km/h的全地下地铁快线。线路全长约30.7 km，设站20座，换乘站11座（既有车公庄、平安里、东四、朝阳门、呼家楼；同步建设慈寿寺、白石桥南、南锣鼓巷、金台路；近期二里沟；远期褡裢坡站），设停车场2座，即海淀五路、朝阳五里桥。2012年12月30日开通试运营。

7）北京地铁8号线

北京地铁8号线代表颜色为绿色，是贯穿北京城区南北走向的轨道交通线，位于北京市的中轴线上，将清河、南苑两个边缘集团和城区连接起来。线路分为两期建设。

8号线一期，又称奥运支线，位于北京市南北中轴线下，奥林匹克中心区内。一期工程全长为5.9 km，共设4座车站，于2008年7月19日正式通车试运营。

二期工程线路由一期工程向南北两端延伸，二期全长约17.54 km。其中二期北段起自回龙观东大街，与一期工程森林公园南门站相接，全长约10.7 km，设6座车站，北端设平西府车辆段一处，于2011年12月31日开通运营；二期南段从一期工程的北土城站向南，至二期终点中国美术馆站，全长约6.8 km，设6座车站，其中北土城—鼓楼大街（长2.8 km）于2012年12月30日开通试运营。

8）北京地铁9号线

北京地铁9号线代表颜色是草绿色，线路北起国家图书馆，南至郭公庄，线路全长约16.5 km，全部为地下线路。全线共设车站13座，换乘站5座，其中9号线南段（郭公庄—北京西站段）于2011年12月31日通车试运营，9号线北段于2012年12月30日全线通车。

9）北京地铁10号线

北京地铁10号线分一、二两期，10号线一期由西北到东南呈倒“L”形，将与后续建设的10号线二期共同构成北京轨道交通线网的第二环线。10号线一期西起海淀区巴沟，南至劲松，线路全长24.65 km，共设车站22座，车辆段1座。线路于2008年7月19日正式开通试运营。二期线路起点为一期劲松站南端折返线处，东至一期巴沟站西折返线即本线终点。二期线路全长32.44 km，共设车站23座，6座换乘站，设停车场2座，分别为宋家庄、五路停车场。二期于2012年12月30日开通试运营。

10号线一期二期连通后，采取大小圈儿套跑，小圈儿为车道沟站到宋家庄站，列车最小发车间隔为2分30秒；大圈儿为大“C”形，从西局站至首经贸站。

10）北京地铁13号线

北京地铁13号线代表颜色为橘红色，线路西起西直门，东至东直门，呈倒U字形，全长40.85 km，是北京第一条全地面轨道的城市轨道线路。全线共设16座车站，换乘站7座。线路于2003年1月28日全线通车试运营。

11）北京地铁机场线

北京地铁机场线项目起点为东直门站，沿途设三元桥站、T2航站楼站和T3航站楼站。线路总长28.1 km，于2008年7月19日正式通车试运营，单程票价25元。

12）北京地铁亦庄线

北京地铁亦庄线代表颜色是桃红色，是一条位于北京城区东南部呈南北走向的轨道交通线，起点位于5号线丰台区宋家庄站，终点为亦庄火车站，线路全长23.23 km，其中地下线8.59 km，高架线路13.95 km。共设车站14座，其中换乘站1座，线路起点设置宋家庄停车场1处，终点设置台湖车辆段1处。线路于2010年12月30日正式通车试运营。

13）北京地铁大兴线

北京地铁大兴线代表颜色为蓝绿色，是一条位于北京城区南部、整体呈南北走向的轨道交通线。线路位于市区南四环至南六环之间，北起南四环公益西桥、南至大兴区天宫院，沿线经过丰台区南苑西、大兴区西红门、大兴新城主城区、大兴新城核心区、大兴区生物医物基地等地区。正线线路全长21.8 km，全线新建车站11座，并于线路终点设出入段线与南兆路车辆段相连。该线于2010年12月30日试运营。

14）北京地铁15号线一期

北京地铁15号线是城市北部地区东西向交通干线，是连接顺义新城和城市中心区的线路。15号线分两期建设，一期工程线路西起京藏高速北沙滩桥西侧，东至河东地区。一期工程线路全长约39 km，共设车站18座，在马泉营设置车辆段1座，与规划14号线共用，在潮白河东设俸伯停车场1座。二期工程起自西苑，至北沙滩，与一期工程相接。二期工程线路长7.4 km，全部为地下线，共设4座车站。

一期工程首开段（望京西—后沙峪段）线路长20.2 km，共9座车站，已于2010年12月30日通车试运营。一期工程东段（后沙峪—俸伯）全长11.35 km，共设南法信、石门、顺义和俸伯四个地下车站，一座停车场，于2011年12月31日通车试运营。

15）北京地铁昌平线一期

北京地铁昌平线是一条连接中心城区与昌平新城的南北向的轨道交通快速客运线路，线路北起十三陵景区，南至城铁13号线西二旗站，对于促进昌平新城及沿线发展具有重要作用。昌平线全长31.7 km，共设车站12座。

昌平线分为两期建设，一期工程为南邵站至西二旗站段，线路长21.35 km，设站7座，一期设定泗路停车场1座。一期工程于2010年12月30日通车试运营。

16）北京地铁房山线

房山线起点设在良乡城南长虹西路和苏庄大街（翠柳大街）交叉口，终点在郭公庄站与地铁9号线起点站进行衔接。房山线线路全长约24.73 km，全线设车站11座，其中高架站9座，地下站2座。

北京地铁房山线苏庄　大葆台段于2010年12月30日通车试运营。2011年12月31日全线通车试运营。

2．票价票制

北京采用单一票制，单程车票2元/人次，取消地铁专用月票卡，但2008年7月开通的机场线执行单一票价25元。2008年6月9日起，北京地铁停用纸质车票而改用非接触式磁卡单程票，同时启用新型AFC检票售票系统。持市政交通一卡通的乘客乘坐地铁，地铁票价无优惠。

2.1.5 北京市城市轨道交通建设和运营管理模式

北京市轨道交通融资、建设、运营采用“三分开”的形式，由不同的单位承担相应职能。北京市基础设施投资有限公司负责融资，北京市轨道交通建设管理有限公司和北京城市快轨建设管理有限公司负责地铁建设，北京市地铁运营公司和北京京港地铁有限公司负责地铁运营管理。

北京市基础设施投资有限公司是2003年在原北京地铁集团有限责任公司基础上改组成立的国有独资公司。京投公司自成立以来，通过市场化融资、债务融资等低成本融资方式，全面满足轨道交通建设资金需求，PPP、BT等多项创新成果获得国家级奖励。截至2011年底，公司累计落实轨道交通项目建设资金4 212亿元，累计节省投融资成本53.2亿元。随着本市轨道交通网络逐渐形成，探索创建了北京市轨道交通指挥中心，开辟了全国城市轨道交通线网指挥的先河。目前，公司拥有或通过控股公司拥有北京地铁运营线路142 km，日均运量280多万人次。其中包括1、2、5、13号线及八通线，2011年公司还组织开展了地铁16号线、海淀山后线等5条线路的前期规划研究，并对地铁7号线、9号线等17个地铁项目实施工程协调和资金管理。除城市轨道交通新线项目外，公司还承担了既有线路更新、扩能、安全、反恐等改造投资，并陆续投资建设京沈客专（京翼段）等国铁项目。

北京市轨道交通建设管理有限公司负责建设管理的北京轨道交通4号线、5号线、6号线一期、8号线一期及二期、9号线、10号线一期及二期、机场线、房山线、昌平线一期、亦庄线和大兴线已经顺利通车试运营。目前，该公司负责建设管理的在建线路有6号线二期、7号线、14号线、昌平线二期、昌平—八号线联络线、西郊线、S1线西段等。

北京快轨建设管理公司负责建设的线路有15号线、16号线等，其中15号线中段已经通车运营。

北京地铁运营公司下设4个分公司，其中，北京地铁运营一分公司负责5号线、6号线、亦庄线的运营管理；北京地铁运营二分公司负责1号线、9号线、八通线、房山线的运营管理；北京地铁运营三分公司负责2号线、8号线、10号线、13号线的运营管理；北京地铁运营四分公司负责机场线、15号线、昌平线的运营管理。

北京京港地铁有限公司（简称“京港地铁”）是国内城市轨道交通领域首个引入外资的合作经营企业。现负责地铁4号线和大兴线的运营管理。

2.1.6 北京市轨道交通技术特点和创新项目简介

1．采用先进技术，顺利完成近距离穿越重要建筑物的难点工程

随着轨道交通线网的逐步形成，新建地铁工程不可避免的穿越既有地铁、铁路、湖泊等重要建筑物，工程难度非常大，地铁建设者们发挥聪明才智，采用先进技术，顺利完成了众多近距离穿越重要建筑物的难点工程。

8号线二期采用多种先进技术攻克土建特级风险工程，包括首次近距离盾构下穿既有2号线鼓楼大街站。既有2号线鼓楼大街站建成于上世纪80年代，位于北二环主路下方，东西向布置，为战备工程，人防等级按二级设防，周围环境复杂，上方有鼓楼北中轴立交桥，北侧为北护城河，区间近似垂直下穿，区间结构距既有线车站底板净距最小仅2.23 m。且地质情况复杂，需穿越粉土层、黏土层、中细砂层、粉质粘土层、局部夹杂卵石层，盾构隧道穿越既有站地层范围内仅见一层层间滞留水，位于既有站底板位置附近，距区间拱顶仅3.0 m。为攻克这一技术难题，经过多番咨询与反复专家论证，采用站底障碍物探测、站底土体加固、管片特殊设计等方式，利用小导洞，在盾构穿越前对区间开挖范围进行探测，以便提前处理二号线车站施工时可能存在的残留角钢，并作好土体加固，降低盾构穿越引起的沉降。如此近距离穿越既有地铁车站在国内地铁建设中实属罕见，此次工程实践为北京乃至全国的类似工程的设计施工提供了非常宝贵的经验。

9号线运用高科技手段，首次穿越地质复杂的大面积水域。9号线北段通过引入大功率盾构机、优化盾构机设计参数，狠抓施工参数管理，首次在北京地区成功实现了穿越砾岩地层，首次成功实现了长距离下穿玉渊潭东湖，为建成通车奠定了坚实基础。

10号线实现北京地区最大的地铁穿越：下穿既有1号线公主坟站建设新线车站为目前北京市最大规模的下穿既有线工程。为保证既有线正常运营，工程施工产生的既有站绝对沉降值必须小于3 mm，技术难度极大，创造性提出了“多重预顶力顶撑＋平顶直墙暗挖技术方案”，成功解决了此技术难题。

10号线实现了北京地区最长的铁路穿越：六里桥站—莲花桥站区间下穿国铁北京机务段及西长正

线，穿越长度约720米，地层为卵石，局部有超过1 m直径漂石及孤石，为目前北京地区地铁穿越国铁最长、地质条件最差的工程。

2. 以人为本，创建便捷、舒适的换乘环境；勇于创新，提高车站服务水平、降低运营风险。

地铁在设计和建设中尽可能的为给乘客提供便捷、舒适的换乘环境，在换乘方式、换乘距离、人性化和无障碍等方面，进行多方探索和改进，换乘车站设计执行标准均高于现行国家标准。

其中9号线北段车站均为位于中心城区的换乘站，车站设计均以路网线网的角度为出发点，直面庞杂的周边环境和各种高标准需求，以提高换乘质量和建设水平为导向，如在军博站的设计中率先在北京地铁建设领域引进人流动态仿真技术，通过动态客流仿真模拟对车站方案进行验证和数十次的优化设计，确定该站形式为中间单层分离单洞、两端双层结构，14 m岛式站台型式，与1号线车站的换乘方式为“T”型通道换乘，并在换乘通道中部加设了换乘厅；白堆子站的设计和建设则通过巧妙解决日照间距、防火、拆迁还建、规划等一系列难题，成为北京地铁首个合建实例车站；白石桥南站则充分对有限地下空间进行整合优化利用，对6、9号线冷冻站和风道等关键机电设备资源共享共用，减少土建和设备投资，降低运营能耗及维护费用，是北京首个“L形岛—岛”换乘实现资源共享的车站。

8号线二期在设备选择与安装过程中，着重对UPS电源、轨道短轨枕一体化安装、绝缘防护型式、车辆段供电、疏散指示系统、吸气式感烟探测器等方面进行优化。使得设备安装简单、安装效果美观，减少设备投资、损耗，提高了设备工作效率，对车辆段供电分段采用小分区模式，增加了供电分区的灵活性，智能疏散指示系统、吸气式感烟探测器以及缩小屏蔽门同车辆的间隙都提高了地铁的安全性与舒适性。

3. 优化设计、继往开来，建设节能、环保地铁工程。

9号线北段工程设备系统在延续9号线全线系统节能示范、环保、基于BIM及考虑检修空间的管线综合设计、设备资源共享等设计和建设思路的基础上，充分吸收南段工程建设和试运行经验，进一步优化系统和人性化及细节设计；在设计和实施过程中很好地诠释了北京市政府提出的“三大理念、八个主题”的建设理念，9号线设备系统的机电品质和水平也因此得到了较为全面的提升。

9号线北段在建设中进行了多方面改进和创新，换乘车站设计执行标准均高于现行国家标准，特别是作为北京地铁的节能示范线等的先行先试（经对南段工程实际用电量及北段耗电预测的分析和对比，9号线是目前北京能耗水平最低的线路），为后建线路提供有益的探索和示范。

北京地铁6号线由于采用8辆编组列车发热量的增加，致使车站冷水机组的容量增加和空调风量增加，以致主风机及大型表冷器的容量均须增加，从而将导致车站的主体截面积及风道截面积相应增加。为了妥善消除由于6辆编组改为8辆编组后所增加的隧道余热，经过全面技术经济分析比较，提出采用一种全新的在各区间隧道内设置空气处理装置隧道余热处理的技术方案。该方案的采用使得车站主体结构截面积不变、风道尺寸不变，节省了大量的土建投资（约1 920万元/站）；该方案的采用使得车站空调大表冷器尺寸不变，车站大系统空调通风设备基本不变，节省了大量的设备及材料投资（约98万元/站）；该方案科学合理，实用性强，具有节省投资、运行节能及设备操作维护简单等优点。6号线消除隧道内余热技术在国内外轨道交通领域尚属首次。

4. 资源共享，节约投资

宋家庄停车场为5号线、10号线及亦庄线三线共用，五路停车场为6号线、10号线共用；根据基地的用地条件，对其使用功能进行合理分工，既满足全线分期实施的运营和维修功能要求，又使检修设施相对集中，充分提高劳动生产率、发挥检修设备的利用率；实现人力资源共用、设备资源共享，节约城市用地，从而节省整个地铁的投资。

五路停车场在北京市第一次采用了地下停车库的双层停车库，是新型、集约型地铁车辆基地的典范。6号线停车列检库设计为地下停车库，布置在10号线运用库下方，充分体现节约、集约用地原则。

5. 创新设计思路，融合历史文化，使车站装修与周边环境和谐统一

北京地铁在装修设计上凸显创新，并很好的与历史文化融合，车站装修与周边环境和谐统一，体现了首都的精神与风貌。

八号线南段的线路走势与北京古老的中轴线基本吻合，四周的老胡同原汁原味的反映着老北京人的生活以及历史的变迁所留下的岁月痕迹，蕴涵着深厚的北京文化。8号线南段在装修设计上以“中轴线”（安华桥站、安德里北街站）和“鼓韵清幽”（鼓楼大街站）为设计主题，既畅通安全又美观环保，通过对周边环境元素的挖掘、简化、变形，体现了与众不同的车站特色。

10号线二期车站装修体现“都市绽放”主题，在保障环线风格、发展和提升一期＂都市前沿＂理念的基础上，在重点站（潘家园站、大红门站、莲花桥站、公主坟站）充分体现＂都市绽放＂的设计主题，突出界面之间多维度的曲线变化；标准站在强调模数化、标准化的基础上，注重艺术造型与空间形态的相互结合，突出顶部构件、位置、以及拼接方式的多样化，创造更具都市魅力的车站形象。

6. 北京地铁首次修建市区地铁快线，并实现快慢车共轨

北京地铁6号线一期工程车站站间距达到1 573 m，最大站间距4 001 m，可实现列车最高行驶速度100 km/h，全程旅行时间缩短到64 min。

结合地铁6号线全线线路较长的实际情况，为减少远途乘客乘坐地铁的旅行时间，同时实现对不同需求乘客的差别化服务，吸取了日美轨道交通快车线路的设计经验，在国内地铁设计中第一次提出快慢车混行的概念，并提出利用两条区间线路实现快慢车运营的越行概念。

同时，地铁6号线采用8辆编组后，每列车由可搭载1 440人增加到1 890人，在行车间隔不变的情况下直接提高了线路运输能力，实现了“多拉快跑”的目标。

7. 采用深度集成综合监控系统和信号系统

北京地铁6号线综合监控系统推荐采用的以行车调度指挥为核心的，深度集成ATS系统的方案在在中国国内轨道交通领域尚属首次，技术和工程实施方面在国内没有可借鉴的经验，在工程设计中存在较大技术难度。

该系统抛弃简单的界面集成模式，该方案系统接口简便、统一了人机界面、集成度较高，在统一信息平台上实现了ATS、PSCADA、BAS等系统信息的整合、共享，为各个设备系统间的自动联动提供了基础条件，在统一技术平台之上，系统间的联动定制的自由度将相对提高，联动执行时，人工干预程度可大为降低，系统联动的自动化和安全性将大为提高。

2.1.7 北京市城市轨道交通发展历程

上世纪五十年代后期，北京开始考虑地铁规划与建设问题，结合当时的城市建设发展需要，提出了“一环两线”的轨道交通规划线网雏形。在其后的规划中，又研究了多个线网方案。北京地铁一期工程于1965年7月1日开工，并于1969年10月1日完工，线路长23.6 km，这条线路是中国大陆最早的地铁线路。至1981年，轨道交通线网规划作为专项规划正式纳入城市总体规划，当时的线网长度为236 km。近几年，随着改革开放与社会主义市场经济的发展，北京城市化进程逐渐加快，既有城市公共交通已不能满足日益增长的运输要求，北京交通拥堵状况日益严重，因此，在2010年北京市规划委员会编制《北京2015年轨道交通加强版规划》的基础上，2012年11月，国家发展和改革委员会印发了《北京市城市轨道交通近期建设规划调整（2007—2016年）》。在调整方案中，新增8号线三期、16号线、新机场快线，将S1线东段工程调整为6号线西延工程。线网建成后，轨道交通将实现对中心城全面覆盖及中心城与新城的贯通连接。根据规划，至2016年底，北京将建成运营里程达664 km的轨道交通网络。

截至2012年底，北京地铁共有16条运营线路，261座运营车站，运营线路总长442 km。以运营里程计算，北京的地铁系统目前是中国大陆第一大城市轨道交通系统。截至2012年底北京地铁运营的16条线路，目前日平均客运量在655.4万人次左右。

2.2 上 海

2.2.1 上海市2012年城市轨道交通发展最新动态

2012年，上海轨道交通新增3条运营线路，分别是上海轨道交通22号线、13号线一期西段和9号线三期南段。22号线（原金山支线）于9月28日试运营，预计2013年初正式开通运营；9号线三期南段于12月30日试运营；13号线一期西段于12月30日试运营。

2012年6月，国家批准了《上海市城市轨道交通近期建设规划（2010—2015年）》的调整方案，与原规划相比，总里程和总投资分别增加30.35 km和167.91亿元。

2.2.2 上海市城市轨道交通线网规划

1. 上海市城市轨道交通线路规划

上海位于中国大陆海岸线中段，长江入海口，长江三角洲东部，东海之滨，是西太平洋地区重要的国际港口城市，中国对外开放的龙头城市。上海市全市面积6 340.51 km^2，其中市辖区面积2 648.6 km^2。常住人口1 614万，其中户籍人口1 300万。2012年，上海市完成地区生产总值20 101.33亿元，按可比价格计算，比去年增长7.5%。

为构筑与现代化国际大都市相匹配的城市综合交通体系，2000年上海市编制完成了上海市轨道交通网络系统规划，确定远期轨道交通线网由17条线路组成。近些年来，对长大线路分段运营、重要节点锚固、郊区线路优化等方面的规划不断地进行反思，优化轨道交通路网格局。优化后的上海城市轨道交通网络由21条线路组成，全长约1 051 km，车站587座，预计日均承担客运总量2 215万乘次，占公交客运总量的52%，满足不同乘客和不同区域服务的需求。

根据上海轨道交通“十二五”规划，上海将把继续发展轨道交通作为实施公交优先战略的重点, 推进基本网络工程项目，适时开展相关线路的建设。“十二五”期间，计划建设项目17项，线路长度约389.4 km，建成及预计建成项目9项，至2015年底，力争使网络运营线路总长达到600 km左右，车站总数达到375座左右，日均客流量达到900万乘次左右，中心城轨道交通客运量占公共交通客运总量的比重达到50%左右，中心城区线网密度和站点密度比“十二五”期末提升约30%，分别达到0.6 km/km^{2}和0.4 座/km^{2}左右。

上海轨道交通新一轮建设规划图（2010—2015）和城中心、市域远景规划如图2-3～图2-5所示。

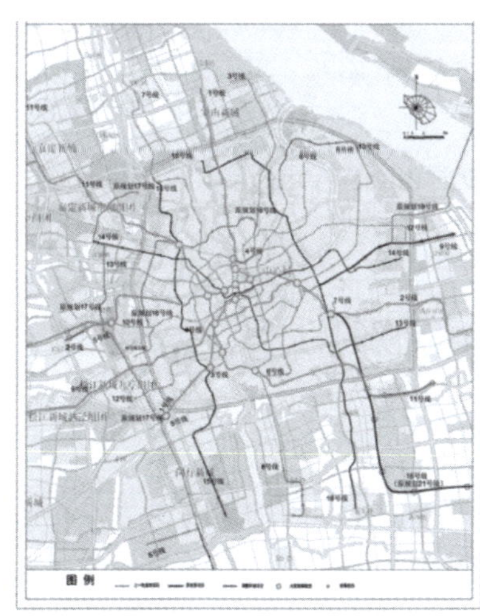

图2-3 上海市城市轨道近期建设规划（2012—2015）局部调整图

图2-4 上海市城市轨道交通系统规划（远景、城中心）

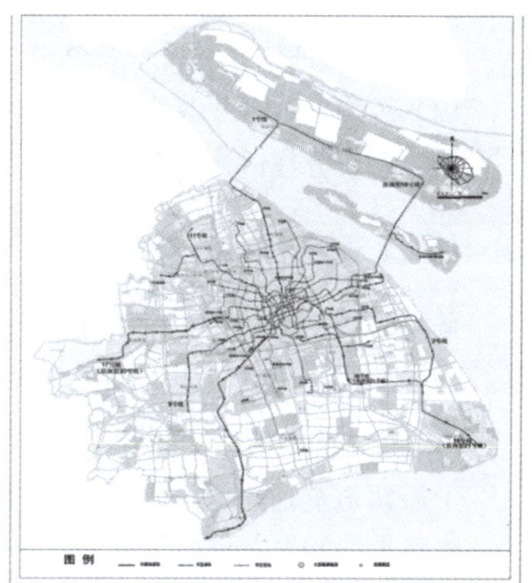

图2-5 上海市城市轨道交通系统规划（远景、市域）

2. 上海市城市轨道交通规划线路

根据国家批准的《上海市城市轨道交通近期建设规划（2010—2015年）》及其调整方案，上海近期将规划建设十二个城市轨道项目，包括5号线二期、9号线三期、17号线（青浦线）、13号线二期、14号线、15号线、18号线以及8号线三期、10号线二期、11号线迪士尼段、2号线西延伸段、3、4号线分线改造（含宝钢车辆段扩建），线路总长约250 km，投资1 587亿元。

1）上海轨道交通5号线南延伸线（奉贤线）

5号线南延伸从东川路到南桥新城，线路长20.7 km，设站8座，投资64亿元。

2）上海轨道交通9号线三期

9号线三期工程包括东延伸和南延伸：南延伸从松江新城到松江南站，线路长6.5 km，设站3座，投资32亿元；东延伸从民生路到曹路，线路长14.5 km，设站8座，投资96亿元。

3）上海轨道交通17号线（青浦线）

17号线从虹桥火车站站到东方绿舟，线路长35.2 km，设站11座，投资139亿元。

4）上海轨道交通13号线二期

13号线二期从南京西路到张江，线路长22.5 km，设站17座，投资161亿元。

5）上海轨道交通14号线

14号线从江桥到金桥，线路长36.4 km，设站29座，投资321亿元。

6）上海轨道交通15号线

15号线从陈太路到紫竹科技园区，线路长40.1 km，设站28座，投资300亿元。

7）上海轨道交通18号线

18号线从场北路到航头，线路长44.3 km，设站30座，投资306亿元。

8）11号线迪士尼段

11号线自罗山路站至迪士尼乐园站，线路长9.15 km，设站3座，投资44.54亿元。

9）8号线三期

8号线三期自航天博物馆站至汇臻路站，线路长6.6 km，设站6座，投资22.41亿元。

10）10号线二期

10号线二期自新江湾城站至港城路站，线路长10 km，设站6座，投资59.43亿元。

11）2号线西延伸段

2号线西延伸段自徐泾东站至蟠龙路站，线路长2 km，设站1座，投资13.47亿元。

12）3、4号线分线改造（含宝钢车辆段扩建）

3、4号线分线改造自上海火车站至宝山路站，线路长2.6 km，估算投资28.89亿元。

2.2.3 上海市城市轨道交通建设情况

截至2012年底，在建线路5条，分别为上海轨道交通9号线三期南段、11号北段二期、12号、13号和16号线。

1. 上海轨道交通11号线（北段二期、西延线、迪士尼段）

上海轨道交通11号线北段二期起点为长宁区华山路中间风井，途经长宁、徐汇、浦东新区三个行政区，线路长约20.9 km，设站13座，换乘站5座，先后与轨道交通1、6、8、9、10、12、16号线换乘，其中三线换乘站2座，两线换乘站3座，除罗山路站外全部为地下站。罗山路站为车站高架三层，既是11、16号线的换乘枢纽，又是紧邻的川杨河停车场(11\16\13号线共址停车场)的接轨站，是目前上海乃至国内唯一的轨道交通的高架枢纽。11号线北段二期于2008年12月19日正式开工建设，2012年11月15日实现正线铺轨贯通，预计2013年上半年具备试运营条件。

11号线的西延伸段（安亭站至昆山花桥站），全长5.992 km，均为高架线，设3座车站，目前土建结构已基本完成，计划2013年9月底具备试运营条件。

11号线的迪士尼段（罗山路站至迪士尼乐园站），线路全长9.15 km，高架线7.39 km，敞开段0.3 km，地下段1.46 km，设站3座，其中2座高架站，地下站1座。目前受工期控制的迪士尼地下车站已与迪士尼乐园同步开建。全线计划于2015年10月建成通车。

2. 上海轨道交通12号线

上海轨道交通12号线是上海轨道交通网络中贯穿西南部与东北部的骨干线路，穿越闵行区、徐汇区、卢湾区、静安区、闸北区、虹口区、杨浦区、浦东新区，共8个行政管辖区。线路全长40.4 km，全程为地下线，共设车站32座。

12号线于2008年12月30日开工建设，截止2012年9月26日，全线工程32座车站完成结构封顶19座，全线68 km盾构推进完成39 km，全线铺轨设计里程81.3 km，已完成铺设12 km。计划2013—2014年建成投入使用。

3. 上海轨道交通13号线

上海轨道交通13号线由嘉定区江桥镇金运路站至浦东新区御桥华夏中路站，线路全长33.6 km，均为地下线，共有27个地下车站（未包括张江功能区）和2个车辆段，分别为北翟路停车场（与二号线共用）及川杨河辅助停车场，全线工程总投资为198.68亿元人民币。

13号线的淡水路站至长清路站区间及车站作为世博专用联络线，实属13号线二期，提前建设。2010年4月20日马当路站至世博大道站开始试运营，并于11月1日世博会后首班列车起暂停运营。

13号线一期由华江路站至南京西路站，为一条纵贯中心城区的“西北—东南”轴向的直径线，也是轨道交通路网中的一条重要的主干线，线路途经上海市嘉定、普陀、闸北、静安4个行政管辖区。线路全长16.4 km，共设14座地下车站，沿线与1、2、3、4、7、11、12号线等7条线换乘，设5座换乘站，其中三线换乘站2座，两线换乘站3座。

13号线一期于2008年12月28日正式开工建设，其中华江路至预计2014年建成通车。

4. 上海轨道交通16号线

上海轨道交通16号线原规划为上海轨道交通21号线或11号线南段，由龙阳路至临港新城滴水湖畔，北联浦东经济、行政中心区，南接临港新城，贯穿周康地区，航新地区、惠南城区的一条快捷、安全、舒适的交通大动脉。线路全长59 km，共设13座车站，其中16号线一期工程线路全长约45 km，于2010年3月22日开工建设，2012年7月进入正线铺轨阶段，预计于2013年建成通车，2014年正式运营。

2.2.4　上海市城市轨道交通运营现状

2012年，上海市轨道交通线网已开通运营12条线（不含轨道交通22号线、磁浮示范线、张江有轨电车线）、287座车站，运营里程达439 km。上海市轨道交通运营线路如图2-6所示。

1. 上海市城市轨道运营线路

1）上海轨道交通1号线

上海轨道交通1号线是上海运营的首条地铁线，也使上海成为继北京、天津之后，我国第三个拥有地铁的城市。1号线是一条纵贯上海南北走向的交通大动脉，最早于1993年5月28日开始试运营。一期工程于1995年4月10日通车试运营，同年7月正式投入运营，后又陆续实施了多次延伸工程。1号线全线南起闵行区莘庄站，北至宝山区富锦路站，运营线路长度为36.9 km，共设28个车站及2个车辆段，线路识别色为红色。

1号线使用DA01A、DA01B、AC01A、AC01B、AC06型电动客车，8节编组，最高持续运行速度为80 km/h，采用1 500 V接触网供电，VVVF交流传动。

2）上海轨道交通2号线

上海轨道交通2号线是上海第二条地下铁路线路，横贯上海市区连接浦江两岸的东西方向。从青浦区徐泾东站，经过有中华第一街之称的南京路，穿越黄浦江，到达浦东新区张江高科技园区，并且再续经唐镇、川沙等地，最后到达上海对外联络大空港浦东国际机场，可以说是连接上海过去和未来的纽带。2号线运营线路长度为60.3 km，设站30座，于2000年6月11日开始运营，线路识别色为绿色。

2号线是国内单线运营里程最长，客流最大的轨道交通线路。使用AC02A、AC08、AC17A、AC17B型电动客车，其中AC17B型电动客车为16列4节编组，其他为8节编组，最高持续运行速度为80 km/h，采用1 500 V接触网供电，VVVF交流电机传动方式。

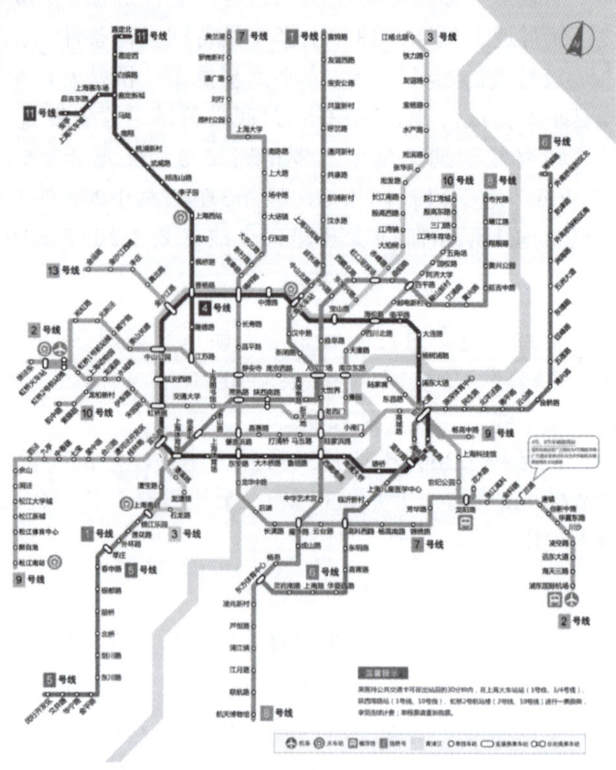

图2-6 上海市轨道交通运营图

3）上海轨道交通3号线

上海轨道交通3号线又称为明珠线，是一条环绕中心城区以高架为主的城市轨道线路，运营区间为上海南站—江阳北路站，运营线路长度为40.2 km，共设站29座，线路识别色为黄色。

3号线分两期建设，一期工程由徐汇区的上海南站站至虹口区江湾镇站，是一条环绕上海中心城区以高架为主的轨道交通线路，于2000年12月26日建成试运营。二期工程的北延伸段由江湾镇站至江杨北路站，于2006年12月18日开通。

3号线使用AC03型电动客车，6节编组，最高持续运行速度为80 km/h，采用1 500 V接触网供电，VVVF交流电机传动方式。3号线利用老沪杭铁路内环线和淞沪铁路高架改造而成，是上海首条高架轨道交通线路，相比于地下轨道交通，高架轨道交通大大降低了建造成本、提高了建造速度。2012年10月21日，与8号线虹口足球场站的长换乘通道开通。

4）上海轨道交通4号线

上海轨道交通4号线是上海轨道交通系统中唯一的一条环状线，因此也可称为轨道交通环状线。运营线路长度为33.8 km（与3号线共线运营11.5 km），设车站26座（包括与3号线共线段的9座），线路识别色为紫色。大木桥路站至蓝村路站的“C”字路段于2005年12月31日开通，其余部分亦于2007年12月29日启用。4号线与1号线，2号线组成“申”字，构筑起上海轨道交通的基本框架。

4号线使用AC05型电动客车，6节编组，最高持续运行速度为80 km/h，采用1 500 V接触网供电，VVVF交流电机传动方式。4号线与3号线并轨运行，虽然节约了不少投资，但同时牺牲了相互之间的运输能力也提升了自动控制的复杂程度。根据2012年获国家批准的调整方案，将对3、4号线进行分线改造。此外，4号线是中国首条全国“工人先锋号”地铁线路。

5）上海轨道交通5号线

上海轨道交通5号线（莘闵线）北起闵行区莘庄站，南至闵行开发区站，运营线路长度为16.6 km，共11个车站，其中10座高架车站，1座地面车站。5号线于2003年11月25日投入试运行，是上海轨道交通第4条建成通车的线路。线路识别色为紫红色。

5号线使用AC11型电动客车，4节编组，最高持续运行速度为80 km/h，采用1 500 V直流动力电源，VVVF交流电机传动方式。5号线采用的法国阿尔斯通列车是首次由上海本地组装制造，也是上海第一条真正意义上的轻轨。

6）上海轨道交通6号线

上海轨道交通6号线北起高桥镇港城路，南至三林地区主题公园，贯穿整个浦东新区，于2007年12月29日通车试运营。运营线路长度为32.7 km，共设28站，其中高架车站9座，地下车站19座，设车辆段、停车场各1座。线路识别色为品红色。

由于列车小，车厢短，换乘车站少，先天客流估算不足等造成的客运严重拥挤。自2009年起，6号线通过增投运营列车、调整运行交路、延长运营时间等方式，持续挖潜增效，提升线路运力。至2012年底，实现大小交路最小行车间隔分别为2 min 50 s和5 min 40 s。

6号线使用AC12、AC14、AC19型电动客车，4节编组，最高持续运行速度为80 km/h，采用1 500 V直流动力电源，VVVF交流电机传动方式。

7）上海轨道交通7号线

上海轨道交通7号线又称宝山线，是上海轨道交通网络中一条南北向的骨干线，从市区的西北锦秋路站（锦秋路陈太路）起，穿越市中心城区至浦东芳甸路站。运营线路长度为43.9 km，共有32座车站，设有停车场和辅助停车场出入场线、1座停车场（含试车线）、1座辅助停车场、1座控制中心、在长清路站和耀华路站区间设置一条与13号线的联络线，在浦江南浦站与东安路站区间出岔设置一条与12号线的联络线。线路识别色为橘红色。

7号线使用AC10型电动客车，6节编组，最高持续运行速度为80 km/h，采用1 500 V接触网供电，VVVF交流电机传动方式。

2

8）上海轨道交通8号线

上海轨道交通8号线呈南北走向，北起杨浦区中原小区市光路站，南至闵行区浦江镇航天博物馆站，运营线路长度为37 km，共设30座车站。8号线一期于2007年12月29日开通试运营；二期于2009年7月5日开通试运营，同时启动大、小交路的运营模式。线路识别色为蓝色。

8号线使用AC07、AC15型电动客车，6节编组（其中AC15型电动客车有18列为7节编组），最高持续运行速度为80 km/h，采用1 500 V接触网供电，VVVF交流电机传动方式。8号线是直达2010年世界博览会场址的轨道交通线路之一。在人民广场与1、2号线形成大型轨道交通换乘枢纽，并且往航天博物馆方向的列车两边车门同时开启。在西藏南路站与4号线形成立体“十字”交叉换乘。2012年9月28日，8号线中华艺术宫站正式开通运营，3、8号线虹口足球场站换乘通道正式启用，实现了“一票通”。

9）上海轨道交通9号线（一期、二期、三期南段）

上海轨道交通9号线，是一条东西走向为主的市域级骨干线路，由上海港铁建设有限公司负责建设，运营线路长度为49.8 km，设站26座，线路识别色为淡蓝色。

9号线共分三期建设。一期工程由松江新城站至桂林路站段，全长29.14 km，设站13座，于2007年12月29日开通运营（宜山路站于2008年12月28日开通）。二期工程的宜山路站至世纪大道站于2009年12月31日开通；世纪大道站至扬高中路站、徐家汇站站内换乘于2010年4月7日开通。三期南段于2009年12月30日开工，2012年12月30日开通试运营。

9号线使用AC04、AC09型电动客车，6节编组，最高持续运行速度为80 km/h，采用1500V直流动力电源，VVVF交流电机传动方式。9号线九亭站到泗泾站区间长6.247 km，目前为上海轨道交通最长区间。

10）上海轨道交通10号线（一期、支线）

上海轨道交通10号线一期由新江湾城站至虹桥火车站，支线在龙溪路站连接航华支线，抵达航中路站。运营线路长度为35.2 km，设站31座，线路识别色为淡紫色。龙溪路站以东及支线部分于2010年4月10日先期开通试运营，而主线的龙溪路站以西于2010年11月30日开通运营。

10号线使用AC13型电动客车，6节编组，最高持续运行速度为80 km/h，采用1 500 V接触网供电，VVVF交流电机传动方式。10号线是我国首条无人驾驶的全自动轨道交通线。

11）上海轨道交通11号线（北段一期、支线）

上海轨道交通11号线呈走向，沿途经过嘉定区、普陀区、长宁区、徐汇区、浦东新区五个行政区，线路识别色为深褐色。线路全长66.90 km，设34座车站，沿线与其它15（目前只有3条可换乘）条轨道交通线进行换乘。其中，运营线路为北段一期和支线，线路长约44.7 km，运营车站20座；在建线路为北段二期和西延线。

11号线北段一期的运营区间是嘉定北路站至江苏路站，运营线路长度约31.8 km，设站16座，于2009年12月31日通车运营。

11号线支线的运营区间是安亭—嘉定新城站，途径上海国际赛车场站，并与11号线主线段在嘉定新城站并线。运营线路长约12.8 km，设站4座，于2010年3月29日通车运营，昌吉东路站于2011年4月25日开通。

11号线使用AC16型电动客车，6节编组，最高持续运行速度为100 km/h，采用1 500 V接触网供电，VVVF交流电机传动方式。是上海首条采取Y型支线运营的线路。

12）上海轨道交通13号线一期西段

上海轨道交通13号线一期西段由金运路站至金沙江路站，运营线路长度为9.4 km，沿线设车站7座，投入运营车站5座，其中祁连山南路站和大渡河路站暂未开通。

13号线一期西段于2012年2月9日顺利贯通，并于同年12月25日空车试运行，12月30日正式载客试运营。该线使用AC20型电动客车，6节编组，最高持续运行速度为80 km/h，采用1 500 V接触网供电，VVVF交流电机传动方式。

13）上海轨道交通22号线（金山支线）

上海轨道交通22号线是在原有金山支线的基础上改建而成，是一条城际铁路线，也是长三角第一条综合国铁、地铁两套不同营运模式的快速市域铁路工程，线路途经上海的徐汇、闵行、松江、金山四个区，是上海市中心城区连接金山区的一条快速铁路。主要工程包括：上海南站至新桥站间增建三、四线约15.4 km，新桥站至金山站间增建二线约41 km，新建黄浦江大桥一座。线路全长56.4 km，共设9个车站，由铁道部和上海市共同出资建设，总投资约为48亿元。

22号线于2012年9月28日带客试运营。22号线按Ⅰ级铁路、双线电气化干线设计，使用CRH2A型动车组执运，设计速度最高为160 km/h，采用27 500 V接触网供电，配有餐车，车底停放上海动车段。

14）上海磁浮示范运营线

上海磁浮示范运营线是世界上第一条投入商业化运营的磁浮示范线，具有交通、展示、旅游观光等多重功能。2002年12月31日投入运营，西起上海轨道交通2号线龙阳路站，东到上海浦东国际机场，主要解决连接浦东机场和市区的大运量高速交通需求。运营线路长度为29.86 km，设龙阳路和浦东国际机场2个车站，双线上下折返运行，设计最高运行速度为430 km/h，单线运行时间约8 min。

15）上海张江有轨电车

上海首条现代化有轨电车线路（亦称导轨电车，实际使用车辆和线路与天津滨海新区的导轨电车相同）——张江有轨电车于2009年8月份中旬投入试运营，2009年12月31日正式运营。线路全长约9.8 km，起点与轨道交通2号线张江高科站“零换乘”，终点为张江集电港的金秋路，设15座车站，串起张江高科技园区内产业、科研、大学和生活区域。车型采用由法国劳尔公司生产的单轨导向、胶轮驱动、750 V直流供电的新型有轨电车，核定载客167人。全线共配置8辆运营车辆。

2. 票价票制

上海的城市轨道交通使用多种票价票制。20世纪90年代初，曾出售过观光票和单一票价。之后，上海轨道交通逐渐意识到，单一票价体制下的轨道交通主要承担的是6 km以下的城市短途客流，中长距离的运输功能却没有得到充分的发挥，定位偏差影响了上海现代化城市公共交通体系的构建。随后，上海轨道交通开始采用引导性票价机制进行车票定价，并沿用至今，计价标准如表2-1所示。此外，由于轨道交通1号线的人民广场站至莘庄站区段在执行现行的票价制度前，一直沿用4元的票价，所以运输距离已超过16 km时，其票价也保持在4元不变。

表2-1　上海城市轨道交通一般计价标准

区间/km		0-6	6-16	16-26	>26	备 注
票价/元	全部线路	3	4	5	每10 km加收1元	除1号线、22号线
	5号线	2	3			只适用于莘庄—闵行区间

由于上海轨道交通22号线不属于城市轨道交通范畴，采取单独的票价标准计费，上海南站至金山卫站全程10元，最低票价3元。磁悬浮全程票价50元。

在票种方面，上海轨道交通采用非接触式IC卡车票，分为常规票种和特别票种。包括常规票种、特别票种、社会保障卡、敬老卡和上海地铁一日票（18 元/张）。

3．客流情况

2012年上海市的运营数据如表2-2所示。

表2-2　上海城市轨道交通2012年客运量　　单位：万乘次

线 路	日最高客流	日均换乘客流	日均客流	全年客流
1	125.89	33.44	102.75	37607
2	145.56	43.61	120.07	43946
3	58.32	14.47	47.11	17242
4	83.70	32.25	68.29	24993
5	14.63	4.18	11.79	4313
6	31.81	10.67	26.14	9568
7	67.28	23.81	53.75	19674
8	78.31	29.08	64.30	23534
9	67.75	21.05	53.86	19713
10	62.25	22.72	50.39	18443
11	31.59	8.65	22.49	8230
13	2.82	0.92	2.35	4.71
合计		244.87	621.20	227268

2.2.5　上海市城市轨道交通工程建设和运营管理模式

上海轨道交通22号线归属上海金山铁路有限公司管理。其他线路（除张江有轨电车外）归属申通地铁集团有限公司管理。

建设方面，上海申通地铁集团采用“建管中心+项目公司”的建设模式，建管中心下辖6个项目公司，各公司管理的线路如下。

（1）申嘉线项目公司：11号线二期、花桥段、迪士尼段

（2）12号线项目公司：12号线

（3）10号线项目公司：10号线二期、17号线

（4）16号线项目公司：16号线、8号线三期

（5）13号线项目公司：13号线、3/4号线改造工程

（6）申松线项目公司：9号线、5号线南延伸

运营管理方面，上海轨道交通采用“1+4”的运营管理模式——上海城市轨道交通运营管理中心负责整体网络运营，4家运营公司负责各自的客运及车站设施等。由4家运营分公司管理的运营线路如下。

（1）上海地铁第一运营有限公司：1号线、5号线、9号线、10号线

（2）上海地铁第二运营有限公司：2号线、11号线、13号线

（3）上海地铁第三运营有限公司：3号线、4号线、7号线

（4）上海地铁第四运营有限公司：6号线、8号线、12号线

上海轨道交通的维护工作交由上海轨道交通维护保障中心负责。维保中心体制内所辖部门及其职责如下。

（1）供电公司：上海轨道交通所有输变电设备的维护保养任务。

（2）车辆公司：上海轨道交通所有电动列车和内燃机车的维护保养任务。

（3）通号公司：上海轨道交通所有信号和通信设备的维护保养任务。

（4）工务公司：上海轨道交通所有轨道线路、桥梁隧道结构的维护保养任务及所有区间线路的结构监护等工作。

（5）物资和后勤公司：上海轨道交通维修所使用的材料采购、仓储；上海轨道交通内的保安、清洁、餐饮等后勤保障工作。

2.2.6 上海市轨道交通技术特点和创新项目简介

1. 国内首条无人驾驶的轨道线

2010年，上海轨道交通10号线的建成标志着中国即将成为继法国、新加坡之后，又一个拥有全自动轨交系统的国家。10号线采用了全自动高度集中列车控制系统，具备列车自动唤醒启动和休眠、自动出入停车场、自动清洗、自动行驶、自动停车、自动开关车门、故障自动恢复等功能。

2. 市域铁路综合两种运营模式

上海轨道交通22号线是长三角第一条综合国铁、地铁两套不同营运模式的快速市域铁路工程，采用CRH2A型动车组执运，配有餐车，从上海南站到金山卫站全程仅需32 min。工程总投资48亿元，由铁道部和上海市共同出资建设。

3. 首条设计时速为120 km的接触轨（三轨）受电轨道交通线路

2012年11月20日，上海轨道交通16号线接触轨工程正式启动安装和调试，是国内首条设计时速为120 km的接触轨（三轨）受电轨道交通线路。

2.2.7 上海市城市轨道交通发展历程

1990年1月19日，经国务院同意、国家计委批准，长达16.1 km的上海轨道交通1号线锦江乐园—上海火车站区段正式开工；1995年4月10日，该线路正式通车运营，成为上海第一条运营的地下城市轨道线；1996年12月28日，长达4.5 km的1号线莘庄站－锦江乐园站延伸段（又称南延伸段）通车运营。

至此，上海开始了大规模的城市轨道交通建设。1999年，上海轨道交通2号线的中山公园—龙阳路区段（16.3 km）通车运营。1999至2006年期间，除了2001年和2002年无新线开通外，基本保持每年开通一条新线的态势。2007、2009、2010年则是上海轨道交通新线运营的三个井喷期，大量新线在这三个时间段通车运营。2010年恰逢上海世界博览会，轨道交通13号线的部分区段作为世博园区的配套交通工具，于2010年4月20日投入使用；同年11月1日，为配合世博园闭园及13号线华江路—马当路建设，世博段退出运营。

根据上海“十二五”规划，至2015年底，运营里程将力争达到600 km。

2.3 广 州

2.3.1　广州市2012年城市轨道交通发展最新动态

2012年，广州地铁重点是推进了近期建设规划（至2016年）的实施工作，主要是新开工线路的工可研究报告的编制和报批；推进了6号线一期、二期、广佛线后通段等7条新线的建设；确保了236 km（含广佛线佛山段）、144座车站的运营线网的安全与高效；推进了“轨道”+“物业”模式下的地铁沿线土地开发；配合进行广州城市现代有轨电车线网的规划，积极筹建有轨电车海珠环岛线试验段项目。

2012年，广州地铁按照大规模建设、大线网运营、大物业开发的要求，深入开展规范化、标准化、信息化、精细化工作，以保证各项业务安全高效地有序推进。

2.3.2　广州市城市轨道交通规划

1. 广州市城市轨道交通线网规划

广州市地处中国大陆南部，广东省中南部，珠江三角洲北缘，邻近香港特别行政区和澳门特别行政区，是中国通往世界的南大门。全市面积7 434.4 km^2。市区面积3 843.43 km^2，目前广州常住人口1 270.08万人。2012年，广州市实现地区生产总值13 551.21亿元，比上年增长10.5%。增速高于京沪深。

广州地铁线网规划自从20世纪80年代以来，已经历了四个重要阶段，分别是20世纪80年代的“十字”线网规划、90年代初期的“五线”线网规划、90年代后期的“七线”线网规划、2000年后的多中心组团式网络型城市结构背景下的线网规划。

第四阶段的线网规划于2003年完成并通过市政府、市人大批复，2005年局部调整后线网共15条线，619 km，含城际轨道、市郊列车线时共19条线，726 km。线网基本构架由“交通疏导型”和“规划引导型”两类线路构成，形成既向心又交织的轨道交通系统，并有良好的辐射能力，使中心城区与人口大于50万人口的边缘组团、卫星城（除南沙片区）的时空距离，基本控制在30min以内。

随着社会经济的全面快速发展，广州将面临新一轮的发展机遇和挑战。广州市将在国家和区域层面担负起更大的责任，也面临着日益严重的交通问题。2007年4月开展的轨道交通线网规划深化研究工作初步成果，确定了线网结构由“网格+放射”提升为“环形+放射”。深化研究打造市域快线，支撑了一主六副的城市空间结构；锚固枢纽点，实现了轨道交通与海、陆、空、铁枢纽的无缝接驳；充分考虑了与周边城市轨道交通衔接，增强了轨网的开放性。根据上述深化研究成果，2010年广州市重新编制了线网规划，广州市远期轨道交通线网规划方案共有31条线组成，其中城市线21条，城际线10条，总线网里程1 221 km，其中城市线905 km，站点413座，城际线316 km。2020年广州市轨道交通线网深化方案如图2-7所示。

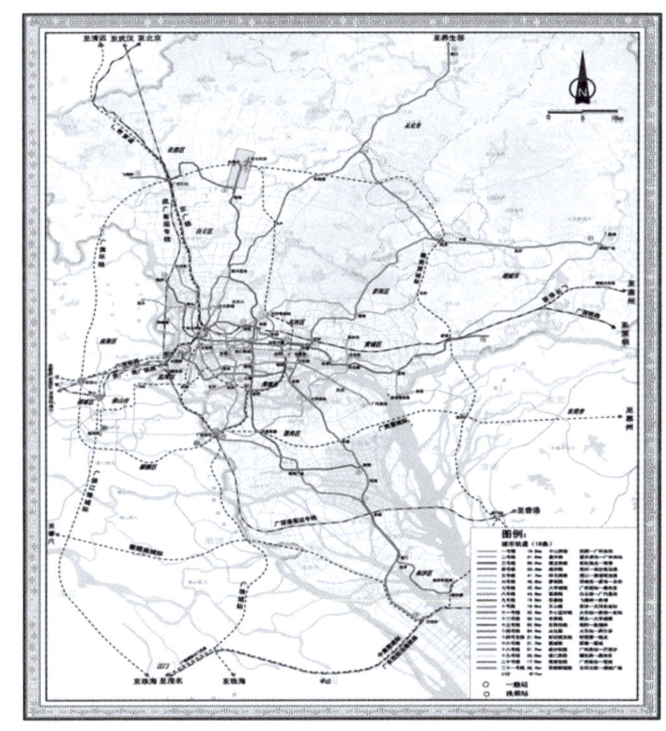

图2-7　2020年广州市轨道交通线网规划

2. 广州市轨道交通近期建设规划

2008年，国家批复了广州市轨道交通近期建设规划调整，至2012年前后，广州市将建成城市轨道交通9条线路，290.5 km，车站182座。

2011年初，广州市根据“十二五”发展战略、2020年城市总体规划需求，上报了广州市2015年建设规划，提出了在2011—2015年间继续建设328 km的申请。2011年11月底，经国家发改委委托中国国际工程咨询公司评估，基本同意了将其中的228.9 km线路纳入2015年前建设范围。目前，该228.9 km线路已于2012年7月获得国家发改委批复。规划实施后，广州市轨道交通线路将达到13条，运营里程约520.5 km；其中中心城区里程约330 km。

3. 广州市城市轨道交通近期规划建设线路

1）轨道交通4号线南延线

4号线南延线自4号线金洲站经环岛西路至南沙客运港，全长12.6 km，共设6座车站。主要功能为支持南沙新区发展，目前，工可报告已编制完成，即将上报国家审批。

2）轨道交通8号线北延段

8号线北延段由在建的文化公园站继续向北延至白云湖，全长16.1 km，共设13座车站。主要功能为疏解同德围地区交通并支持白云湖地区发展。目前，工可报告已上报国家发改委并通过了专家审查。

3）轨道交通11号线（环线）

11号线行经琶洲、新滘路、逸景路、芳村大道、火车站、广园路、火车东站、员村二横路，至琶洲闭合，全长43.2 km，共设31座车站，其中换乘站19座。主要功能为串联城市主要交通集散点，完善线网结构，提升服务水平。目前，正在开展前期研究工作。

4）轨道交通13号线（东西快线）首期

13号线起自朝阳，终点为新塘段，线路长62.8 km，共设29座车站。主要功能为对接穗莞深城际线，构建城市东西快线，加强城市东西部区域与中心城区联系。其中首期工程鱼珠至象颈岭段线路长约28.3 km，均为地下线敷设方式，共设置11座车站，其中换乘站4座。目前工可报告已上报国家发改委并通过了专家审查。

5）轨道交通14号线首期及支线（从化线及知识城线）

14号线主线嘉禾—街口段，支线新和—镇龙段（知识城线），主要功能为落实城市“北优”发展战略、支持从化及知识城地区发展。其中主线长51.2 km，设13座车站，知识城线长21.6 km，设置5座车站，目前工可报告已上报国家发改委并通过了专家审查。

6）轨道交通21号线

21号线始于天河公园—增城广场，全长58.7 km，共设14座车站。纵贯萝岗区及增城中部，经过广州“两个新城区”中的东部新城，是连接奥体中心、知识城、国家级开发区—增城经济技术开发区、东部产业转移带、增城副中心城区的东部拓展串联线。

2.3.3 广州市2012年城市轨道交通建设情况

1. 6号线一期

6号线首期工程（浔峰岗—长湴）24.3 km，设22座车站，分别为浔峰岗、横沙、沙贝、河沙、坦尾、如意坊、黄沙、文化公园、一德路、海珠广场、北京路、越秀南、东湖、东山口、区庄、黄花岗、水荫路、沙河、天平架、燕塘、天河客运站、长湴、线路于2007开工，计划于2013年底开通。

2. 广佛线后通段

广佛线后通段（西朗—沥滘段），线路长11.6 km，设7站，于2011年开工建设，目前土建工程累计完成30%，7座车站中已有2座车站主体封顶，力争在2014年建成通车。

3. 6号线二期

6号线二期出长湴站后，继续沿广汕公路向东行进，经华南植物园、过华南快速干线，设龙洞站、柯木塱站、高塘石站，黄陂站、在开创大道路口折向东南，沿开创大道行进，止于香雪站。长17.4 km，共设10座车站。于2011年开工建设，预计2016年建成通车。

4. 7号线一期

7号线首期西起番禺区的广州新客站，转向东北沿汉溪大道，经钟村、汉溪长隆，之后沿南大干线、经南村转向北，穿越珠江到达大学城南。全长约18.6 km，共设9座车站，其中换乘站4座。线路于2012年9与28日正式动工，预计2016年建成通车。

5. 8号线（凤凰新村—文化公园段）

8号线由在建的凤凰新村站继续向北延至文化公园站，长1.8 km，中间设2站。线路于2011年开工建设，预计在2015年建成通车。

6. 9号线

9号线以花都汽车城为起点，经花都中心城区至新白云国际机场，与3号线北延段于高增站换乘，线路长20.1 km，设一座车辆段，设10座车站，于2011年开工建设，预计2015年建成通车。

2.3.4　广州市2012年城市轨道交通运营现状

广州城市轨道交通已运营线路为8条，运营线路图如图2-8所示。

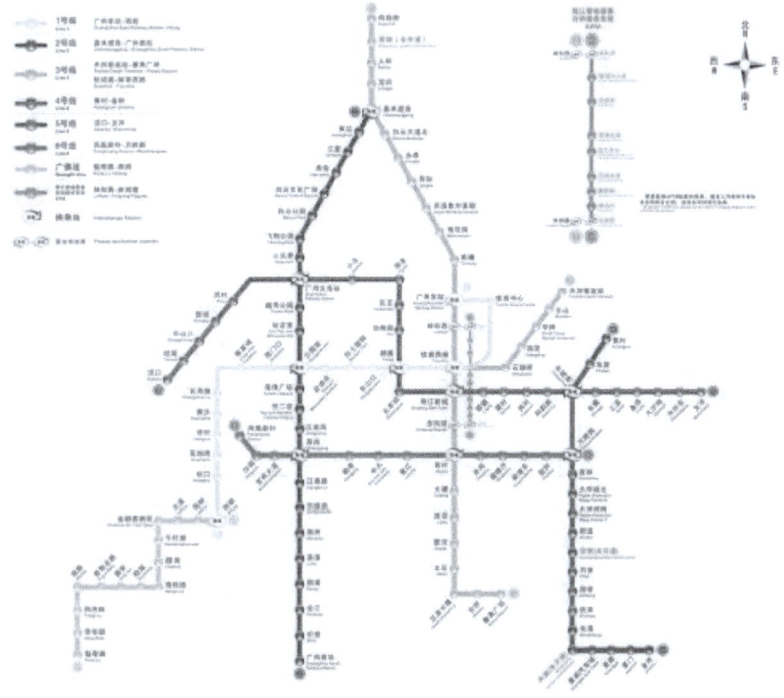

图2-8　广州市城市轨道交通运营线路图

1. 运营线路

1）广州地铁1号线

广州地铁1号线于1993年12月28日正式动工，1997年6月28日起开始试运营，首段开通西塱—黄沙段，全线于1998年12月28日竣工，到1999年6月28日正式通车，标志着中国大陆继北京、天津及上海后，第4座城市建有地铁系统。

广州地铁1号线全长18.5 km，设有16个车站，其中西朗和坑口是地面车站，其他为地下车站。

2）广州地铁2号线

经过一系列的拆解，2010年9月25日，2号线北延长线和南延长线开通。广州地铁2号线（嘉禾望岗—广州南站），全长约32 km，设有24座车站。

地铁2号线首通段（三元里—晓港）于2002年12月29日开始运营。2003年6月28日地铁2号线三元里—琶洲段开始试营运。2005年12月30号，为了配合4号线大学城专线的开通，万胜围站正式启用。

3）广州地铁3号线

3号线路全长36.35 km，全部为地下线路，设18座车站，其中主线全长28.80 km，设13座车站；支线全长7.55 km，设5座车站。该线一期于2001年12月开工，2005年12月开通广州东—客村段，2006年12月全线开通。其中，3号线一期工程呈南北“Y”字形走向，主线北起广州东站，南到番禺广场；支线北起天河客运站，在体育西路与主线汇合。

3号线作为广州市南北向轨道交通骨干线，可充分满足中心城区天河、海珠与南部番禺地区大石、市桥及北部新机场、白云区、花都区等多组团间的乘客出行要求。3号线沿线以组团式规划发展，地铁主要解决组团与组团之间以及组团与城市中心区的客流运送，因此，采用大站距快速线的设计思路，是国内第一条最高运行速度达120 km/h的地铁线路，采用120 km/h B型车，旅行速度为57.5 km/h，比常规地铁高45%左右，快速效果明显。

4）广州地铁3号线北延线

广州地铁3号线支线北延段于2010年10月30日开通，其由体育西路—机场南站，线路全长30.9 km，设12座车站。

5）广州地铁4号线

地铁4号线（万胜围—新造段）于2005年12月26日开通，新造—黄阁段也于2006年12月30日通车试运营（官桥站、庆盛站暂未开通），2007年6月28号蕉门和金洲站启用，2009年12月28日开通万胜围—车陂南段。2010年10月30日开通车陂南—黄村段。

4号线南北走向，全线长46.7 km，地下线长16 km，高架线路长30 km，共设16座车站，黄村—新造段车站为地下车站，其余车站为高架车站。

6）广州地铁5号线

5号线全长约40.5 km，设28个车站，全线共有12个换乘站，于2004年5月28日动工建设首期工程（滘口—文冲段），5号线首期工程（滘口—文冲段）全长约31.9 km，设24个车站，滘口和坦尾是高架站，沿线有10个是换乘站，5号线首期工程于2009年12月28日开通，并立即对已有线网客流产生了极大的拉动，2010年元旦当天运量创下历史新高，达到369万人次。

7）广州地铁8号线

广州地铁8号线大致呈东西走向，全长15 km，共有13个站，西起于海珠区工业大道北凤凰新村站，经昌岗站，东止于海珠区新港东路万胜围站。其中晓港—万胜围段是原2号线的一部分，该部分中晓港—琶洲段于2003年6月28日投入运营，琶洲—万胜围段于2005年12月26日投入运营。2010年9月25日，二号线和八号线拆解工程完成，新2号线、8号线顺利开通。

8）广佛线首通段

广佛城际线首通段西起佛山市魁奇路与汾江南路交叉处，终点到广州市轨道交通1号线西朗站。全长20.73 km，设14个车站，全部为地下车站。佛山市境内线路长度14.797 km、车站11座，广州市境内线路长度5.93 km、车站3座。设车辆段一处，位于佛山市南海区夏南村附近。广佛线采用B型车，四辆编组。2010年4月8日，广佛线首通段隧道全线贯通。2010年11月3日，首通段通车试运营。

9）广州珠江新城旅客自动输送系统（APM）

珠江新城旅客自动输送系统（APM）于2010年11月8日开通投入试运营。它是世界首条的地下捷运系统。全称“广州市珠江新城核心区市政交通项目旅客自动输送系统”，原称“珠江新城集运系统”。

APM将解决珠江新城核心区的交通疏导，它将是珠江新城CBD地区和天河商贸区内部的公交骨干线，满足其内部、珠江新城与天河商贸区、观光塔之间客流的交通需求，以及旅游观光购物的出行需要。

APM与轨道交通线路形成快捷方便的连接，线路总长约3.94 km，全部采用地下线路，共设9座车站。输送系统站点之间最大间距693.5 m，为体育中心至林和西区间；最小站间距315.5 m，为天河南一路—体育中心站区间，平均站间距473.4 m，走向基本与地铁3号线平行。

2. 票制票价

自2006年12月30日起，广州地铁线网票价由原来的按站计算票价改为按里程分段计算票价。里程分段计价办法为：起步4 km以内2元；4~12 km每递增4 km加1元；12~24 km每递增6 km加1元；24 km以后，每递增8 km加1元。如表2- 3所示。

表2-3　广州城市轨道交通里程与票价关系表

里程/km	0~ 4	4~8	8~12	12~18	18~24	24~32	32~40	40~48	48~56
票价/元	2	3	4	5	6	7	8	9	10
里程/km	56~64	64~72	72~80	80~88	88~96	96~104	104~112	112~120	
票价/元	11	12	13	14	15	16	17	18	

注：APM实行单一票制2元。

车票种类包括：单程票、羊城通、中小学生储值票、老年人储值票和老年人免费票。

3. 客流情况

广州市城市轨道交通2012年客运量统计如表2- 4所示。

表2-4所示为 广州市城市轨道交通2012年客运量统计。

表2-4　广州市城市轨道交通2012年客运量统计　　单位：万人次

线　路	全年客流总量	日均客流	日最高客流
1号线	38980	106.5	132
2号线	39354	107.5	151
3号线	46723	127.7	175
4号线	7923	21.6	36
5号线	27761	75.9	95
8号线	19867	54.3	78
广佛线	4396	12.0	23
APM	606	1.6	3
合计	185 610	507.1	693

2.3.5 广州市城市轨道交通建设与运营管理模式

广州市地下铁道总公司是广州市政府全资大型国有企业，现有员工19 000多名。公司担负着承担着广州市轨道交通系统建设及运营管理，同时经营地铁沿线的房地产及其它相关资源开发的多元化产业。下设建设事业总部、运营事业总部、房地产开发事业总部，并拥有广州地铁设计研究院有限公司、广州中咨城轨工程咨询有限公司、广州地铁监理有限公司、广州有轨电车有限责任公司等全资子公司，以及城市轨道交通培训学院、广州南车城市轨道交通装备有限公司等合作子公司。公司践行阳光文化，“诚信、务实”的企业核心价值观，在地铁建设、运营管理和多种经营等方面取得了令人瞩目的成就。广州地铁已建成开通八条线路，总里程236 km，运营日均客运量近507万人（2012年）次。伴随着地铁线网的延伸，公司一直探索着企业发展壮大之路。目前，公司按照“轨道+物业”的思路，实施《广州市推进轨道交通沿线土地储备和物业开发工作方案》，为地铁建设和运营筹措资金。同时，也在积极探索在新建线路中采用BT模式的可能性。

2.3.6 广州地铁发展大事记

1992年，广州市地下铁道总公司正式成立。

1993年12月28日，广州轨道交通1号线正式动工。

1997年6月28日，广州市轨道交通1号线首段试运营。

2011年7月6日，由南车株洲电力机车有限公司和广州市地下铁道总公司共同出资成立的广州南车城市轨道装备有限公司首列总装地铁列车下线。

2011年9月8日，广州地铁安全预警与应急平台成功上线。该平台是国内首个涵盖地铁工程建设、运营、设施保护的城市轨道交通应急平台，也是国内首个贯穿安全生产管理“事前—事中—事后”全过程的城市轨道交通应急平台。

2012年10月20日，广州地铁九号线项目下穿武广高铁K2247+510段整体无砟轨道路基技术方案获铁道部批复。

2012年10月31日，广州地铁牵头承担的国家十二五规划“863”计划主题项目“城轨列车在途监测及安全预警关键技术”，通过科技部组织的中间成果检查。

2.4 天津

2.4.1 天津市轨道交通2012年度最新发展动态

天津市轨道交通2号线于4月25日，完成首列车型式试验，7月1日正式实行分段试运营，11月26日2号线延伸线初步设计通过评审。

天津市轨道交通3号线于5月17日，完成首列车型式试验，10月1日正式开通试运营。

10月15日，天津地铁1、2、3、9号线AFC系统全部接入清分中心，天津轨道交通路网实现四线运营。

2.4.2 天津市城市轨道交通线网规划

天津市地处华北平原东北部，环渤海湾的中心，东临渤海，北依燕山。天津市域面积11 760.26 km^2，疆域周长约1 290.8 km，海岸线长153 km，陆界长1 137.48 km，是中国北方最大的沿海开放城市。天津海陆空交通便捷，铁路、公路四通八达。长期以来，天津港与170多个国家和地区的300多个港口保持贸易往来，是连接亚欧大陆桥距离最近的东部起点。

天津市辖16个区、县，2010年普查数据显示天津常住人口1 293.8万，外来常住人口299.17万，占23%。2012年天津市生产总值比上年增长13.8%。地方财政收入1 760亿元，增长21%。城市居民人均可支配收入29 626元，增长10.1%；农村居民人均可支配收入13 571元，增长14.1%。

1. 天津市城市轨道交通线路规划

2003年10月，天津市人民政府正式批复《天津市城市快速轨道交通线网规划修编最终报告》（津政函［2003］125号），明确天津市中心城区轨道交通远景线网由3条基本骨架线（1、2、3号线）、2条内部填充线（4、9号线）、4条外部填充线（5、6、7、8号线）共9条线路组成，总长约234.7 km，全线网设车站180座，其中设换乘站30处，城市核心区线网密度0.938 km/km^2，中心城区线网密度0.536 km/km^2。2009年以来，结合中心城区城市规划进一步优化提升以及重点地区规划建设，为满足天津市中心城区城市结构、人口、出行等方面变化的要求，天津市对轨道交通线网规划进一步优化，目前线网规划修编正在紧张进行中。图2-9所示为天津市城市轨道交通规划示意图。

2. 天津市城市轨道交通规划线路

天津市城市轨道交通规划线路有3条，包括4号线、7号线、8号线。

1）天津地铁4号线

天津地铁4号线规划北起北辰区双街，东至东丽区中国民航大学，全长41 km，计划共设33座车站，设2处车辆基地。沿线主要途经北仓、京津路、白庙、天泰路、天津西站、中山路、老城厢、和平路、解放北路、小白楼、六纬路、津塘路、张贵庄等地区。

2）天津地铁7号线

天津地铁7号线规划北起北辰区南淀风景区至津南区梨园头，全长24.2 km，共设20座车站。沿线主要途经丽苑居住区、万新居住区、东丽居住区、小海地居住区、梅江南居住区、南洼风景区等地区。

3）天津地铁8号线

天津地铁8号线规划北起北辰区小淀至西青区中北镇，全长23.7 km，设站12座。沿线主要途经南仓道、密云路、芥园西道、西横堤外居住区、铁东居住区、北仓工业区、铁东工业区等地区。

图2-9 天津市城市轨道交通规划示意图

2.4.3 天津市城市轨道交通建设情况

天津市在建城市轨道交通规划线路包括天津地铁5号线、6号线、2号线延长线。

1. 天津地铁5号线

天津地铁5号线工程是中心城区东南半环的线路，北起北辰区双街，南至西青区梨园头，沿线经过北辰、河北、河东、河西、南开、西青六个行政区。

地铁5号线线路正线全长34.831 km，其中地面线0.355 km，过渡段0.26 km，地下线34.216 km。共设28座车站，其中地下站27座，地面站1座，在双街设停车场，梨园头设车辆段。本线与地铁6号线共同构成环线。

计划2016年建成通车。

2. 天津地铁6号线

天津地铁6号线是中心城区西北半环的线路，北起大毕庄，南至海河教育园区，沿线经过东丽区、河北区、红桥区、南开区、河西区、西青区和津南区七个行政区。

地铁6号线线路正线全长56.1 km，其中过渡段长0.263 km，高架段1.349 km，地下线54.48 km。全线共设48座车站，其中地下站47座，高架站1座，在大毕庄设车辆段，在海河教育园设双港停车场。

计划2016年建成通车。

3. 天津地铁2号线延长线

天津地铁2号线机场延伸线西起空港经济区站东端，东至天津滨海国际机场，线路全长4.485 km。其中地面、敞开段及明挖区间长633.4 m；盾构区间长3.3 km；中间设1个风井和1个疏散口，4个联络通道。地面、敞开段及明挖区间随礼明庄站施工已建成。其中始发井—风井盾构区间右线线长1 885.7 m，风井—机场站盾构区间右线线长1 400.8 m。

2.4.4 天津市城市轨道交通运营现状

图2-10所示为天津地铁运营线路信息图。

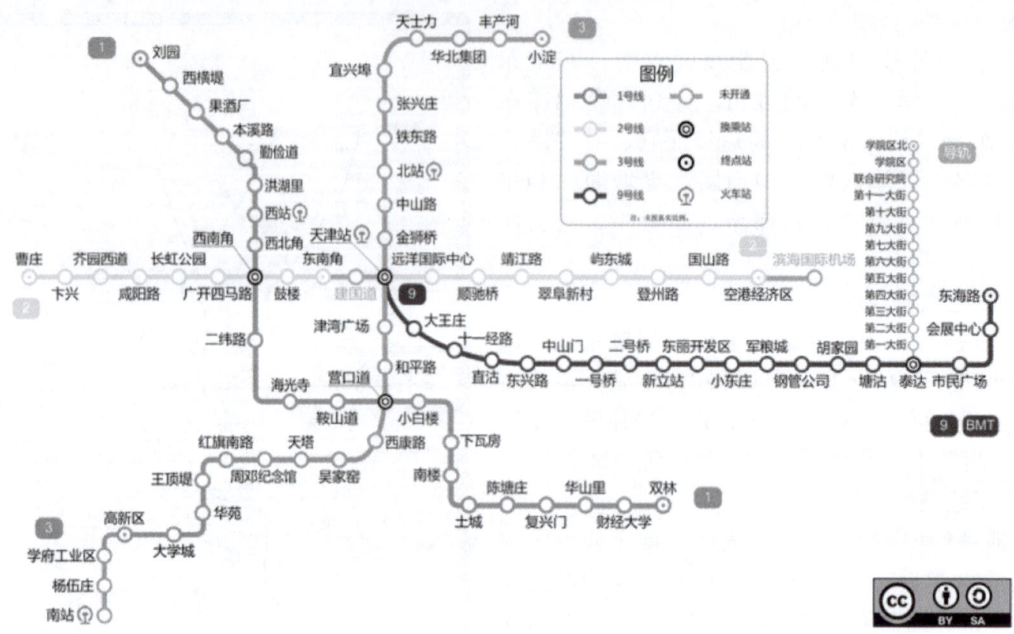

图2-10　天津地铁运营线路信息图

天津市已经投入运营的线路有1号线，2号线，3号线和9号线（津滨轻轨）。

1. 天津市城市轨道交通运营线路

1）天津地铁1号线

天津地铁1号线：北起北辰区刘园，南至津南区双林，为天津市快速轨道交通线网中西北至东南方向的骨干线。于2002年11月21日开工建设，历经3年多时间改造，于2005年12月28日建成通车，2006年6月12日开始载客试运营。天津地铁1号线跨越北辰区、红桥区、南开区、和平区、河西区、津南区六大行政区，途经南楼、小白楼、吉利大厦、电报大楼、西南角等多个繁华商业区，全长26.188 km，沿途共设22个站，其中地下车站13座，高架车站8座，地面车站1座，平均站距1.25 km。除小白楼、下瓦房、南楼、土城为岛式车站外，其余均为侧式车站。

其中天津西站至新华路段为既有线，长7.29 km，既有线以北新建路段长7.491 km，以南新建路段长11.407 km。全线共设22座车站。刘园设停车场，双林设车辆段。该线路自2006年6月12日通车试运营以来，在行车安全、运营服务等方面深受广大市民好评。

2）天津地铁2号线

天津地铁2号线是天津市快速轨道交通网中的东西骨干线，西起西青区中北镇，东至东丽区李明庄，线路全长22.657 km，其中地下线21.64 km，地面及过渡段1.02 km。设曹庄停车场、空港经济区车辆段。共19座车站，其中地下站18座、地面站1座，设车辆段及综合基地一座，占地约38公顷；设停车场一座，占地约24.8公顷；设主变电所2座。

天津地铁2号线2006年开工建设，拟建的延长线上设有滨海国际机场站，将成为天津的机场联络轨道系统。目前，天津地铁2号线于2011年8月12日在李明庄车站进行了试车。该线路原本的预计开通时间为2011年末，但由于2011年5月6日发生的建国道区间渗水事故，导致通车时间延期。现已于2012年7月1日实行东西分段试运营。

3）天津地铁3号线

天津地铁3号线是从西南至东北的主干线，西南起于西青区华苑产业园区，至北辰区小淀，线路全长29.655 km，其中地下线21.65 km，过渡段0.53 km，高架线6.87 km，地面线0.61 km，设23座车站，其中地下站18座，地面站1座，高架站4座，设车辆段1座，占地约27.37公顷；设停车场1座，占地约12.3公顷；主变电所2座。

天津地铁3号线于2007年开工建设，2012年10月1日全线开通试运营。天津地铁3号线已经于2012年10月1日全线开通试运营。

4）天津地铁9号线

天津地铁9号线全长52.759 km，其中高架线39.915 km，地面线5.894 km，过渡线0.28 km，地下线6.67 km，已开通的天津站至东海路区间共设19座已运营车站。天津地铁9号线又称“津滨轻轨”始建于2001年1月18日，一期工程中山门站至东海路站于2004年3月28日开始试运营，二期工程中山门站至十一经路站于2011年5月1日开通试运营，十一经路站至天津站站亦于2012年10月15日开通，并与天津地铁2号线、3号线在天津站实现换乘。

2．票价票制

天津地铁实行分段计程票制，市区线路（即除中山门到东海路以外车站）全程票价5元：乘坐1至4站，票价2元；乘坐5至9站，票价3元；乘坐10至15站票价4元；乘坐16站或以上的票价为5元。乘客从进入付费区开始，须在180min内搭乘完地铁，否则车票作超时处理。超时须按最高单程票价付费更新。目前最高票价封顶为11元（含9号线），1、2、3、9号线（天津站站至中山门站）最高票价为5元。

地铁车资可使用单程票、储值票及城市一卡通付费，其中储值票包括普通储值票、学生优惠票、老人优惠票、地铁特惠票（仅限1、2、3号线）和乘次票（已停用）5种。

3．客流情况

2012年天津市的城市轨道交通运营数据如表2-5所示。

表2-5　天津市城市轨道交通2012年客运量统计　　单位：万人次

线　路	全年客流总量	日均客流	日最高客流
1号线	6207.36	16.96	31.38
2号线	564.94	3.07	9.47
3号线	1246.81	13.55	23.65

2.4.5　枢纽工程

1．天津东站综合交通枢纽

天津站交通枢纽工程是根据国家铁路网中长期发展规划和天津市“十一五”发展规划，结合铁道部对铁路天津站的改扩建要求，对天津站地区进行综合规划建设的集普速铁路、京津城际铁路、津秦客运专线铁路和地铁2、3、9号线及长途客运、公交、出租等多种交通方式于一体的现代化综合性交通枢纽项目。本项目东至李公楼立交，西至五经路，南至海河，北至新环路，规划占地总面积94.46万平方米，总建筑面积约76万平米，建设投资近105亿元。子项包括：后广场轨道换乘中心工程、海河东路地及主广场工程、副广场工程、李公楼立交桥改建工程、前后广场联系通道工程、五经路地道丅程、前广场景观石材铺装工程、道路工程、绿化工程、路灯照明工程。

天津站综合交通枢纽强化了后广场的交通功能，使天津站从原来的以前广场为主、后广场为辅的格局，改变为站前、站后广场均衡发展。建成后的天津站综合交通枢纽共有五大功能分区：铁路客站、城际广场、海河广场、站前公交中心（副广场）和站后公交中心。

天津站综合交通枢纽是集国铁、地铁、轻轨、公交和出租车等市政交通设施为一体的大型综合交通枢纽工程，是我国目前在建同类工程中建设规模最大的综合性枢纽项目之一，对构建完善的城市立体交通体系，提升城市载体功能，加速滨海新区开发开放以及促进环渤海地区经济发展具有重要作用。

2．天津西站综合交通枢纽

天津西站综合交通枢纽是天津现代化水平最高的交通枢纽，工程总投资114亿元人民币，占地面积约68万平方米，站房主体结构为地上2层、地下3层，建筑总面积达18万平方米，车场总规模为24台24

线，通过地下直径线与天津站紧密相连。站区内今后将有地铁1号线、4号线、6号线经过，同时还设有长途客运站、两个公交首末站和大型停车场，30余条公交线路在西站设站。西站实现了铁路、公交、地铁、出租、长途客运等多种交通运输方式的“零换乘”，成为天津最大的现代化交通枢纽之一。新天津西站，已和北京南、济南西、南京南、上海虹桥站一起成为京沪高铁线路上的五大始发站，具备始发和终到功能。

天津西站交通枢纽工程分为公交场站工程、枢纽控制中心工程、市政道路工程、广场景观工程、地下停车场及公共换乘区工程及轨道交通地下结构工程六部分。六个工程部分共划分为15个子项，分别为南广场公交场站、北广场公交场站、枢纽控制中心、新建复兴路立交、子牙河南路拓宽、南运河北路拓宽、西青道下沉、快速路西纵联络线立交、南广场景观、北广场景观、南广场地下停车场及公共换乘区、北广场地下停车场及公共换乘区、东西轨道交通地下结构工程、南北轨道交通地下结构工程、地铁4、6号线西站站工程。

2.4.6 天津市城市轨道交通技术特点和创新项目简介

天津地铁以先进轨道交通为标杆，针对建设、运营和经营中存在的问题，不断地总结、研究，形成了多项新技术成果，不但确保了地铁工程建设的顺利实施，还为轨道交通的可持续发展提供技术支持。

1. 《天津地铁建设项目管理信息一体化平台》

天津地铁建设项目管理信息平台结合天津地铁的组织结构，将工程建设项目管理过程中业主单位、设计单位、监理单位、施工单位统一在协同管理平台上开展工作，对项目管理体系的全过程动态关联化管理，共同协作，实现系统的全面运转。

该平台地特点是实现工程建设管理过程的业务数据处理与日常办公事务的信息处理高度集成，建立统一的运作支撑综合平台，采用先进的管理模型思想和管理应用平台技术相结合，通过建立动态的管理模型，提供一个管理与运行的框架结构，并动态适应建设开发的应用系统和不断改进的业务流程与业务模型，为工程建设管理提供强大、集成和统一的业务支撑环境，对工程建设管理的团队协作、业务处理、流程控制、决策分析、商务智能、业务重组、快速开发、快速应用、灵活调整提供全面支持。

项目分两期完成，一期主要完成招标管理系统、合同管理系统、验工计价管理系统的开发、实施、运行，二期主要完成项目立项管理、施工图纸管理、施工管理、工程档案管理等功能系统的开发、实施、运行。

2. 《地铁卫生间密闭式全自动控制污水排放系统技术应用研究》及其标准的建立

该项目参照目前发达国家地下建筑污水排放的实际情况，提出了一种完全区别于传统污水收集和提升排放的设计理念，在已建成的地铁车站内试用了一种新型的密闭式全自动控制污水排放技术，该技术用重力或真空原理，将卫生间产生的污水收集到密闭的集水箱内，然后通过污水泵（干式）将污水提升和排出至室外污水井或化粪池，从而实现污水排放的功能。地铁卫生间密闭式全自动控制污水排放系统可以轻松实现与车站设备监控系统的联动，而且节省了土建投资，缩短了土建施工和安装周期，大量节省钢筋、混凝土和施工降水和降板的费用。由于污水不和地铁站内的空气接触，不会产生任何异味，为乘客提供了良好的乘车环境，避免走先污染后治理的老路。

本研究成果经总结已经形成天津市地方标准，该技术成果为天津市正在建设的车站卫生间提供了设计依据，并全面采用，也为今后其它地区的轨道交通卫生间设计提供了技术依据。可广泛适用于地铁、地下建筑、地下停车场等的有污染隐患的传统污水排放系统中，具有很强的技术辐射能力。

3. 《北方地铁干式消火栓系统技术1：1原型试验应用研究》及其标准的建立

该项目研究了半自动干式系统，即干湿式结合系统在地铁中应用的可行性。传统北方城市的地铁设计中，消防给水管道采用湿式系统，由于冬季可能冻结故普遍采用电伴热保温。但是设计中采用电伴热和管道外保温的方式存在一些缺点，如：存在事故隐患、增加运营成本、浪费能源等，甚至还会出现区间消防管道接头因漏水影响行车的事故。本项目技术特点为：地下车站采用湿式系统，地下区间隧道、高架站、地面站采用干式系统。车站水源与城市自来水管网连接，车站设置消防泵组，在地下车站和区间连接的地方以及高架站、地面站消防泵扬水管与站厅、站台消防干管连接处设置快速启闭阀。当发生火灾时，车站或控制中心的火灾报警系统接到报警信号，开启电动快速阀，车站消防泵组管网的水迅速向对应车站或区间的管道输入，管道内的空气在水压的作用下通过快速排气阀迅速排出，管道在短时间内由干式迅速转变为湿式系统，消火栓口接出水龙带和水枪达到灭火的目的。

与湿式系统相比，半自动干式系统的主要优点是：平时管道内无水，不会有冻结问题；管道不需要保温；不会产生滴漏水现象而影响运营；节约能耗、降低了运营费用、管理方式灵活方便。

本研究成果经总结已经形成天津市地方标准，该技术为严寒地区解决轨道交通消防水管防冻提供了一种新的方法，这在我国地铁系统尚属首次。具有较大的实用价值和很强的技术辐射能力。

4. 《天津地铁员工职业技能等级评级体系开发》及其培训管理机制建立

1）建立天津地铁员工职业技能等级评级体系

随着天津地铁多线路运营规模的不断扩大，满足企业长远发展和人员发展需要，天津地铁以提高运营员工素质和技能水平为核心，以增强企业综合竞争力为目的，针对一线员工建立了“职级评定管理体系”。这套体系吸收了地铁行业以往经验和国家相关考评体系的运作模式，结合天津地铁运营岗位的实际情况，初步设定了涵盖运营公司11个技能岗位，包括初、中、高三个等级的职级评审体系，对占据运营公司80%以上员工的职业生涯进行了明确规划，导向员工敬业爱岗，钻研技术，自觉将个人发展与企业发展融合为一，也保证了员工薪酬福利水平的持续提升，保证了薪酬与能力素质的统一。

2）建立创新培训管理机制

培训是地铁安全平稳运营的重要保障手段之一，吸取全国各家地铁公司在培训方面的优秀经验，结合天津地铁的实际情况，天津地铁建立了一整套先进的地铁运营培训管理机制。该机制根据岗位设置及人员配备为基本点，以多元化的培训体系为依据，构造了四大培训体系，即营运员工通用培训体系、地铁专有工种培训体系、安全培训体系、管理培训体系。

另外，在满足自有员工的岗位能力培养及提升的同时，天津地铁承接了北京京港地铁、西安地铁、沈阳地铁等行业内的委托培养项目，为参训单位培养及输送了车站值班员、电客车司机、轨道车司机、工务维修、车辆维修等岗位的人员，累计培训578人次，进一步增强了培训队伍的专业水平，同时为运营公司开辟了一条全新的培训模式。

2.4.7　天津市城市轨道交通发展历程

天津第一条地铁线于1970年动工，至1984年建成通车，是中国内地继北京之后第二个建设地铁的城市。开始时从新华南路至西南角，后延伸至天津西站，全长7.4 km，共设8座车站。

2003年，修编后的《天津市中心城区快速轨道交通线网规划》得到了天津市政府批准。从此，天津市拉开了大规模建设快速轨道交通的序幕，按照规划，快速轨道交通线网由9条线组成，呈环放式结构，线网总长234.7 km，设车站180座，换乘站30座，核心区线网密度0.938 km/km^2，中心城区线网密度0.536 km/km^2。

2008年11月天津市公布2009年交通和市政基础设施重大项目建设计划，计划加大铁路、公路、机场等重大交通及市政基础设施的建设投入，加快地铁2、3号线和轻轨西段（9号线）建设，启动地铁4、5、6号线等重点工程。

截至2012年10月15日，天津地铁已经开通1、2、3号线及9号线四条线路。津滨轻轨9号线十一经路站至天津站站开通试运营，这不仅标志着9号线“链上”地铁网，也标志着天津市地铁联网时代的到来。

除在建的地铁5、6号线及2号线机场延伸线，天津市还将启动地铁4号线建设及1号线东延国家会展中心工程。到2017年，天津市将拥有地铁1、2、3、5、6、9号线6条轨道交通线路，通车里程达到230余 km。

2.5 深 圳

2.5.1 深圳市2012年度城市轨道交通最新动态

2012年，已获国家发改委批复立项的深圳轨道交通11、7、9、6、8号线工程项目全面推进，其中，深圳轨道交通7号线（西丽线）于2012年10月23日开工建设；深圳轨道交通9号线（梅林线）也启动前期准备工作；深圳轨道交通6号线和8号线的工可编制、勘察设计招标、建设模式和投融资研究等取得创新进展。

2012年11月，深圳市规划和国土资源委员会（市海洋局）组织开展了《深圳市轨道交通规划（修编）》编制工作，提出了远景城市轨道交通线网规划修编方案，并开展了方案公示和相关意见征求工作。

2.5.2 深圳市城市轨道交通线网规划

1．深圳市城市轨道交通线网规划

深圳市是珠江三角洲的核心城市之一，是香港与内地陆路联系的必经通道，具有区位上的独特优势。深圳全市总面积2020 km^2，土地总面积1 952.84 km^2，截至2010年年底，深圳常住人口为1 035.79万，人口密度约5 201人/ km^2。2012年，深圳全市生产总值达12 950.08亿元，同比增长超过10%。

根据2010年获得国务院正式批复的深圳市城市总体规划（2010—2020）中编制的《深圳市城市轨道交通规划》，深圳市轨道交通线网远景规划方案由组团快线、城市干线、局域线三个层次共16条城市轨道交通线路组成（见图2-11），其中组团快线4条，城市干线6条、局域线6条，合计城市轨道交通远景规划线路总长约596.9 km，共设车站369座。深圳城市轨道交通各层次线路规划情况如下。

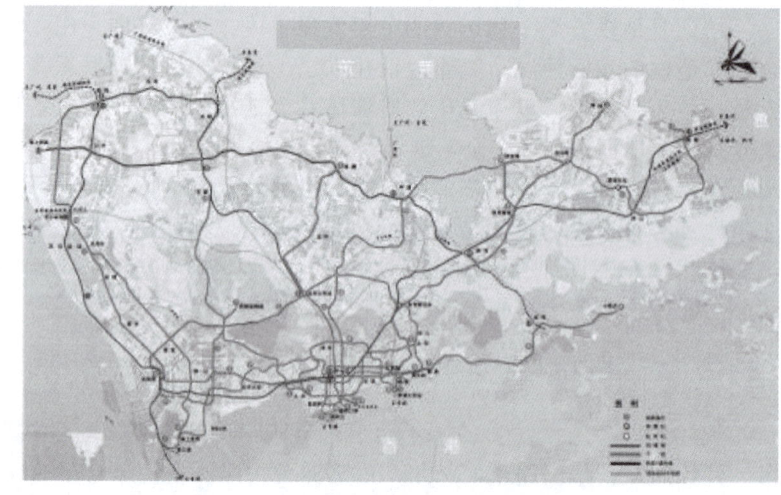
图2-11 深圳市城市轨道交通远景规划方案图

（1）组团快线：联系城市核心区与外围组团，或联络多个外围组团，以长距离出行客流为主；车站分布内稀外密，站距约2~3 km；以1小时运营目标定旅行速度，并考虑与小汽车交通的竞争，速度目标值一般在100~120 km/h。远景规划的4条组团快线分别为6号线、11号线、13号线、14号线，规划组团快线总长约187.2 km，设站67座。

（2）城市干线：联系城市主中心和主要发展轴的沿线片区，以中心区与相邻组团间的客流为主，站距约1 km，车辆最高速度一般在80~100 km/h，旅行速度不低于35 km/h。远景规划的6条城市干线分别为1号线、2号线、3号线、4号线、5号线、10号线，远景规划城市干线总长约239.2 km，设站173座。

（3）局域线：联系相邻组团或组团内部各片区，是城市干线的补充线路，车辆最高速度一般在80~100 km/h。远景规划的6条局域线分别为7号线、8号线、9号线、12号线、15号线、16号线，远景规划局域线总长约170.5 km，设站129座。

深圳城市轨道交通远景线网密度全市约0.3 km/km^2，按全市可建设用地计算，线网密度约0.56 km/km^2；中心城区线网密度约1.18 km/km^2。

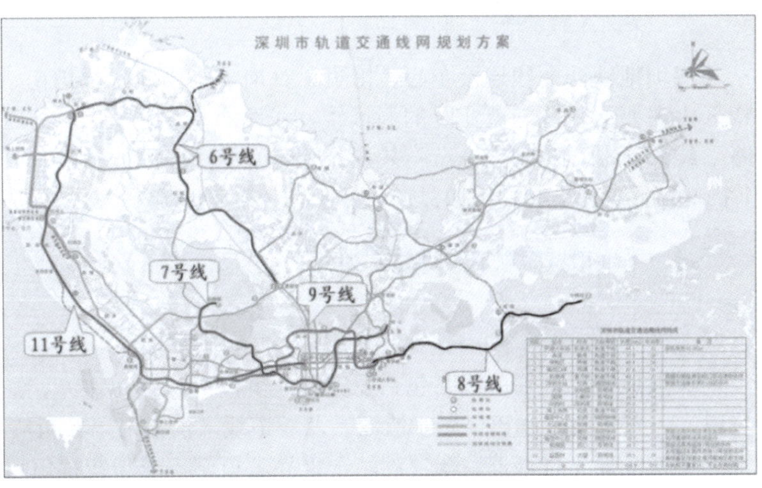

图2-12　深圳城市轨道交通近期建设规划图（2011—2016）

根据2011年国家发改委关于《深圳市城市轨道交通近期建设规划（2011—2016年）》的批复，深圳城市轨道交通近期建设规划（2011—2016年）包括机场线（11号线）、西丽线（7号线）、梅林线（9线）、光明线（6号线）、盐田线（8号线，根据前期工作准备情况，适时建设）共5条线路。近期建设规划合计新建线路总长约169.6 km，合计新设车站95座（见图2-12），简称深圳地铁三期工程。近期规划实施后，深圳城市轨道交通线路将达到10条，通车里程将达到约348 km，其中中心城区里程将达到194 km，线网密度为1.03 km/ km^2。预计到2016年，深圳市轨道交通承担客运量占公共交通承担客运量的比例将达到38%。

2．深圳市城市轨道交通规划线路

深圳市城市轨道交通规划线路有3条，包括梅林线（9线）、光明线（6号线）、盐田线（8号线）。

1）深圳地铁梅林线（9号线）

梅林线连接深圳湾、车公庙、农园、景田、梅林、银湖、泥岗、红岭、人民南、文锦等片区，是中心城区内主要居住区与就业片区之间联系的局域线，沿线为教高密度建成区，并经过深圳湾、车公庙、笋岗、八挂岭、红岭、人民南等主要就业区，主要服务通勤客流，缓解特区内部交通压力。梅林线自罗湖区文锦站至南山区深湾站，规划线路全长约25.0 km，规划设站22座（含换乘站10座），规划车辆段和停车场各一座。

2）深圳地铁光明线（6号线）

光明线连接龙华、石岩、光明、松岗等城区，并可通过4号线换乘至福田中心区，是中心城区与中部综合组团、西部高新组团联系的轨道快线，并预留与深莞城际线衔接换乘的条件，可实现沿线各片区与东莞松山湖、莞城等地的快速联系。光明线自深圳北站至松岗站，规划线路全长37.2 km，规划设站19座（含换乘站7座），规划车辆段和停车场各一座。

3）深圳地铁盐田线（8号线）

盐田线连接罗湖中心区、莲塘区、沙头角、盐田港、大梅沙、小梅沙等片区，为联系中心城区与盐田组团及东部海滨旅游景区的局域线，沿途有仙湖、弘法寺、梧桐山、大小梅沙、东部华侨城等著名旅游景点，是集上下班通勤、游客输送、观光旅游和商圈联络线四项功能为一体的独特线路。盐田线自国贸站至小梅沙，规划线路全长26.4 km，规划设站14座（含换乘站3座），规划车辆段1座。近期建设规划已批复立项（根据前期工作准备情况，建设8号线）。

2.5.3　深圳市城市轨道交通建设情况

深圳市正在建设的城市轨道交通规划线路有2条，分别是机场线（11号线）和西丽线（7号线）。

1．深圳地铁机场线（11号线）

深圳地铁机场线由南至北穿过深圳市福田区、南山区和宝安区，链接福田中心区、南山中心、前海中心、宝安中心、机场、福永、沙井和松岗等地，是城市核心区与西部滨海地区的组团快线，同时兼有机场快线的功能。线路起于福田中心区福田站，止于松岗碧头站。全长51.9 km，设18座车站，其中地下站14座，高架站4座。于2011年12月29日前期工程开工，计划2016年12月底投入试运营。

2. 深圳地铁西丽线（7号线）

深圳地铁西丽线连接布心、田贝、笋岗、华强北、福田南、车公庙、龙珠、西丽等片区，是联系原特区内主要居住区与就业区的局域线，线路布局呈“V”形。线路起自南山区丽水路，终至罗湖区太安路，线路全长约30.173 km，共设28座车站，均为地下站，其中13座为换乘站，设车辆段、停车场各1个。西丽线已于2012年10月23日开工，计划2016年12月底开通试运营。

2.5.4 深圳市城市轨道交通运营现状

1.深圳市城市轨道交通运营线路

深圳地铁已开通的线路包括罗宝线（罗湖—机场东站）、蛇口线（赤湾—新秀）、龙岗线（双龙—益田）、龙华线（福田口岸—清湖）及环中线（前海湾—黄贝岭），其中：

地铁一期工程（罗宝线罗湖站—世界之窗站，龙华线福田口岸—少年宫站）21.87 km于2004年12月28日开通运营。其中龙华线首期段2010年7月1日由港铁（深圳）公司接管运营；地铁二期工程中，罗宝线续建工程世界之窗—深大站约3.3 km于2009年9月28日开通运营，深大—机场东站20.1 km于2011年6月15日开通运营。蛇口线初期（世界之窗—赤湾）15.13 km于2010年12月28日开通运营，东延线（世界之窗—新秀）20.99 km于2011年6月28日开通运营。龙岗线高架段（双龙—草埔）24.35 km于2010年12月28日开通运营，西延线（草埔—益田）17.2km于2011年6月28日开通运营。龙华线二期工程（少年宫—清湖）15.9 km于2011年6月16日开通运营。环中线（黄贝岭—前海湾）40.0 km于2011年6月22日全线开通运营。

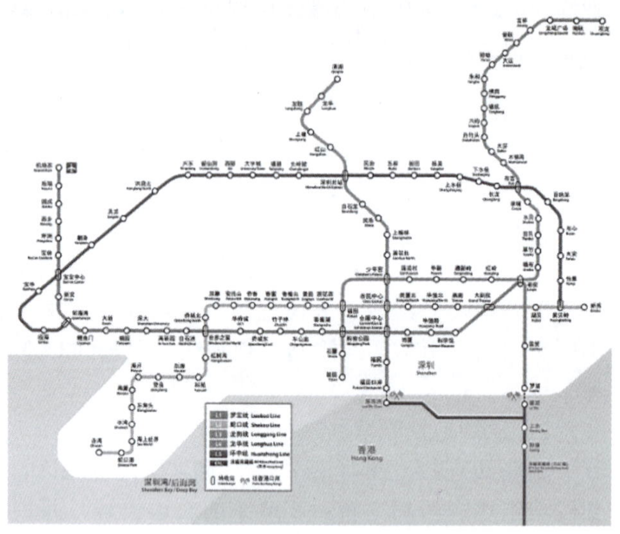

图2-13　深圳地铁2012年运营线路图

深圳地铁2012年运营线路如图2-13所示。

1）深圳地铁罗宝线（1号线）

深圳地铁罗宝线运营里程40.65 km，建设里程全长40.89 km，其中高架线2.9 km，共设30座车站，其中地下站28座，高架站2座，共有前海、竹子林2座车辆段。作为纵贯城市东西的交通大动脉它连接了罗湖、福田、南山、宝安四区。

罗宝线一期工程（罗湖—世界之窗）于2004年12月28日开通运营。续建工程（世界之窗—机场东）总投资121.26亿，其中试验段世界之窗至深大3站3区间于2009年9月28日开通试运营。深大至机场东站，共有12座车站，于2011年6月15日开通试运营。车辆采用6辆编组A型车，最高运行速度为80 km/h，全程运行时间约68 min，全程票价9元。行车间隔高峰3.5 min，平峰6 min。

2）深圳地铁蛇口线（2号线）

深圳地铁蛇口线运营里程35.08 km，建设里程全长36.12 km，共设29座车站，全部为地下线，设蛇口西车辆段、后海停车场，概算总投资189.2亿。途径深圳市南山、福田、罗湖三个行政区，全线均为地下段。

蛇口线首期段（世界之窗—赤湾），于2010年12月28日开通试运营，东延段（世界之窗—新秀），于2011年6月28日开通试运营。车辆采用6辆编组A型车，最高运行速度为80 km/h，全程运行时间约62 min，全程票价8元，高峰行车间隔6 min，平峰8 min。

3）深圳地铁龙岗线（3号线）

深圳地铁龙岗线运营里程41.09 km，建设里程41.55 km，其中高架线21.73 km，共设30座车站，其中地下站15座，高架站15座，换乘站8座，设横岗车辆段，中心公园停车场，概算总投资171.05亿。

3号线一期工程线路总长32.85 km，3号线西延线工程线路总长8.7 km，其中高架段（草埔站—双龙站）于2010年12月28日开通试运营，地下段（草埔—益田）于2011年6月28日开通试运营。车辆采用6辆编组B型车，最高运行速度为100 km/h。全程运行时间约69 min，全程票价8元。工作日行车间隔低峰10 min，平峰8 min，高峰小交路3.5 min、大交路7 min；节假日行车间隔低峰10 min，平峰8 min，高峰5 min。

4）深圳地铁龙华线（4号线）

龙华线南起福田口岸站，北至清湖站，线路全长20.3 km，共设车站15座，设龙华车辆段，二期项目概算总投资60亿。途经深圳市福田、宝安两个行政区，是深圳城市轨道交通网络中南北走向的一条骨干线路。

一期工程（福田口岸—少年宫）于2004年12月28日开通运营。续建段（少年宫—清湖）长15.939 km，其中高架线10.336 km，设站10座，于2011年6月16日开通试运营。车辆采用4辆编组A型车，最高运行速度为80 km/h，全程运行时间约32 min，全程票价6元。行车间隔高峰2.5 min，平峰6 min。

5）深圳地铁环中线（5号线）

深圳地铁环中线运营里程39.23 km，建设里程全长40.001 km，其中高架线3.42 km，共设27座车站，其中地下站25座，高架站2座，设塘朗车辆段、上水径停车场，概算总投资200.58亿，是深圳贯穿东西走廊连接南北通道的轨道二期骨干线路。

环中线于2011年6月22日开通试运营，车辆采用6辆编组A型车，最高运行速度为80 km/h，全程运行时间约64 min，全程票价7元。高峰行车间隔6 min，平峰8 min。

2

2．票价票制

深圳地铁的车票分为单程票、深圳通卡、一日票、计次票（一般为纪念票）四种。单程票是绿色或黄色的圆形射频识别（RFID）塑料硬币，而“深圳通”为非接触式智能卡，可多次使用，储值可以通过增值机完成。一日票是深圳地铁为方便来深旅游、探亲的游客发行的新型票种，此票通过闸机激活，乘客自激活起24小时内不限次数乘坐。地铁票价采用里程分段计价，票价=起步价+里程价（以1元为递进单位）。起步价为首4 km 2元，里程价4~12 km部分，每1元可乘坐4 km；12~24 km部分，每1元可乘坐6 km；超过24 km，每1元可乘坐8 km，最高收费11元，票价里程关系如表2-6所示。另外设“深圳通”学生卡（5折）和老年人免费乘车优惠。目前持深圳通卡乘坐地铁享受地铁票价9.5折优惠（深圳通优惠卡除外）。使用深圳通卡搭乘公交后的乘客，在公交刷卡90 min内换乘深圳地铁，享受地铁票价9.5折优惠同时，再优惠0.4元/次。

表2-6　票价里程关系表

里程/km	0~4	4~8	8~12	12~18	18~24	24~32	32~40	40~48	48~56	56以上
票价/元	2	3	4	5	6	7	8	9	10	11

3．客流情况

2012年深圳市的客流运营数据如表2-7所示。

表2-7　深圳市客流运营数据　　单位：万人次

线　路	全年客流总量	日均客流	日最高客流
罗宝线	29 269.12	79.97	107.51
蛇口线	9 506.92	25.98	34.75
龙岗线	15 582.97	42.58	64.35
龙华线	11678.87	31.91	45.27
环中线	12 338.12	33.71	47.23

2.5.5 深圳市城市轨道交通建设和运营模式

深圳市成立了以市长为指挥长的轨道交通建设指挥部，对全市轨道交通发展重大问题进行决策。指挥部下设轨道交通建设办公室（轨道办），承担指挥部的日常工作，负责全市轨道交通规划设计和建设运营中日常事务的协调管理，行使协调、服务、督促、检查的职责。

为形成政府主导、多家竞争的良性发展机制，深圳在轨道交通一、二期建设过程中同时成立了深圳市地铁集团有限公司、深圳市地铁三号线投资有限公司两家政府全资公司，引进了港铁（深圳）有限公司，形成了三家地铁建设运营主体相互竞争，互相促进的局面。2011年，为促进深圳市轨道交通投融资体制机制改革，深圳市地铁三号线投资有限公司80%股权划转入深圳市地铁集团有限公司，新的地铁集团成立，承担深圳市轨道交通建设投融资任务。

自深圳地铁一期工程开始，深圳市进行了多次轨道交通建设运营模式的创新。

1．政府直接投资模式

深圳地铁1、2、3号线工程为传统的政府投资建设运营管理模式。其中1、2号线建设和运营单位为政府全资的深圳市地铁集团有限公司，3号线建设和运营单位为政府全资的深圳市地铁三号线投资有限公司，资金采用政府投资和企业贷款方式筹措。建设单位从可行性研究阶段开始介入，完成初步设计、施工图设计、招投标、工程施工和竣工验收、试运营和正式运营等全过程。

2．BOT模式

4号线二期工程（少年宫—清湖）由港铁轨道交通（深圳）有限公司（以下简称港铁公司）承担建设。2004年，市政府积极探索推进地铁投资、建设、运营市场化进程，引入港铁公司投资、建设、运营和管理地铁4号线，双方签署了涉及4号线市场化经营投资、建设、运营及沿线地块授权物业开发的一揽子BOT协议，后因国家土地政策的调整，要求将沿线土地开发权补偿运营亏损方式，修改为现金直接补偿运营亏损方式。自4号线二期通车之日始，全线将由港铁公司统一运营，该公司拥有30年的特许经营权，香港地铁公司绝对控股，自主经营、自负盈亏，运营期满，全部资产无偿移交深圳市政府。

3．BT模式

深圳于2007年首次在地铁二期工程5号线采用改良的BT建设模式，2011年，进一步创新建管模式和投融资模式，在三期工程7、9、11号线建设中采用三年期BT建设模式。

深圳地铁5号线工程通过招标和协议谈判方式引入了国有特大型企业中国中铁股份有限公司采用BT方式带资建设。BT范围包括环中线工程的土建工程、常规安装和装修工程，同时根据深圳地铁建设实际，对传统BT模式进行了改良，确定了“投融资—建设—回报”的创新BT模式，其中“建设”部分采用“施工图设计+施工总承包”模式。5号线既是深圳首例采用BT模式建设的特大型工程，也是当时国内最大的以BT模式建设的城市轨道交通项目，采用BT方式对探索在大型市政工程建设中引入设计施工总承包模式、总结国内外地铁建设过程中的经验教训、促进地铁建设事业健康发展都具有重要意义。

深圳地铁三期工程建设中，为充分利用中央企业的资源、技术和经验，有效缓解深圳市重大建设项目建设资金筹措问题，三期7、9、11号线采用三年期BT模式，通过邀请招标确定中国水电、中国建筑、中国中铁作为三条线的BT方展开建设工作。三期工程三年期BT模式的运用，有效地引入社会资本参与地铁建设，解决了地铁建设投资与地铁沿线物业开发回笼资金的时间差问题，缩短了招标时间，加快了建设速度，推动了深圳高质量轨道交通的建设。

2.5.6 深圳市轨道交通技术特点和创新项目简介

深圳地铁主要用自主创新的装备建成运营了178 km地铁线路，使深圳的城市轨道交通步入了网络化运营的新时代。深圳地铁装备国产化从零起步，到自主化、信息化创新，取得了举世瞩目的业绩，实现了以信息化技术为突破口的应用创新，所有装备系统均进行了不同程度的集成创新，拥有多项自主知识产权，其中关键的应用软件均由自主研发，所采用的硬件和零部件的平均国产化率达到了70%以上。并在装备整体的信息化水平和功能方面实现了超越。通过运营验证的综合数据表明：信息化创新装备的效果体现在运营的安全性、可靠性、节能性、经济性等方面的领先优势明显，标志着我国地铁装备整体技术水平跃居到了国际先进行列。

深圳地铁主要的创新技术如下。

1. 综合节能技术创新应用

深圳地铁一期工程开始，在行业内第一次创新变频空调控制技术、全变频扶梯节能控制技术、LED节能照明工技术等，每年可节约电费5000万元人民币以上，节能效果达到10%。

为了节约能源，节能减排，深圳地铁率先创新应用了信息化的变频节能控制技术于地铁空调通风系统。在保证车站温度、湿度、新风量和换气次数的情况下，最大限度地节能运行。通过创新采用变频控制技术，实现了地铁车站空调通风系统耗电的计量功能；深圳地铁通过同一车站使用与不使用变频控制技术的先后耗电数值的对比，采用变频技术比不采用变频技术一个车站的空调通风系统节能60%以上。每个车站每年平均节电30多万千瓦时，按深圳的电价每年一个车站节约30万元人民币的电费。该技术获得了1项国家实用新型专利，填补了国内外应用的空白。与此同时，通过计量数据对比，首次发现了每个车站设了四台空调通风机组能力成倍超配与能力富裕的问题。实际使用只需要两台空调通风机组就可以满足需要，为在以后的地铁设计中将原来采用四台空调机组的设计提供了依据。深圳地铁二期工程均改为了两台空调机组。从而，从设计中还节约了两台空调通风机组所占用的造价昂贵的地下面积和空间。每个地铁车站节省的设备和土木结构的投资至少60万元。目前，全国所有地铁的空调通风机组均采用变频自动控制节能技术，每个车站只用两台空调通风机组。节约了巨额建设和运营资金。引领了创新应用信息化技术实现地铁空调通风系统大幅度节能和减少造价和使用维护费用的方向。

深圳地铁首次在地铁交通型重载电扶梯系统采用信息化的全变频控制节能技术。电扶梯创新应用的全变频控制节能技术，妥善解决了扶梯在不同运行模式下的变速节能运行。通过采用全变频控制技术，实现了模式控制和速度调节等功能。并且，使地铁的电扶梯系统具备了耗电的计量功能；通过同一车站使用与不使用全变频技术的先后耗电数值的对比，采用全变频技术比不采用变频技术一部电扶梯节电20%以上，平均每一台电扶梯年节电约1万千瓦时。该技术填补了国内的空白，其广泛推广应用，为国家节约了大量电能。

2. BT工程投资控制的关键技术及应用

深圳地铁5号线BT工程投资控制的关键技术及应用于城市轨道交通项目的建设需求日益增长，我国当前众多城市均积极发展城市轨道交通项目，BT模式因其特有的优势可望得到大力推行，但各地区的具体情况、项目特征、功能目标等到有其特殊性，对于BT模式的应用与优化调整必然存在较大的特殊性与多样性。深圳号线BT工程投资控制关键技术研究不仅体现了BT模式的创新路径，更提供了创新BT模式下针对性的投资控制技术支撑，具有明显的首创效应，且该研究成果在某种程度5号线实践中的应用有效性，又使其具有很强的示范性。

3. 深圳地铁列车安防系统

深圳地铁列车安防系统为了有效打击恐怖分子的破坏活动，确保人民生命财产和地铁运行安全，需要建设地铁列车安防系统以加强地铁整体防范能力。深圳地铁一期工程建设初期，无线通信系统受技术发展限制，不能提供高速宽带数据传输通道，建设列车安防系统的技术手段尚不成熟。目前，无线宽带双向传输等技术的飞速发展为地铁列车在电视监控基础上扩展安装“列车安防系统”提供了技术保证。深圳地铁集团有限公司自2004年底开始组织了多个厂家进行车地无线通信、双向图像传输等多项试验，取得了成功的经验，地铁列车安防系统的主要技术已经成熟，在深圳地铁列车加装列车安防系统在技术上是完全可行的。深圳市于2006年3月对列车安防系统的立项做出了批复（深发改［2006］219号）。在紧急状态时，列车车厢乘客情况可传送至市应急指挥部，便于指挥员安排调度救援工作。将行业内地铁列车的安全防范、反恐和乘客服务提高到新的水平。

4．深圳地铁消防设计研究

深圳地铁消防设计研究（2010—2011年）由深圳市地铁集团、深圳市公安局消防局、中国科技大学火灾国家重点实验室三家协作完成，2009年7月正式立项，2010年7月通过专家评审，并通过研究编制了《地铁工程烟气控制与人员疏散系统设计导则》和《地铁车站消防安全系统验收评定规程》，开发了新型热烟测试装置。本项目通过研究确定了深圳地铁典型火灾场景及功率，提出了对上盖物业的综合车辆段、地铁多线换乘站与综合交通枢纽的消防安全技术要求，提出了地铁列车火灾人员安全应急技术要求与策略，为地铁工程消防安全设计导则和地铁工程消防安全系统验收评定规程的补充完善提供技术支持。《地铁工程烟气控制与人员疏散系统设计导则》和《地铁车站消防安全系统验收评定规程》是深圳地铁二期工程建设重要的设计技术标准和消防验收标准，保障了广大人民群众的生命和财产安全，具有极其重要的社会效益。

5．车场控制中心（DCC）

2号线车辆段/停车场创新建设车场控制中心（DCC），首次将传统的车辆段/停车场的行车调度控制、车辆检修管理和乘务出勤管理、通信、信号和轨行区（含试车线）电视监控、车载电视监控集成为统一的信息平台（DCC）。中心（DCC）设有DCC控制室、乘务出勤调度室、DCC设备室、交接班室等房间。配有智能化监控工作站、ATS工作站、信号联锁工作站、大显示屏、运营资产维护管理工作站、CCTV监视器、公务电话、调度电话、专用无线调度台、广播控制台、检修调度工作站、安防工作站、综合监控工作站等设备，可完成行车调度各功能、车辆检修调度各功能、乘务出勤调度各功能、大屏幕综合显示等功能。多专业共用一个控制中心，节约了土地和建筑费用，共用一个显示大屏，节约了大屏设备建设和运营使用费用；闭路电视视频信号集中共享，节约闭路电视建设和运营费用；其它系统设备、网络设备等接入大屏控制系统，资源和信息可以共享，避免设备重复设置，使协调沟通及时、准确，效率提高。不仅是车场运营管理中心，通过车地无线传输等技术，实现对在线车辆进行管理，也是全线车辆管理中心；通过车场及在线列车闭路电视监控、火灾自动报警系统及消防联动控制、广播系统、通信及应急通信系统、信号系统、大屏幕等，可成为应急指挥中心。DCC控制中心能实时监控行驶车辆内的信息，可以及时发现安全隐患，并做出迅速反应，以保障乘客的生命财产安全；能够协助公安部门直接通过大屏幕调取视频信息，对取证、责任认定等起到协助作用，能有效提高列车安全防范、反恐水平；紧急情况时，在DCC控制中心能够及时全面地了解车辆信息，迅速制定相关决策，利于统一指挥，大幅度提高车辆安全技术水平。

6．国产地铁自动售检票系统产品（简称AFC）

深圳地铁一期工程立项时，国内没有满足深圳地铁所需要的AFC系统，长期以来该项技术和产品一直被国外公司所垄断。深圳地铁决策在国内招标自主创造，投入工程资金约1.4亿元，组织国内企业自主研发了应用软件并进行系统集成创新。该系统的车票首次全部采用非接触式IC卡，系统可以兼容香港八达通和深圳城市通系统。是迄今为止，世界上唯一适用A、B、C三种芯片作为车票的系统，满足大陆和香港两个技术标准。目前，深圳通的技术平台就是地铁主导开发的智能收费管理系统的技术平台。通过二期工程的持续创新，深圳通可以将A、B、C三种类型的卡并入目前手机内，实现了用手机作为深圳地铁车票和小额付费的增值功能。

国产地铁AFC系统打破了国外垄断的局面，填补了国内空白，是一个具有完全自主知识产权的领先技术和产品。该系统获得多项专利，2001年获国家科技部颁发的“国家火炬计划项目”证书、2002年获得国家科技部颁发的“2002年国家重点新产品”证书。经专家鉴定，该技术达到了国内首创、国际先进水平。

该系统部件国产化率达到70%以上，价格与国外同类产品相比至少降低50%以上，成倍地降低了系统的投资和维护费用。

7．信息化深度集成的地铁综合监控系统

1998年底，深圳地铁首次提出创建地铁综合监控系统的要求，将电力自动监控（SCADA）、机电设备监控（EMCS）和防灾报警（FAS）三大信息化控制系统集成创新为一体，形成了信息共享的设备系统监控平台。该系统将地铁车站、隧道区间、变电站等的各类机电设备系统完整的集成到同一网络平台和同一软件平台上，数据和信息在统一的数据库内共享，实现统一人机界面的全面监控和设备系统的联动高效运作，提高了运营安全性。

该系统与信号、AFC等若干系统互联实现设备自动联动，并且火灾报警系统与车站环控系统紧密结合，火灾自动报警在车站、隧道及电缆通道实现了全覆盖，同时，并将报警和救灾的两个过程实现自动联动功能，从而保证地铁发生火灾报警后，系统能自动启动火源部位的排风排烟系统，实现自动预防和控制火灾的效果，为避免地铁火灾带来的重大人员伤亡，提供系统的防火的本质化安全保障。

该系统拥有多项知识产权，系统国产化率100%，完全替代了进口产品，成倍降低了投资和维护费用。

8．高端A型车

深圳地铁一期工程第一批22列车中，第一辆车为国外生产，为降低车辆采购成本，深圳地铁采取后续的21列车在国内合资企业生产，迈出了国产化重要的一步，改写了高端地铁车辆只能从国外进口的历史。

从第二批列车开始，深圳地铁决策车辆由国内企业研制，在标书中要求国内企业按高于同类进口车的技术规格自主设计和制造A型地铁车辆。在用户决策和组织下，国内企业首次成功自主研制、生产出了高端A型车，使我国彻底告别了不能生产设计A型车的历史，填补了国内空白。车辆价格从合资企业生产的每列6 144万元降低到4 500万元，每列车减少1644万元，同比降低了26.8%的投资。

9．屏蔽门系统

深圳地铁组织国内企自主生产的第一批屏蔽门并用在了深圳地铁，提高了屏蔽门系统的自主化水平，扶持了民族企业。在深圳地铁二期工程中使用的自主设计和生产的屏蔽门系统的运行表现满足设计的要求。该系统的成功应用，降低了投资和维护费用。给自主创新的地铁屏蔽门系统增添了运营业绩。为国产屏蔽门系统的推广创造了条件。该屏蔽门系统已用于国内其他地铁并已批量出口。

10．地铁通讯系统

深圳地铁首次在地铁实现乘客的所有置式的手机能够在地铁中使用，为乘客开启了乘坐地铁方便使用中国移动、中国电信、中国联通等手机服务的新时代。2004年12月26日，在地铁开通运营伊始，深圳地铁通讯系统开创了同步使用中国移动、中国电信、中国联通等手机的地铁运营的先河，极大地方便了乘客，提升了地铁的服务标准。该系统填补了国内的空白。该系统首创了集成创新应用地铁通讯系统和产品、方便乘客、增加地铁收益、降低造价、降低维护费用五方面利益兼收的巨大效益。

11．乘客信息咨询系统

为了提高对乘客的信息化服务水平，深圳地铁率先提出并决定创新自己的信息化乘客信息咨询系统，在国内地铁中诞生了第一个面对乘客的直观的列车和车站的电子媒体咨询系统，使乘客了解服务信息的更加方便，提升了运营服务的信息服务水平。该系统填补了国内的空白。该系统在为乘客服务的同时，通过视频媒体的分割的部分广告资源也给地铁能够创造了一定的收益。首创了不仅集成创新信息化乘客咨询系统和产品，方便了乘客，并且增加地铁的收益三方面共赢的新局面。

12．智能司机驾驶培训系统

该系统在深圳地铁明确要求国内自主创新之前，全部依赖进口，为了降低投资和长期使用费用，深圳地铁率先主导研制了第一个国内具有完全自主知识产权的全功能、高水平的地铁司机智能培训系统。智能司机模拟驾驶培训系统的成功应用，填补了国内空白，对提高司机操作水平、提高司机和检修人员的故障处理能力具有显著作用。自主研发的司机模拟驾驶培训系统拥有多项知识产权。到目前为止，该

系统已应用于国内7个城市地铁和高铁的司机培训。与国外进口的系统的价格相比每套节约资金2 100万人民币以上，产出了巨大的经济效益。

13. 感温光纤预警系统

深圳地铁在国内第一个提出了要在隧道和电缆通道敷设感温光纤预警系统的需求。并主导创新应用了我国自主研制的感温光纤预警系统，实现了地铁火灾预警系统的全面覆盖。与综合监控系统互联后，使自动灭火控制系统首次在地铁中实现了覆盖地铁车站、隧道、电缆通道、设备房和工作间的火灾预警、报警和救灾的全自动监控。该系统的信息化创新应用，保证了动态监控地铁内部不因火灾而发生大规模群死群伤的事故。树立了创新应用信息化技术预防地铁火灾造成重大伤亡事故的样板。该系统填补了国内空白，并拥有多项知识产权。

14. 惰性气体灭火系统

为了将灭火系统覆盖地铁的设备房间和区域，并在灭火时不损坏电气设备，深圳地铁在国内第一个主导创新应用了我国自主研制的惰性气体灭火系统。且该系统与综合监控系统实现互联后，使自动灭火控制系统首次在地铁中实现了覆盖地铁车站、隧道、电缆通道、设备房和工作间的火灾预警、报警和救灾的全自动监控。该系统填补了国内地铁采用气体灭火的应用空白。引领了采用气体灭火和保护地铁信息化设备的方向。

15. 两用视频监控系统

深圳地铁为了实现在线监控、管理车站和重要区域人员的行为和突发事件并存储其影像，同时，结合公安的需要。首次将地铁的视频监控系统与公安的专用视频监控系统资源共享的创新建设，第一个创新应用了地铁和公安两用的信息化视频监控系统。并在地铁范围内实现了地铁重要区域的全覆盖。该系统在用户和公安的主导下，实现了地铁管理区域的在线全面监控和前端设备的资源共享。该系统的创新应用可以远程监控和追踪地铁和公安需要监控的对象；其录像资料可以作为处理日常发生争议事件、民事或刑事案件的证据；可以远程监视发生大客流等突发事件现场的情况；可以用作其他管理等用途。该系统的创新应用为地铁车站、重要部位的监控和管理提供了信息化视频监控手段，为维护地铁的正常秩序发挥了重要作用。利用该系统在威慑、高效、直观、识别、追踪、监控、证据等功能，为地铁和公安维护地铁的社会公共秩序提供了信息化资源。

16. DC1 500接触轨供电技术

深圳地铁3号线在原特区外均采用高架敷设，两边房屋密集，人口众多，沿线交通量大，对工程景观提出了较高的要求。本工程特别针对牵引供电授流方式进行了专题研究，并聘请了国内和香港多位知名专家和相应的政府官员对该专题进行评审和论证，最终确定全线（包括车辆段和停车场）统一采用DC1 500 V的接触轨授流方式为本工程的牵引供电制式，在国内城市轨道交通领域属首次。

和传统的DC 750 V接触轨牵引供电系统相比较，在线路条件、车辆型式、列车编组等条件相同的情况下，电压等级越高，负荷距和牵引变电所间距就越大，因此DC 1 500 V接触轨系统可减小三分之一的牵引变电所数量，不仅大幅度节省了变电所的土建费用和牵引变电所的设备投资，而且更加有利于列车再生制动能量的吸收。同时，DC 1 500 V接触轨系统可以有效的减小牵引整流机组损耗和牵引网损耗。

17. UPS后备电源集中供电

目前，在国内绝大部分地铁弱电各系统中，通信、信号、自动化集成（集成了防灾报警、设备监控等系统）、自动售检票等系统的UPS电源，均分别单独设置了UPS电源、蓄电池及设备房。在这种供电方式下，弱电各系统从自身电源需要出发，考虑一定的电源冗余，确定本系统的UPS电源设备、蓄电池容量及设备房的大小。深圳地铁3号线通过从网络构成、房屋面积、运营维护、资源共享性、监控系统的设置、备品备件、设备投资等方面进行对比分析，在确保对弱电各系统可靠供电的前提下，采用弱电各系统UPS电源集成化的设计思路，对弱电各系统实现UPS电源设备集中设置并统一供电的方式，具有

UPS电源和蓄电池冗余容量得到合理的控制；UPS电源设备房面积得到合理的控制和有效的使用；有助于统一UPS电源、蓄电池、备品备件的设备型号，便于维护管理和使用；有利于实现资源共享，减少工程和运营维护费用等优点。

18. 全国首座双层车辆段

深圳地铁3号线横岗车辆段是全国首座建成并投入使用的双层车辆段，率先将“地下车站采用单活塞风亭”作为技术标准进行设计，同时将高架段敷设在深惠路中央绿化带内。通过采取上述新技术，节约了大量城市土地资源，横岗双层车辆段较国家标准节约40%土地。同时，横岗双层车辆段接合周边地块，合理利用地铁资源，进行了综合物业开发。提高了土地利用率，在有限的资源下创造出更大企业利润和社会价值。

2.5.7 深圳市城市轨道交通发展历程

早在特区建设初期，深圳已开始进行轨道交通筹划，1988年，深圳已有了轻轨交通的初步规划及研究报告；其后，又适时向国家提出了建设连接机场的轻轨项目建议书。

1992年7月，国务院立项批准深圳市政府上报的轻轨工程项目，同年10月，鉴于城市的迅速发展，深圳市委常委会议作出决定，将拟建的轻轨铁路改为建设地铁，同年底，成立深圳市城市铁路客运系统（地铁）领导小组及其办公室，开始地铁建设筹划，并于1994年组织编制完成《深圳地铁1号线一期工程罗湖火车站至南头联检站预可行性研究报告》、《深圳市客运轨道交通网络总体规划报告》、《深圳市客运轨道交通网络客流预测报告》等。国办发［1995］60号文暂停审批城市轨道交通项目后，结合香港回归深港客流衔接要求和设备国产化政策，经对项目作重大调整和材料修改补充，1996年5月，深圳市政府向国家计委重新上报了《深港罗湖、皇岗／落马洲口岸旅客过境轨道接驳工程》项目建议书。

1998年5月国家计委批准《深港罗湖、皇岗／落马洲口岸旅客过境轨道接驳工程》项目建议书，工程获得立项，并更名为“深圳地铁一期工程”。1999年10月深圳地铁一期工程初步设计完成，1999年12月，中心区三个工点土建先期开工。

2001年3月，深圳地铁一期工程全面开工。2002年4月，地铁 1 号线延长段侨城东至世界之窗初步设计评审通过，经批准纳入地铁一期工程实施同步建设。2004年12月28日，深圳地铁一期工程全面建成开通。深圳地铁一期建设试运营于2006年6月30日结束，翌日起转入正式运营。龙华线福民—福田口岸站一段于2007年6月28日试运行，已投入运行的深圳地铁与香港的港铁东铁线均连接到罗湖口岸和福田口岸。

地铁一期工程建成通车，受规模限制，未形成网络，难以发挥轨道交通的优势，必须及时启动二期工程。2003年底，深圳市编制《深圳市城市轨道交通建设规划（2005—2010）》（即深圳市地铁二期工程）。2005年起，深圳市轨道交通进入二期工程建设。二期工程主要有地铁1、2、3、4、5号线的新建和续建工程，规划总里程156.6 km，设有111座车站、108个区间，总投资概算约750亿元。

2010年起，地铁二期工程先后进入竣工验收，2010年12月28日，地铁蛇口线首建段与地铁龙岗线高架段开通试运营，至2011年6月底，轨道交通二期工程全面竣工，5条地铁线路全部开通试运营。

2011年4月，《深圳市城市轨道交通建设规划（2011—2016）》得到国家发改委批复，深圳市城市轨道交通近期建设规划的11、7、9、6、8号线共5条线路正式获准立项，近期方案即深圳市轨道交通三期（2011—2016）建设项目，2011年12月底轨道交通三期机场线（11号线）前期工程开工，2012年10月，深圳轨道交通三期工程的西丽线（7号线）也开工建设。

2012年，在加快深圳地铁三期工程发展的同时，深圳地铁二期工程获得多项工程质量大奖，其中包含深圳北站获中国建筑协会“鲁班奖”；“全国工程建设优秀质量管理一等奖”；3号线横岗双层车辆段获国家优质工程银奖。

随着深圳地铁的开通，深圳已成为中国继北京、香港、天津、上海及广州后第六个拥有地铁系统的城市。现已投入运行的有罗宝线、蛇口线、龙岗线、龙华线以及环中线，随着地铁二期的建成开通，深圳已经拥有约178 km的地铁线网，线路里程居全国第四，仅次于上海、北京和广州。

2.6 南 京

2.6.1 南京市城市轨道交通2012年度最新发展动态

2012年南京市城市轨道交通进入网络化建设的新阶段，在建线路共6条，各线总体进展顺利，质量、安全可控，青奥会前须建成的4线均已进入到土建攻坚阶段，全年完成建设投资150.5亿元。其中，3号线、10号线、机场线共完成29座车站主体结构，4号线6座车站已开始围护结构施工；3号线、10号线及机场线已进入铺轨阶段，实现了工序转换的目标；设备系统招标采购合同全面签订，样机制造基本完成，3号线、10号线首列车均已下线并开始静态调试；南京南站主变电所及控制中心开工建设。此外，《南京城市轨道交通线网规划》和《江苏省沿江城市群城际轨道交通网规划（2012—2020）》正式获批，《南京市城市快速轨道交通建设规划（2014—2020）》通过江苏省发改委组织的专家评审并上报国家发改委。这一系列报批领域的突破为轨道交通的持续建设做好了项目的梯度储备。

2.6.2 南京市城市总体规划和轨道交通规划

1. 南京市城市轨道交通线路规划

南京是江苏省省会，2012年全市总面积6600 km^2，建成区面积752.83 km^2。截至2011年末，全市总户籍人口636.36万人，常住人口总量为810.91万人。南京市2012年国民生产总值为7 201.57亿元，同比增长12%；完成财政总收入1 298.8亿元，增长20.8%；城市居民人均可支配收入36 700元，增长14%。

南京轨道交通线网由城市轨道交通和城际轨道交通构成，共计22条线路，784 km，其中城市轨道交通14条、496 km，城际轨道交通8条、南京市行政区内288 km。都市区轨道交通线网密度0.18 km/km^2，中心城区轨道交通线网密度0.62 km/km^2，主城轨道线网密度0.90 km/km^2。老城区站点半径600 m覆盖率达75%，主城站点半径800 m覆盖率达70%，规划轨道交通车站375座（换乘站70座），控制中心4座，车辆段17处，停车场16处，主变电站26座（线路还在优化调整之中）。南京市轨道交通线网规划如图2-14所示。

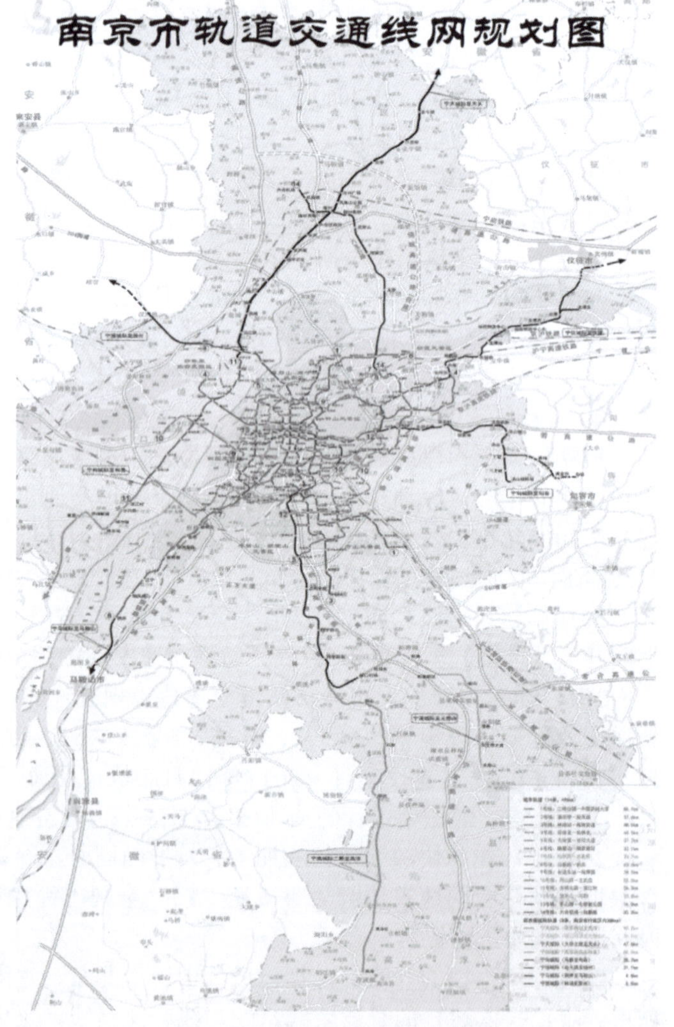

图2-14 南京市轨道交通线网规划图

2. 南京市城市轨道交通规划线路

南京市城市轨道交通规划线路有9条，包括5号线、6号线、7号线、8号线、9号线、11号线、12号线、13号线、14号线。

1）南京地铁5号线

5号线是贯穿主城东南和西北的加密线，分流1号线和市中心区的客流量。全长37.2 km，设有29个车站。

2）南京地铁6号线

6号线为南北向市域快线，平衡主城内轨道线网客流，并带动沿线一些主要地区再开发。线路全长32.1 km，设站16座。

3）南京地铁7号线

7号线是主城南北向加密线，分流南北向主干线的客流量，线路全长35.7 km，设有25座车站。

4）南京地铁8号线

8号线是部分利用原宁芜铁路线路的一条西北—东南方向市域快线，线路全长63.4 km，主要由现有宁芜铁路改建而成，设有27座车站。

5）南京地铁9号线

9号线是一条连接城北与河西的南北向加密线，线路全长18 km，设有15座车站。

6）南京地铁11号线

11 号线起自宁和城际一期工程的滨江村站（与其换乘），沿线经过桥林新城、浦口新城核心区、浦口老镇、南京高新泰山园区，覆盖面广泛，线路全长26.3 km，共设13座车站。

7）南京地铁12号线

12号线沿线经过栖霞区、江宁区，为城市南北—东西向轨道线路，联系了仙林副城、麒麟、东山副城三大区域，对缩短沿线仙林、麒麟、东山组团与城市中心区的时空距离，实现城市中心区的辐射功能，促进沿线周边地区的快速发展起着重要作用，线路全长约23.8 km，共设18座车站。

8）南京地铁13号线

13号线起自河西北部，经清凉门大街、广州路、珠江路、明故宫路、后标营路、胜利村路，终于七桥瓮公园，线路全长16.0 km，共设15座车站。

9）南京地铁14号线

14号线位于南京市区北部，沿线经过新港开发区、六合区，线路全长约33.2 km，共设10座车站。

2.6.3　南京市2012年城市轨道交通建设情况

为配合2014青奥会举办，促进南京城市战略发展，为市民提供更便利的地铁出行，南京地铁以“规划前瞻、资源节约、可评可比、精品极品”为建设理念，克服地质条件复杂、融资难、拆迁难、工期紧张、施工组织难度大等诸多不利因素，积极推进地铁3号线、4号线一期、10号线一期、宁高城际轨道交通一期、宁天城际轨道交通一期工程、宁和城际轨道交通一期工程等多条线路建设。

1．南京地铁3号线

南京地铁3号线是一条南北客流主干线，贯穿大江南北、连接主城江北新市区和东山新市区，连接禄口机场、南京南站、南京火车站及江北火车站最重要的对外交通枢纽。南京地铁三号线3号线北起浦口林场，沿线经过江北浦口区，江南下关区、玄武区、白下区、秦淮区、雨花区和江宁区等重要片区，南至江宁九龙湖，线路全长约48.6 km。全线共设28座车站，除林场站为高架站外，其余27座车站全部为地下站。全线设滨江路和南京南站2座主变电站，同时在南京南站地区设1座控制中心，停车场、车辆段各1处。3号线已于2010年1月10日举行开工典礼，12月18日过江段正式开工建设，预计2014年6月建成通车。

2．南京地铁4号线一期

南京地铁4号线是一条东西向市域快线，贯穿主城、仙林新市区和江北新市区，全长43.1 km。具体走向为：浦珠路—滨江—中保—省委—云南路—鼓楼—市政府—九华山—省经干院—樱花路—岔路口东—仙鹤门—金马路—仙林大学城。

4号线一期工程起始于中保村，止于仙林东站。线路全长33.8 km，共设车站18座，全线设青龙车辆段一处，设两座主变电站，分别位于紫金山北站和灵山站附近，设灵山控制中心一座。4号线一期工程已经于2011年12月27日举行开工仪式，预计在2015年建成通车。

3. 南京地铁10号线一期

10号线一期由雨山路至安德门，线路总长21.6 km，共设车站14座，其中新建10座，全部为地下站；其中小行站为高架站，其余均为地下站。新建线路全长16.3 km。10号线一期工程已于2010年1月10日开工，预计2014年建成通车。

4. 宁高城际轨道交通一期工程

宁高城际轨道交通一期工程为南京至高淳城际快速轨道一期工程，呈南北走向，经禄口新城、东善桥—秣陵片区、东山副城西侧，止于南京南站，线路全长约35.8 km，其中高架段长约16.7 km，过渡段长约0.7 km，地下段长约18.4 km。共设置8座车站，其中高架车站3座，地下车站5座。宁高城际轨道交通一期工程已于2011年12月27日开工，预计在2014年建成通车。

5. 宁天城际轨道交通一期工程

宁天城际轨道交通一期工程由大桥北路至金牛湖，线路总长45.2 km，共设车站17座，其中地下站6座，高架站11座。宁天城际一期工程已于2012年6月21日开工，总投资约130亿元，计划于2014年4月1日起试运行，2014年7月1日正式通车。

6. 宁和城际轨道交通一期工程

宁和城际轨道交通一期工程东起雨花区高铁南京南站，西至桥林黄里，途径铁心桥地区、汪家村地区、河西南部、大胜关大桥、规划桥林新城至桥林黄里地区，将来二期工程将延伸至安徽和县。一期工程线路全长37.6 km，共设18座车站，其中地下站10座，高架站8座。宁和城际轨道交通一期工程于2012年12月27日开工建设，到2015年年底，实现全线联调，试运行并通车。

2.6.4 南京市2012年城市轨道交通运营现状

南京市已经投入运营的线路有1号线、1号线南延线、2号线，线路总长度达85 km，共57个车站，如图2-15所示。

图2-15 南京市轨道交通运营线路图

1. 南京市城市轨道交通运营线路

1）南京地铁1号线

南京地铁1号线全长21.72 km，地下线14.33 km，地面及高架线7.39 km。南起于奥体中心，北至迈皋桥，途经元通、中胜、小行、安德门、中华门、三山街、张府园、新街口、珠江路、鼓楼、玄武门、新模范马路、火车站、红山动物园，共16个站，平均站距1.4 km。16个车站开通出入口76个，其中地下车站11座，地面及高架车站5座。地铁1号线一期工程于2005年5—8月进行了观光运行，8月12日开始载人模拟试运行，9月3日正式试运营。

2）南京地铁1号线南延线

南京地铁1号线南延工程由1号线安德门站向南延伸至东山新市区，经过建设中的京沪高速铁路南京站，穿越雨花台区和江宁区，止于中国药科大学站，车辆段设在江宁大学城内。线路全长25.08 km，共设车站15座，其中地下车站8座，高架车站7座。南延工程采用与1号线相同的A型车6辆编组，在既有1号线的基础上在城东路新建停车场一座，在小龙湾新建主变电站一座，控制中心设在珠江路控制中心大楼内。工程于2006年底开工建设试验段，2010年5月28日开通运营。

3）南京地铁2号线

南京地铁2号线按建设启动时间分为一期工程和东延工程两段。2号线一期起于河西新区的油坊桥，止于紫金山麓的马群，线路贯穿南京主城区的东西向中轴线，连接河西新城区和城东地区。线路全长25.27 km，共设车站19座，其中地下站18座，高架站1座，车辆采用A型车6辆编组，在油坊桥和马群分别设停车场和车辆段一处，控制中心设在珠江路。2号线一期于2005年12月全面开工，2010年5月28日开通运营。

2号线东延段从马群站向东延伸至仙林新市区，东延段全长12.68 km，共设车站7座，均为高架和地面车站，与2号线一期贯通运营。2号线东延工程于2007年10月7日开工建设，2010年5月28日开通运营。

2. 票价情况

2010年5月7日召开的南京地铁网络化运营票价情况通报会中，提出地铁网络化运营的基本原则，即维持2005年的票价水平不变，增加最高票价可乘坐站点数，具体为实行线网分段计站收费方式，起步价2元，乘坐1~8个站（含上车车站，下同），3元乘坐9～12个站，4元乘坐13站以上。

车票种类有单程票、金陵通卡、纸质车票和限期计次卡。对离休干部、革命伤残军人、革命伤残警察、盲人实行免票。

3. 客运量

南京地铁2012年客运量如表2-8所示。

表2-8　南京市轨道交通2012年客流运营数据　　单位：万人次

线 路	全年客流总量	日均客流	日最高客流
1号线	19 218.41	52.51	71.82
2号线一期	14 654.53	40.04	52.32
1号线南延线	6 187.29	16.91	29.42

2.6.5　南京市轨道交通建设和运营模式

南京地铁集团有限公司成立于2012年6月18日，集团定位为资金的平台、资产的平台、资源的平台，以资金、资产、资源为纽带，通过建立和完善公司治理机制、业务管控机制、财务监管机制、干部聘用机制、绩效考核机制、项目管理机制和资金平衡机制等七大配套机制，协同好与建设、运营、资源开发三个子公司的关系，促使三家子公司集中精力完成好南京地铁自身建设、运营和资源开发任务。

南京地铁建设有限责任公司定位为工程建设管理公司，其建设项目受集团公司委托，按照土建工程分线建设、领导分兵把守，招标、技术、设备集中管理的模式实施工程建设监管，并在地铁指挥部的领导下，实施对自建项目、BT项目、代建项目的统一管理。

南京地铁运营有限责任公司定位为营运服务公司，受集团公司委托，负责现有85 km线路的运营管理、乘客服务及设施设备的维修保养，同时担负起网络化运营的筹备工作，包括人员招聘、培训、参与新线调试、设施设备接管等。

南京地铁资源开发有限责任公司定位为资源管理公司，受集团公司委托，对地铁关联资源实施经营管理，业务范围包括土地（上盖物业）开发、物业管理、资源经营三大板块。

2.6.6 南京市城市轨道交通发展历程

南京地铁项目规划建设工作于1984年启动，先后历经多次调整修改。1999年4月15日，南京地铁南北线一期工程项目经国务院批准正式立项。同年10月，国家计委批复了南京地铁南北线一期工程可行性研究报告，1号线工程于2000年12月12日开工建设，2005年9月3日正式试运营。2006年7月16日，国家发改委批复了南京地铁2号线一期工程可行性研究报告，2号线一期工程于2005年12月28日开工建设试验段，2010年5月28日通车试运营。2007年03月14日，南京地铁1号线南延线工程可行性研究报告通过国家发改委审批，1号线南延线工程于2006年11月20日开工建设试验段，2010年5月28日通车试运营。2008年1月28日，国家发改委批复了南京地铁2号线东延线工程可行性研究报告，2号线东延线工程于2007年10月7日开工建设，2010年5月28日通车试运营。2012年在建线路工6条，南京地铁进入网络化建设的新阶段。

2005年12月31日，国务院批准《南京市城市快速轨道交通建设规划（近期）》。2010年12月17日，国家发改委批复了南京市城市轨道交通建设规划调整方案。2012年4月25日，国家发改委批复了包含南京都市圈、苏锡常都市圈及沪宁沿线地区8个城市在内的《江苏省沿江城市群城际轨道交通网规划（2012—2020）》，正式批准新建一批城际轨道交通线路的规划方案，包括：南京—高淳、南京—和县、南京—天长、南京—句容、南京—仪征、无锡—江阴、无锡—宜兴、苏州—无锡及硕放机场线，线路里程约375 km。该批复同时对近期实施方案给予了核准，明确了2012—2015年开工建设南京—高淳线（南京南站—禄口机场段）、南京—和县线（南京南站—黄里段）、南京—天长线（林场站—金牛湖段）等4条共161 km线路，并由江苏省负责组织实施。

《规划》的批复为南京地铁完成青奥任务、实现“十二五”建设目标创造了条件，也为到2020年初步形成南京都市圈轨道交通放射状网络布局、完善综合运输体系、满足区域交通需求打下了良好基础。目前正在修编的南京轨道交通线网规划为22条线，总长度达到了784 km。

2.7 重 庆

2.7.1 重庆市城市轨道交通2012年度最新发展动态

2012年重庆在建轨道交通1、2、3、6号线共计135.18 km（含当年通车线路），其中56.1 km已建成开通试运营。重庆轨道交通1号线（沙坪坝—大学城）于2012年12月20日开通试运营，3号线南延伸段（鱼洞—二塘）于2012年12月28日开通试运营，6号线一期五里店至康庄于2012年9月28日开通试运营（2012年12月26日开通至礼嘉）。2012年新增运营里程56.1 km。截至2012年底，合计运营里程达到131.1 km。

《重庆市城市快速轨道交通第二轮建设规划（2012—2020）》获国务院审批。轨道交通6号线二期工程可行性研究报告已获国家发改委审批，6号线会展支线及3号线北延伸段工程可行性研究报告已上报国家发改委待批。

2.7.2 重庆市城市轨道交通线网规划

1. 重庆市城市轨道交通线路规划

重庆市位于中国内陆西南部、长江上游，四川盆地东南部，是中国面积最大的直辖市，辖区总面积82 403 km^2，其中主城建成区面积为647.78 km^2。依据第六次全国人口普查，重庆市总人口2 884.62万人，占全国总人口的2.15%。2012年重庆市实现地区生产总值11 459.00亿元，同比增长13.6%。

《重庆市主城区轨道交通线网调整规划（2007—2020）》对重庆市远景线网规划做了扩展和优化。经过调整的线网规划为17线1环，共820 km，如图2-16所示。到2014年将形成由1、2、3、6号线组成的轨道交通骨干线网，线路总长197 km；第二轮建设规划项目共215 km，将于2012—2016年间陆续开工建设。至2020年末，重庆市轨道交通运营里程将达到400 km以上。重庆市中远期建设规划提前开展，远景线网规模已基本稳定。结合城市空间发展及近远期发展目标，重庆市轨道交通远期线网规划修编及中期建设控制性详规工作均取得了阶段性进展。轨道交通远景线网方案经重庆市政府同意，原则上调整为820 km，并确定了中期采用“实环”并最终通过建设、运营实现组合环功能的线网规划。

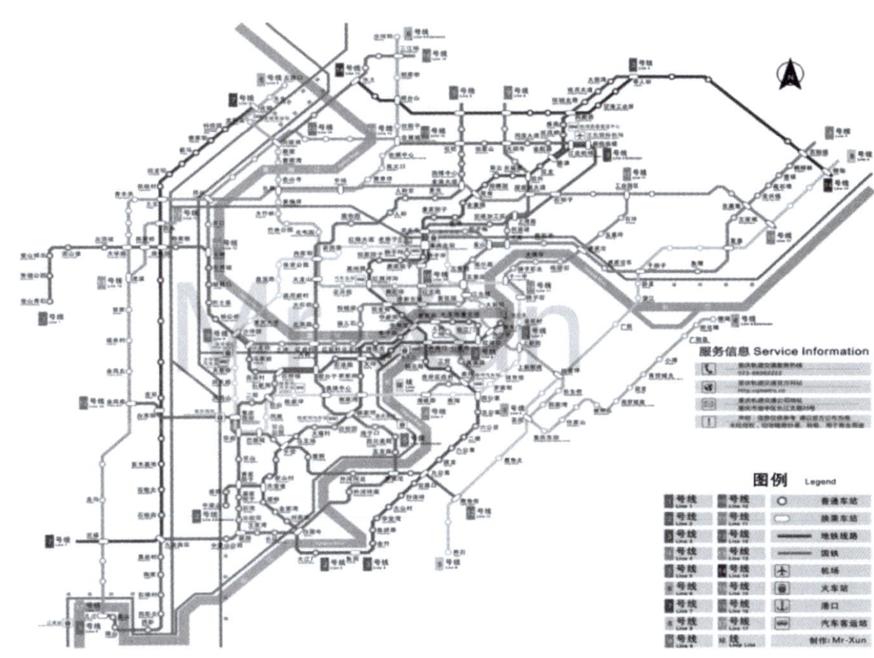

图2-16 重庆市城市轨道交通远期线网规划图

2. 重庆市城市轨道交通规划线路

目前，重庆市轨道交通第二轮建设规划报告已获得国务院审批，此次规划线路有6条，基本情况如下。

1）重庆轨道交通4号线一期工程

重庆轨道交通4号线一期线路经重庆北站—唐家沱，线路总长约15 km。

2）重庆轨道交通5号线一期工程

重庆轨道交通5号线一期线路经园博园—人和—冉家坝—歇台子—石桥铺—重庆西站—跳蹬，线路总长约40 km。

3）重庆轨道交通通6号线支线

重庆轨道交通通6号线支线线路经礼嘉—会展中心—水土，线路总长约26 km。

4）重庆轨道交通9号线

重庆轨道交通9号线线路经沙坪坝—红岩村—观音桥—江北城—回兴—两路，线路总长约45 km。

5）重庆轨道交通10号线

重庆轨道交通10号线线路经兰花路—南坪—七星岗—重庆北站—江北机场—会展中心，线路总长约39 km。

6）重庆轨道交通环线

重庆轨道交通环线线路经四公里—谢家湾—奥体中心—陈家坪—重庆西站—沙坪坝—重庆北站—五里店—四公里，线路总长约50 km。

2.7.3 重庆市城市轨道交通建设情况

重庆市正在建设的城市轨道交通规划线路有5条，具体如下。

1. 重庆轨道交通2号线延伸段（新山村—鱼洞）

线路全长12.00 km，设12座车站，采用跨座式单轨交通制式。全线已于2010年全面开工，预计2014年开通试运营。

2. 重庆轨道交通6号线一期（上新街—礼嘉）

线路全长23.80 km，设16座车站，采用钢轮钢轨B型车交通制式。全线已于2009年全面开工，五里店至康庄于2012年9月28日开通试运营（2012年12月26日开通至礼嘉），剩余上新街至五里店段预计2014年开通试运营。

3. 重庆轨道交通6号线二期（茶园—上新街、礼嘉—五路口）

线路全长37.60 km，设12座车站，采用钢轮钢轨B型车交通制式。全线已于2010年全面开工，预计2013年礼嘉至五路口段开通试运营。

4. 重庆轨道交通6号线会展支线（礼嘉—悦来）

线路全长12.58 km，设5座车站，采用钢轮钢轨B型车交通制式。全线已于2010年全面开工，预计2013年开通试运营。

5. 重庆轨道交通3号线北延伸段（碧津—举人坝）

线路全长9.9 km，设7座车站，采用跨座式单轨交通制式。全线已于2012年全面开工，预计2015年开通试运营。

2.7.4 重庆市城市轨道交通运营现状

1. 重庆市城市轨道交通运营线路

2012年重庆轨道交通已开通运营的线路有重庆轨道交通1号线（朝天门—沙坪坝、沙坪坝—大学城）、2号线（较场口—新山村）、3号线（鱼洞—二塘、二塘—江北机场）和6号线（五里店—礼嘉）。

1）重庆轨道交通1号线（运营里程37 km）

轨道交通1号线东起朝天门，西至大学城，远期延伸至璧山，采用钢轮钢轨B型车交通制式，DC1 500 V刚性接触网供电，最高运行速度100 km/h。该线路是轨道交通线网东西方向的主干线，也是贯穿渝中区和沙坪坝区的重要交通通道，其高峰小时断面流量和全日客流量在全市轨道交通线网客流预测中均为最大。1号线与2号线和3号线共同形成“大”字型的轨道交通骨架。

运营中的轨道交通1号线（朝天门—沙坪坝段）线路全线长16.5 km，设14座车站。全线于2007年6月全面开工并于2011年7月28日开通试运营。

运营中的轨道交通1号线（沙坪坝—大学城段）线路全线长20.3 km，设9座车站。全线已于2009年全面开工并于2012年12月20日开通试运营。

2）重庆轨道交通2号线（运营里程19.2 km）

重庆轨道交通2号线途经渝中区、九龙坡区、大渡口区和巴南区四个行政区域，服务于核心城区的商业区、公共活动区等大型客流集散点。

运营中的重庆轨道交通2号线为中国第一条跨座式胶轮单轨高架轻轨线路，也是西部地区第一条城市轨道交通线路，全长19.2 km（地下2.5 km），设18座车站。线路建成对疏导客流和沿线经济发展起到十分重要的作用，较大程度地缓解了沿线区域交通紧张矛盾，改善居民出行条件和乘车环境，同时也起到改善投资环境和提升城市形象的积极作用。

3）重庆轨道交通3号线（运营里程56.1 km）

运营中的重庆轨道交通3号线呈南北走向，南起巴南鱼洞、北至江北机场，是重庆市轨道交通线网中重要的骨干线路，联系了五个行政区（巴南区、南岸区、渝中区、江北区、渝北区），线路全长56.1 km，是目前世界最长的跨座式单轨线路。

3号线一期（二塘—龙头寺）线路全长20.20 km，共设18座车站，于2007年4月全面开工建设；3号线二期（龙头寺—江北机场）线路全长18.90 km，共设12座车站，全线于2009年全面开工建设。2011年9月29日，两路口—鸳鸯段开通试运营；2011年10月8日，鸳鸯—长福路段开通试运营；2011年12月30

日，3号线一期（二塘—龙头寺）全线开通试运营。

3号线南延伸段（鱼洞—二塘）线路全长17.0 km，设10座车站，于2010年全面开工，2012年12月28日开通试运营。

4）重庆轨道交通6号线（运营里程18.8 km）

6号线全线呈东南至西北走向，全长61.40 km，一期为上新街—礼嘉，二期为茶园—上新街、礼嘉—五路口，纵贯主城核心城区并连接南岸区、渝中区、江北区、北部新区及北碚区，是我市轨道交通线网规划中的一条重要骨干线路。

运营中的重庆轨道交通6号线一期五里店—礼嘉：线路全长18.8 km，设12座车站，采用钢轮钢轨B型车交通制式。全线已于2009年全面开工并于2012年9月28日开通试运营五里店至康庄（2012年12月26日开通至礼嘉）。

2012年重庆轨道交通运营线路如图2-17所示。

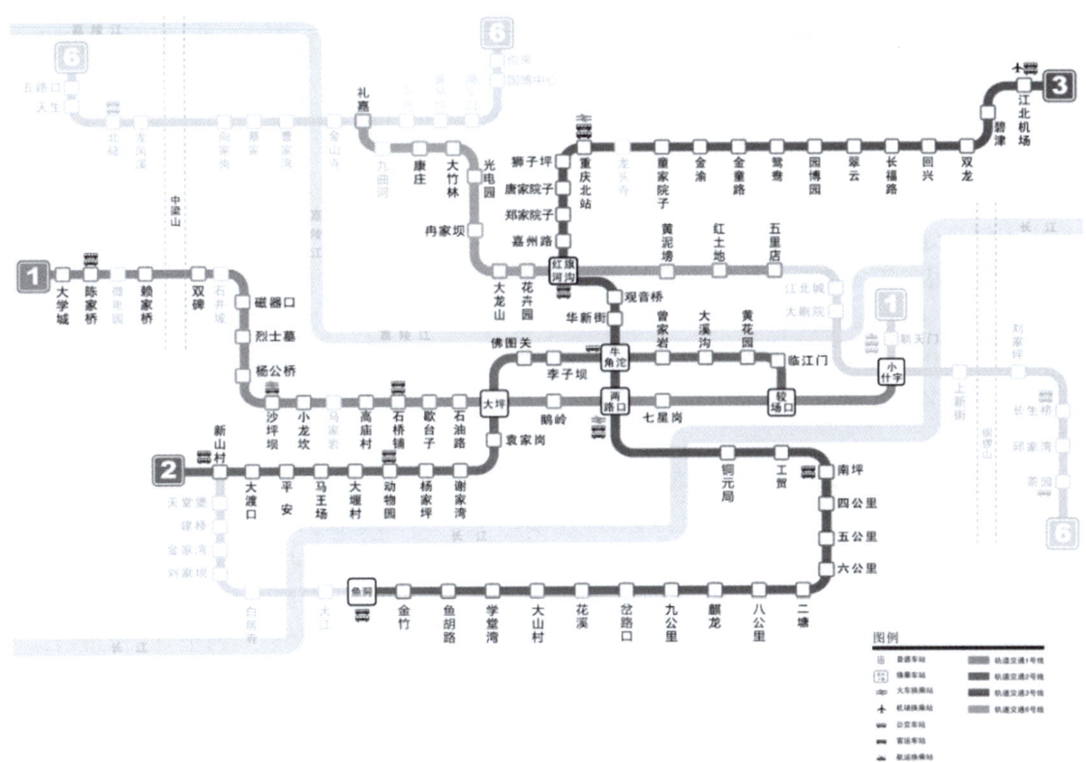

图2-17　重庆市轨道交通2012年运营线路示意图

2. 客流情况

2012年重庆市的运营数据如表2-9所示。

表2-9　2012年重庆市客流运营数据

项　目	单　位	1号线	2号线	3号线	6号线
全年运量（2012年）	万乘次	6 200.37	6 901.30	10 920.23	340.64
最大日运量	万乘次	35.17	24.81	54.23	5.88
日均运量	万乘次	16.94	18.86	29.84	3.60
高峰小时最大断面流量	万人次/小时	1.20	1.21	1.92	0.47
客运负荷强度	（日均）万人次/km	0.98	0.98	0.76	0.23
平均运距	km/人	7.24	6.22	9.75	4.84

3．票价情况

重庆轨道交通实行里程计价、递远递减的计程票价：乘客乘坐轨道交通1次，在180min内，按照乘坐里程计算票价。最低票价2元，最高票价10元。

票价标准为：起步价2元［0~6 km（含）］，3元［6~11 km（含）］，4元［11~17 km（含）］，5元［17~24 km（含）］，6元［24~32 km（含）］，7元［32~41 km（含）］，8元［41~51 km(含)］，9元［51~63 km（含）］，10元［63 km以上］。

目前在票价标准基础上实施7元封顶的优惠票价。

重庆轨道交通发行多种车票，包括单程票、纪念票、定次票和宜居畅通卡，满足条件的乘客可享受优惠车票。

2.7.5 重庆市轨道交通技术特点和创新项目简介

（1）工程亮点：建成世界最长的跨座式单轨线路——轨道交通3号线，建成国内最长的城市轨道交通山岭隧道——轨道交通1号线中梁山隧道，在建国内第一、世界第二大跨的轨道交通专用斜拉桥——轨道交通6号线蔡家嘉陵江特大桥等工程。

（2）技术亮点：亚洲首个大断面暗挖车站——红旗河沟车站取得五项重大施工技术突破，轨道交通3号线首次大量采用跨座式单轨交通门型墩钢结构横梁。

（3）设计亮点：新线同站台八个方向换乘，新线车站、车场建筑设计引入绿色环保理念，设计成果荣获重庆市绿色建筑设计评价标识铂金奖。

（4）科研成果：完成跨座式单轨交通装备关键技术研发及产业化项目研发，形成工程示范基地、整车生产基地1个；编制发布国家及行业标准5项、企业技术标准32项，发布运营标准81项，主编及发布国家标准数量居全国同行首位，申报和获得专利35项，逐步建立国内跨座式单轨权威地位；研发轨道交通再生能逆变吸收装置，获重庆市财政奖励5 000余万元，多项技术研究获得重庆市科技进步及发展研究奖等奖项。

（5）产业发展：城市轨道交通建设带动两江新区轨道交通产业基地迅速崛起，车辆年产500辆，整车国产化率达90%，首辆国产单轨列车投入试验；牵头引进世界认证权威——劳氏认证机构，组建西南首家城市轨道交通独立第三方安全评估机构，进一步完善了重庆轨道交通产业链结构。

（6）对外推广：重庆市轨道交通设计研究院和重庆单轨交通工程有限责任公司联合开拓国内外市场，已正式参与印度尼西亚万隆市和日惹市跨座式单轨、巴西圣保罗17号线以及国内承德市沿河旅游观光线等跨座式单轨交通项目建设。

2.7.6 重庆市城市轨道交通发展历程

1987年，重庆市完成了轨道交通2号线线路规划、预可行性研究、工程可行性研究及各项前期准备工作，并于1990年成立了重庆市轨道交通建设领导小组。1992年8月，重庆市轨道交通2号线项目建议书获国务院批准。2000年，重庆轻轨项目一期工程被列为国家西部开发十大重点工程，被列为国债项目，6月试验段动工，9月批准初步设计，12月正式全面开工。继2003年轨道交通一期工程实现了“轨通”和“电通”目标后，2004年实现了“车通”目标。2005年1月，《重庆市轨道交通1号线（朝天门—大学城）工程可行性研究报告》最终稿完成。次年6月，包括重庆轨道交通1号线在内的《重庆市快速轨道交通建设规划》获国务院批准立项。

2005年6月18日，重庆市轨道交通一期工程正式开通。2006年7月二期工程正式开通。2009年6月，国家发改委正式批复了重庆市城市快速轨道交通建设规划（2006—2014年）调整方案，标志重庆轨道交通近期建设计划提速3-5年。2009年6月，按照重庆市国资委要求，重庆市轨道交通总公司改制为重庆市轨道交通（集团）有限公司。2009年9月，国家发改委正式批复了重庆市轨道交通6号线一期工程可行性研究报告，12月，重庆轨道交通6号线进入全面建设阶段。2010年12月，重庆轨道交通1号线朝沙段和3

号线一期工程，实现电通及车辆上线调试目标。

重庆首条钢轮钢轨城市轨道交通线路——1号线朝天门—沙坪坝段于2011年7月28日开通试运营，线路全长16.5 km，设14座车站。重庆第二条跨座式单轨交通线路——3号线两路口—鸳鸯段于2011年9月29日开通试运营。2011年12月12日，重庆地铁1号线二期工程具有里程碑意义的工程——中梁山隧道正式全线贯通。2011年底，轨道交通3号一、二期（二塘—江北机场）全线开通试运营。线路全长39.1 km，设30座车站。至此，重庆轨道交通运营里程累计达74.75 km，通达主城七区，有效衔接了主城五大商圈、四大铁路及机场交通枢纽，在交通最拥堵的核心城区建成了高效便捷的客运通道，轨道交通从此迈入网络化运营新时代。

2012年重庆在建轨道交通1、2、3、6号线共计135.18 km（含当年通车线路），其中56.1 km已建成开通试运营，2012年9月至12月，6号线（五里店—康庄）、6号会展支线（礼嘉—悦来）、1号线（沙坪坝—大学城）、3号线南延伸段（二塘—鱼洞）依次开通试运营。截至2012年底，合计在建里程约79.08 km，合计运营里程达到131.1 km。2012年，重庆轨道交通年度网络化运营客运量已超过2.4亿乘次，网络化日均客运量65.5万乘次，列车运行图兑现率99.97%。重庆轨道交通已发挥了城市公共交通的重要骨干作用。

2.8 长 春

2.8.1 长春市城市轨道交通2012年度最新发展动态

2

2012年4月，国家发展改革委批准了长春市地铁2号线一期工程可行性研究报告；2012年10月11日，长春地铁2号线一期工程正式开工。与此同时，地铁1号线自2011年开工建设以来也正在加快建设，1号线预计2015年建成通车后，日客流量可达100万人次。长春市步入城市快速轨道交通建设的快速发展时期。

2.8.2 长春市城市轨道交通线路规划

1. 长春市城市轨道交通线路规划

长春市是吉林省省会，全市土地总面积20 604 km^2，市区面积4 906 km^2，四环内建成区面积379.94 km^2。截止到2010年第六次人口普查显示，长春市常住人口是767.71万人。2012年，长春市GDP总量完成4 456.6亿元，增长12%，其中，第一产业增加值317.5亿元，增长4.3%；第二产业增加值2 291.5亿元，增长13.1%，第三产业增加值1 847.6亿元，增长11.8%。

根据城市总体规划，长春市对城市快速轨道交通线网也进行了相应的调整和修编。2002年8月由长春市规划设计院、北京市城市规划设计院、北京中城捷咨询公司完成了《长春市快速轨道交通线网规划》，2009年进行了再次修编，经市政府批准，纳入新修编的长春市城市总体规划和综合交通规划。最新的线网规划以远景年（2050）市区500 km^{2}为研究范围，长春市城市快速轨道交通线网规划由7条地铁和轻轨线路组成放射式的线网，与城市形态结构与发展方向相吻合，其中5条放射线为地铁线（1、2、5、6、7号线），2条半环线为轻轨线（3、4号线）。线网总长度256.9 km，中心城区线网密度为0.38 km/km^2；核心城区线网密度为1.18 km/km^2。长春市快速轨道交通线网规划如图2-18所示。

规划中轨道交通建设分为三个阶段进行，最终形成以公共交通为主体、轨道交通为骨干的综合交通体系。

第一阶段为2003—2010年：完成轻轨3号、4号线工程，线路总长52.1 km。

第二阶段为2010—2020年：修建南北线（规划1号线）和东西线（规划2号线）两条地铁线路，建设里程为41.98 km，至2020年长春市快速轨道交通运营里程达到94.08 km。

第三阶段为2020—远景年（最快2030年左右）：修建东北至西南对角线（5号线、6号线、7号线）和其他线路的外围支线，根据线网规划建设交通里程达到256.9 km，实现线网规划。

《城市总体规划》和最新完成的《城市空间发展战略规划》都对长春城市中心区进行“解密外疏”设计，即向南、东南发展构造新的城市中心区，形成“双中心”格局，控制旧城市中心区规模和密度。由3号、4号线构成的轻轨网由于既服务于旧城市区（处于现城市核心区边缘位置），又向南、东南连通新城市中心区，与城市中心区“解密外疏”的区位和方向十分吻合。

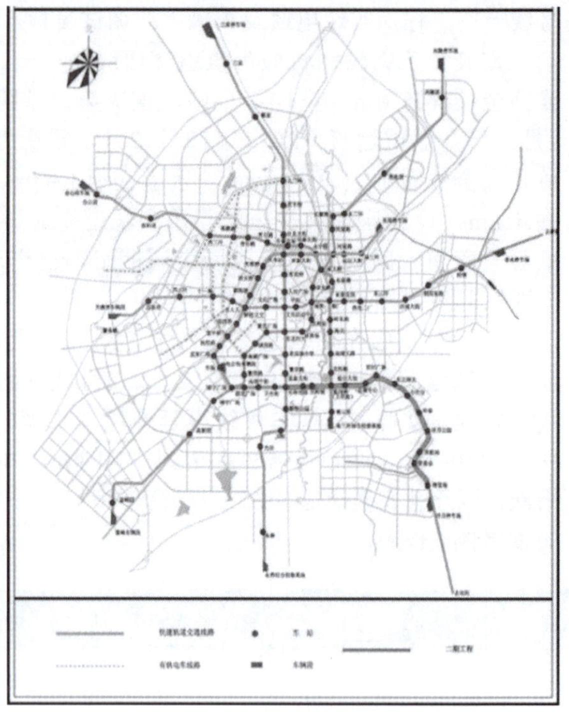

图2-18　长春市快速轨道交通线网规划图

2．长春市城市轨道交通规划线路

长春市城市轨道交通规划线路有5条，包括3号线、4号线、5号线、6号线、7号线。

1）长春轻轨3号线

3号线全长34.3 km，主城区内24.70 km，自永宁路起，经长春站、西解放立交桥、前进广场、亚泰大街、世纪广场至长影世纪城终点。3号线一、二期工程31.9 km已投入使用。

2）长春轻轨4号线

4号线全长43.5 km，主城区内28.96 km，自合心团、农科团、青石路、长春北站、永宁路、东大桥、岭东路、北海路、卫星路至南三环终点。一期工程先建设市区段16.33 km，已投入使用。

3）长春地铁5号线

5号线全长40.7 km，主城区内32.94 km。线路是东北至西南方向的放射线，贯穿高新区、朝阳区、南关区、二道区、宽城区。主要经过富锋团、高新团、南湖公园、东北师大、体育场、英俊团、兴隆团等客流集散点，是线网中大运量级骨干线。

4）长春地铁6号线

6号线全长约29.8 km，主城区内19.75 km，为配合西部城区的开发，长春市近期正在规划轨道交通6号线，呈西北—东南走向，自长春西站起，经创业大街、光谷大街、南环路、前进大街至净月终点。

5）长春地铁7号线

7号线全长46.6 km，主城区内34.64 km，自白龙驹起、经飞跃路、南湖广场、体育场、十三局、长春师范学院、兴华至太平山终点。

2.8.3　长春市2012年城市轨道交通建设情况

长春市正在建设的线路有两条，即长春地铁1号线一期工程和长春地铁2号线一期工程。

1．长春地铁1号线一期工程

1号线贯通城市南北方向，贯穿宽城区和朝阳区，通过长春火车站、人民广场、东北师大、长春明珠居住区、中央商务区（CBD）地区等大型客流集散点，是线网中大运量级骨干线。全长37.4 km，主城区内26.3 km，自兰家起，经长春站、人民广场、市政府至永春南终点。

1号线一期工程位于市区中部，全长18.5 km，共15座车站，起于北环路站至红咀子站。1号线一期工程已于2011年5月25日开工建设，建设工期为5年。计划2015年12月正式竣工通车。

2. 长春地铁2号线一期工程

长春地铁2号线于2011年11月17日全面展开初步岩土层勘测，线路全长24.6 km。地铁2号线是长春市轨道交通线网中一条贯穿主城东西的骨干线。线路连接着长春市西部新城区、红旗街商贸区、解放大路文化商贸区、亚泰商贸区、东部经济技术开发区以及在建的长春西客站综合交通枢纽。

先行开工建设的是长春地铁2号线一期工程，线路西起长春西湖，终点为东方广场。线路全部为地下线路，一期工程22.8 km。总投资151.736 7亿元。全线设19座地下车站，其中换乘站6座，设地铁综合检修基地1座，主变电所2座，列车拟使用6辆编组，2012年10月11日2号线一期工程正式开工，2016年计划通车。

2.8.4　长春市2012年城市轨道交通运营现状

长春市已经投入运营的线路有长春轻轨3号线一期，长春轻轨3号线二期，长春轻轨4号线3条线路，总达75.46 km，共49个车站。运营线路如图2-19所示。

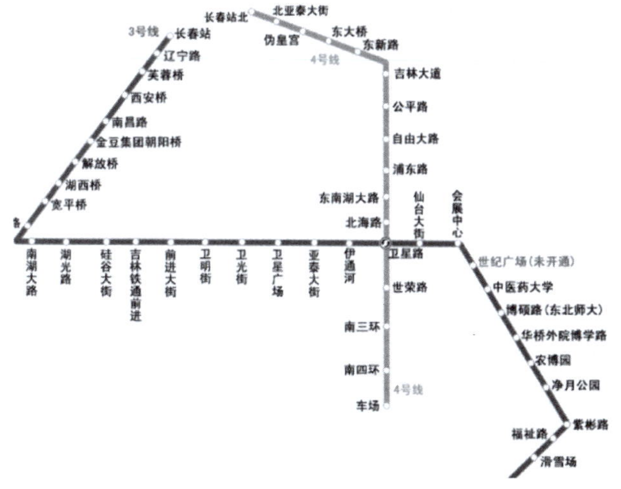

图2-19　长春市轨道交通运营线路图

1. 长春市城市轨道交通运营线路

1）长春轻轨3号线一期

轻轨3号线一期工程是规划中的轻轨3号线中段，是经国家批准的我国第一批兴建的轻轨线路。该项工程于2000年5月开工建设，2002年10月30日，投入试运营。长春轻轨一期工程，北起长春站至卫光街终点，为一条半封闭的轻轨线路。线路全长14.6 km，设17座车站，1座指挥调度中心，1座车场，6座牵引变电所，计划配备电动客车32辆，工程概算14.7亿元。

2）长春轻轨3号线二期

轻轨3号线二期工程（简称净月线工程）是轻轨一期工程的延长线,是规划的轻轨3号线的南段，二期工程由人民大街卫星广场起，至长影世纪城终点，全长17.3 km，其中地下线1.5 km；高架线11 km；其余为地面线路。全线设车站16座；设停车场1座，牵引变电所7座，配备国标C型轻轨电动客车辆42辆，为一条全封闭的轻轨线路。总投资18.02亿元，2006年12月投入试运营。轻轨3号线一、二期工程已于2007年6月实现了贯通运营。

3）长春轻轨4号线

轻轨4号线工程是规划中的轻轨4号线南段工程，线路起点由南部高速公路车场站至长春站北广场站，线路全长16.33 km，其中地下线长3.3 km，其余为高架线。全线设车站16座，其中地下车站3座，高架车站13座，设牵引变电所7座，车场1座，配备电动客车42辆/21列，工程概算总投资29.8亿元。于2008年10月份开工建设，2012年5月6日实现全线贯通观光运营，并与轻轨3号线实现换乘。轻轨4号线与3号线构筑起长春市轨道交通的环状合围线，形成长春轻轨的基本线网。

2. 票价情况

单程票长春轻轨采用阶梯票价，有2元、3元、4元3种票价，全程4元。对于轻轨的票价，目前选择的是“2元、3元、4元”的阶梯票价。3、4号线实现换乘后，继续实行“2元、3元、4元”的阶梯票价，票价的多少和乘客乘坐的距离成正比。0~14.5 km：2元；14.5~24.5 km：3元；24.5 km以上：4元。

3．客流数据

2012年长春市的客流运营数据如表2-10所示。

表2-10　长春市轨道交通2012年客流运营数据　　单位：万人次

线　路	全年客流总量	日均客流	日最高客流
3号线	4 060	11.09	19.94
4号线	444	1.21	3.1

2.8.5　长春市城市轨道交通建设和运营模式

为了实施长春轻轨工程建设，1998年7月长春市政府批准成立了轻轨建设的项目法人单位长春市轨道交通有限责任公司，2009年更名为长春市轨道交通集团有限公司，企业性质为国有独资，下设房地产公司、广告公司、供热公司、物业公司、机电公司、建安公司、运营一公司、运营二公司等8个分子公司。主要负责长春市轨道交通的建设、经营和管理。

2.8.6　长春市城市轨道交通技术特点和创新项目简介

1．轻轨电动客车

轻轨电动客车为两动一拖三模块编组，铝合金车体；车辆间通过三自由度的铰接轴承连接；车顶端部采用变阻尼的油压减振器；转向架采用弹性车轮结构、动车转向架采用有摇枕结构以及拖车转向架采用独立轮对结构；先进的液压制动系统；电动塞拉门；窗带式侧窗；玻璃钢头部造形；VVVF牵引控制；每车配有2×30 kW空调机组；内宽为1 650 mm贯通道；受电弓受流；车头前端设事故车钩；编组方式$Mc_1 \cdot Tp \cdot Mc_2$；车上装有隔音降噪材料；列车座席载员64人，额定载员245人。

车辆主要技术参数如下：

车体长度	28 320 mm
车体宽度	2 650 mm
车辆高度	3 600 mm
地板面高（低地板区）	380 mm
车辆定距	10 310 mm
轴距	1 850 mm
轴重	12 t
车辆自重	45 t
车辆最高运行速度	70 km/h
平均加速度（0~32 km/h）	不小于1.0 m/s^2

紧急制动减速度1.5 m/s^2

2．供电系统

轻轨3号线供电系统采用了分散式供电系统，根据车辆牵引负荷计算及运营规划，沿线按平均3 km的间距设置牵引变电所。

牵引变电所主要负荷为两部分，一部分为车辆牵引用电，一部分为通信、信号、站务设施、自动售检票系统，以及办公生活用电。

供电系统计算均按远期规划一次安装到位，每个变电所安装两台800 kW牵引变压器，另按不同需要，在沿线安装了2×100 kW和2×200 kW的箱式变电站。

为保证供电系统特别是牵引系统工作的可靠性，变电所直流设备全部采用国外最先进的设备，整流变压器和整流机组也应用了目前国内先进的单机组12相整流方式，最大程度限制了整流机组产生的谐波注入市属电网。

充分考虑可直流供电系统产生的杂散电流对地下及周边金属管网的腐蚀问题，在沿线全部做了防杂散电流措施，主要方式为防排相结合方式。

3. 电力监控系统（SCADA）

3号线一期电力监控综合自动化系统采用烟台东方电子监控平台，借助于一期通信系统，通过变电所综合自动化系统对一期牵引供电系统的各种电压、电流、交流、直流等设备的运行进行监控和管理。通过电力监控综合自动化系统，可以使调度中心及时掌握各个变电所的运行情况，直接对设备进行操作，及时了解故障情况，并迅速进行处理，使牵引供电系统的管理科学化、规范化，并且还可做到与其化自动化系统互换数据，进行全系统的信息综合管理。

SCADA系统具有如下功能：通讯规约管理、数据采集、数据通信监视、通道配置、数据处理、数据计算、数据存储、调度员人机接口、模拟盘上盘、事项处理、SOE处理、事故追忆、系统校时。

目前3号线一期电力监控系统可实现对变电所进行通讯管理、日常停、送电操作，数据采集。

4. 通信系统

轻轨一期工程（火车站至卫光街站）通信系统采用工程总包方式，2001年由上海贝尔公司承建。通信系统包括以下子系统：传输系统采用9500ATM，A4400程控交换机等设备组成的公务电话系统，设置了时钟系统、闭路电视监视系统广播系统和450M无线集群通信系统。二期工程（卫星广场站至长影世纪城站）通信传输系统采用eci的MSTP，设置时钟系统、Avtrace编解码器和趋势硬盘录像机等组成的闭路电视监视系统、天津北海提供广播系统，优玛特提供电源系统，北京通号设计院的旅客响导系统，无线通信系统采取租用铁通公司的800M数字集群系统的方式，二期对阿尔卡特A4400程控交换机进行了升级扩容以满足使用需求。

5. 信号系统

一期工程（火车站至卫光街站）信号系统采用工程总包方式，2001年由中国铁路通信信号总公司天津工程公司承建。信号系统包括以下子系统：上海卡斯柯信号公司的调度集中系统，车站、停车场采用6502继电联锁系统，区间采用由25 Hz微电子相敏轨道电路等设备组成站间闭塞系统，停车场轨道电路采用50 Hz微电子相敏轨道电路。二期工程（卫星广场站至长影世纪城站）信号系统采用工程总包方式，2006年由中国铁路通信信号总公司天津工程公司承建。信号系统组成：上海卡斯柯信号公司对原有调度集中系统中心设备进行扩容升级，增加了二期车站设备；车站采用北京通号设计院的DS6-11/F分布式计算机联锁系统；区间闭塞设备采用由北京通号设计院研发的数字轨道电路；车载设备采用北京通号设计院研发的ATP系统；扩容改造了一期停车场，采用DS6-11/F计算机联锁系统。

6. 自动售检票系统（AFC）

轻轨3号线自动售检票系统采用的半自动人工售票方式，共设33个车站及1座线路中心、1座票务中心和1座维修培训中心。

自动售检票系统机房共分小型机中央机房，值班机房及车站机房，现各机房均实现无人值守，中央机房设置HP小型机一套，用以实现各层次参数下发，各类数据的接收、处理、统计整理功能。值班机房设置报表工作站、管理工作站及监控工作站，可以实现报表打印自动化，设备及参数管理自动化及线路设备监控自动化。车站机房设置车站服务器及车站工作站，实现车站设备管理及数据传输的任务。

检票机阻挡方式采用不落杆三杆，可处理单程票，储值票，交通卡等各类轨道交通使用票种，无票乘客通过能力≥35人次/min，有车票乘客过能力≥30人次/min。

半自动售票机可实现单程票及储值票的售、补退票功能，车票输出速度为100张/min。全线设PQST01型全自动售票机2台，可实现纸币识别，硬币识别，自动售票，自动硬币找零等相关功能。

3号线AFC系统车票采用了Mifare ultra light卡（单程票）、Mifare M1 s50卡（储值票及员工票）、

arm cpu卡（移动轻轨行卡、长白山IC卡）。

2.8.7 长春市城市轨道交通发展历程

1981年，全国第一次轻轨工作会议后，长春市政府开始着手快速轨道交通建设的准备工作。并于1985年组建了“长春市轻轨筹备办公室”。市政府于1986年向建设部申请实施“轻轨科研实验线路”，并获得建设部的批准。1994年，完成《长春市轨道交通线路走向方案》、《长春市快速轨道交通路网规划》、《长春市轨道交通一期工程简介》等最初文本的编制工作。

1998年7月，“长春市轨道交通有限责任公司”注册成立。1999年，长春轻轨一期工程经国家批准立项后，于2000年5月27日，长春轻轨一期工程正式开工建设，拉开了长春市快速轨道交通建设的序幕。2002年轻轨3号线一期开始试运营。然而随着城市的进一步发展，目前的轻轨线路已经不能满足需求。针对这种情况，长春市于2003年编制了长春市快速轨道交通建设规划，提出不仅要建设轻轨4号线，而且还要发展两条地铁线路。长春的城市人口规模和经济条件达到了申报建设城市轨道交通项目的条件，轨道交通的建设对加强长春市中型城市地位、构塑合理的城市布局具有重要的作用。

2006年6月，国务院批准《长春市快速轨道交通建设规划》。2010年6月，国家发改委向国务院报送了《长春市城市快速轨道交通建设规划（2010—2016）》。同年10国务院正式批准了《长春市城市轨道交通近期建设规划》。

截至2012年，长春轻轨3号线一期、二期工程、轻轨4号线已经贯通运营，正在建设地铁1号线一期工程、地铁2号线一期工程，长春市已经步入城市快速轨道交通建设的良性发展道路。预计2020年完成全长为41.98 km的南北、东西两条地铁线；到2050年，完成最后的外围支线5、6、7号地铁线路，届时长春市全长256.9 km的城市轨道交通网将全部建成。

2.9 武 汉

2.9.1 武汉市2012年城市轨道交通进展最新动态

2012年2月17日，武汉市轨道交通3号线一期工程可行性研究报告获得国家发改委批复；

2012年3月31日，武汉市轨道交通3号线一期工程开工建设；

2012年12月21日，6号线一期工程可研报告获得国家发改委批复，2013年1月18日，初步设计获得省发改委批复；

2012年12月28日，武汉市轨道交通2号线一期工程通车试运营。

2.9.2 武汉市城市轨道交通规划

1. 武汉市城市轨道交通线网规划

武汉是中国湖北省的省会，人口约为970万，是华中地区最大的城市，中国大陆七大中心城市之一。位于江汉平原东部，长江中游与长江、汉水交汇处。全市面积8 467.11 km^2，全市常住人口910多万人，流动人口200万人。人口密度882人/km^2。武汉市2012年GDP达到8 003.82亿元，重返全国城市经济总量十强城市。

经国务院同意，2011年初国家发改委批准了武汉市轨道交通近期建设规划（2010—2017）。据悉，这是继国家2006年批准武汉市上一轮轨道交通建设规划后的新一轮轨道交通建设规划，如图2-20所示。

根据武汉市新一轮轨道交通建设规划，武汉将在2017年前建成7条轨道交通线路，总规模将达215.3 km，基本形成覆盖武汉三镇的轨道交通网络，可分担武汉公共交通客流量的35%，逐渐缓解和改善江城交通拥堵的状况，引导和促进新城区开发建设。这7条线分别为：1号线连通堤角到东西湖；2号线一期连通常青花园至光谷广场；3号线一期起于三金潭，终点沌阳大道；4号线一期起点黄金口，终点武汉火车站；6号线一期连通沌口和东方马城；7号线一期起于金银湖，终点野芷湖；8号线一期连通三金潭至东湖梨园。

目前，武汉市轨道交通1号线和2号线一期工程已投入全线运营；3号线一期和4号线一期、二期工程全面开建；2013年前将建成72 km轨道交通线路。

远景年，轨道交通线网规划由9条干线和3条城市快线组成，线路总长540 km，设站309座，如图2-21所示。规划3条快线贯穿主城和六大新城组群，加快引导区域一体化建设；9条市区线加密线网，支撑主城用地结构优化调整。建成后，有66%的人口和岗位位于地铁站点600 m步行半径范围内，居民选择轨道出行可实现60 min穿城，30 min到达中心城的目标，轨道线网承担客运比重占公共交通的50%以上。

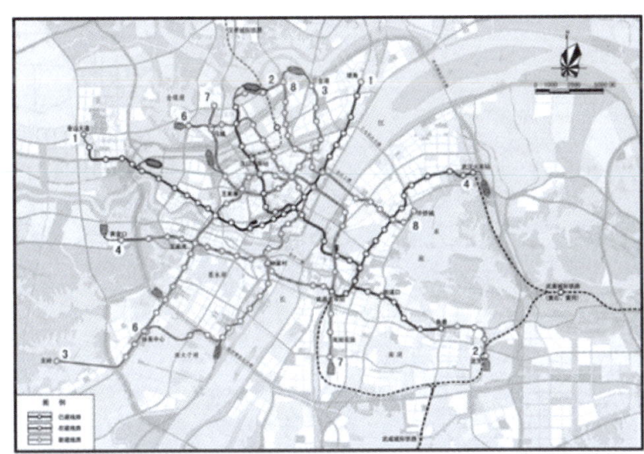

图2-20　武汉市城市轨道交通建设规划

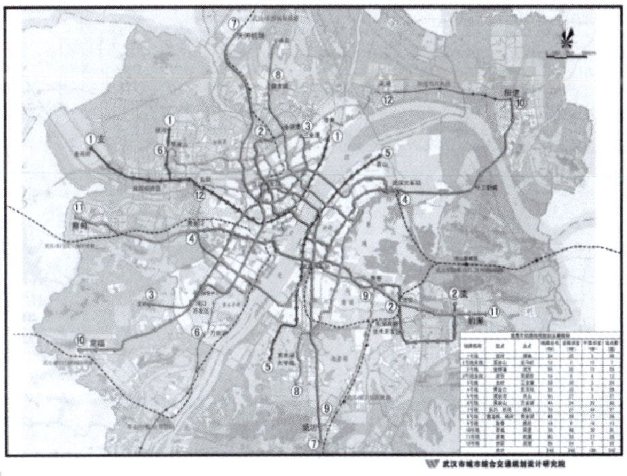

图2-21　武汉市轨道交通线网远景规划

2. 武汉市城市轨道交通近期规划线路

武汉市近期轨道交通规划是2017年前陆续建成3号线一期、4号线二期、8号线一期、6号线、7号线等轨道交通项目，建成总长达215.3 km的轨道交通线路，基本形成覆盖武汉三镇的轨道交通网络；其中尚在规划期的是6号线一期、7号线一期和8号线一期。

1）轨道交通6号线一期

6号线一期工程南部起点站为沌口开发区的体育中心南站，北部止于东西湖区金银湖西侧的环湖西路站，线路长36 km，设站27座，全部为地下车站，其中有11座车站具备换乘功能，是衔接汉口、汉阳的一条重要客运交通走廊。工程已获得国家发改委的批复，预计2013年开建，2016年建成通车。

2）轨道交通7号线一期

7号线一期起于东方马城，经王家墩，沿建设大道、澳门路，从三阳路过长江，然后折向武昌火车站，沿恒安路、李纸路至终点野芷湖，全长约29.9 km，设站19座。7号线一期工程可研报告已上报国家发改委，并经过专家评审，预计2013年开建，计划在2017年建成。

3）轨道交通8号线一期

8号线一期起点位于武汉东西湖区金银潭大道，往南过后湖大道、幸福大道、竹叶山、赵家条，走黄浦大街，过永清街拐向芦沟桥路，穿越长江，到徐家棚，过和平大道，走徐东大街，到东湖梨园，全长16.525 km，设12个车站。目前8号线一期工程已上报国家发改委，并经过专家评审，预计2013年开建，计划在2017年建成。

2.9.3　武汉市2012年城市轨道交通建设情况

1. 轨道交通3号线一期

3号线为武汉市第一条穿汉江地铁，由三金潭至沌阳大道，全长27.9 km，设站23座，概算总投资

221.28亿元。2012年3月开建，预计2015年完工。

2.轨道交通4号线一期

4号线一期工程全线地铁，自武昌火车站起，经中南路、岳家嘴，至新建的武汉火车站，全长16.5 km，设15座车站，总投资105.1亿元，工程于2009年开建，预计2013年建成通车。

3.轨道交通4号线二期

4号线二期工程从汉阳黄金口站至武昌首义路站，线路全长16.9 km，其中高架线3.35 km，设站13座。4号线二期工程于2010年开工，预计2014年通车。

2.9.4 武汉市2012年城市轨道交通运营现状

2012年武汉市轨道交通已运营线路是武汉轨道交通1号线和轨道交通2号线，如图2-22所示。

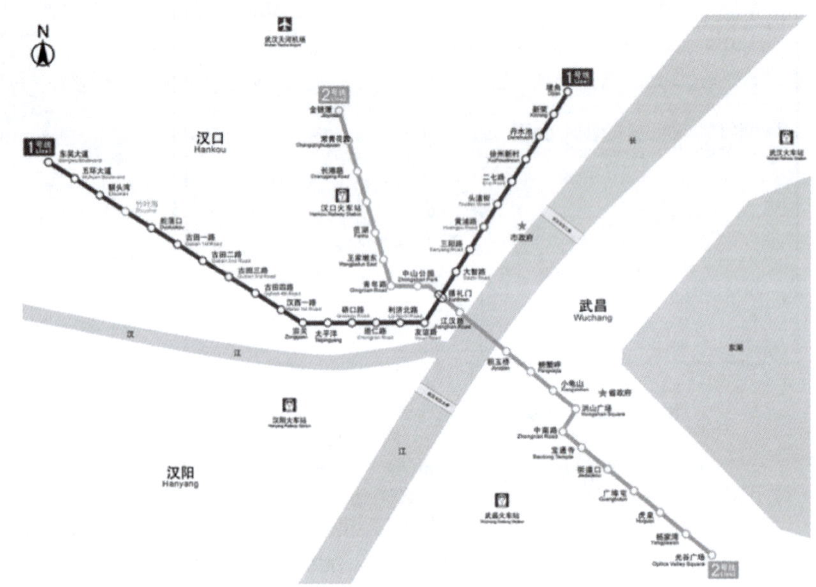

图2-22 武汉市轨道交通运营示意图

1. 运营线路

1）轨道交通1号线

武汉轨道交通1号线沿东西方向贯穿汉口地区，全线高架，全长28.945 km，分二期实施。其中一期从宗关至黄浦路，线路长10.234 km，设车站10座，已于2004年7月投入运营。1号线二期工程分东西两段，正线全长18.711 km，其中西段工程从宗关至东吴大道，长11.716 km，设9座车站；东段工程由黄浦路至堤角，长6.995 km，设6座车站。二期工程于2010年7月29日投入全程试运营。二期工程与一期工程合用控制中心，并在古田新建车辆段及综合维修基地1座，在古田二路和二七路设主变电站。工程采用与1号线一期工程相同的标准与制式。

2）轨道交通2号线一期

2号线一期工程为全线地铁，北起汉口常青花园，途经汉口火车站、解放大道，过循礼门后，沿江汉路穿越长江至武昌，经洪山广场、中南路、武珞路至鲁巷止，全长27.73 km，设车站21座。在汉口常青花园设车辆段及综合基地1座，在武昌中山北路设车场1座，于2008年2月全面开建， 2012年12月28日正式通车。

2. 票制票价

武汉市采用多票种，分为单程票、普通储值票、各种纪念票、免费票和武汉城市一卡通公司发行的武汉通卡。

武汉轨道交通统一按里程限时分段计价，如表2-11所示。每次乘车限时180min。

表2-11 武汉地铁票价

距离/km	0~9	10~14	15~21	22~30	31~41
票价/元	2	3	4	5	6

3.客流情况

武汉市城市轨道交通2012年的客流量如表2-12所示。

表2-12　武汉地铁2012年客流量　　单位：万人次

线　路	全年客流总量	日均客流	日最高客流
1号线	8 286.5450	22.7029	34.2814
2号线	156.0591	39.0148	47.6971

注：2号线于2012年12月28日开通，其日均客流为4个运营日的平均客流。

2.9.5 武汉市城市轨道交通工程建设和运营管理模式

武汉地铁集团有限公司负责轨道交通的建设、运营、管理和融资，内设办公室、人力资源部、计划财务部、合约法规部、前期策划部、质量安全部、总工办、纪监审计室等8个职能部门，同时下设建设事业总部、土地综合开发事业总部以及武汉地铁运营公司。

轨道交通建设由公司建设事业总部具体承担，运营由下属全资子公司武汉地铁运营有限公司独家运营管理。

2.9.6 武汉市轨道交通技术特点和创新项目简介

武汉市轨道交通技术难度大，地质条件和周边环境复杂，施工风险高，在多个领域中开展了专题技术研究，并取得了多项创新性科研成果，如冻结设计在含水砂层和淤泥质土层中关键技术应用、超深基坑（46 m）新型的复合围护结构设计及双轮铣接头工艺运用、汉青区间盾构瓦斯隧道专项研究、矩形盾构技术在王家墩东站Ⅳ号出入口应用，盾构隧道高性能同步注浆材料、车站出入口智能雨篷技术研发及应用，紧邻多孔交叠隧道设计和施工技术研究、施工安全监控预警系统和过江段隧道施工“五个国内第一”（即第一个穿越长江，盾构独头掘进最长，埋深最大，水压最高，第一个在城市主城区设置46 m的超深基坑）关键技术研究、中山北路地下停车场设计中采用了自动化停车技术、光线路自动切换保护系统、综合监控集成互联系统等一系列新技术、新工艺，制定了武汉城市一卡通建设标准、武汉市轨道交通2号线消防模式、车辆段围墙及线网中心大门标准设计、真空厕所标准化、车站装修公共区通用标准图设计等一系列技术标准，为工程建设提供突破性技术和安全保障、节约了投资。

2.9.7 武汉市城市轨道交通发展历程

武汉轨道交通是指中国武汉市的城市轨道交通线网，将由12条线组成。线网总长约540 km，设站309座。位于汉口地区的1号线一期已经于2004年7月28日通车运营，二期工程已于2010年7月29日建成通车，由此实现1号线全线贯通。2012年12月28日，地铁2号线一期工程开通试运营，与1号线实现换乘。

2.10 大 连

2.10.1 大连市城市轨道交通2012年度最新发展动态

2012年，大连市1、2号线的一期工程建设顺利开展。2012年10月19日，大连轨道交通2号线香工街车站明挖右线主体顺利完成封顶。2012年11月4日，大连轨道交通1号线姚家站主体结构的施工完成。截至12月31日，轨道交通1、2号线的48座车站已有22个实现封顶。

2.10.2 大连市城市轨道交通线网规划

1. 大连市城市轨道交通线路规划

大连市是我国最具开放色彩的城市之一，地处欧亚大陆东岸，中国东北辽东半岛最南端，是中国东北主要的对外门户。全市总面积12 574 km^2，总人口669.04万人。2012年，大连市全年地区生产总值达7 002.8亿元，按可比价格计算比上年增长10.3%，人均生产总值102 216元。

大连市城市快速轨道交通线网规划限定在大连市中心城市（金州及其南部地区）范围。包括中山区、西岗区、沙河口区、甘井子区、旅顺口区，金港区、金州区，总面积约为2 568 km^2。大连市中心城市中的中心城区为城市快速轨道交通线网规划的重点研究区域，包括中山区、西岗区、沙河口区和甘井子区部分地区，总面积约为248 km^2。

城市快速轨道交通建设及线网规划分三个时段：

2015年：在既有3号线连接中心城区与金港区的基础上，建设1号线、2号线、4号线中心城区段线路，尽快形成中心城区内部的线网基本骨架，以发挥其快速、高效、准时的优势，缓解中心城区的交通压力。同时，形成由中心城区向西辐射旅顺区方向的部分线路，为城市近期“西拓”提供支撑条件。

2020年：在中心城区基本骨架的基础上，建设5号线，全部建成1号线，2号线和4号线，形成中心城区线网，提高中心城区的服务水平，进一步减轻对交通造成的更大的压力；并尽快形成中心城区与旅顺口区轨道交通联系，加强城市组团和对外交通枢纽之间的联系，促进中心城市的协调发展。轨道交通线网规划方案实施后，中心城区内部轨道交通线路全部建设完成，组团间也实现了快速连接，可有力地支撑城市总体规划的实施和引导了城市的发展。

2030年：在核心区轨道交通线网和组团间骨干线网的基础上，修建外围组团内部轨道交通以及其他线路，形成整个中心城市线网，支持城市组团功能的完善。

规划目标是：以快速轨道交通为骨干网络，形成与大连市城市发展目标地位相匹配的轨道交通网络。以促进城市及组团空间布局结构的调整，引导城市合理发展；实现以轨道交通为公交主体的多模式交通体系，提高城市交通运输效率；实现轨道交通客运量占公交出行总量的比例达到50%以上；中心城区60%以上居民和就业岗位在500 m范围内到达轨道线路站点；中心城区内部到核心区的出行在30 min内完成，各组团到中心城区出行时间控制在40~50 min。

按照2007年12月编制完成的《大连市城市快速轨道交通建设及线网规划》，线网规划远景年为2030年，将最终建成9条线路，其中主城区骨干线3条，组团间快线5条，联络线1条。线路总长262.9 km，设车站127座，并在北部地区规划预留三条发展线。远景年中心城市线网密度达到0.10 km/km^2，中心城区内线网密度达到0.5 km/km^2。大连市城市轨道交通规划如图2-23和图2-24所示。

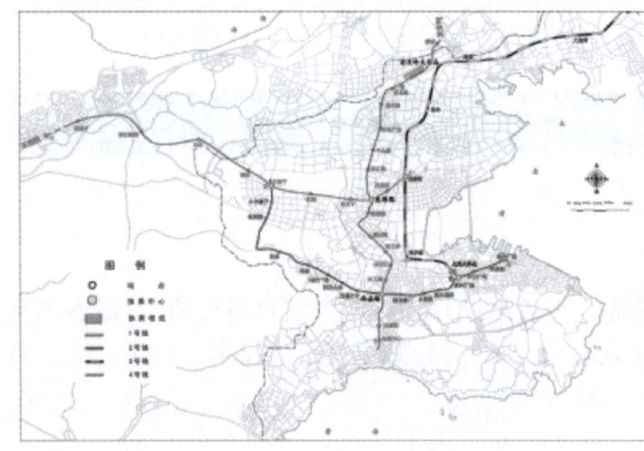

图2-23 大连市城市轨道交通近期建设规划图

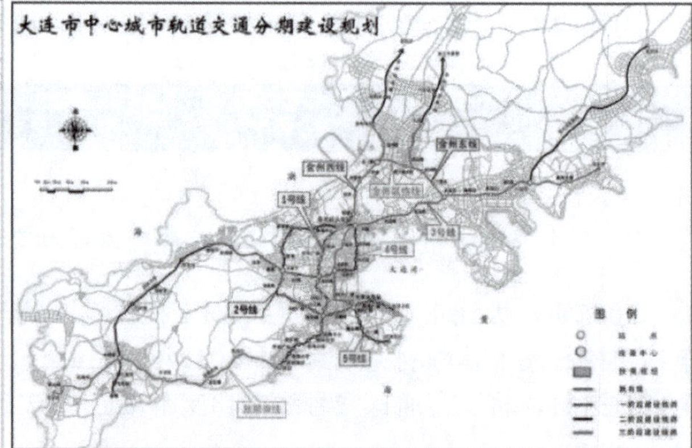

图2-24 大连市城市轨道交通分期建设规划图

2. 大连市城市轨道交通规划线路

大连市城市轨道交通规划线路有5条，包括1号线二期工程线、4号线、5号线、6号线和9号线。

1）大连轨道交通1号线二期工程

地铁1号线二期工程线路北起沙河口区会展中心，南至高新园区河口，线路长10.628 km，其中桥梁长度为0.421 km，路基长度0.024 km，其余为隧道。共设7个站，全为地下站。星海广场、医大二院、黑石礁、学苑广场等4个车站采用暗挖法施工，海事大学、高新园区、河口等3个车站采用明挖法施工。计划2013年1月开工，2016年12月底建成通车。

2）大连轨道交通4号线（旅顺北线）

4号线为中心城区与旅顺口区之间的组团间快速线。起于南关岭站，至终点旅顺口区，全长58.4 km，其中地下线长约14.6 km，地上线长约43.8 km。全线设车站24座，其中换乘站6座。4号线衔接1、2、3号线3条骨干线路，支持城市向西部拓展。

3）大连轨道交通5号线（虎滩线）

5号线是中心城区南北方向的中运量骨干线，线路西北至火车站站北广场，东南至虎滩新区，总长8.5 km，全部为地下线。全线设车站9座，其中换乘站2座。5号线加快旅游资源的开发，提升城市旅游价值。

4）大连轨道交通6号线（金州联络线）

6号线（金州联络线）东起东山路站，向西延伸至大连金州湾国际机场。线路全长约10 km，全部为高架线，设5个站。与7号线一起，引导城市向北发展，实现金州区与金港区的合理分工，实现区域协调发展。

5）大连轨道交通9号线（金州西线）及机场支线

9号线（金州西线）及机场支线是金州区与金港区之间及开发区通往机场的组团间快速线。9号线为姚家至金州西站、机场线从毛茔至新机场，线路总长19.1 km，全部为高架线。全线设车站6座，其中换乘站1座。9号线带动金州区西部的发展。

2.10.3 大连市城市轨道交通建设情况

大连市正在建设的城市轨道交通规划线路有3条，包括1号线一期线、2号线一期和8号线。

1. 大连轨道交通1号线一期工程

地铁1号线为贯穿城市南北方向的大运量骨干线路，线路全长28.6 km，设车站23座，其中换乘站4座。地铁1号线工程分二期建设，目前在建的是一期工程，该工程起于姚家站，终至会展中心站，线路长度18.3 km，全部为地下线路。途设车站16座，换乘站3座，平均站间距为1.173 km，全部为地下站。车辆段及综合基地设在南关岭。该工程试验工程于2009年7月25日开工，预计2014年开通。

2. 大连轨道交通2号线一期工程

地铁2号线一期工程为贯穿东西方向的骨干线，西起辛寨子站，东至港湾广场，线路长20.6 km，主要经过辛寨子居住区、红旗镇居住区、马栏广场文化商业点、西安路商业街、中山广场、青泥洼桥、港湾广场、东港区、海之韵公园等客流集散点。设车站16座，平均站间距为1.175 km。全部为地下站。停车场设在张前路。

地铁车站的形式会根据周围情况的差别而建成地上站、地下站或半地上半地下站。该工程已于2011年开工，预计2014年开通。

3. 大连轨道交通8号线

大连轨道交通8号线线路起始于河口，沿旅顺南路、郭水路、春城路、柏杨路、大兴路、顺达路，至旅顺新港综合交通枢纽，包括32.38 km高架线路、9.11 km地面线路及1.18 km隧道，共8个车站，预计总投资42.2亿元。大连轨道交通8号线车辆段设于旅顺口区铁山街道，并在旅顺站设控制中心。

线路车辆采用与快轨3号线技术标准基本相同的轨道车辆，采取2动2拖4辆编组方式运行。8号线于2009年5月8日在旅顺口区东鸡冠山举行开工典礼。

2.10.4 大连市城市轨道交通运营现状

1. 大连轨道交通3号线

2012年大连市轨道交通正在运营线路为大连轨道交通3号线，分为3号线主线及支线（又称7号线）。线路全长约63.45 km，其中主线长49.15 km，支线长14.3 km，共有18座运营车站。起点位于大连火车站，主线终点至金石滩，支线终点为九里，全线规划设20座车站，其中主线地面站6座，高架站8座，支线高架站6座。大连市城市轨道交通运营线路如图2-25所示。

3号线一期工程，由香炉礁至金石滩，全长约46.658 km，桥梁20座，总长13.89 km；隧道1座，长1.123 km；地面线31.39 km。途经泉水小区、开发区、保税区、双D港。全线设14座站，其中高架站6座，地面站4座（预留四座），于2000年9月开工建设，2002年10月1日试通车，11月8日投入试运营，2003年5月1日正式投入运营。

图2-25 大连市城市轨道交通运营线路示意图

二期工程由香炉礁至火车站全长2.38 km，2003年7月开工建设，2004年9月已投入运营。

三期支线工程（7号线）由开发区站至金州九里，全长约14.3 km。于2008年12月28日试运营，途径站点：开发区站—通世泰站—鸿玮澜山站—东山路站—和平路站—十九局站—九里站。

2. 票价票制

大连快轨3号线及7号线采用区间计价制阶梯式票价，相邻两站票价为1元。大连站到金石滩站全程票价为8元，开发区站到九里站全程票价为3元，大连站到九里站全程票价为7元。明珠卡执行9折优惠，快轨月票卡（IC卡）执行8折优惠。快轨3号线及7号线依据乘坐区间的不同有不同长度的时间限制，若超出时间限制则需补交与所乘坐区间票价相同的票款。

2.10.5 大连市城市轨道交通发展历程

1999年，大连市完成了《大连市轨道交通路网规划方案》。大连城市快轨交通一期工程于2000年9月开工建设。2003年5月初，快轨交通一期工程正式投入运营。2003年7月，快轨交通二期工程开工建设。大连市轨道交通线路3号线线路全长约49.15 km，于2004年09月29日全线建成通车。

2007年，《大连市城市快速轨道交通建设及线网规划环境影响报告书》通过国家环保总局审查。年底，大连市城市快速轨道交通建设及线网规划编制完成，详细描绘了未来大连城市轨道交通图。大连快轨7号线于2008年12月28建成通车，其他线路正在规划建设中。2009年7月，国家发改委正式批准《大连市轨道交通近期建设规划（2009—2016）》。2011年5月，国家发改委批复了《大连市地铁1号线一期工程可行性研究报告》。

2011年10月，大连地铁1号线105标段高河区间1号竖井和2号竖井之间的左线暗挖隧道贯通。2011年12月，由中铁十局承建的大连地铁盾构区间顺利贯通，成为大连地铁首条贯通的盾构隧道。2011年12月

30日，国家发改委批复了《大连市地铁2号线一期工程可行性研究报告》。2012年，大连市1、2号线的一期工程建设顺利开展，截止12月31日，轨道交通1、2号线的48座车站已有22个实现封顶。

2.11　沈阳

2.11.1　沈阳市城市轨道交通2012年度最新发展动态

沈阳地铁2号线于2011年12月30日正式开通试运营（乘客持观光券免费乘坐），2012年1月9号，地铁2号线售票试运营。2012年6月9日，《沈阳市城市轨道交通近期建设规划（2012—2018）》获得国务院批准，并由国家发改委正式批复，沈阳市新一轮地铁建设进入实质性操作阶段。

2.11.2　沈阳市轨道交通线网规划

1. 沈阳市城市轨道交通线路规划

沈阳市是辽宁省省会，市区面积3 495 km^2，总面积12 980 km^2，建成区面积793 km^2。沈阳总人口1 100万左右（包括外地来沈人员及各个区县的人口），全市户籍人口819.6万人，市辖区户籍人口615.4万。预计2012年沈阳全市生产总值实现6 700亿元，比上年增长11.0%。

依据沈阳城市总体规划和综合交通规划，沈阳市快速轨道交通线网规划由“四横、四纵、两L、一弦线”共11条线路组成，总长约400 km。沈阳站、沈阳北站和新沈阳站都有三条线路经过，各新城与母城之间有两条以上的线路连接，通过两个L线构成环线。线网基本覆盖了城市大型客流集散点及主要客流走廊，一环内密度1.7 km/km^2，二环内站点覆盖率100%，二环外站点覆盖率60%。沈阳市快速轨道交通线网规划如图2-26所示。

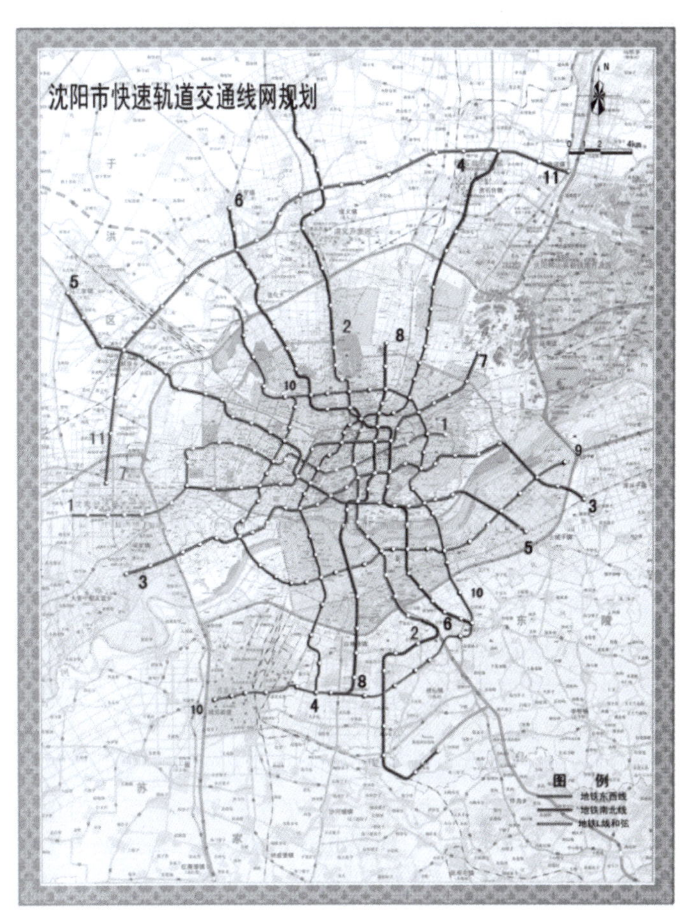

图2-26　沈阳市快速轨道交通线网规划图

2012年6月9日，《沈阳市城市轨道交通近期建设规划（2012—2018）》获得国务院批准，并由国家发改委正式批复。根据国家发改委批复，近期规划是由四号线一期、九、十号线作为近期建设项目，三条线路总长118 km，投资约610.38亿元，规划建设期为2012—2018年。该近期建设规划体现三大功能特点，一是在地铁一号线、二号线十字形骨架的基础上，通过导入两L一纵，形成网络化布局；二是加强金廊线、银带线的建设，以南北向为重点，侧重大浑南、沈北新区，优化城市空间结构，带动三大产业区发展；三是重点连接北站和桃仙空港，打造东北地区交通枢纽中心，合理衔接城际铁路和市域快线，推动沈抚、沈本、沈鞍、沈铁一体化进程。

根据新一轮地铁建设规划，结合沈阳市实际情况，统筹考虑投资效益和建设强度，新线建设分两阶段进行。第一阶段：于2013年初开工建设9号线工程、10号线（丁香公园—张沙布）工程。第二阶段：计划于2014年开工建设地铁4号线一期工程和地铁10号线（张沙布—苏家屯西）工程。沈阳市城市轨道交通近期建设规划（2012—2018）如图2-27所示。

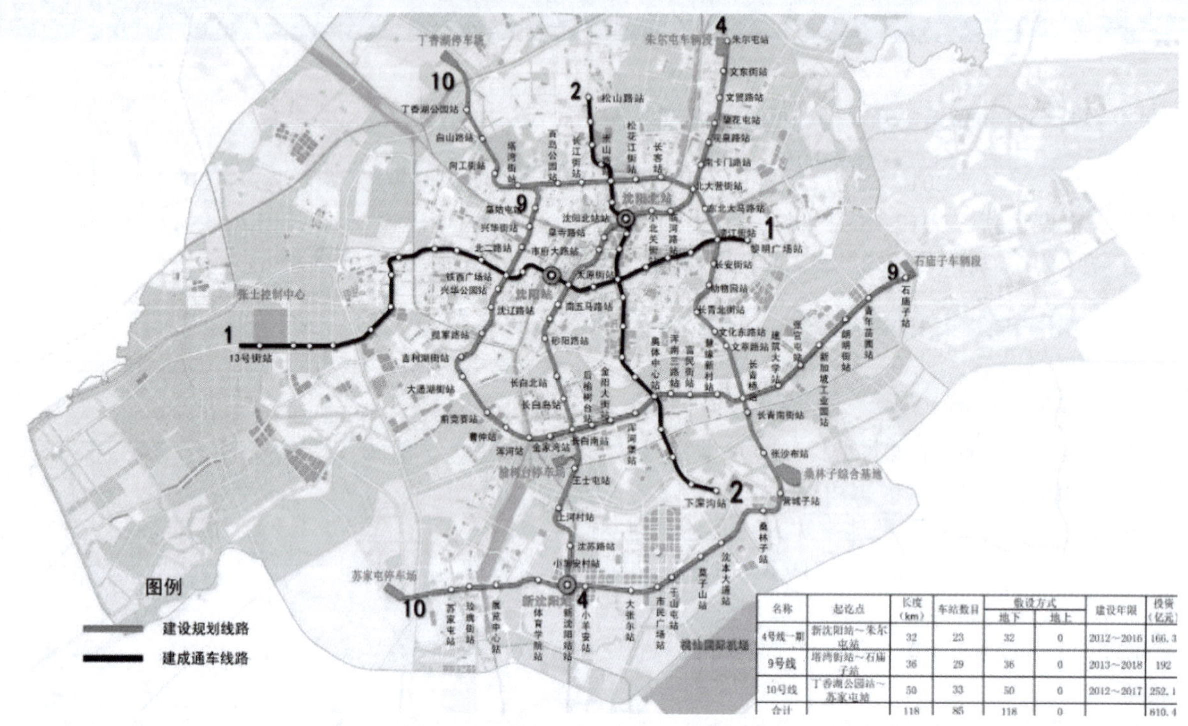

名称	起讫点	长度（km）	车站数目	敷设方式		建设年限	投资（亿元）
				地下	地上		
4号线一期	新沈阳站～朱尔屯站	32	23	32	0	2012～2016	166.3
9号线	塔湾街站～石庙子站	36	29	36	0	2013～2018	192
10号线	丁香湖公园站～苏家屯站	50	33	50	0	2012～2017	252.1
合计		118	85	118	0		610.4

图2-27　沈阳市城市轨道交通近期建设规划（2012—2018）图

2. 沈阳市城市轨道交通规划线路

沈阳市城市轨道交通近期建设规划（2012—2018）由地铁4号线一期、9号线和10号线3条线路组成，线路全长118 km，将于2018年前建成通车。地铁延伸线路4条，包括1号线东延线、2号线北延线、2号线南延线、4号线北延线，计划2020年前建成通车。远期规划线路6条，包括3号线、5号线、6号线、7号线、8号线、11号线。

近期建设规划（2012—2018）线路，共3条，具体如下。

1）地铁4号线一期

沈阳地铁4号线一期工程南起航天南路，北至朱尔屯，由南向北依次经过浑南、和平、沈河、大东区四个行政区。途径新沈阳南站、沈阳北站等交通枢纽，太原街、沈阳北站等商贸区，长白岛、砂山、望花、虎石台、蒲河岛等居住区，以及浑南产业区、欧盟工业区等，沿沈苏路、南京街、北站路、联合路、北大营街等道路敷设。线路全长32.79 km，均为地下线，共设车站23座。南部设停车场1处、北部设车辆段与综合基地1处，主变电所共设2座。投资约202亿元，计划2014年开工，2018年通车。

2）地铁9号线

地铁9号线北起怒江公园西北侧，由北向南途经皇姑区、铁西区、于洪区、和平区、浑南新区五个行政区，终至石庙子。串联了塔湾、铁西广场、奥体中心等客流集散点以及滑翔、于洪新城、长白岛、浑南新区等居住片区。近期线路起点至建筑大学站，远期根据浑南新区东部规划用地建设及发展情况，选择适宜时机继续向东延伸至石庙子。可研线路走行西江街、淮河街、兴华街、艳华街、腾飞二街，下穿揽军路公铁桥，在大堤路下穿浑河后沿浑南大道走行直至建筑大学站。全长约29.18 km，均为地下线，设23座车站，设1处车辆段、共享1号线控制中心，可研上报投资179.71亿元，计划2013年开工，2017年通车。

3）地铁10号线

地铁10号线北起丁香湖公园，南到苏家屯地区，经过于洪、皇姑、大东、沈河、浑南、苏家屯六个行政区，途经塔湾地区、长途客运站、龙之梦公交枢纽等密集客流点，连接浑南莫子山、市民广场、沈阳南站等规划核心片区，半环形串联起老城区和浑南新区。走行沈马公路、向工街、崇山路、北海街、滂江街，至长青街、东方大街、航天路、运河路、过沈阳南站后进入雪松路至苏家屯。线路全长49.92 km，均为地下线，设37座车站，设1处车辆综合基地及2处停车场，新建1处控制中心与四号线合设，可研上报投资297.10亿元。

先期开工建设的地铁10号线工程（丁香公园—张沙布段），线路长27.21 km，设站21座，设一段一场及控制中心，计划2013年开工，2017年通车。地铁10号线工程（张沙布—苏家屯西）计划2014年开工。

地铁延伸线线路（现在—2020），共4条，具体如下。

1）地铁1号线东延线

地铁1号线东延线西起1号线黎明广场站，东至棋盘山地区，由东西两段构成，总计22 km，总投资约60亿元。西段工程为黎明广场至东陵公园段，线路长约7.8 km，共设车站4座，采用地铁1号线制式。东段工程线路长约14 km，约2 km地下线，其余全为高架。

2）地铁2号线北延线

地铁2号线北延线起点为2号线三台子站站后折返线，线路沿黄河北大街、道义南大街、规划学子街、沈北规划中心步行街、沈北火车站至北部车辆段。线路全长15.6 km，设10座车站。全线设车辆段1处，投资估算约为76亿元。

3）地铁2号线南延线

地铁2号线南延线起于沈阳地铁2号线一期工程终点上深沟站南端，至桃仙机场规划T3航站楼设终点。线路全长14.4 km，共8座地下车站，总投资约70亿元。为配合桃仙机场扩建工程，启动桃仙机场地铁配套工程建设，包括一站两区间。

4）地铁4号线北延线

地铁4号线北延线南起大东区朱尔屯水库北侧203国道，顺接4号线一期工程，沿203国道敷设，北至沈北建设路站，线路长6.7 km,其中地下线路长3.8 km,高架线长2.9 km，设地下车站1座，高架站2座，总投资约33亿元。

远期规划线路（现在—2050），共6条，具体如下。

1）沈阳地铁3号线

3号线西起张士开发区，东至沈抚连接带，途经张士开发区、于洪新城、滑翔居住区、砂山居住区、南湖地区、东北大学、青年公园、五爱市场、黎明地区、沈抚连接带等重要地区。走行西河路、西滨河路、热闹路、新立堡街。规划全长为33 km。

2）沈阳地铁5号线

5号线西起大工业区，东至浑南新区。途经大工业区、沈阳站、南湖地区、东北大学、南塔鞋城、方家栏地区、浑南新区等，走行304国道、北二路、文化路、祝科街。规划全长为37 km。

3）沈阳地铁6号线

6号线北起造化地区，南至桑林子区，途经平罗镇、造化地区、长江街商业区、北站商贸区、中街商业区、南塔鞋城、浑南居住区、桑林子等地区。走行西江街、长江街、朝阳街、大南街。规划全长为32 km。

4）沈阳地铁7号线

7号线西起沙岭，东至汽车城，途经张士开发区、长客西站、铁西居住区、滑翔居住区、西塔居住区、市府广场、白塔堡、新沈阳站、苏家屯等地区。走行沈辽路、市府大路、东北大马路。规划全长为26 km。

5）沈阳地铁8号线

8号线北起二台子，南至苏家屯，途经二台子地区、中街商业区、五爱市场、展览馆、三好街、浑

2

南产业区、白塔堡、新沈阳站、苏家屯等地区，走行鸭绿江街、西顺城街、三好街、金阳大街。规划全长为28 km。

6）沈阳地铁11号线

地铁11号线是一条贯通沈北新区的东西向通道，连接张士开发区。起点为农业高新区，终点至沙岭。途经蒲河岛、沈北产业区、总部基地、大学城、造化地区、大工业区、沙岭地区。走行蒲河大道、开发大道、西北联络线。规划全长为37 km。

2.11.3 沈阳市2012年城市轨道交通建设情况

沈阳市正在建设的城市轨道交通规划线路主要是地铁2号线北延线工程，以及市府广场、新沈阳南站、桃仙机场等地铁配套工程。

1. 地铁2号线北延线工程

2号线北延线又称为沈阳至铁岭城际铁路工程，起于在地铁2号线一期起点三台子站站后折返线，终点为蒲田路站。全长10.6 km，均为地下线路，共7座地下车站。总投资约为53亿元。根据沈北新区提供的车辆段选址，考虑到与高铁新北站换乘，继续向北延伸至车场站，支线工程全长5.045 km，其中地下线为4 245 m，地面线800 m，设车站3座，其中地下车站2座，地面站1座，建沈北车辆段一座，总投资约为22.5亿元，本工程建成之后与地铁2号线一期工程贯通运营。2号线北延线及其支线总长为15.6 km，目前在建线路为医学院站—辽宁大学站，4站4区间长约6.8 km，已于2010年4月正式开工，争取2013年建成通车。

2. 地铁配套工程

（1）市府广场地铁配套工程：位于沈阳市府广场地下，包含地铁2号线及7号线换乘站，为纯地下建筑，地下室为四层，主要功能为：负一层为商业，负二层为地铁与商业，负三层为商业、地铁、停车场及设备用房，负四层为地铁及市府大路下穿路。总建筑面积136 434 m^2。总投资估算为9.58亿元，“十二五”期间完成全部投资，2013年工程竣工。

（2）新沈阳南站地铁配套工程：包含地铁4号线和10号线两条线路，两线在铁路东广场的正下方形成十字形的换乘站，4号线平行与铁路车场呈南北向布置在地下三层，10号线垂直于铁路车场呈东西向布置在地下二层，区间从铁路站房的正下方穿越，总建筑面积5.2万m^2。总投资估算为6.2亿元，“十二五”期间完成全部投资，2013年工程竣工。

（3）桃仙机场地铁配套工程：作为地铁2号线南延线工程的一部分，主要包括规划航站楼站—桃仙机场站区间、桃仙机场站和桃仙机场站站后区间。桃仙机场三期扩建工程于2011年开工建设，计划2013年全运会前投入使用，由于2号线南延线工程暂不具备实施条件，为配合机场扩建工程总体安排，将本次机场扩建范围内地铁工程以桃仙机场地铁配套土建工程名义单独立项，现已完成车站主体结构施工。

2.11.4 沈阳市2012年城市轨道交通运营现状

沈阳市已经投入运营的线路有1号线、2号线两条线路总达49.79 km，共41个车站，如图2-28所示。

1. 沈阳市城市轨道交通运营线路

1）沈阳地铁1号线

1号线经由沈阳经济技术开发区、于洪区、铁西区、和平区、沈河区、大东区，是沈阳东西向最大的交通走廊。正线长27.93 km，全部为地下线路，设车站22座，设主变电所2座、控制中心1个、车辆段与综合基地1个。工程概算为117.48亿元。该工程于2005年11月18日开工建设，2010年9月27日正式通车试运营。2011年11月7日，沈阳地铁一号线荣膺中国建筑业最高荣誉——中国建设工程鲁班奖。

2）沈阳地铁2号线

2号线是连接浑河南北的骨干线路，经由于洪区、皇姑区、沈河区、和平区、东陵区及浑南高新技术开发区。线路全长21.86 km，全部为地下线路，设车站19座，设主变电所2座、车辆段1个，与沈阳地铁1号线合用一个控制中心，位于张士开发区。工程概算为95亿元。该工程于2006年11月18日开工建设，2011年12月30日正式通车试运营。

2．票价情况

沈阳地铁1号线和2号线统一执行阶梯式票价，即8站以内2元（不含起始站，下同）、9～12站3元、13站以上4元。两条地铁线路之间换乘，站位累计计算。

车票种类包括单程票、普通储值票、老年人储值票、老年人免费票和免费单程票，储值票和免费票享受优惠。

3．客流情况

2012年沈阳市的运营数据如表2-13所示。

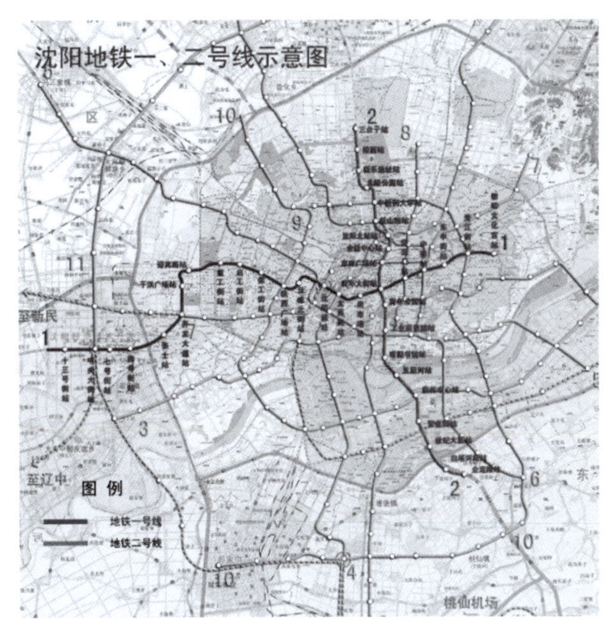

图2-28　沈阳市轨道交通运营线路图

表2-13　沈阳市轨道交通2012年客流运营数据　　单位：万人次

线 路	全年客流总量	日均客流	日最高客流
1号线	12 166	33.24	56.02
2号线	6 258	17.48	29.68

2.11.5　沈阳市城市轨道交通建设和运营模式

2002年6月，经沈阳市委、市政府研究决定，“沈阳市轨道交通建设指挥部”更名为“沈阳市地铁建设指挥部”，为正局级事业单位，负责轨道交通建设和运营的实施工作。2004年4月，成立沈阳地铁有限公司，是地铁工程建设和运营的项目法人，与指挥部合署，一个机构、两块牌子。2011年4月，沈阳地铁有限公司正式更名为沈阳地铁集团有限公司，是承担沈阳市地铁工程建设、运营及相关产业多种经营的国有独资大型企业。集团公司设有办公室、监察处、党委办公室、工会、人力资源部、企业管理处、总工办、预算合同处、计划处、财务处、预算审核中心、工程一处、工程二处、设备处、前期工作处、质量监督管理处、安全生产监督管理处和保卫处等18个处室及拥有沈阳地铁集团有限公司运营分公司、沈阳地铁房地产开发有限公司、沈阳地铁物业管理有限公司、沈阳地铁巴士有限公司、沈阳国际展览中心管理有限公司、沈阳城市通有限公司等6个所属公司，并与其它公司合作成立了沈阳地铁咨询公司、沈阳地铁报业传媒有限公司。其中，运营分公司于2010年4月21日注册成立，负责沈阳市地铁1号线、2号线的运营管理工作。

沈阳地铁集团有限公司以“安全地铁、人文地铁、科技地铁、绿色地铁”为理念，本着“团结进取、求真务实、甘于奉献、勇于担当”的地铁精神，坚持建设、运营、资源开发及多种经营“一体化”经营模式，以地铁工程建设、运营为主导，多种经营协调发展，高效整合各类资源，发挥协同效应，形成了强有力的多条线路建设、运营组织协调能力和资源整合集成能力。

2.11.6　沈阳市轨道交通技术特点和创新项目简介

1．地铁1号线荣获中国建设工程鲁班奖

2011年11月7日，沈阳地铁1号线荣获2010—2011年度中国建设工程鲁班奖，这是继北京地铁五号线后，第二个全线获此殊荣的城市轨道交通工程，同时也是第一个获此殊荣的全地下城市轨道交通工程。

沈阳地铁1号线始终贯彻“百年大计，质量第一”的方针，坚持“安全地铁、人文地铁、科技地铁、绿色地铁”的建设理念，在总结国内外地铁建设经验的基础上，编制技术标准、验收标准，创建风险评估和施工监测体系，确立“争创鲁班奖”的质量目标。成立了创优委员会和创优工作小组，制定了创优规划，建立健全了质量管理体系和各项规章制度。通过开展“质量年”活动，开展日常巡检、专项检查、联合检查、质量专题会议、技术攻关等活动，落实创优方案和措施，取得了丰硕成果。

国内开创性地引入安全监理管理模式，创建地铁建设控制系统，保证了地铁施工安全；针对冬期长的特点，采用暖棚法、蓄热法等措施，保证了工程质量和施工进度；采用热风幕、暖风机组、电加热扶梯、座椅加热装置等保证了冬季设备的正常运行及乘客舒适度；在富水、高渗透性的砂砾地层中，采用“区域群井”降水和多方法综合动态控制措施，实现了施工全过程无水作业，保证了工程质量和安全。车辆和机电设备安全可靠，使用功能齐全完善，综合国产化率达到76.6%以上。

全线获辽宁省建设工程世纪杯奖；8站6区间获辽宁省建筑业新技术应用示范工程；运营控制中心获全国室内装饰优质工程；2站1区间获火车头优质工程。科研成果获国家级科技进步奖1项，省部级4项。获省部级工法5项，国家专利2项。

2. 地铁2号线的技术创新

在地铁2号线工程建设中，成功地开发应用了多项新工法、新工艺和技术专利。

（1）新乐遗址站全国首次采用新管幕（NTR）工法。在国内率先引进了韩国NTR新工法，并在实际应用中，大胆进行了改革和创新，取得了良好的效果。该工法在韩国、日本、美国、新加坡等国都有成功应用的典型案例，它具有地面沉降小、施工周期短、不影响地面交通等特点。新管幕法适合在特别复杂的环境条件下使用，适用于各种复杂的水文、地质条件。主体结构站厅层的高空间、大跨度、无柱结构，视野开阔，在新乐遗址站施工中，创造了此工法顶管焊接的世界记录。

（2）研发并采用新技术、新工艺施工，获得专利。青年公园采用PBA工法（洞桩法）施工。在洞内人工挖孔桩施工中，施工单位发明了逆向引孔机，提高了施工效率，该工艺可广泛应用于地铁暗挖车站的人工挖孔桩中，适用于砂砾层、无水地质情况。有效解决了垂直出土问题，避免了传统工艺中因垂直提升设备带来的安全隐患，提高了施工的安全性。为解决市政排水管线内衬防护施工的难题，施工单位还发明了带水作业施工内衬管的新方法，无需对原有管线进行导流或截留，可带水作业，减少了市政管线因倒流或截留对其他管线的影响，同时具有降低内衬施工难度、施工速度快、可长距离修复、对工人的技术要求低、造价低等优点，填补了国内带水作业施工内衬技术的空白。这两项发明均获得了国家知识产权局颁发的“实用新型专利证书”。

（3）风水电专业合理采用新材料、新工艺。站内及区间的消防水管采用内外涂环氧复合消防管取代传统的球墨铸铁管，采用沟槽式卡箍连接，施工效率高，质量可靠，可避免传统焊接工艺焊缝易锈蚀弊端。管道支架采用热浸镀锌材料，螺栓采用优质化学锚栓，耐腐蚀性提高，抗拉拔强度获得提升。生产生活给水系统采用内外涂PE材料的复合钢管，外观整洁且防腐蚀能力强。区间照明灯具由原来的普通荧光灯更换为LED灯源，提高了照明亮度、延长了灯具的使用寿命、节省三分之一的电能。

（4）沈阳地铁二号线车辆为国内首条批量采用国产化牵引制动系统的地铁车辆。

2.11.7 沈阳市城市轨道交通发展历程

20世纪40年代，日本大阪市电气局高速铁道部曾编制过沈阳地铁建设规划，共规划四条线，全长54.1 km，沈阳因此成为中国首个进行地铁线路设计的城市，这说明这座城市已拥有地铁建设的基本需求。20世纪六七十年代，出于备战备荒需要沈阳市开始筹建地铁工程，在赵家沟、陶瓷厂、冶金局各修建了千余米，后因种种原因工程停止。20世纪90年代起，沈阳市委、市政府重新将其提上日程，经过长期准备，于21世纪初进入实质操作阶段。

1994年，沈阳市结合城市交通规划编制了快速轨道交通线网规划。1998年根据城市总体规划的调整，对1994年的快速轨道交通线网进行了修编，编制完成《沈阳市快速轨道交通线网规划》。线网结构为环形加放射形，由5条线路和2条支线组成，线路全长182.5 km。该线网规划作为专项规划纳入《沈阳市城市总体规划》，于2000年初由国务院一并批复。

2003年10月，按照国务院办公厅《关于加强城市快速轨道交通建设管理通知》要求，沈阳市编制并上报《沈阳市快速轨道交通建设规划（2003—2010）》，规划近期建设地铁1号线一期工程（地下线路全长22.2 km，设18座地下车站）和地铁2号线一期工程（地下线路全长18.65 km，设17座地下车站），工程总投资171.8亿元。2005年8月14日经国务院同意由国家发改委正式批复。随后，国家发改相继批准了两个项目的工程可行性研究报告。地铁1号线一期工程和地铁2号线一期工程分别于2005年底和2006年底开工建设。之后，根据沈阳市老工业基地振兴的需要和用地调整，国家发改委先后批准了地铁1号线延伸线工程（地下线路5.8 km，设4座地下车站）和地铁2号线延伸线工程（地下线路2.8 km，设2座地下车站），工程总投资40.85亿元。2010年9月27日，沈阳地铁1号线正式通车试运营。2011年12月30日，沈阳地铁2号线正式通车试运营。

2008年，为适应沈阳城市空间发展战略的新变化，沈阳市对原线网规划在规模和布局上进行了优化调整，并重新编制了《沈阳市快速轨道交通线网规划》。新线网规划由“四横、四纵、两L、一弦线”11条线组成，线网总长为400 km。随着1号线运营及2号线工程建设接近尾声，2010年沈阳市又编制了新一轮轨道交通近期建设规划，建设年限为2012年至2018年，由4号线一期工程、9号线工程及10号线工程组成。线路总长118 km，全部为地下线路，工程总投资610亿元。此规划实施后，到2018年沈阳市地铁运营总里程达168 km。2012年6月9日，《沈阳市城市轨道交通近期建设规划（2012—2018）》获得国务院批准，并由国家发改委正式批复，沈阳市新一轮地铁建设进入实质性操作阶段。

2.12 成 都

2.12.1 成都市城市轨道交通2012年度最新发展动态

2012年9月16日，成都地铁2号线一期工程正式开通试运营。同时，按照成都市“五大兴市战略”中的“交通先行”战略要求，成都市正积极推进地铁多个线路建设，除已开工建设的2号线东延线、2号线西延线工程和4号线一期工程外，2012年随着1号线南延线、3号线一期工程的开工建设，成都地铁已正式步入网络化建设时期。

2012年4月25日，国家发展改革委正式批复《成都地铁3号线一期工程可行性研究报告》，同年4月正式开工建设，计划2015年底建成运营；2012年8月16日，国家发展改革委正式批复《成都地铁1号线南延线工程可行性研究报告》，同年9月正式开工建设，计划2015年建成运营。

2.12.2 成都市城市轨道交通线网规划

1. 成都市城市轨道交通线路规划

成都市是四川省省会，城市土地总面积12 390 km^2，主城区面积843 km^2，以平原为主。成都市常住人口1 404.76万人，其中，户籍人口1 142.7万人，市区人口529.5万人，成都市都市区人口比例37.7%。2012年成都实现地区生产总值（GDP）8 138.9亿元，比2011年同期增长13%。成都完成固定资产投资5 890.1亿元，增长17.7%。

根据新的城市发展目标，依据《成都市城市总体规划（2011—2020）》，2010年成都市启动了线网规划修编工作，2011年3月，《成都市城市快速轨道交通线网规划》（2010年版）正式获成都市人民政府批准。新一轮线网规划共包含24条轨道交通线路，线网总里程1 106 km，其中市区线369.6 km（1~8号线），市域快线534.2 km（9~18号线），区域预留线110.5 km（19~22号线），市域铁路91.8 km（成灌线、成彭线）。

2020年线网规划方案由12条线路组成，总规模约500 km。其中1、2、3、4号线为城市骨干线，5、6、7、8号线为城市辅助线，10号线一期连接双流机场的市域快线，9号线一期是位于中心城区南部3、4环间的市域半环线，成灌线和成彭线为市域铁路。如图2-29所示。

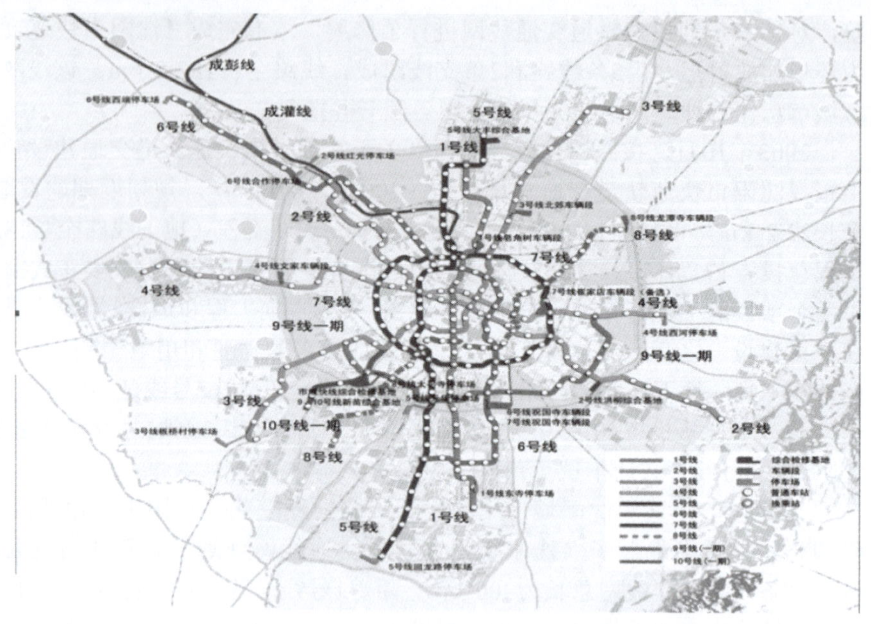

图2-29　2020年成都市城市轨道交通规划图

2. 成都市城市轨道交通规划线路

成都市城市轨道交通规划线路有22条，包括1号线、2号线、3号线、4号线、5号线、6号线、7号线、8号线、10号线、11号线、12号线、13号线、14号线、15号线、16号线、17号线、18号线、19号线、20号线、21号线、22号线。

1）轨道交通1号线（大丰—天府新站）

1号线为南北向骨干线，北起大丰天回片区，串联火车北站、火车南站，南至天府新区。线路全长42.8 km，设车站36座。

2）轨道交通2号线（犀浦—龙泉）

2号线为东北—西南向骨干线，西北部起于郫县犀浦，串联了茶店子客运站和蜀汉路、黄忠大道、天府广场、锦江街及CBD地区，东南部达龙泉组团的音乐广场。线路全长43.6 km，设车站33座。

3）轨道交通3号线（新都—东升）

3号线为东北—西南向骨干线，东北部起于新青新城，西南连红牌楼，并进入东升老城区。起点为新都区红星，终点为双流县板桥，途径站点可与2、4、5、6、7号线换乘。线路全长50 km，设35座车站。

4）轨道交通4号线（温江—龙泉）

4号线西起温江区城区（柳城街道），东至龙泉驿区西河镇（成都绕城高速东段外侧），全长50.4 km，全线共设32座车站。

5）轨道交通5号线（大丰镇—华阳镇）

5号线为中心城西部南北方向的外部填充线，北起新都北部商贸城，向南主要串联了商贸大道沿线大量的居住区、沙湾商区，并在一环路与6号线换乘，向南途径青羊宫、武侯祠后穿过永丰立交至神仙树片区；转向机场高速、三环路，沿元华路向南进入天府新城华阳组团西部，止于回龙路以北，线路全长49 km，设车站39座。

6）轨道交通6号线（郫县—华阳镇）

6号线为中心城东部南北向的外部填充线，起于郫县组团，向南串联西南交大犀浦校区、下穿交大立交途径茶店子片区后与5号线在一环路换乘；沿一环路东半环向南途径白马寺、梁家巷、牛王庙，九眼桥片区后沿锦华路至天府新城华阳组团东部，向西与1号线、5号线相交，线路全长59.2 km，设车站45座。

7）轨道交通7号线（火车北站—火车南站—火车北站）

7号线为封闭环线，主要沿2.5环敷设，线路全长38.6 km，全线为地下线，沿线串联了火车北站、火车东站、火车南站三个重要的铁路交通枢纽。共设站31座，其中18座换乘站。

8）轨道交通8号线（龙潭—双流）

8号线是一条东北—西南向的预留控制线。北起龙潭乡，向西南方向串联十里店，万年场、倪家桥等居住集中片区后下穿永丰立交与5号线换乘，并向西南方向延伸至双流的大学园片区及空港经济区。线路全长36 km，设车站28座。

9）轨道交通9号线（环线）

9号线是位于中心城3、4环间的市域快线环，串联了东部副中心、南部CBD及双楠片区。线路全长64.8 km，设车站29座。

10）轨道交通10号线（红牌楼南—新津）

10号线是连接中心城区、双流机场、新津的市域快线。从中心城红牌楼附近始发，连接双流机场，衔接成绵乐城际双流西站后向南延伸至花源、花桥片区和新津主城区。线路全长37.5 km，设车站13座。

11）轨道交通11号线（华阳—新津，华阳—黄龙溪）

11号线全长67.5 km，设车站24座，连接华阳、黄龙溪、新津。

12）轨道交通12号线（双流—华阳—洛带古镇）

12号线主要连接龙泉、华阳、双流机场、东升。线路起于龙泉洛带古镇，止于东升燃灯村附近。线路全长57.1 km，设车站28座。

13）轨道交通13号线（四川大学—龙泉）

13号线是一条连接中心城区和龙泉驿的市域快线。线路起于九眼桥附近6号线的四川大学站，向南途经科教园开发区至龙泉驿组团。线路全长20.4 km，设车站9座。

14）轨道交通14号线（成都东客站—金堂）

14号线是连接金堂与中心城区的东西向市域快线。线路起于2、7号线换乘站成都东客站，途径西河、洛带组团至金堂。线路全长53.3 km，设车站7座。

15）轨道交通15号线（马鞍北路—金堂）

15号线是连接新青、金堂组团与中心城区的一条市域快线。线路起于一环路上的3、6号线换乘站马鞍北路站，向北达金堂主城区。线路全长54.6 km，设车站21座。

16）轨道交通16号线（光华村—邛崃）

16号线主要连接温江、崇州、大邑、邛崃。线路起于轨道交通7号线光华村站，止于邛崃县城区。线路全长70.8 km，设车站10座。

17）轨道交通17号线（大石西路—温江，大石西路—东升）

17号线是连接中心城区、温江、双流东升的市域快线。线路起于一环路的5号线大石西路站，沿成新快速路出四环后，线路分别延伸至温江区和双流县东升镇。线路全长49.6 km，设车站21座。

18）轨道交通18号线（火车南站—第二机场）

18号线是连接中心城与第二机场的市域快线，线路起于1、7号线换乘站火车南站，止于成都简阳第二机场，全长58.6 km，设车站11座。

19号线、20号线、21号线、22号线为区域预留线。19号线全长13.1 km，设车站12座，为龙泉驿区内部连接线。20号线全长28.6 km，设车站5座，为金堂老城和新区的连接线。21号线全长42.6 km，设车站20座，横向贯穿新都区内部，并延伸至彭州市。22号线全长26.2 km，设车站14座，串联郫县、温江。

2.12.3　成都市2012年城市轨道交通建设情况

2012年成都市在建设的城市轨道交通项目有6个，包括2号线一期工程、1号线南延线工程、2号线西延线工程、2号线东延线工程、3号线一期工程和4号线一期工程。

1. 成都地铁1号线南延线

地铁1号线南延线是连接中心城区与天府新区起步区（天府新城）的重要轨道交通骨干线。始于世纪城站，止于广都北站，全长5.42 km，共设车站5座。已于2012年9月开工建设，计划2015年建成试运营。

2．成都地铁2号线一期工程

地铁2号线一期工程是西北—东南向的骨干线，始于茶店子客运站，止于经干院站，全长22.4 km，共设车站20座。于2010年底开工建设，已于2012年9月16日建成试运营。

3．成都地铁2号线西延线

线路始于三环路北侧茶店子客运站，终至郫县犀浦站，并在犀浦站与成都至都江堰快速铁路无缝对接，全长8.74 km，设6座车站，已于2010年9月开工建设，目前正进行系统综合联调，计划2013年6月建成试运营。

4．成都地铁2号线东延线

地铁2号线东延线始于行政学院站，止于龙泉东站，线路全长11.1 km，共设车站6 座，其中3个地面车站，3个地下车站，已于2011年12月开工建设，目前3个地下车站已主体封顶，盾构累计掘进1.1 km，计划2014年建成试运营。

5．成都地铁3号线一期工程

地铁3号线为成都市城市轨道交通骨干线，一期工程起于红牌楼南站，止于天回镇南站，串联了成都市动物园、春熙路、成都市旅游集散中心和省体育馆，与1、2、4号线形成“米”字形网络覆盖中心城区，线路长约21 km，共设车站17座，全为地下线，已于2012年4月开工建设，目前所有站点均已打围施工，3个车站进入主体结构施工，计划2015年建成试运营。

6．成都地铁4号线一期工程

地铁4号线一期工程起于公平站，终止于沙河站，线路长22.4 km，设车站16座，全为地下线，已于2011年11月开工建设，目前已有8个车站主体封顶，盾构累计掘进3.5 km，计划2015年底建成试运营。

2.12.4　成都市2012年城市轨道交通运营现状

成都市已经投入运营的地铁线路有1号线一期工程和2号线一期工程2条线路，总长达40.9 km，共36个车站，如图2-30所示。

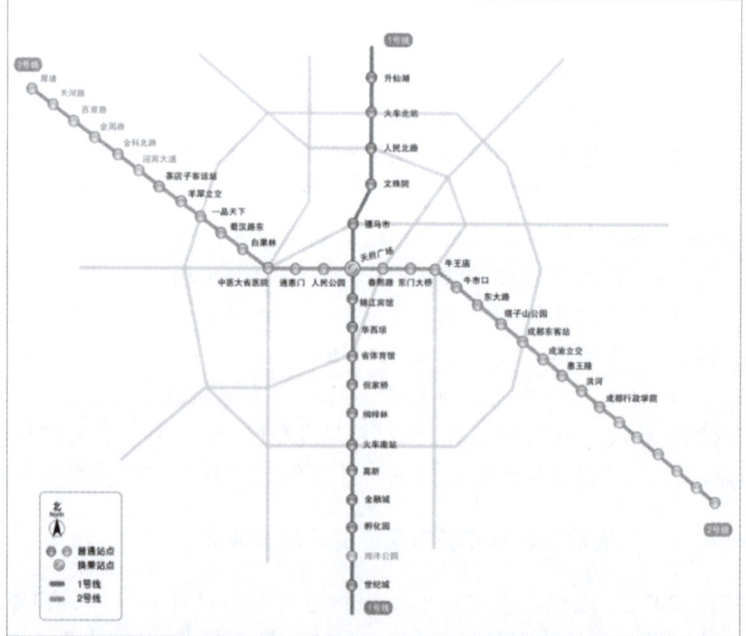

图2-30　成都市地铁运营线路图

1．成都市城市轨道交通运营线路

1）成都地铁1号线一期

地铁1号线一期工程北起升仙湖站，南止于世纪城站，全长18.5 km，设车站17座，一座车辆段，两座主变电站，一座控制中心。

地铁1号线一期工程于2005年底动工建设，2010年9月27日正式开通试运营。目前日均客流约21.5万人次，单日最高客流35.98万人次。

2）成都地铁2号线一期

地铁2号线一期西起茶店子客运站，东止于行政学院站，全长22.4 km，设车站20座，1座车辆段，2座主变电站，与1号线合用控制中心。

2号线一期工程于2007年12月开工，2012年9月16日正式开通试运营。目前日均客流约22.96万人

次，单日最高客流32.99万人次。

2．票价情况

成都地铁1、2号线一期工程均采用计程计时票制。基本票价采用2元起价的区间计价制，起价2元可乘坐6个区间，乘车距离超过6个区间采用递远递减的方式计价，即3元可乘坐10个区间，4元可乘坐16个区间，5元可乘坐24个区间。1号线一期(共17个站)全程票价4元，2号线一期（共20个站）全程票价5元，考虑1、2号线（一期）之间换乘因素，最高单程票票价为5元。乘客单次乘车在车站付费区内可以停留的最长时间为2小时。

车票种类有单程票、天府通卡和纪念票。天府通卡、中小学生和军人、儿童享有优惠政策。义务兵、革命伤残军人、伤残人民警察、盲人凭相关有效证件免费乘坐地铁。

3．客流情况

2012年成都市市的运营数据如表2-14所示。

表2-14　成都市轨道交通2012年客流运营数据　　单位：万人次

线　路	全年客流总量	日均客流	日最高客流
1号线一期	7 829	21.45	35.98
2号线一期	2 133	22.96	32.99

2.12.5　成都市城市轨道交通建设和运营模式

成都地铁有限责任公司是从事成都市轨道交通投资、建设、运营、开发的国有独资企业，设8个部门（办公室、总工程师办公室、计划合约部、党群人力资源部、财务部、企业管理部、质量安全部、信息中心）、2个全资子公司（成都地铁运营有限公司、成都地铁实业有限公司）、1个全资分公司（成都地铁建设分公司）、1个合资子公司（成都地铁传媒有限公司）。

成都地铁建设分公司是成都地铁有限责任公司的全资分公司，主要负责地铁工程分管专业和线路从施工图设计开始的全过程的建设管理工作。成都地铁运营有限公司是成都地铁有限责任公司的全资子公司，主要承担成都市城市轨道交通运营线路管理和新线运营筹备工作。

2.12.6 成都市城市轨道交通技术特点和创新项目简介

成都地铁1号线高新站到世纪城站之间的浅埋式区间隧道自然通风方式，区间隧道排热及火灾排烟具有较明显的节能效果，降低区间隧道通风系统的初期投资和运行费用，在技术和经济上都具有较大优势。

成都地铁在1号线中还采用了冰蓄冷技术，并在其它线路中广泛采用了一体化空调冷水机组，屏蔽门系统优化等技术，节约了后期运营成本。

2.12.7　成都市城市轨道交通发展历程

20世纪80年代，成都市便开始制定城市轨道交通系统规划。随着十余年的发展，成都城市规模迅速膨胀，加之成都拥有全国第3的私家车保有量，在交通高峰期，穿越城区需要2个多小时。90年代末开始，成都加大了在交通基础设施建设领域的投入，并开始重视快速城市公共交通网络的建设。2002年、2003年、2004年成都媒体都曾报道过地铁即将获批开工的消息，但从南京地铁获批之后，中央政府便冻结了对地铁项目的审批，直到2005年才有所松动。

2005年10月，国务院批准了第一轮成都市城市快速轨道交通建设规划；2005年11月21日，成都地铁1号线一期工程项目可行性研究报告获国家发改委批复；2005年12月，1号线一期工程开工建设，至此成都地铁建设正式启动。2010年9月27日地铁1号线一期工程开通试运营，成都市正式进入地铁时代。2号线一期工程于2007年12月开工建设，2012年9月16日成都市地铁2号线一期正式开通试运营。

2011年7月21日，《成都地铁4号线一期工程可行性研究报告》正式获得项目批复，并于同年11月开工建设；2012年4月25日，国家发展改革委正式批复《成都地铁3号线一期工程可行性研究报告》，并于同年4月底开工建设。2012年8月16日，成都地铁1号线南延线获国家发改委批复，并于同年9月开工建设。2012年在建项目6个，成都地铁已正式步入网络化建设的新阶段。

2.13 佛 山

2.13.1 佛山市2012年城市轨道交通发展最新动态

2012年是佛山轨道交通事业承前继后的关键一年。9月，广佛线二期工程如期动工，《佛山市城市轨道交通近期建设规划（2011—2018）》通过了国务院审批。12月，佛山市政府决定全面启动二、三号线建设前期工作。

2.13.2 佛山市城市轨道交通规划

1.佛山市城市轨道交通线网规划

根据《佛山市城市总体规划（2008—2020）》，佛山市空间发展战略为以城区“2+5”组团为基础形成“指状发展，网络联系”的空间结构。

从适应佛山市城市地位及未来发展的需要出发，重点支持中心组团建设发展，促进“2+5”城市组团结构的形成，构建与佛山城市空间布局结构一致、与土地利用协调的佛山市域轨道交通网络，佛山市城市轨道交通线网规划为棋盘加放射式结构。线网由8条轨道交通线路组成，线网全长264.3 km，其中中心组团内部全长151.6 km，核心区域内部全长59.9 km。中心组团线网密度0.30 km/km^2，核心区域线网密度1.03 km/km^2。全线网设置车站133座。其中一、二、三号线定位为骨干线。

《佛山市城市快速轨道交通线网规划》于2007年6月年获市政府批准。

佛山市城市轨道交通线网规划如图2-31所示。

图2-31　佛山市城市轨道交通线网规划图

2.佛山市城市轨道交通规划线路

《佛山市城市快速轨道交通线网规划》远景规划的线路有8条，包括1号线、2号线、3号线、4号线、5号线、6号线、7号线和8号线。

1号线（路洲—广州沥滘），全长36.6 km，其中佛山段19.2 km，设有15个车站。为广佛城际线佛山段，经佛山顺德区、禅城区、南海区，贯通中心组团南北，为佛山至广州的快轨交通线。广佛线属于珠三角城际轨道交通线，采用城市轨道交通制式，因此，广佛线佛山段定位为佛山市城市轨道交通一号线。

2号线（西安—广州南站），全长53.0 km，佛山段51.7 km，设有23个车站。经佛山高明区、南海区、禅城区、顺德区、广州番禺区，为连接中心组团与西江组团的东西主干线，联系佛山与广州番禺的快轨交通线。2号线分两期建设，一期工程自南庄至广州南站，线路长约32.0 km，设站17座，规划建设期为2014—2018年。

3号线（容桂—狮山），全长70.2 km，设有34个车站。经佛山顺德区、禅城区、南海区，为贯通中心组团南北的主干线。连接大良容桂、中心、狮山三个组团，规划建设期为2013—2015年。

4号线（张槎—平胜），全长16.6 km，规划9车站，经佛山禅城区、南海区，为中心组团内部贯穿东西的辅助线。

5号线（广州滘口—葛岸），全长34.0 km，佛山段33.5 km，规划有20个车站。经佛山顺德区、禅城区、南海区、广州荔湾区，为中心组团与大沥组团的联系线、佛山与广州快轨的北端衔接线。

6号线（九江—平洲），全长41.1 km，规划有21个车站。经佛山南海区、顺德区、禅城区，为中心组团与九江龙江组团间的联系线。

7号线（大良—广州莲花山），全长35.2 km，佛山段13.1 km。经佛山顺德区，主要经由大良和紫坭，为广州17号线延伸线，顺德大良与番禺紫坭间的联系线。

8号线（佛山西站—三水），全长18.9 km。经佛山南海区、三水区，主要经由佛山西站、狮山和三水，为中心组团与狮山组团、西南组团间的联系线。

2.12.3 佛山市2012年城市轨道交通建设情况

佛山市正在建设的是广佛线二期工程。二期工程线路呈L形走向，全长6.687 km，共设置4座车站，均为地下站，其中换乘站1座，为东平站，与佛山三号线、广佛环线、广佛江珠城际线换乘。

二期工程起点位于佛山新城裕和路北侧的新城东站，沿裕和路向西北行进，于裕和路和文华南路交叉口设东平站；出站后继续沿裕和路向西行进，于世纪莲体育中心西南侧、规划影城南侧、规划书城北侧裕和路和华康路交叉口西侧设世纪莲站；出站后折向北，同建设中的汾江路南延线共用沉管隧道下穿东平水道，沿汾江路向北行进，在汾江南路于澜石二路交叉口南侧设澜石站，到达一期工程魁奇路站后折返线，与广佛线一期工程贯通。

广佛线二期工程是佛山新城强中心战略实施的重要交通支撑，它的建成开通将进一步推动广佛同城化深入发展。2012年9月28日，广佛线二期工程正式开工建设，预计在2015年底建成通车。

2.13.4 佛山市2011年城市轨道交通运营现状

佛山市目前投入运营的线路为轨道交通1号线，即广佛线首通段。

1. 广佛线首通段

广佛线首通段由佛山魁奇路至广州西朗段，于2010年11月3日通车，线路全长17.8 km，设有14个车站。日均客流12万余人次，列车到站正点率达到99.95%。

2. 票价票制

广佛地铁分为单程票、储值票（广佛通、羊城通）、学生储值票、地铁老年人储值票、地铁老年人免费票、残疾人。

票价按按里程计算：0~4 km，票价2元；4~12 km之间，每增加4 km加收1元；12~24 km之间，每增加6 km加收1元；24 km以上，每增加8 km加收1元。凡在机场南站或机场北站进出的乘客在按原里程收费票价基础上加收5元；机场南站—机场北站区间按2元计算，不加收。

3. 客流情况

2012年佛山市的运营数据如表2-15所示。

表2-15　佛山市客流运营数据　　单位：万人次

项目	1号线
全年运量（2012年）	4 395.45
最大日运量	22.42
日均运量	12.01

2.13.5　佛山市城市轨道交通工程建设和运营管理模式

广佛线一期工程是由广州和佛山两市共同出资建设，业主单位为广东广佛轨道交通有限公司。由于当时佛山无地铁建设、运营的条件和经验，广佛线一期工程全部委托广州地铁总公司建设和运营。广佛线二期工程的4站4区间全部位于佛山境内，将由佛山独立承担建设任务，建成后将纳入广佛线运营。

2.13.6　佛山市轨道交通技术特点和创新项目简介

广佛线二期工程的技术特点主要是：一是广佛线二期工程将在澜石至世纪莲区间拆解成为六号线和广佛线三期；二是下穿东平水道的公铁合建过江隧道是目前国内最大断面的公铁合建沉管隧道。

2.13.7　佛山市城市轨道交通发展历程

2002年12月8日，国务院批复同意广东省调整佛山市行政区划。2004年，佛山市编制城市发展概念规划，提出了建设“2+5”组团城市的战略构想，并启动城市轨道交通线网规划编制，2007年，佛山市政府批准《佛山市城市快速轨道交通线网规划》。

2002年10月11日，佛山地铁1号线（广佛地铁）试验段建设启动。2010年11月，广佛线首通段通车，佛山成为全国第一个拥有地铁的地级市。

2011年3月，广东省发改委批复广佛线二期工程可行性研究报告。同年10月，启动广佛线二期勘察设计工作。2012年5月24日，省发改委正式批复广佛线二期工程初步设计；9月28日，广佛线二期工程正式动工。

2012年9月，《佛山市城市快速轨道交通建设规划（2011—2018年）》获国务院批准。12月，市政府决定全面启动佛山地铁二、三号线建设前期工作。

2.14　西　安

2.14.1　西安市城市轨道交通2012年度最新发展动态

2012年6月25日，4号线试验段开工建设；2012年8月29日，西安地铁1号线轨道工程实现长轨贯通；2012年12月25日2号线南段隧道工程全部洞通；2012年12月26日，1号线实现全线“电通”和通信系统“三通”。

2.14.2　西安市城市轨道交通线网规划

1. 西安市城市轨道交通线路规划

西安，是陕西省政治、经济、文化中心，辖9区4县，总面积10 108 km^2，城市建成区面积369 km^2，根据第六次人口普查，西安市全市常住人口843.46万人，户籍人口781.67万人。初步核算，2012年全市生产总值（GDP）4 369.37亿元，按可比价格计算，比上年增长11.8%，增幅高于全国4.0个百分点。分产业看，第一产业增加值195.59亿元，增长6.0%；第二产业增加值1 893.79亿元，增长11.8%；第三产业增加值2 279.99亿元，增长12.2%。

按照国务院批准的《西安市城市快速轨道交通建设规划》，西安市工建设6条城市轨道交通线路，总长251.8 km。共设150座车站，其中16座换乘站，10座车辆段，4座停车场，2处控制中心。服务范围覆盖52个主要客流集散点。

轨道线网形成“棋盘+放射”式网状结构布局，线网中1号线，2号线和3号线为骨干线，即满足了城市东西向、南北向主轴线上的客运交通需求，又向外拓展了城市发展空间；4号线、5号线、6号线是轨道交通网的辅助线，主要满足城市功能组团之间的交通需求，对线网进行加密完善。如图2-32所示。

西安市城市快速轨道交通建设规划（2012-2017）

图2-32 西安市城市轨道线网规划

2. 西安市城市轨道交通规划线路

1）西安地铁1号线

1号线分两期建设，一期工程由西向东敷设，线路全长25.4 km，设19个车站，总投资122.7亿元，2008年10月30日正式开工，计划2013年9月全线通车试运营；二期工程西起咸阳森林公园，向东沿世纪大道布设，经沣东路、上林路等规划路，跨绕城高速后，在太平河西侧设张家村站引线后至后卫寨站，线路长约6.3 km，共设车站4座，计划2013年开工建设，2016年建成通车。

1号线一期和二期位置均为西安市东西向主要客流走廊。远期规划1号线将向西延伸至西安咸阳国际机场，向东延伸至临潼旅游度假区，可大大促进西安市旅游业的发展及沿线土地开发利用，进一步加快西安作为国际级旅游城市的地位。

2）西安地铁3号线

3号线为东北、西南走向，北起西安国际港务区，先后沿港务区规划路、东三环、北二环东延伸段、东二环、西影路、小寨路、科技路布设，一期工程为鱼化寨至保税区段，线路全长39.15 km，共设车站26座，其中换乘站6座。

线路沿城市主要客流走廊东二环敷设，连接国际港务区、东二环商业区、大雁塔文物区、小寨商业区、高新技术产业开发区等客流及人口密集区，形成主城区东北部与西部的L形客流联系通道，与1号线、2号线共同构成规划线网中的骨干线。

3）西安地铁4号线

该线为城区西北向至东南向辅助线，北起北郊草滩农场，跨规划郑西高铁客运专线、尚稷路后沿朱宏路南行，至凤城七路折向东，经张家堡至太华路，沿太华路南行经马旗寨，在含元殿西南方向下穿既有火车站沿解放路南行，经大差市、和平门、李家村至后村，绕大雁塔，沿雁南路至水厂路折向东南全韦曲科技产业园。线路全长35.2 km，共设车站23座。

该线路大部分地段与2号线平行，除连接草滩、张家堡、马旗寨、后村、曲江旅游度假村、韦曲科技产业园外，途径火车站、五路口、大差市、和平门、李家村、大雁塔等客流、人流密集区，是线网中唯一途径既有西安火车站的线路，对城区内地面客流将具有较大的分流作用。

4）西安地铁5号线

5号线为线网中惟一有支线的线路，起于西康铁路纺织城火车站，西南前行跨浐河、长鸣路后，绕曲江新区，经长延堡至明德门后折向北，经吉祥村、过南二环、至黄雁村后折向西，沿友谊西路，经劳动南路西北前行至昆明路，沿昆明路西行至西窑头，然后折向北跨西余铁路、规划西三环至1号线三桥车站后，沿建章路北行至终点六村堡尤西路；5号线支线从西窑头继续西行经阿房宫、和平村、西围墙至纪阳寨后折向北，至终点纪阳车站。线路全长44.89 km，共设车站31座。

5号线连接了曲江旅游度假区、长延堡、明德门、吉祥村、黄雁村、三桥镇、六村堡及纪阳寨等大的客流集散点，为市区东南、西北向出行提供了极大的方便，同时可大大带动沿线土地开发利用。

5）西安地铁6号线

6号线东起1号线纺织城车站，西南向至纺西街，经纺一路、纺四路至纺南路后西行跨浐河、经纬什街，沿咸宁路至兴庆宫，沿兴庆路北行至互助路折向西经东门、大差市、钟楼、西门至西稍门折向南，沿劳动路、高新路至木塔寺继续南行至长安科技产业园大学城，后折向西经茅坡、邓店新村至终点长安科技产业园站。线路全长41.08 km，共设车站26座。

该线路连接纺织城、咸宁路、兴庆路、桃园路、东门、东大街、钟楼、西大街、西门、西稍门、西高新和南郊长安科技产业园等大型客流集散点商业聚集区和人口密集区，对疏解城市中心区交通压力具有较大的作用，同时可积极带动沿线土地开发利用。

2.14.3　西安市城市轨道交通建设情况

西安市正在建设的城市轨道交通规划线路有4条，包括1号线一期、2号线南段、3号线一期和4号线试验段。

1. 西安轨道交通1号线一期工程

1号线一期工程2008年10月正式开工，由西向东敷设，依次途经西咸共建区、未央区、莲湖区、碑林区、新城区、灞桥区，线路全长25.4 km，设19座车站，车辆段、停车场各1处，主变电站2座，控制中心与2号线合用，总投资122.7亿元。

2012年8月，地铁1号线实现“长轨通”，2012年12月实现全线“电通”和通信系统“三通”，计划2013年9月通车试运营。

2. 西安轨道交通2号线南段

2号线南段于2009年开工，从会展中心站南至韦曲南站，线路全长6 km，共设车站4座，停车场1处。2012年5月21日，韦曲南站顺利封顶，即沿线4座车站主体结构全部封顶。2012年12月25日隧道工程全部实现洞通，2014年通车试运营。

3. 西安轨道交通3号线一期

3号线是国家已批复西安地铁建设规划中线路长度最长的一条线。3号线一期工程（鱼化寨至国际港务区段），线路全长39.15 km，其中地下线28.13 km，高架线11.02 km。共设车站26座，其中19座地下站，7座高架站，平均站间距1.64 km。

目前3号线全线开工建设，2012年12月29日首座车站（广泰门站）顺利封顶，首台盾构机也从广泰门站顺利始发。

4. 西安轨道交通4号线试验段

4号线试验段共4个标段，5站6区间，全长6.71 km。试验段于2012年6月25日开工建设，目前已全部围挡施工。

2.14.4　西安市城市轨道交通运营现状

1. 西安地铁2号线北客站—会展中心段

2011年9月16日，西安市首条轨道交通——2号线一期工程正式通车，这标志着西安市成为全国第十个开通地铁的城市。2号线一期工程北起北客站，南至会展中心，全长20.5 km，沿线共设车站17座，车辆段和控制中心各1座，工程总投资约100.53亿元。其中，换乘车站4座：北客站与国铁线北站相衔接，实现“零换乘”；行政中心站、北大街站和小寨站分别与地铁4号线、1号线和3号线十字相交。

作为西安城市轨道交通线网规划中主骨架之一，2号线将西安市南北中轴线上的龙首原、钟楼、小寨等商圈紧密联系起来，既满足了南北方向的客运需求，又向外拓展了城市发展空间。图2-33所示为西安市城市轨道运营线路图。

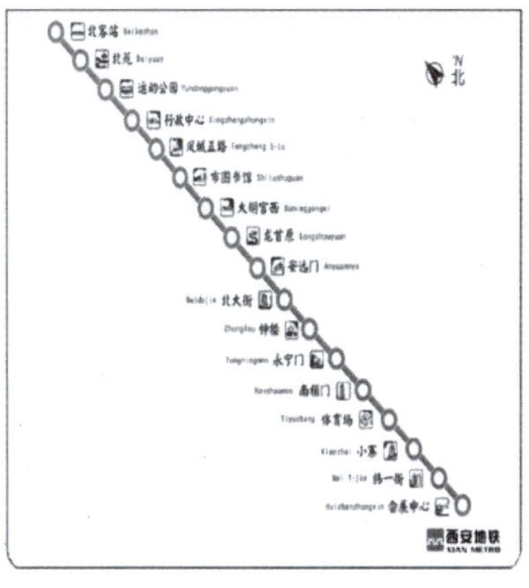

图2-33　西安市城市轨道运营线路图

2. 票制票价

2号线由西安市地下铁道有限公司运营管理，使用6节B型电动列车（3动3拖），现行的地铁2号线票价采用区间计价制，相邻两站之间为1个区间。起步价2元可乘坐6个区间，乘坐7~10个区间3元，11~16个区间4元，17个及以上区间5元。2号线北客站至会展中心段共16个区间，全程票价4元。上行（会展中心站—北客站）首末班车时间为6:30、22:35；下行首末班车时间为6:15、22:20。

3. 客流量

表2-16　西安轨道交通2012年客流量　　单位：万人次

线 路	全年客流总量	日均客流	日最高客流
2号线	5 911.64	16.15	22

2.14.5　西安市轨道交通运营管理模式

西安地铁采取建设、运营、开发三位一体，自筹自建的管理模式，2号线40%资本金由政府财政拨款，1号线和3号线25%资本金由政府财政拨款，其余由政府担保进行贷款。

2.14.6　西安市轨道交通技术特点和创新项目简介

西安作为历史文化古城，地铁2号线是其发展史上迄今最大的基础设施建设工程，建设过程中存在很多困难。参建各方全面创新，攻坚克难，成功解决了三大技术难题。

（1）成功保护文物古迹。2号线主要涉及的文物古迹为明城墙和钟楼，从设计方面将线路施工确定在15 m以下以避让地下8 m的“文化层”和降低振动对文物的影响，在隧道掘进中选择了先进的盾构法施工，并对钟楼、城墙及城门洞进行了密实桩基围护和钢结构支护的高强度加固处理。线路走向沿钟楼两侧绕行及沿城门瓮城两侧下穿城门洞。同时为长远考虑，地铁轨道采用国际最先进的钢弹簧浮置板减振道床，铺设无缝线路，把振动对沿线文物、建筑的影响减少到最低限度。

（2）湿陷性黄土地质条件下完成盾构隧道作业。西安地下湿陷性黄土遇水后极易发生塌陷，在全国范围内，这种地质条件下的盾构隧道作业尚属空白，毫无经验可循。西安地铁不断创新施工工艺，在实践中逐步摸索总结湿陷性黄土地质条件下盾构隧道作业方法。2008年7月6日，实现首条盾构隧道双线贯通，并接连创造了全国地铁盾构单班掘进21 m、日掘进40.5 m和月掘进727.5 m的全国同行业最高记录。2009年10月25日地铁二号线主城区段隧道贯通，标志着湿陷性黄土地质条件下地铁隧道施工的首战告捷。

（3）顺利完成地裂缝处理。地裂缝是西安特有的地质现象，西安地下分布着大小14条地裂缝，地铁二号线要通过其中的10条。确保地铁安全通过地裂缝路段并能在设计寿命内适应地裂缝变形，保证结构的使用功能正常发挥是工程难点和难点。西安地铁先后成功完成F2、F3、F8、F9等地裂缝特殊处理段施工共计1 435 m，为西安地铁建设积累了宝贵的施工经验。

2.14.7　西安市城市轨道交通发展历程

2008年5月6日，国务院正式批复了《西安城市总体规划（2008—2020年）》，该规划为西安市民描绘了一幅宏伟蓝图：“九宫格局、棋盘路网、轴线突出、一城多心”将使城市布局更具特色；“一高、一绕、两轴、三环、六纵、七横、八射线加旅游环线”的道路网格局使城市交通更加高效；八水绕城和秦岭绿色屏障形成的山水城市格局将使生态环境更加优美。

城市布局“九宫格局、虚实相当”：优化主城区布局结构，把不适合在主城区发展的城市功能逐步向外围地区疏散，主城区与外围组团、新城之间以交通轴、大遗址、生态林带、楔形绿地等为间隔，形成功能各异、虚实相当的“九宫格局”布局模式。重点建设设施完善、环境优美、功能各异的城市新区，包括未央新城、北客站地区、曲江国际会展产业园等，大兴新城、大明宫地区、纺织城地区等，完善基础设施建设，改善人居环境，提升城市品质。

地铁2号线北客站至会展中心段工程已于2011年9月16日提前开通试运营，标志着西安城市轨道交通建设取得了重大的进展。目前，西安地铁公司承担的地铁1号线、3号线和4号线也在加快建设。其中3号线和4号线的试验段均按照既定计划进行，2012年8月29日，西安地铁1号线轨道工程实现长轨贯通，同年12月，1号线已经进入列车调试阶段，预计2013年9月将通车运营。

西安地铁公司本着“不辱使命、追求卓越、不留遗憾、铸造精品”的精神，坚持改革创新、科学管理、加强企业文化建设，为建设“人文西安、活力西安、和谐西安”做出了应有贡献。

2.15 苏州

2.15.1 苏州市2012年城市轨道交通发展最新动态

2012年1月20日，《苏州市城市轨道交通近期建设规划（2010—2015年）》获国家批准，同意近期在实施好在建的1号线一期和2号线工程的基础上，开工建设S1线昆山花桥段、2号线东延线、4号线及支线工程，适时启动3号线工程。

2012年4月28日，苏州轨道交通1号线正式开通运营，成为苏州市开通运营的第一条城市轨道交通线路。

2012年9月27日，2号线延伸线、4号线及支线开工建设；12月26日，2号线全线双向实现了正线“轨通”。

2.15.2 苏州市轨道交通线网规划

1. 苏州市城市轨道交通线路规划

苏州是江苏省东南部的一个地级市，位于长江三角洲和太湖平原的中心地带，著名的鱼米之乡、状元之乡、经济重镇、历史文化名城，自古享有“人间天堂”的美誉。全市面积8 488 km²，其中市区面积1 650 km²。全市总人口642.3万人，其中市区户籍人口245.2万人。2012年，苏州市实现地区生产总值1.2万亿元，同比增长10%。

根据《苏州市城市轨道交通近期建设规划（2010—2015年）》，苏州市近期轨道交通线网由1号线、2号线（含延伸线）、3号线、4号线和4号线支线组成，形成两横两纵的“井字型”轨道交通骨架网络，规划覆盖东部新城、相城区、东太湖地区等重点建设区域。如图2-34所示。

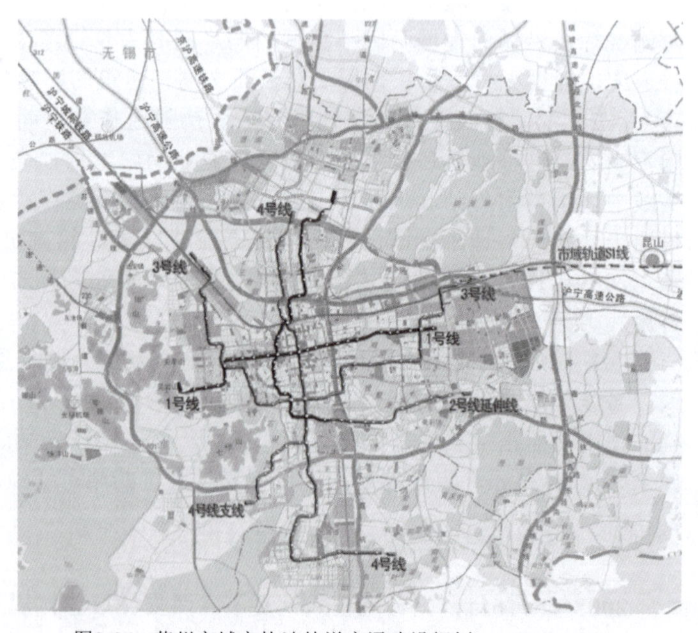

图2-34 苏州市城市快速轨道交通建设规划（2010—2015）

2．苏州市城市轨道交通规划线路

苏州市轨道交通处于规划期的线路为苏州市轨道交通3号线。3号线由新区城铁站至唯亭城铁站，全线长约43.7 km，共设站30座。

2.15.3　苏州市城市轨道交通建设情况

1．苏州市轨道交通2号线

苏州轨道交通2号线总体呈南北走向，线路起于相城区京沪高速铁路苏州北站，经平江新城、石路商业区、沧浪新城，终于吴中区迎春南路，线路全长26.6 km，设站22座，其中高架车站5座，地下车站17座，总投资156亿元。2号线于2009年12月25日开工建设，于2012年12月26日全线双向实现了正线“轨通”，预计于2013年底投入运营。

2．苏州市轨道交通2号线延伸线

轨道交通2号线延伸线分东延和北延，东延线接2号线迎春南路站，串联了吴中区尹山湖片区、园区月亮湾商业区、园区科教创新区，与通苏嘉城际铁路衔接换乘，长约13.8 km，共设站11座，全部为地下线，于2012年9月27日开工建设，预计于2016年通车运营。

2号线北延段呈南北走向，起点位于相城区太平车辆段以西太东路站，向南与2号线苏州高速站站相连，共设站2座，全长1.8 km，于2012年9月27日开工建设，预计于2016年通车运营。

3．苏州市轨道交通4号线

苏州轨道交通4号线是一条交通疏导兼具开发引导的线路，总体呈南北走向，由苏虞张路站至同津大道，连接了相城区、姑苏区、吴中区和吴江区，是苏州城市发展的一条骨干线路。线路长约42 km，共设站31座。设车辆段和综合基地一座，停车场两处，主车辆段位于吴江松陵；设主变电所3座，控制中心与1、2、3号线共用。车辆计划采用B型车，6辆编组。4号线于2012年9月27日开工建设，计划于2017年通车运营。

4．苏州轨道交通4号线支线

苏州轨道交通4号线支线在吴中开发区红庄站从4号线正线引出，经过吴中滨湖新城、国际教育园、越溪副中心等地区，止于龙翔路。4号线支线全长约11.1 km，设站7座，全部为地下线。4号线支线于2012年9月27日开工建设，计划于2017年通车运营。

2.15.4　苏州市城市轨道交通运营现状

截止2012年底，苏州市轨道交通运营线路1条，为苏州轨道交通1号线。

1．苏州市城市轨道运营线路

苏州轨道交通1号线是一条东西走向线路，起点位于吴中区木渎镇北侧的金山路，终点位于钟南街。线路全长25.739 km，平均站间距为1.094 km，全部为地下线，设车站24座，其中换乘站为4个，设天平车辆段与综合基地1处。1号线于2012年4月28日正式开通运营，线路标志色为绿色，如图2-35所示。

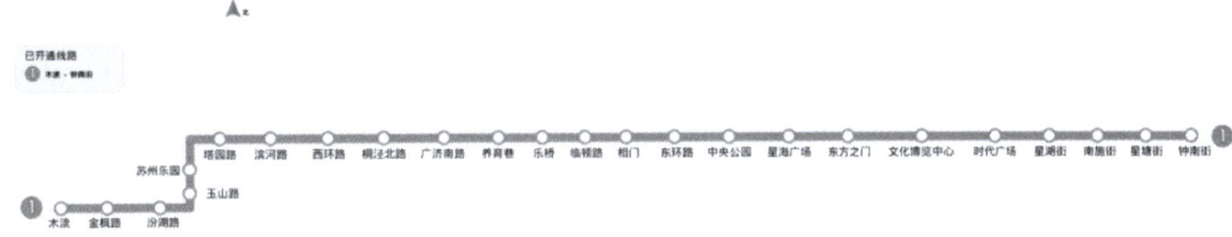

图2-35　苏州轨道交通1号线示意图

2012年1号线营运时间为6:29~22:13，发车间隔在工作日早、晚高峰和双休日高峰时段是6 min 30 s，其他时段是8 min 50 s。1号线采用B型（加宽型）车4节编组，计划速度为35 km/h，设计最高速度为80 km/h，VVVF交流电机传动。

2. 票价票制

1号线票价按里程长短分为2～6元不等，全程6元。如表2-17所示为苏州城市轨道交通计价标准。

表2-17 苏州城市轨道交通计价标准

区间/km		0~6	6~16	16~30	>30
票价/元	1号线	2	每5 km加收1元	每7 km加收1元	每9 km加收1元

票种方面，苏州轨道交通1号线使用IC卡车票，苏州市民普遍使用的“苏州通/市民卡”也可用于轨道交通1号线，普通“苏州通/市民卡”卡享受9.5折优惠，而老年卡、学生卡在年审有效期内享受5折优惠。

3. 客流情况

2012年苏州市的运营数据如表2-18所示。

表2-18 苏州市城市轨道交通2012年客运量 单位：万人次

线 路	日最高客流客流	日均客流	全年客流
1号线	24.93	10.50	2 604.89

2.15.5 苏州市城市轨道建设和运营管理模式

实施建设、运营一体化的管理模式，由苏州市轨道交通集团有限公司负责苏州市城市轨道交通工程规划设计、工程建设、轨道交通运输服务、轨道交通项目投资与开发等工作。

建设方面，下辖苏州轨道交通建设分公司，已建设完成1号线，正在建设2号线、2号线延伸线、4号线及支线。

运营管理方面，下辖苏州轨道交通运营分公司，对已运营的轨道交通1号线、未来运营的轨道交通2号线进行安全运营、设施维护、运营管理等工作。

2.15.6 苏州市轨道交通技术特点和创新项目简介

1. 路网设施整体化

苏州轨道交通1号线控制中心的设计考虑了全网的整体功能，车辆段与综合基地可以承担1、2号线的车辆厂修和架修任务，以实现土地节约、资源共享。

2. 停车线采用对称道岔设计

苏州轨道交通1号线的停车线采用对称道岔设计，这在国内还尚属首次。1号线在广济南路站、星海广场站的停车线上（采用双停车线长度），分别采用了两组对称道岔，其中广济南路站采用对称道岔后车站长度缩短了67.245 m，有效节约投资2 500万元左右。

3. 新型人防防淹门的研制

苏州轨道交通1号线设置于滨河路站—西环路站区间两端的电控葫芦防淹防护密闭门，是国内轨道交通工程第一座具有真正意义的防水防淹、防护密闭功能为一体的区间防淹防护密闭隔断门，由总参四所研制。新型人防防淹门满足30 m深的设计水头压力，同时也符合人防防护单元相邻隔墙区间防护密闭隔断门1.2 MPa的双向受力要求和密闭要求。

4. 车辆段整体基础

苏州轨道交通1号线采用固定式架车机进行整列车的架落车作业，以提高检修作业的工作效率。固定架车机基础采用新型钢筋混凝土整体箱式基础，地下整体基础尺寸达100 m×20 m×5 m。整体箱式基础部分区域做成空腔形式，极大的减少了基础的质量，降低了工程造价，同时也很好的解决了基础的抗浮问题。

2.15.7 苏州市城市城市轨道交通发展历程

1999年，苏州市建委委托苏州中咨公司和上海隧道院完成了预可研报告，提出了“十”字相交的初始轨道交通线网。2002年，苏州市完成了《苏州轨道交通线网研究与规划》，提出了总长540 km、总投资1 360亿元、由11条线路组成的线网规模，包括3条市域线，2条市区线，6条有轨电车线。苏州市于2004年4月编制了《苏州市城市快速轨道交通建设规划》，并上报国家发改委和建设部。规划的4条线路形成两纵两横“井”字形总体布局，线路总长135.3 km、设站105座。其中，近期建成1、2号线长52.3 km，设站46座。

2007年2月5日，国务院正式批复《苏州市城市快速轨道交通建设规划》，同意建设其中的1号线和2号线。2007年12月26日，苏州轨道交通1号线工程开工，这标志着苏州市成为国内第一个建设城市轨道交通的地级市。

2009年，开展并完成了新一轮线网规划和近期建设规划编制。2009年12月25日，苏州轨道交通2号线也开工建设。2010年5月，《苏州市城市轨道交通建设规划（2010—2015年）》（简称新一轮建设规划）通过国家发改委审查，2010年10月通过住建部的审查。2011年4月，国家住建部完成会签。2012年1月，该建设规划获得国家批准。

2012年4月28日，苏州轨道交通1号线正式开通运营，这意味着苏州跨入了轨道交通运营城市的行列。

2012年9月27日，苏州轨道交通4号线及支线、2号线延伸线开工。

2.16 杭 州

2.16.1 杭州市轨道交通2012年度最新发展动态

3月8日，地铁1号线翁梅站—余杭高铁站区间左线贯通，全线洞通。

4月10日，地铁1号线正线短轨道贯通。

5月6日，地铁1号线全线“电通”。

6月21日，国家发改委正式批复了《浙江省发改委关于申请杭州地铁1号线特许经营项目的请示》。

7月17日，杭州市地铁集团公司与香港铁路有限公司签署合作经营协议。

8月17日，国家商务部正式批复同意在设立杭州杭港地铁有限公司。

9月6日，杭州杭港地铁有限公司完成工商注册。

9月28日，市交通运输局代表市政府与杭州杭港地铁有限公司签署了地铁1号线《特许协议》。

10月18日，市政府召开地铁票价新闻通报会，公布杭州地铁票价方案。

10月19日至22日，浙江省交通运输厅和杭州市人民政府联合在杭州组织召开了杭州地铁1号线工程试运营基本条件评审会，会议认为，杭州地铁1号线已基本达到试运营基本条件，在完成后续的相关整改工作后可开通试运营。

11月1日，杭州市轨道交通应急指挥部在地铁1号线下沙金沙湖站举行轨道交通运营突发事件综合应急演练。

11月18日至21日，杭州地铁开展了地铁1号线免费试乘体验活动，共有22万余名市民持免费体验券试乘。

11月24日，杭州地铁1号线正式售票试运营。

12月10日，地铁2号线过江隧道（钱江世纪城站—钱江路站区间）双线贯通。

12月21日，杭州地铁2号线东南段铺轨工程开工。

2.16.2 杭州市城市轨道交通线网规划

杭州市是浙江省省会，位于浙江省北部，东经118° 21'～120° 30'，北纬29° 11'～30° 33'，辖8个市辖区、2个县，代管3个县级市，全市面积1.66 万km^2，其中市辖区3 068 km^2，常住人口为880.2万人，其中，居住在城镇的人口为653.99万人，占74.3%。

2012年，杭州市实现生产总值7 803.98亿元，与2011年相比增长9.0%，财政总收入完成1 627.89亿元，其中地方财政收入859.99亿元，同比分别增长9.3%和9.5%。全年城镇居民人均可支配收入达37 511元，比2011年增长10.1%，农村居民人均纯收入达17 017元，增长11.6%。

1. 杭州市城市轨道交通线网规划

杭州市规划的轨道交通线网由8条轨道线路构成，278 km的放射状线网，网住了杭州城现有的“一主三副六组团”（一主是指老城区，三副是指江南城、临平城和下沙城，六组团是指塘栖、余杭、良渚、临浦、瓜沥、义蓬），如图2-36所示。

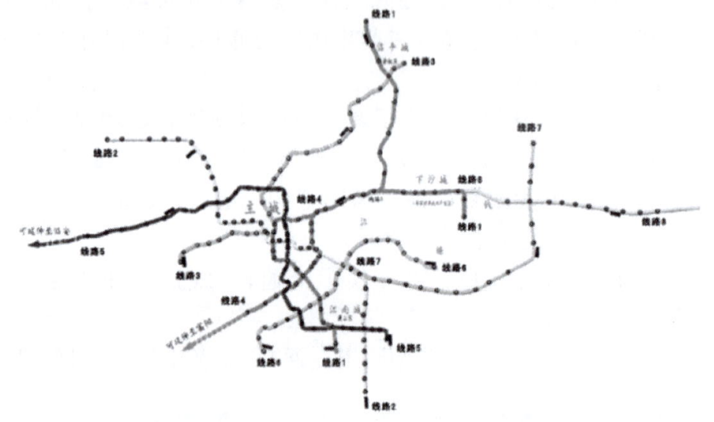

图2-36 杭州市轨道交通线网规划图（2050年）

2. 杭州市城市轨道交通规划线路

杭州市城市轨道交通规划线路有6条，包括3号线、4号线、5号线、6号线、7号线、8号线。

1）杭州地铁3号线

3号线全长35 km，线路西起留下、沿天目山路，途经汽车西站，再向东至武林门广场与1号线形成双向同站台换乘。后向北转向河东路再到上塘路，然后往东北方向转到沈半路、广济路、藕花洲大街与1号线相交。3号线位于城市的主要客流走廊之上，经过拱墅区、西湖区和上城区，是城市轨道系统的骨干线。目的是加强城市西面和东北面与城市中心联系。

2）杭州地铁4号线

4号线全长15 km，北边在火车东站与1号线形成双向同站台换乘，向南经新塘路、沿富春江路到钱江新城城市中心与2号线形成单向同站台换乘，往南预留了延伸至富阳的条件。该线是城市轨道线网中的次干线，连通了1、2等线路，提供多个换乘机会，便于把主干线上的客流运送到更远的地区，并对钱江新城区域加强服务。另外，它还连接了火车东站和汽车南站等对外交通节点。

3）杭州地铁5号线

5号线全长48 km，西起工教路的住宅及商业中心，经余杭塘路至登云路连接湖州路附近的运河商务商贸中心，到香积寺路经东新路及建国北路，把下城居住公共中心及会展中心区连接起来，经建国中路到城站火车站，再沿江城路通过钱江四桥过江。过江后，沿世纪大道向南，然后往东转至滨康路、金城路，终点至萧山火车站。该线也为城市轨道线网中的次干线，它连接1、2、3三条主干线，便于把主干线上的客流运送到更远的地区。

4）杭州地铁6号线

6号线全长25 km，该线位于江南沿江，西起浦沿，途经浦沿路、东信大道及中兴路，连接滨江区区级公共次中心区级公共中心，沿江边连接钱江世纪城再到钱江文化产业园。该线也为城市轨道线网中的次干线，它连接1、2两条主干线，便于把主干线上的客流运送到更远的地区。

5）杭州地铁7号线

7号线全长31 km，该线西起在钱江世纪城内的与2号线形成的双向同站台换乘，向东走向与机场高速平行直至萧山国际机场，然后沿北一直到江东工业园。该线为连接线，主要目的是建立江东地区与钱江世纪城的联系。

6）杭州地铁8号线

8号线全长18 km，西起下沙2号大街，与1号线形成单向同站台转乘，东向过江后把义蓬区域主中心连接起来，再向东连接教育科研区，往东预留了伸延至江东东面工业区的条件。该线为连接线，主要目的是建立钱江两岸江东地区与下沙区的联系，便于江东工业区和轨道主骨干线网的连接。

2.16.3　杭州市城市轨道交通建设情况

1. 杭州地铁1号线下沙延伸段

杭州地铁1号线下沙延伸段位于下沙副城的东南部，起自文泽路站，长5.45 km，全部为地下线，共设车站3座：文海南路站、云水站、下沙江滨站。

2. 杭州地铁2号线

2号线全长48 km，设有36个车站，2号线位于城市最主要的客流走廊之上，是轨道线网中的骨干线。连接了两个城市中心和西湖区、上城区、江南城和良渚组团，远期预留延伸到临浦组团条件。

2号线一期工程丰潭路站至朝阳村站，长29.885 km全部为地下线，共设车站22座，在萧山区南端的蜀山设车辆段及综合基地1座。其中东南段钱江路站（含新塘路站）至朝阳村站，长18.565 km，设车站12座，车辆段及综合基地1座。2号线东南段站名为：钱江世纪城站、内环路站、外环路站、振宁路站、建设三路站、建设一路站、人民广场站、杭发厂站、人民路站、潘水路站、南部卧城站、朝阳村站。西北段丰潭路站至钱江路站，长11.32 km，设车站10座。

2号线一期工程东南段于2008年9月28日开工建设，2012年9月30日地铁2号线萧山段12座车站主体结构全部完工。11月24日，地铁2号线外环路站至内环路站右线隧道顺利贯通，11月25日，杭州地铁2号线潘水路站至人民路站区间双线贯通。计划在2014年6月，正式建成地铁2号线东南段。2号线西北段已于2011年9月底开工建设，预计2016年通车。

2.16.4　杭州市城市轨道交通运营现状

杭州市已经投入运营的线路目前只有1号线，根据杭州地铁1号线成“Y”型的线路特点，试运营期间，全线分为主、支两个独立交路运行，主交路：湘湖站—文泽路站，全长34.804 km；分支交路：客运中心站—临平站，全长11.741 km；乘客需在客运中心站进行换乘。如图2-37所示。

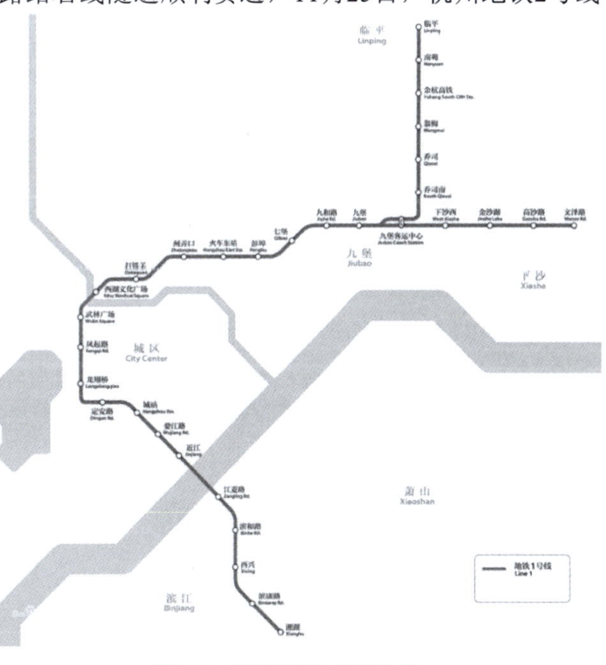

图2-37　杭州地铁运营线路图

1. 杭州地铁1号线

杭州地铁1号线其长度为53 km，设有34个车站。其中47.97 km已经于2012年11月24日通车试运营；1号线下沙延伸段3个站共5.45 km仍在建设中。1号线在东端分成Y型临平和下沙支线。下沙支线东起下沙二号大街，途经下沙城公交中心，再到九堡组团中心；临平支线北起临平城区，途经临平城市复合中心，沿迎宾路连接临平特色商贸区，经杭海路连接规划中的高速铁路车站。两条支线在九堡客运中心和主线形成单向同站台换乘后，继续向西至火车东站，在火车东站与4号线形成双向同站台换乘，然后沿天城路和文晖路向西，之后向南转，在延安路把武林门广场一带的购物中心连接起来，在武林广场与3号线形成双向同站台换乘，继续沿延安路往南，在西湖大道经城站火车站，再沿吴江路过江，过江后沿金陵路，往南至西兴镇，终点至湘湖旅游度假区。

地铁1号线位于城市最主要的客流走廊之上，是轨道线网中的骨干线，沿途经过了湖滨—武林广场地区—旅游商业文化服务中心和主要的商贸区，连接了一主三副，服务于临平、下沙、江南城、江干区、西湖区、下城区和上城区等城区向城市中心的客流，经过“一主一副”两个火车站及汽车南站，并经过九堡客运中心，与可能的沪杭高速铁路/磁悬浮站预留换乘条件，利于城际客流和城市内部客流之间的集散。

杭州地铁1号线（临平方向）路线从湘湖站到世纪大道站。

杭州地铁1号线（下沙方向）路线从湘湖站到文泽路站。

1号线于2007年3月28日开工建设，2010年10月18日开始铺轨，2012年3月8日全线洞通，2012年4月10日实现轨通，2012年11月24日开通试运营。

2. 票制票价

2012年10月18日，杭州市政府公布地铁票价采用里程分段计价，起步价2元可乘4 km，4～12 km每1元可乘4 km，12～24 km每1元可乘6 km，24 km以上每1元可乘8 km，目前单程最低2元，最高8元。

3. 客流情况

2012年杭州市的运营数据如表2-19所示。

表2-19　杭州地铁客流情况　　客流单位：万人次

线 路	全年客流总量	日均客流	日最高客流
1号线	561	15	22

说明：（1）杭州地铁1号线试运营始于2012年11月24日13：30，实际运营期按37.5日计算。

（2）日最高客流产生于2012年12月31日。

2.16.5 杭州市城市轨道交通建设和运营管理模式

杭州市地铁集团有限责任公司成立于2002年6月，主要从事轨道交通工程建设、营运与管理，房屋拆迁服务，房地产开发等。公司性质为杭州市政府直属企业，由杭州市本级、萧山区、余杭区、滨江区、钱江新城管委会、杭州经济技术开发区等6个投资主体共同出资。

杭州地铁运营分公司于2010年8月18日成立，为杭州市地铁集团下属单位，主要负责杭州市轨道交通地铁运营与管理。

由杭州市地铁集团有限责任公司全资拥有的杭州地铁一号线投资有限公司（占51%股份）和香港铁路有限公司全资拥有的港铁地铁一号线投资有限公司（占49%股份），合资组建杭州杭港地铁有限公司，通过与市政府或其授权机构签署《特许协议》，获取自地铁1号线开始试运营日起25年的特许经营权。

2.16.6 杭州市城市轨道交通发展历程

20世纪80年代中期，杭州市即着手研究轨道交通建设，开展轨道交通线网规划工作。2002年4月，杭州市向国家上报杭州地铁1号线项目建议书，未获批准。2003年底，杭州市上报《杭州市城市快速轨道交通建设规划》。2005年6月6日，经国务院批准，国家发改委批复杭州市城市快速轨道交通建设规划。

2006年4月19日，国家发改委批复杭州地铁1号线工程可行性研究报告。2007年2月9日，浙江省发改委批复杭州地铁1号线工程初步设计。2007年3月28日，杭州地铁一期工程开工建设。

2008年5月14日，国家发改委批复杭州地铁2号线一期工程可行性研究报告。2008年7月14日，浙江省发改委批复杭州地铁2号线一期工程初步设计。2008年9月28日，杭州地铁2号线一期工程开工建设，2011年9月底2号线西北段开建。

杭州地铁1号线于2012年11月24日通车试运营。

2.17　昆　明

2.17.1　昆明市城市轨道交通2012年度最新发展动态

2012年11月5日，昆明地铁首期工程南段开始进行调试。

2012年5月17日—18日，在国家发改委主导下，专家们对《昆明城市轨道交通建设规划修编（2012—2018年）》进行了评估。建设规划报告提出，要不断完善城市轨道交通线网，2012—2018年新建轨道126.5 km，主要包括1号线、2号线、3号线延伸线、4号线、5号线和6号线。目前，《昆明市城市快速轨道交通建设规划修编》（2012—2018）已分别通过国家发改委和住建部的审查，将于近期上报国务院审批。

2.17.2　昆明市城市轨道交通线网规划

1. 昆明市城市轨道交通线路规划

昆明市是中国唯一面向东盟的大都市，也是中国著名的历史文化名城和优秀旅游城市，素以“春城”著称，位于云南省中部，市区面积330 km^2，全市常住人口643.22万人，聚居着26个民族，各少数民族人口占全市常住人口的13.84%。2012年，昆明市地区生产总值达到3 010亿元，同比增长14%以上，历史性地突破了3 000亿元。

昆明市轨道交通远景推荐线网方案由9条线路组成，3条骨干线、2条辅助线、1条专线及3条填充线组成的城市快速轨道交通网，线路全长296.7 km，如图2-38所示。在线网修编的同时，昆明对市域轨道交通做出了相应的规划预留。

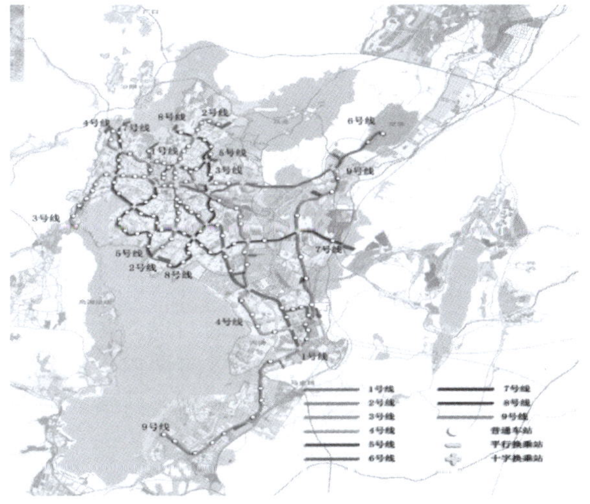

图2-38　昆明市城市轨道交通线路规划图

2. 昆明市城市轨道交通规划线路

昆明市城市轨道交通线路近期规划实施项目包括1号线、2号线、3号线、4号线和5号线，共计5条线。

1）昆明轨道交通1号线

轨道交通1号线分为1号线西北延线、1号线支线和1号线南延线，具体情况分别如下。

1号线西延线工程为1号线在主城核心区的延伸线，沿金碧路及西昌路敷设。全长7.9 km，全线按地下浅埋敷设；共设地下车站7座，平均站间距为1.05 km，西延线建成后与1号线一期工程贯通运营。

1号线支线自首期工程呈贡北站接轨，沿彩云南路向南，至朝云路东拐，经市政府至龙潭路南拐，穿过白龙潭公园接入昆明南站。线路全长5.2 km，沿途设市政府站、白龙潭俊园站、白龙潭公园站和昆明南站站，终点与4号线共用白龙潭停车场正线均为地下线敷设。

2

1号线南延线主要服务于昆明新城高新技术产业基地，位于马金铺范围。线路全长7.3km，共设车站3座，全部为高架车站，平均站间距2.3 km。

2）昆明轨道交通2号线二期

2号线二期北起于环城南路站，沿北京路向南地下布置，穿过昆明火车站后，线路沿官南大道往南，过广福路后，线路出地，沿官南大道高架继续往南，直至苏王村；终点与5号线共用苏王村停车场。线路全长9.2 km，其中地下线长度5.1 km，高架线长度4.1 km，沿途设8座车站，其中地下车站5座，高架车站3座。

3）昆明轨道交通3号线二期

3号线二期起于一期终点石咀站，向南沿春雨路至西山公园，全长4 km，其中地下线1.1 km，高架线2.9 km，共设车站 3座。

4）昆明轨道交通4号线

4号线为连接主城与呈贡的西北、东南方向辅助线，串联了主城西北的国家高新技术产业开发区、主城中心区、主城东南的国家经济技术开发区，并向南连接呈贡新城。规划将形成较为密集的客流走廊。4号线全长43.5 km，设置车站26座，平均站间距约1.7 km。

5）昆明轨道交通5号线

5号线为线网中主城东北-西南向的辅助线，线路起点为东北部的世博园，穿越城市中心区，到达西南部的滇池度假区。线路连接着世博园、动物园、翠湖、胜利堂、省博物馆、滇池旅游度假区等众多旅游景点，覆盖了昆明市重要的景观轴线。5号线全长24 km，设置车站20座，平均站间距约1.2 km。

2.17.3 昆明市城市轨道交通建设情况

昆明市正在建设的城市轨道交通线路有首期工程和3号线。昆明市轨道交通在建线路如图2-39所示。

1. 昆明轨道交通首期工程

昆明轨道交通首期工程由2号线一期工程（环城南路—北部汽车客运站）和1号线一期工程和二期工程组成。线路主要经过了盘龙区、官渡区和呈贡新区。其中轨道交通2号线一期工程起自盘龙区规划的汽车客运北站，沿北京路向南，在环城南路站站后通过单渡线进入轨道交通1号线，之后线路从昆明火车站东侧斜穿铁路及南二环，沿着春城路向南，穿过巫家坝机场后沿规划春城路延长线至晓东村附近，右拐进彩云路后转为路中高架，于五腊村站站前拐至路侧高架布置，此后一直向南，跨昆玉高速后转为地下，穿过呈黄立交后进入彩云南路

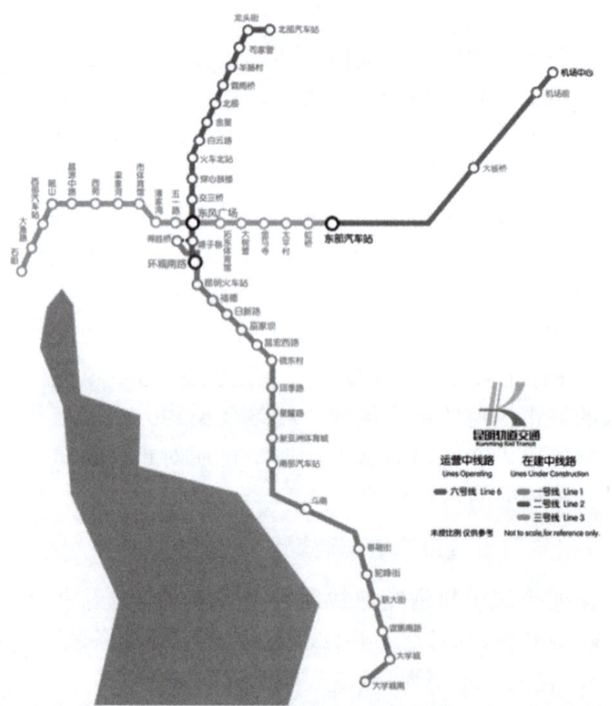

图2-39 昆明市轨道交通在建线路图

路中布置，沿彩云南路南行，再西拐沿龙潭街路中布置至终点广电大学站。

首期工程线路全长41.2 km，其中高架段长11.5 km，地下段长29.6 km，路基0.3 km，高架与地下过渡段长0.6 km。全线设站31座，其中高架车站6座，地下车站25座，平均站间距1.38 km。地铁首期工程试验段于2009年8月开工建设，全线于2010年5月1日开工建设，线路预计2013年建成通车。

2. 昆明轨道交通3号线一期

昆明轨道交通3号线线路总长23.1 km，分初期和近期两期建设。初期工程由石咀站至东部客运站站，线路长19.1 km，其中地下线和过渡段为17.9 km，高架段为1.2 km，平均站间距1.15 km，在石咀设车辆段，在放马桥设停车场。2010年8月，3号线试验段眠山、沙沟尾、西苑立交三个地下车站开工建设，2012年11月 28日，轨道交通3号线最长的隧道（马街站与眠山站之间的区间左线隧道）顺利贯通，3号线预计2014年通车运营。

2.17.4　昆明市城市轨道交通运营现状

昆明市轨道交通6号线（机场线）投入试运营，它是连接主城和航空港的专线，主要服务于主城区与长水机场之间的客流，为乘坐航班的旅客提供方便、快捷、经济的一种交通方式。主要径路为：拓东路、凉亭中路、人民东路延长线、机场高速。6号线全长25.4 km，其中地下线14.18 km，高架线9.54 km，地面线1.68 km；共设地下车站5座，高架车站1座，平均站间距为4.64 km。

2.17.5　昆明市城市轨道交通建设和运营模式

昆明市的城市轨道交通线路由昆明轨道交通有限公司负责投资、建设、运营和管理，为了确保项目实施的可持续性，昆明市借鉴外地成功经验，按照“配资源、赋政策、公司化、市场化”的原则，分别解决建设资金和运营亏损补贴来源问题。

2.17.6　昆明市轨道交通技术特点和创新项目简介

昆明轨道交通建设结合昆明市的区域优势，气候优势，在经济节约、环境友好等方面均作了大量的探索和尝试，取得了较好的效果，一方面充分利用昆明的日照和气候优势，在太阳能利用及空调设置方面做出了一些突破和创新，另一方面因为昆明的特殊地质构造，在盾构穿越泥炭质土和岩溶地层方面也取得了一定的工程经验。

2.17.7　昆明市城市轨道交通发展历程

早在1994年，昆明建设城市快速轨道交通的设想就已提出，随着昆明市经济社会快速发展，主城区人口急剧增长，城市规模日益扩大，人口与交通资源、机动车辆与道路交通设施的矛盾严重影响人民群众经济活动。为贯彻落实科学发展观和建设节约型社会，坚持走城市可持续发展道路，根据国内先行城市的经验，昆明市大力发展以轨道交通为骨干的公共交通。

2004年昆明市政府正式组织开展轨道交通系列规划，昆明市轨道交通第一轮远景线网由6条线路组成，呈三主三辅的放射状结构，总长162.6 km。经过几年的发展，在2008年11月昆明轨道交通项目规划环评获得国家环保部批准；并最终在2009年6月17日，国家发改委正式下文批准昆明市城市快速轨道交通第一轮建设规划。目前，各项建设正在有条不紊的发展建设中。

在党中央和国务院把云南定位为国家面向西南开放的“桥头堡”战略的推动下，昆明定位为“面向南亚、东南亚区域性国际大都市”，城市化进程进一步加快，城市交通紧张局面进一步加重，亟需加强轨道交通网络建设，提升全市的公共交通服务水平，原规划线网已不适应新战略条件下的社会经济发展要求，为此，市委、市政府于2011年2月决定超前启动新一轮线网规划和建设规划修编及项目报批工作，目前新修编的线网规划已由昆明市人民政府批复，新修编的建设规划已分别通过了国家发改委和住建部的审查，将于近期上报国务院审批。

第3章
其他在建城市轨道交通的城市发展情况

3.1 哈尔滨

3.1.1 哈尔滨市城市轨道交通2012年度最新发展动态

2012年9月8日，国家发改委通过网站首次公布了近期批复的《哈尔滨市城市轨道交通近期建设规划（2008—2018年）调整方案》。方案新增了1号线三期工程延至哈南工业新城核心区域。2012年11月6日，哈尔滨市首条地铁轨道铺设全线贯通，2012年12月30日，哈尔滨地铁1号线通车试运行，预计2013年下半年地铁1号线将载客试运营。

3.1.2 哈尔滨市城市总体规划和城市轨道交通线网规划

1. 哈尔滨市城市轨道交通线网规划

哈尔滨是黑龙江省省会，全市总面积5.31万km^2，市区面积7 086 km^2，是全国省辖市中面积最大的城市，总人口1 063.6万人，其中市区人口587.9万人。

2012年，全市公共财政预算总收入完成581.4亿元，为预算的107.7%，比上年增长15.8%。地方公共财政预算收入完成354.7亿元，为预算的111.4%，比上年增长18.1%。从收入级次情况看，市本级和区县级地方公共财政预算收入分别完成186.4亿元和168.3亿元，分别比上年增长16.2%和20.4%。从收入结构情况看，全市地方公共财政预算收入中，税收收入完成276.2亿元，比上年增长14.1%，占全市地方公共财政预算收入的77.9%；非税收入完成78.5亿元，比上年增长34.7%，占全市地方公共财政预算收入的22.1%。

哈尔滨市远期线网规划为“九线一环”，线路规模为340 km，10条线路计划分3个阶段建设完成：第一阶段从2008年到2017年，完成1号线一、二期工程，3号环线，2号线一期工程建设，形成“十字+环线”的轨道交通网络基本框架。第二阶段从2018年到2027年，完成4、5、6、7号线工程建设，进一步扩大中心城区轨道交通网络覆盖面和线网密度。第三阶段再利用10年左右时间，完成网络规划中其他线路建设，形成哈尔滨市以轨道交通为主体的现代化立体交通格局。

2012年6月，国家发展改革委批准了《哈尔滨市城市轨道交通近期建设规划（2008—2018年）调整方案》。新增1号线三期工程，自哈尔滨站南站至新疆大街站，线路长8 km，估算投资49亿元，规划建设期为2012—2016年；新增2号线一期工程，自哈尔滨北站至金山路站，线路长26.5 km，估算投资164.9亿元，规划建设期为2013—2018年；3号线作为环线的范围扩大，自汽车齿轮厂站至太平桥站至汽车齿轮厂站，线路长37.6 km，估算投资244.4亿元，规划建设期为2012—2018年。

调整后的《哈尔滨市城市轨道交通近期建设规划（2008—2018年）》由1、2和3号线组成，形成“十字+环线”的骨架线路，线路总长89.58 km，总投资562.2亿元。资金来源为：资本金229.3亿元，占总投资的比例为40.8%，由哈尔滨市财政资金解决。资本金以外的资金利用国内银行贷款解决。

2. 哈尔滨市城市轨道交通规划线路

哈尔滨市城市轨道交通规划线路有8条，包括2号线、4号线、5号线、6号线、7号线、8号线、9号线、10号线。

1）哈尔滨轨道交通2号线

2号线是沿城市西北—东南向设置的跨江线路，北起利民开发区，南至香坊成高子镇，全长45 km，设29座车站。该线路也是网络规划中的骨干线路，联系南北两岸交通，拉动松北地区发展，沟通道里和南岗两个中心城区，连接哈北站和哈火车站两个铁路枢纽，极大改善城市中心区的交通环境。

2）哈尔滨轨道交通4号线

4号线是沿城市正西—正南向设置的跨江线路，西起松北前沙站，南至东平房，全长42 km，设26座车站。该线路是4条跨江轨道线路之一，在松北可以有效联系前进、松浦两个副中心，在江南与2号线大致平行布置，增加了中心城区轨道交通线网密度，进一步加强中心区与平房的交通联系。

3）哈尔滨轨道交通5号线

5号线是沿城市正北—东南向设置的跨江线路，北起利民开发区，南至哈阿路，全长43 km，设28座车站。该线路贯穿松北的利民开发区、前进新区和江南的道里、南岗、香坊三个中心区，增加了南北两岸交通通道。

4）哈尔滨轨道交通6号线

6号线是沿城市东西向设置的直径线，西起群力新区，东至化工路，全长33 km，设23座车站。该线路东西贯穿中心城区，连接哈火车站和西客站两大铁路枢纽，有效拉动群力、哈西、团结等新区的经济发展。

5）哈尔滨轨道交通7号线

7号线是平房区的内部线路，东起平房南站，西至平房东部，全长24 km，设16座车站。该线路主要服务于平房地区，为“南拓”发展战略的实施提供交通支撑。

6）哈尔滨轨道交通8号线

8号线是主要服务江北地区的直径线，北起呼兰区，南至松浦，全长27 km，设11座车站。该线路在松浦预留越江条件，未来视客流需求，将越江南延，与7号线连接。该线路主要服务于松北区和呼兰区，为“北越”发展战略的实施提供交通支撑。

7）哈尔滨轨道交通9号线

9号线是东西向直径线，西起太平国际机场，东至哈西客站，全长28 km，设12座车站。该线路连接机场和哈西客站，为空港和铁路枢纽提供联系通道。

8）哈尔滨轨道交通10号线

10号线是连接中心城区与阿城区的西北—东南向直径线，北起进乡街，南至阿城新区，全长22 km，设7座车站。该线路将有利于阿城区与城市中心区的交通联系。

3.1.3　哈尔滨市城市轨道交通建设情况

哈尔滨市正在建设的轨道交通线路为1号线一期、二期，3号线。

1．哈尔滨轨道交通1号线

1号线一、二期工程全长17.55 km，西起哈尔滨南站、东至哈尔滨东站，共设18座车站、1座控制中心、1处车辆段、1处停车场、2座变电所。

除博物馆车站外，其余17座车站均已开工建设。一期工程总长14.4 km，东起哈尔滨东站，西端终点至哈医大二院。二期工程为1号线延长段，从医大二院站向南延伸至哈尔滨南站站，设2站，路线全长3.15 km，为地下线。建设规模包括2座车站、1座停车场，将于一期工程同步建设，同步竣工，同步运营。一期工程于2008年9月开建，2012年12月30日试通车，预计2013年9月正式载客试运营。二期工程2009年开工，预计2013年运营。

2．哈尔滨轨道交通3号线

3号线是哈尔滨市网络规划中唯一的环线，全长37 km，设32座车站。该线路与1、2号线构成“十字+环线”的轨道交通基本框架，贯穿道里、道外、南岗、香坊四个中心区，连接群力新区、哈西新区、经济开发区、高新开发区四个政策区，与网络中其他6条线路换乘，对疏散中心区客流、减轻中心区交通压力作用显著。2011年4月，哈尔滨市地铁3号线开工。

3.1.4　哈尔滨市轨道交通建设管理模式

哈尔滨市的城市轨道交通投融资、建设、运营管理均由哈尔滨地铁集团有限公司负责。公司接受哈尔滨市政府委托，在授权范围内行使资产所有权能，开展投融资和资本运营，从事地铁建设、运营、管理活动，负责地铁关联用地整理、开发及经营，负责地铁项目地上地下资源开发使用。公司下设哈尔滨地铁集团有限公司建设分公司、哈尔滨地铁集团有限公司运营分公司、哈尔滨地铁集团物业管理有限公司、哈尔滨市地铁物资设备有限公司、哈尔滨市地铁置业开发有限公司。

3.1.5 哈尔滨市城市轨道交通发展历程

2005年2月7日，国家发改委领导“哈尔滨轨道交通实施建设已经进入成熟期”的评语，开启了哈尔滨地铁建设的新纪元。9月8日，《哈尔滨轨道交通一期工程项目投资建设经营框架协议》的签订，解决了政府在建设资金方面的燃眉之急。

历经6年申报之路的哈尔滨地铁，经政府的多年努力，在工大集团的积极参与下，终于以“建设”、“经营”、“移交”的“BOT”投融资方式，进入实施阶段。2005年12月5日，对于哈尔滨来说将是一个具有里程碑意义的日子。在大直街与清滨路的交汇处，哈尔滨地铁1号线一期试点工程建设将投下第一铲，哈尔滨地铁1号线控制中心和电表厂车站建设将就此启动，哈尔滨人的地铁梦踏上现实之旅。随后，哈尔滨地铁1号线一期和二期分别于2008年和2009年开通建设。2011年4月，哈尔滨市地铁3号线也已开工。

至2012年，哈尔滨轨道交通在稳步中快速发展，国家发改委《哈尔滨市城市轨道交通近期建设规划（2008—2018年）调整方案》，12月30日，哈尔滨地铁1号线通车试运行，预计2013年下半年地铁1号线将载客试运营。

3.2 宁 波

3.2.1 宁波市城市轨道交通2012年度最新发展动态

宁波轨道交通1号线一期工程、2号线一期工程分别自2009年6月、2010年12月开工建设以来，一直顺利、安全、和谐推进。

2012年是宁波轨道交通工程建设的统筹推进之年。宁波轨道交通坚持规划、建设、运营、开发“四位一体”发展战略，攻坚克难，科学谋划，统筹推进，各项工作协调发展。

截至2012年年底，宁波轨道交通1号线一期工程地下段全线隧道贯通、轨道铺通，首列车成功下线，机电设备安装顺利推进；2号线一期工程9个地下车站主体结构封顶，部分区间隧道贯通；1号线二期工程开工建设；安全质量总体可控，连续四年实现重大安全零事故，连续四年荣获“宁波市重点工程先进集体”称号；运营分公司正式建立，运营组织架构基本完善；第二轮建设规划已上报国家发改委，并顺利通过中咨公司评审。

3.2.2 宁波市总体规划和城市轨道交通线网规划

1．宁波市城市轨道交通线路规划

宁波市位于浙江省东部，长江三角洲南翼，北临杭州湾，西接绍兴，南靠台州，东北与舟山隔海相望，是我国东南沿海重要的港口城市，全市总面积约9 816 km^2，常住人口为760.57万。2012年，宁波市完成地区生产总值6 524.7亿元，比上年增长7.8%。

宁波市城市轨道交通线网规划经过多次修订，分为近期规划和远期规划。

根据国家发改委批复的《宁波市城市快速轨道交通建设规划（2008—2015）》（即第一轮建设规划），近期规划是于2015年前，宁波市将先后建成轨道交通1号线全线、2号线一期工程，至2015年形成轨道交通“十”字骨架，线路总长72.1 km，车站45座。近期建设规划将对缓解宁波市中心区交通压力、引导东部新城和北仑港城的发展、促进北部地区的开发，发挥积极作用。

2012年3月，《宁波市城市快速轨道交通建设规划(2013-2020)》（即第二轮建设规划）上报国家发

改委待批。第二轮建设规划计划在2013到2020年期间，相继建设轨道交通3号线一期、2号线二期、4号线、5号线一期和3号线二期，共计建设规模100.11km，如图3-1所示。到2020年，宁波市将基本形成由5条线构成的中心城区轨道交通网络，有效缓解城市交通拥堵。

远期规划的宁波市轨道交通线网以三江片为核心，以跨三江、连三片、沿三轴为指导思想，建成三主三辅六条线、形成放射状的轨道交通线网，线网全长247.5 km，共设换乘站19座。六条线路分别为1号线：高桥至北仑，是东西向骨干线，贯穿三江片和北仑片；2号线：栎社机场至镇海，是西南至东北方向骨干线，沿甬江、奉化江城市发展轴布置，贯穿镇海片和三江片；3号线：姜山至解浦，是南北向骨干线；4号线为西北—东南走向的内部填充线，加强西北到东南方向的线网密度；5号线为联系东部新城与鄞州的内部填充线，主要作用是加强东部新城与鄞州之间的联系；6号线为东西方向的内部填充线，加强城市东西向的联系。

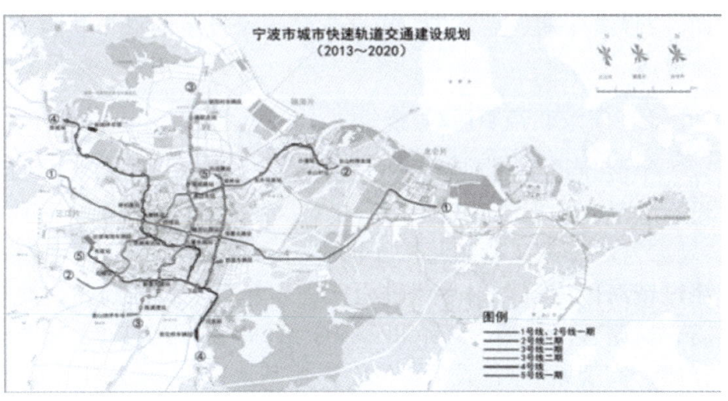

图3-1　宁波市轨道交通线网规划图（2013—2020年）

2. 宁波市城市轨道交通规划线路

宁波市轨道交通规划线路3条，包括宁波轨道交通3号线（一期、二期）、4号线、5号线一期。

1）宁波轨道交通3号线

宁波轨道交通3号线由陈婆渡站至骆驼北站，呈南北走向，规划全长为25.86 km，设站20座，分一期、二期建设。

3号线一期由陈婆渡站至宝成路站，线路长17.84 km，均为地下线，设站15座，换乘站5座，平均站间距1.248 km；设姜山镇停车场；与1号线共享主变，不另设主变。

3号线二期由宝成路站至骆驼北站，线路长8.02 km，均为地下线；设站5座，换乘站1座，平均站间距1.566 km；设朝阳村车辆段；设主变1座。

2）宁波轨道交通4号线

宁波轨道交通4号线由慈城站至东钱湖站，是轨道交通骨干线网西北-东南向的内部填允线，是贯穿中心城区、连接新城并与对外交通衔接的快速客运通道。线路规划全长36.60 km，其中地下线22.27 km，高架线14.33 km；设站25座，其中地下站16座，高架站9座，换乘站6座，平均站间距1.501 km；设慈城停车场和荷花桥车辆段；设主变2座。

3）宁波轨道交通5号线（一期）

宁波轨道交通5号线是在基本骨架形成后修建的外部填充线。5号线一期由布政站至兴庄路站，总体呈西北-东南走向，串联了鄞州西部地区、石碶中心区、鄞州南部商务区、东部新城、宁波国家高新区、镇海新城南区等。线路全长约27.6 km，全为地下线，设站22座，换乘站6座，平均站间距1 308 m。设经堂庵跟车辆段和前殷车辆段；设主变2座。

3.2.3　宁波市城市轨道交通建设情况

宁波轨道交通在建线路2条，包括1号线一期、2号线一期。

1. 宁波轨道交通1号线

宁波轨道交通1号线是宁波市建设的第一条城市轨道交通线，为线网中的东西向主干线。线路自西向东穿越宁波市主城区，经过鄞州、海曙、江东和北仑四区，全线总长44.328 km，设站28座，分两期进行建设。

1号线一期由高桥镇至东环南路站，是一条东西走向的骨干线。线路长约20.878 km，设车站20座，其中地下站15座，高架站5座。设石路头停车场一座，天童庄车辆综合基地一座，控制中心一处，望春主变和樱花公园主变各一座。1号线一期于2009年6月开建，截止2012年底，地下段全线隧道贯通、轨道铺通，首列车成功下线，计划于2014年通车试运营。

1号线二期西起于1号线一期工程的终点东环南路站，东止于北仑长江路站，线路全长约23.45 km，设车站8座，其中地下站1座，高架站7座。1号线二期工程于2012年7月获国家发改委批复，是继1号线一期、2号线一期之后，宁波市又一获国家批复的城市轨道交通线路，预计在2013年开工建设、2015年底前建成。

2. 宁波轨道交通2号线

宁波轨道交通2号线是宁波市城市轨道交通线，为线网中的西南－东北方向的骨干线路，途经鄞州、海曙、江北、镇海四个行政区。全线设站28座，分两期进行建设，目前正在建设的是2号线一期。

2号线一期工程西起栎社机场站，东至清水浦站，线路自南向北穿越宁波市主城区，此后自西向东穿过镇海区南部，最后穿过甬江进入北仑，经过鄞州、海曙、江北区、镇海和北仑五区，连接栎社机场、长途客车段塘客运站和铁路宁波站。线路全长28.35 km，共设车站22座，换乘站6座，其中地下站18座，高架站4座；设黄隘综合车辆基地1座、东外环停车场1座，夏禹、双桥主变电所2座，控制中心1处。2号线一期于2010年12月23日开工建设，工期5年，计划于2015年年底通车试运营。截至2012年年底， 2号线一期9个地下车站主体结构封顶，部分区间隧道贯通。2号线二期为规划线路，串联了临江片区、镇海老城、小港等地区，由东外环路站站(一期工程终点)至长山村站，经过临江站后转入地下敷设。二期线路长约10.05 km；设车站6座。

3.2.4 宁波市城市轨道交通建设管理模式

根据宁波市委办公厅、市政府办公厅关于明确轨道交通组织管理体制的有关意见，宁波市轨道交通组织机构实行宁波市轨道交通工程建设指挥部（以下简称指挥部）和宁波市轨道交通集团有限公司（以下简称集团公司）“统分结合、统筹运作”模式，共同承担轨道交通项目投资、建设、管理、运营、开发等职能。

宁波市轨道交通工程建设指挥部于2007年年底正式成立，为宁波市政府直属正局级事业单位。宁波市轨道交通集团有限公司于2006年年底注册成立，是宁波市国资委出资的国有独资企业，履行轨道交通工程的投资、运营和物业投资开发等职能。

目前，指挥部、集团公司共设13个职能处室，分别是办公室、人力资源处、党群处、前期计划处、动迁保障处（物资办）、总师办、设计处、合同招标处、工程处、安全质量处（安全办）、财务处、机电处、用地开发处；两个二级分公司，分别是运营分公司和物资置业分公司。

截至2012年年底，集团公司共有员工507人（含二级公司）。其中，大学以上学历占93.5%（博士4人，硕士36人），高级工程师46人，教授级高工3人，享受国务院津贴专家1人。此外，还先后从北京、上海等地聘请了数名轨道交通专家担任顾问。

3.2.5 宁波市城市轨道交通发展历程

2003年宁波市编制完成《宁波市城市快速轨道交通线网规划》，开始规划筹备轨道交通的建设，并成立了轨道交通规划与建设领导小组。2005年12月，编制完成《宁波市城市快速轨道交通建设规划（2008—2015）》，宁波轨道交通1号线、2号线的近期建设规划上报国家发改委。2006年2月《宁波市快速轨道交通线网规划》获得宁波市政府批复；同年底宁波市轨道交通集团有限公司成立。2007年宁波市轨道交通工程建设指挥部成立。2008年8月，宁波市轨道交通近期建设规划获得国家批准，成为第二批10个城市中首个建设规划获国家批准的城市。

2008年12月，《宁波市轨道交通1号线一期工程可行性研究报告》获得国家发改委批复。 2009年6月26日， 宁波轨道交通1号线一期工程全面开工建设，标志着宁波迈入了轨道交通建设时代。2010年3月

18日，《宁波轨道交通2号线一期工程可行性研究报告》获得国家发改委批复同意；同年12月23日，2号线一期工程开工建设。

2012年3月13日至15日，受国家发展和改革委员会的委托，中国国际工程咨询公司在宁波主持召开了《宁波市城市快速轨道交通建设规划（2013—2020）》评估会，确定了宁波市轨道交通3、4、5号线的基本走向。2012年7月12日，《宁波轨道交通1号线二期工程可行性研究》报告获得国家发展改革委员会批复同意；8月26日，宁波市轨道交通集团有限公司运营分公司挂牌成立；9月20日，宁波市第一部轨道交通建设政府规章《宁波市轨道交通建设管理办法》正式实施。2012年，宁波市城市轨道交通建设工作进一步推进，实现了1号线一期工程地下段全线隧道贯通、轨道铺通，首列车成功下线，机电设备安装顺利推进；2号线一期工程9个地下车站主体结构封顶，部分区间隧道贯通。

3.3 郑州

3.3.1 郑州市城市轨道交通2012年度最新发展动态

2012年4月，郑州地铁1号线一期工程隧道已经基本实现贯通，进入铺轨阶段。12月28日，1号线实现全线轨通。2012年5月28日郑州市地铁2号线一期工程首段盾构区间（向阳路站—南环路站右线）顺利贯通，工程历时5个月，比预计工期提前了64天。与此同时，郑州地铁5号线勘察设计工作已全面启动，有望2013年开工建设，郑州地铁进入全面建设的新阶段。

3

3.3.2 郑州市城市轨道交通线网规划

1. 郑州市城市轨道交通线路规划

郑州市是河南省省会，现辖6区5县级市1县，建成区面积329 km^2。2012年市区户籍人口425万，全市常住人口910万。2012年郑州GDP实现5547亿元，增长12%，全国27个省会城市第8位。

郑州地铁是河南省第一个轨道运输系统，郑州市城市轨道交通线网图如图3-2所示。郑州地铁由17条线路组成，分为骨架线网构建阶段、主体线网的形成阶段、整体线网的完善阶段3个建设阶段。2009年2月，国务院批准《郑州市城市快速轨道交通近期建设规划（2008—2015）》，郑州轨道交通建设正式开始。2012年郑州市城市轨道交通第二阶段（2013—2019年）建设规划提交国家批准。结合城市发展方向以及BRT快速公交建设情况，1、2号线一期工程建成后，将优先修建规划中的5号线（二环线）。

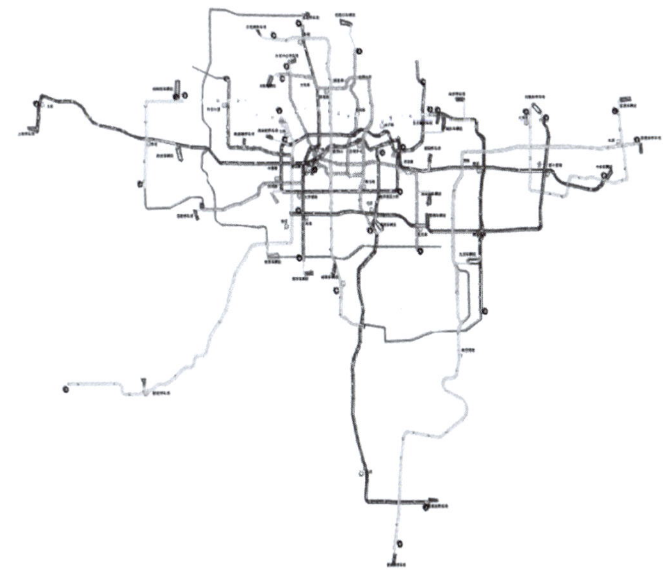

图3-2 郑州市轨道交通线网规划图

郑州市城市轨道交通建设分为三个阶段。

第一阶段：近期（2019年之前），骨架线网构建阶段

以满足城市交通需求、疏解交通拥堵、尽快改善居民出行方式结构以应对快速机动化浪潮为主要目标，加快轨道交通的建设速度，力争在5年内开工建设并在10年内规划形成能初步满足城市交通需求、有效支持省、市两级城市功能中心布局和大型交通枢纽点建设、并能兼顾引导城市新区发展的轨道交通骨架线网，以有效抑制私人机动化的过快发展和无节制使用，初步缓解道路交通供需的高度紧张状况，

部分实现老城人口和职能向新区的有机疏解，以及通过城市轨道与区域轨道的高效衔接推动区域一体化发展的目标。

在该阶段建设线路的选择上，应优先选择那些能有效覆盖城市现状主要客流走廊、便捷串联城市主、次功能中心和大型对外交通枢纽点、并在线网结构中能够起到框架性作用的轨道交通线路。对现状客流规模较小，但线路走向符合城市近期建设发展方向、沿线两侧有较大发展余地、且发展前景比较明朗的穿越新区的轨道交通线路，从便于组织轨道交通与周边用地的一体化开发及建设经济性和可操作性的角度，也可作为骨架线网构建阶段的待选线路。

近期，开工建设5条轨道交通线，总长166.9 km，其中包括已批复的由1号线一期和2号线一期组成的，总长为46.26 km的轨道交通一期工程，形成城市轨道交通的骨架线网。

第二阶段：远期（2016—2025年），主体线网的形成阶段

在该阶段，城市轨道交通的发展仍处于集中发展期，应保持轨道交通的建设速度，但应对郊区城市化和城乡统筹发展趋势，轨道交通的发展重点在骨架线网的基础上逐渐从以弥补城市交通供需缺口为核心向优化城市交通方式结构和引导城乡统筹发展并重方向转移。在2016—2025年间开工建设的轨道交通线路，一是要继续强调中心城区的骨干线路和对次一级客流走廊的覆盖，进一步补充、完善骨架线网，持续优化城市居民出行方式结构，不断提升轨道交通在客运系统中的主导地位和客运分担率；二是要在主要的城乡发展轴带上选择贯通性的都市区快速轨道线路加以建设，加强外围组团、卫星城镇与中心城区之间的联系，实现到城市中心区1小时通达的目标，以加速引导城乡统筹发展以及人口与产业在更大范围内的协调布局。

远期，在近期建设线网的基础上，延伸部分线路，新建部分线路，通过新开工建设134.26 km的轨道交通线路，打造由9条线路组成、总长301.17 km的轨道交通主体线网。

第三阶段：远景（2025年之后），整体线网的完善阶段

轨道交通建设进入稳步发展期。针对用地和人口的增量主要发生在中心城区以外的都市区的预期，轨道交通建设的重点也主要转移至上述区域，建设内容主要为：依据都市区的规划发展和交通需求，不断扩大轨道交通线网在该区域的覆盖范围和影响力；强化重点城镇（外围组团）与中心城区之间的轨道交通联系；适时构建都市区内相对独立的轨道交通网络。中心城区在该阶段的轨道交通建设，则主要是加大线网密度，优化线网布局，完善接驳换乘系统，提高网络运能和运输效率。

远景，补充加密中心城区线路，延伸、扩大都市区轨道网的覆盖范围，适时建立都市区内部相对独立的轨道交通网络，最终形成总长636.8 km、由17条线路组成、覆盖轨道交通服务区内重点城镇的城市轨道交通整体网络。

表3-1 郑州市轨道交通线网分期建设规划一览表

分期	序号	线路	起终点	功能等级	长度/km	备注
近期	1	1号线一期	凯旋路—体育中心	市区普线	25.63	已批复线路
	2	2号线一期	广播台—南四环	市区普线	20.63	
	小计				46.26	
	3	5号线	沙口路—沙口路	市区普线	40.72	建设规划（2013—2019年）拟建线路
	4	1号线二期	河工大—凯旋路 体育中心—河南大学	市区普线	15.22	
	5	3号线一期	长兴路—航海东路	市区普线	25.2	
	6	2号线二期	天山路—广播台	市区普线	9.44	
	7	4号线	安顺路—河西北路	市区普线	30.1	
	小计				120.68	
	合计				166.94	
远期	1	2号线三期	南四环—袁堡	市区普线	10.09	规划（2016—2025年）建设线路
	2	3号线二期	博学路—金光南路	市区普线	6.15	
	3	6号线一期	冯湾—大学南路	市区普线	25.3	
	4	9号线	郑州东—东关	都市快线	30.1	
	5	10号线	上街—郑州站	都市快线	40.7	
	6	12号线一期	祭城路—前程南路	都市快线	21.9	
	小计				134.26	

续表

分 期	序 号	线 路	起终点	功能等级	长度/km	备 注
远景	1	6号线二期	大学南路—马寨	市区普线	8.68	2025年以后建成项目
	2	7号线	东赵北—侯寨	市区普线	26.3	
	3	8号线	梧桐街—龙子湖东	市区普线	33.6	
	4	11号线	大学南路—刘集北	都市快线	44.1	
	5	12号线二期	前程南路—空港北	都市快线	6	
	6	13号线	黄河东路—新郑东	都市快线	47.5	
	7	14号线	刘集—官渡	市区普线	29.7	
	8	15号线	梧桐街—荥阳高铁站	市区普线	13.5	
	9	16号线	五龙口—新密	都市快线	51.7	
	10	17号线	官渡东—新郑南	都市快线	74.5	
	小计				335.58	
总计					636.8	

郑州城市轨道交通远景年线网规划由都市区快线网和市区普线网两个层次共17条线组成。其中中心城区规划8条线路，都市区线网9条线路，包括都市区快线7条和普线2条。

2. 郑州市城市轨道交通规划线路

城市轨道交通远景年线网规划由都市区快线网和市区普线网两个层次共17条线组成。

1）远景年中心城区线网方案：远景中心城区规划8条线路

（1）1号线。1号线东西贯穿中心城区，连接二七广场商业中心、CBD商务中心、郑州东站综合交通枢纽3个区域级城市中心和须水市级行政中心、碧沙岗综合服务中心2个市级城市中心、以及郑州火车站、郑州东站2个区域性综合交通枢纽，是一条支持东西向城市发展主轴、引导城市多中心空间结构形成、覆盖城市最主要客流走廊的市区骨干轨道交通线路。1号线起自河工大，止于龙子湖高校园区北部的河南大学，线路全长40.85 km，设站30座，其中换乘站8座，全线平均站间距1.4 km。

（2）2号线。2号线南北纵贯中心城区，衔接省级行政文化中心和惠济、紫荆山、农业路、管城等片区级中心，是一条覆盖南北向城市发展轴、服务于城区中部花园路—紫荆山路南北向客流走廊的一条南北向骨干轨道交通线路。2号线起自惠济片区天山路，止于龙湖镇中间东部边缘。线路全长40.4 km，设站27座，其中换乘站5座，线站距平均为1.6 km。

（3）3号线。3号线是中心城区一条由西北至东南的斜向径向线路。它联系北部片区、老城区、郑东新区和经济技术开发区，与轨道交通1号线共同担负起支撑城市东西向空间拓展和功能布局的任务，满足东西向客流走廊的运输需求，是市区除1号线外最重要的一条东西向轨道交通线路。3号线全长31.3 km，设站25座，其中8座换乘车站。沿途串联二七广场商业中心、经开区片区中心等各级城市功能中心，平均站间距为1.3 km。

（4）4号线。4号线是一条沿中心城区外围走行的“L”型线路，4号线起自北部片区安顺路，止于南部片区绕城公路，沿途串联了北部片区中心、龙湖休闲中心、CBD商务中心、南部片区中心等多个区域级、城市级及片区级城市功能中心。可强化北部片区、南部片区等外围片区与郑东新区及CBD商务中心之间的轨道交通联系，对推动郑东新区的发展和CBD商务中心的功能完善成具有重要的作用。线路全长30.1 km，设站24座，其中换乘站7座，平均站间距为1.4 km。

（5）5号线。5号线线为沿城市核心区外围走行的一条轨道交通环线，通过将老城区内由铁路分隔的四个象限区域紧密联系在一起，使老城的经济社会功能得以发挥，对于缓解跨铁路道路通道的供需紧张状况也具有举足轻重的作用。除郑州东站外，该线连接的主要客流源点和城市功能中心还包括CBD商务中心、碧沙岗综合服务中心、二七区政府、经开区中心等。5号线起止于沙口路，主要沿黄河路、桐柏北路、桐柏南路、航海路、经开第八大街等道路走行。线路全长40.7 km，设站30座，其中包括11座换乘站，全线站间距平均为1.4 km。

（6）6号线。6号线是中心城区内由东北方向向西南方向联系的一条斜向径向线路，具有支持郑东新区建设、加强铁路西南象限与东北象限之间的跨铁路联系、加密核心区轨道线网密度等作用。线路起自中心城西南部的马寨镇附近，止于柳林镇冯湾，主要行经道路包括郑少高速、淮河路、大学南路、幸福路、操场街、货栈站、未来大道、众意路等。线路全长34.0 km，设站20座，其中换乘站9座，平均站间距1.8 km。

（7）7号线。7号线起自惠济片区，截止于中心城南部外围的侯寨，沿线主要途径文化路和大学路，串联惠济片区服务中心、二七广场等城市功能中心，它的规划对于组织二七广场城市中心巨大的向心交通、缓解跨京广铁路交通压力及分流轨道交通2号线客流都具有非常重要的意义。线路起自东赵北，止于侯寨，主要行经文化路、金水路、大学路。7号线全长26.3 km，设站19座，其中换乘站9座，全线平均站间距为1.5 km。

（8）8号线。8号线是中心城北部一条东西向的横线，串联高新区、北部片区和郑东新区，对缓解轨道交通1号线压力、支持城市东西向轴向发展拉开框架以及弥补城区北部轨道交通线路不足均具有比较重要的意义。该线起自高新区梧桐街，终止于龙子湖高校园区龙子湖东，全长33.6 km，设站24座，其中换乘站10座，平均站间距1.5 km。沿途主要行径科技大道、东风路、祭城路等。

2）远景年都市区线网方案

远景年都市区线网共9条线路，包括都市区快线7条和普线2条。

（1）9号线。都市区快线9号线由中心城区出发，向东贯穿郑州新区、覆盖市域东西向城镇发展主轴东半轴。它将郑州新区内部的郑东新区、白沙、刘集、中牟等组团紧密联系在一起，通过在郑州东站与市区轨道5号线（环线）和1号线的衔接换乘，组织郑州新区与中心城区之间的公共交通出行。该线起自郑州东站，止于中牟县城东端，在轨道交通服务区内主要行经郑汴路、新城大道等道路，联系郑州东站综合交通枢纽、中牟县城中心等区域级和片区级城市功能中心。线路全长30.1 km，设站17座，其中换乘站8座。线路的平均站间距为1.9 km。

（2）10号线。都市区快线10号线贯穿市域东西向城镇发展主轴西半轴。它由中心城区沿该轴向中原路、郑上路等主要客流走廊向西辐射，提供上街、荥阳等卫星城镇与中心城区之间的快速联系，串联上街城区中心、荥阳城区中心、须水市级行政中心、碧沙岗综合服务中心、郑州火车站等重要的城市功能点，是该轴向市域城镇空间发展的重要交通导向设施和功能支持。10号线起自上街区郑州铝厂南侧，止于郑州火车站东广场，沿途行经济源路、郑上路、中原路等道路。线路全长40.7 km，设站21座，其中换乘站4座。线路的平均站间距为2.0 km。该线在中原路与1号线有长约1.5 km左右的共线段。

（3）11号线。都市区快线11号线主要走行于郑州新区内部的“L”型线路，该线具有较强的新区内部各组团之间轨道交通联系的功能。11号线起自嵩山路与南三环路的交汇处，沿佛岗路、南三环路向东，再接经南八路、烘云路、泉河路、广惠路等道路，止于自刘集组团北端。线路全长44.1 km，设站19座，其中换乘站10座。全线的平均站间距为2.5 km。

（4）12号线。都市区快线12号线服务于郑州新区南北向产业发展轴。提供该轴向上白沙、九龙等组团之间的快速公交联系。该线在龙子湖与市区轨道1号线衔接换乘，辅助9号线组织中心城区与郑州新区之间的快速公交服务。12号线起自祭城东路，止于九龙南组团边缘。沿线行经的道路主要为前程路。全长27.9 km，设站15座，其中换乘站5座。线路的平均站间距为2.0 km。

（5）13号线。都市区快线13号线贯穿城市南北向发展轴，连接中心城区与龙湖镇和新郑，加强郑东新区的向南辐射，通过与机场—新密—洛阳城际轨道客站的衔接，还可组织中心城与新密、登封之间的一体化轨道交通运输。该线衔接1号线、5号线、2号线、11号线，全长47.5 km，设站21座，平均站间距2.4 km。

（6）14号线。都市区普线14号线是刘集、中牟、官渡地区内部一条“U”型的轨道交通线路，通过将刘集、中牟、官渡三个组团依次串联，达到强化组团联系、促进整合发展的目的。该线全长29.7 km，设站17座，平均站间距1.9 km，沿途串联刘集组团中心、中牟组团中心、中牟客运站等重要城市功能点和交通枢纽，并通过与9号线的换乘，形成与中心城轨道交通网络的有机衔接。

（7）15号线。都市区普线15号线服务于荥阳内部南北向的轨道交通线路，支撑荥阳城区发展框架的南北向拉开。该线从荥阳城区南部出发，沿唐王路北行，穿过陇海铁路以后折向东与市区轨道8号线进行衔接，并保留贯通运营条件。这样，既在荥阳城区形成“十”字型的轨道交通骨架，支撑城市发展，同时又增加了从中心城区北部接入荥阳城区的一条快速公交廊道，有效分流轨道10号线压力，强化中心城对荥阳、上街等的服务和辐射。该线全长13.5 km，设站7座，平均站间距2.3 km。

（8）16号线。都市区快线16号线加强中心城区与新密的直接联系。该线从新密城区西侧出发，沿郑密公路北行，穿过侯寨镇后沿嵩山路进入中心城区并继续向北，并最终在高新区截止于轨道交通8号线上。线路长51.7 km，车站18座，平均站间距3.0 km。该线经过地区除中心城区和新密市区外，沿线土地利用强度较低，系统制式选择可做专题研究。

（9）17号线。都市区快线17号线是一条连接新区内部各组团并能直捷到达机场的快速轨道交通线路，并经机场继续南延至新郑，形成郑州新区与新郑的直接联系。该线起自官渡组团东侧，沿中央大道向西，然后在白沙组团折向南，沿杨桥路贯穿白沙、九龙、航空港北等组团后接入新郑国际机场，并继续南延，止于新郑城区南部。该线还应预留进一步延伸至开封城区的条件。全长74.5 km，设站26座，平均站间距3.0 km。

3.3.3　郑州市2012年城市轨道交通建设情况

郑州市正在建设的城市轨道交通规划线路有2条，包括郑州地铁1号线一期、地铁2号线一期。

1．郑州地铁1号线一期

地铁1号线一期西起西流湖站，止于郑东新区规划的体育中心站。线路全长25.63 km，设车站20座，19个区间，平均站间距1.30 km，其中最大站间距2.35 km，为博学路站至体育中心站区间；最小站间距0.95 km，为郑州大学站至中原东路站区间。

1号线一期工程在2009年6月6日正式开工。2012年4月，郑州地铁1号线一期工程隧道已经基本实现贯通，进入铺轨阶段。12月28日，1号线实现全线轨通。预计于2013年通车运营。

2．郑州地铁2号线一期

2号线一期工程为南北向，起于连霍高速北侧的广播台站，止于南四环站，全长20.63 km，均为地下线，设车站16座，换乘站7座，车辆段一处。7座换乘站分别是国基路站（与4号线换乘）、东风路站（与8号线换乘）、黄河路站（与5号线换乘）、紫荆山站（与1号线换乘）、东大街站（与3号线换乘）、陇海东路站（与6号线换乘）、航海东路站（与5号线换乘）。1号线和2号线列车计划均采用B型车，初、近、远期均采用6列编组，4动两拖。

2010年12月28日，2号线一期正式开工，计划2015年年底建成通车。

3.3.4　郑州市城市轨道交通建设管理模式

郑州市轨道交通的建设和管理均由郑州市轨道交通有限公司承担。郑州市轨道交通有限公司是2008年经郑州市人民政府决定成立的国有独资公司。郑州市国资委为轨道交通公司的出资人，履行出资人职责。郑州市轨道交通建设管理办公室为公司的业务主管单位，经政府授权负责轨道交通项目的工程投资、建设、运营，轨道交通的广告、通讯、周边的土地开发利用及其他特许经营权的经营、投融资业务等。公司内设综合管理部、财务投资部、人力资源部、建设事业部、总工程师办公室、质量安全管理部、合约法规部、社会事务部、纪监审计部、企业发展规划部、设备物资管理部、开发事业部等12个部门，负责工程建设的建设分公司，负责运营工作的运营分公司以及负责置业开发的郑州市轨道交通置业有限公司。公司为国有独资公司，将建立完善的企业法人治理结构，通过市场化运作努力形成投资、融资、建设、运营和还款等方面的良性循环，降低财政风险和负担。

建设项目资本金（占42%）主要来源为政府财政专项资金。债务资金（占58%）主要采用银行贷款。

3.3.5　郑州市轨道交通技术特点和创新项目简介

河南省科技厅在围绕省政府打造产业集群的战略部署，并根据我国轨道交通产业快速发展难得的历史机遇和我省轨道交通产业现状，结合联盟成员单位的共同意愿的前提下，于2010年10月12日成立了河南省轨道交通产业技术创新战略联盟。该联盟汇集了我省轨道交通骨干企业和省内科研院所及相关高校，成员单位之间关联度高，互补性强，有利于集中优势创新资源，以自主创新为中心开展全面合作。

为促进“科技地铁”建设目标，科研要紧紧围绕提升轨道交通建设、运营服务、节能环保、安全等目的开展，根据郑州市轨道交通建设现状，已经立项科研项目如下。

（1）施工验收与综合质量评价系统。研究内容要点：①编制郑州轨道土建施工验收标准；②统一管理流程，实时跟踪项目质量；③软件开发：施工质量验收信息管理系统。

（2）郑州轨道网轨检测标准研究。

（3）轨道交通运营综合节能。研究内容要点：①车站通风空调节能等；②综合节能体系（车辆、车站设备、牵引供电）；③节能低碳，降低运营成本。

（4）地铁列车运行的振动控制实验研究。研究内容要点：①结合地质条件，不同轨道结构减震降噪措施，模型与实际结合；②解决噪声振动的环境和社会问题。

（5）智能化地铁信号系统维护。研究内容要点：①国内信号维护的优缺点、故障自动定位等重点难点，仿真分析；②试用样机；③提高信号维护质量，降低运维成本。

（6）我国城市轨道交通技术发展战略研究。研究内容要点：①梳理当前轨道交通技术发展的问题；②提出城市轨道交通技术分类和发展原则，指导城市轨道交通的建设和装备制造；③研究制定有关轨道交通发展政策。

（7）地铁再生制动能量吸收装置研究与应用。研究内容要点：①地铁再生制动能量吸收装置研发，将地铁再生制动能量反馈至中压环网；②地铁再生制动能量吸收装置正线测试及试验。

3.3.6 郑州市城市轨道交通发展历程

早在2001年，郑州市规划局在城市总体规划修编时，就提出了建设地铁的设想。2003年10月下旬，郑州轻轨1号线一期工程“预可行性研究方案”，正式通过国内城市轨道交通专家论证，郑州市轨道交通建设正式提上了日程。2006年年初，郑州将原来设想的“轻轨线”调整为“地铁线”，规划了郑州地铁“三横两纵一环”的框架性方案。

随后的两年，《郑州市城市快速轨道交通近期建设规划（2008—2015）》通过了国家发改委、国家文物局、国家环保部等部委的审批。

2008年年底，郑州市地铁规划经国家发改委、住房和城乡建设部的联合会审后，呈报至国务院。在国家拉动内需政策的大背景下，2009年2月6日，郑州市地铁规划获得国务院同意，终于有了国家的政策支持。郑州地铁1号线一期工程在2009年6月6日正式开工，预计2013年年底试运营。2010年6月16日，郑州地铁2号线于上午在紫荆山公园的紫荆山站正式动工。

郑州地铁1号线工程及2号线一期工程正在建设中，5号线将于2013年开工建设。按照规划，郑州市城市快速轨道交通规划线网远景由17条线路组成，总长636.8 km。公司计划2013年建成1号线，2015年建成2号线一期工程，初步形成“十”字形骨架。争取尽快完成全部线网建设，形成国内一流、国际先进的较为完善的轨道交通网络体系。

3.4 青 岛

3.4.1 青岛市城市轨道交通2012年度最新发展动态

2012年以来，在青岛地铁指挥部各成员单位、各参建单位的共同努力下，地铁3号线十个区间实现贯通，完成总量的75%，超额完成年度建设目标；地铁2号线可研报告2012年8月获得国家发改委批复，于11月2日举行了开工仪式，目前20个工点完成围挡，环城南路站已开挖建设，实现开工建设目标；蓝色硅谷城际轨道交通工程项目建议书7月获得青岛市发改委批复，10月30日完成了BT项目招标工作，12月参建单位已进场施工。

3.4.2　青岛市城市轨道交通线网规划

1. 青岛市城市轨道交通线路规划

青岛市位于山东半岛东南部，市域面积11 282 km²，其中市区面积1 471 km²，全市常住人口为871.51万人（2011年统计数据），其中，市区人口为371.88万人。2012年青岛GDP达7 302.11亿元，按可比价格计算，增长10.6%，其中第一产业增加值324.41亿元，第二产业增加值3 402.23亿元，第三产业增加值3 575.47亿元。

2012年11月2日，市政府批复《青岛市轨道交通现网规划（2012）》，根据该规划，远景年轨道线网由市区轨道交通和轨道交通快线组成，全长814.5 km。其中市区轨道交通线路由10条线路组成，全长353.7 km；轨道交通快线由9条线路组成，全长475.8 km。

青岛将构建以港口为中心，海陆空一体化的综合交通体系，实现市域内一小时、与半岛都市群主要城市之间两小时、与省内主要城市之间三小时的通行目标。按照规划，烟台和威海之间将直接轻轨相连，并有望成为国内为数不多的城际轻轨线路；青岛的轻轨则主要是连接中心市区与卫星城。最终，烟威、青岛两大轻轨系统将与蓝烟线、桃威线电气化铁路和青岛地铁连成一片，共同构成胶东半岛的高速轨道交通网络，如图3-3所示。

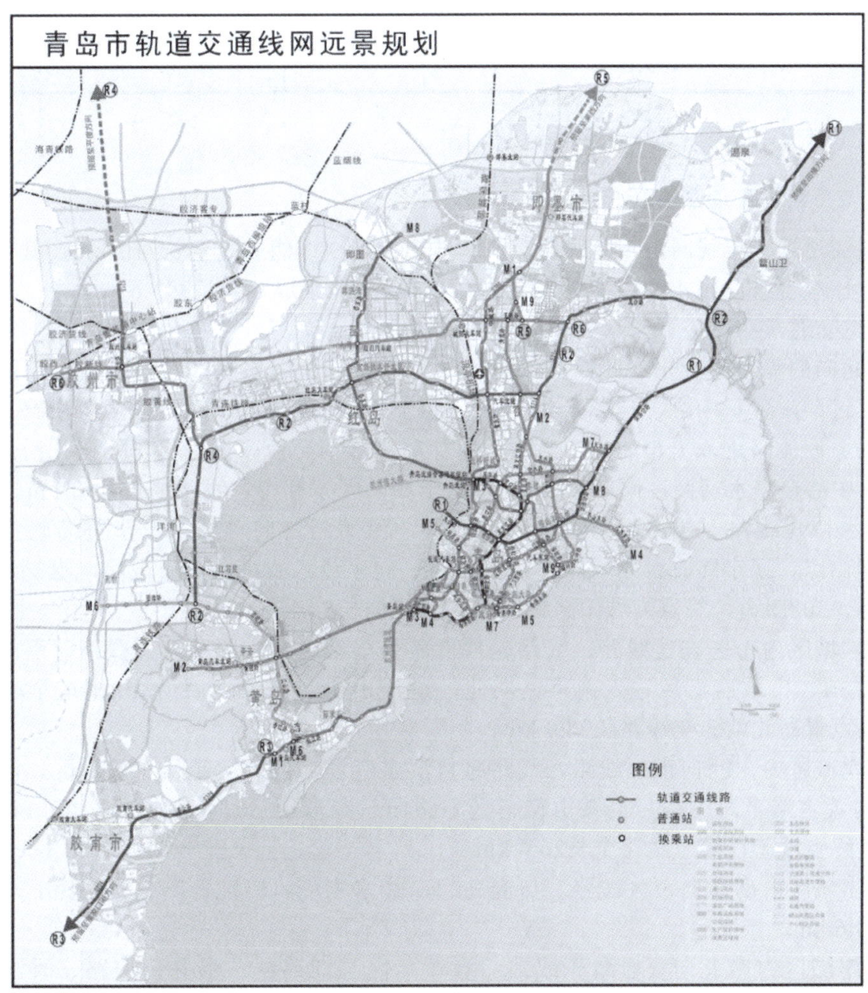

图3-3　青岛市轨道交通总规划图

2008年2月青岛市正式启动轨道交通建设规划编制、报批工作。9月25日，《青岛市城市快速轨道交通建设规划》及相关附件正式上报国家发改委。2009年8月13日，青岛市轨道交通建设规划获得国家批准。到2016年，青岛市将实施地铁3号线及2号线的建设，总建设里程约54.5 km，总投资约292亿元。

《青岛市二期轨道交通建设规划（2013—2018）》于2011年12月编制完成并上报国家发改委，于2012年6月底通过中咨公司组织的专家评估，该建设规划包括地铁1、4、6号线，建设总规模为109.1 km，其中地上线25 km，共设车站73座，换乘站10座，新建车辆段2处、停车场2处，扩建车辆段1处。届时，至2018年底青岛市中心城区轨道交通网络将初步形成，总规模159.1 km。

表3-2　一、二期建设规划项目一览表

线路		长度/km	实施长度/km	车站/座	起点	终点	投资/亿元	建设年限
已批建设项目(2009—2016)/50 km	M3	25.1	24.8	22	火车站	火车北站	321.0	2010—2014
	M2一期	29.6	25.2	22	泰山路	李村公园		2012—2016
	小计	54.7	50	44	—	—		—
近期建设项目(2013—2018)/109.1 km	M1	59.3		37	长江路	东郭庄	330.2	2013—2017
	M4	26.6		21	人民会堂	沙子口	173.5	2014—2018
	M6一期	23.2		15	井冈山路	中日韩园区	109.4	2015—2018
	小计	109.1		73	—	—	613.1	—
合计		159.1		117	—	—	934.1	—

2. 青岛市城市轨道交通规划线路

青岛市轨道交通远景年线网由市区轨道交通和轨道交通快线组成，全长710 km。其中市区轨道交通线路由9条线路组成，全长316.4 km；轨道交通快线由6条线路组成，全长393.6 km。

1）市区轨道交通

M1线：南北向的复合型骨干线路，连接了西岸、东岸、北岸城区。线路起自黄岛区江山路南端，沿长江路向东穿过西岸现状中心，自薛家岛—团岛通道过海至青岛火车站，后沿中山路、东西快速路、人和路、人民路、四流路进入火车北站，沿重庆路穿越白沙河至流亭国际机场，向北沿凤岗路、中城路穿越城阳区现状中心至墨水河南，向东北沿209省道至城阳区东郭庄。线路全长约61 km。

M2线：市区待建线路。线路起自黄岛区柳花泊，沿黄河路向东经辛安至黄岛码头，过海连接小港、大港，沿泰山路、辽宁路、台东一路、延安三路，向东进入香港路至市政府，沿深圳路向北进入枣山东路，夏庄路、308国道，终点为城阳区仙山路。线路全长58.1 km。

M3线：东岸城区内市区在建线路。线路起自青岛火车站起经广西路、文登路等沿海一线向东进入香港中路，经湛山、市政府，后进入南京路向北，过浮山所、错埠岭后沿308国道至李村，后沿京口路、振华路至终点青岛北站。全线路长24.9 km。

M4线：东岸城区内东西向市区线路。线路起自汇泉广场，向北穿越伏龙山地区，沿热河路、辽宁路、华阳路、内蒙古路至海泊桥，沿鞍山路、辽阳路向东经浮山后、汽车东站、崂山科技城，沿李宅路、九水东路至终点沙子口镇。线路全长26.6 km。

M5线：东岸城区内南北向市区线路。自麦岛起，经辛家庄，沿江西路、山东路、瑞昌路至终点湖岛。线路全长13.6 km。

M6线：西岸城区内南北向复合骨干线路。自黄岛区长江路起，沿井冈山路、香江路、江山路向北，后向西沿团结路到达终点胶南王台。线路全长约29.7 km。

M7线：东岸城区内南北向市区线路。线路自奥帆中心起，沿燕儿岛路向北，经银川西路、劲松三路至浮山后，沿南昌路、周口路，穿越李村河至沧口机场，沿金水路向东，终点为天水路。线路全长27.5 km。

M8线：南北向复合型骨干线路。线路自松岭路起，向西沿九水路、青山路经沧口机场至火车北站，西北方向过海沿岙东路经红岛、上马、棘洪滩，终点即墨南泉。线路全长45.7 km。

M9线：南北向市区线路。线路自苗岭路起，沿苗岭路、松岭路、合川路穿越李沧东部，沿青银高速、308国道、青威路向北，终点为正阳路。线路全长28 km。

2）轨道交通快线

R1线：蓝色硅谷复合型骨干线路。线路自四方区滨海欢乐城起沿大沙路、长沙路经崂山科技城至滨海大道，沿滨海大道经北宅、北九水服务中心、王哥庄至蓝色硅谷，终点为青岛国际博览中心，预留延伸至海阳的条件。线路全长59.3 km。

R2线：环湾轨道交通快线。线路自黄岛区红石崖起，向北经胶州产业新区，沿双积路经高新区，沿仙山路经夏庄、惜福镇，沿王沙路向东，终点为崂山区土寨河。线路全长69.6 km。

R3线：董家口港城轨道交通快线。线路黄岛区长江路起，沿上长江路、泰山路、经胶南长途汽车站、胶南市区、沿上海路、G204、S293至董家口港城，预留延伸至日照的条件。线路全长74.6 km。

R4线：连接胶州、平度的轨道交通快线，线路自胶州产业新区起，沿广州路至胶州市区，沿S219向北，终点为平度市，预留延伸至潍坊的条件。线路全长约73.1 km。

R5线：连接即墨、莱西的轨道交通快线。线路自正阳路起，沿烟青路经即墨市区，沿G204至莱西市，预留延伸至莱州的条件。线路全长67 km。

R6线：北岸城区内东西向轨道交通快线。线路自胶州市城区起，向东经少海新城、大沽河生态保护区，沿正阳路向东，终点为城阳区王沙路，起点预留延伸至高密的条件。线路全长约50 km。

3.4.3　青岛市2012年城市轨道交通建设情况

青岛市正在建设的城市轨道交通规划线路有2条，包括3号线一期、2号线一期。

1. 青岛地铁3号线一期

青岛地铁3号线一期工程全长24.9 km，全部为地下段，共设22个站点，其中换乘站6座。平均站间距1.165 km，最大站间距在永平路站至青岛北站，为1 665 m；最小站间距在敦化路站至辽阳西路站，为795 m。线路最小曲线半径350 m，共有6处；线路正线最大纵坡3%，位于湛山站至五四广场站区间。车辆段及综合维修基地一座和控制中心一座，总投资约130亿元。地铁一期工程起自青岛站，止于青岛北站。

青岛地铁一期工程地铁3号线于2010年6月进入正式施工阶段，计划2014年底全线通车运营。据测算，2014年一期工程建成后，预计日输送客流将达23.5万人次。

2. 青岛地铁2号线一期

青岛地铁2号线一期工程起点泰山路站，终点李村公园站。线路西起市北区的泰山路站，线路沿泰山路、台东一路、延安三路南下，经五四广场后沿香港路向东延伸，至啤酒城后线路向北沿深圳路、枣山路、夏庄路至李村公园站。线路途经市北区、市南区、崂山区、李沧区四个区，全部为地下线，2号线一期工程根据全市轨道交通线网规划修编调整和二期建设规划方案，线路长度调整为25.2 km，初步设计概算161.8亿元，技术经济指标为正线6.42亿元/km。2012年10月2号线一期工程施工招标完成，目前施工单位已进场进行管线迁改、绿化迁移等施工前期准备工作，共设车站22座，设车辆段一座。

2012年11月2日，青岛第二条地铁线——地铁2号线一期工程土建施工正式开工，预计2017年正式通车。

3.4.4　青岛市城市轨道交通建设管理模式

2009年，青岛市成立市地铁工程建设工程指挥部及其办公室。为进一步理顺地铁建设和管理体制，2012年12月10日，青岛市委、市政府对地铁建设管理体制进行了调整：将青岛市地铁公司重组为青岛市地铁集团，列为市直企业。青岛市地铁工程建设指挥部办公室与青岛市地铁集团一套机构、两块牌子，体制高度融合，指挥部办公室（地铁集团）综合行使指挥部交办的指挥协调、监督考核、组织房屋征收与补偿、审核线网规划与站点布局、引导扶持地铁装备制造产业发展及相关产业培育等工作，同时承担投融资、招投标、规划建设、资源开发与运营等市场职能及企业主体责任。由青岛市国资委代表青岛市政府履行地铁集团国有资产出资人职责。随着地铁开通运营及市场化程度的提高，逐步实现“政企分开”。

新的地铁建设管理体制更加符合青岛市实际工作需要，也必将对青岛市地铁建设起到积极地促进作用。

3.4.5 青岛市轨道交通技术特点和创新项目简介

为推进青岛市公共领域科技支撑计划项目，以青岛市地下铁道公司为第一完成单位的实用新型专利《约束阻尼结构的减振降噪整体道床》（专利号：ZL201220019831.X）已获得国家知识产权局授权。

部分研究成果已经在工程中得到应用，并取得了良好的效果。敦化路车站以独特的塔柱式建筑型式，构建了独特、灵活、新颖的地下空间建筑，还大大降低工程造价以及运营费用；中山公园暗挖车站地质上软下硬、刚度差异较大，研究采用了拱盖法施工，最大程度的控制地面沉降，保证施工安全，同时还节约了投资、缩短了工期；人民会堂站至汇泉广场站区间下穿小鱼山，地层以中风化——微风化花岗岩为主，借鉴国外挪威法隧道的经验，充分发挥硬质岩层的优势，创新的采用了单层喷锚衬砌永久支护方式，填补了国内本行业的空白，这是青岛地铁乃至全国地铁最具特色的区间隧道之一，实现了节能、环保、低碳、绿色的工程效果，取得了良好的经济效益和社会效益。

3.4.6 青岛市城市轨道交通发展历程

青岛市作为国内较早筹建轨道交通的城市，最初于1989年形成“二线一环”线网，1991年，一期工程获国家计委立项。1994年扩充为“四线一环”，1998年对“四线一环”线网进行了深化和完善，达到了规划用地控制深度，该线网于1999年经市政府批准。2001年市政府颁发《青岛市城市快速轨道交通线网规划用地控制管理办法》，为线网规划用地控制提供了依据。2004年，完成了连接主城区与五个县级市的市域轨道交通线网规划，并对主城区线网进行了补充完善（增加了城阳、崂山、黄岛区线路），与市域线网衔接整合，形成了覆盖全行政区划范围的线网规划，于2005年11月通过专家评审，并于2007年1月19日完成《青岛市快速轨道交通线网规划（修编）》的审批工作。期间结合火车站改造建成了火车站地铁车站，2000年完成了包括一座车站和1.2 km区间隧道的试验段工程。

2008年，市十四届人大一次会议将“关于加快推进发展轨道交通的议案”作为大会唯一议案并获得通过，使青岛市轨道交通建设进入议事日程。市政府于2008年9月23日批准了《青岛市轨道交通线网规划修编》。根据规划，青岛市轨道交通线网线路总长519.4 km，包括中心城区线网和市域线网两个层次。中心城区线网由8条线路组成，线网总长231.5 km。2009年8月13日，《青岛市城市快速轨道交通建设规划》获得国家批准。

2010年3月26日，地铁一期工程（3号线）可研报告获得国家发改委批复，并于同年6月份进入正式开工阶段。2012年8月16日，国家发改委批复了《青岛地铁2号线一期工程可行性研究报告》。2012年11月2日，青岛第二条地铁线——地铁2号线一期工程土建施工正式开工。2012年在建线路为3号线一期工程和2号线一期工程两条线路。

2012年6月底《青岛市轨道交通近期建设规划（2013—2018）》于通过中咨公司组织的专家评估，该建设规划包括地铁1、4、6号线，建设规模为109 km。2012年11月2日获得市政府批复，新的线网规划共19条线路，全长814.5 km。

3.5 东莞

3.5.1 东莞市城市轨道交通2012年度最新发展动态

2012年，东莞轨道交通建设稳步推进。在建线路2号线一、二期工程进展顺利，完成了5座车站主体结构封顶，实现了首条盾构隧道双向贯通，成功架设展虎区间高架段的首跨节段箱梁，其他车站、区间土建施工全面开展；成功与国家开发银行、工商银行、农业银行等8家金融机构签订银团贷款合同，融资贷款117亿元，为2号线的建设提供资金保障；2号线机电设备采购、安装装修等项目的招标工作全面开展，按照工期计划有序推进。《东莞市城市轨道交通建设规划（2012—2018）》进入国家审批程序。

3.5.2 东莞市城市总体规划和城市轨道交通线网规划

1. 东莞市城市轨道交通线路规划

东莞市是中国广东省下辖的一个地级市，西临珠江口，与广州市、深圳市、惠州市接壤。东莞为“广东四小虎”之一，更是国际加工业的重要一员。截至2010年11月，东莞市户籍人口为181.77万人，外来暂住人口为411.5万人，全市常住人口822.02万人。2012年，东莞完成地区生产总值5 010.14亿元，同比增长6.1%。

随着《珠三角区域城际轨道交通线网规划（调整）》的提出，以及东莞相邻各城市轨道交通线网方案和东莞各镇区规划的调整，2011年东莞市提出了轨道交通网络规划调整方案。

根据2011年实施的《东莞市轨道交通网络规划（调整）》，东莞市城市轨道交通线网由东莞轨道交通1、2、3、4号线构成，线路总长218.3 km，共设车站76座，其中城市轨道间换乘枢纽车站4座。线路贯穿市属22个镇街，连接6个片区，对接省市多条交通干道，总投资达1 075.38亿元。其中，1号线连接西北片区、中部片区和东部片区，为发展相对薄弱的东南部片区与其他片区的联系提供了基础，加强了与广州和深圳的联接；2号线连接西部城镇密集带，加强城区与石龙、厚街、虎门、长安之间的联系；3号线联接东西部地区，加强松山湖与长安、常平的联系；4号线联接塘厦片区与其他片区，增加城市凝聚力，培育新的增长点。如图3-4所示。

图3-4　东莞市轨道交通线网规划图（2012—2022）

根据珠三角城际轨道规划建设情况及沿线镇街有关意见，该规划对原有的2号线虎门至长安段、3号线常平以东段进行了局部调整，以更好地满足客流需求，合理布局轨道交通线网。

结合东莞市城市发展及东莞市轨道交通2号线的建设情况，东莞市积极推进新一轮城市轨道交通建设规划，编制完成了《东莞市城市轨道交通建设规划（2012—2018）》，并已上报国家相关部门审批。在新一轮的轨道交通建设规划中，新增了1号线一期、3号线一期、2号线三期、3号线二期等4个报建项目，规模为141 km。

轨道交通建成后，东莞将通过城市轨道交通与区域交通枢纽的合理衔接，加强城市主要区域中心、主要城镇与珠三角的快速联系，承担对外交通的集散功能，通过在望洪站、铁路石龙站、东莞站、东莞东站、虎门站这几处区域换乘枢纽与珠三角区域轨道交通衔接，增强与广州、深圳等周边城市的联系，使东莞更好地融入珠三角区域经济发展，连接相邻城市广州、深圳的城市轨道交通线路，满足东莞与两市之间相邻区域的交通需求，承担由于“同城效应”产生的区域客流。

2. 东莞市城市轨道交通规划线路

东莞市城市轨道交通规划线路有4条，包括东莞轨道交通1~4号线。

1）东莞轨道交通1号线。

东莞轨道交通1号线呈西北至东南走向，途径麻涌、望牛墩、洪梅、道滘、万江、南城、东城、大岭山、松山湖、大朗、黄江，共11个镇区，全长约69.6 km，设站24座，5座换乘站。该线是4条市内轨道交通线路中最长的一条，并预留与穗莞深城际线和广州地铁5号线、深圳地铁6号线的衔接条件。

1号线一期由望洪城际站至黄江中心站，沿线途经西部干道、万江大道、鸿福路、八一路、莞长路（G107）、建设路、新城大道、松佛路、富民大道、公常路。线路全长58.285 km，共设21座车站，其中地下站12座，高架及地面站9座，5个为换乘站。计划2013年动工，2018年完工。

2）东莞轨道交通2号线（原R2线）。

东莞轨道交通2号线（原R2线）是一条由北部至西南方向的市域快速干线，是连接东莞西部城镇密集带的客运交通走廊。线路呈北至西南走向，起于石龙镇的东莞火车站，经石龙、茶山、东城、南城、厚街、虎门和长安7个镇区，止于长安新区东站，并预留远期向南延伸，实现未来与深圳市轨道交通网络接驳换乘的条件；线路经过东莞中心城区和东莞西部经济最为发达的地区，居住人口密集、交通繁忙、城镇间客运交通量较大，是东莞轨道交通网络的骨干线路之一。

2号线全长约55.7 km，地下线占约50.6 km，计划设站23个，其中5个为换乘站。2号线分三期建设，一、二期（东莞火车站至虎门火车站段）计划2015年完工；三期（虎门火车站至长安新区站）长约16 km，计划2016年动工，2019年完工；南延段（长安新区站至长安新区东站）计划2019年动工，2022年完工。

3）东莞轨道交通3号线。

东莞轨道交通3号线途径长安、大岭山、松山湖、大朗、东坑、常平、桥头和企石8个镇区，是一条西南至东北走向的路线，全长66.2 km，设站24座，其中地下站14座，换乘站6座，分一期、二期建设。

3号线一期由常平的东莞东站至长安新区南站，沿线途经新沙西路、靖海中路、S358、长青西路、德政中路、莞长路（G107）、新城大道、常平北环路、口岸大道。全长51.8 km，计划2014年动工，2019年完工。

3号线二期项目是3号线一期项目的延伸线，3号线二期由东莞东站至企石博厦站，沿线途经常东路、大东路、东平大道。全长14.4 km，计划2018年动工，2021年完工。

4）东莞轨道交通4号线。

东莞轨道交通4号线位于东莞东南部，呈东西走向，由黄江中心站至清溪汽车站，途经清龙路、塘龙路、清塘路、清凤大道、聚富路、康怡路，全长26.8 km，设站9座，其中换乘站1座，在黄江中心站与1号线换乘。4号线计划在2019年动工，2022年完工。

3.5.3 东莞市城市轨道交通建设情况

2012年，东莞尚处在建设期的城市轨道交通线路为东莞轨道交通2号线的首建段（一、二期）。东莞轨道交通2号线首建段呈北至西南走向，起点位于东莞北部石龙镇西湖、茶山镇京山交界处，终点为虎门火车站，途径石龙、茶山、东城、南城、厚街、虎门6个镇街，连接东莞西部的密集城镇带。线路全长约37.8 km，其中地下线长33.8 km，高架线长3.6 km，过渡段长0.4 km。全线共设车站15座，其中高架车站1座，地下车站14座，在茶山站西侧设东城车辆段与综合基地，控制中心设于西平站西北侧，全线共设置2座主变电所。

2号线首建线路试验段（天宝站—东城站）已于2010年3月率先开工建设，截止2012年，2号线首建线路的15座车站中，有5座完成主体结构封顶，7座进行土方开挖和主体结构施工，1座进行车站主体围护结构施工，2座进行前期工作；1个区间完成盾构掘进，9个区间正在进行盾构掘进，3个区间进行矿山法隧道施工，1个高架段进行桩基、承台、桥墩、节段梁拼装架设施工；车辆段完成先填区填砂/土和搅拌桩施工。

3.5.4　东莞市城市轨道交通建设管理模式

东莞市轨道交通有限公司实行“建设、运营一体化”和“小业主、大社会”的管理模式，主要负责东莞市轨道交通建设项目设计、建设、运营、投融资等工作，对整个工程的资金筹措、进度、投资、质量、安全和风险以及建成后的运营、管理承担全部责任。

目前在建2号线首期工程市财政投资占40%,银团贷款占60%,开累完成投资47.2亿元，占2号线工程总概算180.12亿元的26.2% 。

3.5.5　东莞市轨道交通技术特点和创新项目简介

东莞市轨道交通的功能定位有“外联”的作用，是东莞与广州、深圳等城市的快速联络线。根据网线规划，东莞轨道交通1号线通过麻涌镇接广州5号线的鱼珠站，通过黄江镇可接深圳4号线的龙华站。东莞轨道交通2号线南部通过长安后，接深圳的机场站，北部在石龙站预留与增城的接口。综合考虑东莞市组团式发展的特点，东莞轨道交通2号线采用城市轨道交通快线制式，线路最高设计时速120 km，对东莞市全面、快速融入到珠三角一小时生活圈起到了良好作用。将人口最密集、经济最发达和交通最繁忙的主城中心区和中心镇街联络为一个整体，具有重要的城市“内聚”功能。

东莞轨道交通2号线首期工程的主要技术特点如下。

（1）快线车辆技术。针对常规地铁车辆相关设计参数不能满足速度120 km/h的快线车辆运行需求的问题，开展相关专题研究，对列车外形、列车气密性指标、提高列车气密性的相应措施、车辆站立定员标准、座席布置、车门数量和车辆部件选型等相关问题进行了深入研究，目前2号线车辆已招标。

（2）空气动力效应控制技术。根据120 km/h快线所引起的运营条件变化，开展了通风与列车隧道阻力、舒适度分析研究。研究表明，长大区间隧道有中间风井时，隧道断面直径建议选用Ø6.0 m（该直径解决了空气动力学舒适度问题，而在全周期成本方面没有明显增加，因此是最佳方案）。但由于目前国内最常广泛应用的为内径Ø5.4 m的盾构，若采用较大内径的盾构，盾构机需重新设计制造，管片模具也要重新设计制造，这将给2号线的工程建设带来比较大的风险。因此，设计过程中开展了2号线工程隧道盾构断面与盾构机选型专题的研究，为2号线工程的工程设计提供技术支撑。

（3）减振降噪技术。轨道交通引起的结构振动，通过周围地层、结构或空气介质向外传播，进一步诱发附近结构以及临近建筑物的二次振动和噪声，对建筑物特别是古旧建筑物的结构安全以及其中的居民、工作人员的日常生活和工作产生很大的影响。市域快线作为新型轨道交通系统，国内除香港西北铁路及马鞍山铁路外，尚无较成功的减振降噪实践经验。根据相关研究和实践经验，轨道交通的运行振动、噪声的影响，与车辆、轨道、土建结构及环保措施等密切相关，采取综合、系统的措施才能达到较好的减振降噪效果。为实现轨道交通120 km/h快线的减振降噪，开展了轨道快线运营振动和噪声综合治理技术调研专题，对国内外城市轨道交通的各类减振降噪技术进行调研，研究适合于市域快线的减振降噪技术措施，该减振降噪技术研究成果落实在施工图设计中。

3.5.6　东莞市城市轨道交通发展历程

至2005年底，有关东莞轨道交通技术文件的准备工作已经基本完成，《东莞市轨道交通建设规划》亦已报送到广东省发改委和建设厅以待审批。在2006年9月25至26日《东莞市城市快速轨道交通建设规划》通过了专家评审。2007年2月，东莞轨道交通获省政府的批准。2007年3月，东莞市被中国国家发改委和建设部列为“轨道交通第二批待批城市”中的首位。2008年5月和12月，《东莞市城市快速轨道交通建设规划》分别通过国家发展和改革委员会、住房和城乡建设部城市建设司的评估和审查。2009年7月经国务院同意，获国家发改委批复。

2010年3月，2号线首建线路试验段（天宝站—东城站）率先开工建设。2010年12月，东莞市轨道交通2号线（东莞火车站—东莞虎门站段）工程可行性研究报告获得国家发改委批复。2011年2月，东莞市城市快速轨道交通2号线（东莞火车站—东莞虎门站段）工程初步设计获广东省住房和城乡建设厅批复；同年，东莞市编制完成了《东莞市轨道交通网络规划（调整）》和《东莞市轨道交通建设规划（2012—2016）》。2011年9月15日，《东莞市轨道交通建设规划（2012—2016）》通过省级专家评审。按照专家评审意见，本轮建设规划年限调整为2012—2018。2012年，《东莞市城市轨道交通建设规划（2012—2018）》正式上报国家发改委和住建部。

3.6 无 锡

3.6.1 无锡市轨道交通2012年度最新发展动态

2月16日，无锡地铁2号线盾构首发掘进仪式在地铁2号线广益新城站举行，标志着无锡地铁双线建设全面进入盾构施工的全新阶段。

5月12日，无锡地铁1号线轨道工程启动，无锡地铁1号线开始进入铺轨阶段，这是1号线一次重大的工序转换，将为2014年无锡地铁1号线通车奠定坚实基础。

9月26日，无锡市轨道交通发展有限公司运营分公司正式揭牌，运营分公司作为地铁运营的实体正式开始运作，无锡地铁运营筹备工作进入一个崭新的阶段；同时，地铁2号线查桥车辆段同日开工，2号线建设稳步推进。

11月15日至16日，住房和城乡建设部组织专家对无锡市第二轮轨道交通建设规划进行正式评审，这标志着第二轮轨道交通建设规划将完成国家对轨道交通规划审批立项的所有评审程序，完备建设规划上报国务院的各项条件。

12月13日，无锡地铁集团有限公司完成工商注册；23日，无锡市轨道交通发展有限公司正式更名为无锡地铁集团有限公司，无锡地铁建设迈向集团化运作、集约化发展、精益化管理、标准化建设的新一轮快速发展期。

12月31日，历时近三年，无锡地铁1号线全线贯通，全线24站点及隧道区间土建工程完毕，实现全线双向连通，为后续轨道铺设、机电安装和运营调试提供前置条件。

3.6.2 无锡市轨道交通线网规划

无锡市位于江苏省东南部，东经119° 33'～120° 38'，北纬31° 7'～32° 2'，辖7个区，代管宜兴、江阴2市，全市面积4 627.47 km^2，市区面积1 622.64 km^2，其中建成区面积190 km^2，全市常住人口为643.22万人，其中市区人口357.21万人。

“太湖明珠”无锡是一座具有三千年历史的江南名城，自古就是我国著名的鱼米之乡、中国四大米市之一。无锡也是一座现代化城市，是我国民族工业的发源地之一，素有“小上海”、“布码头”之称，是全国15个经济中心城市之一。

2012年无锡市实现地区生产总值7 568.15亿元，同比增长10.1%，公共财政预算收入658.03亿元，同比增长7%，城镇居民人均可支配收入35 663元，同比增长12.7%，农村居民家庭人均纯收入18 509元，同比增长12.6%。

1. 无锡市城市轨道交通线路规划

依据2006年获批的《无锡市快速轨道交通线网规划》，无锡市轨道交通线网由5条线组成，如图3-5

所示。其中1、2、3号线为骨架线路，三线呈放射状，与“北展南拓，东联西优”的城市战略相呼应。1号线南北走向，从堰桥至雪浪，总长29.42 km；2号线贯通东西，从梅园至安镇，总长26.6 km；3号线从西北斜插东南，从洛社至机场，总长49 km。4号、5号线为辅助线，起到衔接各新城板块的作用。4号线为半环状，从天河经南部新城至查桥，总长43.262 km；5号线从西南直伸东北，从蠡湖至东北塘，总长21.8 km。根据现有方案，5条线共设车站111座，按照轻重缓急，计划从明年底开始陆续启动建设1号线、2号线，这个“十”字轨道交通网络骨架，可重点缓解“无锡站—三阳广场—太湖广场”、“河埒—三阳广场—东亭”两个主要城市轴向的交通压力，两条线在三阳广场换乘。在老城区，轨道交通主要采取地下方式，到城市外围空旷处则为高架。按照建设计划，无锡地铁1号线、2号线有望分别在2014年上、下半年通车试运行。

图3-5 无锡市城市轨道交通规划图

在无锡市城市轨道交通总体规划的要求下，2012年大力实施地铁1、2号线建设，加快形成线网“十”字骨架；积极推进地铁3、4号线前期，不断促进线路“网状”发展；抓紧完成无锡东站配套工程，合力打造“锡东枢纽”；全心投入运营筹备工作，科学打造现代化的轨道交通设备系统；加大土地综合开发推进力度，力争综合开发多“点”联动，两“线”并进；继续采用“以市场换技术、以技术出产品、以产品促产业”的轨道交通产业本地化推进模式，切实拉动属地企业优先发展、创新发展。

2.无锡市城市轨道交通规划线路

无锡市城市轨道交通规划线路3条，包括3号线、4号线和5号线。

1）无锡市轨道交通3号线

无锡地铁3号线为无锡轨道交通线网中西北、东南向交通主轴，西北起城际惠山站，东南至机场。其主要功能为承担无锡西北部、中心城及东南部间的交通，为城际惠山站、洛社新城、城际无锡站、新区、城际新区站、机场与中心城间的客流联系服务，并积极支援沿线重点地区城市功能的拓展。线路起自沪宁城际惠山站，向南经洛社镇、新长铁路无锡西站、藕塘职教园、钱桥镇、吴桥、青石路美食一条街、无锡火车站、锡沪路、江海路、长江路、太湖花园、新区开发区、新加坡工业园，穿越机场至硕放。线路全长约49 km，其中，苏庙至机场段全部采用地下敷设方式。高架线长约14 km，过渡段长约1 km，地下线长约34 km；共设28座车站，其中高架站8座，地下站20座。

2）无锡市轨道交通4号线

无锡地铁4号现为无锡轨道交通线网中的环线，沟通惠山区西漳地区、北塘区凤翔新城、河埒万达广场地区、蠡湖新城、太湖新城中央商务区、太科园、城际新区站、新区梅村地区和锡东新城。其主要功能是加强城市中心城与太湖新城、太湖新城与新区、锡东新城之间的交通联系，与1、2、3号骨架线搭建一个较完整的轨道线网。4号线线路全长43.262 km，车站29座，车辆段一座位于查桥、停车场一座位于天河，控制中心位于1号线金城路站附近。

3）无锡市轨道交通5号线

无锡地铁5号线起于东北塘站，经由顾家庄、小庄里、东亭、新区中心、钢铁厂、人民医院、新联、中桥、体育中心、蠡园中学，最后到达终点站蠡湖站，全长21.8 km，设站17个。

3.6.3 无锡市城市轨道交通建设情况

1. 无锡地铁1号线

无锡地铁1号线正线全长29.42 km，共设车站24座，其中高架站5座，地下站19座。该线路为南北向交通骨干线，北起堰桥，南至雪浪。线路连接中心城和南北部的城市重要地区，贯穿城市最重要的交通和商业发展轴，串联了北部惠山区行政中心、无锡火车站、三阳广场核心商业区及南部太湖新城无锡市新行政中心。不仅承担南北方向的大量交通需求，缓解现状交通问题，支援重要城市功能建设，并能促进无锡近期重要发展目标“南拓”的实现。1号线于2009年11月7日全面开工，计划总工期五年，2014年建成运营。工程总投资174.8亿元，综合技术经济指标每正线6.32亿元/km。

2. 无锡地铁2号线

无锡地铁2号线全长26.6 km，共设置22座车站，是贯穿无锡城区东西的一条城市快速轨道交通线路。该线起于滨湖区梅园站，止于锡山区安镇站，沿途穿越河埒口商圈、中心商务区、广益新城、锡东新城等城市重要区域，其中，梅园站、河埒口站、三阳广场站、靖海公园站、友谊路站、纺织城站、查桥站、九里河站等8个为地铁2号线的重点站；荣巷站、张巷站、大王基站、梁溪大桥站、五爱广场站、东林广场站、上马墩站、广益新城站、华夏路站、春阳路站、团结路站、金桥路站、无锡东站、安镇西站等14个为一般站。该线路于2011年1月16日开工建设，预计2014年年底建成运营。

3.6.4 无锡市轨道交通建设管理模式

在加快推进地铁工程建设、运营筹备同时，积极探索无锡地铁品质化管理体系。工程管理从“一模两化”（大监理小业主、施工规范化、标准化）向“三铁四化”转变。在“一模两化”的基础上，总结归纳了“三铁四化”全新管理理念（“三铁”：“安全地铁”、“品质地铁”和“幸福地铁”；“四化”：“系统化”、“规范化”、“标准化”和“信息化”），实现从单一的工程管理向工程、运营和企业管理的全方位管控模式转变。

3.6.5 无锡市轨道交通技术特点和创新项目简介

1.土建方面技术特点

（1）无锡地铁车站建筑设计主要分为标准站设计和非标准站设计，对于标准站，公共区采用统一的建筑布局，设备区采用略有差异的建筑布局，通过车站设备管理用房建筑标准化布置控制车站规模。

（2）车站主体围护结构主要采用地下连续墙，附属围护结构主要采用工法桩。

（3）区间施工主要采用软土盾构法施工。

2.土建方面创新项目

（1）盾构穿越砂岩、石英砂岩与泥质粉砂岩与粘土层，硬岩段盾构掘进难道大，采用矿山法开挖并施工初期支护，后拼装管片空推通过矿山法隧道，管片与矿山法初期支护间空隙采用豆粒石填充技术。

（2）盾构端头井邻近河流，位于粉砂层和粉土层，含微承压水，采取盾构水中进洞技术。

（3）盾构井端头加固在隧道内采用二重管无收缩双液WSS工法注浆技术。

（4）软土地层周边场地空旷，采用了全放坡围护型式，成功实践了软土地区全放坡法施工深基坑。

（5）就深基坑开挖、盾构施工对周边环境影响，盾构隧道衬砌，盾构端头加固，联络通道设计等重大问题，引入高校联合研究应对措施，确保了施工安全及质量。

3. 机电设备技术特点和创新项目

（1）供电系统采用直流1500 V三轨供电。

（2）自动灭火系统采用高压细水雾系统。

（3）地铁卫生间采用真空排污系统。

（4）警用通信系统采用350 M数字无线集群系统。

（5）地铁隧道区间照明采用LED照明系统。

（6）通信系统采用软交换技术。

（7）警用CCTV系统采用2.5GMSTP数字传输系统，警用视频与警用计算机网络物理隔离。

4. 轨道方面技术特点

（1）轨道结构采用60 kg/m钢轨、弹性分开式扣件。

（2）全线铺设长枕埋入式整体道床、双侧水沟，其结构整体稳定性好，安全性好。

（3）结合沿线建筑特点，铺设减振扣件、梯形轨枕及钢弹簧浮置板轨道结构，确保地铁运营绿色环保。

3.6.6 无锡市城市轨道交通发展历程

早在2002年，无锡就提出了加快城市轨道交通规划工作设想，2003年起就着手开展《无锡市轨道交通线网规划》的编制工作，2004年5月，无锡市规划局委托日本中央复建工程咨询株式会社编制完成了《无锡市轨道交通线网规划设计》，2005年10月，又委托铁道第四勘察设计院对无锡市轨道交通线网规划进行深化研究，江苏省城市规划设计研究院也同步完成了《无锡市轨道交通线网规划客流预测报告》，通过对上述两份报告的整合，编制完成了《无锡市快速轨道交通线网规划》，并于2006年6月得到了市政府的正式批准。

2006年7月，编制完成《无锡市城市快速轨道交通建设规划》，2006年12月底正式上报国家发改委，2007年3月，通过了建设部和省建设厅的联合审查，最终于2008年3月正式国家发改委上报其评估报告。2008年4月，国务院批准同意启动第二批城市快速轨道交通建设规划审批工作，无锡被列入近期审批工作城市名单。经过多方努力，2008年12月《无锡市城市快速轨道交通近期建设规划》获国家发改委正式批准，这标志着无锡市城市快速轨道交通项目正式得到了国家立项批准。

2009年11月，无锡地铁1号线正式开工建设；2011年1月，无锡地铁2号线正式开工建设。目前无锡地铁3号线、4号线前期工作正紧密推进，新一轮建设规划同步展开研究。

2012年11月15日—16日，住房和城乡建设部组织专家对无锡市第二轮轨道交通建设规划进行了评审，这标志着此规划将完成国家对轨道交通规划审批立项的所有评审程序，满足上报国务院的各项条件。

3.7 合 肥

3.7.1 合肥市2012年轨道交通发展最新动态

2012年1月，合肥市轨道交通1号线二期工程可行性研究报告获得国家发改委的正式批复。

2012年6月，合肥轨道交通1号线全线开工建设。

2012年11月，合肥市轨道交通首台盾构机“合肥地铁1号”在1号线繁华大道站正式始发。

2012年底，除停车场和车辆段外，轨道交通1号线所有土建标段均已开工建设。

2012年12月，合肥市轨道交通2号线可行性研究报告获得国家发改委的正式批复。

2012年12月，合肥市轨道交通2号线开工建设。

3.7.2 合肥市城市轨道交通规划

1. 合肥市轨道交通线网规划

合肥是安徽省省会，位于中国中部，长江淮河之间、巢湖之滨，2011年合肥区划调整，合肥面积达

11 408.48 km^2，常住人口746万人，其中市区常住人口457万人，流动人口127.9万人。合肥市2012年生产总值4 164.3亿元，人均GDP为28 792元，按可比价格计算，同比增长13.6%。

根据合肥市城市轨道交通线网规划，合肥轨道交通建设分为远景（见图3-6）、远期和近期（见图3-7）。轨道交通远景线网总长322.5 km，其中市区线路7条，全长215.3 km；市域线5条（含1条机场专用线），全长107.2 km。远期中心城区城市轨道交通远期规划方案由6条城市轨道交通线路组成，共设置了15个轨道交通枢纽，全长181.1 km。

总体规划分为四个阶段建设，第一阶段：2009—2016年，建设1号线、2号线，形成“十”字形的基本骨架；第二阶段：2016—2020年，建设3、4号线，与1、2号线共同形成以主城区为中心向外围组团放射的基本骨架网络，基本覆盖了中心城区的主要客流走廊；第三阶段：2020—2025年，在骨架网络基础上，建设5、6号线和远景7号线，在中心城区范围内形成完善的城市轨道交通线网；第四阶段：2025年后，建设远景8号线及扩展延伸线，实现线网规划的远景目标。

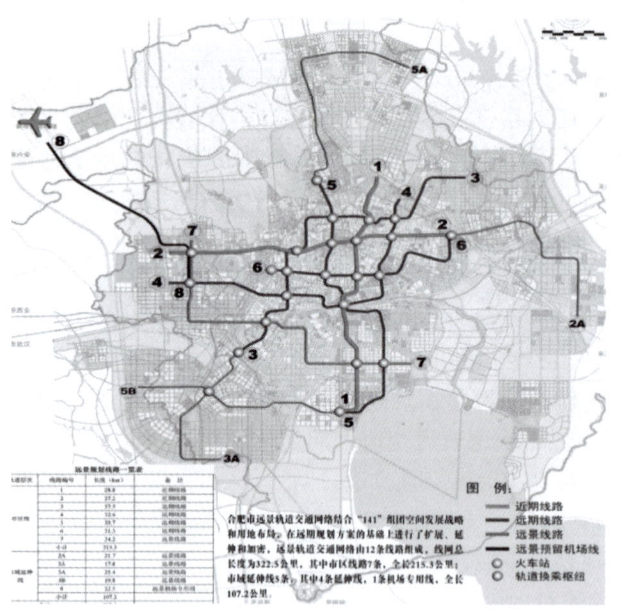

图3-6 合肥市轨道交通线网远景规划图

图3-7 合肥市轨道交通近期规划建设图

2. 合肥市城市轨道交通线路规划

近期规划建设线路有两条，即1号线、2号线，目前均已开工建设。远期线路轨道交通3、4、5、7号线，相关前期研究工作同步开展。

3.7.3 合肥市2012年轨道交通建设情况

合肥城市轨道交通在建线路为轨道交通1、2号线。

1. 轨道交通1号线工程

合肥轨道交通1号线是一条南北方向的骨干线，北起天水路站，南至徽州大道站。1号线覆盖主要客流走廊，1号线一、二期北起合肥站，南至徽州大道站，线路全长24.58 km，全地下线，设23座车站，最大站间距2 462 m，最小站间距714.5 m，平均站间距1 106 m，换乘站6座，设滨湖车辆段及综合维修基地1座和大连路停车场1座，控制中心1座，胜利路主变电所和庐州大道主变电所各1座。

2012年6月1日零时起，合肥市轨道交通1号线工程（合肥站—大东门站）大东门施工范围采取全封闭施工，这标志着轨道交通1号线工程正式开工建设。至2012年底，1号线除停车场、车辆段外的所有土建工程均已开工建设。

1号线计划2016年12月31日开通试运营，总工期4年零7个月。其中土建主体工程工期33个月，洞通后铺轨及设备安装、调试期22个月。

2. 轨道交通2号线工程

合肥轨道交通2号线工程西起长江西路与长宁大道交叉口，东至长江东路与大众路交叉口。全线沿着长江西路、长江中路和长江东路敷设，是一条横贯主城区的骨干线。线路全长27.764 km，全为地下线，共设站24座，其中换乘站6座。在线路西端设蜀山车辆段及综合维修基地1座，在线路东端设龙岗停车场1座，在创新大道站附近设1座主变电所，在大东门站设1座电源开闭所。在大东门站附近设控制中心，与1号线共址。

2012年12月底，合肥市轨道交通2号线开工建设。2号线工程估算投资总额约190亿元。建设工期为2012年底至2017年6月。

3.7.4 合肥市城市轨道交通建设管理模式

合肥市城市轨道交通建设在合肥大建设模式基础上，实行“建设、运营”一体化管理模式。项目建设采用“指挥部+项目公司”的管理模式，即市政府成立由分管副市长任指挥长，市政府相关部门负责人为成员的轨道交通建设指挥部，负责项目统一领导、决策和指挥。指挥部办公室设在轨道办（轨道公司），办公室主任由轨道办主任（轨道公司总经理）兼任。

3.7.5 合肥市城市轨道交通发展历程

20世纪90年代末，合肥市启动城市快速轨道交通筹划和研究工作。为适应城市建设和发展需要，2007年6月，启动《合肥市城市快速轨道交通建设规划》编制工作。2008年11月，建设规划及其相关文件，正式上报国家发改委和建设部。2009年6月，合肥城市轨道交通有限公司正式成立。2009年8月，合肥市轨道交通1号线试验段开工建设。2010年7月，建设规划获得国务院批复。2011年4月，合肥市轨道交通1号线一期工程可行性研究报告获国家发改委批复；2012年1月，合肥市轨道交通1号线二期工程可行性研究报告获得国家发改委批复。 2012年6月，合肥市轨道交通1号线全面开工建设。2012年12月，合肥市轨道交通2号线可行性研究报告获国家发改委批复。2012年12月，合肥市轨道交通2号线开工建设。

3.8 南 昌

3.8.1 南昌市城市轨道交通2012年度最新发展动态

2012年10月26日，国家发展改革委批准了《南昌市轨道交通2号线一期工程可行性研究报告》，同意建设南昌市轨道交通2号线一期工程。同年11月9日，南昌轨道交通1号线一期的过江盾机始发，意味着千里赣江的第一座隧道正式开工。

3.8.2 南昌市总体规划和城市轨道交通线网规划

1. 南昌市城市轨道交通线路规划

南昌市地处江西省中部偏北，赣江、抚河尾闾，鄱阳湖南岸，是江西省省会城市、鄱阳湖生态经济区的核心城市。辖区总面积7 402.36 km^2，其中水域面积达2 204.37 km^2，占29.78%；市区面积617.07 km^2，城市建成区面积85 km^2。根据2011年全国第六次人口普查数据，南昌市常住人口504.26万，其中15~64岁人口为372.25万，65岁及以上人口为38.89万，分别占总人口的73.82%和7.71%。2012年，南昌市完成地区生产总值3 000.52亿元，同比增长12.5%。南昌轨道交通是江西省首条地下轨道（地铁）交通营运系统，也是中国第二批轨道交通（地铁、轻轨）申报城市建设项目，南昌市城市轨道交通线网规划分为近期规划和远期规划。

根据《南昌市城市快速轨道交通建设规划（2009—2016）》，南昌市将在2016年前先后建设1号线一期工程、2号线一期工程，总长约50.6 km，该建设规划于2009年7月29日获得国家发改委正式批复。

远期规划（2050年前）：第一阶段为1、2、3号线一期组成的轨道交通骨架网；第二阶段为2020年之后至远景年逐步建成全线网，4号线、5号线、1号线二期、2号线二期、3号线二期，形成完整的轨道交通线网，实现线网规划的总体目标，如图3-8所示。全网线路总长168 km，全网共设置车站128座，换乘站15座。

同时，南昌轨道交通1号、2号线都需建设过江隧道，隧道具体位置预定在市政府一带，与另一规划中的红谷隧道并不重合。

图3-8　南昌轨道交通规划图

2. 南昌市城市轨道交通规划线路

南昌市城市轨道交通规划线路有4条，包括南昌轨道交通2、3、4、5号线。

1）南昌轨道交通2号线

南昌轨道交通2号线连通新老两城核心区域，覆盖昌西新城九龙湖、红角洲、红谷滩三大片区和昌东老城核心区、城南片区。线路全长约41.6 km，设站34座。

2号线一期工程起于南昌西站，下穿生米大桥，沿丰和南大道北进，在地铁大厦站与1号线交汇，过红谷中大道下穿赣江进入昌东老城核心区，沿途经过滕王阁、八一广场、南昌火车站等人流密集区域并设站，止于上海南路的辛家庵站。2号线一期线长约23.3 km，均为地下线，设站21座，在高速客运西站南端设红角洲综合基地一座。

2012年10月26日，《南昌市轨道交通2号线一期工程可行性研究报告》已被国家发改委批复，预计于2013年7月正式开工建设，于2016年7月建成通车。

2）南昌轨道交通3号线

南昌轨道交通3号线覆盖昌东地区，起于瑶北湖，在八一大道站与2号线交汇，经象山南路、绳金塔街等地，最终到达莲塘，线路长约31 km，车站数目24个（一期）。规划到2020年形成由1、2、3号线一期组成的规定交通骨架网。

3）南昌轨道交通4号线

南昌轨道交通4号线横跨赣江，主要作为老城区到新区南昌西客站（高铁站）的连通，西起于高速客运西站，途径朝阳洲南、抚生路、洪城路、洪都大道、南京东路、上海路、国威路、火炬大道，线路全长23 km，拟设车站数目19个，具体方案还有待进一步优化。

4）南昌轨道交通5号线

南昌轨道交通5号线横跨赣江，经下罗地区、长堎大道、学府大道、红谷南大道、学府大道、朝阳大道、江铃西路、高新大道，线路全长约34.2 km，共设车站19座，平均站距1.42 km。该线路串联了长堎、朝阳、城南、城东、瑶湖等六大外围片区，连接产业园区中心和大学园区中心，对引导外围片区和城镇组团的发展具有重要作用。

3.8.3　南昌市城市轨道交通建设情况

2012年正在建设的南昌市城市轨道交通规划线路有1条，即轨道交通1号线一期工程，

南昌轨道交通1号线一期起于双港大道与铁路老昌北支线交汇处的双港大道站，终点为瑶湖西侧的奥体中心站，覆盖了蛟桥、红谷滩中心区、旧城中心区、城东和瑶湖五大片区。线路全长约28.737 km，均为地下线，共设车站24座，平均站间距1.233 km，换乘车站共5座，全部为地下站，工程总投资约为181.1亿元。

2012年8月21日，1号线青山湖大道站工地发生路面塌方，塌方原因被认为是大雨积水所致。

1号线于2009年12月正式开工，过江盾机于2012年11月始发，24个车站站点已经全面开工建设。计划于2013年初实现洞通，年中实现轨通，2014年开通运营。

3.8.4　南昌市城市轨道交通建设管理模式

南昌市城市轨道交通实施建设、运营一体化的模式，由南昌轨道交通有限公司负责城市轨道交通的融资、建设、营运和管理等工作，承担国有资产的保值增值责任。公司下设四个分公司，分别为运营分公司、建设管理分公司、轨道交通地产公司和地铁置业分公司。

在融资模式上，按照资源变资产、资产变资本、资本变资金的发展思路，轨道建设资金筹集除依靠传统银团融资外，还积极探索直接融资道路，利用收储土地资源和设备资产，尝试引入了保险资金、股权信托、中期票据、企业债券、融资租赁等多渠道融资模式。截至2012年12月底，轨道1号线180亿元建设资金已全部到位，轨道2号线即将获批低息2.5亿美元世界银行贷款，140亿元建设资金基本落实。

3.8.5　南昌市轨道交通技术特点和创新项目简介

南昌在借鉴国内外地铁盈利经验的基础上，创造性地提出了“地铁+社区”综合运营的新模式，将在保障地铁正常运营的同时，为普通百姓带来更大实惠。

“地铁+社区”综合运营模式是通过对地铁车站、上盖空间及沿线周边有效资源进行合理规划、综合开发，使其形成以地铁站点为中心的集交通、居住、餐饮、购物、娱乐、文化于一体的综合服务性社区。该模式通过对地铁物业及附属资源进行深度挖掘，有效满足辐射半径内社区居民绝大部分需求，构建出“地下一个站、地上一大片、片片都相连”的格局，形成人气、商气、财气商业黄金链条，创出“吃住生活在地铁、购物娱乐在地铁、幸福享受在地铁”的生活新方式，从而实现地铁“自我投资、自我开发、自我建设、自我发展”的良性循环。

3.8.6　南昌市城市轨道交通发展历程

南昌市城市快速轨道交通筹划起步于本世纪初。2007年，成立了南昌市快速轨道交通建设领导小组，并做了大量细致扎实的基础性工作。2008年7月中旬，经国家发改委、国务院办公厅同意，南昌市已被列为第二批轨道交通项目建设申报城市。

2009年12月南昌地铁1号线一期工程正式动工，至2012年底仍处在建设阶段，2012年11月9日，南昌市轨道交通1号线的过江盾机始发，意味着千里赣江的第一隧道正式开工。

2010年6月，有关专家组对《南昌市城市快速轨道交通2号线一期工程环境影响报告书》（简称《2号线环评报告》）进行技术评估；2011年6月，对《南昌市轨道交通2号线一期工程可行性研究报告》进行评估，专家组认为《可研报告》内容全面，数据翔实，采用的主要技术标准合理，技术方案可行。2012年2月22日，国家开发银行评审一局和国家开发银行江西省分行在南昌轨道交通集团有限公司组织召开了轨道交通2号线一期工程项目融资评审会议。2012年10月26日，国家发改委批准了《南昌市轨道交通2号线一期工程可行性研究报告》，同意建设南昌市轨道交通2号线一期工程。2号线一期预计将在

2013年7月份正式动工建设。

3.9 南 宁

3.9.1 南宁市城市轨道交通2012年度最新发展动态

2012年，处在建设阶段的是南宁轨道交通1号线，《南宁轨道交通2号线可行性研究报告》还在审核过程中。

3.9.2 南宁市总体规划和城市轨道交通线网规划

1. 南宁市城市轨道交通线路规划

南宁市是广西壮族自治区的首府，位于广西南部，地处亚热带，坐落在南宁盆地中部邕江两岸。全市土地面积22 112 km^2，市区面积6 559 km^2，其中建成区面积约170 km^2。全市常住人口666.16万人，有壮、苗、瑶等50个少数民族。其中壮族339.04万人，占50.9%；汉族312.50万人，占46.91%；其他少数民族瑶族、苗族等人口为14.62万人，占2.19%。2012年，南宁市实现地区生产总值2 503.6亿元，按可比价格计算，增长12.3%。

根据《南宁市城市轨道交通近期建设规划（2009—2015）》，截至2015年，南宁市将建成南宁轨道交通1号线一期、2号线一期，为南宁市东西向和南北向的“十”字形轨道交通网络骨架，线路总长约53.1 km，总投资约211亿元。

2009年南宁市首次提出建设南宁东站的方案，南宁市铁路枢纽发生重大调整，城市总体规划与综合交通规划也进行了相应调整。在《南宁市城市轨道交通线网规划（2009—2015）》中确定的近期建设线路的前提下，根据条件的变化和发展的需要，结合城市总体规划及综合交通规划的调整情况，对线网规划进行了系统梳理和修编完善，编制了《南宁市城市轨道交通建设规划修编》（以下简称《线网修编》）。轨道交通线网规划由原来的6条增加到8条，修编后的轨道交通，线路全长252.1 km，共设车站160座，其中换乘站23座。线网规划图如3-9所示。

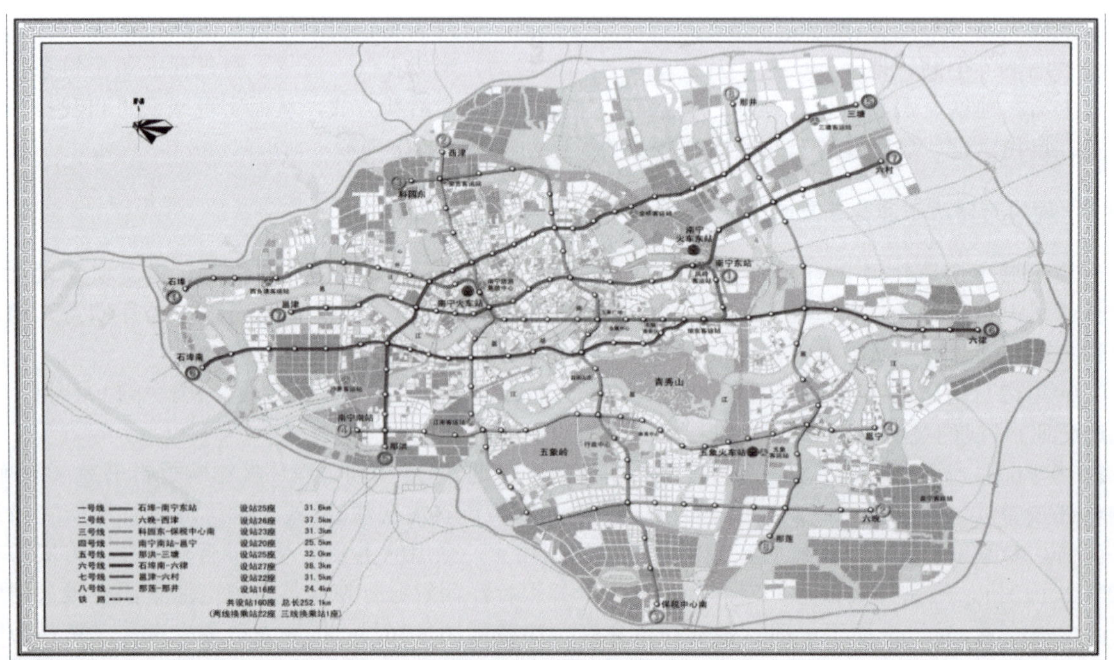

图3-9 南宁市城市轨道交通线网远景推荐规划图

根据《线网修编》，南宁轨道交通建设的时间进度将分三步走。

第一步（2010—2015），建立骨架线网，修建1号线一期和2号线一期，建设线网“十”字骨架线，奠定线网的基础，提供快速过江通道，联系城市东西、南北的主要发展轴线。

第二步（2016—2020），加强城市三大中心的联系，支持五象新区发展，带动邕江南岸的发展，修建2号线二期，3号线、4号线，到了2020年，线网在1、2、3、4号线组成的“井”字基本形态的基础上，构建5号线与7号线，形成“三横三纵”的线网布局。该线网基本形成网络规模，覆盖邕江南、北两个发展带，连通城市“三大中心”，提升对南宁东站的服务水平，可以很好地促进城市发展，发挥轨道交通的骨干作用。

第三步（2021—2050），增加网络覆盖，修建6号线，2号线延长线，3号线延长线，5号线延长线，7号线延长线和8号线。进一步扩大线网规模结构，充实市中心内部以及向外交通联系，加大线网覆盖范围和密度，提高轨道交通系统服务水平。

2. 南宁市城市轨道交通规划线路

南宁市城市轨道交通规划线路有7条，包括南宁轨道交通2～8号线。

1）南宁轨道交通2号线一期

南宁轨道交通2号线南起邕宁区蒲庙附近六晚，北至西津，沿南宁市南北方向布设，为南宁市“十”字形骨架网线的纵线，该线路走一个“L”形，横跨邕江。全长约37.3km，设车站26座。

2号线一期南起玉洞，北至西津，主要沿银海大道、星光大道、朝阳路、友爱路、安吉大道等南北向市政骨干道路敷设，是南宁市城市轨道交通南北走向的骨干线。线路全长21 km，拟设16座车站，其中换乘站6座；设主变电站2座，安吉综合维修基地1座。线路建成后将串联良庆组团、江南组团、中心组团、城北组团，达到拉动城市向南、北两带发展的目的，而且更加有力的支持了城市总体规划中“一轴两带多中心”的发展模式。

2）南宁轨道交通3号线

南宁轨道交通3号线为远期规划线路，起始于城南保税中心南站，终止于科园东站，联系了良庆组团、青秀组团和城北组团的西北—东南向交通，途经科园东规划路、长湖路、金湖路、青山路、平乐大道，连接安吉客运站、江北居住区、五象广场、中国—东盟物流基地等主要区域。线路全长约31.3 km，设车站23座。

3）南宁轨道交通4号线

南宁轨道交通4号线是邕江南岸的东西方向的骨干线，联系了江南组团、良庆组团、龙岗组团、仙湖组团，途经南宁南站、五象大道、五象火车站、邕宁等主要区域。线路全长约25.5 km，设车站20座。

4）南宁轨道交通5号线

南宁轨道交通5号线呈南北走向，南起那洪站，北止于三塘站，联系了江南、中心城区等区域。线路途经壮锦大道、明秀路、南梧路；连接江南片区、江北片区、金桥客运站、三塘客运站等主要区域，联系了江南组团、城西组团、城北组团、昆仑大道南、北组团的西南—东北方向的交通线。线路全长约32 km，设置车站25座。

5）南宁轨道交通6号线

南宁轨道交通6号线呈东西走向，西起西乡塘区石埠南，东至青秀区六律，途径华南城、淡村、江北大道、埌东客运站等，为南宁市的东、西方向连接了一条快速通道。线路全长约38.3 km，共设车站27座，其中高架站10座，地下站17座。

6）南宁轨道交通7号线

南宁轨道交通7号线西起邕津，东至六村，线路连接了江南组团、城西组团、中心组团、城北组团、青秀组团、昆仑大道南组团。线路途经江南片区、新阳路、人民路、朝阳广场、民主路、佛子岭路、南宁东站、三塘。线路全长约31.3 km，设车站22座。

7）南宁轨道交通8号线

南宁轨道交通8号线南起邕宁区那莲，北至兴宁区那井，途径龙岗、颜村、邕宁区政府、嘉和城南等地。主要承担城市东部组团的南北向直接联系，并与线网形成多次换乘，便于邕宁区域与昆仑大道区域的客流入城，能够支持邕宁地区以及昆仑大道区域的发展。线路全长约24.3 km，共设车站16座，其中高架站4座，地下站12座。

3.9.3 南宁市城市轨道交通建设情况

截至2012年底，南宁市轨道交通正在建设的是轨道交通1号线一期工程。

南宁轨道交通1号线一期工程，起自石埠站，经大学路、衡阳西路、朝阳路、民族大道、高坡岭路、佛子岭路、凤岭北路、吉祥路，止于南宁东站，是连接南宁东西方向的骨干线。线路长约32.1 km，其中地下线26.0 km，高架线5.8 km，地面线及过渡段0.3 km。设车站25座，其中地下站21座，高架站4座，换乘车站7座，分别与铁路、其他城市轨道交通线路换乘。设屯里车辆段和西乡塘停车场。总投资约198.89亿元。

南宁轨道交通1号线一期于2011年12月29日上午举行开工仪式，全线开工建设，预计2016年开通运营。

3.9.4 南宁市城市轨道交通建设管理模式

实施建设、运营一体化的管理模式，由南宁轨道交通有限责任公司全面负责南宁市轨道交通项目的投资、建设、营运管理和综合资源开发。公司的经营范围是南宁市轨道交通项目的投资、建设、营运管理和综合资源开发；相关广告设计、制作及发布；相关物业开发、管理和租赁；市政工程项目的投资、规划和建设。

3.9.5 南宁市城市轨道交通发展历程

南宁市于1999年就开始了建设轨道交通的探索工作，在2001年编制的《南宁市综合交通规划》中，正式提出了建设轨道交通的初步方案内容。2005年，南宁市轨道办成立，整合试启动南宁市城市轨道交通项目的前期工作。2006年，南宁市城市轨道交通项目线网规划的初步编制完成。2007年2月1日至2日，南宁市城市轨道交通线网规划评审会召开；同年5月14日至18日，南宁市轨道交通线网规划向社会公示，公示活动引起了市民的极大关注，根据线网规划，南宁市规划轨道交通线路6条，总长达到178 km。2008年12月23日南宁轨道交通有限责任公司工商注册完毕。2010年7月2日，《南宁市城市轨道交通近期建设规划（2009—2015）》获得国务院批准。根据规划中确定的近期建设线路，对原有的线网规划进行了系统梳理和修编完善，编制了《南宁市城市轨道交通建设规划修编》，城市轨道交通线路由6条增加到8条，总长达到252.1 km。

2011年6月15日，国家发改委批复了《南宁市轨道交通1号线一期工程可行性研究报告》；同年年12月29日，南宁轨道交通1号线一期正式开工建设，是南宁市建设的第一条城市轨道线。

2012年5月31日，《南宁市轨道交通2号线工程（玉洞—西津）环境影响报告书》通过专家评审。同年11月26日至27日，《南宁市轨道交通2号线工程（玉洞—西津）总体设计》通过专家评审。

3.10 长 沙

3.10.1 长沙市城市轨道交通2012年度最新发展动态

2012年10月26日至29日，受国家发改委的委托，上海市隧道工程轨道交通设计研究院组织召开了《长沙市轨道交通3号线一期工程可行性研究报告》评估会。

2012年12月，经国务院同意，国家发展改革委印发了《长沙市城市轨道交通近期建设规划（2012—2018年）》。

在建设方面，截至2012年底，长沙轨道交通2号线一期实现双线“轨通”，1号线一期实现部分区间的双线贯通。

3.10.2　长沙市总体规划和城市轨道交通线网规划

1. 长沙市城市轨道交通线网规划

长沙是湖南省省会，位于湖南省中部，地处湘江下游，京广铁路线。长沙市土地总面积11 819.5 km^2，其中市区面积1 938 km^2；总人口704.4万人，其中户籍人口为651.2万人，市区人口363万。2012年，长沙市实现地区生产总值达到6 399亿元，同比增长13%。

根据《长沙市城市快速轨道交通近期建设规划（2008—2015年）》，在2008年至2015年间建成轨道交通1号线一期工程、2号线一期工程，线路总长度45.83 km。

2012年12月，经国务院同意，国家发展改革委印发了《长沙市城市轨道交通近期建设规划（2012—2018年）》。至2018年，规划建成2号线西延一期工程、3号线一期工程、4号线一期工程和5号线一期工程，长约96.3 km，形成“米字型构架、双十字拓展”轨道交通网络主骨架。据此规划，到2018年，长沙规划形成142.13 km的地铁线网，其中1、2、3、4号线的一期工程将搭建成“米”字形骨架线网，沿万家丽路敷设的5号线一期工程将作为服务于城东的南北向通道，延伸入梅溪湖片区的2号线西延线则为该片区的发展提供支撑。

依据长沙市城市总体规划和综合交通规划，长沙市规划远景年（至2050年）城市轨道交通线网由12条线路组成，总长约456 km，设车站333座，其中换乘车站45座，中心城区线网密度0.6 km/km^2，形成“米字形构架，双十字拓展”的线网构架。线网中，1～6号线是沿城市主客流走廊布置的骨干线路，7～10号线是市区补充线，11、12号线为市域快线。如图3-10所示。其中，7号线进一步加密城市核心区线网服务，8号线将根据城市空间的拓展进程形成副中心和外围组团间的联络线，9号线加强河西CBD与主城南部的联系，10号线加强中心城区北部跨河通道联系，11号线、12号线衔接中心城区与外围城镇发展组团。

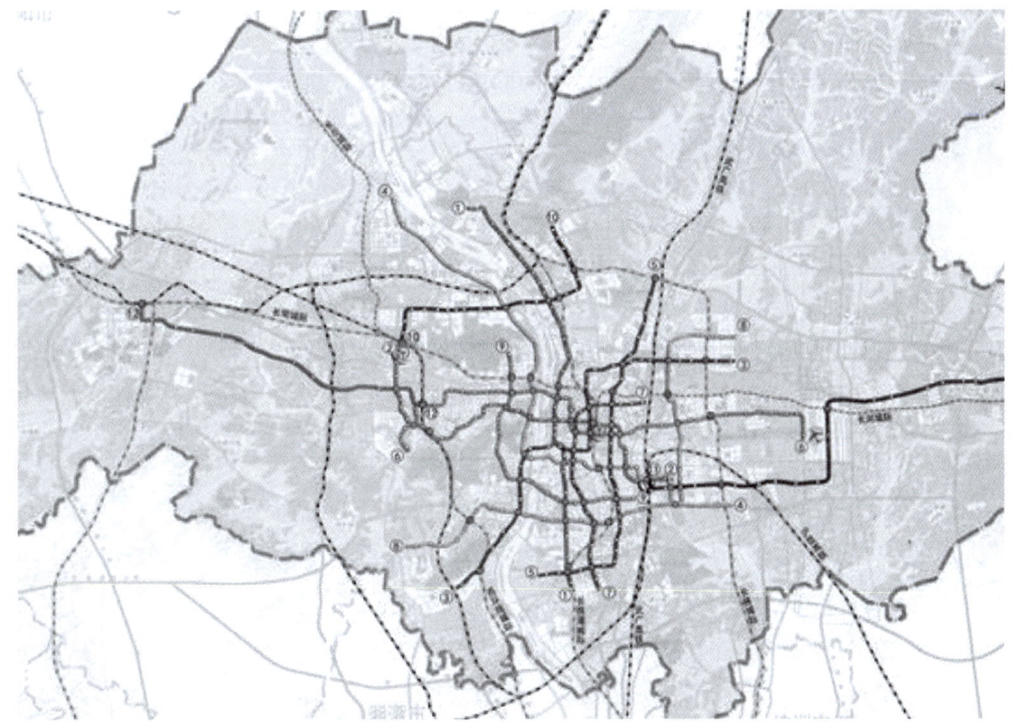

图3-10　长沙市轨道交通线网远景规划方案图

预计2020年，长沙市区公共交通出行占全方式出行量的35%，轨道交通占公共交通出行量的40%。

2. 长沙市城市轨道交通规划线路

长沙市轨道交通规划线路7条，包括长沙轨道交通2～8号线。

1）长沙轨道交通2号线西延一期

长沙轨道交通2号线西延一期工程自梅溪湖西站至望城坡站，线路长4.5 km，设车站4座，投资24.66亿元，规划建设期为2012—2015年。

2）长沙轨道交通3号线一期

长沙轨道交通3号线一期工程自莲坪大道站至龙角路站，总体呈西南—东北走向。线路全长35.6 km，设车站25座、停车场1处、车辆段1处，设主变电站1座，投资236.28亿元。

轨道交通3号线一期工程环境影响评价已对外公示，其《工程项目可行性研究报告》还在等国家发改委批示，预计于2013年开工建设。

3）长沙轨道交通4号线一期

长沙轨道交通4号线一期工程自普瑞大道站至桂花大道站，总体呈东西走向。线路全长33.5 km，设车站24座，均为地下车站，其中换乘站13座。工程设车辆段1处。设主变电站两座，控制中心一座，均与2号线共享。投资219.38亿元，规划建设期为2013—2017年。

4）长沙轨道交通5号线一期

长沙轨道交通5号线一期工程自蟠龙路站至时代大道站，呈南北走向。线路长度约22.7 km，设站18座，投资156.63亿元，规划建设期为2014—2018年。

5）长沙轨道交通6号线

长沙轨道交通6号线呈东西走向，西端起自麓云路站，沿桐梓坡路、湘雅路、迎宾路、人民路，东至黄花机场。

6）长沙轨道交通7号线

新增7号线北段位于老城东交通拥堵地区，解决芙蓉路与万家丽路之间的线路空白问题（注：与长株潭城铁长沙段无重叠问题），南段既加强了南城与老城区的联系，又增加了过江通道。

7）长沙轨道交通8号线

新增8号线在于加强大河西、大城北、大城东的联系。

3.10.3 长沙市城市轨道交通建设情况

1. 长沙轨道交通1号线一期

长沙轨道交通1号线为南北向的轨道交通骨干线，与东西向在建的2号线于五一广场交汇，形成长沙市轨道交通十字形核心构架，同时与长株潭城际线分别在开福寺站与中信新城站二次交汇。

1号线一期北起汽车北站，沿芙蓉北路向南，穿越浏阳河、新河三角洲，进入黄兴路由北向南，经劳动路回到芙蓉路，向南过南三环后止于万家丽路站。1号线一期于2010年12月26日开工建设，全长23.57 km，其中高架线1.14 km，过渡线0.21 km；共设车站20座，其中地下站19座，高架站1座，总投资估算为142亿元。

1号线二期从彩霞路站至湘绣城站，线路全长10 km，地下站1座，地面站4座，并设置翻身垸停车场。

截至2012年底，1号线一期已实现部分区间双线贯通，预计2014年12月开始试运营。

2. 长沙轨道交通2号线一期

长沙轨道交通2号线总体呈东西走向，从望城坡站处的汽车西站出发，沿枫林路，跨越湘江，之后沿五一大道到达长沙火车站，再南下往体育公园，之后到达武广长沙站（长沙南站），最后终止于光达站。2号线在长沙南站与武广高速铁路对接，旅客出行可以做到“零换乘”。

2号线一期由望城坡站至光达站，线路全长约22.26 km，均为地下线，共设车站19座，其中换乘站6座，

平均站间距1.1131 km，于2009年9月28日开工建设，

截至2012年底，2号线一期已全线贯通，预计2013年10月开始试运营。

3.10.4 长沙市城市轨道交通建设管理模式

长沙市城市轨道交通的规划与建设遵循“统一规划”、“多元投资”、“配套建设”、“集中管理”的原则。

长沙市轨道交通集团有限公司成立于2009年4月29日，该公司是经长沙市委、市政府批准成立的国有全资公司，注册资金50亿元，全面负责长沙市轨道项目的投资、建设、经营、管理工作。

根据《长沙市城市轨道交通近期建设规划（2012—2018年）》，近期建设项目总投资为636.95亿元，其中资本金比例44.5%，计283.65亿元，由长沙市财政资金解决。资本金以外的资金采用国内银行贷款等融资方式解决。

3.10.5 长沙市城市轨道交通发展历程

2000年长沙开始酝酿城市轨道交通修建工作。2006年，长沙市人民政府批复《长沙市城市快速轨道交通建设规划》，计划建设一个由4条主线和4条支线组成的城市轨道交通网络，全长172.1 km，设站82座。2009年7月，国务院批准《长沙市城市快速轨道交通近期建设规划（2008—2015年）》，规划在2008年至2015年间建成轨道交通1号线一期工程、2号线一期工程，线路总长度45.83 km。

2009年国家发改委正式批复长沙地铁2号线可行性报告；同年9月28日，长沙市轨道交通2号线一期工程正式开工建设，这正式开启了长沙市轨道交通集团有限公司城市快速轨道交通建设的春天。2010年10月，国家发改委正式批复长沙地铁1号线一期工程可行性报告；同年12月26日，长沙市轨道交通1号线一期工程正式开工建设，标志着长沙市轨道交通集团有限公司再次迎来城市轨道建设的高潮。

2011年完成了长沙市轨道交通3、4号线一期工程环境影响评价研究，并在7月份获长沙市人民政府批复新的轨道线网规划，规划线路由原来的8条增加到12条，由6条骨干线和6条补充线构成，其中长沙轨道交通1～6号线为骨干线。2012年7月《长沙市城市轨道交通近期建设规划(2012—2018年)》通过了住建部专家审查，提出在已开建的1、2号线一期工程共45.83 km的基础上，再新建约96.3 km的地铁线网，涉及的线路为3号线一期工程、4号线一期工程、2号线西延线和5号线一期工程。同年10月26日至29日，受国家发改委的委托，上海市隧道工程轨道交通设计研究院组织召开了《长沙市轨道交通3号线一期工程可行性研究报告》评估会。2012年11月26日，长沙市轨道交通2号线一期实现全线贯通。2012年12月，经国务院同意，国家发展改革委印发了《长沙市城市轨道交通近期建设规划（2012—2018年）》。

3.11 福 州

3.11.1 福州市城市轨道交通2012年度最新发展动态

《福州地铁2号线可行性研究报告》于2012年11月中旬获国家发改委批复，2号线预计2013年上半年正式开工建设。

3.11.2 福州市城市总体规划和城市轨道交通线网规划

1. 福州市城市轨道交通线路规划

福州市是福建省省会，位于福建省东部、闽江下游。全市土地总面积12 154 km^2，其中市区面积1 786 km^2，建成区面积220.22 km^2。全市常住人口约711.5万人，其中，城镇人口为440.81万人，占61.95%。2012年，福州市完成地区生产总值4 203亿元，增长12%。

根据福州市总体规划年限并结合城市轨道交通特点，《福州市城市快速轨道交通近期建设规划（2009—2016年）》明确到2016年，建成轨道交通1号线和2号线，两条线路形成城市快速轨道交通“十”字形构架骨架网，与正在建设中的温福、福厦铁路等铁路相交叉，适应福州主城区南北向、东西向主客流通道的交通需求以及近期发展重点地区的交通需求。

根据《福州市轨道交通网络规划（修编）》，福州市轨道交通线网规划以中心城区为核心，远景线网由7条轨道交通线路组成，如图3-11所示。总体结构为“有环放射式”。线网总长184.6 km，其中设置5条轨道交通过闽江通道和4条过乌龙江通道，设车站134座，其中换乘车站16座。都市区线网密度0.05 km/km^2，中心城区线网密度为0.13 km/km^2。线网连接中心城区主要客流集散点，并通过与火车站、长途客运站、机场等交通枢纽的连接，有效地加强城市对外交通的联系。

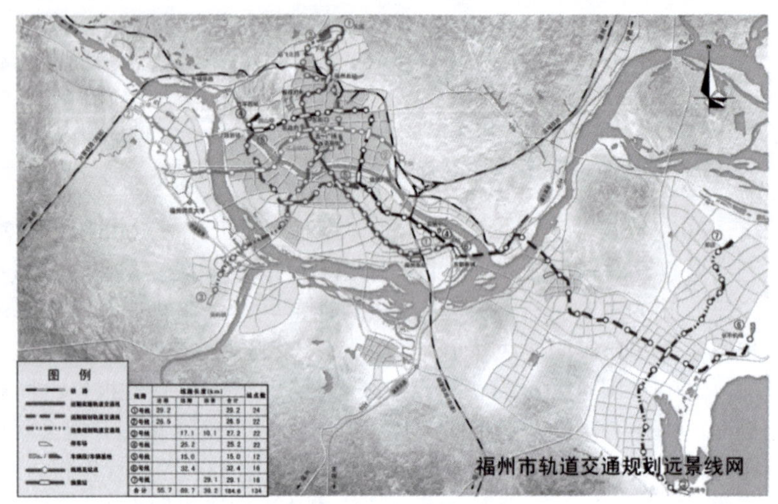

图3-11　福州市城市轨道交通规划图

4号线在线网中的重要性仅次于1号线和2号线，连接鼓台核心区和东部新城，与1、2号线一起构成“十”字加“L”型的骨架网络，解决中心城区交通紧张问题，支持城市“东扩、南进”发展战略的实施，1、2、4号线是线网中的骨干线路，4号线预计于2020年年底建成通车。其他3、5、6、7号线为加密线和组团间的联络线路，形成线网必要的补充，预计2050年前建造完成，实现网络规划的远景目标。

2．福州市城市轨道交通规划线路

福州市城市轨道交通规划线路有6条，包括福州轨道交通2～7号线。

1）福州轨道交通2号线

福州轨道交通2号线位于东西向城市发展副轴，与1号线共同形成“十”字放射形态的骨架线网。2号线由沙堤至鼓山，向西连接上街大学城和金山区，向东延伸到晋安区鼓山镇，途经闽侯县、仓山区、台江区、鼓楼区、晋安区四个行政区。线路全长约26.3 km，全部为地下线，设地下车站22座，其中换乘车站4座。2号线工程的最大站间距为2.856 km，最小站间距为0.704 km，平均站间距1.215 km，全线设竹岐定修段和下院停车场。

根据规划，地铁2号线将于2013年上半年正式动工建设，预计2016年建成。

2）福州轨道交通3号线

福州轨道交通3号线是老城区加密线，服务南北向客流走廊，串连新店、鼓台、仓山、科学城。远期线路规划长约17.1 km。到远景年，3号线继续向西南延伸约10.1 km，经东岭、跨乌龙江至南屿镇，全线总长约27.2 km，共22座车站。

3）福州轨道交通4号线

福州轨道交通4号线西起汽车西站，沿杨桥路东行，在东街口与1号线换乘，经东街、东大路、塔头路（在锅炉厂站与3号线换乘）、化工路东行，在前横路折向南行至闽江北岸，跨闽江后经金浦小区，与5号线在仓山科技园换乘，之后继续东行，经规划东部新城会展中心等至海峡中心，与1号线及6号线形成三线换乘。线路全长约25.2 km，共22座车站。

4）福州轨道交通5号线

福州轨道交通5号线西起洪山桥，经新厝里、阵板、西山，沿金洲路行走，与2号线换乘，经建中、杨宅、黎升至白湖亭，沿上三路（在三叉街站与1号线换乘）、三高路，至金浦站，起终点均与4号线相连。线路全长约15 km，共12座车站。

5）福州轨道交通6号线

福州轨道交通6号线起自南台岛规划东部新城中心，自东部新城过闽江至马尾，至下洋跨越乌龙江，过江后经营前镇、吴航镇，穿滨海新区至长乐国际机场，是连接中心城区与滨海新城（长乐国际机场）的线路。线路长约32.4 km，设16座车站。

6）福州轨道交通7号线

福州轨道交通7号线起自于金峰镇，经陈店、漳港镇、文武砂镇至江田镇，主要沿规划的滨海新城交通干道布设，全长约29.1 km，共16座车站。7号线是为滨海新城预留发展的一条线路。

3.11.3　福州市城市轨道交通建设情况

2012年，福州尚处在建设阶段的城市轨道交通线路为福州轨道交通1号线。

福州轨道交通1号线起于新店北部秀峰路的象峰站，最终到达东部新城站。线路全长约29.2 km，全为地下线，最大站间距为1.896 km，最小站间距为0.801 km，平均站间距1.237 km。1号线设站24座，设新店车辆基地1座，清凉山停车场1座；设控制中心1座，与2、4号线控制中心合建于达道路与广达路交叉口；设主变电站2座，牵引变电所13座，降压变电所26座，3座跟随变电所及配套机电系统工程。

1号线于2009年12月正式开工建设，预计2014年底通车运营。1号线的建设分一期和二期：一期先建设21个站点，线路长24.89 km；二期建设3个站点。截止2012年底，1号线一期工程有19个站点及区间主体结构开始建设，福州火车站站和胪雷站因受拆迁影响暂未进行建设施工。

3.11.4　福州市城市轨道交通建设管理模式

实施建设、运营一体化的模式，由福州市城市地铁有限责任公司全面负责全市地铁项目的投资、规划、建设、运营、管理、沿线地下空间资源的开发利用以及房地产开发管理等工作。

3.11.5　福州市城市轨道交通发展历程

1995年，福州开始轨道交通规划的具体运作，在城区规划了6条主线和2条支线。2002年7月，福州市规划局和上海综合交通研究所共同编制了《福州市轨道交通网络规划》，围绕建设“1中心，6组团”的城市布局结构，初步提出远景形成两纵一横一环（4条线）网络架构，总长约136.2 km。2007年，福州市编制完成《福州市轨道交通网络规划》和《福州市城市快速轨道交通建设规划》，并于2007年底上报国家发改委。

2008年1月，国家发改委上报国务院的文件，将福州列入第二批审批建设城市快速轨道交通项目城市名单。2008年下半年福州地铁试验段开始实施，2009年6月3日国家发改委批复《福州市城市快速轨道交通近期建设规划（2009—2016年）》。2009年12月27日举行“福州市地铁1号线”动工仪式，标志着福州城市轨道交通建设正式拉开序幕。2010年地铁1号线正式开工建设，到2012年底21个车站中有19个车站的主体结构开工建设。2012年11月中旬，《福州地铁2号线可行性研究报告》获国家发改委批复，福州市城市轨道交通2号线预计于2013年上半年正式开工建设。

3.12　贵阳

3.12.1　贵阳市城市轨道交通2012年度最新发展动态

2012年，贵阳市轨道交通建设在紧张有序地进行。2012年10月12日，贵阳市轨道交通1号线工程（调整）环境影响报告书公布。2012年12月12日，贵阳轨道交通1号线土建接驳工程（金阳段）开工。2012年12月27日，贵阳市轨道交通1号线工程社会稳定风险评估第一次公示。2013年1月13日，贵阳市轨道交通1号线工程社会稳定风险评估第二次公示。

3.12.2 贵阳市城市总体规划和城市轨道交通线网规划

1．贵阳市城市轨道交通线路规划

贵阳市是贵州省省会，市域总面积8 034 km^2，市区面积2 403 km^2，城区建设面积220.31 km^2。全市常住人口为432.46万人，其中居住在城镇的人口为294.63万人。

2012年，贵阳市实现生产总值1 700.3亿元，实际增长17%，对全省经济增长贡献率达28.8%；完成全社会固定资产投资2 483亿元、增长55%；规模以上工业增加值480亿元、增长22%；社会消费品零售总额683亿元、增长16.9%；财政总收入488亿元、增长21.6%，公共财政预算收入241.2亿元、增长28.9%，分别比上年净增加87亿元和54亿元。

2010年9月3日，《贵阳市城市快速轨道交通建设规划（2010—2020）》经国务院批准，国家发改委正式下达批复。标志着贵阳城市轨道交通建设正式启动，全市人民期盼已久的现代化城市轨道交通开始付诸实施。线网规划如图3-12所示。该规划对贵阳市城市轨道交通建设时机及建设安排进行分析研究，同时通过远景规划（2030年），贵阳市轨道交通建设分为以下三个阶段。

（1）起步阶段（2009—2020年）：在主城区形成基本骨架结构。这一阶段贵阳市的轨道交通将经历从无到有的过程，选择规划线网方案中的骨干线路1号线和2号线的一期工程，作为起步阶段轨道交通建设线路，在主城区形成骨架结构。其线网规模为轨道交通线网58.7 km；其中1号线长31.9 km，2号线一期工程长26.8 km。

（2）发展阶段（2025年）：形成中心城区骨架线网。该阶段为贵阳市轨道交通骨架线网的发展形成阶段。在起步阶段1号线、2号线一期工程骨干线路的基础上，加强中心区和金阳新区的辐射作用，连接花溪组团和新天组团，在中心城区形成轨道交通骨架线网。其发展阶段新增线网规模为3号线、2号线二期，长47.6 km；发展阶段轨道交通线网总规模达到106.3 km。

（3）成熟完善阶段（2030年）：形成全部线网。该阶段为轨道交通线网的扩展完善阶段。在骨架线网形成后，结合城市空间结构，连接中心区与龙洞堡组团，中心区与金阳新区，加强城市双中心的联系，形成全部线网。线网构成：在骨架线网基础上，建设4号线。其成熟完善阶段新增4号线全长35.7 km。轨道交通线网总规模达到142 km。

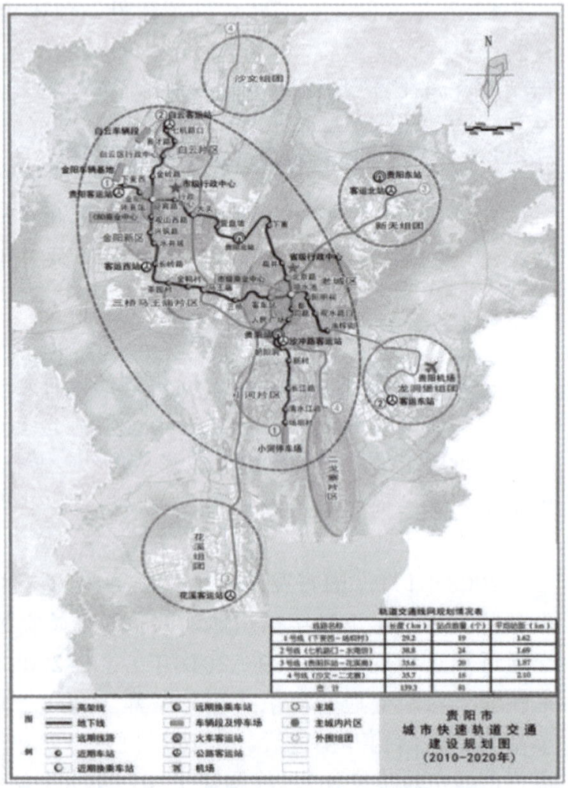

图3-12　贵阳市城市轨道交通规划图

2．贵阳市城市轨道交通规划线路

1）贵阳轨道交通2号线

2号线一期全长26.80 km，其中高架线长度为15.3 km，占线路长度的57%，地下长度为11.5 km，占线路长度的43%；全线共设17座车站，平均站间距为1.68 km。该线路北起白云区七机路口站沿白云北路南行。

2号线二期穿越图云关森林公园至贵阳龙洞堡国际机场，经小碧到达多彩贵州城（规划待建）。

2）贵阳轨道交通3、4号线

3号线、4号线为后期项目，规划还在不断的修改当中，等待更为准确的规划。其中，规划让3号线

贯穿中心城区，覆盖外围组团；4号线是完善线网的交通线路，暂计划线路全长35.7 km。

3.12.3　贵阳市城市轨道交通建设情况

2012年贵阳市轨道交通1号线尚处建设当中。1号线起点位于贵阳市金阳新区西侧，经金阳新区中央商务区（CBD）、贵阳国际会展中心、贵阳火车北站、北京路、喷水池、大十字，沿遵义路下穿南明河和贵阳火车站，于王武监狱西侧到达本线终点（场坝村站）。线路全长31.9 km，其中地下线长14.5 km，占线路总长的45.5%；高架线长14.7 km，占线路总长的46%；地面线长2.7 km，占线路总长的8.5%。全线共设23座车站，其中地下站13座，高架及地面10座，平均站间距1.87 km。

该线路于2009年9月29日在行政中心站开工。2012年12月12日，贵阳轨道交通1号线土建接驳工程（金阳段）开工。

3.12.4　贵阳市城市轨道交通建设管理模式

2009年3月26日—27日，贵阳市城市轨道交通建设规划评估会在贵阳召开，国家发改委正式委托中国国际咨询公司进行审查，并获得通过。随着贵阳市轨道交通建设如火如荼的建设，2009年4月贵阳市城市轨道交通有限公司正式成立，它是贵阳市委、市政府批准成立的国有独资有限责任公司，注册资金1亿元，也是贵阳市十大投融资公司之一。2012年6月6日，贵阳市城市轨道交通有限公司与国家开发银行贵州省分行、华能贵诚信托有限公司签订5亿元信托贷款合同，5亿元信托资金当日顺利到位。

3.12.5　贵阳市城市轨道交通发展历程

2006年贵阳市就召开了城市轨道交通规划的专家组评审会，专家组对由中国城市规划设计研究院承担编制的《贵阳市轨道交通网络规划》、《贵阳市轨道交通建设规划》的编制表示肯定，并对局部调整方案及线路的选择提出了建议及意见。贵阳市拟规划的近期轨道交通线网形状为“X”型，涉及7个区，全长70～100 km。贵阳市的轨道交通线网分为规划年（2030年）和远景年（2050年）两期规划，规划年将基本形成轨道网络，涉及金阳新区、云岩区、南明区、小河区、花溪区、乌当区、白云区7个区；至远景年，贵阳市的轨道交通网络将得到完善，城市公共交通便捷、完善。经过两年的努力，2008年3月，贵阳市建设局委托中国城市规划设计研究院编制完成《贵阳市轨道交通线网规划》；2009年3月，贵阳市建设局委托中国城市规划设计研究院编制完成《贵阳市城市快速轨道交通建设规划（2010—2020）》；2010年2月25日，《贵阳市城市快速轨道交通建设规划（2010—2020）》通过国家发改委住房与城乡建设部审批；2010年9月3日，《贵阳市城市快速轨道交通建设规划（2010—2020）》经国务院批准，国家发改委正式下达批复，这标志着贵阳城市轨道交通建设正式启动，全市人民期盼已久的现代化城市轨道交通开始付诸实施。目前，正在进行1号线的建设。

第4章 尚在规划城市轨道交通的城市发展情况

4.1 石家庄

4.1.1 石家庄市轨道交通2012年度最新发展动态

2012年1月，石家庄新客站下轨道交通预留工程举行开工典礼，省会轨道交通建设由此拉开序幕。

2012年7月，经国务院批准，《石家庄市城市轨道交通建设规划（2012—2020）》获得国家发改委正式批复。

2012年8月，石家庄市城市轨道交通1号线一期工程和3号线一期工程两个项目的可行性研究报告同时上报国家发改委申请审批。

2012年10月，轨道交通1号线一期工程和3号线一期工程可研报告通过了国家发改委专家组评审。

2012年10月，受环境保护部委托，中国环境工程评估中心在石家庄市召开了《石家庄市城市轨道交通1、3号线一期工程环境影响报告书》技术评估会，会议充分肯定了报告的成果并提出了若干修订建议。2013年1月，1号线一期工程和3号线一期工程环境影响报告书同时获得了国家环保部的批复。

2012年12月，国土资源部正式印发了《关于石家庄市城市轨道交通1号线一期工程建设用地预审意见的复函》和《关于石家庄市城市轨道交通3号线一期工程建设用地预审意见的复函》。文件认为，这两个项目用地符合当地土地利用总体规划，同意通过用地预审。

2012年12月，中国安全生产科学研究院在北京组织召开了《石家庄市城市轨道交通1、3号线一期工程安全预评价报告》评审会。2013年1月，这两个项目的安全预评价报告通过了国家安全生产监督管理总局备案。

4.1.2 石家庄市城市总体规划和城市轨道交通线网规划

1. 石家庄市概况

石家庄市是河北省省会,全省的政治、经济、科技、金融、文化和信息中心，是国务院批准实行沿海开放政策和金融对外开放的城市。石家庄市地处华北平原腹地，北靠京津，东临渤海，西倚太行山，是首都的南大门。现辖6个区、12个县、5个县级市和1个国家级高新技术开发区，总面积1.58 km^2，常住人口1 038.6万人。

2012年，石家庄市生产总值完成4 500.2亿元，增长10.4%；全年全部财政收入完成573.2亿元，比上年增长17.2%。其中，公共财政预算收入272.3亿元，比上年增长23.1%。全年城市居民人均可支配收入23038元，比上年增长12.2%；农民人均纯收入8 993元，增长15.0%。

2. 石家庄城市总体规划

按照石家庄市2020年建成500万人口大都市规划，省会都市区将形成“1+3”的城市发展新体系，形成以老城区+正定为核心，以藁城、栾城、鹿泉为组团，以机场空港产业园、窦妪装备制造业基地等为产业特色片区为补充的都市区空间布局结构；中心城区依托正定历史文化名城构筑石家庄“一河两岸”发展的新格局。规划建设用地500 km^2，人口500万。正定新区面积135 km^2，其中起步区面积40 km^2，以行政、会展、体育、总部为核心。

3. 石家庄市城市轨道交通线路规划

石家庄市规委会原则通过《石家庄市城市快速轨道交通线网规划》（最终报告），根据规划，石家庄市未来计划修建6条轨道交通线，线网总长241.7 km。解决了中心城与外围组团、中心城内部的中长距离交通出行，支持滹沱新区、正定和东部开发区等重点地区的发展，为远景实现“一城三区三组团”的空间形态提供轨道交通支撑，建立了满足城市长远发展的骨干客运交通系统。

6条轨道交通线将形成三主三辅，大放射、小方格的轨道交通线网。其中，骨干线3条，辅助线3条，线网总长241.7 km。1、2、3线为骨干线，形成中心城线网的基本骨架，骨干线皆为穿越核心的直径线，两两相交，围合地区恰好为城市核心区。同时，所有的外围组团与中心城的轨道交通连接都用骨干线实现，有力地支持了外围组团的发展。

4、5号线为外围辅助填充线，两条L型线路，在中心区边缘居住用地集中的区域扣成环线，既避免了环线的弊端，又起到了环线的作用，沟通了2、3环之间高密度居住用地之间的横向联系，提高了主城区线网密度；6号线为内部填充线，穿过主城核心区，在核心区内形成了三横两纵的方格状线网，提高了线网密度。

在线路敷设方式上，省会轨道交通初步定为主城二环路以内线路基本以地下线方式敷设，二环路以外线路优先考虑采用地上线，困难地段采用地下线。

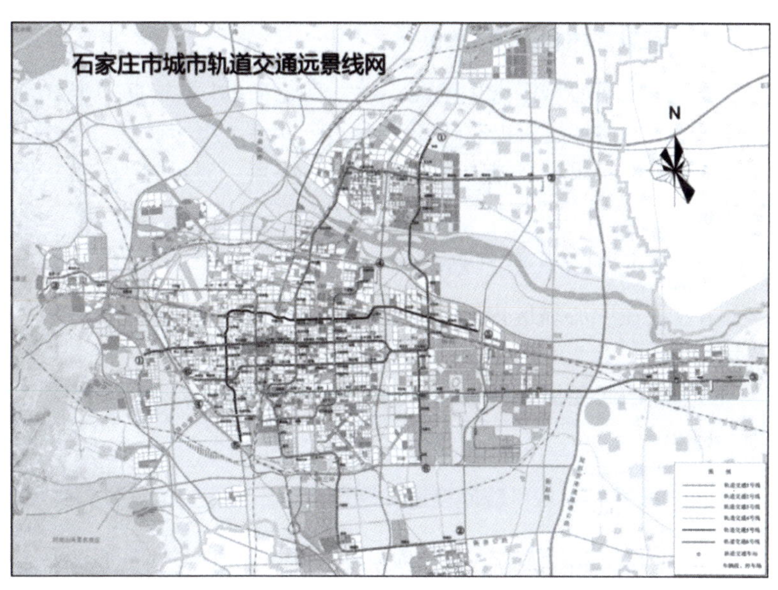

图4-1　石家庄市城市快速轨道交通线网规划图

4.1.3　石家庄市城市轨道交通规划线路

石家庄市城市轨道交通规划线路6条，包括1号线、2号线、3号线、4号线、5号线和6号线。

1. 石家庄市轨道交通1号线

1号线为中心城区东西向，并连接高新区、正定新区的L型骨架线。西起鹿泉市上庄镇，沿中山路向东敷设，穿过京珠高速后，向南转至高新区长江大道，至秦岭大街向北，过滹沱河到达正定新区。1号线全长40.0 km，全线共设车站29座，平均站间距1.40 km。

1号线一期工程西起西王，东至东兆通站，全长约23.9 km，设站20座，其中换乘站6座，平均站间距1.21 km，西端设张营停车场，东端设东兆通综合维修基地，规划建设年限为2012年至2017年。

2. 石家庄市轨道交通2号线

2号线为南北向连接正定组团、中心城区、栾城组团的骨架线。在正定形成东西向线路，中心城呈南北走向，在栾城呈东西走向。

2号线北起正定新区只都村，东直到终点站栾城东。2号线全长60.4 km，其中地下线长约16.8 km，地上线长约43.6 km。全线共设车站37座，其中地下车站21座，地上车站16座，平均站间距1.62 km。

2号线一期工程北起西古城，南至嘉华站，全长约16.2 km，设站15座，其中换乘站5座，北端设西古城车辆段，南端设嘉华停车场，规划建设年限为2015年至2020年。

3. 石家庄市轨道交通3号线

3号线为连接鹿泉、中心城区和藁城的东西向骨干线。西延鹿泉，东连藁城，在中心城段，西起西三环，沿联盟路向东，至中华大街转向南，沿中华大街南行至新客站西广场，转向东，下穿新客站站房后，沿塔北路向东，经由金沙江道、海南路，预留向藁城的延伸条件，全长62.3 km，规划建设年限为2013年至2018年。

4. 石家庄市轨道交通4号线

4号线为中心城区南北走向，并连接裕华、南部片区的L型辅助线，与5号线在中心区外围形成环线，起到了环线的作用。

4号线西起碧水蓝湾小区，在十里铺到达终点。4号线全长23.3 km，全部为地下线。全线共设车站19座，全部为地下站，平均站间距1.25 km。

5．石家庄市轨道交通5号线

5号线在中心城区内先南北、后东西走向的L型辅助填充线，串联了桥西区、新华区南部、桥东区以及长安区，与4号线相扣成环。

5号线南起永壁新村，在东五女抵达终点。5号线全长28.9 km，其中地下线长约21.5 km，地上线长约7.4 km。全线共设车站21座，其中地下车站17座，地上车站4座，平均站间距1.41 km。

6．石家庄市轨道交通6号线

6号线在中心城区内东西走向，并向南延伸至裕华片区的内部填充线，串联了桥西区、桥东区、裕华区南部。

6号线西起西岗头村，最后到达终点东佐。6号线全长26.8 km，其中地下线长约19.4 km，地上线长约7.4 km。

4.1.4 石家庄市城市轨道交通发展历程

2001年石家庄市轨道交通项目建设领导小组成立，下设办公室，具体负责做好石家庄市轨道交通项目建设的各项准备工作。

2004年，石家庄城市快速轨道交通项目列入了《石家庄市“十一五”战略性支撑项目》。

2009年7月《石家庄轨道交通线网规划》（中间报告）通过了国家级专家评审。

2011年6月，受国家发改委委托，中咨公司在石家庄市组织召开《石家庄市城市轨道交通建设规划（2012—2020）》评估会。

2012年7月，《石家庄市城市轨道交通建设规划（2012—2020）》得到了国务院批准，标志着石家庄市轨道交通项目工作进入新阶段。

2012年10月，轨道交通1号线一期工程和3号线一期工程可研报告通过了国家发改委专家组评审。

4.2 乌鲁木齐

4.2.1 乌鲁木齐市城市轨道交通2012年度最新发展动态

2012年11月，经国务院同意，国家发改委印发了《乌鲁木齐市城市轨道交通近期建设规划（2012—2019年）》。同年乌鲁木齐轨道交通1号线试验段开始建设。

4.2.2 乌鲁木齐市城市总体规划和城市轨道交通线网规划

1．乌鲁木齐市概况

新疆拥有中国六分之一的国土，乌鲁木齐是新疆维吾尔自治区的首府，是新疆政治、经济、文化的中心，中国西部对外开放的重要门户，是新欧亚大陆桥中国西段的桥头堡。乌鲁木齐市地处亚洲大陆地理中心，其处于新疆维吾尔自治区北部，天山中段北麓、准噶尔盆地南缘，西北部和东北部与昌吉回族自治州接壤，南部与巴音郭楞蒙古自治州相邻，东南部与吐鲁番地区交界。

乌鲁木齐市辖7个市辖区、1个县。即天山区、沙依巴克区、新市区、水磨沟区、米东区、头屯河区、达坂城区（含南山矿区）和位于板房沟乡的乌鲁木齐县（含安宁渠镇）。面积10 902 km^2，截至2011年城市常驻人口321万人。全市人口中，汉族人口2 331 654人，占总人口的74.91%，各少数民族人口780 905人，占总人口的25.09%。

2012年预计全区生产总值完成7 500亿元，增长12%；全社会固定资产投资完成6 258亿元，增长35%；社会消费品零售总额完成1 800亿元，增长15.5%；公共财政预算收入完成909.1亿元，增长26.2%；公共财政预算支出2 719.7亿元，增长19.1%；城镇居民人均可支配收入18 151元，增长17%，农民人均纯收入6 442元，增长18.4%。物价涨幅3.8%，城镇登记失业率3.39%。

2. 乌鲁木齐市城市总体规划

根据《乌鲁木齐市城市总体规划纲要（2008—2020年）》，至2020年，乌鲁木齐中心城区规划空间结构可概括为“一轴两翼，双核多心，三带三楔，八大分区”。一轴是指城市生活和服务空间拓展的主要轴向。“经开区—八钢—头屯河工业区”一带为城市产业空间拓展的西翼。“高新区—水磨沟工业园—米东工业区”为产业功能拓展的东翼。“双核”规划在老城区和新市区形成两个综合性的市级公共服务中心。“多心”：规划在三坪片区，高铁片区、红光山片区构筑多个专业型公共服务中心，同时提升米泉片区、头屯河片区的区级综合服务中心的服务水平。

围绕结合乌鲁木齐“南北双心”的规划布局，形成以快速路、主干道、次干路为主，道路配级合理，衔接顺畅的中心城区路网系统。并结合用地布局，未来中心城区骨干路网将采用环线线、放射线与方格网相结合的布局。对于老城区的道路以调整和优化为主，调整道路红线，加密支路网络，打通断头路，合理配置有限的道路交通资源。对于新城区的道路以方格网为主骨架，严格按照主、次、支的合理级配建设，在分区规划时必须保证支路的路网密度。从而构建一个与现代化国际商贸中心城市相适应的，具有功能完备、公平高效、安全经济、环境友善的现代城市一体化综合交通体系，支持乌鲁木齐市未来城市发展要求，满足并有效调节不断增长变化的交通需求，同时支撑和引导城市的可持续发展，确立并强化乌鲁木齐市的中心和枢纽城市地位。

3. 乌鲁木齐市城市轨道交通线路规划

乌鲁木齐城市轨道交通线网形态与城市总体规划所确定的主城区发展方向一致，即南控北扩、东延西进，加强中心城区与米东区、头屯河区两个城市副中心的联系；控制中心城区的规模。主城区是线网规划的重点，骨架线网既要符合城区发展的三条轴线、追求客流主导方向，同时沟通外围区与核心区、中心城区之间的交通联系。

通过对区域中心城市的远景规模、空间结构和用地分布研究，按照“组团式多中心”、“一轴带两翼”的城市格局，结合沿城市发展轴向所形成的向心交通出行特征，乌鲁木齐轨道交通远景线网共由7条放射形线路组成，全长211.4 km。其中，1、2、5号线为基本骨架线，3、4、6、7号线为辅助加密线，填补基本骨架线在城市中心区内的覆盖空缺、提高线网覆盖范围。主城核心区线网密度1.24 km/ km^2，主城中心区线网密度0.52 km/ km^2，主城外围区线网密度0.24 km/ km^2。目的是解决长期以来南北向交通供需矛盾，串联高铁片区、新市区中心和红光山会展中心，解决东西向的交通供需矛盾；连接主城区和规划中的城市新区，提高外围组团进入中心城区的便捷性，加强米东区与土城区的交通联系和南北向覆盖，而且线路南端连接西山片区。

4.2.3 乌鲁木齐市城市轨道交通近期规划线路

乌鲁木齐市城市轨道交通共规划有7条线路，本次建设规划近期拟实施其中的1号线、2号线一期工程。

1. 轨道交通1号线

1号线起点位于主城区南部的三屯碑、南郊客运站，以地下线方式沿胜利路、解放路、新民路、南湖南路、克拉玛依东、西路、友好北路、新医路、北京路，过喀什路后过渡为高架线,跨铁路线至城北新区，终点止于乌鲁木齐地窝铺国际机场。线路全长26.5 km，设站21座,线路南端设南郊停车场，北端设中营宫车辆段。

2. 轨道交通2号线一期工程

2号线一期工程起点位于主城区南部的边防局，为西北东南方向骨干线。连接老城区核心和高铁站，在主城区东西向布局，经人民路、黑龙江路至高铁片区，终点至于棉麻站。线路长度21.4 km，共设车站16座。

4.2.4 乌鲁木齐市城市轨道交通发展历程

2003年11月成立了乌市轻型轨道筹建协调领导小组，负责轨道交通的规划、建设与运营。到2005年11月乌市批准了《乌鲁木齐市城市轨道交通网络规划》，并成立了前期工作小组。

2006年7月，轨道交通前期领导小组邀请广州、上海、北京等地国内顶级的轨道交通专家对乌市和乌昌地区的轨道交通工作做了考察和指导，并通过严谨的招标程序筛选，确定了轨道交通编制候选单位。2006年12月乌鲁木齐轨道交通建设规划编制工作正式启动，2007年10月，《乌鲁木齐市城市快速轨道交通线网规划修编》通过了中国国际工程咨询公司组织的专家咨询，并于2008年1月得到了乌鲁木齐市人民政府的批准。2010年6月，乌鲁木齐轨道交通建设规划进行再次修编。

2010年12月19日，乌鲁木齐市委2010年第16次常委会议决定成立“乌鲁木齐市轨道交通项目建设执行办公室”这一专门机构，同时启动了城轨集团公司的筹备工作。自治区领导召开专题会议，听取了乌鲁木齐市轨道交通建设规划汇报，并作出重要指示。

2011年9月，《乌鲁木齐城市轨道交通建设规划》获得自治区批准。10月，乌鲁木齐市轨道交通(地铁)1号线工程进入第一次环评公示阶段。10月14日，《乌鲁木齐城市轨道交通建设规划》正式上报国家发改委、并已受理，目前已进入建设规划的审批程序。

2011年12月27—28日，国家发改委委托中国国际工程咨询公司，对乌鲁木齐轨道交通建设规划进行了正式评估。

2012年11月，发改委通过了《乌鲁木齐市城市轨道交通近期建设规划（2012—2019年）》。同年乌鲁木齐轨道交通1号线试验段开始建设，乌鲁木齐正式开始轨道交通建设。

4.3 厦 门

4.3.1 厦门市城市轨道交通2012年度最新发展动态

2012年5月11日，《厦门市城市轨道交通近期建设规划（2011～2020年）》获国家批准。同年6月6日，《厦门市轨道交通1号线一期工程可行性研究报告》正式上报国家发改委。同年10月22日，厦门轨道交通1号线一期工程开始在国家环保部网站上进行环评公示。

4.3.2 厦门市城市总体规划和城市轨道交通线网规划

1. 厦门市城市概况

厦门市地处我国东南沿海、福建省东南部、九龙江入海处。厦门由厦门岛、鼓浪屿、同安、集美、海沧、翔安等及其众多小岛屿组成，陆地面积约1 699.39 km^2，海域面积超过300 km^2，属于亚热带季风气候，年平均气温在摄氏21度左右，是一个国际性海港风景城市。厦门的主体——厦门岛南北长13.7 km，东西宽12.5 km，面积约128.14 km^2，是福建省第四大岛屿。厦门港是一个条件优越的海峡性天然良港，其海岸线蜿蜒曲折，全长234 km，港区外岛屿星罗棋布，港区内群山四周环抱，港阔水深，终年不冻，是条件优越的海峡性天然良港，历史上就是我国东南沿海对外贸易的重要口岸。

根据2011年6月10日公布的《厦门市2010年第六次全国人口普查主要数据公报》显示，截至2010年11月1日，厦门市常住人口为3531347人，其中，男性人口为1 832 194人，占51.88%；女性人口为1 699 153人，占

48.12%，居住在城镇的人口为3 119 413人，占88.33%；居住在乡村的人口为411 934人，占11.67%，具有本省外市户籍的迁入人口为821 517人，占23.26%，具有外省户籍的迁入人口为1 023 769人，占29%，而本市户籍的只占47.75%，不到常住人口的一半。

2012年，厦门完成地区生产总值2 822亿元，增长12%；规模以上工业增加值1 060亿元，增长12.1%；全社会固定资产投资1 360亿元，增长20%；财政总收入739亿元，增长13.4%，其中地方级财政收入423亿元，增长14.1%；社会消费品零售总额880亿元，增长10.3%。

2．厦门城市总体规划

厦门城市总体规划分近期（2000年）、远期（2010年）、远景三个阶段。城市规划区面积560 km^2，厦门将从“海岛城市”逐渐发展成为“海湾城市”，远期城市面积将扩大到154 km2以上，人口156万人左右，最终将建筑成为现代化国际性城市。厦门城市布局为“多核单中心组团式“结构，规划形成”一环数片、众星拱月”的环西海域城市发展形态，以厦门本岛作为单一城市中心，组织岛外海沧、马銮、杏林、集美、同安等不同性质的功能组团。城市总体分为四大片区：本岛中心片区，包括中部新市区、南部旧城区、鼓浪屿—万石山风景名胜区、北部港区、高科技工业区和东部前埔副中心；西片区包括新阳工业区、海沧新市区、南部工业区和海沧港区；北片区包括集美、杏林、同安组团；东片区包括马巷、新店、刘五店、大嶝岛，远景还包含金门岛等组团。

3．厦门市城市轨道交通线网规划

根据《厦门市城市轨道交通近期建设规划（2011—2020年）》，厦门市规划远景年城市轨道交通线网由6条线路组成，总长约246.2 km，设车站 138座，其中换乘车站19座，线网密度厦门本岛0.65 km/km^2，岛外0.29 km/km^2。线网中，1、2、3号线分别为厦门本岛沿北、东、西方向的放射状骨干线路（含1号线支线），主要承担本岛与环湾组团间跨海交通联系功能，兼顾岛内及岛外组团内部公共交通骨干功能；4、5、6号线作为辅助线，支持本岛与周边组团、环湾组团发展，如图4-2所示。预计2020年，厦门市公共交通分担率为40%，轨道交通占公共交通的比例达30%～35%，力争承担60%的跨海出行量。

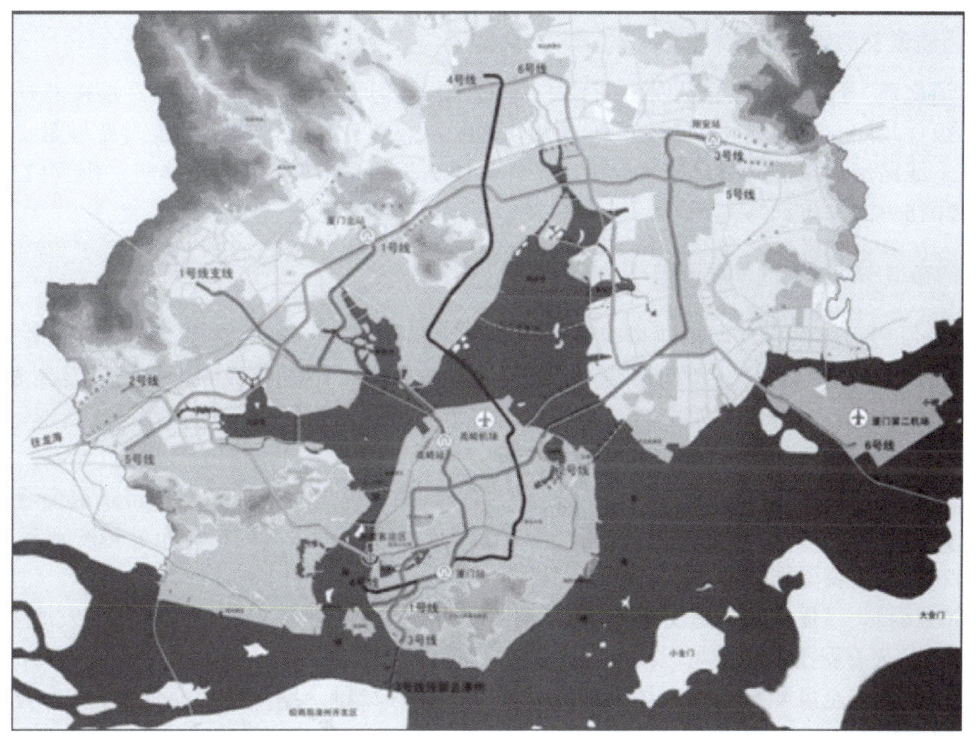

图4-2　厦门市城市轨道规划图

4.3.3 厦门市城市轨道交通规划线路

厦门市城市轨道交通规划线路远景有6条。其中，获国家批复的近景规划线路有3条，包括厦门轨道交通1、2、3号线，如图4-3所示。

1. 厦门轨道交通1号线一期

厦门轨道交通1号线一期工程总体呈南北走向，南起中山路南侧，北至厦门北站北广场，中途于高集、集杏海堤以地面、高架方式跨海，之后以地下方式穿越沈海高速，连接了思明区、湖里区、集美区等重要组团，是由厦门岛向北辐射的跨海快速连接通道的骨干线路。

1号线一期线路全长约31.5 km，设车站26座（含预留车站2座），换乘站6个，高崎停车场1处（位于高崎火车站附近），岩内综合维修基地1处（位于厦门北站东北角），主变电所2座（一座设置在火炬园站附近，另一座设置在内林站附近），投资估算232.53亿元。

图4-3 厦门市近景规划的3条线网图

2. 厦门轨道交通2号线一期

厦门轨道交通2号线一期工程总体呈东西走向，东起钟宅湾，沿环岛干线向南至何厝后，沿吕岭路经江头由湖滨北路向西跨海，经海沧后止于马青路北侧。线路从五缘湾至海沧新城，主要经过五缘湾、观音山片区、江头片区、筼筜湖北片区和海沧新城，接厦门岛东部五缘湾商务区、厦门软件园、吕岭住宅区、海沧中心区等已开发区域，构建了厦门岛与海沧区快速跨海连接通道。

2号线一期线路全长约25.2 km，设站19座，换乘站4个，其中与轨道交通1号线换乘站一座，设置卢坑车辆段、东孚停车场，投资估算176.2亿元。

3. 厦门轨道交通3号线一期

厦门轨道交通3号线一期工程呈西南-东北向走向，自厦门大学站至五缘湾站，连接着厦门岛的传统核心区、市级行政中心、湖里区、翔安区等成熟功能区及规划开发区，构建了厦门岛与翔安片区快速跨海连接通道，线路南端预留向南延伸至漳州的条件。线路长约18.6 km，设站16座，投资123.6亿元，规划建设期为2015—2020年。

4.3.4 厦门市城市轨道交通发展历程

2010年，厦门市全面启动城市轨道交通规划建设工作，成立市轨道交通规划建设工作领导小组及工作机构。2010年12月24日，《厦门市城市轨道交通建设规划》编制完成并上报国家发改委。2011年3月11日，厦门市轨道办召开新闻发布会，公布厦门轨道交通线网规划及前期工作进展情况。同年5月14日-15日，中国国际工程咨询公司受国家发改委委托，组织北京、上海、广州等地8位专家，对《厦门市城市轨道交通建设规划（2011—2020年）》进行全面评审。这标志着，厦门市城市轨道交通建设规划正式进入国家评审阶段。经过一年的评审时间，于2012年5月11日，《厦门市城市轨道交通近期建设规划（2011—2020年）》获国家批准。

2012年6月6日，《厦门市轨道交通1号线一期工程可行性研究报告》正式上报国家发改委；7月19日至21日，国家发改委委托中咨公司组织专家对其进行审评，进入国家评审阶段。同年7月26日，《厦门轨道交通工程建设安全风险技术管理体系》通过评审；10月22日，厦门轨道交通1号线一期工程已开始在国家环保部网站上进行环评公示。

4.4 兰 州

4.4.1 兰州市城市轨道交通2012年度最新动态

2012年6月9日，国家发展改革委批准了《兰州市城市轨道交通近期建设规划（2011—2020年）》，兰州由此成为西北第2个、西部第7个、全国第29个建设和拥有轨道交通的城市。2012年7月9日，轨道交通1号线试验段开始开工建设。

4.4.2 兰州市城市总体规划和城市轨道交通线网规划

1. 兰州市概况

兰州是甘肃省省会，是中国西北区域中心城市，位于中国陆域版图的几何中心，市区南北群山环抱，东西黄河穿城而过，具有带状盆地城市的特征，是黄河流域唯一黄河穿城而过的省会城市，市区依山傍水，山静水动，形成了独特而美丽的城市景观。兰州是甘肃省省会，位于黄河上游，是中国陆域的几何中心，有着“西部黄河之都，丝路山水名城”的美誉。兰州现辖城关、七里河、西固、安宁、红古5个区和永登、榆中、皋兰3个县，市域总面积1.31万 km^2，其中市区面积1 631.6 km^2。常住人口360多万人，其中，少数民族55个，近16万人。

《关于兰州市2012年财政预算执行情况和2013年全市及市级预算草案的报告》指出，2012年，预计兰州市地区性财政收入完成406亿元，增长16%。全市公共财政预算收入完成103.73亿元，增长19.93%。其中市本级完成58.6亿元，增长19.53%；兰州新区完成1.36亿元，增长40.53%；县区级完成43.77亿元，增长19.93%。另外，预计全市公共财政支出202.28亿元，增长15.27%。

2. 兰州市城市总体规划

兰州2015年城市人口将达到395万人，2020年达到450万人，城镇化水平将达到84%。兰州市总体规划是根据省委、省政府提出的“兰白一体”的思路，在城市空间战略取向上提出了“北拓东进双城两团”战略构想。其中双城指兰州和白银，两团指秦王川和榆中。并提出了“兰白一体区域协调”的战略方案，通过区域协调实现兰州与白银跨越式组团发展。归纳起来，即以“一河、两岸、五城、五带、六片区”的规划打造独具特色的山水城市。其中五城指城关旧城区、安宁新城、西固石化城、秦王川卫星城、榆中东城区。五带指以兰州中心城市为核心的公路、铁路和河谷川地呈带状发展。六片区指以有色冶金深加工和煤电发展的连海片；以文化教育高新技术产业和休闲旅游为主的榆中片；以空港循环产业园区的先进装备制造业和新能源为重点的秦王川片；以现代物流为重点的沙中片；以生态建设土地利用为主的皋兰片和永登片。

3. 兰州市城市轨道交通线路规划

兰州市轨道交通建设项目，是兰州市投资规模最大、建设周期最长、涉及面最广的综合性城市基础设施工程。其网络体系由6条线路组成，分为中心城区线网和市域线网两个层次，总长约202 km。中心城区线网由1、2、3号线组成，总长约82 km；市域线网由中川线、榆中线、青什线3条线组成，总长约120 km。

兰州市轨道交通建设项目按统一规划、分步实施原则，网络体系分三个阶段建设：第一阶段（2011—2020年）主要修建1号线和2号线一期工程。第二阶段（2021—2030年）主要修建1号线和2号线二期工程和3号线。第三阶段（2031—2050年）主要修建中川线、榆中线和青什线。

4.4.3 兰州市城市轨道交通规划线路

兰州市中心城区轨道交通线网由3条线路组成，线网总长约82 km，其中地面及高架线路约35 km，地下线约47 km，全线网共设车站64座，其中高架站25座，地下站39座。

1. 兰州轨道交通1号线

1号线西起陈官营站，途径崔家大滩、营门滩、马滩、西客站、西关十字、东方红广场、东岗镇，线路全长约26 km，其中地下段约23 km，高架及地面段约3 km，共设车站21座，高架站3座，地下站18座。1号线是兰州市从西向东的一条主干轨道交通线路，东西向贯通了兰州市一条东西大通道，线路基本走向沿既有主客流走廊布设，连接了西固组团、七里河组团、东岗组团等主要功能区块以及西客站和五里铺批发市场等大型客流集散点。1号线与线网中的其它各线均有换乘，主城区内各方向的客流可通过1号线实现快速便捷的疏散沟通，在主城区范围内均以地下线敷设。2012年7月9日1号线试验段开工。

2. 兰州轨道交通2号线

2号线西起安宁区元台子，途经西客站、理工大学、沿庆阳路经东方红广场，再沿平凉路经过火车站，线路过公交五公司站后转向北沿瑞德大道直至雁北路。2号线线路全长约32 km，其中地下段17 km，地面及高架段15 km，设车站27座，高架站12座，地下站15座。2号线主要是连接整个安宁组团、七里河组团与雁滩组团，并在城市蜂腰地段形成东西第二通道的一条轨道交通线路，线路在东、西两端基本走向沿既有主客流走廊布设，连接城市副中心与城市核心区，把安宁组团和七里河组团和雁滩组团以及既有火车站联系一起，实现贯通运营。2号线一期工程计划2015年开建，2020年建成通车。

3. 兰州轨道交通3号线

3号线起于五泉山广场，由火车站西路向西转向白银路，经中山路与1、2号线形成换乘后下穿过黄河至盐场堡，而后线路又东转穿过黄河沿着雁滩组团的雁北路布设，最终到达和平镇，线路全长约24 km，其中地下段7 km，地面及高架段17 km，共设车站16座，高架站10座，地下站6座。3号线是沟通城关区黄河两岸的一条轨道交通线路，连接了城关组团、盐场堡组团和雁滩组团。

4. 市域线网

市域线由3条线路组成，总长约120 km。其中各线路具体情况如下。

（1）中川线：该线是兰州—中川—张掖城际铁路的组成部分，目前甘肃省和铁道部已签署相关建设协议，计划2011年开工建设兰州—中川段。中川线起自兰州市铁路西客站，沿既有铁路通道途径秀川、陈官营、福利区、西固城，出城区后过黄河、经沙中片区沿机场高速路至中川机场，线路全长约63 km。

（2）榆中线：该线起自3号线末端和平东站，向东经定连片区，至榆中县城后向东北转至夏官营大学城，线路长约40 km。

（3）青什线：该线起自3号线联合大学站，向北越过黄河，经青白石开发区向北终止于什川，线路长约17 km。

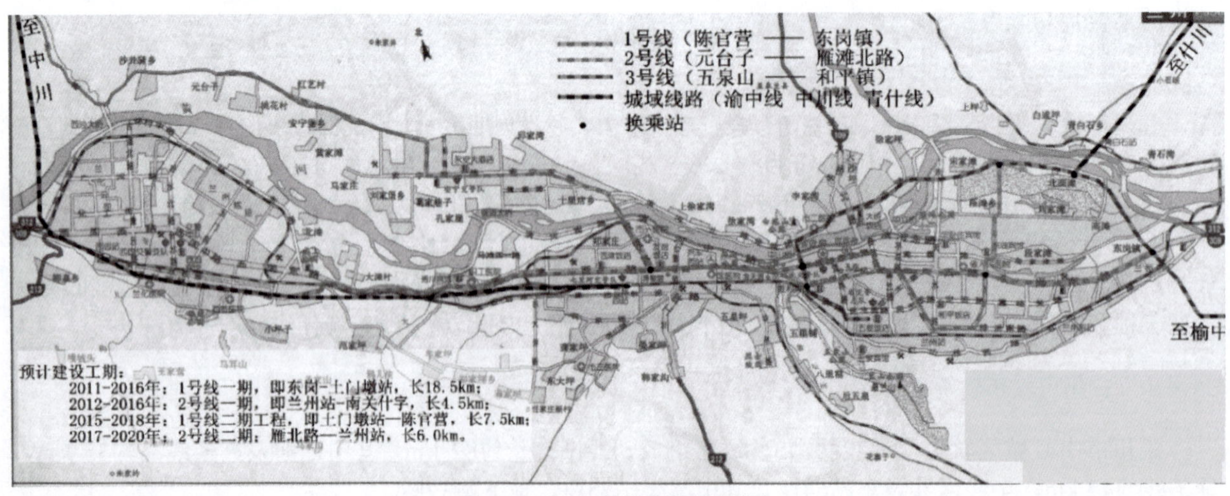

图4-4　兰州轨道交通线网规划图

4.4.4 兰州市城市轨道交通发展历程

2010年兰州市快速轨道交通建设项目正式启动，完成第一条线路开工前科研报告的编制及上报国家发改委批准的目标。2011年，兰州市又成立了兰州市轨道交通建设管理办公室，负责研究制定轨道交通建设、运营政策和管理措施等，并同有关部门编制轨道交通建设发展规划和建设计划，督促落实兰州市政府轨道交通建设目标等。2011年4月，《兰州市城市快速轨道交通建设规划（2011—2020）》通过审查，同年8月，兰州市1号地铁线一期工程（陈官营—东岗段）岩土工程勘察报告（地勘）近日通过了专家评审。2012年6月9日，国家发展改革委批准了《兰州市城市轨道交通近期建设规划（2011—2020》。

4.5 济 南

4.5.1 济南市城市轨道交通2012年度最新发展动态

2012年2月，《济南市轨道交通线网规划》已经通过专家的评审论证，目前正在等待相关部门的批复。《济南市轨道交通建设对泉水影响研究报告》和《济南市轨道交通线网规划》已经完成并通过专家评审，正在履行相关审批程序。《济南市轨道交通建设规划》和《轨道交通规划环境影响评价报告》已经委托设计单位，正在编制过程中。

4.5.2 济南市城市总体规划和城市轨道交通线网规划

4

1. 济南市城市概况

济南南依泰山，北跨黄河，地势南高北低，是中国东部沿海经济大省山东省的省会。济南地处山东省中西部，是我国环渤海地区南翼和黄河中下游地区的中心城市，是国家批准的沿海开放城市和十五个副省级城市之一，是国务院公布的国家历史文化名城、中国软件名城、国家创新型城市之一。济南是山东的政治、经济、科技、文化、教育、旅游中心，区域性金融中心，北连京津，南接沪宁，东西连通山东半岛与华中地区，是环渤海经济区和京沪经济发展轴上的重要交汇点，是全国重要的交通枢纽和物流中心，是中华文明中闻名世界的史前文化——龙山文化的发祥地，是第11届全国运动会和第7届中国国际园林花卉博览会的主办城市。

济南市下辖6区、3县、1市，总面积8 227 km^2，人口681.4万（2011年），其中市区人口433万。在国家统计局公布的全国城市综合实力排名中，济南综合实力居全国城市第13位。2012年济南市实现生产总值（GDP）4 812.68亿元，城市居民人均可支配收入32 570元，同比增长12.7%。

2.济南城市总体规划

济南市的城市发展目标为按照“实现新跨越，建设新泉城”的总要求，发挥省城优势，发展省会经济，提升省会形象，到2020年把济南建成具有独特自然风貌、悠久历史文化底蕴、浓郁现代化气息、代表山东形象的区域中心城市和繁荣、和谐、宜居、魅力的泉城。

在城市布局上按照“提升中心区、做强近郊区、突破远郊区”的总体思路，积极推进区域产业分工和协同发展，加快市域产业布局调整，改变中心城功能过于聚集的状况，积极引导传统产业向中心城周围县（市）转移，带动县（市）经济的全面发展和提升，在全市形成布局合理、分工明确、功能突出、优势互补的产业发展空间格局。

围绕“东拓、西进、南控、北跨、中疏”的城市空间发展战略，市域产业发展规划实施两翼展开、跨河发展的总体战略，形成主城区产业聚集区和东部济青、西部济郑、黄河北济盐三条产业聚集带。济南都市圈将着力构建济南向周边辐射的城际轨道交通主骨架，形成以济南为中心、连接周边各市、覆盖主要县市的1 183 km放射状城际交通网络。届时，不仅区域内3 462万居民出行实现与其他交通方式的“零换乘”，而且省会济南至周边主要城市也只需半小时、区域各城市间直达仅需1小时。“半小时交通圈”将改变“工作圈”与“生活圈”，济南都市圈居民将由此变成真正的“同城人”。

3. 济南城市轨道交通线路规划

由于市政府尚未审议批准新的城市轨道交通线网规划，目前，线路规划处于保密阶段，不能对外公布。

4.5.3 济南市城市轨道交通发展历程

2009年2月6日，济南市轨道交通规划建设工作领导小组成立。2009年6月20日，济南市轨道交通规划建设工作领导小组办公室与北京城建设计研究总院、济南市规划设计院等单位签订了《济南市轨道交通规划技术咨询合同》，开展济南市轨道交通建设对泉水影响研究、线网规划、建设规划等前期工作，标志着济南市轨道交通规划编制等前期工作正式启动。

2010年1月，济南与周边城市轨道交通规划启动。2010年7月，《济南市核心都市区远景规划研究》科技成果鉴定会召开，该研究成果为城市远景发展、服务轨道交通建设提供了科学的依据。2010年12月，《济南市轨道交通建设对泉水影响研究报告》和《济南市轨道交通线网规划》已经通过专家评审。2011年1月18日，济南市轨道交通规划建设工作领导小组办公室与中国地铁工程咨询公司、中国城市规划设计研究院和济南市规划设计研究院等单位签订了轨道交通控制性详细规划、轨道交通沿线用地控制性规划、轨道交通与其他交通方式衔接规划等配套规划的技术咨询合同，正式启动轨道交通配套规划的编制工作。

2011年1月25日，济南市轨道办和规划局组织召开《济南市轨道交通线网规划（最终报告）》评审会暨市城规委专家委员会审查会，轨道交通线网规划顺利通过专家评审。随后在2011年3月，济南市轨道办与中铁二院工程集团公司、山东省地矿工程勘察院、济南市考古研究所签订了轨道交通环境影响评价报告、地质灾害危险性评估报告和文物保护专题报告的技术咨询合同，正式启动轨道交通配套报告的编制工作。

目前，《济南市轨道交通建设对泉水影响研究报告》和《济南市轨道交通线网规划》已经通过专家评审，正在履行审议批准程序。《济南市轨道交通建设规划》和《轨道交通规划环境影响评价报告》已经委托设计单位，正在编制过程中。2012年9月，济南地铁1号线、2号线、5号线的可行性勘测启动。2012年7月9日，轨道交通1号线试验段开始开工建设。

4.6 太 原

4.6.1 太原市城市轨道交通2012年度最新发展动态

2012年6月18日，国家发改委批复《太原市城市轨道交通近期建设规划（2012—2018）》（《国家发改委关于印发太原市城市轨道交通近期建设规划（2012—2018）的通知》（发改基础[2012]1819号文））。

2013年1月，受国家发改委委托北京城建设计研究总院组织的《太原市轨道交通2号线一期工程可行性研究报告》专家评审会在太原市召开。

4.6.2 太原市城市总体规划和城市轨道交通线网规划

1. 太原市概况

太原是山西省省会，地处黄土高原东部，汾河流域中部，西、北、东三面环山，南部为开阔的河谷盆地，汾河纵贯全市是山西省的政治、经济、文化、教育、科技、交通和信息中心，是中国22个特大城市之一，在全国对外开放和经济发展布局中，具有承东启西、连接南北的双向支撑作用。全市总面积6 959 km²，其中市区面积1 460 km²，现辖6区（小店区、迎泽区、杏花岭区、尖草坪区、万柏林区、晋源区）、3县（清徐县、阳曲县、娄烦县）、1市（古交市）和2个国家级开发区（太原市经济技术开发区、太原市高新技术开发区）、2个省级开发区（太原工业园区、太原不锈钢生态工业园区）。

根据第六次人口普查结果，太原市常住人口为420.16 万人。2012年，太原市地区生产总值（GDP）达到2 311.43亿元，比上年增长10.5%，增速比上年加快0.6%。此外，太原全年社会消费品零售总额增长16.1%，绝对量达到1 129.51亿元， CPI累计上涨2.1%，涨幅比上年回落3.3个百分点。

2. 太原市城市总体规划

2009年4月6日，太原市规划委员会2009年第一次全体会议上，全票审议通过《太原市城市总体规划》（2008—2020），新一轮的城市建设将一步步从蓝图“搬”到现实中。太原市是山西省省会，承东启西的区域中心城市，总体规划以城市现状空间结构为基础，结合城市空间拓展方向和模式，构筑“三横三纵”的城市轴线网络。三条南北向纵轴为城市拓展轴，分布于汾河两岸，联系主城和新城，并向外延伸至清徐、阳曲等市区外围组团，引导老城服务职能的疏解和产业职能的外迁，推动新城和外围组团的建设。三条东西向横轴为城市联系轴，旨在优化汾河两岸的联系，加强城区内部的整合，组织各级城市中心，塑造有序的城市景观，实现城市内部的协调发展。通过都市区资源整合，推进太原城镇一体化，构建山西省发展的核心空间，提升太原区域核心竞争力，带动省域经济发展。

3. 太原市城市轨道交通线网规划

依据太原城市总体规划和综合交通规划，太原市规划远景城市轨道交通线网由7条线路组成，其中5条市区线、2条市域线，总长约233.6 km，共设车站150座，其中换乘车站21座，中心城区线网密度0.44 km/km^2。线网中，1号线为东西向跨汾河，衔接迎泽和武宿两个市级中心以及太原站、太原南站两个铁路枢纽的骨干线；2号线为南北向穿越主城组团，联系主城和新城组团以及太原客运站及南站两个公路客运枢纽的骨干线；3号线为东西向骨干线，强化主城区南部汾河两岸各片区的骨干线；4号线为南北向穿越汾河西侧片区，东西向跨越汾河联系汾河两岸片区的骨干线；5号线为联系主城组团汾河两岸片区，南北向覆盖城市主要客流走廊的骨干线；6号线为市域线，加强中心城区与清徐组团联系；7号线为市域线，加强太原与阳曲的联系。

建设将分为三个阶段：

第一阶段将规划建设地铁1号线、2号线的一期工程，形成“力”字形的基本骨架，覆盖城市东西向和南北向的主要客流走廊，支持城市向南发展，引导并促进新区的开发以及城中村的改造，同时带动太原南站和武宿市级中心的发展。建设时间为2012年至2018年，通车里程为49.2 km。

第二阶段建设为2015年至2020年，是建设发展阶段，在中心城区内形成比较完善的城市轨道交通线网的骨干网络，规划建设3号线、4号线和2号线二期工程，共同形成中心城区的骨干轨道交通网络，基本覆盖中心城区内的主要客流走廊。通车里程为116.2 km。

第三阶段为2018年至2030年，在第二阶段形成的城市轨道交通骨架网络的基础上，先后建成5号线、1号线二期工程、6号线和7号线，形成完善的城市轨道交通线网，通车里程为233.6 km。

近期先行建设1号线一期工程和2号线一期工程，形成“力”字型轨道交通基本骨架，线路总长约49.2 km。预计2020年，太原市区公共交通出行占全方式出行量的25%～30%，轨道交通占公交出行量的40%。

4.6.3　太原市城市轨道交通规划线路

太原市远景城市轨道交通线网规划形成7条线路，线路总长为233.6 km，远景规划方案如图4-5所示，其中5条市区线，总长157.9 km，2条市域线，总长75.7 km。各线路一览表见表4-1。

表4-1 太原市城市轨道交通线路介绍

线路名称	线路走向	涉及区县	线路长度/km			站点/座	换乘车站/座	功能
			长度/km	地下线	地上线			
1号线	迎泽大街 朝阳街 太行路 马练营路	万柏林区 迎泽区 小店区	32.0	32.0	0	26	7	覆盖东西向主要客流走廊，联系主城区汾河两岸，同时跨越同蒲铁路，联系铁路东西两侧片区。快速联系主城和新城两个组团，同时联系迎泽、武宿两个市级中心和太原站、太原南站
2号线	新兰路 恒山路 解放路 长治路 人民路	尖草坪区 杏花岭区 迎泽区 小店区	37.6	37.6	0	31	5	覆盖中心城区南北向的主要客流走廊，联系主城和新城两个组团，同时快速联系迎泽、长风两个市级中心和龙城、小店南两个市级副中心
3号线	南内环西街 长风街	万柏林区 小店区	22.5	22.5	0	20	6	加强主城区南部汾河两岸各片区之间的联系
4号线	汾西路 和平路 市府北街 新晋祠路 龙城大街	尖草坪区 万柏林区 晋源区 小店区	32.0	32.0	0	27	6	南北向联系汾河西岸各片区，东西向联系汾河两岸各片区，加强汾河西岸各片区与长风片区、龙城市级副中心的联系
5号线	兴华街 五一路 并州南路 坞城路 大运路	万柏林区 杏花岭区 迎泽区 小店区	33.8	33.8	0	29	6	加强主城组团北部汾河两岸各片区的联系，同时联系了主城与新城组团
6号线	G307 迎宾路 滨河西路 南中环街	小店区 晋源区 清徐县	48.1	25.6	22.5	23	4	加强了中心城区与清徐组团之间的联系
7号线	G208 迎新南三巷 大同路 中钢街	尖草坪区 阳曲县	27.6	16.2	11.4	15	2	联系太原和阳曲的快线，加强太原与阳曲的快速联系
合计			233.6	199.7	33.9	150	21	

1. 太原轨道交通1号线

1号线为一条东西向跨越汾河，联系了迎泽和武宿两个市级中心以及太原站和太原南站两个铁路交通枢纽的骨干线路，其覆盖东西向主要客流走廊，联系主城区汾河两岸，同时跨越同蒲铁路，联系铁路东西两侧片区，该线路快速联系了主城和新城两个组团，同时联系了迎泽、武宿两个市级中心，连接了太原站和太原南站这两个重要的铁路枢纽，汽车客运西站、太原客运站和太原南站（北营）客运站三个公路客运枢纽，加强了城市轨道交通系统与铁路、公路对外交通枢纽的一体化衔接。

途经道路迎泽大街、朝阳街、太行路、马练营路。线路长32.0 km，共设26座车站，其中有城市轨道换乘站6座。

2. 太原轨道交通2号线

2号线为一条南北向穿越主城组团，联系主城和新城组团的骨干线路，覆盖中心城区南北向的主要客流走廊，联系了主城和新城两个组团同时快速联系了迎泽、长风两个市级中心和龙城、小店南两个市级副中心。

2号线途经道路新兰路、恒山路、解放路、长治路、人民路，与太原客运北站、太原客运南站相衔接，实现公路对外客运与城市轨道交通的一体化衔接。线路长37.6 km，共设31座车站，其中有城市轨道交通换乘站5座。

3．太原轨道交通3号线

3号线为一条东西向骨干线，主要加强了主城区南部汾河两岸各片区的联系，线路途经道路南内环西街、长风街，与太原西站（义井站）、太原客运西站衔接，实现了城市轨道交通与铁路、公路对外交通系统的一体化衔接。

线路长22.5 km，共设20座车站，其中有城市轨道交通换乘车站6座。

4．太原轨道交通4号线

4号线为一条南北向穿越汾河西侧片区，东西向跨越汾河，联系汾河两岸片区的骨干线路，线路途经汾西路、和平路、市府北街、新晋祠路、龙城大街，南北向联系汾河西岸各片区，东西向联系汾河两岸各片区，加强了汾河西岸各片区与长风片区、龙城市级副中心的联系。

线路长32 km，共设27座车站，其中有城市轨道交通换乘车站7座。

5．太原轨道交通5号线

5号线为一条联系主城组团汾河两岸各片区，南北向覆盖城市主要客流走廊的骨干线路，线路途经道路兴华街、五一路、并州南路、坞城路、大运路，与太原客运站、太原客运南站衔接，实现了城市轨道交通与公路对外客运交通的一体化衔接。

线路长33.8 km，共设29座车站，其中有城市轨道交通换乘车站6座。

6．太原轨道交通6号线

6号线为一条市域快线，加强了中心城区与清徐组团之间的联系，线路长48.1 km，共设23座车站，其中有城市轨道交通换乘车站4座。主要途经道路为G307、迎宾路、滨河西路、南中环街。

7．太原轨道交通7号线

7号线为一条联系太原、阳曲的快线，主要加强了太原与阳曲的快速联系，线路长27.6 km，共设15座车站，其中有城市轨道交通换乘车站2座。主要途经道路为G208、迎新南三巷、大同路、中钢街。

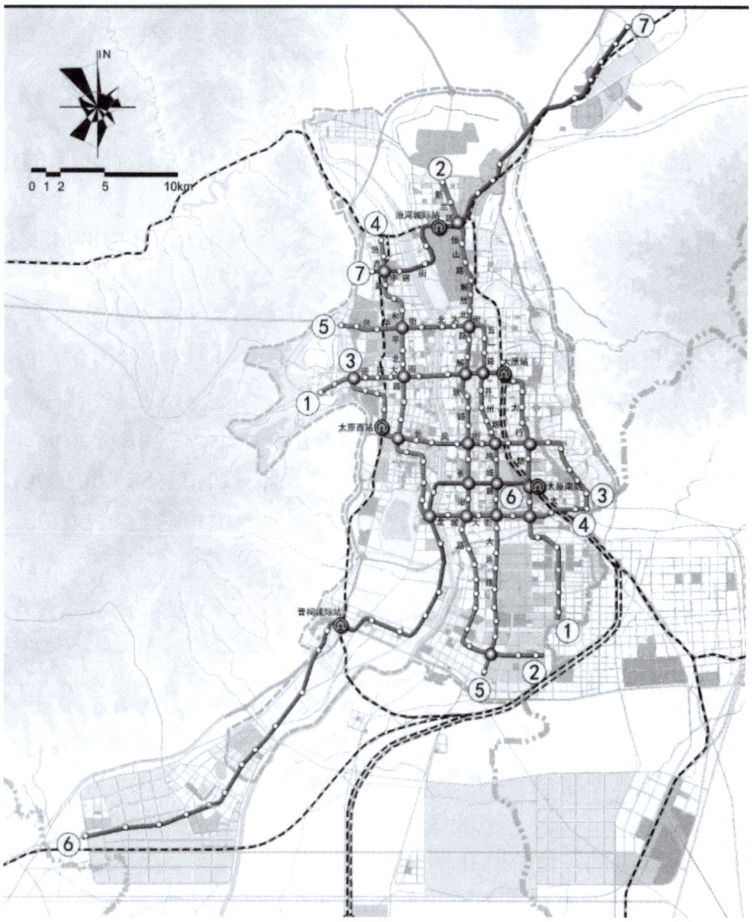

图4-5　太原市城市轨道交通线网远景规划方案

4.6.4　太原市城市轨道交通发展历程

2009年，正值国际金融危机，太原市官方出台一揽子振兴经济的计划，其中正式提出启动轨道交通前期建设，2009年11月，太原市轨道交通建设筹备处挂牌成立，开始轨道交通线网的规划编制工作。

经过将近一年的筹备，2010年12月，太原市规划委员会审议通过《太原市城市轨道交通线网规划》及《太原市城市轨道交通建设规划》。确定太原轨道交通建设分为近期、中期、远期（共十条线路），近期及中期共规划了五条线路，其中近期三条线路已经基本成熟。2011年3月，太原市城市轨道交通列入《中华人民共和国国民经济和社会发展第十二个五年规划纲要》。通年5月，中国国际工程咨询公司组织专家评估太原市轨道交通建设规划，形成了长达23页13 700多字的《专家组评估意见》，这也标志着太原市城市轨道交通建设项目正式步入国家审批程序。2011年9月，国家环保部环评司组织专家和相关部门对《太原市城市轨道交通建设规划及线网规划环境影响报告》进行了审查。

2012年6月18日，国家发改委批复《太原市城市轨道交通近期建设规划（2012—2018）》。

4.7 温州

4.7.1 温州市城市轨道交通2012年度最新发展动态

2012年9月24日，国家发改委正式批复《温州市域铁路建设规划（2012-2018）》，同意温州市建设S1、S2、S3三条市域铁路一期工程。

4.7.2 温州市城市总体规划和城市轨道交通线网规划

1. 温州市概况

温州市位于中国东南部，瓯江下游南岸，是浙江省下属的地级市，为沿海港口城市，亦是中华人民共和国沿海开放城市，简称瓯。温州市东濒东海，南毗福建，西及西北部与丽水市相连，北和东北部与台州市接壤。全市陆域面积11 784 km^2，海域面积约11 000 km^2。其中市区面积1 187 km^2。

温州市辖鹿城、龙湾、瓯海3区，永嘉、洞头、平阳、苍南、文成、泰顺6县，代管瑞安、乐清2市（县级）。共有60个街道、65个镇、6个乡（其中5个民族乡），324个社区、208个居民区、5405个行政村。温州市是浙江省人口最多的地区，根据《温州市2010年第六次全国人口普查主要数据公报》，全市常住人口为912.21万人。

2012年，温州市实现生产总值3 650.06亿元，按可比价计算，比上年增长6.7%。其中，第一产业增加值112.90亿元，增长1.2%；第二产业增加值1 843.06亿元，增长6.0%；第三产业增加值1 694.10亿元，增长8.0%。按户籍人口计算，人均地区生产总值45 667元，增长5.8%。

2. 温州市城市总体规划

到2020年末，都市区人口为440万人左右，城市建设用地为416.6 km^2。为了促进温州沿海工业化地区的形成，加快产业结构调整、完善工业体系建设，提升城市竞争能力与水平。温州市将加强中心、扩展两翼，形成“一带、一核、二中心”的经济发展格局。温州都市区形成“一主二辅五组团”的空间结构。其中，“一主”为中心城市（含主城区、永强副城区）；“二辅”为瑞云、乐柳二个辅城区；“五组团”为上塘组团、洞头组团、半岛组团、藤泽组团、桐浦组团。各组团间以绿化相隔离，城市组团中城市公园按市、区、小区级分级配置，形成“环绕绿心（大罗山、三垟湿地），绿带分隔，绿地成网，绿满视野”的三维立体化网络绿地系统，河湖水系融入绿地之中。

为将温州建设成为国际性轻工城及我国东南沿海重要的工业、商贸、金融、港口、旅游城市，温州市实施“一港三城”发展战略，加快从“滨江城市”向“滨海城市”的发展步伐，促进经济社会全面、协调、可持续发展，进一步加强生态城市建设，为提前实现现代化奠定基础。形成现代化温州都市区基础设施的构架，到规划期末，建成现代化的城市综合交通、公用设施、环境保护、抗灾防灾等基础设施系统，在数量和质量上满足城市综合功能的发挥和人民生活的需要。

3. 温州市城市轨道交通线路规划

温州轨道交通目前共规划建设3条市区线（M1、M2、M3），4条市域铁路（S1、S2、S3、S4）。根据城市最新规划需要，M1、M2、M3建设规划进一步研究。根据国家和浙江省发改委的批准，2012

至2018年，温州市开工建设3条轨道交通市域铁路，即S1线一期、S2线一期和S3线一期工程，线路总长140.7 km，总投资约为432.3亿元。

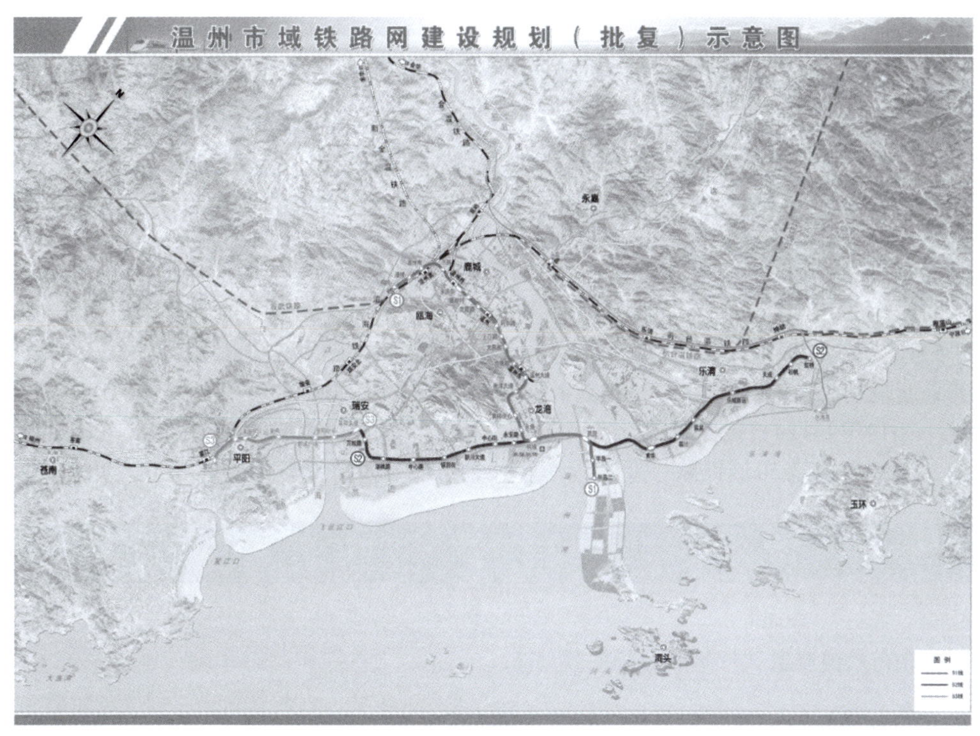

图4-6　温州市域铁路建设规划（2012—2018）线路图

4.7.3 温州市城市轨道交通规划线路

温州市城市轨道交通规划的线路有5条，包括M1、M2、M3、S2和S3。

1. 温州轨道交通M1线

M1线为西南—东北骨架线，构建中心城区、瓯海中心区、乐清辅城间快速连接通道承担中心城内部骨干交通、中心城与东北部都市区组团间快速交通联系，并服务高铁车站。

线路在远期线网方案规模基础上由七都岛继续向东北沿乐清规划路铺设，经北白象、柳市，于乐成镇终止，并在乐成镇南增设停车场。线路长度57.3 km，设车站32座，平均站间距1.85 km。

2. 温州轨道交通M2线

M2线为西北—东南骨架线，在远期方案基础上随温州机场远景改扩建增设一座车站，构建中心城区、龙湾中心区快速连接通道，并服务机场。线路长度40 km，设车站28座，平均站间距1.48 km。

3. 温州轨道交通M3线

M3线为南北向骨架线，构建中心城区与瓯北、瑞安辅城间快速连接通道，承担中心城内部骨干交通、中心城与南部都市区组团间快速交通联系，并服务永嘉高铁站。预留向上塘延伸条件。

线路连接永嘉高铁站、三江口、瓯北住宅区、旧城核心区、温州火车站、高教园区、瑞安开发区、瑞安老城区等重要客流集散点和规划开发区域。线路长度51.3 km，设车站32座，平均站间距1.65 km。

4. 温州轨道交通S2线

S2线为南北走向，承担都市区范围内沿海地带南北向组团间快速交通联系，由乐清雁荡镇起，沿沿海规划道路向南，经翁垟、黄华、半岛、龙湾，穿过瑞安沿海到达瑞安万松路总长87.6 km。

5. 温州轨道交通S3线

S3线为南北走向，是构建我市中心城区与永嘉、瑞安、平阳、苍南副中心的快速连接通道，线路全长约89.55km。

4.7.4 温州市城市轨道交通发展历程

温州轨道交通，是中国浙江省温州市计划、实施中的城市轨道交通系统，其规划起始于2001年，温州市域铁路S1线于2011年11月11日开工建设，正式开启温州轨道交通的建设序幕。其间，温州轨道交通规划历经多个版本，大致可以分为温州市域铁路和温州城市快速轨道交通两部分。

温州轨道交通规划从2007年时的“4条快轨线路和一条市郊铁路”到2010年的“以核心城区为中心的放射状市区普线网、以大都市区为范围的弓箭形都市快线网、以远景用地为基础的填充式弹性化轨道网”，再到“5条轨道交通线路，其中M1、M2、M3为市区普线，S1和S2为都市区快线”，历经多年，有多个版本。其最新规划为由S1、S2、S3和S4共4条线组成的温州市域铁路线网。M1、M2、M3工程前期工作被暂缓执行。2012年9月24日国家发改委正式批复《温州市域铁路建设规划（2012—2018年）》，同意温州市建设S1、S2、S3三条市域铁路一期工程，总长140.7 km，总投资约432.3亿元。

4.8 西宁

4.8.1 西宁市城市轨道交通2012年度最新发展动态

西宁市的城市轨道交通仍在规划当中，暂无进展。

4.8.2 西宁市城市总体规划和城市轨道交通线网规划

1. 西宁市概况

西宁市简称宁，因取“西陲安宁”之意而得名。地处青海省东部，黄河支流湟水上游，四面环山，三川会聚，扼青藏高原东方之门户，地理位置十分重要，古有“西海锁钥”之称。西宁市是青海省省会，是全省政治、经济、科技、文化、交通中心，主要工业基地。西宁有渊源流长的历史文化，得天独厚的自然资源，绚丽多彩的民俗风情，是青藏高原一颗璀璨的明珠。

西宁市位于青藏高原东部，平均海拔2 261 m，地理坐标东经101° 77'、北纬36° 62'。地势自北向南倾斜，西北高，东南低，东西狭长，形似一叶扁舟。湟水及其支流南川河、北川河由西、南、北汇合于市区，向东流经全市。西宁属大陆性高原半干旱气候。气压低、日照长，雨水少，蒸发量大，太阳辐射强，日夜温差大，无霜期短，冰冻期长，冬无严寒，夏无酷暑，是天然的避暑胜地。

西宁市辖城东、城中、城西、城北四个区，大通、湟中、湟源三个县。以及正在建设的西宁（国家级）经济技术开发区和城南新区（属城中区）、高新技术开发区（生物科技产业园区）、海湖新区，总面积7 649 km^2，其中市辖区面积380 km^2。2011年西宁市常住人口为222.80万人，较上年增长0.87%。全市城镇人口为145.79万人，乡村人口为77.01万人，城镇化率为65.44%，较上年提高1.74个百分点。

2012全年实现地方公共财政预算收入54.77亿元，同比增长21%，完成年度预算的101.9%。全年实现公共财政预算支出185.32亿元，同比增长23.5%，为年度预算的98.1%。从公共财政预算收入来看，税收收入48.14亿元，增长19.7%。

2. 西宁市城市总体规划

西宁市总体规划立足于区域发展的视角，与相关专业部门多次沟通，提出“建设西宁到张掖铁路，形成西宁市第二条外出铁路通道”的设想，并得到了有关领导的认可。这条第二通道不仅大大提升了西宁的区域地位，也起到了加强青海省的对外交通联系、完善欧亚大陆桥铁路通道功能的作用。规划形成西宁市—总寨—鲁沙尔—甘河滩—多巴环状综合经济区。这种“大西宁”的结构有利于消除主城区“十”字结构的缺陷，加强城镇间的有机联系和良性互动，促进各自职能的充分发挥。在“生态环境”专题的研究基础之上，确定西宁市的生态绿地网络模式，为城市发展的空间格局提供指引。“城市交通专题”开展了小样本居民出行典型特征调查，提出了西宁市交通的现状评价及存在问题，对西宁交通发展趋势及影响因素进行分析，提出了西宁市交通发展战略，对未来交通需求进行了预测。通过交通流量分析和交通难点研究，对于确定城市路网格局，解决“错位十字”形态带来的交通瓶颈具有重要的作用。青海省有许多大型工矿企业深处高原腹地。作为青藏高原最适宜人居住的城市，西宁是他们重要的后勤补给和生活服务基地。因此规划适当提高居住用地的比例，以体现西宁作为高原生活基地的功能。青海的特殊城镇体系特征，使西宁成为唯一辐射全省的中心城市。规划着重加强西宁在科教、医疗、文化、体育等公共服务设施领域的效能，将各类公共服务设施分级配置，适当提高人均指标，以满足全省对西宁服务职能的需求。针对西宁特殊的自然条件，“总规”着重进行了建设用地适宜性的评价。一方面对不宜进行城市建设的地段进行严格控制。另一方面结合城市用地的拓展，巩固原有南北山绿化工程的成果，进一步完善山体绿化的布局。通过治理水土流失控制地质灾害的发生。

3．西宁市城市轨道交通线路规划

为了缓解西宁市的交通拥堵和提高交通安全性，市政府在2009年全面启动了畅通工程，分近期、远期实施该工程，其中近期分三个阶段实施。畅通工程远期目标还以“十”字型发展轴线为骨架，拓展城市空间布局，合理规划路网和建设时序，发展以城市高架为主、轨道交通为骨干的城市客运交通体系。今后，西宁市还将尽快建成西宁西过境高速公路，推动南凤凰山环绕城国家高速公路项目尽快开工建设；有计划地加大对全市“断头路”、十字路口大转盘、公铁平交道口的改造力度，建设一批公交场站、调度枢纽、社会停车场等，努力达到“近期显著缓解、中远期基本解决”的目的；完善客运场站布局，修编完善《西宁市轻轨交通规划》，进行轻轨空间整体布局并预留停车场用地，远期形成以轻轨交通为主、公交车为辅、出租车为补充的城市客运综合交通体系；科学规划城市路网，近期构建微循环路网、小循环(内环)路网以及一、二环路网和“十”字形三环路网，近、中期修建城市高架路，中、远期构建高速立交桥，远期构建外环路网，推行轨道交通建设，最终达到通畅、安全、公平、绿色综合交通体系的目的。西宁市快速轨道交通线网规划初步方案由三条轨道交通线路组成，在主城核心区形成“井”字型构架方案，主城区全线网长约65 km，共设58座车站，其中换乘站3座。如图4-7所示。

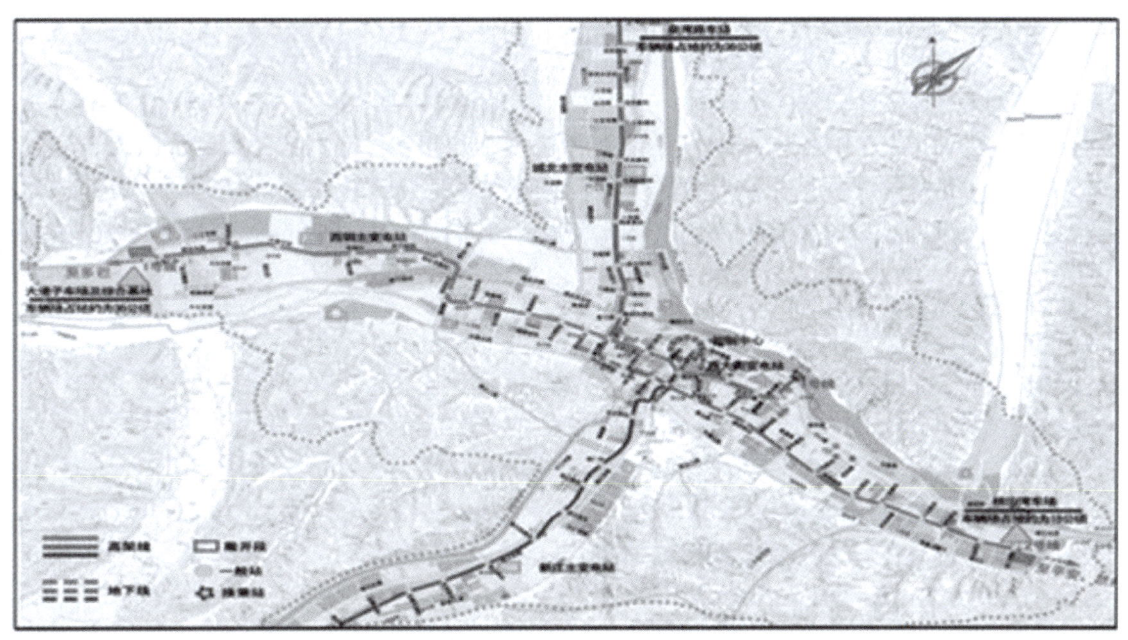

图4-7　西宁城市轨道交通线网规划

4.9 徐 州

4.9.1 徐州市城市轨道交通2012年度最新发展动态

2012年3月8日，《徐州市城市轨道交通建设及线网规划环境影响报告书》顺利通过环境保护部环境影响评价司的审查，为开展下阶段的项目环评奠定了良好的基础。徐州市城市轨道交通有限责任公司于2012年7月30日正式注册成立，这标志着徐州市轨道交通项目建设各项准备工作进入实际运作阶段。

4.9.2 徐州市城市总体规划和城市轨道交通线网规划

1. 徐州市城市概况

徐州是中国历史文化名城，位于江苏省西北部，微山湖南岸，位于东经116° 22'～118° 40'、北纬33° 43'～34° 58'之间。东西长约210 km，南北宽约140 km，总面积11 258 km^2，占江苏省总面积的11%。徐州市市区面积3 037.3 km^2。第六次人口普查中，全市共登记常住人口858.05万人，市辖区人口305.38万，是江苏省委、省政府确立的徐州都市圈的核心。属于华北平原的东南部，域内除中部和东部存在少数丘岗外，大部皆为平原。

徐州“东襟淮海，西接中原，南屏江淮，北扼齐鲁”，素有“五省通衢”之称。京沪铁路、陇海铁路、京沪高铁、徐兰客运专线在此交汇，京杭大运河傍城而过贯穿徐州南北，北滨微山湖。公路四通八达，北通京津，南达沪宁，西接兰新，东抵海滨，为我国重要水陆交通枢纽和东西、南北经济联系的重要“十字路口”，是全国重要的交通和铁路枢纽及能源基地和工业基地。

2012年徐州市实现地区生产总值实现4 016亿元，同比增长13.2%，增幅连续三年居全省第一；公共财政收入366.8亿元，增长15.2%，位居全省第五位，城市经济总量入围全国30强。

2. 徐州城市总体规划

2007年国务院批复的《徐州市城市总体规划（2007—2020）》指出：徐州城市规划区（即徐州都市区），是以主城为核心，以中心城及外围城镇为主体，以绿色生态空间相隔离，以便捷的交通相联系的高度城市化地区。地域包括徐州市区行政管辖范围、铜山县行政管辖范围及睢宁县双沟镇。总面积3 126 km^2。

以中心城市、重点中心镇为节点，快速交通体系为依托，市域城镇空间总体上形成：“一个都市区、一条城镇发展轴和三条城镇联系通道的‘K’字形区域城镇空间结构。”一个都市区指徐州市区和铜山县，城镇发展轴指徐连城镇聚合轴徐州段，城镇联系通道指徐丰、徐沛、徐睢城镇联系通道。以徐州都市区为核心，构成徐州都市区、邳州市区、新沂市区、丰县城区、沛县城区、睢宁县城区六个中心城市发展区，形成徐州都市区—五县（市）城区—重点中心镇——般镇的四级城镇体系结构。到2020年，全市形成1个特大城市，5个中等城市，65个小城镇（含徐州都市区内10个2.5万人左右的小城镇）。

城市总体规划布局了“米”字形高速公路网、“丁”字形高速铁路网以及以快速干道、轨道交通为支撑的城市道路网，为城市社会经济各项事业的发展提供了一个高效、便捷的综合交通网络。城市总体规划还在科学研究、充分挖掘城市历史文化和生态资源的基础上，提出了“两湖、四区、五山、八水”的生态总格局以及“具有丰富历史文化内涵、南北交融的文化氛围、高品质文化气息的现代化大都市”的城市特色。

3. 徐州市城市轨道交通规划

根据轨道交通建设规划，《徐州市城市轨道交通建设及线网规划》（2011年版）拟定的远期线网由4条线路组成，线路全长117.9 km，远景在此基础上，新增5号线及4号线西延段，线网全长达151.9 km。规划年限立足近期2020年，面向远景规划期为2050年。《徐州市城市轨道交通建设及线网规划》由1号线一期工程、2号线一期工程和3号线南段工程构成，线路总长59.6 km，其中地下线50.92 km、地上线8.65 km。共设车站46座、车辆基地1处、车辆段1处、停车场2处、主变电站4座和控制中心1处。如图4-8所示。

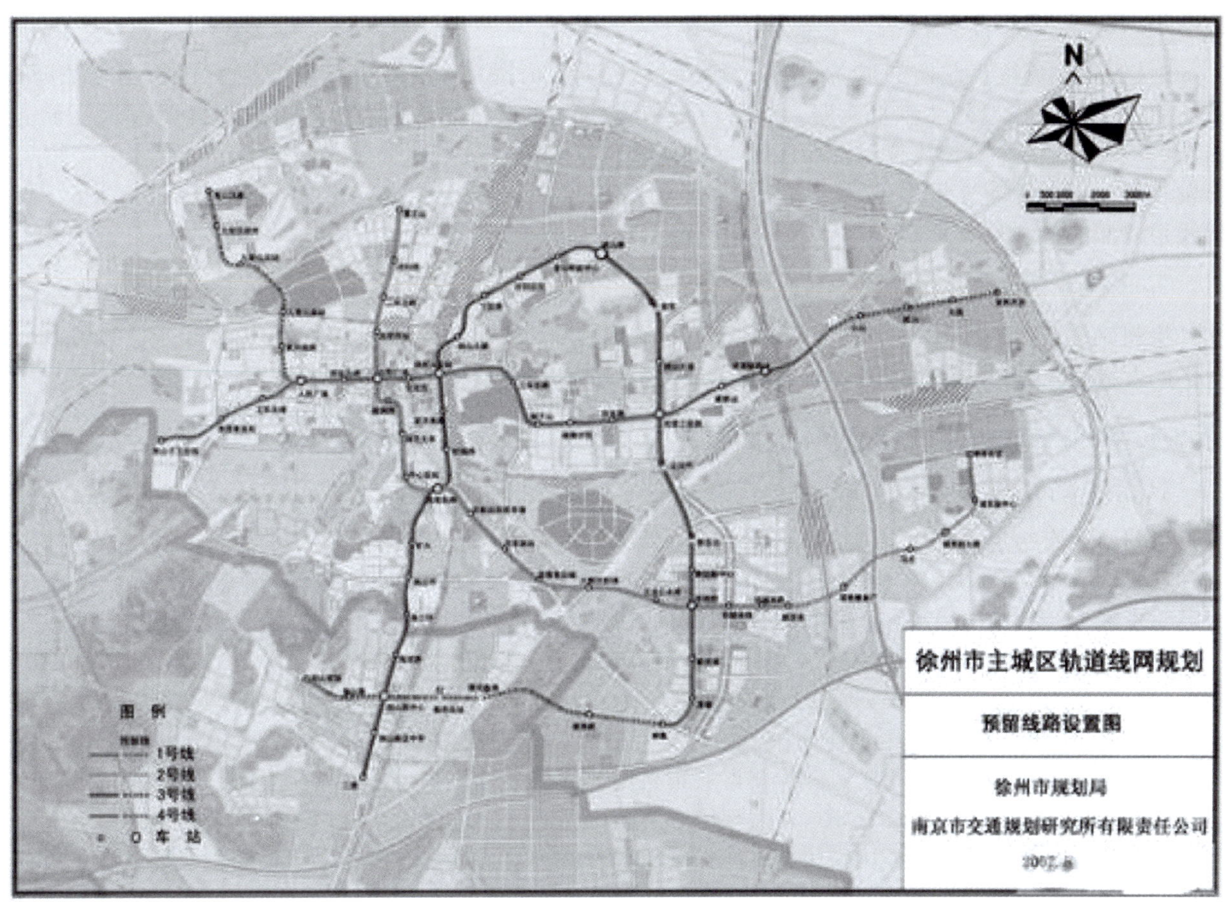

图4-8 徐州市主城区轨道线网规划图

4.9.3　徐州市城市轨道交通规划线路

徐州市城市轨道交通规划线路5条，包括徐州轨道交通1号线、2号线、3号线、4号线、5号线。

1. 徐州轨道交通1号线

1号线是徐州主城区东西向的骨干线路，线路起点位于城市西部的杏山子工业园，沿淮海路经彭城广场、徐州火车站，穿越坝山片区中心和高速铁路站，向东到达城东片区北部，终点站位于城东的安然片区，形成主城区东西向主轴线。连接老城3个商业中心（彭城广场、人民广场、淮海广场）和2个铁路枢纽（徐州火车站、高铁客运东站）及1个片区中心（坝山片区中心）和沿线重要地区（医疗，教育等）；在1号线西端设置一处停车场，在1号线高速铁路车站东侧适当延伸线路设置一处车辆段，并利用既有地方铁路支线与国铁系统沟通。

1号线全长31.9 km，地下线12.8 km，高架线约19.1 km，地下线比例约为32%。1号线预计2013年开建，2016年建成。

2. 徐州轨道交通2号线

2号线建设区间从霸王山南侧到新城区东，将连接2个市级中心（老城中心和徐州新区中心）、3个公路客运枢纽（客运北站、客运南站、新区客运站）以及市场群、医疗、体育、展览公共服务设施、区政府。城市“双心”组团将形成直达轨道联系，促进新区发展；主城区形成“十字型”骨架轨道线网，发挥线网的整体效益；带动沿线土地开发，特别是引导新区开发，促进老城区改造，发挥轨道交通的引导作用。2号线全长27.3 km，地下段10.1 km，高架段17.2 km。2号线一期工程预计2015年开建。

3. 徐州轨道交通3号线

3号线是主城区南北向的辅助线路，线路起点位于金山桥片区的桃山路附近，沿下淀路经徐州火车站后，顺复兴南路到达淮塔东路，然后沿解放南路，北京路到达铜山新区南部地区，终点位于铜山新区的二堡附近。3号线位于老城区部分路段大致与京沪铁路平行，地面铁路线路情况复杂，用地开发较早，因此考虑采用地下线，两端线路采用高架线。3号线全长18 km，其中地下线6.3 km，高架线11.7 km。3号线一期工程预计2017年开建。

4. 徐州轨道交通4、5号线

徐州轨道交通4、5号线为徐州市城市轨道远景规划线路，其中4号线计划走向为：起于驮蓝山路，止于矿大新校区。5号线计划起于徐矿城，止于三堡。

4.9.4 徐州市城市轨道交通发展历程

2009年徐州轨道线网建设规划已经启动，为落实城市总体规划的内容，保持城市交通的可持续发展，徐州市政府决定在各片区进行控制性详细规划的同时同步开展道路交通系统的研究，以形成良性的互动和反馈。2011年6月29—30日，江苏省发展和改革委员会在徐州市主持召开《徐州市城市快速轨道交通建设规划（2012—2020）》评估会并进行实地勘察，为近期轨道交通建设做好充分准备。

2012年3月8日，国家环保部在《关于〈徐州市城市轨道交通建设及线网规划环境影响报告书〉的审查意见》中明确，徐州市轨道交通规划通过国家环评，为开展下阶段的项目环评奠定了良好的基础。

徐州市城市轨道交通有限责任公司于2012年7月30日正式注册成立，这标志着我市轨道交通项目建设各项准备工作进入实际运作阶段。徐州市城市轨道交通有限责任公司是由徐州市国有资产投资经营集团公司（简称市国投集团）、徐州市新城区国有资产经营有限责任公司、徐州经济技术开发区国有资产经营有限责任公司、徐州市铜山区国有资产经营有限责任公司四家公司按照现代企业制度投资设立的有限责任公司。公司主要从事我市城市轨道交通项目建设、运营及沿线相关资源开发等业务。

4.10 珠 海

4.10.1 珠海市城市轨道交通2012年度最新发展动态

2012年，珠海市城市轨道交通项目仍在筹备规划中。

4.10.2 珠海市城市总体规划和城市轨道交通线网规划

1.珠海市城市概况

珠海市是珠三角西岸的一个重要城市，地理坐标处于北纬21° 48'～22° 27'、东经113° 03'～114° 19'之间。水连香港（距香港36海里），地接澳门，也是中国的经济特区之一。珠海市包括了香洲区、金湾区、斗门区。珠海市面积有1701 km^2，常住人口156万（2010末统计数据）。珠海市的北面是中山市、东北和东面皆与香港特别行政区隔海相望、东南面是澳门特别行政区、西面是台山市、西北面是江门市。珠海市区内陆部分地势由西北向东南倾斜，地形多样，以平原（占25.5%）、丘陵（占58.68%）为主，兼有低山、滩涂等。地势平缓，倚山临海，海域辽阔，百岛蹲伏，有奇峰异石和秀美的海湾、沙滩。珠海市辖3个市辖区，8个街道、15个镇。

2012年，珠海完成地区生产总值（GDP）1 504.1亿元，比上年增长7%；人均生产总值9.5万元，约合1.5万美元，增长6.1%；城镇居民人均可支配收入32 980元，增长14.8%，农村居民年人均纯收入13 400元，增长13%。

2．珠海城市总体规划

根据修编后的《珠海市城市总体规划（2001—2020年）》。城市发展结构将建立由“主城区—次中心城—外围新城—中心镇”构成的多层次、组团型的城市空间体系。城市各组团规模与职能结构：各城市组团间形成既有分工、又有协作的互动式发展格局。

主城区：包括由新老香洲、吉大、拱北、前山等组成的中心城区和由南屏、湾仔、洪湾组成的南湾城区。中心城区是城市经济、文化和行政中心，全面承担中心城市的各项职能；南湾城区承担以第二产业为主的生产职能。区内前山、南屏、湾仔等镇转为城市型行政体制。

金湾次中心城：包括红旗、小林与原西湖片区。城市副中心之一，应强化发展的地区，承担生活服务、教育、旅游等职能。

斗门次中心城：包括井岸、白蕉镇（部分）、新青工业园、白藤湖度假区等。城市副中心之一，应整合发展的地区；承担生产、生活、旅游度假等综合性职能。

唐家湾新城：包括金鼎、唐家与淇澳。承担高等教育、高新技术产业与新型服务业等职能。

横琴新城：发展过程中具有一定的不确定性，规划承担大型旅游、度假、游乐等职能；同时也是与澳门合作发展的主要地区。

三灶新城：包括三灶、航空港。承担空港运输、空港产业、高新技术产业和教育等职能；是区域性的专业功能区之一。

港区新城：包括南水、临港工业区和珠海港高栏港区。承担以海洋运输为主的大型储运、化工等临海产业职能；是区域性的专业功能区之一。

陆域中心镇：包括平沙镇、白蕉镇、斗门镇、五山乾务镇、上横莲溪镇，为综合性发展的中心镇。

在规划期末，主城区的城市建设用地规模控制在85 km^2；金湾次中心城的城市建设用地规模控制在15.6 km^2；斗门次中心城的城市建设用地规模控制在23 km^2；唐家湾新城的城市建设用地规模控制在28.6 km^2；横琴新城的城市建设用地规模控制在5 km^2；三灶新城的城市建设用地规模控制在21 km^2；港区新城的城市建设用地规模控制在12 km^2。

3．珠海市城市轨道交通规划

按照《珠海市轨道交通线网规划》，至2050年，珠海将建全长达约300 km的轨道交通网，共设65个车站，其中10个车站为换乘站，如图4-9所示。其中2条城市轨道交通线拟以地下通道、换乘等方式与港珠澳大桥及澳门衔接，这2条城市轨道交通线总造价将达人民币128亿元。

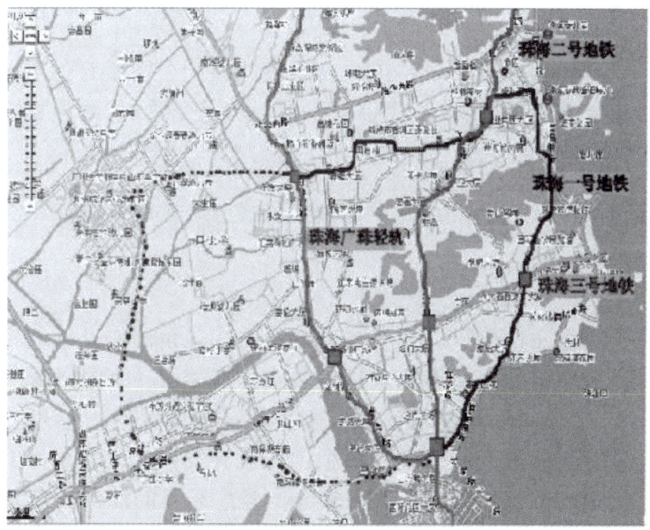

图4-9 珠海市轨道交通网络规划图

2011年4月12日，珠海市七届181次市政府常务会议审议并原则通过了《珠海市轨道交通线网规划》这一规划。规划中的轨道交通线网将由呈放射状的6条城际轨道线和3条城市轨道线组成。3条城市轨道则由承担香洲、拱北、前山、吉大间的城市轨道1号线、承担梅华至拱北的城市轨道2号线和承担金湾中心区、平沙和珠港新城之间交通的轨道3号线组成。

根据规划，珠海轨道交通1号线和2号线在2020年前动工。此外，城市轨道还包括1条陆上轻轨3号线，即珠海与斗门城际线中的珠海支线，在2050年前动工。

4.10.3 珠海市城市轨道交通规划线路

珠海市城市轨道交通规划线路3条，包括珠海轨道交通1号线、2号线、3号线。

1. 珠海轨道交通1号线

珠海轨道交通1号线起点在人民西路，向东前行到市政府，然后往南经吉大，一直到拱北湾的人工岛与港珠澳大桥连接，然后向西经粤海路，到达翠前路后往北到人民西，整条地铁呈一个四方形的结构。线路全长18.3 km，设站14座，平均站间距1.4 km，途中与2号线在迎宾北路、粤海路站换乘。

2. 珠海轨道交通2号线

珠海轨道交通2号线起于梅华路，在迎宾北与1号线交会，然后沿着迎宾路一直往南，在粤海路与1号线路再次交会，最后到达拱北站。2号线贯穿珠海中心城区，全长7.3 km，设站6座，平均站间距1.4 km。途中，与广佛江珠城际在梅华路换乘，与1号线在迎宾北路、粤海路换乘，在珠海站与广珠城际、珠海机场城际换乘。

3. 珠海轨道交通3号线（珠斗支线）

珠海轨道交通3号线全长31.4 km，设站8座，平均站间距4.4 km，在红旗站和江珠城际换乘，终点站与珠海城际在白蕉站换乘。

4.10.4 珠海市城市轨道交通发展历程

2010年9月10日，《珠海市轨道交通线网规划》接受专家评审。2011年4月12日，珠海市七届181次市政府常务会议审议并原则通过了这一规划。珠海市城对规划中的四个备选方案，经过与城市协调发展、线网结构、运营效果、可实施性、社会效益等多方面进行综合研究比较后，珠海市轨道网络构架最终确定D方案，即到2050年，珠海市要建立9条轨道交通线，包括5条城际轨道线和4条城市轨道线，轨道交通网络规模由原来的240 km达到约320 km。2012年，珠海市城市轨道交通项目仍在筹备规划中。

4.11 惠 州

4.11.1 惠州市城市轨道交通2012年度最新发展动态

2009年9月3日，市政府与港铁深圳公司签订《惠州市轨道交通项目合作框架协议》，标志着惠州轨道交通1号线项目正式启动。惠州轨道交通1号线项目正式启动后，2012年惠州市轨道交通项目仍在规划筹备中。

4.11.2 惠州市城市总体规划和城市轨道交通规划

1. 惠州市城市概况

惠州市位于广东省东南部，珠江三角洲东北端，南临南海大亚湾，与深圳、香港毗邻，是中国大陆除深圳市外距离香港最近的城市，是客家人的主要聚居地之一。惠州市属珠三角经济区，现辖2个市辖区、3个县，即惠城区、惠阳区两区和博罗县、惠东县、龙门县三县，设有大亚湾经济技术开发区和仲恺高新技术产业开发区两个国家级开发区。陆地面积1.12万km^2，占珠三角经济区面积的1/4。海域面积4 520 km^2，海岸线长223.6 km，是广东省的海洋大市之一。

2011年惠州全市GDP实现2 097.3亿元，增长14.6%，增幅居全省第二位、珠三角第二位。经济总量规模在2007年越过1 000亿元大关后，仅用4年时间实现从1 000亿到2 000亿元的跨越。其中，第一产业增加值117.7亿元，增长5.0%；第二产业增加值1 245.4亿元，增长17.2%；第三产业增加值734.2亿元，增长11.8%。此外，全年规模以上工业增加值1 012.7亿元，增长20.2%，总量首次突破1 000亿元大关。

2. 惠州城市总体规划

惠州市南部新城具有良好的区位条件：广东省区域空间的资源结构性变化，使得惠州市成为区域发展的重点地区之一。在中海壳牌南海石化项目建成投产、大亚湾经济技术开发区发展迅猛的条件下，惠州市域经济发展重点正向南调整，这也使得南部新城成为惠城区及惠阳区（包括大亚湾经济技术开发区），东西向连接陈江仲恺地区惠东的重要节点。在惠州城市总体规划平面图中，南部新城正好处在惠州的中心位置。

根据惠州城市总体规划，惠州主要由四大城市次区域组成，即分为惠城、惠阳—大亚湾、陈江—仲恺和北部山区四个主要组成部分。新规划的南部新城，属于惠城次区域的一部分。南部新城的发展，将承担起疏导老城区城市功能的作用，包括居住、城市商务和公共服务等。南部新城规划是市政府历年来首次对惠城区和惠阳区的中间地带进行详细规划。惠城区和惠阳区两大主城区存在很多优势互补的方面，两个主城区的发展呈现出“向心力”。南部新城规划的出台，将有利于整个惠州城市资源的整合和升级。此外，南部新城将成为惠州城市发展南北走廊的重要衔接点，是惠州城市“南进北拓”的重要跳板。

3. 惠州市城市轨道交通规划

根据《惠州市轨道交通网络规划（草案）》，7条线路被列入规划内容，其中5、7号线为城市线；1、2、3、4、6号线为城际线，分别为广惠城际、惠深城际、莞惠城际、惠城—惠东城际、惠阳—惠东城际，主要枢纽站点有惠州南站、市政府站、惠东站等。总长271.2 km，共设站85座，换乘站9座。如图4-10所示。据介绍，有关部门将综合分析客流规模形成的难易程度、交通走廊适应性、城市空间结构吻合程度及惠州市财力等因素，2020年前建成轨道交通1号线，2030年前建成轨道交通2、3号线，其他线路在2050年前建成。

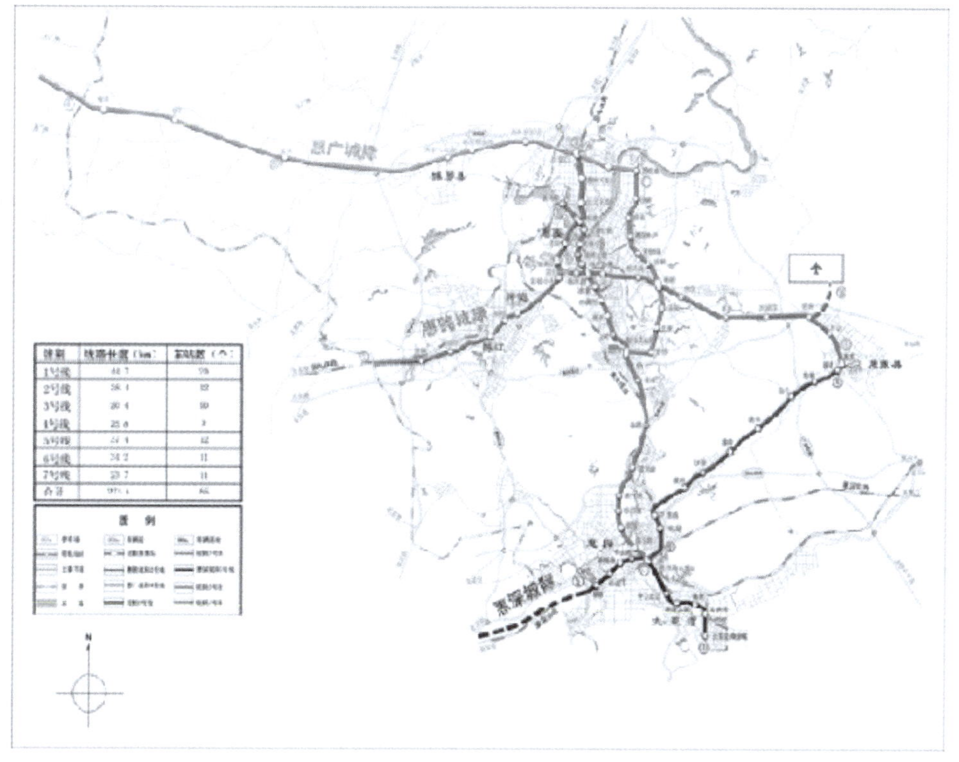

图4-10　惠州轨道交通网络规划

4.11.3 惠州市城市轨道交通规划线路

惠州市城市轨道交通规划线路7条，包括轨道交通1号线、2号线、3号线、4号线、5号线、6号线、7号线。

1. 惠州轨道交通1号线

惠州轨道交通1号线联系惠州火车站、江北、惠城老城区、三栋、数码园、淡水湖、惠阳、惠州南火车站等片区，是联系惠州市主要居住区、就业区、商业区和重要交通枢纽的市域组团快线。线路由惠州火车站至惠州南站，全长46.4 km，设站27座，其中换乘站4座；其中北三环至南岸路、深汕高速公路至惠州南火车站段采用地下敷设方式，其余为地上线方式。

2. 惠州轨道交通2号线

惠州轨道交通2号线位于东西向东莞－惠城－惠东县城－汕头发展轴，沿途经过沥林、陈江、南部新城、东部远景规划建设区（马安、水口）等片区，是惠州联系东莞的区域城际快线。线路由荔枝城站至惠莞分界，全长44.9 km，设站15座，其中换乘站2座，采用地上线敷设方式。

3. 惠州轨道交通3号线

惠州轨道交通3号线联系大亚湾开发区、惠阳淡水、秋长等片区，并向深圳方向延伸，是惠州联系深圳的区域城际快线。线路由大东亚商业城站至惠深分界，全长20.4 km，设站10座，其中换乘站1座；其中惠阳中心城区采用地下线敷设方式，其余为地上线方式。

4. 惠州轨道交通4号线

惠州轨道交通4号线联系惠州火车站、小金口、博罗、龙华、福田等片区，并向广州方向延伸，是惠州联系广州的区域城际干线。线路由惠州火车站至惠广分界，全长59.8 km，设站8座，其中换乘站1座；采用地上线敷设方式。

5. 惠州轨道交通5号线

惠州轨道交通5号线连接惠城与惠东，沿线主要经过河南岸、金山湖、淡水湖地区，是惠州联系惠东的市域组团快线。线路由新汽车南站至惠东站，全长约37.4 km，设站12座，其中换乘站3座；其中惠城中心区采用地下线敷设方式，其余为地上线方式。在5号线新安站以北至惠州机场规划预留5A支线通道位置，新安站预留5A支线（机场线）接轨条件。

6. 惠州轨道交通6号线

惠州轨道交通6号线连接惠阳与惠东，位于深圳（香港）－大亚湾－稔平半岛－汕尾发展轴上，沿线经沙田、白花等片区，是惠阳联系惠东的市域组团快线。线路由惠州南站至惠东站，全长35.9 km，设站11座，其中换乘站2座；其中惠州南站附近采用地下线敷设方式，其余为地上线方式。

7. 惠州轨道交通7号线

惠州轨道交通7号线始于水口荔枝城站，止于1号线数码工业园站；线路全长23.7 km，沿途共设车站11个，平均站间距离2.33 km。

4.11.4 惠州市城市轨道交通发展历程

2008年6月，惠州市规划建设局在其官方网站公布《惠州市轨道交通网络规划（草案）》，2009年9月3日，惠州轨道交通1号线项目正式启动。该规划将惠州与周边城市如广州、深圳、东莞之间轨道交通的连接考虑在内，分近期、中期、远景三个规划年限执行，规划区域为除龙门县以外的惠城区、惠阳区、惠东县和博罗县，规划区域面积达9089 km^2，共规划7条线路总长271.2 km。截至2012年底，惠州市轨道交通项目仍在规划筹备中。

4.12　常州

4.12.1　常州市城市轨道交通2012年度最新发展动态

2012年5月11日，《常州市城市快速轨道交通建设规划(2011-2018年)》获得国家批准，常州市成为江苏省第四个获准建设城市轨道交通的城市。

4.12.2　常州市城市总体规划和城市轨道交通规划

1. 常州市城市概况

常州位于长江三角洲中心地带，地处江苏省南部，市中心位于北纬31° 09'～32° 04'、东经119° 08'～120° 12'。北携长江，南衔太湖，与上海、南京等距相望，沪宁铁路、沪宁高速公路、京杭大运河均穿城而过。常州市共辖7区2市，5个市辖区，2个新区和2个县级市；另有6个省级经济开发区（武进西太湖经济开发区、钟楼经济开发区、天宁经济开发区、戚墅堰经济开发区、金坛经济开发区、溧阳昆仑经济开发区）；市区共37个镇，25个街道；武进区、天宁区、钟楼区、新北区、戚墅堰区、常州高新区、武进高新区、金坛市、溧阳市。全市总面积4 385 km^2，总人口约500万，市区常住人口330万，市辖区面积1 864 km^2；其中太湖水域面积约33 km^2，太湖湖岸线长约7 km；2010年城市建成区面积为307 km^2。

2012年，常州市实现生产总值3 950亿元，增长约11%；公共财政预算收入378亿元，增长约8%；全社会固定资产投资2 760亿元，增长约18%，其中工业投入1 526亿元，增长约18%；社会消费品零售总额1 408.8亿元，增长约15%；城镇居民人均可支配收入和农民人均纯收入均增长约13%。

2. 常州城市总体规划

由《常州市城市总体规划（2011—2020年）》可知，统筹区域发展，市区形成“一城、七片”的结构形态。一城即常州中心城区。七片即中心城区外围七个片区：孟河、奔牛、邹区、湟里、雪堰、洛阳和横山桥片区。

中心城区结构形态将为“一主两副多组团”的空间结构。

“一主”即主城区，范围为北起沪蓉高速公路，南至常合高速公路，西起常泰高速公路，东至常合高速公路，为常州城市的本体；包括中心、高新、城西、湖塘、城东五个组团；其主要功能为生活居住、公共服务、商业金融、文化旅游、科技研发和高新技术产业等；重点规划建设“两圈”（市河和京杭大运河文化景观圈）、“五区”（三片历史文化街区和城北现代旅游休闲区、淹城遗址公园和西太湖生态休闲区）、“一城”（以职教科研为特色的科教城）、“三园”（常州国家高新技术产业开发区、城西工业园区、城东工业园区）、“三中心”（行政中心、商贸中心、文化中心）。

“两副”即中心城区的南北两个新区。南部新区以常州西太湖生态休闲区和武进高新技术产业开发区为主体，主要功能为高新技术产业、现代物流、生活居住和休闲度假产业；北部新区以高铁新城为核心，主要功能为商务商贸、生活居住、港口和先进制造业。

“多组团”即中心组团、高新组团、城西组团、湖塘组团、城东组团、新龙组团、新港组团、武南组团、空港组团和西太湖组团。

3. 常州市城市轨道交通规划

根据《常州市城市快速轨道交通建设规划（2011—2018年）》规定，常州市远期建设4条轨道交通线路，分别为常州轨道交通1、2、3、4号线，形成总计129 km的城市轨道交通线网。近期建设常州轨道交通1号线一期和2号线一期工程，长约53.88 km，形成“十”字型的轨道交通基本骨架，如图4-11所示。

常州市轨道交通1、2号线线站位总体方案图(待批复)

图4-11　常州市城市轨道交通规划线路图

4.12.3　常州市城市轨道交通规划线路

常州市城市轨道交通近期规划线路2条，包括常州轨道交通1号线一期、2号线一期；远期规划线路4条，包括常州轨道交通1号线、2号线、3号线、4号线。

1. 常州轨道交通1号线一期

常州轨道交通1号线一期工程是《常州市城市快速轨道交通建设规划（2011—2018年）》中，近期筹备建设的一条线路。线路自北海路至南夏墅，连接了京沪高铁站，高新区组团，市级公共服务中心，大型居住区，沪宁城际铁路站，中心商贸、金融区，湖塘组团，武进区公共服务中心，高职教育基地和规划武南生活组团，贯穿常州市南北方向。

1号线一期全长约34.02 km，其中地下线约31.21 km，高架线约2.81 km；设站28座，其中地下站27座，高架站1座；建设新龙车辆段，占地约260 km^2，建设城南停车场，占地约200 km^2；设控制中心1座，主变电站2座及配套机电系统。投资213.3亿元，规划建设期为2011—2016年，预计2014年上半年开工建设。

2．常州轨道交通2号线一期

常州轨道交通2号线一期工程是《常州市城市快速轨道交通建设规划（2011—2018年）》中，近期筹备建设的一条线路。线路自城西中心至颜家，连接勤业片大型居住区，延陵路商贸区，天宁风景名胜区，城东居住区直至戚墅堰区公共服务中心，横贯常州市东西方向。

2号线一期全长约19.86 km，其中地下线约18.86 km，高架线约1 km；设车站13座，其中地下站12座，高架站1座；建设城东车辆段（定修），占地约240 km^2；建设主变电站1座及配套机电系统工程。投资123.2亿元，规划建设期为2014-2018年，预计2016年上半年开工建设。

3．常州轨道交通3号线

常州轨道交通3号线为远期规划线路，线路呈L型，由高速铁路常州站至常州高等职教基地，串联了城市北部高新技术产业园区、飞龙和五星居住区、淹城遗址公园等，线路全长约25 km。

4．常州轨道交通4号线

常州轨道交通4号线为为远期规划线路，线路L型线路，由新龙组团次中心区至戚墅堰站，全长约38 km；南段沿城市既有东西向交通轴，连接规划的中心组团和城西组团南部大型居住区、城东工业区，北段连接新港、新龙、高新组团。

4.12.4　常州市城市轨道交通发展历程

2003年常州市规划局开始组织编制《常州市规划交通线网规划》，2006年2月，常州市政府批准了《常州市轨道交通线网规划》并通过了省建设厅初审以及国家环保总局的环境影响评价。同年9月，常州市轨道交通建设工作领导小组正式成立。随后，市建设局组织编制了《轨道交通建设规划》。2010年7月14日—16日，受国家发展和改革委员会委托，中国国际工程咨询公司在常州市主持召开了《常州市城市快速轨道交通建设规划（2010—2018年）》评估会并通过国家发改委专家评估。

2011年1月13日，国家住建部和国家发改委完成了对常州地铁的最终审批工作，确认常州地铁项目已经获得部委的通过，其程序报送国务院。2012年5月11日，《常州市城市快速轨道交通建设规划（2011—2018年）》获得国家批准，这意味着常州市成为江苏省第四个获准建设城市轨道交通的城市。

4.13　鞍　山

4.13.1　鞍山市城市轨道交通2012年度发展最新动态

2010年5月15日从全市重大项目进展情况汇报会上获悉，多个与交通有关的大项目正按计划推进，2012年以来，“大鞍山”的蓝图越来越清晰。

4.13.2　鞍山市城市总体规划和城市轨道交通线网规划

1．鞍山市城市概况

鞍山市，是中国辽宁省第三大城市，距省会沈阳89 km，距海滨城市大连308 km。现辖海城市、台安县、岫岩满族自治县和铁东、铁西、立山、千山（汤岗子新城）、鞍山高新区、达道湾等6个城区，城区面积797 km^2，总面积9 252 km^2。总人口364.59万（2010年），长（春）大（连）铁路、沈（阳）大（连）高速公路纵贯南北；海（城）沟（帮子）铁路、海（城）岫（岩）铁路联接东西。大庆至大连的输油管道经过境内。公路成网，遍布乡镇，交通十分方便。

2012年，鞍山市经济平稳发展，全年完成地区生产总值2 687亿元，增长12%。公共财政预算收入234亿元，增长13%；固定资产投资1 740亿元，增长26%；社会消费品零售总额702亿元，增长16%；城镇居民人均可支配收入24 279元，增长14%；农民人均纯收入12 818元，增长15%。

2. 鞍山城市总体规划

《鞍山市城市总体规划》确定的624.29 km^2的城市规划区范围，在城市规划区内，实行城乡统一规划管理。合理利用自然山体等分隔，形成由市中心区及汪家峪、营城子大孤山、齐大山、汤岗子、千山等组团组成的“组团式”结构布局。以鞍山市为中心，以海城市、台安镇、岫岩镇为次中心，沿哈大铁路、沈大高速公路等构成城镇发展轴，形成层次分明、规模适度、功能合理、基础设施完善的市域城镇体系。在市域城镇体系规划指导下，做好县(市)域城镇体系规划，促进城乡经济、社会协调发展。

依据《鞍山城市发展战略规划》，城市道路交通网络要打破原有的“十字加环”结构模式，“化环为轴”呈放射状发展，最终形成“十横八纵五环十射”的道路交通系统。

加强城市基础设施规划和建设。优先发展公共交通，形成公共汽车、郊区铁路以及其他交通方式相互协调、换乘方便的综合公共交通体系，进一步完善城市道路网系统，改善城市交通拥挤状况。要结合城市布局，完善供水、排水系统，抓紧落实各项节水措施，防止地下水的过度开采。加强防震抗灾工作，尽快完成沙河整治工程，提高抗洪能力，确保城市安全。

3. 鞍山市城市轨道交通规划

为完善鞍山道路网系统，满足日益增长的城市道路交通需求，根据《鞍山城市发展战略规划》及《鞍山轨道交通网规划》，鞍山市将规划建设三条轨道交通线路，如图4-12所示。

图4-12 鞍山市轨道交通网络规划图

4.13.3 鞍山市城市轨道交通规划线路

鞍山市城市轨道交通规划线路3条，包括鞍山轻轨1号线、2号线、3号线。

1. 鞍山轻轨1号线

鞍山轻轨1号线北起灵山，沿东环路、陈台路、建国东路、胜利路、前进路、建国南路至杨柳河，向南沿规划的建国南路、建设大道至海城牛庄，全长68 km，其中杨柳河以北市区段19 km为地下敷设，其余49 km将建成高架轻轨。

2. 鞍山轻轨2号线

轻轨2号线北起胜利湖，沿万水河南路经陈家台、魏家屯、新一中至七号桥，沿千山东路北侧经七岭子、倪家台至千山正门，全长19 km。

3. 鞍山轻轨3号线

轻轨3号线工程为计划新建的一条全长53 km的环城轻轨，北起灵山，沿建设大道、四达路、建设大道、南四环路、鞍南大道、东环路至七号桥，呈环状规划。

4.14 洛 阳

4.14.1 洛阳市城市轨道交通2012年度最新发展动态

2012年9月30日，洛阳市城市轨道交通线网规划已完成，近期建设规划及1号、2号线预可研报告已基本完成，土地利用控制性详规初步方案已确定。2012年11月10日、11日举行的洛阳市城市轨道交通近期建设规划专家咨询会上，经专家多方论证、修订，洛阳市城市轨道交通线网方案基本确定。

4.14.2 洛阳市城市总体规划和城市轨道交通线网规划

1. 洛阳市城市概况

洛阳市位于河南省西部，位处亚欧大陆桥东段，横跨黄河中游南北两岸，“居天下之中”，素有“九州之腹地”之称。洛阳因地处古洛水之北岸而得名，以洛阳为中心的河洛地区是华夏文明的重要发祥地。洛阳辖8个区、1个县级市、8个县，分别为涧西区、西工区、老城区、瀍河回族区、高新区、洛龙区、洛阳经济开发区、吉利区、伊滨区、偃师市、孟津县、新安县、洛宁县、宜阳县、伊川县、嵩县、栾川县、汝阳县。总面积15 208 km^2，，其中市区面积694 km^2、建成区面积170 km^2。洛阳是个多民族聚居的地方。2010年第六次人口普查中，洛阳总人口654.9万人，与第五次全国人口普查数据相比，10年增加了32.2万人。

2012年，洛阳市全年生产总值达到3 001.1亿元，较2011年同比增长10%。完成地方公共财政预算收入205.3亿元，较上年同比增长15.1%；完成固定资产投资2 294亿元，同比增长23.2%；完成社会消费品零售总额1 104.7亿元，同比增长15.7%。全年城镇居民人均可支配收入22 636元，较上年同比增长12.3%；农民人均纯收入7 777元，同比增长14%。

2. 洛阳城市总体规划

2008年4月审查通过《洛阳市城市总体规划（2008—2020年）》，规划年限为近期2008—2010年，远期2011—2020年，远景2020年以后。

本次规划分为两大工作层次，即市域和中心城区。市域规划范围：市域行政辖区面积15 209 km^2。包括所辖的市区、偃师市、孟津县、新安县、洛宁县、宜阳县、伊川县、嵩县、栾川县、汝阳县一市八县范围。中心城区规划范围：为洛阳市区行政辖区所辖的涧西、西工、老城、瀍河、洛龙、吉利六个城市区的范围，面积为544 km^2，纳入诸葛、李村两乡镇，共计694 km^2。

城镇空间结构：中心城区建成中原城市群重要的增长极核；以交通设施建设为先导，优化调整圈层结构；市区工业适度向外疏散，促进周边卫星城镇发展；培育栾川作为南部新的增长点，带动南部地区发展。市域城镇空间结构形成“一心、两轴，三区”。“一心”：洛阳中心城区。强化中心城区经济规模和人口规模，提升功能，带动周边城镇发展，提高区域辐射力。“两轴”：依托东西向和南北向综合运输通道形成的城镇集聚带，是城镇发展的重要地区，应优先发展。“三区”：东北部城镇密集区，是推进城镇化的重点地带，洛阳未来经济增长最具发展潜力和活力的地带。中西部产业集聚区，大力推动工业化进程。西南部山区生态保护区，应注重生态环境保护。

3. 洛阳市城市轨道交通规划

2012年11月13日，11月10日、11日举行的洛阳市城市轨道交通近期建设规划专家咨询会上，经专家多方论证、修订，我市城市轨道交通线网方案基本确定。

洛阳市城市轨道交通线网由4条线路组成，规划总长102.7 km，其中伊滨区片区以北线路以地下线为主。全线工程将分三个阶段实施，包含1号线和2号线大部分线路的第一阶段工程，目前正在开展前期准备工作。

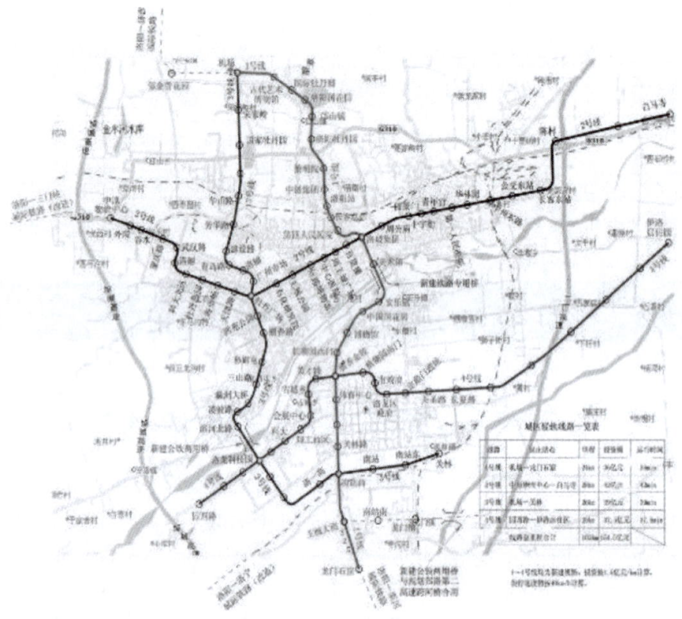
图4-13 洛阳市轨道交通网络规划图

根据规划，我市城市轨道交通线网建设将分三个阶段实施。

第一阶段：修建1号线全部线路及2号线大部分线路（不含伊滨区远景预留部分），形成“十”字形线网骨架，修建规模总长43.8 km。

第二阶段：修建3号线北段（孟津县麻屯镇宋岭村至开元大道东段）和4号线，形成中心市区“一横、两纵、一L”线网，修建规模总长39.5 km。

第三阶段：修建2号线南段（高铁龙门站至伊滨区段）和3号线南段（开元大道东至伊滨区段），规模总长19.4 km。

在线路敷设形式上，4条线路均将采用以地下线为主、地上和地下相结合的方式，在城市中心地区采用地下线，城市周边外围部分采用高架线，地下线将占线网的70%以上。

4.14.3 洛阳市城市轨道交通规划线路

洛阳市城市轨道交通规划线路4条，包括洛阳轨道交通1号线、2号线、3号线、4号线。

1. 洛阳轨道交通1号线

1号线西起谷水西，经中州西路、武汉路、西苑路、牡丹广场、延安路、中州中路、中州东路，至瀍东（中州东路与二广高速交叉口东），全长20.3 km。该线沿途规划设车站17个，其中换乘站3个，高峰流量预测值3.21万人次/h。

1号线与洛阳市城区东西方向的直径线基本重合，覆盖了洛河以北东西向的主要客流走廊，沿途经过涧西区、西工区、老城区和瀍河回族区。它将主要解决洛河以北城区东西向客流运输的问题，以加强洛河以北各区之间的联系。

2. 洛阳轨道交通2号线

2号线大致为“Z”字形，起点位于北环路红山乡杨家村，之后沿北环路向东，到国花路向南，穿越陇海铁路到洛阳站，再沿解放路向南，从牡丹桥侧面穿越洛河到达隋唐城路，然后向西行至王城大道，再向南到牡丹大道，从景观大道（兴洛西街和兴洛东街之间）向南到高铁龙门站北广场，最后向东进入伊滨区（终点），全长33.8 km。按照规划，2号线伊河以北段长约22.7 km，沿途设车站19个，其中换乘站4个，高峰流量预测值3.1万人次/h；伊滨区段11.1 km，为远景预留。

2号线的主要作用是连接洛阳站和高铁龙门站两大交通枢纽，以加强洛北主城区和洛阳新区之间的联系。

3. 洛阳轨道交通3号线

3号线大体为“L”字形，起点位于新规划的310国道与华山路交叉口，沿华山路向南到中州西路，之后沿中州西路向东到太原路，经牡丹广场、南昌路、河洛路，然后从瀛洲大桥侧面穿越洛河，经开元大道向东进入伊滨区（终点），全长31.2 km。其伊河以北段长约23 km，沿途设18个车站，其中4个为换乘站，高峰流量预测值3.07万人次/h；伊滨区段规划8.2 km，为远景预留。

3号线贯穿了洛阳市老工业区和洛阳新区主轴线，覆盖了涧西区、高新区和新区东西方向的主要客流走廊，加强了老工业区和高新区、洛阳新区的联系。

4. 洛阳轨道交通4号线

4号线起点位于现310国道与洛孟公路交叉口，沿洛孟公路向南，穿越陇海铁路到洛阳东站，之后经环城北路、环城西路、金业路，从洛阳桥侧面穿越洛河到龙门大道，沿龙门大道一直到龙门石窟，全长17.4 km。按照规划，4号线沿途设车站12个，其中3个为换乘站，高峰流量预测值2.55万人次/h。

4号线大体与洛阳市目前城区南北方向的直径线重合，途经老城区、洛龙区，覆盖洛阳市城市北部和南部的主要客流走廊，重在加强洛河以北城区和洛阳新区之间的联系。

4.14.4 洛阳市城市轨道交通发展历程

2009年初，国家同意洛阳市开展市区轨道交通项目的前期工作，洛阳市具备了开展轨道交通前期研究的条件。随后，洛阳市组建了轨道交通项目建设筹建处，全力开展相关工作。2009年7月3日，洛阳市轨道交通项目建设筹建处与铁道第三勘察设计院签订了洛阳市城市轨道交通线网规划合同，规划合同的签订，标志着洛阳市备受关注的城市轨道交通工作迈出了第一步。

2010年3月15日至17日，中国国际工程咨询公司对《洛阳市城市轨道交通线网规划》进行评审，与会专家对该规划给予积极肯定，并对进一步完善规划提出若干意见和建议。2011年9月26日，洛阳市发改委、洛阳市轨道交通项目筹建处组织召开轨道交通项目文物保护规划研讨会。2012年9月30日，线网规划已完成，近期建设规划及1号、2号线预可研报告已基本完成，土地利用控制性详规初步方案已确定，这为轨道交通的建设做好准备条件。

4.15 邯郸

4.15.1 邯郸市轨道交通2012年度最新发展动态

暂无最近动态。

4.15.2 邯郸市总体规划和城市轨道交通线网规划

1. 邯郸市概况

邯郸市位于河北省南端，地处东经114° 03'~114° 40'，北纬36° 20'~36° 44'，西依太行山脉，东接华北平原，与晋、鲁、豫三省接壤。地势自西向东呈阶梯状下降，高差悬殊，地貌类型复杂多样。以京广铁路为界，西部为中、低山丘陵地貌，东部为华北平原。海拔最高1 898.7 m，最低32.7 m，相对高差1 866 m，总坡降为11.8‰。全市自西向东大致可分为五级阶梯：西北部中山区、西部低山区、中部低山丘陵区、中部盆地区、东部冲积平原。

邯郸市辖4区、1市、14县，总面积1.2万 km^2，其中市区面积457 km^2，全市总人口896.4万。邯郸市是国家历史文化名城、中国优秀旅游城市、国家园林城市、全国双拥模范城、中国成语典故之都和中国散文之城、太极之乡。国务院批准具有地方立法权的“较大的市”和市区人口超百万的特大城市。

2012年，邯郸市生产总值3 023.7亿元，比上年增长10.5%；全部财政收入达到329.1亿元，比上年增长8.4%。其中：公共财政预算收入184.6亿元，增长16.2%。

2．邯郸市城市总体规划

《邯郸市城市总体规划（200—2020年）》提出市域城镇空间结构。“一个都市区”为构筑环城30 km半径的卫星城圈，形成中心城区为核心，卫星城为不同功能载体的组团式都市区。规划结合行政区划调整，进一步增强中心城区对周边区域的辐射力和吸引力。“二条城镇发展主轴线”为沿南北向京广铁路、京珠高速铁路和东西向青红高速公路、邯长、邯济铁路及309国道沿线的城镇发展轴线。“四个主要节点”为涉县、馆陶、大名、曲周。

邯郸市谋划打造以主城区为核心，以峰峰、武安、磁县、临漳、成安、肥乡、永年等半径30 km内8个卫星城为重点的城市群，将从规划起步，实现邯郸市都市区空间结构大变样。

8个卫星城的功能定位已经明确，具体如下。

武安市区以发展冶金、装备制造、煤化工、新型建材、现代服务、房地产、旅游业为主；峰峰城区以发展煤化工、陶瓷、新型建材、文化旅游业、现代服务业为主；磁县城区以发展纺织服装、煤化工、现代物流、生态特色观光农业、文化旅游业为主；临漳城区以发展特色农业、农副产品加工业、生物化工、文化旅游业为主；成安城区以发展装备制造、纺织、新型建材、食品加工业为主；肥乡城区以发展装备制造、农副产品加工、商贸物流业为主；永年城区以发展装备制造、机械加工、食品加工、商贸物流业为主；广府城区以发展生态旅游、新材料、文化产业为主。新城市空间布局已经开始从交通构架上得到充分体现。

邯郸市四期总规规划都市区2020年总人口规划为600万人，都市区内城镇总人口为427万人，其中中心城区人口规模200万人，卫星城中的武安市区人口30万人，峰峰矿区33万人，马头镇20万人。2020年规划GDP总量7 100亿元，人均将达64 500元，第一、第二、第三产业GDP比例为8∶48∶44。

3．邯郸市城市轨道交通线路规划

邯郸市城市总体规划（2008—2020年）确定，都市区轨道交通规划两条市际轨道交通线路，记1号线和2号线。

该项目可以促进由主城区、武安市、峰峰矿区构成的邯郸市“金三角”经济发展区的区域经济发展，带动都市区发展，加快邯郸大城区一体化发展步伐，实现各种交通方式的有机连接，达到飞机、火车、高速公路、高速客运火车等多种交通方式的零距离换乘与快速连接。

该项目计划2015年竣工投运一条线路。项目建成投运后，将大大提升邯郸区域经济发展空间，有利于邯郸大城区发展，全面提升城市品位，提高人民群众生活水平。

4.15.3 邯郸市城市轨道交通规划线路

邯郸市城市轨道交通规划线路2条，包括邯郸轨道交通1号线和2号线。

1．邯郸轨道交通1号线

1号线东起新城区高速客运火车站、贯通人民路全线向西沿邯武快速路至武安市区，线路全长约38 km。其中，人民路段长16 km，推荐采用地铁形式。

2. 邯郸轨道交通2号线

2号线邯峰轻轨从邯郸高速铁路邯郸站向南、马头机场至马头后再接通峰峰矿区。规划峰峰矿区—马头镇区—中心城区新区，利用原有邯峰铁路改建，在马头出线向北经邯郸南站，沿快速路和高速铁路布线，线路长50 km。

4.15.4 邯郸市城市轨道交通发展历程

2009年邯郸市（2008—2020年）城市总体规划确定，都市区轨道交通规划两条市际轨道交通线路。

2011年邯郸市城乡规划局召开了《邯郸市轨道交通线网规划方案》征求意见会。

4.16 济 宁

4.16.1 济宁市城市轨道交通2012年度最新发展动态

2011年4月27日，《济宁市城市轨道交通线网规划》通过了专家评审，并于2011年7月9日公示方案。2012年，济宁市基础设施日益完善，济宁高新区升级为国家级高新区，山东将对济宁市纳入城际轨道交通规划布局。

4.16.2 济宁市城市总体规划和城市轨道交通线网规划

1. 济宁市城市概况

济宁，孔孟之乡、运河之都，位于山东省的西南部，是中国优秀旅游城市、山东省鲁南城市带中心城市。现济宁市辖二区三市七县，即市中区、任城区、曲阜市、兖州市、邹城市、微山县、鱼台县、金乡县、嘉祥县、汶上县、泗水县、梁山县。济宁市总土地面积10 684.9 km^2。2010年末济宁市总人口843.03万人，其中农业人口576.89万人，非农业人口266.14万人。济宁是一个多民族的地区，除汉族外还有38个少数民族，人口约为5万人。

2012年全市地区生产总值达到3 244.30亿元，增长11%；公共财政预算收入完成245.6亿元、增长18.6%；固定资产投资1 740亿元、增长22%；社会消费品零售总额1 300亿元、增长15%，居民消费价格同比上涨2.1%。金融机构年末存款余额3 090亿元、贷款余额1 970亿元，分别比年初增加460亿元、320亿元。

2. 济宁城市总体规划

《济宁市城市总体规划（2008—2030年）》城镇等级结构分为四级，即一级为中心城市济宁—曲阜都市区（济宁市区、曲阜、兖州、邹城）；二级为次中心城市微山、鱼台、金乡、嘉祥、汶上、泗水、梁山等7个县城；三级为22个中心镇；四级为其他一般建制镇。在发展实施的过程中，《规划》注重优先构建复合中心城市，加强都市区一体化建设；着力培植次中心城市，积极发展中心镇，适度发展一般镇，适时合并行政村；统筹安排城乡居民点、各类产业、重大基础设施和公共服务设施，努力构建分工有序、布局合理的城镇体系。

在未来的发展中，济宁市城市建设发展方向将以向东为主，控制北部，优化西部，适当发展南部，形成“一湖两城，双心三轴”的布局结构。“一湖”指南外环以南的北湖及其周边的湿地保护区。该区以保护为主，主要是搞好生态环境保护和修复，适当发展旅游度假等设施。“两城”指西城区和东城区。西城区以发展商业贸易、文化娱乐、生活居住等为主，适度发展低污染、高附加值、高就业的一类工业；东城区以发展新型制造业、高新技术产业、仓储物流业为主。“双心”指西城区城市商贸中心和东城区商务中心。西城区城市商贸中心重点发展传统商贸、金融、文化娱乐、餐饮服务等产业；东城区商务中心重点发展商贸咨询、文化娱乐、金融保险、体育休闲等产业。“三轴”指历史文化轴、现代文明轴和时代发展轴三条轴线。沿古槐路一樱花路一王母阁路一北湖路形成体现济宁运河文化、历史文脉的历史文化轴；沿东城区海川路建设集商务、文化、娱乐、休闲、绿地广场为一体，展示新世纪都市风貌的现代文明轴；沿太白楼路一诗仙路形成贯通东西、融汇古今，展现时代发展脉搏的时代发展轴口。

3．济宁市城市轨道交通规划

近年来，随着济宁城市建设快速发展，主城区人口急剧膨胀，城市发展空间明显不足。2010年初，市城乡规划局委托中国城市规划设计院和济宁市规划设计研究院联合编制了《济宁市城市轨道交通线网规划》，并于2011年4月27日通过了专家评审。

济宁市城市轨道交通共规划3条主线、1条支线，线网总长187.70 km。车站总数为65个，其中换乘车站5座，线网密度0.36 km/km^2。其中地下线72.86 km，地上线114.84 km，地下线比例达到39%。

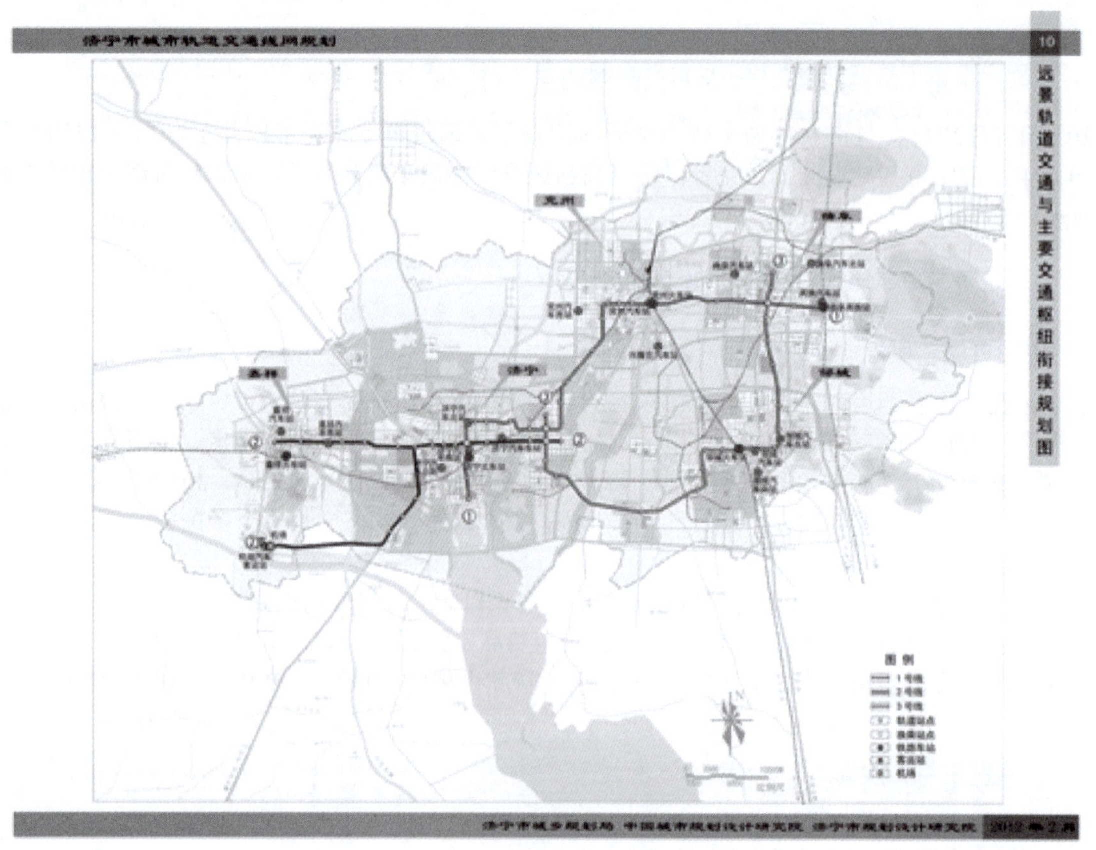

图4-14 济宁城市轨道交通网

济宁市城市轨道交通线网规划以协调与支持都市区发展为首要目标，提升中心城区首位度，加快济宁—曲阜都市区一体化发展，逐步建立以轨道交通为骨干的骨干交通出行模式，创造良好的城市环境。通过以下三个阶段，形成符合城市发展要求的线网建设时序。

起步阶段（2011—2020年）：近期建设轨道交通1号线，形成覆盖济宁、兖州、曲阜的主要客流走廊，同时加强与曲阜高铁站的联系，线网规模64.05 km，设站23座。

发展阶段（2021—2030年）：远期建设轨道交通2、3号线，结合于嘉祥—济宁—邹城—曲阜的轨道交通联系，完成都市区内骨架线网的2、3号线，全程96.87 km。轨道交通线网总规模达到160.92 km。

完善阶段（2030年以后）：在3条骨架线网的基础上延伸扩展，促进济宁市都市区空间体系的形成，加强济宁市区与运河片区和机场的交通联系。新增轨道交通2号线支线，全长26.78 km，轨道交通线网总规模达到187.70 km。

4.16.3　济宁市城市轨道交通规划线路

1. 济宁轨道交通1号线

1号线贯穿济宁、兖州、曲阜的核心线路，全长64.05 km，设站23座，其中换乘站3座。1号线以北湖景区为起点，向北通往老城区，经洸河路、崇文大道向东北至兖州站，最终到达曲阜高铁东站，加强轨道交通与对外交通系统的衔接。

2. 济宁轨道交通2号线

2号线连接济宁老城区和东部高新区，以城区东部为起点，贯穿整个太白楼路，经过豪德商贸城、安居街道，向西延伸至嘉祥县城。线路全长35.04 km，设站15座，其中换乘站2座。

3. 济宁轨道交通2号线支线

2号线机场支线是一条连接济宁城区、大运河经济区南部和机场的扩展线路，线路全长26.78 km，设站6座。起于东部科技新城，经太白路、唐口街道至机场，通过济宁火车站以及嘉祥机场等对外枢纽，加强城市轨道交通与对外交通的衔接。

4. 济宁轨道交通3号线

3号线以东部科技新城核心区为起点，向南经海川路转向东至邹城市，然后向北直达三孔景区。连接了济宁东部高新区、邹城和曲阜，线路全程61.93 km，设站21座，其中换乘站3座。

4.16.4　济宁市城市轨道交通发展历程

为了提升济宁市在鲁南经济带中的地位和作用，推动济宁—曲阜都市区的一体化发展，按照济宁市政府工作部署，济宁市城乡规划局于2010年初委托中国城市规划设计研究院和济宁市规划设计研究院联合编制了《济宁市城市轨道交通线网规划》。并于2011年4月27日《济宁市城市轨道交通线网规划》通过了专家评审。该规划以《济宁市城市总体规划（2008—2030年）》为依据，充分发挥城市轨道交通引导城市空间发展的作用，引导城市新区及都市区空间有序发展，促进市域空间布局结合有效形式。2011年7月9日，济宁市城乡规划局在百花公园对《济宁市城市轨道交通线网规划》方案进行公示，广泛听取社会各界和广大市民的意见和建议。此次公示活动的开展，为群众参与城乡规划创造了良好平台，进一步增强了规划方案的科学性和民主性。

4.17　阜 新

4.17.1　阜新市城市轨道交通2012年度最新发展动态

阜新市轨道交通还处在规划阶段。

4.17.2　阜新市城市总体规划和城市轨道交通线网规划

1. 阜新市概况

阜新市是内蒙古高原和辽河平原的中间过渡带，属辽宁西部的低山丘陵区。阜新是辽宁省的地级市，下辖五区两县：海州区、太平区、细河区、新邱区、清河门区、阜新蒙古族自治县、彰武县。阜新交通便利，自然资源丰富，阜新被称为“中国玛瑙之都”，玛瑙储量占全国50%以上，玛瑙制品产量占全国90%以上。

2012年，阜新市地区生产总值完成560亿元，完成年计划的96.6%，同比增长12%。其中第一产业增加值完成125亿元，完成年计划的108.7%，同比增长5.5%；第二产业增加值完成258亿元，完成年计划的

92.1%，同比增长15.2%；第三产业增加值完成177亿元，完成年计划的95.7%，同比增长10%。规模以上工业增加值完成210亿元，完成年计划的100%，同比增长12.7%。固定资产投资完成500亿元，完成年计划的98.8%，同比增长27.9%。公共财政预算收入完成64 亿元，完成年计划的100%，同比增长27.7%。社会消费品零售总额完成203.4亿元，完成年计划的96.9%，同比增长16.1%。直接利用外资完成1.83亿美元，完成年计划的91.5%，同比增长22%。外贸出口完成1.8亿美元，完成年计划的94.7%，同比增长17.6%。城镇居民人均可支配收入达到17240 元，完成年计划的96.9%，同比增长15%。农村居民人均纯收入达到8 850 元，完成年计划的101.7%，同比增长16.2%。万元地区生产总值能耗1.606吨标准煤，完成年初计划，同比下降5%。

2. 阜新市城市总体规划

《阜新市城市总体规划（2001—2020年）》确定的674.02 km^{2}城市规划区范围。在城市规划区内，必须实行统一的规划管理。结合采煤沉陷区的治理，调整和优化城市用地结构，逐步形成由主城区、清河门区、新邱区等组成的组团式布局。

阜新市是辽宁省西北部地区的中心城市。阜新市要继续加大经济转型的力度，搞好产业结构调整，重点向现代农业转型，发展现代服务业。城市建设和发展要坚持经济、社会、人口、资源和环境相协调的可持续发展战略，改善基础设施条件，完善城市功能和布局，逐步把阜新市建设成为经济繁荣、社会文明、环境优美的现代城市。

到2010年，主城区实际居住人口要控制在63万人以内，建设用地控制在59.5 km^{2}以内。到2020年，主城区实际居住人口要控制在71万人以内，建设用地控制在65.5 km^{2}以内。

3. 阜新市城市轨道交通线路规划

阜新市依托阜矿集团部分铁路设施，规划建设新邱至清河门城市轨道公共交通项目。该条城市轨道干线长约50 km，线路多处与城市公交站衔接，集客、货运输为一体。其中，新邱至东梁段29 km为一期工程，利用现有矿铁线路进行改造；二期工程新建东梁至清河门路段，全长21 km。该项目建成后，预计年货运能力将达6000万吨以上，年客运能力将达500万人次以上，将对改善阜矿集团运输现状、缓解阜新市公交压力、加快城市化进程等方面发挥重要作用。

4.17.3 阜新市城市轨道交通发展历程

2009年2月24日，阜新市正式启动城市轨道交通项目。为进一步提高公共交通水平，发挥阜矿集团部分铁路设施的最大效能，阜新市依托阜矿集团部分铁路设施，规划建设新邱至清河门城市轨道公共交通项目。

4.18 银 川

4.18.1 银川市城市轨道交通2012年度最新发展动态

银川市轨道交通还处在规划阶段。

4.18.2 银川市城市总体规划和城市轨道交通线网规划

1. 银川市概况

银川是宁夏回族自治区区辖市，自治区首府。位于黄河上游银川平原，东临黄河，西依贺兰山。东北距首都北京872 km。介于东经105° 51'~106° 21'，北纬38° 25'~38° 37'。东与陶乐县、灵武市隔黄河相望，西与内蒙古阿拉善左旗依贺兰山为邻，南接青铜峡市，北邻平罗县。南北最大纵距82 km，东西最大横距64 km，辖区总面积9 491.0 km^2，其中市区面积1 227 km^2，城市建成区面积107 km^2。现辖兴庆区、金凤区、灵武市、永宁县、贺兰县等三区二县和银川经济技术开发区。全市常住人口199.31万人。银川是多民族聚居区，有汉、回、蒙古、朝鲜等26个民族，少数名族人口占24.52%，其中回族15.93万人，占总人口的18.1%。

2012年银川全市公共财政预算收入完成113亿元，同比增长20.6%；银川市本级公共财政预算收入完成54.5亿元，同比增长21.1%。

2．银川市城市总体规划

通过对银川城市社会经济发展的优势条件和主要制约因素的分析，结合国家对西部地区城市发展的宏观政策和银川市的特点，规划制定了银川城市社会经济和城镇发展的策略、目标以及城市性质和功能。银川市城市性质确定为宁夏回族自治区首府；全区政治、经济、文化中心；国家历史文化名城；西北地区东部重要的区域中心城市。

规划确定银川市城市总体空间布局的原则为“一城两区，空间间隔，功能互补，协调发展。”城市布局按照南进北拓、西优东控的原则，即近期向南发展，优先推进城市核心区与金凤区的建设。

旧城区以商贸和居住为主，产业发展以“退二进三”为原则。新市区以文教科研、工业和居住为主，产业发展以“优二兴三”为原则。空间间隔部分严格控制城区的蔓延，并作为基本农田保护区和城市居民休闲旅游绿化地带予以控制，再创一个具有宜人工作和居住环境的“塞上江南”。

根据规划，银川市区域城镇规划等级机构共分为4个等级：多于100万人的城市1个，银川中心城（130万人）；5万人至20万人的城市6个，包括灵武东塔、贺兰习岗、永宁杨和、宁东组团、德胜组团、望远组团；1万人至5万人的城镇10个，包括机场组团、掌政、大新、镇北堡、李俊、闽宁、洪广、马家滩、崇兴、丰登；小于1万人等级的城镇12个。

城市规划区面积达2 286.5 km^2。本次规划期限确定为2007年至2020年，近期为2007年至2010年，远期为2011年至2020年，远景为2020年以后。根据《规划》，本次划定的城市规划区面积为2 286.5 km^2，包括兴庆区、金凤区、西夏区3个市辖区1 773.5 km^2，德胜工业园区及商住区17 km^2，望远工业园区22 km^2，河东机场控制区80 km^2及宁东能源化工基地控制区394 km^2。本次规划确定的中心城范围包括环城高速以内地区，面积约400 km^2。

规划期内的城市发展方向为南进、北拓、西优、东控。近期向南发展，优先推进城市核心区和金凤区南部的建设，同时在银川经济技术开发区和兴庆区北部区域进行适度的建设与开发。远景中心城区重点向南北方向扩展，与德胜组团、望远组团和贺兰县城、永宁县城形成区域一体化的空间格局。

3．银川市城市轨道交通线路规划

“十二五”期间，银川市将形成市际轨道和城市轨道相互衔接的轨道交通系统。市际轨道连接主要城市、经济区和交通枢纽，城市轨道覆盖主要城区和商业区，连接重点区域。

银川市将规划建设银川—永宁—灵武—吴忠、银川—河东机场—宁东和银川—石嘴山三条市际轨道，以及灵武—宁东轻轨连接线，先行建设银川—永宁段和银川—机场段轨道。三条市际轨道和连接线建设完成后，银川周边80 km内的主要城市和重要经济区均能用轻轨连接起来。

规划的城市轨道包括一条环城轨道、两条支线。其中，南支线通往客运枢纽，西支线连接西夏区。环城轻轨是银川市主要的城市轻轨，从银川火车站开出，沿线有货运专线向南、向西行进至丽景街（胜利广场），再沿丽景街向北至贺兰山路，向西转沿贺兰山路至包兰铁路，向南回到银川火车站，全长27 km。这条线环绕了银川市区主要区域，连接重要的商业区和行政、文化区。“十二五”期间，将先行建设火车站至胜利广场段，利用城市既有铁路货运专用线，将其改造为城市轻轨，并向东延伸。“十二五”期间先行建设的还有南支线，南支线是银川轻轨的重要路段，将连通火车站与城市客运枢纽站。西支线是从环城轻轨西段引出，沿北京路向西连接西夏区的重要路段，全长7.5 km，“十二五”以后开工建设。

4.18.3 银川市城市轨道交通规划线路

银川远期规划建造4条地铁线路，总长126 km。

1. 银川轨道交通1号线

1号线全长44 km，共设28站，是连接老城及新城最主要的干线轨道线。1号线依次串联了西南部工业区，东北部大学城区，银川火车站，会展中心，行政中心区，老城区商业中心区，河东机场等大量重点区域，是最优建设的地铁线路。

其中1号线1期全长共24 km，共设21站，投资大约100亿元左右。预计2013年开工，于2017年建成通车，建成后，预计日均运送旅客可达10万~15万人次。

2. 银川轨道交通2号线

2号线全长24 km，共设20站，为城市东部南北向的轨道线路。主要连接北部的贺兰县，德胜工业区以及南部的望远工业区和市区的联系，2号线南段未来可继续延长至永宁县。

其中2号线1期全长18 km，共设15站，预计2016年开工，2020年建成通车。

3. 银川轨道交通3号线

3号线全长25 km，共设21站，为与1号线平行的东西向轨道线路。3号线在城西和城中两次与1号线换乘，在城东和2号线换乘，能够较好的和其他线路充分交换客流，有效提高整个网络的客流聚集能力。

4. 银川轨道交通4号线

4号线全长33 km，共设26站，为一条开口向下的敞开式环状轨道线路。4号线共有7个换乘站，是所有线路中最多的。4号线较好的加大了网络的覆盖范围，和网络的其他线路起到了很好的客流相互补给作用。

4.18.4 银川市城市轨道交通发展历程

银川的轨道交通从2009年开始酝酿，最初的计划是将银川市的农村干线公路新小线改造为轨道交通，但是经过前期调研及分析，此举造价高昂且得不偿失。2010年，为解决宁东基地10万员工的出行问题，满足首府日益增长的公务及商务出行需求，自治区计划开通从迎宾广场到宁东镇的轨道交通。经过专家论证，资金和客源成为两大难点。2011年8月8日银川市发改委计划在十二五期间开通银川市城市轨道交通，但具体的开通线路及是否选择轻轨均在规划之中。

4.19 包 头

4.19.1 包头市城市轨道交通2012年度最新发展动态

包头市的城市轨道交通仍在规划当中。

4.19.2 包头市城市总体规划和城市轨道交通线网规划

1. 包头市概况

包头蒙语“包克图”，原意为“有鹿的地方”，因此，包头也称鹿城。包头地处内蒙古自治区西部，北靠蒙古国，南临黄河，东西接沃野千里的土默川平原和河套平原，阴山山脉横贯中部。包头境内有阴山山脉的大青山、乌拉山（以昆都仑河为界），山峰平均海拔2 000m，最高峰海拔2 324 m。全市由中部山岳地带、山北高原草地和山南平原三部分组成，呈中间高，南北低，西高东低的地势。

包头城市建成区面积360 km^2，市中心区面积315 km^2，辖9个旗县区，即昆都仑区、青山区、东河区、九原区、石拐区、白云矿区、固阳县、土默特右旗、达尔罕茂明安联合旗。有蒙、汉、回、满等43个民族。据全国第六次人口普查数据显示包头全市常住人口265.0364万人，市区人口209.4996万人。

包头市矿产资源蕴藏量丰富，享有“富饶的宝山”美誉的白云鄂博大型铁矿是世界罕见的以铁、稀土、铌为主的多金属共生矿，其稀土储量居世界首位，铌储量居全国首位，世界第二位。2012年，全市地方财政总收入完成326.8元，同比增加31.3亿元，增长10.6%。其中，公共财政预算收入完成185.8亿元，同比增加23.9亿元，增长14.8%；上划中央税收115亿元，同比增加4.9亿元，增长4.4%；上划自治区税收26亿元，同比增加2.5亿元，增长10.6%。政府性基金收入完成50.8亿元，同比减少9.7亿元，下降16%。

2. 包头城市总体规划

根据《包头市城市总体规划（2008—2020年）》确定的城市规划区面积由885 km^{2}增加至1 901 km^2。到2020年规划末期，市域总人口为340万人，城镇人口320万人，城市人口300万人（其中中心城区人口270万人，辅城人口30万人），城镇化率达到94.1%。中心城区城市建设用地总规模为321.4 km^2，人均建设用地指标为119.04 m^2。地区生产总值达到4 800亿元以上，建成全国经济强市，基本实现现代化，成为经济发达、文化繁荣、环境优美、社会和谐的现代化城市。规划强化了“一市两城、多组团、多中心”的城市布局，突出山、城、河、绿的城市格局特色。

3. 包头市城市轨道交通规划

从2010年开始，包头市全面启动城市轨道交通规划建设前期工作，开展城市轨道交通建设规划、线网规划、综合交通规划等的编制、咨询和评审工作，线网规划远景5条线路，近期规划建设3条线路，形成“两纵两横”、四个枢纽点的轨道交通线网。远期增加4号线和5号线，形成双中心放射格局。同时研究BRT改造升级的时机与方案。力争2012年底上报国务院审批。通过城市轨道交通，可有力解决包头市中心城区的交通拥堵问题，改善城市的空间结构、生态条件，提高城市的自然和环境承载能力。

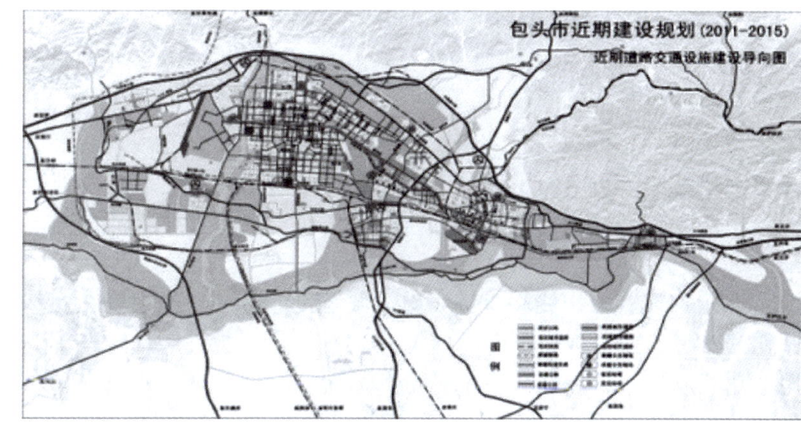

图4-15　包头市城市轨道交通路网规划

4.20 唐 山

4.20.1 唐山市城市轨道交通2012年度最新发展动态

唐山市轨道交通还处在规划阶段。唐山市城乡规划局唐山市城市轨道交通线网规划（2012—2020年）项目于2012年6月公开招标。

4.20.2 唐山市城市总体规划和城市轨道交通线网规划

1. 唐山市概况

唐山市位于河北省东部，地处环渤海湾中心地带（南部为著名的唐山湾），南临渤海，北依燕山，东与秦皇岛市接壤，西与北京、天津毗邻，是联接华北、东北两大地区的咽喉要地和极其重要的走廊。唐山市辖六区六县并代管两个县级市，其中六区为：路北区、路南区、古冶区、开平区、丰润区和丰南区，六县为唐海县、滦县、滦南县、玉田县、乐亭县和迁西县，代管的两市为遵化市与迁安市。

唐山市总面积17 040 km^2。其中陆地总面积13 472 km^2，唐山海域面积达3 568 km^2。唐山市2012年人口近760万（其中市区人口420万）。

唐山市2012年全部财政收入完成622.6亿元，同比增长12.1%；公共财政预算收入完成301.1亿元，同比增长17.8%；全部财政收入、公共财政预算收入分别突破600亿元和300亿元大关，财政收入总量均继续稳居全省首位，创造了唐山财政收入的新历史。

2. 唐山市城市总体规划

根据《唐山市城市总体规划（2011—2020年）》（以下简称《总体规划》）。《总体规划》确定6 918 km^{2}城市规划区，规划区范围内实行城乡统一规划管理。要合理确定唐山中心城区与曹妃甸城区的功能定位，优化空间布局，合理开发利用地下空间资源，重点发展基础条件好、发展潜力大县镇城和基础条件好、发展潜力大的建制镇。坚持可持续发展，要妥善处理开发与保护的关系，合理控制城市规模。到2020年，中心城区城市人口控制在220万人以内，城市建设用地控制在210 km^{2}以内。根据《总体规划》确定的城市空间布局，引导人口合理分布。

规划期内，唐山市域城镇将创建区域开放的发展格局，实施向沿海推进的战略，实施点轴开发的发展模式，形成了一个城市密集区、两条以及城镇发展轴和四条一级城镇发展轴的局面。在轨道交通工程方面，2011年，石家庄、唐山市完成方案设计和论证；2012年，完成国家发改委、住建部报批工作；2013年，落实建设资金，完成开工前各项准备工作，并开工建设。污水垃圾处理专项提升行动工作方案提出。

3. 唐山市城市轨道交通线路规划

2010年6月9日召开的“十二五”规划编制工作调度会计划将轻轨建设列入唐山“十二五”规划，曹妃甸有望最先开工建设。

唐山城市总体规划已将轻轨建设列入市域综合交通规划，提出利用城市废旧铁路路基发展成为城市轻轨交通线路，可节约用地、节省投资、使修建轻轨交通减少地区动迁量。轻轨建设将由唐山市交通运输局牵头规划，并列为“十二五”唐山交通规划的重要组成部分。曹妃甸工业区至曹妃甸生态城段有望最先开工建设。

唐山市现有京山线和唐遵线均在城市腹地通过，可规划在此基础上修建轻轨。具体线路走向为：旧京山线部分：中心区—丰南区18 km；中心区—古冶区25 km。唐遵线：中心区—丰润区25 km；同时考虑唐遵线和旧京山线交汇处引支线至唐山火车站。

4.20.3 唐山市城市轨道交通规划线路

暂时没有具体线路信息。

4.21 芜 湖

4.21.1 芜湖市城市轨道交通2012年度最新发展动态

2012年，《芜湖市城市总体规划（2012—2030年）》通过专家评审。该规划中指出2020年前建成轨道1号线。目前，芜湖市城市快速轨道交通规划方案尚未正式公布。

4.21.2 芜湖市城市总体规划和城市轨道交通线网规划

1. 芜湖市概况

芜湖市别称江城，位于安徽省东南部，地处长江下游南岸，中心地理坐标为东经119° 21'、北纬31° 20'。南倚皖南山系，北望江淮平原，像一颗璀璨的明珠，镶嵌在皖江与青弋江的交汇口，它是全国重要的先进制造业基地、综合交通枢纽、现代物流中心和文化旅游中心，是安徽省双核城市之一。现下属三县（芜湖、繁昌、南陵），四区（镜湖、弋江、鸠江、三山）。全市面积3317 km^2，其中市区面积720 km^2，全市常住人口2 263 123人。2012年芜湖市实现地区生产总值1 873.63亿元，按可比价格计算，比上年增长13.8%。

2. 芜湖市城市总体规划

2012年芜湖规划局公布的《芜湖市城市总体规划》（2012—2030年）》中提出，按照国家、安徽省经济社会发展战略目标的总体部署，把芜湖建设成为经济实力雄厚、创新活力迸发、生态环境优美、城市功能完善、文化繁荣发展、社会和谐有序的现代化大都市。到2030年左右城乡经济社会发展一体化机制完全建立，全面实现现代化。

芜湖市规划按照市域一体、城乡统筹的思路，坚持“三个集中”、“两个延伸”、“六个一体化”，着力打造生态城市，建设美丽乡村。市域空间结构规划为“两带两轴”，“两带”为北沿江城镇发展带和南沿江城镇发展带；“两轴”为合芜宣城镇发展主轴和滁黄城镇发展次轴。构建“1、4、7”组团式市域空间架构，以市区为主城，四个县城为副城（无城、湾沚、繁阳和籍山），打造七个新市镇（白茆、石涧、襄安、许镇、弋江、荻港和六郎）。到2030年芜湖中心城区城市人口290万人，城镇建设用地面积为350 km^2。

芜湖市将逐步形成四条客运专线（宁安、京福、商合杭、皖赣）和五条普速铁路（淮南、宁芜、芜铜、皖赣、芜宣杭）构成的铁路网格局。高等级航道网将以长江和芜申运河、合裕航道形成水运“十字交叉”。市域高速公路网形成“一环多射”格局。全力推进芜湖军用机场搬迁和民用机场选址建设。建成由快速路、主干路、次干路和支路组成的级配合理、路权明晰、安全生态的城市道路网体系；重点加强“四纵两横一环”快速路体系与关键通道（如跨江通道）的建设，加强组团之间的交通联系。建立以轨道交通为骨干、城市路面公交为主体、出租车为补充的多层次一体化协调发展的公共客运交通体系，打造公交优先城市；近期着手轨道建设前期研究工作，2020年前建成轨道1号线。到2030年，中心城区公共交通出行分担率超过35%。芜湖市中心城区综合交通规划图（2012—2030年）如图4-16所示。

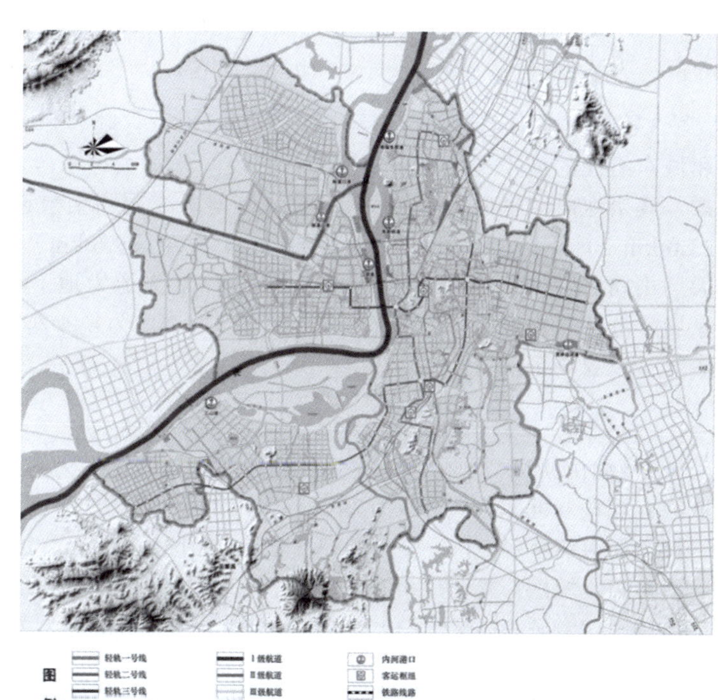

图4-16 芜湖市中心城区综合交通规划图（2012—2030年）

3. 芜湖市城市轨道交通线路规划

根据芜湖市未来城市发展目标，结合交通需求、线网密度、经济承受能力以及建设能力，芜湖市城市快速轨道交通规划（2016—2030年）方案由2条干线和1条局域线组成，总长约75.1 km；设车辆段及停车场4座、主变电所4座、控制中心1座。敷设原则为中心城区范围内采用地下方式，其余路段结合地形和技术要求尽可能采用地上和高架方式。

根据《芜湖市城市总体规划（2012—2030年）》，2016—2020年芜湖市将建成轨道交通1号线主线，新建车站24座，新建车辆段及停车场2处、主变电所1座。2021—2030年芜湖市将建成轨道交通1号线支线和3号线一期，争取建设2号线一期；新建车站30座，新建车辆段2处、主变电所3座。

4.21.3 芜湖市城市轨道交通规划线路

芜湖市城市轨道交通规划线路有3条，包括1号线、3号线和2号线。

1. 芜湖轨道交通1号线

芜湖轨道交通1号线主线途经龙山、湾里、赭山、北门、弋江桥和火龙等片区，为联系城北、城中和城南组团的城市干线；北段（九华北路、港湾路和银湖北路）及跨青弋江段采用高架敷设方式，其余地段（银湖中路、九华中路、花津南路和白马山路等）采用地下敷设方式。1号线主线一期由塔桥至会展中心，全长约21.2 km（地下段7.5 km、过渡段0.6 km、高架段13.1 km），设18座车站，3座为换乘车站（天门山路、长宁街、广济寺），预留北延条件，设塔桥车辆段。二期在此基础上南沿至八里湾，全长约9.6 km（地下段9.0 km、过渡段0.3 km、高架段0.3 km），设6座地下车站，2座为换乘车站（会展中心、八里湾），设金山路停车场。

1号线支线途经赭麓、荆山和清水等片区，为联系城市核心区和城东新区的城市干线，全长约8.0 km；西段（赭山东路）采用地下敷设方式，东段（北京中路）采用高架敷设方式。1号线支线由长宁街至清水西，全长约8.0 km（地下段5.3 km、过渡段0.3 km、高架段2.4 km），设6座车站（新庄、清水西为高架车站，文化路、浴牛塘、鸠江路、卜家店为地下车站），2座为换乘车站（文化路、卜家店）。1号线支线为东西向骨干线，建成后与主线贯通运营，终点至北京路与徽州路交叉口东南。

2. 芜湖轨道交通3号线

3号线由雍南至新义，途经江北、天门山、官陡、荆山、火龙、白马等片区，为联系江北、城中和城东组团的城市干线兼市域快线；北段（华倌大道东段和天门山路等）及穿长江段采用地下敷设方式，其余地段（华倌大道西段和中江大道等）采用高架敷设方式。3号线一期由雍南至冯屋基，全长约23.0 km（地下段12.8 km、过渡段0.6 km、高架段9.6 km），设16座车站（华倌大道、长安、长江路、天门山路、莲塘、鸠鹚创业街、太阳埠、中江大道为地下车站，雍南、农场、中央公园、神山路、卜家店、港西、史家湾、冯屋基为高架车站），4座为换乘车站（华倌大道、天门山路、中江大道、卜家店）；设农场车辆段。

3. 芜湖轨道交通2号线

2号线由新市口至祠山，途经镜湖、赭麓、官陡、万春等片区，为联系城市核心区和城东新区的局域线；西段（北京西路和文化路等）采用地下敷设方式，东段（赤铸山路）采用高架敷设方式。2号线一期由新市口至二道桥，全长约13.3 km（地下段6.1 km、过渡段0.3 km、高架段6.9 km），设11座车站（新市口、鸠鹚广场、广济寺、芜湖、官塘为地下车站，云从路、中江大道、海晏路、方特梦幻王国、头道桥、二道桥为高架车站），3座为换乘车站（广济寺、芜湖、中江大道）；设二道桥车辆段。

4.22 保 定

4.22.1 保定市城市轨道交通2012年度最新发展动态

尚在规划阶段，暂无最新动态。

4.22.2 保定市城市总体规划和城市轨道交通线网规划

1. 保定市概况

保定市位于华北平原中部，东经113° 40'～116° 20'，北纬38° 10'～40° 00'。辖5区、4市、18县，与北京、天津构成黄金三角，市中心距北京140 km，天津145 km，石家庄125 km，是国务院批准的历史文化名城和对外开放城市，是河北省第一大市，全国第三大人口城市，总面积2.21万 km^2，市区建成区面积380 km^2，总人口近1 100万，市区人口近240万。

2012年，保定市全部财政收入和公共财政预算收入双双超额完成目标任务。其中，全部财政收入完成311亿元，占年计划的101.8%，同比增长17.1%；公共财政预算收入完成159.9亿元，占年计划的108.1%，同比增长24.4%。

2．保定市城市总体规划

保定市是京津冀地区南部的区域性中心城市、先进制造业和现代服务业基地。《保定市城市总体规划（2008—2020年）纲要》确定市域行政区划范围面积22 109 km^2。规划区范围为“一城三星”（含保定市区、清苑、徐水、满城县域范围），面积3 127 km^2。《总规》确定保定市域“一主三次”的城镇发展轴结构：一主是保定核心都市区，三次分别是涿州、定州和白沟·白洋淀温泉城。一主三次的城镇空间结构是对保定市域宏观经济布局与市域城镇发展战略的落实。中心城区规划布局为“两带两区三组团”的城市结构，其城市路网骨架由“井”字形快速路和“九纵九横”主干路构成。

围绕着全面提升城市品位的核心，保定市主城区以加快推进“大水系、大交通、大城市”建设和统筹“一城三星一淀”区域同城化管理为重点，培育打造一批标志性城市景观和精品工程，实现“规划体系基本健全、规划水平显著提高、规划执法力明显增强”。

规划期内空间发展战略为北跨、南进、东拓、西优、中提。规划2020年市域总人口为1 242万人，其中城镇人口达到700万人，城镇化水平为57%，2020年建设用地规模180 km^2。

3．保定市城市轨道交通线路规划

《保定市城市轨道交通专项规划（2011—2030年）》确定规划范围包括市区及“三星一淀”，即为“一城三星一淀”。市区内规划了4条轨道线路，与各卫星城市之间规划了地面轨道线，并对线路及站场周边用地提出了控制要求，为保定市发展轨道交通，确保低碳和公交优先城市的实施提供了规划支撑。

4.22.3 保定市城市轨道交通规划线路

保定市城市轨道交通规划暂无具体线路信息。

4.22.4 保定市城市轨道交通发展历程

2011年7月，保定市第一个城市轨道交通专项规划《保定市城市轨道交通专项规划（2011—2030）》通过专家评审。

4.23 柳州

4.23.1 柳州市城市轨道交通2012年度最新发展动态

柳州市轨道交通还处在规划阶段。2012年度柳州轨道交通规划情况没有实质性进展。

4.23.2 柳州市城市总体规划和城市轨道交通线网规划

1．柳州市概况

柳州市位于东经108° 32'～110° 28'，北纬23° 54'～26° 03'，全市辖四区六县。柳州是多民族杂散居地区，民族总数为48个，其中少数民族47个。在全市总人口中，少数民族人口多达198万人，占全市总人口的54%以上。人口最多的少数民族有壮族、苗族、侗族、瑶族、回族、仫佬族。目前全市总人口375.87万人，其中市区人员150万人。

柳州市下辖4区6县2新区和3个开发区。4区为柳南区、鱼峰区、城中区、柳北区。6县包括：柳城县、柳江县、鹿寨县、融安县、融水苗族自治县和三江侗族自治县。新区和开发区为柳东新区、柳州市阳和工业新区、柳州高新技术产业开发区、旧机场开发区、基隆开发区。全地区有街道34个，乡镇47个，居委会400个，村委会959个。

全地区总面积为18 707.25 km^2，其中市区面积为658.31 km^2。2012年，柳州实现地区生产总值1 780.4亿元，比上年增长11.5% ；城镇居民人均可支配收入21 870元，增长11.5%；农民人均纯收入6 694元，增长17.0%。

2. 柳州市城市总体规划

《柳州市城市总体规划（2010—2020年）概要》中指出，柳州市要以西部大开发为契机，发挥铁路交通枢纽及工业基础的优势进行发展和规划。城市规划区范围包括柳州市市区及市区外围紧密相连的邻县的部分区域，分别为拉堡镇、进德镇的部分用地、雒容镇的部分用地和古亭山开发区，总面积约为882.2 km^2。规划期内城市围绕现有城区由内向外有序拓展、延伸，紧凑发展，形成中心城区＋外围组团的城市整体结构格局。

3.柳州市城市轨道交通线路规划

“十二五”规划建议利用闲置铁路运营城市轨道交通，届时可形成柳江—柳州—鹿寨的城市轻轨交通系统。该轻轨将贯穿市中心和连接未来柳州两个中心市区（即现市中心区和柳东新区），为居民的出行提供多种出行选择。

规划第一期，利用目前运营率很低的柳江县城—柳州火车站铁路；第二期，在新湘桂铁路建成通车后，利用柳州火车站—鹿寨县城闲置铁路运营城市轨道交通。两期的运营路径为：柳江县城—柳州火车东站—柳州火车站（一期）—鸕鸪江—雒容（官塘）—鹿寨县城（二期），并在途中的雒容连接拟规划的柳东新区轻轨线，从而形成城市轨道交通系统。

“十二五”规划还建议，轻轨营运列车，可选用类似加拿大渥太华轨道交通每列3节车厢内燃机动力车组，因为100万人口的渥太华与柳州城市规模相近，因此该内燃机动力车组较适合柳州运营城市轨道交通，并可利用柳州火车东站、柳州火车站、柳州火车北站等现有车站，作为上下客和双向会车车站。

4.24 大 理

4.24.1 大理市城市轨道交通2012年度最新发展动态

2012年度大理市轨道交通规划情况没有进展。

4.24.2 大理市城市总体规划和城市轨道交通线网规划

1. 大理市概况

大理白族自治州地处云南省中部偏西，海拔2 090 m，东邻楚雄州，南靠普洱市、临沧市，西与保山市、怒江州相连，北接丽江市。地跨东经98° 52'～101° 03'，北纬24° 41'～26° 42'，东巡洱海，西及点苍山脉，辖8个县及3个少数民族自治县，是中国西南边疆开发较早的地区之一，也是一个居住着汉、白、彝、回、傈僳、藏、纳西等26个民族的地区。地处低纬高原，四季温差不大，干湿季分明，以低纬高原季风气候为主，常年气候温和，土地肥沃，以秀丽山水和少数民族风情闻名于世，境内以蝴蝶泉、洱海、崇圣寺三塔等景点最有代表性。自治州国土总面积29 459 km^2。山区面积占总面积的83.7%，坝区面积占16.3%。东西最大横距超过320 km，南北最大纵距超过270 km。2012年末，全州户籍总人口355.86万人。

2012年，大理白族自治州地区生产总值实现672.1亿元，比上年增长15.6%。全州人均GDP达到

19 283元。全州城镇居民人均可支配收入20 391元，比上年增长15.1%。

2. 大理市城市总体规划

大理城市发展总体目标为努力将大理建设成辐射面广、带动力强、吸引力大的滇西中心城市，我国著名的文化、旅游特色浓郁的现代城市，世界上最适宜人居的城市之一。产业发展总体目标是“两保护、两开发”的思路框架下，大力发展循环经济、低碳经济、打造云南省“三中心”（旅游休闲中心、商贸物流中心、现代服务中心）、“两基地”（先进制造业基地、现代农业基地），构建现代产业体系，建设滇西经济中心。规划市域村镇空间结构为“一海（洱海）、两线（洱海西线和东线）、一城（中心城区，大理、下关、凤仪、海东四个组团）、七镇（喜洲、银桥、湾桥、上关、双廊、挖色、太邑七个镇乡）”，大理市中心城区用地布局空间结构为“一主、一次、两轴、四组团”的组团式布局。

按照《大理滇西中心城市总体规划》，大理建设滇西中心城市的方向，即牢牢抓住桥头堡建设的重大战略机遇，强力推进大理滇西中心城市建设，实现构建中国面向西南开放的区域性中心。按规划，滇西中心城市范围为“1+6”，即大理市为中心城市核心区，发展周边的祥云、宾川、弥渡、巍山、漾濞、洱源为副城。从发展构想来看，6个副城的城市定位和发展方向已然明确，按规划，祥云县是大理滇西中心城市副中心，着力发展现代物流业、高新技术产业、生物制药、机械制造业等；宾川县发展旅游休闲度假产业、房地产业、太阳能发电等；弥渡县重点发展生态民族旅游业、房地产业、生态农业、有色金属采选冶等；巍山重点发展房地产业、文化创意产业、文化旅游业；漾濞重点发展生态林业、物流业、食品加工工业；洱源重点发展房地产业、温泉度假休闲、商务休闲等。到2015年，滇西中心城市群总人口将达260万人，城镇人口达130万人，城镇化率达50%以上。

发展“1+6”滇西中心城市，交通被摆在了发展首位，大理市与6个副城之间，以构建半小时城市经济圈为目标，实现大理市与祥云、宾川等6个副城隧道、轨道相连接的快速交通网，以“交通圈”拓展“城市圈”。

到2020年，滇西中心城市的规模将由大理市目前的39 km^2，扩展至152 km^2，国土面积达到1.5万km^2。届时，大理将建成独具特色、辐射广泛的区域性中心。如图4-17所示。

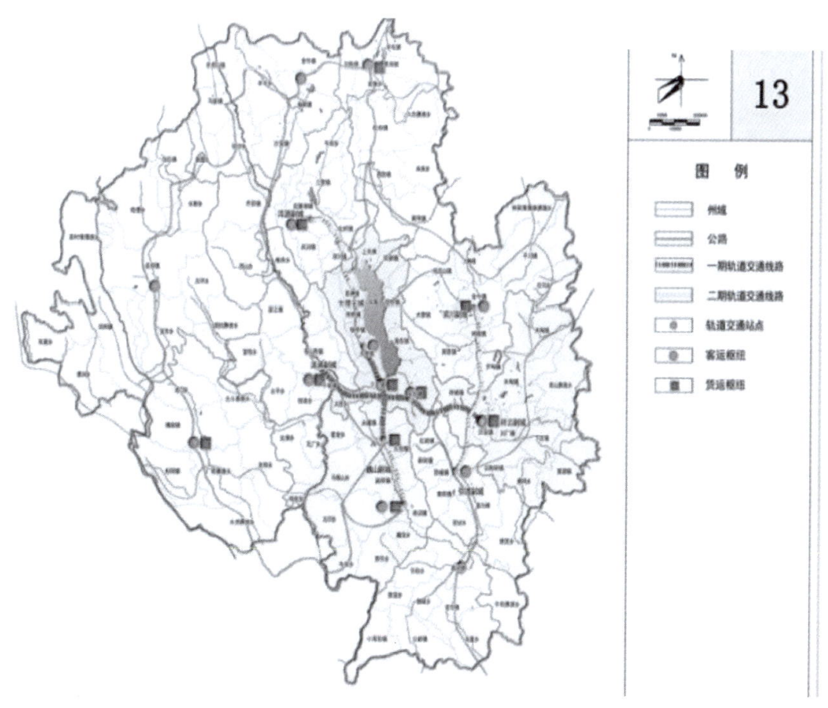

图4-17　大理滇西中心城市总体规划图

3. 大理市城市轨道交通线路规划

《大理轨道交通概念规划》，从大理滇西中心城市建设需求出发，确定了洱海旅游观光客车线、主城轨道交通以及连接6个副城市和鸡足山佛教文化旅游胜地的市域轨道交通8条线，共10条轨道交通线。

规划中的环洱海旅游观光客车线，起点为大理古城东侧，途经大丽路、南经庄、洱滨村、环湖公路（着点有下关、满江、海东、挖色、双廊），再经大丽路后回返大理古城东侧原点，全长109.5 km，设车站42座，均为地面站，平均站距为2.5 km。

主城轨道交通起点为新世纪中学，途经人民北路、美登大桥、苍山路、红山大道、环湖路。线路全长14.7 km，全为地下线，设车站13座。该线支线接轨站龙山东站，平行换乘，后沿苍山路、祥龙大道、滇源大道、大凤路，终点在白桥地附近，全长9.7 km，共设车站8座。

4.24.3 大理市城市轨道交通发展历程

近年来，从大理滇西中心城市建设需求出发，中铁二院昆明勘察设计研究院有限责任公司设计了《大理轨道交通概念规划》，该规划于2011年11月通过了来自昆明和大理州、市组成的专家评审组的评审。

第5章 区域性城市群的轨道交通发展情况

5.1 长三角城市群

经过一年多的调研、论证和协调，铁道部、上海市、江苏省、浙江省和安徽省日前联合向国家发改委正式报送了长江三角洲地区城际轨道交通线网规划方案（2010年调整），至此，长三角地区城际铁路线网规划研究工作基本完成，目前长江三角洲地区是中国交通最为发达的地区之一。

新的长三角铁路城际规划以上海为龙头，南京、杭州、合肥为中心，覆盖长三角地区地级城市及主要城镇，形成便捷、快速、安全、高效的城际轨道交通网络，实现主要城市间和相邻城市间“1~2小时交通圈”，区域内其他城市间3小时内到达。整个长三角形成“一核两翼、两主轴、三副轴”的空间布局。“一核”是处于长三角发展核心的上海；“两翼”是指以南京为中心的北翼和以杭州为中心的南翼；“两主轴”是从上海到南京的沪宁发展轴，从上海到杭州的沪杭发展轴，“三副轴”是从上海跨越长江到南通的越江发展轴、从上海跨越杭州湾到宁波的跨海发展轴，以及从南京到杭州的宁杭发展轴。到2020年，长江三角洲地区城际轨道交通总里程达到815 km，线网布局满足区域经济社会发展要求，主要技术装备达到国际先进水平。

5.1.1 长三角城市群总体规划

1.长三角概况

长江三角洲位于我国东部沿海、沿江发达地带交汇部，区位优势突出，经济实力雄厚，其核心城市上海是世界最大城市之一。长江三角洲城市群是我国城市化程度最高、城镇分布最密集、经济发展水平最高的地区。2010年3月在浙江嘉兴召开的长三角城市经济协调会第十次市长联席会议宣布，协调会成员由此前16个增至22个，即长三角核心城市群扩容，不仅吸收盐城、淮安、金华、衢州4个苏浙城市为新会员，而且让泛长三角区域内的合肥、马鞍山两个安徽省的城市也正式“加盟”，至此长三角城市群以上海为中心，南京、杭州、无锡、苏州、宁波为副中心，还包括江苏的扬州、盐城、泰州、南通、镇江、常州、淮安，浙江的嘉兴、湖州、绍兴、舟山、温州、台州、衢州、金华，安徽的合肥、马鞍山，共22个城市及其所辖的80多个县市，以沪杭、沪宁高速公路及多条铁路为纽带，形成一个有机的整体。

近年来，长三角以其良好的基础设施、发达的科技教育和日趋完善的投资环境，成为国内外投资者关注的“热土”。2004年上半年，这一地区以占全国2%的陆地面积和约占10%的人口数量，创造了全国26%的GDP，完成了全国37%的外贸出口额，吸引了全国52%的实收外资，其经济总量领先于我国另外两大城市群——珠江三角洲和京津唐地区。

2010年长三角地区经济呈现高开稳走发展态势，GDP达到69 871.97亿元，平均增长12.6%，经济总量占全国的比重达到17.6%。其中实现三产增加值31 665.26亿元，平均增长12.6%，总量占GDP比重达到45.3%。分板块看，江苏、浙江板块总量占比分别为46.5%和29.3%，均比上年提高0.5个百分点；上海板块总量占比24.2%，比上年下降1个百分点。分城市看，长三角16城市中有13个城市GDP总量超过2 000亿元，10个城市增速超过平均增速，其中江苏板块增速均超过平均增速。总量前五的城市为：上海（16 872.42亿元）、苏州（9 168.91亿元）、杭州（5 945.82亿元）、无锡（5 758亿元）和宁波（5 125.82亿元）；增速前五的城市为嘉兴（13.7%）、泰州（13.5%）、扬州（13.4%）、镇江（13.3%）和苏州（13.2%）。

全年实现规模以上工业总产值接近150 000亿元，达到147 392.41亿元，同比增长26.0%，增速比上年提高21个百分点。2010年以来，长三角各市不断加大对工业的投入，加快工业转型升级步伐，全年共完成工业投入14 753.99亿元，同比增长16.1%，增速比上年提高3.1个百分点。全市实现地方财政一般预算收入7 748.75亿元，同比增长20.4%，增速比上年提高8.8个百分点。2010年以来长三角地区物价逐步上涨，物价水平总体居于较高位置，全年居民消费价格总指数均值为103.8，物价上涨3.8%，涨幅比上年提高了4.4个百分点。

2. 长三角总体规划

长三角被定位为亚太地区重要的国际门户、全球重要的现代服务业和先进制造业中心、具有较强国际竞争力的世界级城市群。明确长三角城镇体系发展整体思路是“一核五副”，更具体把上海、杭州、南京、苏州、无锡和苏北和浙西南地区的区域产业发展分别细化。上海和杭州则分别成为长三角地区的北南两翼现代服务业中心，上海着重发展金融、航运等服务业；杭州重点发展文化创意、旅游休闲、电子商务。

2010年5月中华人民共和国国务院正式批准《长江三角洲地区区域规划》，将把长三角建成“亚太地区重要的国际门户、全球重要的现代服务业和先进制造业中心、具有较强竞争力的世界城市群”作为发展定位，标志着长三角整体联动进入一个新阶段。按照优化开发区域的总体要求，统筹区域发展空间布局，长三角将形成以上海为核心，沿沪宁和沪杭甬线、沿江、沿湾、沿海、沿宁湖杭线、沿湖、沿东陇海线、沿运河、沿温丽金衢线为发展带的空间格局。长三角城市群的发展，将沿三个方向来展开，一条是苏浙沪陆域城市带、一条是沿海城市带、一条是长江中下游城市带。上海等长三角地区的新城建设正在全面铺开，很明显就是在这几个大方向上“选点”，最终肯定会形成一种“竞争合作”的格局，主辅联动，彼此互补。

5.1.2 长三角城市群轨道交通规划

经过一年多的调研、论证和协调，前铁道部、上海市、江苏、浙江和安徽省日前联合向国家发改委正式报送了长江三角洲地区城际轨道交通线网规划方案（2010年调整），至此，长三角地区城际铁路线网规划研究工作基本完成。新的长三角铁路城际规划以上海、南京、杭州、合肥为中心，覆盖长三角地区地级城市及主要城镇，形成便捷、快速、安全、高效的城际轨道交通网络，实现主要城市间和相邻城市间“1~2小时交通圈”，区域内其他城市间3小时内到达。

1. 整体规划

国务院常务会议日前审议并原则通过了《环渤海京津冀地区、长江三角洲地区、珠江三角洲地区城际轨道交通网规划》（2005—2020年）。长三角地区城际轨道交通的发展目标是建设以上海为中心，沪宁、沪杭（甬）为两翼的城际轨道交通主构架，覆盖区内主要城市，主要技术装备达到国际先进水平。

按照规划，将建设的5条城际轨道是南京—镇江—常州—无锡—苏州—上海城际轨道交通线，全长295 km；上海—嘉兴—杭州城际轨道交通线，全长160 km；杭州—绍兴—宁波城际轨道交通线，全长158 km；常州—江阴—常熟—苏州城际轨道交通线，全长124 km；苏州—嘉兴城际轨道交通线，全长78 km。

2. 实施阶段

长江三角洲地区城际轨道交通网统一规划，分2010和2020年两期，逐步建设投产。2010年是长三角城际轨道交通建设的阶段目标节点。今年将建成南京—镇江—常州—无锡—苏州—上海城际轨道交通线、上海—嘉兴—杭州城际轨道交通线，构筑长江三角洲地区城际轨道交通网的主轴。截止今年，区域城际轨道交通营业里程达到455 km。2020年前，建成常州—江阴—常熟—苏州、苏州—嘉兴、杭州—绍兴—宁波城际轨道交通线；到2020年，将建成常州—江阴—常熟—苏州、苏州—嘉兴、杭州—宁波城际轨道交通线，营业里程达到815 km。

长三角城际轨道交通不同于客货混跑的沪宁、沪杭等既有铁路，也不同于城市内地铁和轻轨，它是以城际中短途客流为主，主要承担城际铁路沿线各个城市和中心城镇之间的客流，兼顾城市组团、次中心城镇间的客流。据预测，到2020年，城际轨道交通承担的客流为44 580万人次，全部为区域内部城市之间的客流。

3. 列车技术标准

长三角城际轨道交通列车时速250~300 km，并真正实现公交化运行，将推出小编组、高密度公交化列车，尤其是高峰时段密集到发。因此沪宁杭城际列车设计列车编组为初期6~8辆，远期12辆，列车运行最短间隔为3分钟。沪宁城际直达列车旅行时分80分钟，大站停列车旅行时分96分钟；沪杭城际直达列车旅行时分45分钟，站站停列车旅行时分60分钟以内，将大大缩短沿线城市间的时空距离。

据悉，长三角城际轨道交通网建成后，铁路运输分工将更加合理和细化，实行客货分线。长三角城际轨道交通将全部是快速客运专线，主要开行江浙沪地区城市密集地区城际间的中短途快速旅客列车，兼顾借道开行的跨区域长途快速旅客列车；既有的沪宁、沪杭、杭甬线将以货车为主，同时开行少量的普速中长途直通客车。

5.2 珠三角城市群

5.2.1 珠三角城市群轨道交通发展概况

2010年9月25日，广东珠三角城际轨道交通有限公司正式成立。

按照《珠江三角洲城际轨道交通规划》（修编），形成以广州、深圳、珠海为主枢纽，覆盖区内主要城镇，与城市轨道交通“零距离换乘”的“三环八射”城际轨道交通网络构架。珠三角城际轨道交通网由原拟5条增至23条，总长增至1 890 km，相关规划于2009年上报审批。根据规划，到2030年，珠三角的城际轨道交通网络将基本覆盖所有城镇，线网密度达到4.8 km/km^2。整个珠三角轻轨网络建成后，将以广州为中心，实现主要城市间1小时互通，内圈层主要城市1小时互通，广州、深圳、珠海三大都市区内部1小时互通的目标。

广佛地铁已经正式开通运营，广州—佛山—肇庆城轨项目已开工建设，广州至清远项目前期加速推进，计划年内开工，加上已开工建设广州—珠海（含中山—江门）、广州—东莞—深圳、东莞—惠州城际轨道交通项目，珠三角城轨网近期规划建设的7条主干线网已有5条开工建设，开工总里程将大于400 km，总投资近千亿元。

按照《珠江三角洲城际快速轨道交通网规划》，城际快速轨道交通网以广州（佛山）、深圳（香港）、珠海（澳门）三地为中心，以广深、广珠经济带为主轴，形成“A”型结构，辐射到肇庆、江门、惠州、中山、东莞等市。

5.2.2 珠三角城市群总体规划

1. 珠三角概况

珠江三角洲，旧称粤江平原，简称珠三角。位于中国广东省东部沿海，是西江、北江共同冲积成的大三角洲与东江冲积成的小三角洲的总称，是放射形汉道的三角洲复合体。“珠三角”概念首次正式提出是1994年10月8日，广东省委在七届三次全会上提出建设珠江三角洲经济区。“珠三角”最初由广州、深圳、佛山、珠海、东莞、中山6个城市及惠州、清远、肇庆三市的一部分组成（不含香港澳门2个特区），也就是通常所说的广东珠三角。后来，“珠三角”范围调整扩大为由珠江沿岸广州、深圳、佛山、珠海、东莞、中山、惠州、江门、肇庆9个城市组成的区域，这也就是通常所指的“珠三角”或“小珠三角”。“小珠三角”面积为24 437 km^2，不到广东省国土面积的14%，人口4 283万人，占广东省人口的61%。纲要提出，到2012年，由广州、深圳、佛山、珠海、东莞、中山、惠州、江门、肇庆9个城市组成的珠江三角洲地区率先建成全面小康社会，人均地区生产总值达到80 000元；到2020年，率先基本实现现代化，人均地区生产总值达到135 000元。

2. 珠三角总体规划

珠三角的奋斗目标是“十年大跨越”。其定性描述是“珠江三角洲地区率先在全国基本实现社会主义现代化”。定量的描述则主要涉及到三个指标：第一个指标，到2020年，珠江三角洲地区生产总值比2007年增长约2倍，达到72 500亿元，力争赶上韩国；第二个指标，到2020年，人均地区生产总值达到135 000元（约折合19 400美元），超过现在台湾地区水平，实现从上中等收入水平向高收入国家和地区水平迈进的目标；第三个指标，到2020年，城镇化水平达到85.0%，生态环境明显改善。

5.2.3　珠三角城市群轨道交通规划

2005年3月，珠江三角洲地区城际轨道交通网规划(2005—2020年)为适应珠江三角洲地区旅客运输需求快速增长的需要，缓解区域交通运输紧张状况，推进城镇化和经济一体化的进程，建设以广州为中心，以广深、广珠城际轨道交通为主轴，覆盖区内主要城市衔接港澳地区的城际轨道交通网络。到2020年，珠江三角洲地区城际轨道交通总里程约达600 km，线网布局满足区域经济社会发展要求，主要技术装备达到国际先进水平。

因此，在珠三角城轨“同城化”规划中，未来的珠三角地区将形成以广州、深圳、珠海为中心，覆盖珠江三角洲地区主要城市，形成“三环八射”路线图。

一环是广佛环线，扩大广州白云机场、广州南站等重要客流集散点辐射范围，加强广州和佛山间的联系，加快广佛“同城化”的进程，将以广州为中心的放射形线路紧密地组合在一起。二环则由穗莞深、中山—南沙—虎门、广佛珠三条城际线组成的环珠江口的中环线构成。三环则是穗莞深、深圳—珠海、广佛珠三条城际线组成的环珠江口的大环线。

八条放射线分别是：广佛肇、广州—清远、广州—惠州、东莞—惠州、深圳—惠州、珠海—斗山、江门—恩平、肇庆经高明—南沙、广州—肇庆等多条城际线。

广深交通走廊内形成广深铁路、广深港客运专线、穗莞深城际、佛莞深城际组成的4条10线轨道交通线路格局。广珠交通走廊内形成广珠城际、广佛珠城际、广珠铁路组成的三条5线轨道交通线路格局，如图5-1所示。

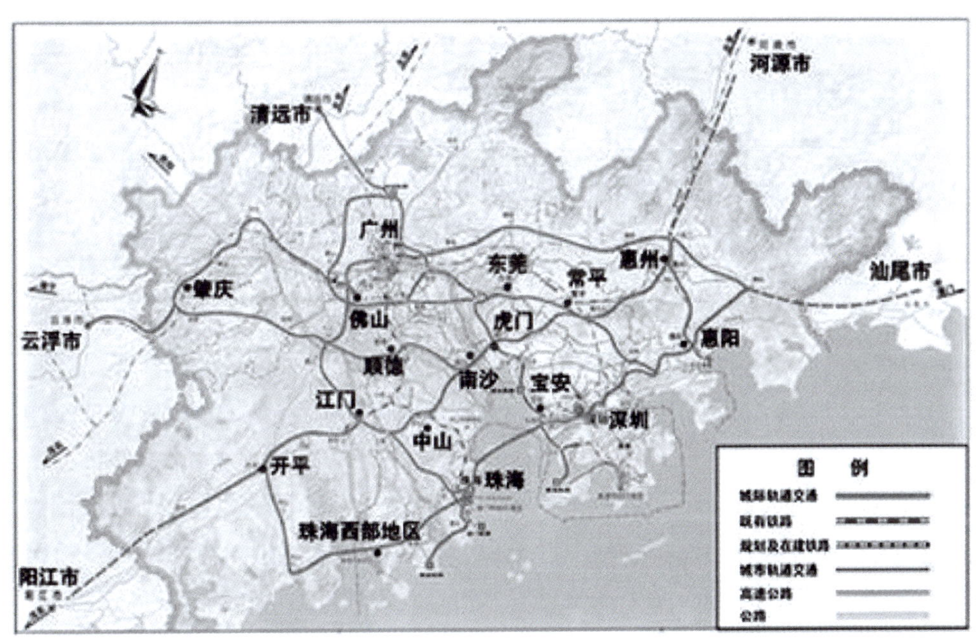

图5-1　珠三角轨道交通规划图

该交通网从广州至佛山到肇庆；从广州到东莞到深圳，从东莞到惠州；从广州到珠海，到中山至江门，从开工建设的珠三角城轨项目线路走向看，城际轨道连接广佛肇、深莞惠、珠中江三大经济圈的格局已初步展现，随着广州至珠海、广州至佛山项目明年开始陆续建成投运，到2012年，以广州为中心，珠三角城轨网将连通珠三角9市及广州的后花园清远市，“一小时交通圈”从蓝图变成现实。

“三环八射”中其余的线路均在规划中，包括佛莞城际轨道交通、小榄—虎门城际轨道交通、中山—南沙—虎门城际线、深珠城际轨道交通、广清城际轨道交通、广惠城际轨道交通、莞惠城际轨道交通、深惠城际轨道交通、江恩城际轨道交通、肇高南城际轨道交通、佛肇城际轨道交通、惠河城际轨道交通、广清城际轨道交通。

该规划建设内容中，广州—东莞—深圳城际轨道交通线，全长131 km；广州—珠海城际轨道交通线，全长115 km；广州—佛山城际轨道交通线，全长37 km；小榄—虎门城际轨道交通线，全长70 km；江门—小榄城际轨道交通线，全长30 km；广州—肇庆城际轨道交通线，全长116 km；东莞—惠州城际轨道交通线，全长89 km。

其实施原则为总体规划，分期实施，逐步建成投产.到2010年，将建成广州—东莞—深圳、广州—珠海、江门—小榄、广州—佛山、小榄—虎门城际轨道交通线，构筑珠江三角洲地区城际轨道交通网的主轴，营业里程达到383 km；到2020年，将建成东莞—惠州、广州—肇庆城际轨道交通线，营业里程达到600 km。

5.2.4 珠三角城市群轨道交通建设情况

1. 广佛肇城际轨道交通

首开工段已于2009年9月29日启动，全线于年底全面开工，总工期为5年， 计划2014年6月竣工。广肇城际轨道交通线路全长83.367 km，起始于佛山西站，终止于肇庆站。其中高架线74.59 km，地下线2.03 km，隧道2.203 km，路基4.544 km，除了佛山西站，三水城区和肇庆羚山以隧道形式穿越外，全线再无地下线路。全线设车站11个，其中高架站7个，地下站1个，地面站3个（1个预留）。广佛肇城际轨道的技术标准，设计时速从原来的140~160 km调整为最高时速可达200 km。2014年通车试运营，车辆为城际A型车6辆编组，届时将在佛山设5站，肇庆设6站，运营时间为清晨6时至晚上12时，从佛山到肇庆最快将只需25分钟。无缝换乘广佛环线再到佛山地铁一号线（广佛地铁）直接到达广州。如图5-2所示。

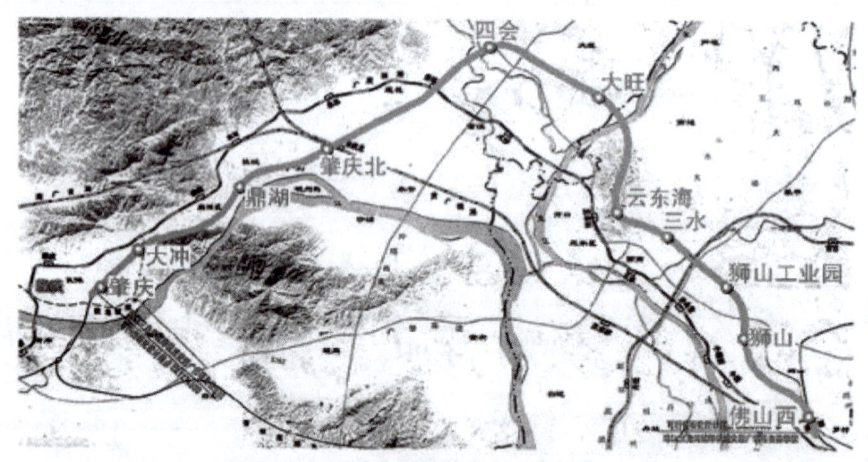

图5-2 广佛肇城际轨道交通线路图

广佛肇线路起于佛山西站地下钻出地面，后沿兴业路西侧高架行走，经罗村、狮山，沿桃园路中央绿化带高架西行，跨西南涌后南折，在广三高速三水出口附近钻入地下穿过广三高速，向西继续入地沿张边路穿越三水城区，穿广肇高速公路、广茂铁路、321国道后出地面，沿321国道北侧至三水二桥，向北跨三水二桥和广三铁路，靠近在建的广贺高速后沿其南侧跨越北江，进入肇庆地区。

广佛肇城际轨道交通二期工程的佛山西站至广州南站段未来将延伸至广州的南站。

2. 穗莞深城际轨道交通

穗莞深城际轨道项目是珠三角城际轨道交通线网规划的主轴线之一，是广东省第一条由省方主导的城际轨道交通项目。如图5-3所示，该项目线路走向起于广州，经东莞至深圳机场（预留延长至深圳福田中心区），线路全长约87 km，总投资196.98亿元，预计在2015年底建成通车。

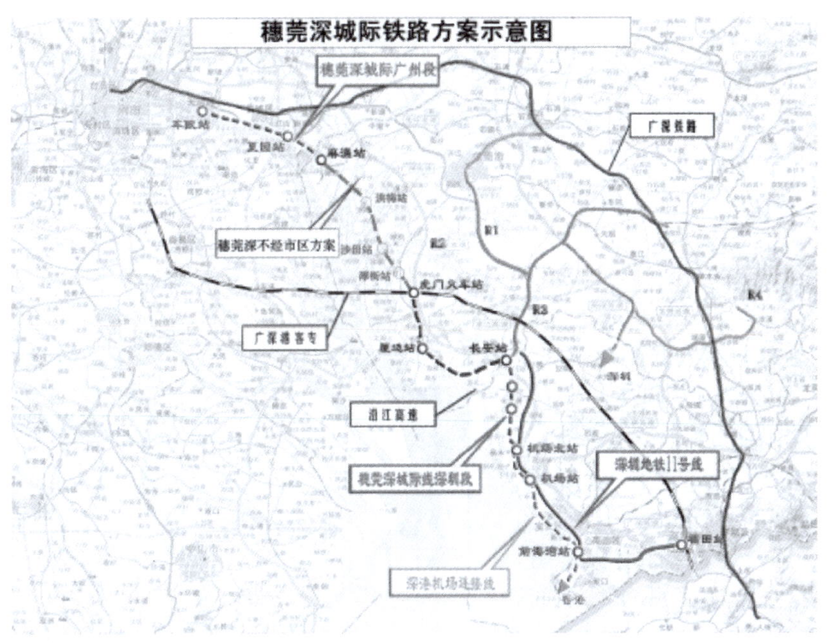

图5-3　穗莞深城际轨道交通线路图

穗莞深城际轨道项目的开工建设，标志着广东省珠三角地区轨道交通同城化规划实施进入全面启动阶段。项目建成后，将成为沟通广州、东莞、深圳三市的快速交通通道，对推动珠江东岸加快建成一小时经济圈、实现区域经济一体化，提升珠三角地区整体实力具有重要意义。

穗莞深城际轨道2008年12月21日上午开工，由于线路将通过广深铁路三四线从新塘交通枢纽引入广州东站，并通过萝岗中新知识城向北延伸至白云机场。届时从广州到深圳机场只需要一个小时。

3. 莞惠城轨

莞惠城际轨道交通项目起于穗莞深城际麻涌站，向东经东莞市的道窖、南城、寮布、大朗、常平、东莞东火车站、谢岗，惠州市的沥林、陈江、惠环、惠城，终点至惠州客运北站。项目正线全长98.835 km，其中东莞市境内65.5 km，惠州市境内长33.335 km，莞惠城轨惠州段如图5-4所示。

项目于2009年5月开工建设，总工期为4年半，预计在2013年底建成通车，东莞市民坐这趟不塞车的城轨只需半小时就到惠州。莞惠城轨设计时速为每小时200 km，全程运行时间在一小时内，从东莞到惠州只需35分钟，而从广州乘穗莞深城际轨道交通转莞惠城轨到惠州市区也仅需一小时。

图5-4　莞惠城轨(惠州段)线路图

4. 广清线

广清线，全称为广清城际轻轨，全长为38.363 km，其中广州花都范围内为18.606 km，清远市区范围内为19.757 km。线路起自广州火车北站，终点为清远站，共设6座车站，列车时速高达200 km/h。快速、准点、大容量的轻轨，不只是简单的城市交通工具，更快速缩短了城际间行程，提速生活空间转换，该线路于2012年11月开工，预计2016年建成通车，届时从广州到清远只需25分钟。

5．广佛环线

广佛环线（佛山西站—广州南站段）是珠江三角洲地区城际轨道交通网络“三环八射”中核心一环广佛环线的重要组成部分，并且连接珠江三角洲城际轨道交通网的东部线网和西部线网。

线路起自佛肇城际佛山西站，出站后下穿桂丹路，设敞开段出地面，沿桂丹路南侧绿化带内高架行进，之后折向南上跨佛山水道走行在禅西大道西侧规划绿化带内，然后南行上跨佛开高速后，在禅西大道与季华路交叉口西北侧设张槎站，与佛山地铁2号线换乘，之后跨越季华路向南前行，跨越东平水道和吉利涌，折向东南进入乐从，走行在平步村北侧，上跨佛山大道，穿越钢铁市场，在钢铁市场南侧汾江路西侧由高架线转为地下线，在君兰路与文华路交叉口处、规划交通枢纽南设东平新城站，与广佛珠城际同台换乘，之后在天成路附近设敞开段出地面，跨越佛山一环、潭州水道，进入陈村镇，沿规划横五路高架敷设，在陈村镇白陈公路西侧设陈村站，之后跨越白陈公路，过陈村水道后设敞开段进入地下，以地下线的形式敷设至广州南站。2015年建成并试运营，总工期3.5年。

广佛环线全长36.16 km，其中桥梁2座长28.153 km，隧道3座长5.880 km。共设张槎、东平新城、北滘、陈村、广州南5座车站，其中北滘为预留站，不含预留站平均站间距9.00 km，含预留站平均站间距7.20 km，最大站间距为张槎站至东平新城站10.22 km，最小站间距为陈村站至广州南站5.03 km，在陈村镇设一座动车存车场。如图5-5所示。

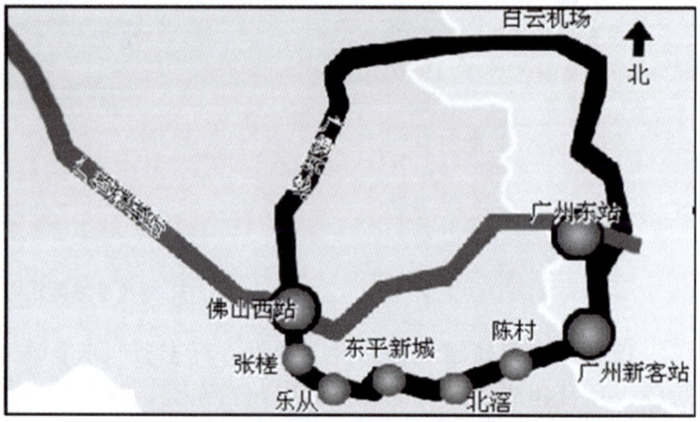

图5-5　广佛环线示意图

5.2.5　珠三角城市群轨道交通运营现状

截至2011年，珠三角城市群轨道交通运营线路主要包括广佛线、广珠城际轨道交通（广珠城轨）和广深港高速铁路3条线路。

1．广佛线

其中，2010年11月3日，国内首条全地下城际轨道交通线路——珠三角城际快速轨道交通广佛线（广州—佛山）首通段正式投入使用。广佛地铁原名佛山地铁一号线，是佛山地铁规划中8条线路最早开工的一条。于2007年6月28日，计划总投资146.75亿元的广佛地铁全面动工。广佛地铁是国内首条城际地铁。广佛线横跨广州的海珠区、荔湾区和佛山的禅城区、南海区。呈东西走向。线路西起佛山市魁奇路，东达广州市沥滘，总长约32.16 km，全线共设站21座，平均站间距1.54 km。佛山市境内14.777 km，设11座车站；广州市境内18.196 km，设10座车站。将来与广州地铁一号线在西朗站换乘，与广州地铁八号线在沙园换乘，与广州地铁二号线在南洲客运站换乘，与广州地铁三号线在沥窖站换乘。广佛地铁首通段（魁奇路—西朗段）已于2010年11月3日14:00开通。2012年全线通车。全线通车后，广州到佛山全程只需要39分钟。

如图5-6所示，线路的21座车站分别为魁奇路站、季华园站、同济路站、祖庙站、普君北路站、朝安站、桂城站、南桂路站、虫雷岗公园站、海五路站、南海汽车站、龙溪站、菊村馆站、西朗站、鹤洞站、沙桶站、沙园站、燕江站、石溪站、南洲站、沥窖站。最大站间距3 350m，为南海汽车站—龙溪站区间。最小站间距850 m，为沙园站—燕江站区间，平均站间距1 540 m。其中换乘站4座，分别为西朗站、沙园站、南洲站和沥窖站。

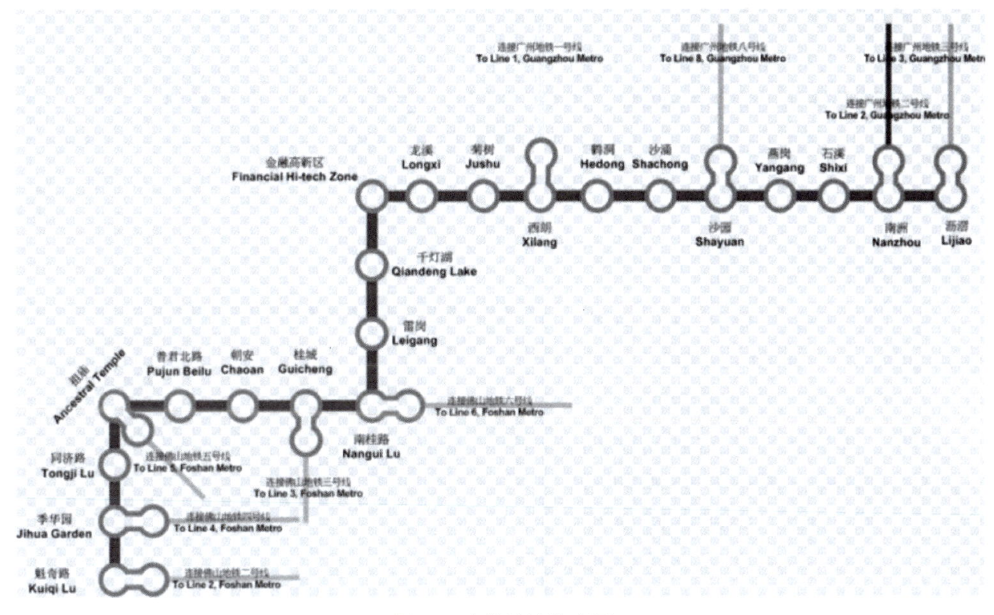

图5-6　广佛地铁线路图

2. 广珠城轨

广珠城际轨道交通，简称广珠城轨，又称广珠城际铁路，由北面的广州市广州南站途经佛山市顺德区、中山市，南至珠海市拱北口岸的珠海站，并经延伸线连接珠海机场，又设一支线由中山市小榄镇经中山市古镇，跨西江，连接江门市新会区会城街道东甲。该线和广深城际轨道交通是珠三角城际快速轨道“A”字型网络中的两条主干线。如图5-7所示。

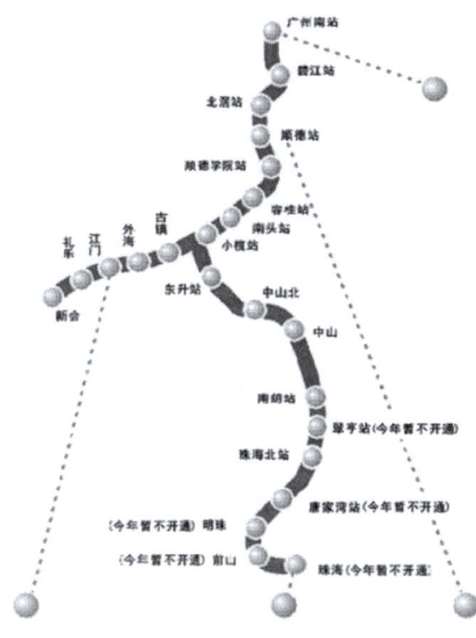

图5-7　广珠城际轨道交通线路图

2004年4月举行的广珠城际快速轨道交通工程可行性研究审查会初步确定了铁路的线路走向、技术标准及设计方案，并被列入2005年珠海市重大项目。2004年7月14日，在首届泛珠三角区域经贸合作洽谈会上，铁道部和广东省政府签订协议，协议规定铁道部、广东省各出资50%，共同投资成立广东珠三角城际轨道交通有限责任公司，负责包括广珠城轨在内的珠三角城际轨道交通线的建设和未来营运。中国国务院在2005年3月16日审议通过《环渤海京津冀地区、长江三角洲地区、珠江三角洲地区城际轨道交通网规划》，至2005年5月召开的广珠城际轨道交通工程初步设计审查会上，再经调整后的广珠城轨设计方案获得初步确定。新方案中广珠城轨在原线路上作了大幅调整，南段线路（江门以南）选择了“南萠方案”，铁路从中山翠亨进入珠海，沿港湾大道东侧再进入凤凰山隧道，出隧道後转入珠海明珠路、港昌路、昌盛路，终点到达珠海市香洲区拱北街道的珠海站。2005年12月18日，广珠城际轨道交通正式全线动工。线路建设采用高架的形式，桥梁段占全线的92.25%。至2008年3月25日，珠海站—珠海机场站的延伸段通过预可行报告。该延长线从原有路线的终点珠海站出发向西延长，先后跨越前山水道、马骝洲水道、磨刀门水道和泥湾门水道，以位于三灶的珠海机场为终点，总长35.3 km，沿途设有珠海站、湾仔、下湾、莲花、横琴、三灶和珠海机场7个车站，在横琴预留与澳门轻轨接驳条件，远期预留鹤州南站。其中横琴站—三灶站两站之间相隔15.7 km，经过6.97 km的金海大桥，是目前相隔最远的两站，延长线于2010年动工，2011年1月建成通车。珠海段于

2012年12月31日建成通车。

广珠城轨全线长177.3 km，其中广州南站—珠海站116 km，小榄站—新会站26.328 km，珠海机场支线35.3 km。全线最高速度为广州—珠海、小榄—新会，达200 km/h。全线最终设定的车站途经城市有广州（广州南）、佛山顺德（碧江，北滘，顺德，顺德学院，容桂）、中山（南头，小榄，古镇，中山北，中山，南朗，翠亨）、珠海（珠海北，明珠，唐家湾，前山、珠海）、江门（江海、江门、礼乐、新会）。

3.广深港高速铁路

广深港高速铁路是珠三角轨道交通线路网的重要组成部分。如图5-8所示，该线北起广州市，经东莞、深圳到香港，全长142 km，一期工程从新广州站到新深圳站，拟设新广州、东涌、虎门、公明和新深圳5个车站。二期工程从深圳市新深圳站—香港西九龙站。行车速度可高达每小时200 km，全程只需48分钟，车速比现时粤港直通车快一倍。乘客日后亦可转乘内地高铁，往上海只需8小时，至北京亦只需10小时，比现时约可节省逾半时间。

图5-8 广深港高速铁路线路图

广深港高速铁路由南至北共有5个站，香港总站设于地底的“西九龙总站”，途经深圳的福田、深圳的龙华及东莞的虎门，而内地终点站是广州石壁的“新广州站”，将会是全国四大客运中心之一。建设中和建成后广深港高速铁路都会对中国的就业和经济发展有较大影响。

广深港高速铁路广深段于2005年12月18日开工，于2011年12月正式通车，全线预计2015年建成通车。

5.3 中原城市群

5.3.1 中原城市群2012年轨道交通发展最新动态

2009年11月26日，《中原城市群城际轨道交通网规划（2009—2020年）》获国家发改委批复，在批复的《规划》中，城际轨道交通涵盖中原城市群中的郑州、洛阳、开封、新乡、焦作、许昌、平顶山、漯河、济源等9个城市，规划期限是2009－2020年，远期展望到2030年。2011年4月，新郑机场—登封—洛阳城际铁路开工建设，中原城市群城际轨道交通有条不紊地进行着。

5.3.2 中原城市群总体规划

1. 中原城市群概况

中原城市群地域范围以郑州为中心，以洛阳为副中心，包括开封、平顶山、新乡、焦作、许昌、漯河、济源、巩义、新密、禹州、新郑、偃师、荥阳、登封、舞钢、汝州、辉县、卫辉、沁阳、孟州、长葛等23个城市，34个县城，374个建制镇。土地面积5.87万km^2，人口3 950万，分别占全省土地面积和总人口的35.3%和40.3%。地区生产总值位居中西部地区第一位，二、三产业增加值占GDP绝大多数，人均地区生产总值21 470.3元，地方一般预算财政收入544.30亿元，规模以上工业增加值3 431.19亿元。在中国15个城市群中综合实力名列第7位，位列中国中西部第一位。

城市体系分为三个层次，第一层次：郑州都市圈，包括郑州下辖的中牟以及郑汴一体化区域。第二层次：以郑州都市圈为中心，以洛阳、开封、焦作、新乡、许昌、平顶山、漯河、济源、巩义、禹州、新郑、新密、偃师等中心城市为结点，构成中原城市群紧密联系圈。第三层次：外围带。

城镇分布相对密集。中原城市群是中国中部地区城镇最为密集的地区，设市城市数量约占河南省城市总数的60%，23座城市的平均密度为3.9座/万km^2，略低于珠江三角洲城市群（4座/万km^2），高于长江三角洲城市群（2.9座/万km^2）。431个城市和建制镇分布密度为7.3座/千km^2，低于珠三角（9.8个/km^2），高于长三角（6.8个/千km^2）。

城市布局呈集聚型，交通指向和圈层状特征明显。城市分布有较为明显的分形几何特征，经计算得到该区域城市空间分布的集聚维数为0.5127（测定系数R_2=0.979 1），说明城市分布集中程度较高，城市的地域分布属集聚型。而且，交通指向性非常明显。另外，城市分布以中原城市群交通规划郑州为核心向外展开，具有较为明显的圈层式空间分布特征，有利于中心城市扩散效应的发挥和各城市之间功能的分工与协调。

4条动脉为主干的初级城市网络格局。一条主轴和3条副轴构成了中原城市群城市网络的4条动脉，而那些分布于由发达的省级公路和密集的县乡级公路构成的交通网上的城镇，构成了城市网络的支脉。众多的支脉与4条动脉相互交错，构成了城市网络雏形。其间东部地区网络支脉不够发育，城市网络密度相对较小，城市群整体网络功能降低。

2. 中原城市群总体规划

5

在《中原城市群发展战略构想》中，中原城市群的发展目标是：到2020年，非农产业占95%以上，城镇人口占区域总人口60%以上；建成全国重要的制造业基地、能源基地、现代物流中心和区域性金融中心，产业整体竞争力显著提高，要素集聚和承载能力全面增强；GDP占河南省的比重超过70%，确立在中西部乃至全国城市群中的重要地位，带动全省并辐射周边地区发展，把中原城市群打造成中西部地区规模最大的城市群。到2020年，人均生产总值超过5 000美元，财政收入在全省的比重超过75%，通过不同城市的发展升级，城市体系较为完善的等级层次结构将基本定型，城市总数达34个，四个级别中心城市的比重分别为5.9%、20.6%、26.5%和47.0%，中原城市群地区基本形成中部崛起的“中原平台”。

中原城市群的空间布局优化要有整体和局部之分,在城市群发展的不同阶段也应有所侧重。2020年前后，中原城市群要努力形成“两圈、双核、四带、一个三角”的城市空间布局和功能发挥的整体格局。

两圈：第一圈层是郑州都市圈，第二圈层是以郑州都市圈为中心，以洛阳、开封、新乡、焦作、许昌、平顶山、漯河、济源、巩义、禹州、新郑等城市为结点，构成的中原城市群紧密联系圈。目前，中原城市群正在形成以郑州为中心，以周围7个卫星城镇为节点构成的郑州都市圈，以除郑州以外几个中心城市为节点构成的紧密联系圈，以及除中原城市群城市之外的河南省其他中心城市，包括周围邻近省份部分城市在内构成的外围辐射圈。在城市圈层状空间分布基础上采取以郑州为中心的“圈层”式空间整合发展模式，应是城市体系空间布局优化的总体模式。

双核：即主核心城市郑州、副核心城市洛阳。目前，依靠郑州牵引中原城市群进而牵引全河南省，显得势单力薄，势必形成弱核牵引状态。而且，在短时期内急速扩张郑州市的规模，靠行政力量“催生”其综合实力，或者靠“大力”发展第三产业创造“商业奇迹”，都是不现实的，甚至是危险的。在这种状况下，西距郑州117 km的十三朝古都、从“一五”起即是国家重点建设的老工业基地城市洛阳，自然就理应进入空间布局优化的视线。如果以郑州为主核，以洛阳为副核，形成双核牵引的局面，中原城市群的雄起，乃至河南省在中部崛起中地位的改观，将会更有说服力。

四带：第一带为沿黄河由东向西的陇海铁路、连霍高速公路、310国道组成的复合发展轴；第二带为自北向南由京广铁路、京珠高速、107国道组成的复合发展轴；第三带是由连接新乡、焦作、济源、洛阳的铁路和公路构成的复合轴线；第四带是由连接漯河、平顶山等市的漯阜铁路和正在建设的洛阳至平顶山、漯河、周口、阜阳至上海高速公路组成的复合轴线。与此对应，分别建设郑汴洛城市工业走廊

（陇海产业发展带）、新郑漯京广产业轴、新焦济南太行产业轴、洛平漯产业轴等4个产业发展轴带。这4条轴线和4个产业发展轴带相对应,构成中原城市群整合发展的4条重要的“经脉”。

一个三角：指以平顶山、许昌、漯河三市为节点，依托其产业发展形成带动城市群西南部发展的成“长三角”。中原城市群北部有郑州—开封—新乡—焦作—济源—洛阳组成的成长多边形，南部有平顶山—漯河—许昌组成的成长三角形。相比之下，南部平—许—漯成长三角区位条件便利，有良好的合作基础，可进一步加强三市之间的经济联系，重点搞好产业整合和基础设施整合，做到一体化发展，形成城市群南部地区的“金三角”。

5.3.3 中原城市群轨道交通规划

中原城市群城际轨道交通网规划如图5-9所示。

1. 近期先建7条城际轨道交通线路

国家发改委批复的《规划》方案中，河南省中原城市群的城际轨道交通建设先期实施的有郑州—焦作、郑州—开封、郑州—新郑机场、新郑机场—许昌、郑州—洛阳、郑州—新乡、许昌—平顶山，覆盖郑州至多个城市交通通道上的主要城镇，合计里程约496 km。

2. 远景规划建设6条城际轨道交通线路

国家发改委批复的《规划》远景展望，将规划建设中原城市群外围各城市间的城际轨道交通的环形联络线和延伸线，即新乡—焦作、焦作—沁阳—济源、济源—洛阳吉利区—洛阳、洛阳—伊川—汝州—宝丰—平顶山、许昌—临颍—漯河、郑州—荥阳—巩义—偃师—洛阳，最终形成以郑州为中心、洛阳为副中心，以京广、陇海为主轴、连接城市群地区的“‘十’字加半环线”网络构架。

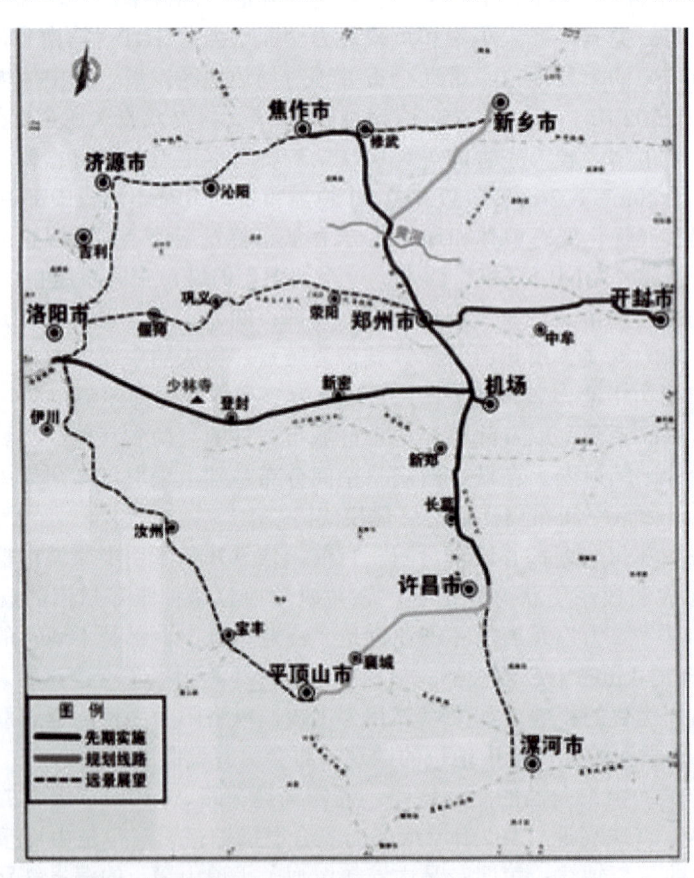

图5-9 中原城市群城际轨道交通网规划图（2009—2020年）

3. 7条城际轨道交通大致确定线路走向

郑州—焦作城际轨道交通全长约71 km，比河南省原来呈报的规划97 km，减少了26 km。现在郑州—焦作城际轨道交通的走向是，在郑州沿京广铁路过黄河后，直奔修武（云台山），从修武折向焦作。沿线设郑州、黄河大 观、詹店、武陟、武陟西、修武、待王、焦作8个站点。

郑州—开封城际轨道交通全长约50 km，河南省原来呈报的规划是49.5 km。其走向是从郑州南引出，向东到达郑州东区新东站，然后向北引出不远再折向东，穿越郑汴产业带，从中牟北通过，抵达开封。沿线设新郑州城际、河南中医学院、柳园口西、丁庄、冯庄、大孟镇、黑寨、老湾咀、汴河、黄家寨、杏花营、金明公园12个站点。

郑州—新郑机场城际轨道交通全长约29 km，基本走向就是沿现在的京武客运专线。沿线设航海路、郑尉路、阎坟、席庄、森林公园、物流园、机场西、机场8个站点。

郑州—洛阳城际轨道交通，河南省呈报了两个方案：一是从郑州市区引出，基本沿现在的陇海铁路通道至洛阳市。二是从郑州机场引出，经登封、伊川至洛阳市。国家发改委批复的是郑州—洛阳线（新郑机场—登封—洛阳），全长约145 km，从新郑机场引出，经新密、登封至洛阳南。登封—洛阳段约69 km，自新郑机场经新郑市、新密市、登封嵩山风景区、龙门风景区，至洛阳龙门站。项目估算总投资约130亿元。

新郑机场—许昌城际轨道交通全长约61 km，基本走向就是沿京武客运专线。

郑州—新乡城际轨道交通全长69 km，基本走向是：从郑州引出过黄河，与郑州—焦作城际轨道交通线路重合。过黄河后，沿现在的京广铁路线抵达新乡。沿线设郑州、黄河大观、詹店、忠义、亢村、七里营、新乡7个站点。

许昌—平顶山城际轨道交通全长71 km，其走向是过襄城县到平顶山。沿线设刘王、大路陈、大岭口、颍阳、库庄、襄城、湛北、平顶山东、平顶山9个站点。

4. 河南省列出开工建设时间表

根据批复，河南省列出城际轨道交通开工的“时间表”，即2009－2015年重点推进郑州—焦作、郑州—开封、郑州—新郑机场—许昌、郑州—洛阳等线路的轨道交通建设。其中，郑州—焦作、郑州—开封、郑州—新郑机场在今年年底前，也就是本月月底前开工建设，新郑机场—许昌2010年开工，郑州—洛阳（新郑机场—登封—洛阳）于2011年开工。郑州—新乡、许昌—平顶山的具体开工日期目前正在研究。

根据线网分期实施的原则，中原城市群城际轨道交通线网分期实施方案首先构建区域的主骨架，先期建设郑州—焦作、郑州—开封、郑州—机场城际轨道，然后以线带面，逐步形成城际线网。具体为：2015年之前，建成郑州—开封、郑州—机场、郑州—焦作段；2020年之前，建成郑州—洛阳、机场—许昌、新乡—郑州、许昌—平顶山段；2030年之前，建成焦作—新乡、许昌—漯河、焦作—济源—洛阳、洛阳—平顶山、临汝—登封—新郑段。

5. 车站设置尽量深入城镇中心

国家发改委批复中也提出了一些具体建议和要求。比如，项目设计中线路、车站应尽量覆盖吸引区规划人口10万以上的城镇并深入城镇中心。线路速度应适中，车站等设计应简朴、实用。城际轨道交通要与区域内机场、铁路客站、公路客运站等主要客流集散点衔接。要优先利用在建石武客运专线、郑西客运专线，规划中的郑徐客运专线和既有京广、陇海铁路等开行城际列车，在充分发挥既有资源作用的基础上有序推进城际轨道交通建设。

5.4 环渤海城市群

5.4.1 环渤海城市群2012年轨道交通发展最新动态

“环渤海地区”亦或是“环渤海经济圈”，狭义上是指辽东半岛、山东半岛、环渤海滨海经济带，同时延伸辐射到山西、辽宁、山东以及内蒙古中东部，分别约占全国国土面积的13.31%和总人口的22.2%。区域内包括北京、天津、唐山、秦皇岛、沈阳、大连、太原、济南、青岛、保定、石家庄等多座城市，共五省（区）二市（京、津、冀、晋、内蒙、辽、鲁等五省(区)二市）。

图5-10 环渤海城市圈示意图

目前，随着环渤海地区对区域一体化期望值的升高，环渤海各省市对密切彼此的联系越发重视。而在京津冀、山东半岛、辽中南三大区域中，城际轨道交通建设正在形成热潮，并日益发展将环渤海地区勾连在一起，目前分别形成了环渤海山东半岛城市群、京津冀城市群、辽宁中部城市群三大规划的城际轨道交通系统，其中2005年3月，国务院审议并原则通过《环渤海京津冀地区城际轨道交通网规划》；2007年，辽宁省城市规划院所负责完成的《辽宁省中部城市群规划》通过了专家审批，其对辽宁中部城市轨道交通网进行了初步规划；2011年7月19日，山东省发改委公布《环渤海地区山东半岛城市群城际轨道交通规划（2011—2020年）》已经获得国家发改委批复，至此，组成渤海湾的大交通网络的三大城市群城际轨道交通规划已全部完成，并逐步进入建设阶段。

5.4.2 环渤海山东半岛城市群总体规划

1. 山东半岛城市群概况

山东半岛指中国山东省东部伸入黄海、渤海间的半岛，总面积为3.9万 km^2，山东省总面积为15.78万 km^2（占国土总面积的1.6%，第19位），水域面积约2 100 km^2（湖泊），山东省2007年底总人口达9 367万，城镇人口为4 379万人，人口城镇化率为46.75%。2008年山东省总人口将控制在9 424万人左右。

山东半岛城市群，指位于山东半岛30个城市的集合，包括济南、青岛2个副省级城市和淄博、威海、烟台、东营、潍坊、日照、滨州7个地级城市，及其所辖章丘、胶州、即墨、平度、胶南、莱西、龙口、莱阳、莱州、蓬莱、招远、栖霞、海阳、文登、荣成、乳山、青州、诸城、寿光、安丘、高密和昌邑等22个县级城市，而山东半岛城市群城际轨道交通规划以济南、青岛为中心，包括淄博、潍坊、东营、烟台、威海、日照、泰安、莱芜、德州、聊城、滨州、济宁等14市的市域，分近期（2015—2020年）和远期（2030年）逐步修建。

2. 山东半岛城市群城际轨道交通发展规划

山东半岛城市群是我国经济发展快、经济水平高、人口密集、城市化水平相对较高地区。虽然山东半岛及济南都市圈已经形成较为发达的公路、铁路、民航网络，但面对特殊的地理位置和大幅增加的过境客货运量、城际客货运量和区域对外中长途客货运量，既有交通方式能力已经或即将不足，必须发展新的交通系统。城际铁路具有全天候、运能大、用地省、节约能源、安全性好、环境污染小、公交化等优点，是现代化的重要标志。山东半岛及济南都市圈建设速度快、安全性好、运能大的城际铁路可以改善交通结构，发展多层次、多结构的综合运输方式，并通过大型换乘枢纽与市内轨道交通很好地衔接起来，实现了立体换乘甚至是零换乘，以满足人们对高质量运输方式的选择，适应山东省对解决区域运输瓶颈、提高通勤速度和效率的需求。因此，2011年7月，国家发改委批复的环渤海地区山东半岛城市群城际轨道交通规划（简称“山东交通规划”），期限为自2011—2020年，并远景展望到2030年，规划涉及的范围包括以济南、青岛为中心，以及周边的淄博、东营、烟台、潍坊、济宁、泰安、威海、日照、莱芜、滨州、德州、聊城在内的14个城市。

整个十年的规划分成两个阶段：“十二五”期间规划建设线路总里程482 km，建成青岛—荣成城际铁路300 km，新开工济南—西营、济南—长清、济南—机场、济南机场—滨州等4条城际铁路，建设里程182 km；“十三五”期间规划建设西营—泰安、长清—聊城、泰安—莱芜、泰安—济宁、东营—潍坊等5条城际铁路，规划里程383 km，如图5-11所示。

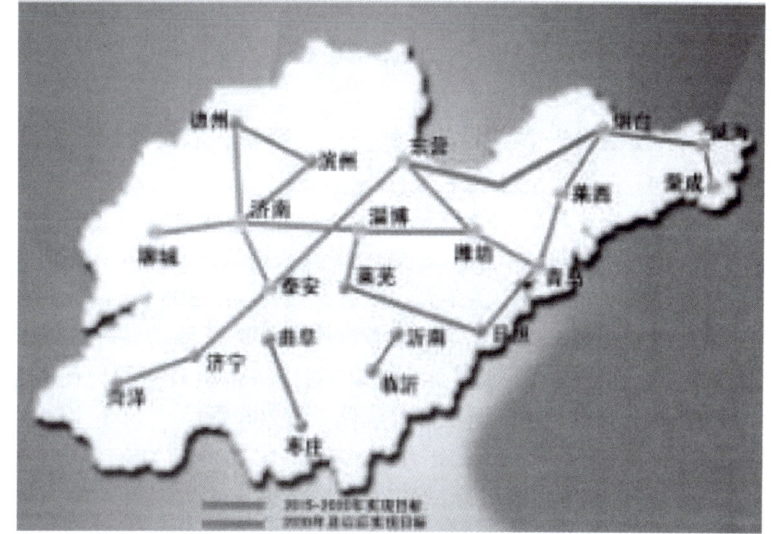

图5-11　山东半岛城市群城际轨道交通规划图

按照山东交通规划，城际轨道交通建设的目标是建成省会济南与周边主要城市半小时至一小时直达交通圈，实现区域同城效应。预计在14个城市之间将建设18条城际轨道交通，最终形成“主轴＋支线＋环线”，总里程约1 530 km，速度目标值分为250 km/h、200 km/h。

山东省发改委认为，城际轨道交通规划将成为山东省以“四纵四横”为主体的中长期铁路规划的延伸和补充。

（1）济南—青岛城际铁路。根据山东半岛济南—青岛交通走廊的运输需求分析，胶济客专（四线）初期可兼做济南—青岛客专和城际旅客运输。该线与既有胶济线并行至青岛，沿途经过济南、平陵城、章丘、周村、淄博、临淄、青州、昌乐、潍坊、高密、胶州、即墨—青岛，全长387 km。

根据有关规划，规划年度建设太原—青岛客运专线济南东至青岛北段，速度目标值350 km，线路自济南东客站引出，沿济青高速公路与其并行，经淄博、潍坊、高密、即墨，至青岛北站，全长351 km。

（2）济南—德州城际铁路。济南—德州间现状有既有津浦线、在建的京沪高速铁路以及太青客运专线济南—石家庄段。

规划年度济南至德州间形成六线格局，济南至德州间城际运输功能可由拟建的太青客运专线济南—德州段承担，其线路长103 km。

（3）济南—泰安、莱芜城际铁路。为加强泰安与济南市的联系，带动泰山东部西营、黄前等沿线地区的旅游开发以及方便济南遥墙机场到泰山的客流旅游，修建自济南东客站至泰安城际东线，线路长度74 km。

另外，通过建设泰安东至莱芜城际，并建设与济南方向的联络线，实现济南至莱芜城际旅客运输，线路长度约40 km。

（4）济南—聊城城际铁路。经研究，济南至聊城城际铁路主要方案自经太青客专齐河站接轨，经伦镇、茌平至聊城，线路长93 km。

（5）济南—滨州、东营城际铁路。济南至滨州、东营城际铁路方案线路自济南东站起，经过遥墙机场，向东北方向沿黄河南岸经高青等地至滨州市南部小营，向北过黄河至滨州站，线路长129 km。另外，自小营站向东偏北方向建设滨州（小营）至东营南的城际铁路，线路长度48 km。

（6）淄博—莱芜城际铁路。为加强济南东南部周边城市间的联系，结合山东省中长期铁路网规划，通过改造或新建博山线、建设淄博—莱芜城际铁路，实现淄博—莱芜—泰安城际铁路运输的功能。淄博—莱芜城际铁路线路长度76 km。

（7）青荣城际铁路。青荣城际铁路由青岛北站引出，沿东北方向，经流亭、即墨东、莱西、莱阳、桃树、烟台南，再由烟台经牟平、威海至荣城，全长299 km。

（8）青岛—日照快速铁路。青岛—日照快速由青岛枢纽引出，沿胶州湾经红岛、黄岛、胶南、董家口至日照，全长152 km。

本项目为青（岛）连（云港）铁路的北段，兼顾货运。

（9）泰安—济宁城际。本线位山东省主要的黄金旅游线，起于泰安，沿京沪高速铁路经曲阜、兖州至济宁市，全长95 km。

（10）东营（大家洼）—潍坊城际。自东营向东，经大家洼、潍坊市滨海开发区至潍坊，线路全长110 km。

（11）德州—滨州城际。线路起自德州，沿陵县、宁津县、乐陵市、庆云县、无棣县至滨州，全长318 km。

本线向东延伸后，将与东营（大家洼）—烟台城际一起，形成山东北部沿海的城际通道。

（12）东营（大家洼）—烟台城际。自东营开始，向东经潍坊市北部大家洼、滨海开发区、灰埠，进入烟台市，经龙口、蓬莱到达烟台，线路全长305 km。

本线在东营—大家洼可与东营（大家洼）—潍坊城际共线。

（13）莱芜—日照城际。本线沟通了济南至日照的便捷联系。规划线路走向自莱芜向东南，经过新泰、蒙阴、沂南、莒县至日照，线路长度206 km。

（14）济宁—菏泽、枣庄城际。济宁（曲阜）—枣庄、菏泽城际铁路线路长度分别为94 km、104 km；沂南—临沂城际铁路线路长度56 km。

3. 布局效果展望

本规划实施后，有利于促进全省经济结构的优化升级，形成优势产业集群，提高发展的质量和效益；有利于促进生产要素的合理配置，提高资源利用效率；有利于统筹解决该区域乃至全省经济社会发展中一些综合性的矛盾和问题，促进城乡互动，加强环境保护，缩小区域差别，从而更好地实现全省经济协调发展与社会和谐进步。建设和发展山东半岛城市群的城际铁路，能有效地解决区域交通运输瓶颈、提高通勤速度和效率，实现可持续发展，同时还有利于完善区域综合运输网络，促进实现山东半岛蓝色经济区和黄河三角洲高效生态经济区的规划目标。城际铁路具备快捷、灵活编组、公交化运营等特征，能够提供快速、舒适、快捷、安全等全方位客运服务，吸引休闲旅游和探亲访友客流，提高商务办公效率，更好地满足小康社会旅客对运输质量的多层次需求。对实现山东半岛城市群空间发展战略，促进区域经济一体化、加快山东半岛城市群城市化进程、发挥沿线经济开发区的集聚效应以及对开发山东半岛城市群旅游资源、促进旅游产业发展具有不可替代的作用。

5.4.3 环渤海京津冀地区城际轨道交通网规划

京津冀城市群，包括北京、天津和河北全境所有城市，也指除“京津唐城市群”以外，还包括石家庄、邯郸、邢台和衡水4地级城市，及其所辖的辛集、藁城、晋州、新乐、鹿泉、武安、南宫、沙河、冀州和深州10县级城市。其中，“京津唐城市群”指以北京、天津、唐山连线向周围辐射所有城市构成的集合；包括北京、天津2直辖市、及河北唐山、秦皇岛、承德、廊坊、沧州、保定和张家口7地级城市，及其所辖遵化、迁安、霸州、三河、泊头、任丘、黄骅、河间、涿州、定州、安国和高碑店12个县级城市。因此，“京津冀城市群”共有2个直辖市、11个地级城市、22个县级城市。

为适应环渤海京津冀地区旅客运输需求快速增长的需要，缓解区域交通运输紧张状况，推进城镇化和经济一体化的进程，2005年《京津冀地区城际轨道交通网规划》通过了国家发改委审批，其规划建设以北京为中心，以京津为主轴，以石家庄、秦皇岛为两翼的城际轨道交通网络，覆盖京津冀地区的主要城市，基本形成以北京、天津为中心的“两小时交通圈”。到2020年，京津冀地区城际轨道交通总里程达到710 km，线网布局满足区域经济社会发展要求，主要技术装备达到国际先进水平。

建设内容包括：北京—天津—塘沽城际轨道交通线，自北京南站—天津站，并延伸至塘沽，全长160 km；北京—石家庄城际轨道交通线，全长263 km；北京—唐山—秦皇岛城际轨道交通线，全长287 km。

实施原则：统一规划，分期建设，逐步建成投产，到2010年，将建成北京—天津—塘沽城际轨道交通线，构筑京津冀地区城际轨道交通网的主轴，营业里程达到160 km；到2020年，将建成北京—石家庄、北京—唐山—秦皇岛城际轨道交通线，推进“京石”、“京秦”经济带的发展，营业里程达到710 km。

5.4.4 环渤海辽宁中部城市群城际轨道交通发展规划

辽东中部城市群以沈阳、大连为中心，包括沈阳市、大连市、鞍山市、抚顺市、本溪市、丹东市、锦州市、营口市、辽阳市、盘锦市、铁岭市和葫芦岛12市及所辖22个县（市）。区域总面积6.7万 km^2，占全省土地总面积的45.3%；常住人口2 969万人，占全省的70.4%，城市化水平为61.4%。2004年，地区生产总值6 165亿元，占全省的89.7%和全国的4.7%。该地区是我国东北地区的出海口和开放前沿，处于东北亚的中心位置，交通便利，基础产业发达，工业实力雄厚，是全国重要的装备制造业和原材料工业基地。

作为环渤海区域大交通的另一翼，辽宁省也在组织编制辽宁省城际轨道交通发展规划（2010—2030年）。目前，该规划已经通过了专家评审。

此前，辽宁中部五市已在规划以沈阳为中心，辐射周边辽阳、本溪、铁岭、抚顺四市的城际轨道交通“ 小时交通圈”，该城市群内的城际铁路将结合高铁铁路与普通铁路运行网络，形成以“快速主轴为导向、中速射线为延伸、低速支线为补充”的“一环七射”三级网络结构，其城际轨道交通规划图如图5-12所示。

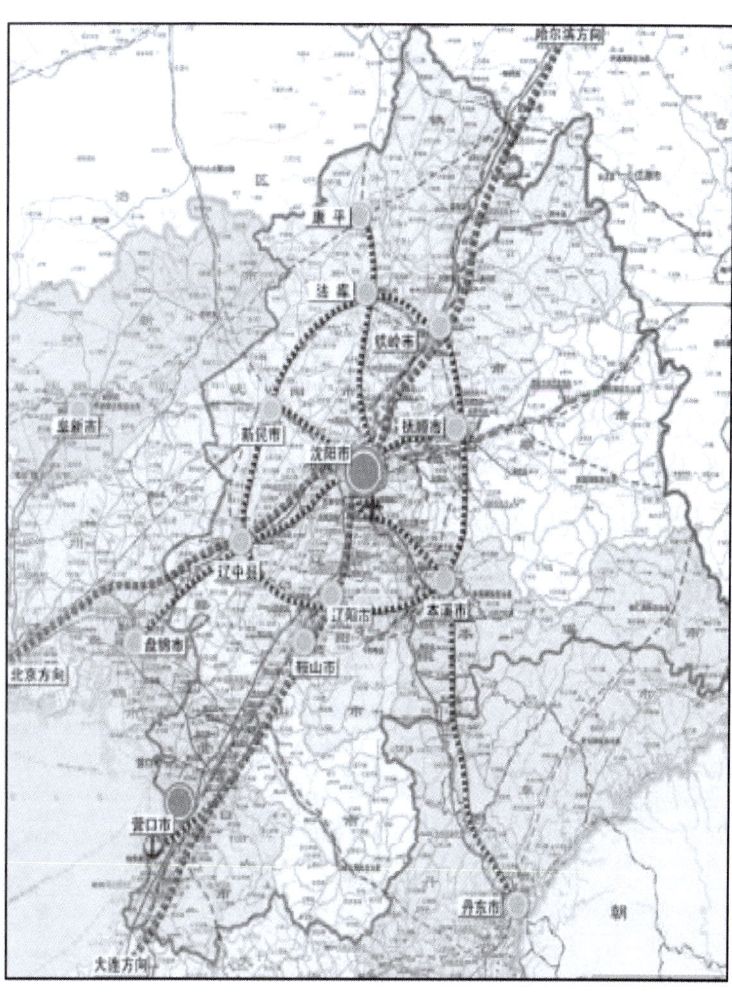

图5-12 辽宁中部城市轨道交通规划图

城际轨道交通便捷、快速的特点，正在帮助环渤海各个区域围绕各自的中心城市建设“1～2小时交通圈”，并密切本区域内各城市之间联系。而对于环渤海地区而言，实现区域一体化则需要跨区域的交通体系的建设。

目前，已经通车的京沪高铁成为纵贯京津冀和山东两大区域的快捷通道。而这实际上也为未来环渤海交通体系的构建提供了借鉴，山东省东营市长姜杰

曾就此发出倡议："整体规划区域交通布局，借鉴京津高铁的建设经验，加快轨道交通和高等级公路建设，构建环渤海一小时、两小时经济圈大交通网络。"最终环渤海区域需要构建大交通体系，以实现陆运、海运及空运相结合的便捷运输通道。

5.5 长株潭城际轨道交通

1.长株潭城际轨道交通规划

为适应长株潭城市群区域一体化发展及建设资源节约型和环境友好型社会的目标要求，缓解区域交通紧张状况，完善综合运输结构，推进城市化进程，同意规划建设长株潭城市群城际轨道交通网络，长株潭城市群位于湖南省东北部，包括长沙、株洲、湘潭三市。面积2.8万km^2，其建设规划范围是，长株潭三市与长株潭城市群经济联系密切的益阳、娄底、岳阳、常德、衡阳五市，即湖南东部城镇密集地区，也就是"3+5"城市群，将建成7条城际交通线路，即长沙—株洲—湘潭线，长沙—益阳—常德线，长沙—岳阳线，株洲—衡阳线，长沙西环线，长沙—浏阳线，湘潭—娄底线，总里程为760 km。远景规划为，到2030年建成"3+5"城市群外围城市间的联络线和支线，最终形成"一核一主线，半圆一支线"的交通网络。批复还要求，项目涉及的线路、车站，要尽量覆盖规划人口10万以上的城镇，同时"3+5"城市群还将利用即将通车的武广客运专线，开行岳阳、长沙、衡阳间的城际列车。原则同意以下规划内容。

（1）发展目标：基本形成城市群区域内便捷、快速、安全、高效的城际轨道交通网络，承担城市群内部旅客交流。

（2）规划范围：长沙、株洲、湘潭三市行政辖区。同时，与长株潭城市群经济联系密切的益阳、娄底、岳阳、常德、衡阳五市的主要地区进行衔接和协调。

（3）规划期限：2009—2020年（如图5-13所示）。远景展望到2030年。

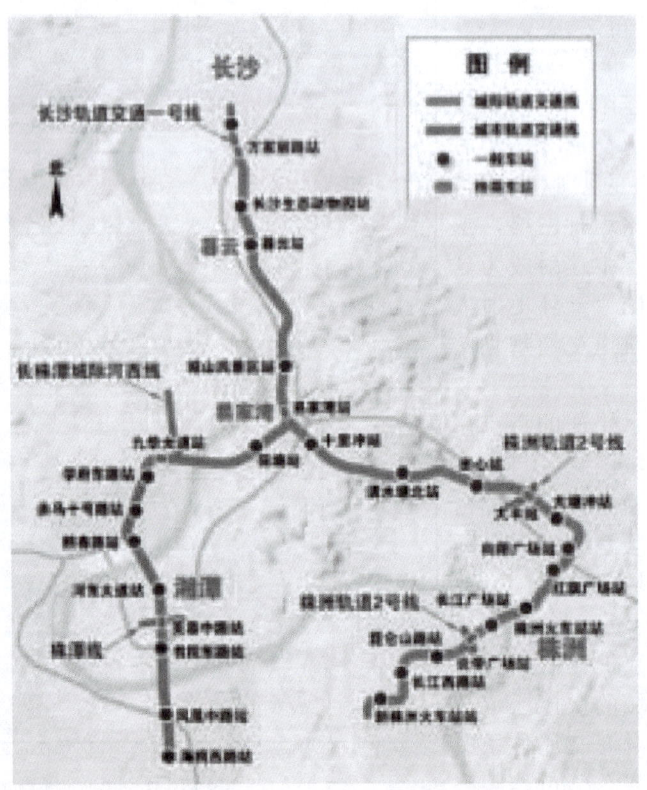

图5-13 长株潭轨道交通近期规划图

（4）规划原则：根据城市群区域发展目标，统筹规划、合理布局、因地制宜、分期建设。实现多种交通方式有机衔接，实现综合运输资源优化配置和协调发展。规划方案。建设长沙—株洲（湘潭）线、长沙—益阳—常德线、长沙—岳阳线、株洲—衡阳线、长沙西环线、长沙—浏阳线、湘潭—娄底线，里程合计760 km。远景展望城市群外围城市间的联络线和支线，最终形成“一核、主轴线、半圆、支线”的网络。

（5）近期实施：2009—2015年，重点推进以下项目建设，2009—2012年，实施长沙—株洲（湘潭）线，重点支持长株潭城市群核心区发展；线路自长沙站引出，经长沙东站向南，至暮云后分线，一端接入株洲站，一端接入湘潭站，线路全长约100 km；实施长沙—益阳—常德线，线路自长沙站引出，跨湘江后经岳麓、宁乡、益阳至常德，线路全长约150 km。同时，充分利用武广客运专线开行岳阳、长沙、衡阳间城际列车。

2. 长株潭城际铁路

长株潭城际铁路是连接长沙、株洲、湘潭城市群的城际快速铁路，全线最高运行时速为160 km。通车之后长株潭三市之间的交通时间将缩短为30分钟以内。

长株潭“两型试验区”城际铁路将分期建设，其中首期工程已经于2010年6月30日正式开工建设，全长96 km，共设21座车站，其中在长沙设12座站、湘潭4座站、株洲5座站。工程以长沙站为中心，衔接株洲、湘潭、长沙西（雷锋大道）三个方向，预计于2015年竣工通车。后期工程通过干线和支线连接岳阳与岳阳地铁接轨、常德、益阳、娄底、衡阳五市及一些县市，总长将达到1 000 km。最终将建成“3+5”的城际铁路线网，其中“3”代表长沙、株洲、湘潭三市，“5”表示岳阳、常德、益阳、娄底和衡阳五个城市，如图5-14所示。

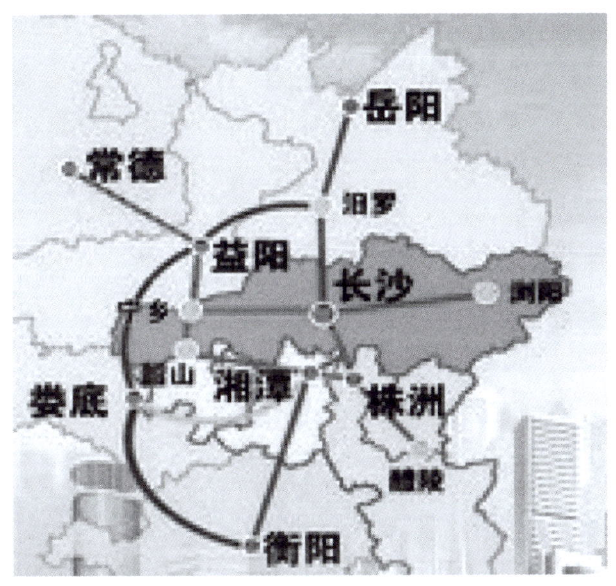

图5-14　长株潭城际铁路线路示意图

5.6　呼包鄂地区城际铁路规划

呼包鄂地区是内蒙古经济社会发展最快的地区。自从2000年以来，内蒙古确立了以呼包鄂为核心的特色经济圈建设的发展战略之后，三个地区找准自身优势迅速崛起。 近年来，呼包鄂三市经过高速发展，已成为内蒙古最具活力的城市经济圈，被誉为内蒙古的“金三角”地区。2009年，“金三角”的经济总量占全区经济总量的59%，三市GDP总量达到5 720亿元，地方财政收入达到810亿元，占全区财政收入总量的58.8%，呼包鄂经济发展水平已与沿海发达地区比肩。

为适应呼包鄂区域一体化发展及建设资源节约型和环境友好型社会的要求，满足区域交通运输需求，完善综合运输体系，支持空间布局优化调整，2012年8月，国家发展改革委批准了内蒙古呼包鄂地区城际铁路规划。

呼包鄂地区城际铁路规划包含呼和浩特、包头和鄂尔多斯三市，在建成后将形成区域内安全、快速、便捷、高效的城际轨道交通网络，承担城市群内部旅客交流。规划期限为2012—2020年，远景展望到2035年。

规划期内，在充分利用该区域三城市间既有铁路开行城际列车的基础上，新建包头—鄂尔多斯城际铁路，线路长约162 km。2012—2015年，先行开工建设包头—鄂尔多斯线东胜至鄂尔多斯机场段，线路长约52 km。远景年新建呼和浩特—包头和呼和浩特—鄂尔多斯城际铁路。

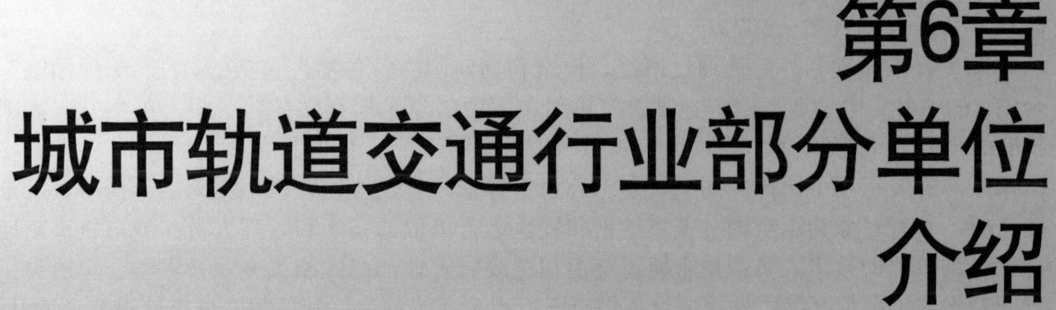

第6章 城市轨道交通行业部分单位介绍

6.1 年度报告主办和协办单位

6.1.1 《都市快轨交通》杂志社

《都市快轨交通》杂志前身是《地铁与轻轨》，创办于1988年1月，是我国最早的地铁与轻轨行业综合性技术刊物，由北京交通大学和北京城建设计研究总院联合主办，中国地铁工程咨询有限责任公司及广州市地下铁道总公司、重庆市轨道交通总公司、香港铁路有限公司等共同协办，施仲衡院士亲任主编。现为“中国科技论文统计源期刊”（中国科技核心期刊）和“中文核心期刊”。

《都市快轨交通》继承《地铁与轻轨》的办刊宗旨，宣传国家关于城市轨道交通的各项方针、政策、法规，介绍国内外地铁与轻轨建设、运营经验，实时报道国内外城市轨道交通建设相关创新技术和高新技术成果、以及有关城市轨道交通建设方面的重要信息，促进同行间的学术研讨和技术交流，引领我国城市轨道交通事业的发展。

《都市快轨交通》全年6期，双月刊，大16开，100页全彩印刷。国内统一刊号CN11－5144/U，国际标准刊号ISSN1672－6073。

除发行纸质期刊外，还通过网络、检索刊物向国内外传播，包括CNKI“中国知网”、万方数据、台湾CEPS中文电子期刊服务、维普资讯网、《中国学术期刊文摘》（中、英文）、美国《剑桥科学文摘》、英国《科学文摘》等。目前以中国内地发行为主，同时覆盖香港、台湾、新加坡等华语地区和国家；海外发行由中国国际图书贸易总公司进行推广。发行语言以中文为主，摘要、目录和作者信息有英文版。发行对象为：全国各城市地铁和轻轨运营单位的技术和管理人员；城市轨道交通行业科研、设计、咨询单位的技术人员；城市轨道交通相关政府管理部门；相关专业技术学会和协会；城市轨道交通行业建设施工单位；国内外相关设备供应商；相关高校师生；其他关心城市轨道交通的社会人士。

《都市快轨交通》杂志社由编辑部和综合部组成，同时拥有包括国内外数十名知名专家的《都市快轨交通》编委会，包括行业内近百家知名单位的《都市快轨交通》理事会。

《都市快轨交通》杂志社是《中国城市轨道交通年度报告2012》的主办单位。

联系方式如下。

单位名称：《都市快轨交通》杂志社

单位地址：北京市海淀区北京交通大学7公寓　　邮编：100044

单位网址：www.urt.cn　电话：010-51688553　传真：010-51683783

6.1.2 中国土木工程学会城市轨道交通技术工作委员会

“中国土木工程学会城市轨道交通技术工作委员会”（以下简称委员会）是中国土木工程学会的分支机构，是全国各城市轨道交通行业单位自愿组合并经民政部批准成立的非营利、全国性的行业学术团体。

委员会的前身“中国土木工程学会隧道及地下工程学会地下铁道专业委员会”成立于1979年。2005年12月经中国土木工程学会批准成立城市轨道交通技术推广委员会，2010年5月21日经民政部批准更名为“中国土木工程学会城市轨道交通技术工作委员会”。

三十多年来，几代委员致力于城市轨道交通行业的学术交流和技术推广，设计、施工设备的新技术在推广应用中得到创新和发展。轨道交通工程建设结合实际创造的“浅埋暗挖”、“平顶直墙暗挖”、“多跨暗挖”、“冻结法施工”、“盖挖施工技术”及“监控量测”、“防水施工”、“施工防水”、“盾构”等先进技术，确保了工程质量和施工进度。车辆、供电、通信、信号、机电、AFC、综合监控等技术的引进、消化、吸收及创新全面提升了轨道交通的技术水平。近年来的学术交流活动更是涌现了一批高水平的论文，从管理和技术的角度提出了城市轨道交通建设标准化、系列化的方向。这些对城市轨道交通行业人才聚集和事业的发展起到了重要的推动作用。

截至2012年12月，委员会成功举办了大型国内学术交流活动22届；正式出版了论文集16本；出版专著4本；创办了“中国城市轨道交通关键技术论坛”；开展城市轨道交通专项技术的评审和推广，评选出49项新技术；组织完成了“十一五”国家科技支撑计划重点项目“新型城市轨道交通技术”的研究工作；编制了国家标准《城市轨道交通项目管理规范》、学会标准《城市轨道交通运营管理指南》和企业标准《城市轨道交通资源开发规范》，正在编写《城市轨道交通技术发展纲要》。参与了多项政府部门规章制度的制定工作。

委员会把促进中国城市轨道交通规划、设计、施工、运营等方面的技术进步、推广及发展作为行动目标和宗旨，业务范围主要包括以下几项。

（1）开展对我国城市轨道交通领域规划、设计、施工、运营管理的调查研究，掌握城市轨道交通国内外动态，并就本领域重大科技发展规划及相关产业政策等问题向政府部门提出咨询建议。

（2）组织或承担城市轨道交通相关技术规范、标准的编制和审定工作。

（3）开展城市轨道交通创新技术项目评审、鉴定和推广工作。

（4）组织城市轨道交通领域中国土木工程詹天佑土木工程奖的推选工作。

（5）组织建立城市轨道交通领域专家库。

（6）开展行业内有关技术咨询、技术培训和技术服务工作。

（7）组织开展国内外学术交流和专题研讨活动，促进国际合作。

委员会设常务理事会，由理事长、副理事长、常务理事、秘书长组成。城市轨道交通规划设计、建设、施工、运营、科研、大专院校等单位提出申请，并推荐人选，经常务理事会批准，可成为委员会理事。目前，委员会共有会员单位80余家，涵盖了全国城市轨道交通行业的大多数规划设计、施工、运营、科研机构、大专院校等单位。

委员会将继续致力于建设我国城市轨道交通行业的技术交流平台，引领本领域的技术发展和创新，形成联系政府、规划设计单位、建设单位、运营单位、施工单位、科研机构、大专院校、设备制造商等社会各界人士的纽带。在这里，分享同行的经验成果，交流学术见解，共同为中国城市轨道交通的技术发展做出贡献。

委员会是《中国城市轨道交通年度报告2012》的联合主办单位。

委员会挂靠单位：北京城建设计研究总院有限责任公司

理事长：宋敏华

秘书长：冯爱军

联系方式如下。

单位地址：北京市阜成门北大街5号　邮编：100037

秘书处联系电话：010-88336169 传真：010-88336467

邮箱：urtc1979@gmail.com。

6.1.3 中国城市轨道交通协会

中国城市轨道交通协会是我国城市轨道交通领域的国家一级协会，由国家发展和改革委员会作为业务主管单位，同时接受住房和城乡建设部、交通运输部的行业指导，是具有独立法人资格的全国性、行业性、非营利性社会组织。

2011年10月14日中国城市轨道交通协会在北京举行了成立大会暨第一次会员代表大会。原机械工业部部长、原国家计委副主任包叙定同志当选为会长。

协会现有单位会员170家,涵盖了中国城市轨道交通行业中的地铁运营、建设施工、装备制造、咨询研究、院校媒体等各种类型的企事业单位，协会宗旨:遵守法规加强自律，发挥桥梁纽带作用，热诚为政府企业服务，推动行业科学发展。

在城市轨道交通快速发展的新阶段，中国城市轨道交通协会将积极发挥提供服务、反映诉求、规范行为的作用，在政府与会员之间搭建交流平台，发挥桥梁、纽带作用，竭诚为政府、为企业、为城市、为行业服务，业务范围主要涵盖以下几个方面。

（1）开展对我国城市轨道交通领域规划、建设、运营管理、生产的调查研究，总结经验，提出问题，研究有关政策、措施，为政府有关部门决策和政策制订提出咨询建议。

（2）交通发展中的经验教训；规范行业行为，充分发挥各方面的优势，共同推进城市轨道交通的技术进步。

（3）加强与有关国际组织、技术机构等方面的交流，开展技术合作，沟通信息，跟踪国外轨道交通的发展动态，帮助引进国外先进技术和管理经验。

（4）开展专业性的研究工作，加强基础理论和技术标准的研究，为项目建设、管理和产品生产开发服务，组织专业人员的培训工作，建立专业人才库和行业专家库。

（5）受政府有关部门委托，组织开展相关的资格认证、安全评估等工作。

（6）接受委托，在项目规划、建设、管理、设备国产化等方面开展专题研究，提供咨询服务。

（7）举办轨道交通展览，为参与轨道交通的有关各方提供沟通、交流及展示的平台。

（8）宣传、贯彻国家有关政策，编辑、出版有关信息和资料，搭建传递信息、交流经验和发表意见的平台，向政府反映行业意见和要求，维护企业合法权益。

（9）承担有关部门委托的其他事项。

中国城市轨道交通协会是《中国城市轨道交通年度报告2012》的支持单位。

会长：包叙定

秘书长：马季华

联系方式如下。

单位地址：北京市西城区莲花池东路甲五号院白云时代大厦A座20层 邮编：100038

联系电话：010-51289099转830　传真：010-63377663

单位网址：www.camet.org.cn

6.1.4 北京卓越信通电子股份有限公司

北京卓越信通电子股份有限公司（简称卓越信通）是一家总部位于中关村国家高新技术产业开发区由北京市下属中关村发展集团投资的国家级股份制高新技术企业，公司成立于2006年，注册资金2 800万元。公司是为智能交通、电力、冶金等基础设施建设行业提供高可靠性工业网络方案的产品供应商。公司立足于自主创新、自行研发，依托雄厚的技术实力，完善的营销网络，在高可靠性工业网络产品的研制领域取得了领先地位。

卓越信通的工业网络产品已获得原铁道部、国家电网、航天部等国家权威行业认证及UL、CUL、CE、FCC等多项国际高端产品认证。在高可靠性工业网络系列产品的设计和研发领域拥有二十多项发明、实用新型及外观设计专利，以及数十项软件著作权。

卓越信通的高可靠性工业以太网交换机为国家的轨道交通、高速铁路、智能电网等建设领域提供了坚固的智能传输平台。在智能交通领域，卓越信通已经为北京、上海、天津、广州、重庆、南京、成都、武汉、深圳等50余条地铁及京沪、武广、石太等十数条高铁线路提供了高可靠性的工业以太网产品及服务保障。在电力领域，卓越的产品已经广泛应用于智能变电站的综合监控系统、在线监测系统，配电自动化网络系统、核电及火电厂的DCS及MIS系统，以及风电的场内监控系统和风机监控系统。公司的高可靠性工业以太网产品已远销北美、欧洲、大洋洲及南美洲的多个国家与地区。

公司分别于2008年、2011年两次获得国家科技部科技创新基金支持，十余款产品获得2012年首批中关村国家自主创新示范区创新产品称号。并于2008年被评为“中关村最具发展潜力十佳高新技术企业”、2010年获得“中关村新兴产业50强”、2010、2011两年连续荣获“中关村高成长企业TOP100”、2012年获得“中关村百家最具发展潜力信用企业”等荣誉称号。

卓越信通将长期专注于工业网络领域的研发与市场开拓，不断推出符合工业客户需求的产品和服务，将“卓越信通TSC”打造成为全球工业网络的国际知名品牌。

1. 卓越团队

卓越信通拥有一支跨高等教育和软、硬件研发领域且具有丰富从业经验的资深专家和专业人士组成的高素质研发与服务队伍。核心团队具有长期工业通信、自动化行业的工作背景，有较为丰富的企业管理经营经验和较好的领导业绩。团队所积累的工作经验和社会资源，为公司的发展奠定了良好基础。团队成员有多年工事背景，其中有在工业自动化行业中从事多年开发工作的资深人士，也有在市场上身经百战的销售强手，团队结构合理。在公司团队中，高级管理人员、中高级研发人员、技术支持与服务人员占到70%，本科以上学历人员占85%。

卓越信通核心技术团队成员大部分均有十余年的网络产品研发经验，在高可靠性工业以太网交换机、容错网络系统的研究开发领域居于国内领先水平。

公司通过自身的人才培养和外部人才的引进形成了一支优秀的营销团队。团队成员在智能交通、电力、冶金等行业拥有丰富的行业经验，为客户提供基于行业特定需求的专业化网络整体解决方案；卓越信通的营销团队全部接受过严格的培训，具有较深的行业经验沉淀，深悉客户的需求，并了解利用互联网创造价值的全部流程，善于倾听并提出可行的建议，依托公司的研发团队为项目的顺利实施提供全面的业务和技术服务。

2. 公司愿景

卓越信通致力于成为工业网络通迅平台的世界知名品牌，通过领先的技术优势，丰富的行业经验，深入的需求理解，高效的团队合作，与公司的合作伙伴共同协作，帮助企业铸就可靠的工业管控信息一体化平台并以此作为公司持续创新发展的动力和源泉，提供从产品、技术到相关服务的一条龙式整体解决方案。

3. 生产体系

卓越信通以"追求完美品质，超越客户期望"为目标，为客户提供稳定可靠的产品。采用先进的一体化生产设备和工艺，配备齐全的网络交换测试仪器，采购国际一流的原材料进行生产，构建严格、完善的产品采购、生产、检测流程。在生产计划、过程控制、监控预防等各个环节严格遵守ISO9001：2008标准。对产品的研发、生产进行严格的质量控制，并按照相关的标准对产品进行试验。公司应对合同设备的设计、材料和零部件选购、加工、制造、试验等过程建立严格的质量保证体系，并在合同的整个制造过程中严格按其执行。公司提供的所有设备均应附有制造商发出的，有投标方签字的检查记录、质量保证书和试验报告。在整个生产过程中，运用先进的数据信息分析和质量控制工具确保生产产品质量稳定和受控，保障公司获得高效的生产制造能力，快速满足客户订单要求。

4. 质量保障

卓越信通产品通过CE、FCC、UL等国际权威认证及国内电力、航天、交通等领域权威认证，符合众多国际及行业标准。产品测试的内容包括极端温度、耐久性、EMC、振动冲击、防爆性能、防护等级等测试项目。在严格的质量体系下，确保产品设计和可靠性是可控的，能满足客户苛刻工业环境的要求。

5.服务体系

卓越信通以客户为中心，为客户提供最贴近的服务支持。卓越信通建立了完善的客户服务体系，从制度、行动上要求每一位员工为用户提供细致而贴心的服务。卓越信通提出"5年质保"承诺，用户提供完善的应用保障，并建立7×24小时技术服务热线，为客户排忧解难。公司在国内一些重要城市建立服务中心，确保公司的服务体系更有效运行。卓越信通可根据客户实际需求，为客户提供多层次的技术培训。

6. 卓越信通—TSC系列工业网络产品

工业以太网交换机
- 网管型工业以太网交换机
- 非网管型工业以太网交换机
- 模块化工业以太网交换机
- 工业以太网交换机配件

工业视频产品
- 模拟信号传输产品
- 数字信号传输产品
- 数字视频光端机

工业设备联网产品
- 光电介质转换
- 串口设备联网
- 现场总线网关及延展

工控信息安全产品
- 工 业防火墙
- 入侵防御系统
- 工控隔离网管
- 安全型交换机

工业无线产品
- 无线AP/网桥/客户端
- 无线MESH网状网
- 工业蜂窝数传
- 工业ZigBee数传

工业网络管理软件
- 工业网络管理及配置软件
- 网络扫描监控软件
- 工业数据采集软件

7. 工业以太网系列

卓越信通在工业以太网领域具备十五年的设计和应用经验，拥有完整的产品线，可为各种工业应用场合提供整套的通信方案；可根据用户的特殊应用定制各种产品，满足用户的个性化需求。

产品特点

- 完整的接入层、汇聚层、核心层产品线，给用户提供灵活选择
- 支持从几个端口到几百个端口的光电组合
- 支持百/千/万兆多种端口带宽及其组合
- 支持非网管/2层/3层多种层次网络管理
- 支持标准化产品和客户定制化的产品
- 支持固定结构和模块化组合结构形式
- 支持普通标准电口和POE接口
- 支持工业导轨安装、标准机架式安装和用户定制的特殊形式安装
- 工业级的可靠性

8. 工业设备联网产品

TSC 工业设备联网产品系列，在满足常用工业总线的转换联网需求的同时又能适应工业应用场合严酷的环境需求， 在轨道交通、电力、冶金、钢铁等场合得到广泛应用。

产品特点

- 以太网光电转发和Profibus/Modbus/CAN等现场总线转发等多种产品系列
- 产品支持非网管、网管
- 可选择机架式和卡轨式安装
- 满足工业级的电磁兼容认证标准
- 工业级的防护等级
- 无风扇，高平均无故障时间
- 电源冗余、宽范围电压输入
- 宽工作温度范围

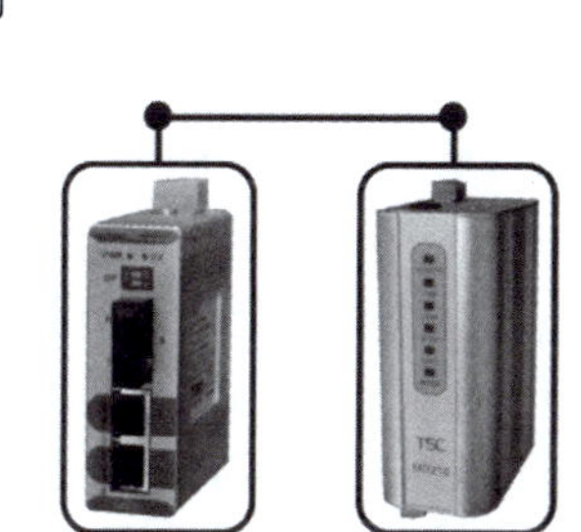

9. 工业无线产品

TSC工业无线产品包括WIFI/ZIGBEE/GPRS产品，产品根据工业环境设计，满足严酷等级需要；同时，结合WIFI、ZIGBEE、GPRS产品的各自特点，灵活组网，完成远程、高速、快速漫游、低功耗等不同应用方案需求。产品应用在平安中国、平安城市之“全球眼”、车载移动、远程电力监控等场合，取得了良好的使用效果。

产品特点

- 提供WIFI/ZIGBEE/GPRS 多种尢线产品解决方案
- 支持802.11 a/b/g/n等国际标准化协议
- 100km/h移动中快速切换及无限制漫游, 切换时间50 ms
- 室内/室外安装方式
- 工业级的防护等级
- 无风扇，高平均无故障时间
- 宽工作温度范围

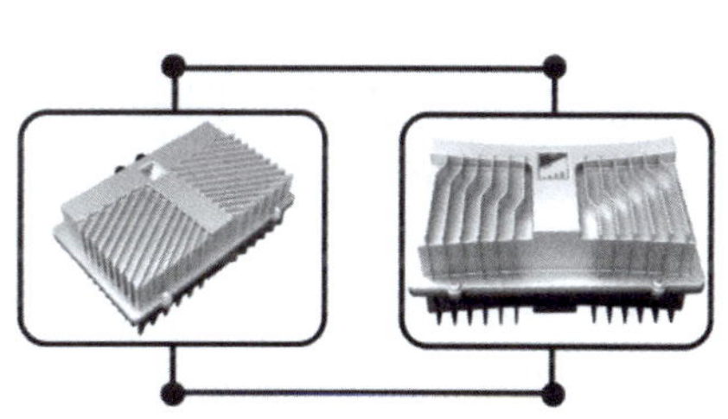

10．工业视频产品

卓越信通凭借强大的研发实力，拥有自主品牌的视频服务器、视频编解码器、高清视频光端机、双绞线视频传输和各种视频分配器产品，为客户提供高可靠、高速、高清晰视频解决方案。在地铁PIS系统、交通监控系统、平安城市的“全球眼”、港口监控等系统中得到广泛应用。

产品特点

- 完善的VGA/DVI/HDMI 视频编解码及传输产品线
- 支持1对多路的视频传输
- 支持视频转换以光、电介质输出形式
- 工业级的防护等级
- 高平均无故障时间
- 宽工作温度范围
- 展厅PIS 系统

11．工控信息安全产品

TSC网络安全产品,不仅实现了交换和路由的一体化，产品还拥有完整的安全防护和管理功能。在银行、证券、学校的网络安全项目取得良好的应用业绩。

产品特点

- 交换和路由一体，实现三层数据包的高速转发
- 具备端口BYPASS功能和电源冗余，保证设备的可靠工作
- 可检测防护3 000种以上的网络攻击行为，支持DDOS防御等高级安全功能
- 支持全状态检测防火墙，对每一用户、每一连接进行检测、监控和控制，并形成日志
- 强大的安全策略管理，可根据接口、域、IP、协议、时间等因素对用户流量进行管控
- 丰富的HTTP、URL、垃圾邮件的防护和过滤
- 对IPSec和SSL VPN等连接方式的完整支持，为用户提供具有高保密安全性、低成本、配置简单等特性的VPN服务
- 支持基于用户的带宽资源分配策略、连接数管理和行为管理

12．工业网络管理软件

TSC工业网络管理软件拥有良好的兼容性，实现对不同厂家设备的统一管理；产品还提供管理、报警和记录报表功能，可满足用户对历史数据的查询，完成网络的高效管理。

产品特点

- 自动发现网络中不同厂家、不同地理位置和不同网关中的设备，以图形化方式展现网络拓扑
- 对于网络运行中的异常状况可自动发送声音、颜色、寻呼等告警通知
- 全面支持SNMP、RMON1.2 和ICMP等协议，允许用户以设备面板图形式远程操作
- 可实时监测路由器、交换机和服务器的核心参数
- 可进行网络流量分析，并可进行分类管理
- 通过SNMP协议帮助网络管理人员了解实时的网络连接、配置和运行情况
- 提供网络运行日志等历史记录，支持强大的报表和图形展示功能

13. 轨道交通应用

卓越信通致力于为轨道交通领域提供完善的网络服务，产品广泛应用于自动售检票系统(AFC)、综合监控系统（ISCS）、乘客信息系统(PIS)、办公自动化系统(OA)、轨道交通控制系统（OCC）、电力监控系统（PSCADA）、环境与设备监控系统（BAS）、火灾自动报警系统（FAS）、闭路电视系统（CCTV）等项目。截至目前，卓越信通为北京、上海、天津、广州、重庆、南京、成都、武汉、深圳等50余条地铁及京沪、武广、石太等十数条高铁线路提供了高可靠性的网络产品及服务保障。卓越信通TSC系列产品已经成为轨道交通领域的国产领军品牌，打破了国外同行在该领域的垄断，为我国城市轨道交通网络系统国产化和自主创新做出了突出贡献。

14. 轨道交通业绩

综合监控系统（ISCS）：
北京地铁5号线、北京地铁机场线、北京地铁9号线、北京地铁6号线、天津站交通枢纽、天津地铁2号线、天津地铁3号线、天津西站交通枢纽、成都地铁2号线、北京调度所运营调度系统、新建霍尔果斯口岸站、北京铁路局运调中心
自动售检票系统（AFC）：
北京地铁15号线、北京地铁6号线、武广线高铁、沪宁线高铁、温福线高铁、石太线高铁、合蚌线高铁、京沪线高铁、广深港高铁、天津地铁2号线、北京地铁14号线
电力监控系统（PSCADA）：
广州地铁5号线、天津塘沽线轻轨、北京地铁1号线改造、北京地铁2号线改造、北京地铁机场线、天津站交通枢纽、天津地铁2号线、天津地铁3号线、天津西站交通枢纽、成都地铁2号线、武汉地铁4号线一期、大连地铁2号线、大连地铁1号线、无锡地铁1号线、无锡地铁2号线、北京地铁5号线
环境监控系统（BAS）：
广州4号线延伸线、天津站交通枢纽、北京地铁4号线、广州地铁2号线、广州地铁8号线、南京地铁1号线延长线、北京地铁机场线、天津站交通枢纽、天津地铁2号线、天津地铁3号线、天津西站交通枢纽、北京地铁5号线、北京地铁6号线、成都地铁2号线
门禁系统（ACS）：
北京地铁大兴线、北京地铁昌平线、北京地铁亦庄线、南京地铁1号线延长线、北京地铁8号线二期、北京地铁10号线二期、昆明地铁1号线首期门禁安防系统、昆明地铁2号线首期门禁安防系统、昆地地铁6号线门禁安防系统
乘客信息系统（PIS）：
澳大利亚昆士兰洲铁路、伊朗地铁、北京地铁6号线、北京地铁8号线、上海地铁8号线、上海地铁9号线、天津地铁2号线、天津地铁3号线、宁波地铁1号线、广州地铁6号线、郑州地铁1号线、武汉地铁2号线、北京地铁14号线
屏蔽门系统（PSD）：北京地铁4号线
办公自动化系统（OA）：北京地铁15号线
网络监控系统：重庆市轨道交通、西班牙轨道工程
闸机：
武广线高铁、沪宁线高铁、温福线高铁、石太线高铁、合蚌线高铁、京沪线高铁、哈大线高铁、胶济线高铁、京石线高铁、广深港高铁、津秦线高铁、哈西线高铁、长吉线高铁
旅服：龙厦线高铁、向蒲线高铁
集成平台：北京地铁通信信号基础网络建设、合蚌高速铁路
楼宇弱电工程：轨道交通指挥中心二期工程
通信系统：北京地铁8号线

北京卓越信通电子股份有限公司是《中国城市轨道交通年度报告2012》的协办单位。

联系方式如下。

单位地址：北京市海淀区后厂村路55号卓越科技楼 邮编100094

单位网址：www.transcendcom.cn 电话：010-51285116 传真：010-62985667

E-mail：service@transcendcom.cn

6.1.5 北京市地铁运营有限公司地铁运营技术研发中心

北京市地铁运营有限公司地铁运营技术研发中心（以下简称研发中心）以北京市地铁运营有限公司（以下简称北京地铁公司）的专业技术力量为依托，成立于2011年9月，是北京地铁公司下属的专业科研机构，主要负责地铁运营管理、车辆设备技术的科学研究工作。

1.业务范围

研发中心包括三大业务板块，分别为技术研发、技术输出和试验培训。

研发中心的主体业务，以紧密贴合运营生产实际需求的研究和网络化运营中基础性、前瞻性研究为主攻方向。从事行车组织管理、客运服务管理、运营安全管理、路网综合管理、轨道交通车辆应用、轨道交通车辆维护维修、轨道交通设备应用、轨道交通设备维护维修、进口设备国产化、节能减排等方面的研究工作。

技术输出业务，主要从事轨道交通运营技术研究咨询，（轨道交通）领域内的技术开发、技术转让、技术咨询和技术服务，工程项目咨询，企业管理咨询等。

试验培训业务，主要依托于试验基地，进行城市轨道交通车辆、供电系统、铁道设施、通信信号、机电设备系统等专业的可靠性试验、功能性试验、联调试验，城市轨道交通系统相关设备准入认证；以及应急演练、员工实操培训等工作。目前试验基地建设项目正在进行项目审批。

2. 现有业务情况

研发中心自2011年9月6日成立至今，已开展了《机场线车辆零部件国产化研究》、《既有线提高运输能力综合方案研究》及北京市地方标准《北京城市轨道交通运营设备更新改造技术要求》等项目的研究工作，获批了关于信号系统关键部件国产化、全路网通行能力与智能决策、限流管理、道岔磨耗、限界检测、设备在线检测及诊断、纸币识别传感器国产化、AFC数据监测等方面的科研课题60余项；同时，正在筹备搭建运营管理仿真、通信信号仿真、机械力学仿真等试验室。

研发中心的奋斗目标是：经过三至五年的努力，完成国家级企业技术中心的认定，成为公司技术创新体系的核心，公司技术进步和技术创新的主要技术依托，公司科技体系的重要组成部分。

经过五至十年的努力，将中心建设成北京市交通行政部门和地铁运营公司信得过的“满意”单位，北京市乃至全国科研成果卓著的“领先”单位，国内乃至世界轨道交通行业较为认可、有一定影响作用的“知名”单位。

3. 开展咨询业务情况

研发中心自成立以来与多个兄弟城市开展合作咨询业务，主要包括以下几方面。

（1）与天津地铁开展“天津地铁2号线运营筹备安全隐患及运营风险排查咨询”业务。由研发中心组织选派地铁公司客运组织、行车组织、调度指挥、安全监察、车辆、线路、供电、机电、通信信号、AFC、土建、人力资源等专业专家15人，结合北京地铁新线开通运营经验及天津地铁2号线实际情况，开展天津地铁2号线运营筹备安全隐患及运营风险排查。

（2）与成都地铁开展“成都地铁运营培训考试体系评估咨询”业务。该项评估工作主要包括：运营培训考试体系评估、现场培训、题库建设需求三大块主要内容。

4. 研发中心取得的资质与参与的行业会员组织情况

- 已经获得质量管理体系ISO9001认证
- 中国城市轨道交通年度报告协办单位
- 机车车辆工艺理事会成员
- 铁道行业内燃机车标准化技术委员会成员
- 内燃机车理事会成员

5. 主要研究项目介绍

目前研发中心紧紧围绕车辆设备系统国产化、设备设施在线监测、保障地铁运营安全、节能减排、新技术新产品应用研究、网络化客流分布、企业精细化管理等几个方面开展科研项目研究，在研项目60余项。

（1）车辆设备系统国产化。北京地铁公司折子工程“机场线车辆零部件国产化研究”项目，是对机场线车辆相关零部件进行国产化试制、装车试验、运行考核，满足机场线车辆维修、大修的备品备件需要。目前已完成2012年计划研发的全部零部件研制，有84种零部件完成装车试验并运行超过10万公里。

（2）设备设施在线监测。在研项目包括信号系统设备运行状态在线监测系统研究、2012年北京地铁环境质量报告等。其中“信号系统设备运行状态在线监测系统研究”项目，是开发一套适用于北京地铁信号系统的在线检测系统，及时预判故障，为信号设备的状态修提供技术支持，确保行车安全和效率。

（3）保障地铁运营安全。“超载模式下城市轨道交通车辆走行部安全性分析及维修辅助决策”项目为北京地铁公司博士后科研项目，该项目是对超载模式下走行部进行安全能性分析，修改走行部修程，确保行车安全的同时挖掘潜能，进行超载模式下走行部的磨损及疲劳分析，为走行部设计及运营维护提供辅助支持。

（4）节能减排。“地铁能源计量与管理系统开发与示范”项目是在机场线搭建集实时分布式在线计量能耗统计及能源质量监测、能耗分析、系统报警等功能于一体的地铁能源计量与管理系统。以机场线为示范线路，解决能源管理基础薄弱、与生产脱节、成效难以保持、考核措施不完善、缺少能源数据监控分析等现实问题。

（5）新技术新产品应用研究。“电气集尘空气净化系统在北京地铁的应用研究与示范工程”项目是结合王府井站环控通风系统的结构特点，开发一套可有效去除风道内PM 2.5及其他粒径悬浮颗粒物的空气净化设备。大幅降低站内悬浮颗粒物的浓度，净化空气质量，有效降低PM 2.5含量。

（6）网络化客流分布。“北京地铁路网日客流分布特征数据分析系统研究”项目针对北京地铁路网日客流分布特征开展研究，对北京地铁客流数据进行收集整理，通过研究数据分析模型，建立客流数据库及数据分析系统，为实现客流数据系统化、规模化管理，为优化运营组织提供依据。该项目在2012年九月开题，目前已完成软件初步框架，正在编写软件功能模块。

（7）企业精细化管理。其中“基于国际地铁协会（CoMET）指标建立地铁集团内部对标评价体系”项目，是研究建立适合北京地铁运营分公司之间、设备分公司之间的内部对标机制，提升北京地铁服务质量，实现北京地铁服务质量的标杆化管理。

6. 主要技术人员简介

张元，北京交通大学内燃机车专业硕士，北京市智能交通协会副会长，北京地铁公司副总工程师，北京地铁研发中心主任，国家综合评标专家库评标专家，轨道交通车辆专业专家。

2007年起，曾先后以项目技术指导和实施负责人的身份承担多项科研项目，包括国家863项目“地铁车厢和船舶半导体照明关键技术研究及产业化”、国家科技部项目“地铁试运营风险控制关键技术应用示范”、北京市交通委项目“地铁照明新光源及节能应用技术研究及示范”、北京市科委项目“面向乘客的地铁动态信息服务及突发事件应急处置系统研究及示范应用”、国家标准“城市轨道交通钢铝复合导电轨技术要求”、北京市地方标准“城市轨道交通运营车辆维修管理规范”、北京市地方标准“北京城市轨道交通运营设备更新改造技术要求”，并于2011年作为项目负责人参与北京市科委配套项目“地铁信号系统升级（ATP、ATO）改造应用试验研究”、2012作为项目技术和实施负责人完成北京地铁公司折子工程“机场线车辆零部件国产化研究”项目。

获奖履历：

北京市科学技术奖两项，实用新型专利2项，发表学术论文十余篇。

北京市地铁运营有限公司地铁运营技术研发中心是《中国城市轨道交通年度报告2012》的协办单位。

联系方式如下。

单位名称：北京市地铁运营有限公司地铁运营技术研发中心

单位地址：北京市昌平区东小口镇城铁车辆段 邮编：102208

电话：010-82225713(15/16)-8018 传真：010-82225713(15/16)-8013

6.1.6 汉高股份有限公司

关于汉高

汉高公司于1876年在德国的杜塞尔多夫成立，在过去的130多年发展中，汉高（Henkel）致力于使人们的生活更加轻松、舒适和美好。作为一家全球500强企业，汉高公司发展成为一个包括粘合剂和表面处理、个人护理和家庭护理三大战略业务领域全球市场中最具国际化的跨国集团之一，汉高旗下众多品牌分别在个人消费及工业领域处于市场领先定位并享有美誉，比如施华蔻(Schwarzkopf)、乐泰(Loctite)等。每一天，汉高全球大约5万名员工致力于实现公司的承诺 “Excellence is our passion”。2012年财年，汉高实现销售额165.1亿欧元，调整后运营利润23.35亿欧元。汉高优先股被列入德国DAX指数。

关于汉高中国

中国市场是汉高全球市场重要的组成部分，亚太市场中超过三分之一的销售额得益于中国（包括香港）市场的发展。汉高中国涵盖集团二大核心业务：粘合剂技术及化妆品/美容用品。1988年，汉高在北京成立代表处。1990年，其在国内第一家合资企业成立。过去的20多年中，汉高中国业务发展迅速，迄今为止投资总额超过四亿美元。2007年6月，汉高亚太及中国总部落户上海张江高科技园区

汉高粘合剂技术

汉高粘合剂业务部是工业粘合剂、密封剂和表面处理领域的全球市场领导者。汉高粘合剂旗下共分为6大子业务部，分别是：通用工业、民用粘合剂、工业粘合剂、汽车业务、金属工业及航天业务、电子业务。这6大业务部涵盖了广泛的行业领域，拥有诸如Loctite，Teroson，Pritt，Ceresit等众多强大品牌，为工业和民用客户提供多样的服务，专业的技术支持和系统解决方案，是客户业务发展可靠的全球合作伙伴。

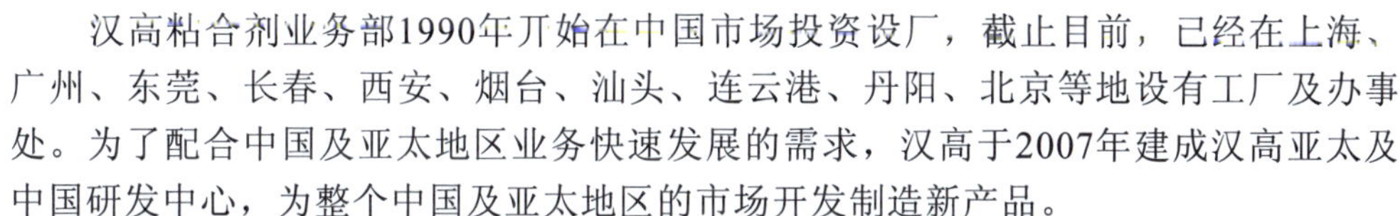

汉高粘合剂业务部1990年开始在中国市场投资设厂，截止目前，已经在上海、广州、东莞、长春、西安、烟台、汕头、连云港、丹阳、北京等地设有工厂及办事处。为了配合中国及亚太地区业务快速发展的需求，汉高于2007年建成汉高亚太及中国研发中心，为整个中国及亚太地区的市场开发制造新产品。

汉高通用工业部

汉高通用工业部专注于通用工业市场提供各种装配用粘合剂、密封胶和表面处理解决方案，活跃在如铁路机车，太阳能发电，工业及医疗用过滤器，特种车辆，工业板材，电气产品，家用电器，铝型材，货架，道路设施，各种金属零部件制造及其设备维修等广泛的市场领域，为各目标行业客户提供灵活多样的服务及专业的技术支持和系统解决方案，是客户业务发展的全球合作伙伴。Loctite，Teroson，Bonderite，Technomelt，Aquence等品牌在工业客户中有极高的知名度。

汉高通用工业部十分重视可持续发展，不断推出高质量的环保型产品和解决方案，包括针对电子行业的无卤素产品，光学透明胶黏剂和热熔胶，用于高速列车减振降噪的特殊涂料等。在金属产品的表面处理领域，不但成功推广了世界领先的环保型陶化技术Bonderite NT-1， 从而彻底解决了传统金属前处理必须使用磷酸盐成分而带来水体富营养化的难题，而且还在铝材皮膜工艺中推出了Alodine无铬解决方案，为避免重金属污染环境做出了表率。

汉高通用工业部的客户群包括苹果公司、诺基亚、三星、索尼等全球知名的手机及电脑品牌，以及艾默生、富士康、博世、德尔福、GE、中国国电、霍尼韦尔、西门子、松下、庞巴迪、海尔等各工业领

域的知名公司。

汉高全方位铁路创新解决方案

随着我国铁路的高速发展，尤其是近年来高速铁路和城市轨道交通的飞速发展，铁路厂商对车辆配件和材料的要求也越来越高，如车辆的舒适性，安全性和环保要求，这就对铁路和轨道交通的生产带来新的更高要求。汉高公司凭借在粘合剂技术和表面处理领域强大的技术实力、丰富的产品线和成功的行业应用经验，汉高粘合剂为铁路和轨道交通提供了全系列的粘接密封和全方位的隔音降噪解决方案，完美满足我国高铁和轨道交通发展的要求和技术趋势。

汉高的领先技术在铁路行业的应用点概览

密封

弹性粘接/密封

粘接

隔音降噪

1．隔音降噪(NVH)解决方案

随着技术的发展，高速铁路和轨道交通行业对车辆噪音污染以及乘客舒适性的要求越来越高，汉高公司为高铁和轨道交通提供了从测试，分析和模拟、设计到提供密封、阻尼、隔音和吸音解决方案的全方位的NVH服务。

- 前期的测试包括噪音测量、震动状态和密封状态测量，材料使用效果评估等；
- 分析和模拟包括声学包模拟，FEA结构模型分析，结构震动模拟以及利用FEA进行结构强度分析；
- 设计方面，汉高公司针对客户的不同设计和要求利用3维CAD进行NVH零部件设计，阻尼系统结构设计，结构加强设计以及轻量化结构设计。

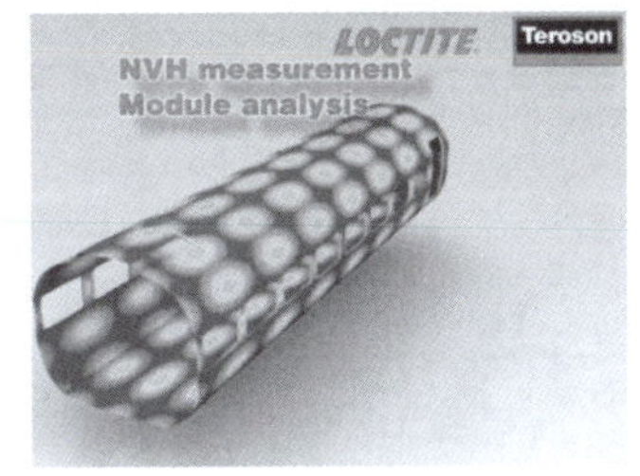

分析和模拟

声学材料测试

汉高公司隔音降噪(NVH)技术还包括提供各个系列的产品给客户，包括：

密封系列，应用于车体空腔和内部，隔断或者降低外部噪音源对内部的影响；

阻尼系列，用于吸收车体内部震动；

加强系列，改变车体声学特性，用于改善车体低频震动结构；

隔声系列，隔绝震动噪音，用于改善低频震动结构；

吸音系列，用于吸收噪音，用于降低车体中高频噪声。

车体内部降噪

车厢内降噪

车辆底部降噪

2．结构粘接和密封

应用于车窗，地板，附件，保温材料，橡胶，木材，防火板等各种车体基材的粘接和密封，汉高产品具有高性能，产品系列全和绿色环保无污染的特点。满足高铁和轨道交通对材料的要求。产品包括改性硅烷，聚氨酯，水胶，氯丁橡胶，水基压敏胶等，可以满足客户对材质和性能的不同要求。

火车地板PVC与金属板材粘接

车体内固定件粘接

粘结纤维膜和橡胶(机车防寒层粘接)

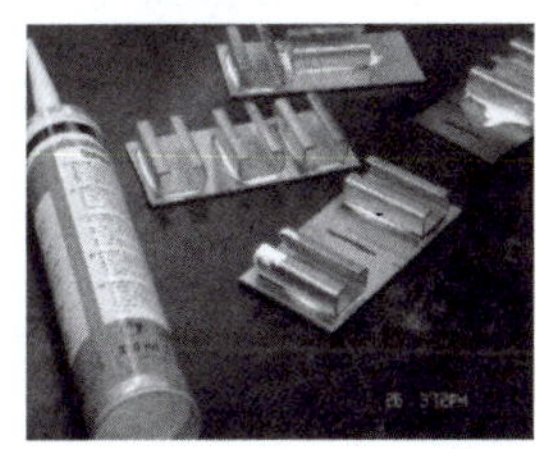
车体内固定件粘接

3. 弹性粘接和密封

应用于车厢接缝密封，车体断焊和铆接处密封，车窗框架密封，凸点密封等，主要产品有改性硅烷，改性密封胶，丁基橡胶密封剂等，对各种基材都具有优异的粘结性能和良好的耐候性，施工方便以及良好的防火阻燃性能。

车底部位焊接间隙密封

车顶部通风管道保温材的粘接

焊接密封

粘结纤维膜和橡胶(机车防寒层粘接)

车窗内部密封

车底搭接密封

上装车窗玻璃

车体及底架断焊密封

4. 螺纹锁固和密封

Loctite螺纹锁固能完全填充螺纹之间的空隙，永久地确保螺栓装配安全；loctite管螺纹密封剂或密封绳提供一个即时，低压的密封，完全固化后，能对大多数管道系统提供高强度密封。

5. 其它应用

汉高乐泰产品广泛应用于机械和设备行业，有效提高产品的可靠性和安全性，同时为传统机械行业降低综合成本。在高铁和轨道交通行业的应用包括：转向架的部件组装，车体焊缝密封，结构胶粘接车体加强筋等。

- Loctite平面密封剂是自成型的液体垫片，可以在最大的面对面接触以及减少法兰腐蚀中提供最完美的密封效果；
- Loctite 瞬干胶对于绝大数基材都有非常好的粘接力，在剪切强度和拉伸强度上都有非常优异的表现；
- Loctite固持胶能够提高圆柱型无螺纹装配作业的剪切强度，填充装配部件之间的间隙并固化，配合行程可靠的精确装配工艺；
- Loctite 润滑剂包括：抗咬合剂（在恶劣的环境和应用条件下，如极端温度和腐蚀侵蚀提供保护），干膜润滑剂（减少摩擦，防止咬合，腐蚀并提高油类和润滑脂的性能），润滑油（用于从大设备到小机器上运动件的润滑），润滑脂（保护防止摩擦，减少磨损，防止过热）和Multan切削液（新防菌稳定切削液，具备优良润滑性能）；
- Loctite® Fixmaster® 金属填充复合材料可为设备因冲击及机械损伤造成的缺陷提供维修解决方案；
- Form-A-Thread®修理包几乎可以适用于所有普通的紧固件尺寸和螺纹级别，可用于大多数金属，修补被损坏的螺纹组件的装配；

- Loctite表面处理清洗剂可清除在前道工序（如切割，冲压，钻孔，拉拔，研磨等）的过程中以及来料的表面上的残余物；
- Loctite® Frekote®脱模剂产品提供了可靠的脱模、便捷的应用、优良的表面光洁度、每次涂抹时的最少模具形成和最多脱模降低了制造成本；
- 设备：从简单的手工操作的仪器到全自动的系统设备，汉高公司提供了一套完整的系列的现成标准的乐泰品牌的涂胶和光固化设备，他们能轻易的融合到您的制造工艺过程中。
- Big-foot®防滑剂为铁路行业提供长期可靠的防滑效果，大大提高生产和施工过程的安全性。

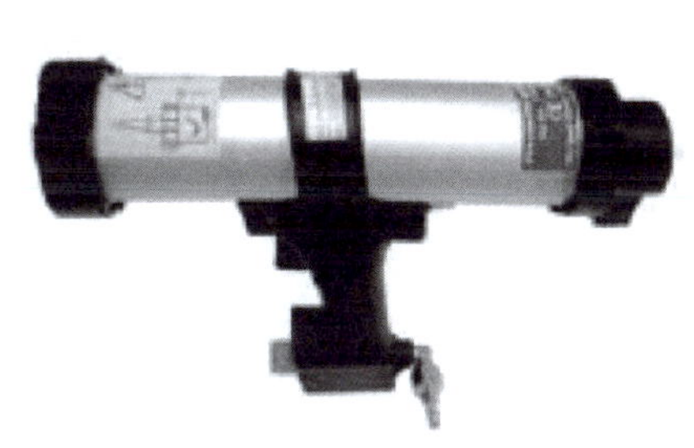

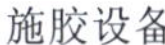

施胶设备

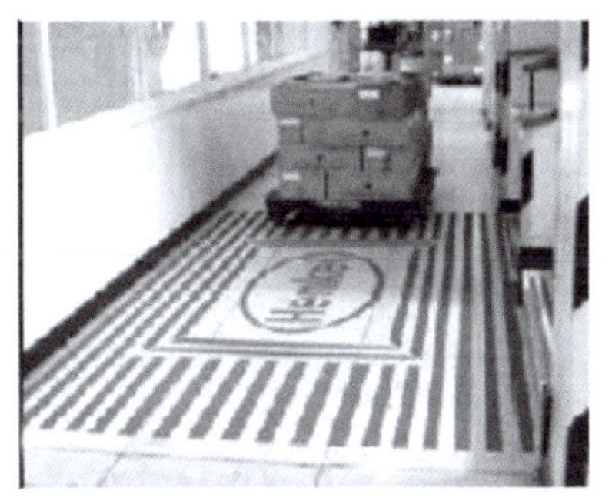

Big-foot®防滑剂

目前，汉高公司和中国国内机车整车和零部件制造厂商建立了全面和广泛的合作伙伴关系，专业的铁路业务和技术团队为客户提供全面的产品和技术支持和服务。未来，汉高计划在产品研发和技术支持方面投入更多的资源加大对铁路行业的支持力度，同中国高速铁路和轨道交通共同发展！

欢迎联系汉高粘合剂部门咨询更多产品和应用细节。

www.henkel.cn

www.teroson.cn

www.loctite.cn

www.henkel.cn/railway.htm

汉高股份有限公司是《中国城市轨道交通年度报告2012》的协办单位。

联系方式如下。

单位地址：上海市浦东新区张江高科张衡路928号 邮编：201203

电话：021-28918697 传真：021-28918852

6.2 建设及运营管理单位

6.2.1 北京京港地铁有限公司

北京京港地铁有限公司（简称“京港地铁”）是国内城市轨道交通领域首个引入外资的合作经营企业，目前拥有员工2 600名多名。京港地铁成立于2006年1月16日，注册资本13.8亿元人民币，由北京市基础设施投资有限公司出资2%，北京首都创业集团有限公司和香港铁路有限公司各出资49%组建。

根据与北京市人民政府签订的《北京地铁4号线项目特许协议》，京港地铁以PPP模式建设和运营北京地铁4号线，发展与铁路相关的商业活动，特许经营期限为30年。北京地铁4号线是京港两地迄今为止在基础设施领域投资额最大的合作项目，是港铁在香港以外，投资建设和运营的第一条地铁线路。

北京地铁4号线项目总投资153亿元人民币，其中京港地铁投资额约46亿元人民币，负责投资、建设地铁4号线项目B部分（车辆、信号、自动售检票机等），并租赁使用4号线项目A部分（洞体、车站结构等）。

2009年9月28日，北京地铁4号线正式开通试运营，开通当天实现全线自动驾驶模式以及最小发车间隔三分钟的运营水平。自开通以来，客流一直呈稳步上升趋势。2010年，地铁4号线共运送乘客2.5亿人次，日均客流为69万人次，最高日客流量为99.6万人次，占北京市路网客运总量的13.6%，有效改善了沿线居民的出行环境。

2009年12月30日，《北京轨道交通大兴线委托运营协议》正式签署，京港地铁取得了北京轨道交通大兴线的委托运营权，负责大兴线资产运营管理和养护维修，并提供客运服务。2010年12月30日，大兴线开通并与4号线实现全线贯通试运营。贯通后，线路全长达50 km，是北京首条开通即贯通的线路，同时也成为目前国内地下里程最长的地铁线路。

北京京港地铁有限公司是《都市快轨交通》理事会常务理事单位。

联系方式如下。

单位名称：北京京港地铁有限公司

单位地址：北京市丰台区嘉园路地铁4号线车辆段　邮编：100068

单位网址：www.mtr.bj.cn　电话：010-88641188　传真：010-88641000

6.2.2 北京市轨道交通建设管理有限公司

北京市轨道交通建设管理有限公司是经北京市市委、市政府批准，由市国资委出资设立，于2003年11月成立的国有独资公司，主要承担北京市轨道交通建设管理任务。

根据市政府赋予的职责和与业主签订的相关合同契约，公司主要承担轨道交通新建线路的建设管理，组织初步设计、施工设计、采购招标；组织轨道交通新建线路的土建结构、建筑装修、设备安装工程及相应市政配套工程的实施；组织轨道交通新建线路的系统调试、验收、开通、直至交付运营全过程的管理。

公司负责建设管理的北京轨道交通4号线、5号线、6号线一期、8号线二期（回龙观东大街—鼓楼大街站）、9号线、10 号线、机场线、大兴线、亦庄线、昌平线一段、房山线已经顺利通车试运营，目前北京地铁通车里程已经达到约442 km。

目前，公司负责建设管理的在建线路有北京轨道交通线路6号线二期、7号线、8号线二期剩余段、10号线剩余段、14号线、8号线与昌平线联络线、西郊线、S1线西段、昌平线二期等。这些线路对缓解首都公共交通拥挤，推动首都经济和社会发展具有十分重要的作用。

随着北京经济的快速发展，轨道交通具有的快速、大容量、改善城市中心区交通紧张状况的特点将更加突出，拉动沿线地区产业经济迅猛发展的作用将更加明显，轨道交通建设事业大有可为。

北京市轨道交通建设管理有限公司是《都市快轨交通》理事会常务理事单位。

《都市快轨交通》理事会常务理事代表介绍如下。

罗富荣：现任北京市轨道交通建设管理有限公司副总经理兼总工程师，是北京市轨道交通建设指挥部专家委员会副主任委员。

罗富荣副总经理是国内隧道及地下工程领域有突出贡献、技术和管理经验丰富的专家。在二十多年的隧道及地下工程的设计、施工与建设管理工作中，主持完成了多项重点工程建设，主持完成了众多科研课题，多项成果取得了显著的经济效益和社会效益，多次荣获省部级科技进步奖励，如第五届詹天佑铁道科学技术奖青年奖，2002年度中国铁道学会科学技术奖二等奖，北京市科学技术奖一等奖、二等奖，教育部科技进步奖一等奖，铁道部科技进步奖二等奖，2008年中国岩石力学与工程学会青年科学技术奖银奖等；2002年当选为铁道部有突出贡献的中青年专家，享受国务院特殊津贴，是新世纪百千万人才工程北京市级人选，2006年被评为“北京市有突出贡献的科学、技术、管理专家”。在多个学术团体兼职，他是中国岩石力学与工程学会工程安全与防护分会副理事长，中国土木工程学会隧道及地下工程分会常务理事，北京建筑工程学院兼职教授及硕士研究生导师，《都市快轨交通》杂志编委和常务理事、《现代隧道技术》杂志编委。

联系方式如下。

单位名称：北京市轨道交通建设管理有限公司

单位地址：北京市西城区百万庄大街甲2号　邮编：100037

电话：010-88376703　传真：010-88376703

6.2.3 北京市基础设施投资有限公司

北京市基础设施投资有限公司（以下简称“京投公司”）是由北京市国有资产监督管理委员会出资于2003年11月组建成立的国有独资公司，承担我市轨道交通等基础设施项目的投融资和资本运营任务。经过七年多的发展，京投公司以政府项目投资与产业经营运作相结合，通过专业化、国际化的运作，业务已经延伸到轨道交通沿线土地一级开发、二级开发、高速铁路投资和信息基础设施等相关领域。截至2010年末，公司注册资本548亿元，净资产825亿元，总资产1900亿元，成为首都第二家资产规模过千亿元大关的国有企业。

2010年12月底，随着轨道交通房山线、大兴线等5条线路的开通，我市轨道交通运营里程达到336 km，日均客运量达500多万人次。目前，公司负责我市轨道交通6号线、7号线、8号线二期、9号线、10号线二期、14号线、15号线一期西段、16号线，昌平线北段、S1线西段及西郊线等新线的建设，到2015年，运营里程将达到666 km。除城市轨道交通新线建设项目外，公司还承担既有线路更新、扩能、安全、反恐等改造投资，并陆续投资建设京沪线、京石客运等国铁项目，以及市郊铁路S2线改造、北京铁路地下直径线等项目。

公司在政府的领导和大力支持下，认真履行市委、市政府赋予的基础设施投融资和资本运营职能，圆满完成了北京轨道交通建设的巨额融资任务。截至2010年12月底，公司已落实轨道交通建设资金3 661亿元，已基本满足2015年轨道交通项目建设。至所有合同执行完毕，预计节省融资成本超过220亿元。到2015年，公司在轨道交通新线项目的静态投资将达到约2 200亿元，总体动态投资将超过3 000亿元。

在完成融资任务的过程中，公司注重研究轨道交通发展的行业规律和经营理念，在国内基础设施领域实现了PPP项目、BT项目、贷款利率期权项目等十余项创新。公司的多项创新成果先后荣获“第十三届全国企业管理现代化创新成果一等奖”，“第二届全国优秀企业管理成功案例奖”等多项国家级奖励。“城市轨道交通PPP投融资模式”还被建设部列为全国建设行业城市轨道交通专利科技成果推广项目。公司与中国人寿签署的近百亿元债权投资计划，也是中央金融企业与北京市属国有企业的一次重要合作。

同时，公司超前谋划北京轨道交通发展格局，于2008年建成了目前世界上规模最大、接入线路最多、系统承载量最大的城市轨道交通管理中枢——北京市轨道交通指挥中心。二期工程建设完成后还可满足远景规划中27条线路的指挥调度系统及票务清分清算系统的接入，实现轨道交通网络化管理机制的创新。《北京轨道交通路网指挥系统项目》还荣获了北京交通科技创新奖。

为实现公司科学可持续发展，公司立足自身的职能使命，构建了“一体两翼”的发展战略。进一步发展以轨道交通为主的城市基础设施建设项目投融资业务，做大“一体”；全面拓展以轨道交通沿线项目为重点的资源开发和相关产业为重点的股权投资业务，做强“两翼”。在完成投融资任务提供便捷高效的轨道交通服务的同时，加快新城的城市化进程。力争为首都的轨道交通建设和城市发展做出新的贡献！

北京市基础设施投资有限公司是《都市快轨交通》理事会常务理事单位。

《都市快轨交通》理事会常务理事代表介绍：

田振清：男，1965年生，汉族，河北保定人，中共党员，高级工程师，研究生学历，现任北京市基础设施投资有限公司党委副书记、董事、总经理，北京京港地铁有限公司董事长。曾任北京焦化厂技术员、车间主任，北京焦化厂副厂长、厂长。北京化学工业集团有限责任公司副总经理，北京市基础设施投资有限公司副总经理。兼任中国交通运输协会城市轨道交通专业委员会副主任委员，中国土木工程学会城市轨道交通技术推广委员会委员，《都市快轨交通》常务理事等社会职务。

联系方式如下。

单位名称：北京市基础设施投资有限公司

单位地址：北京市朝阳区小营北路6号京投大厦2座9层　邮编：100101

单位网址：www.bii.com.cn　电话：010-84686060　传真：010-84686080

6.2.4 长春市轨道交通集团有限公司

长春市从八十年代就开始规划和筹建城市快速轨道交通建设，由于长春的经济实力和建设条件不成熟，直到1998年长春轻轨筹建工作才有了实质性的进展。长春与重庆、武汉、大连等一批城市成为国家批准建设轻轨的首批城市。

为了实施长春轻轨工程建设，1998年7月长春市政府批准成立了轻轨建设的项目法人单位长春市轨道交通有限责任公司，2009年更名为长春市轨道交通集团有限公司，企业性质为国有独资，注册资本为18.9523亿元（同时成立了长春市地铁有限责任公司，注册资本为21.3亿元）。经营范围为轨道交通建设、经营和管理。

1999年，长春轻轨一期工程经国家批准立项后，于2000年5月27日，长春轻轨一期工程正式开工建设，拉开了长春市快速轨道交通建设的序幕。2002年轻轨3号线一期开始试运营。然而随着城市的进一步发展，目前的轻轨线路已经不能满足需求。针对这种情况，长春市于2003年编制了长春市快速轨道交通建设规划，提出不仅要建设轻轨4号线，而且还要发展两条地铁线路。长春的城市人口规模和经济条件达到了申报建设城市轨道交通项目的条件，轨道交通的建设对加强长春市中型城市地位、构塑合理的城市布局具有重要的作用。截至2011年，长春市已完成轻轨3号、4号线工程；2020年完成全长为41.98 km的南北、东西两条地铁线；到2050年，完成最后的外围支线5、6、7号地铁线路，届时长春市全长256.9 km的城市轨道交通网将全部建成。

目前，长春轻轨3号线一期、二期工程已经贯通运营，轻轨4号线已经实现全线贯通运行，正在建设地铁1号线一期工程，并正在积极开展地铁2号线的前期准备工作，长春市已经步入城市快速轨道交通建设的良性发展道路。

长春市轨道交通集团有限公司是《都市快轨交通》理事会理事单位。

联系方式如下。

单位名称：长春市轨道交通集团有限公司

单位地址：长春市朝阳区开运街2855号　邮编：130056

电话：0431-86196820　传真：0431-86196820

6.2.5 广州市地下铁道总公司

广州市地下铁道总公司成立于1992年12月28日，是广州市政府全资大型国有企业，拥有员工8600多名。公司担负着广州市快速轨道交通系统建设及运营管理的重责，同时经营以地铁相关资源开发为主的多元化产业。公司成立以来，坚持改革创新，科学管理，加强企业文化建设，形成了“恪守诚信、服务顾客、尊重员工、管理科学、品质效益、学习创新”的企业核心价值观，在地铁建设、运营管理和多种经营等方面取得了令人瞩目的成就。

广州地铁已建成开通8条线路（含广佛线及APM线），总里程235.7km，运营日均客运量超100万人次。在建线路包括广州市轨道交通6号线、珠江三角洲城际快速轨道交通广佛线二期等。2011年广州地铁重点是积极推进了2020年轨道交通线网及2015年近期建设规划的报批工作，积极推进了6号线一期、广佛线后通段、7号线首期、8号线同福西至文化公园段、9号线和13号线首期的建设，保障了线网运营的安全与高效，积极探索了“轨道”+“物业”的发展模式。

伴随着地铁线网的延伸，公司一直探索着企业发展壮大之路。尤其是在1999年地铁1号线正式通车后，公司审时度势，进行了全面深入的企业改革，大胆进行理念创新、体制创新、管理创新、科技创新、经营创新，为建立现代企业制度奠定了坚实的基础，为公司步入可持续发展道路创造了条件。

公司坚持建设、运营、资源开发“一体化”经营模式，能高效地整合各类资源，发挥协同效应，形成了强有力的多条线建设组织协调能力和资源整合集成能力，提高了工作效率，缩短了建设工期，降低了工程投资，成为国内地铁建设的典范之一。

广州市地下铁道总公司是《都市快轨交通》理事会常务理事单位。

联系方式如下。

单位名称：广州市地下铁道总公司

单位地址：广州市中山五路219号16楼　邮编：510030

单位网址：www.gzmtr.com

6.2.6 杭州市地铁集团有限责任公司

杭州市地铁集团有限责任公司成立于2002年6月，主要从事轨道交通工程建设、营运与管理，房屋拆迁服务，房地产开发等。公司性质为杭州市政府直属企业，由杭州市本级、萧山区、余杭区、滨江区、钱江新城管委会、杭州经济技术开发区等6个投资主体共同出资。

杭州市轨道交通线网规划由8条线组成，总长284km，设154座车站，估算总投资1000亿元。目前正在根据杭州市的城市总体规划及用地情况的调整，对线网规划作进一步的优化和完善。杭州地铁运营分公司于2010年8月18日成立，为杭州市地铁集团下属单位，主要负责杭州市轨道交通地铁运营与管理。

2005年6月，国务院批准了杭州市城市快速轨道交通建设规划，近期将建设地铁1号线、2号线，线路总长82.2km，初步形成轨道交通网络骨架。

2007年3月28日，杭州地铁1号线开工建设。2008年9月28日，地铁2号线东南段开工建设。

2011年，杭州市地铁建设各项工作顺利推进，地铁1号线工程和地铁2号线东南段也正加快建设。2号线西北段于2011年9月开工。

根据工程筹划，地铁1号线力争于2012年10月1日前建成通车，地铁2号线东南段计划于2013年底前建成通车。

杭州市地铁集团有限责任公司是《都市快轨交通》理事会理事单位。

《都市快轨交通》理事会理事代表介绍：

沈林冲：1959年12月生，祖籍浙江慈溪。1982年1月毕业于浙江大学。2002年至今任杭州市地铁集团有限责任公司总工程师。多年来一直从事轨道交通的建设和管理，主持编制了杭州城市快速轨道交通建设规划、杭州地铁1号线工程可行性研究报告、杭州地铁1号线初步设计等重大技术方案，是杭州市轨道交通线网规划的重要参与者。积极开展轨道交通建设技术研究工作，主持开展了《杭州轨道交通线网车辆段（停车场）布局规划与资源共享的研究》、《杭州地铁1号线部分地段地下有害气体危害性及对策研究》等多个课题研究，其中《杭州地铁1号线钱塘江隧道河段最大冲刷深度研究》已获得浙江省科技进步二等奖。

联系方式如下。

单位名称：杭州市地铁集团有限责任公司

单位地址：杭州市凯旋路445号浙江物产国际广场17楼　邮编：310020

电话：0571-87231600　传真：0571-87239653

6.2.7 昆明轨道交通有限公司

昆明轨道交通有限公司是昆明市人民政府批准成立的国有独资公司，注册资金为五亿元人民币，负责昆明城市轨道交通项目的投资、建设、运营和管理；城市轨道交通项目投融资业务；城市轨道交通项目沿线土地综合开发；城市轨道交通综合配套开发及物业管理；城市轨道交通沿线广告制作、代理、发布；国内贸易物资供销；房地产开发和经营。

公司不设股东会，由昆明市人民政府国有资产监督管理委员会行使股东会职权。公司设立有董事会、监事会，市政府何波副市长兼任公司董事长，并作为公司法定代表人；昆明市国有资产监督管理委员会派驻监事会主席。公司设总经理、党委书记、副总经理、总工程师、财务总监为高级管理层人员。公司下设十二部一室，即党群工作部、战略规划部、综合管理部、人力资源部、计划财务部、合约法规部、建设事业部、机电设备部、运营事业总部、土地物业部、广告贸易部、项目前期部和总工程师室。

公司按照昆明市政府提出的“赋政策、配资源、公司化、市场化”的模式，由昆明轨道交通有限公司负责地铁建设、融资、运营、管理，并通过土地一级开发增值及收益筹集建设资金，以地铁站周边上盖物业开发收益弥补地铁运营亏损模式进行建设和运营。

目前，昆明市政府赋予轨道公司呈贡新区原公务员住宅用地B地块、城市CBD区域东风广场、草海片区、地铁1、2、3号线沿线“城中村”等土地共计约40平方km。

昆明轨道交通有限公司是《都市快轨交通》理事会理事单位。

《都市快轨交通》理事会理事代表介绍：

宗庆生：男，1962年10月生，汉族，籍贯云南，中共党员，现任昆明轨道交通有限公司总经理党委副书记。曾任昆明市计委区划办副主任，昆明市计委国土区划办公室主任，昆明市计委地区经济发展处处长，昆明市人民政府北京联络处副主任，昆明市轨道交通规划建设办公室副主任。

联系方式如下。

单位名称：昆明轨道交通有限公司
单位地址：昆明市官渡区永安路41号 邮编：650011
单位网址：www.kmgdgs.com 电话：0871-3644999 传真：0871-3517507

6.2.8 南京地铁集团有限公司

南京地铁集团有限公司成立于2012年6月18日，集团定位为资金的平台、资产的平台、资源的平台，以资金、资产、资源为纽带，通过建立和完善公司治理机制、业务管控机制、财务监管机制、干部聘用机制、绩效考核机制、项目管理机制和资金平衡机制等七大配套机制，协同好与建设、运营、资源开发三个子公司的关系，促使三家子公司集中精力完成好南京地铁自身建设、运营和资源开发任务。

南京地铁建设有限责任公司定位为工程建设管理公司，其建设项目受集团公司委托，按照土建工程分线建设、领导分兵把守，招标、技术、设备集中管理的模式实施工程建设监管，并在地铁指挥部的领导下，实施对自建项目、BT项目、代建项目的统一管理。

南京地铁运营有限责任公司定位为营运服务公司，受集团公司委托，负责现有85 km线路的运营管理、乘客服务及设施设备的维修保养，同时担负起网络化运营的筹备工作，包括人员招聘、培训、参与新线调试、设施设备接管等。

南京地铁资源开发有限责任公司定位为资源管理公司，受集团公司委托，对地铁关联资源实施经营管理，业务范围包括土地（上盖物业）开发、物业管理、资源经营三大板块。资源开发公司作为独立法人子公司，资产（资源）经营受集团委托，实施具体的市场操作，包括核心资源的招商招租、过程中的管理服务、收益的及时足额回笼、衍生资源的再造开发、上盖项目的论证、规划建设和后续处置等。

南京地铁集团有限公司是《都市快轨交通》理事会常务理事单位。

联系方式如下。

单位名称：南京地下铁道有限责任公司
单位网址：www.nj-dt.com

6.2.9 青岛地铁集团有限公司

青岛地铁项目自1987年开始筹建，1989年成立地铁筹建处，1991年更名为地铁工程办公室，属自收自支事业单位，核定编制50人。1993年底成立地下铁道公司，主要承担青岛市轨道交通项目规划设计、资金筹措、建设运营管理及沿线相关物业开发经营项目等任务，与地铁办实行一套班子两块牌子。2008年为加快青岛市轨道交通建设，地铁公司整建制划归青岛市国信发展（集团）有限责任公司。2009年，青岛市成立市地铁工程建设工程指挥部及其办公室。2012年12月10日，青岛市委、市政府对地铁建设管理体制进行了调整：将青岛市地铁公司重组为青岛地铁集团有限责任公司，列为市直企业。青岛市地铁工程建设指挥部办公室与地铁集团一套机构、两块牌子，体制高度融合，地铁集团对地铁工程建设负全责，统筹负责青岛轨道交通投融资、建设、运营和资源开发各环节工作，随着地铁开通运营及市场化程度的提高，逐步实现“政企分开”。

青岛地铁集团有限公司是《都市快轨交通》理事会理事单位。

联系方式如下。

单位名称：青岛市地下铁道公司
单位地址：青岛市市南区乐阳路10号2号楼 邮编：266071
电话：0532-66707743 传真：0532-83641482

6.2.10 上海申通地铁集团有限公司

上海申通地铁集团有限公司于2004年6月重组成立，是上海城市轨道交通网络的投资、建设、运营责任主体；同时，作为上海轨道交通建设指挥部的常设机构，承担指挥部办公室的组织协调职能。

集团上下坚持把确保网络运营安全作为核心任务，努力提升运营安全质量管理水平，保持网络运行安全总体受控。2011年全路网运营行车正点率98.8%、运行图兑现率99.7%，同比上升0.7和0.2个百分点。通过完善安全“月讲评、周分析、日交班”制度，加强安全生产的领导与协调。在安全生产规章规程上基本形成包括113项技术规程、194项管理制度的运营安全生产规章体系，领导干部登乘检查等现场督查制度得到推行。深化调整维护保障专业管理体制，推进设施设备养修管理模式转变。在科技保安全上引进应用轨检车等现代化检修监测设备，针对10项运营安全难点组织科研攻关、完成修编15项安全技术标准。

在充分总结世博经验的基础上，上海地铁坚持高标准、严要求、创品牌、树形象，推动了运营服务质量的提升，蝉联市文明行业荣誉。通过加快新车上线调试与信号系统升级等工作，对2号线等既有线路实施增能计划，路网高峰断面增能超过10%。通过总结完善世博运营保障机制和做法，根据节假日和重大活动特点提前做好路网客流预判，制定个性化运营保障方案，圆满完成世泳赛等运营保障任务。针对大客流组织、道岔故障、列车空调、车门屏蔽门故障等服务保障难点热点组织对策研究，完成宜山路站等29个车站布局调整或换乘方案优化，改进服务设施维护报修流程。以窗口流动红旗竞赛评比为抓手，持续推进运营服务岗位作业标准化；鼓励窗口服务创新，推出“暖馨服务”、“幸福环线”、粉红列车、红色立方组合、APP在线查询等特色品牌和举措；充分依托微博、服务热线等平台加强与乘客的沟通交流、协同应急处置，受到广泛好评。

根据网络建设总体筹划，集团持续推进在建工程，有序开展规划项目前期工作，形成网络建设滚动推进格局。在工程建设上以全力推进标准化样板工程建设为突破口，细化完善项目设计标准、加大施工图设计审查力度、强化施工过程现场监管、加强结构渗漏水等质量通病和安全隐患治理，不断提高建设安全质量水平。

上海申通地铁集团有限公司是《都市快轨交通》理事会常务理事单位。

《都市快轨交通》理事会常务理事代表介绍：

白廷辉：男，回族，中共党员，生于1967年12月；2000年3月毕业于同济大学岩土工程专业，工学博士。

现任上海申通地铁集团有限公司副总裁，教授级高级工程师；上海市土木工程学会第十届理事会地下工程专业委员会副主任委员；上海城市管理职业技术学院“城市轨道交通工程技术”专业指导委员会专家成员；《上海安全生产 》杂志理事会常任理事；《都市快轨交通》第一、第二届编辑委员会委员。

在轨道建设管理和科技研究工作方面，主持完成了多条线路建成，并投入试运营。先后荣获“上海市重点工程建设科技明星”提名奖、“上海市建设系统青年岗位实践成才奖”、“上海市建设功臣”等市、局、公司级多项荣誉。他还利用工程实践优势，先后发表多篇高专业水准的论文和技术规程，并取得“上海市科学技术进步奖”一等奖一项、二等奖一项、三等奖五项。在轨道交通的建设管理过程中基本上是一个技术方案研究、制订者。同时通过与国内外同行和前辈学习、交流，既了解了轨道交通工程国内外最新技术状况及科技发展趋势，又积累了较丰富的实践经验。

联系方式如下。

单位名称：上海申通地铁集团有限公司

单位地址：上海桂林路909号3号楼　邮编：201103
单位网址：www.shmetro.com

6.2.11　深圳市地铁集团有限公司

深圳市地铁有限公司成立于1998年7月31日，截至2010年12月31日，公司注册资本32亿元人民币，经营范围为城市轨道交通项目的设计、建设、经营、开发和综合利用。公司参股控股了市政设计院、深圳通公司、地铁远为房地产开发公司、广深港客运专线铁路公司、厦深铁路广东公司等大铁项目。

地铁集团成立以来承担了深圳市轨道交通一期工程1号线东段和4号线南段，二期工程1号线续建、2号线和5号线工程的建设任务。地铁一期工程是深圳市第一个国家级重点工程、深圳市历史上投资最大的市政工程和国家地铁设备国产化依托项目。在建设过程中，公司连续多年超额完成市政府下达的工程建设计划，投资控制良好，工程质量优良。2004年12月28日，地铁一期工程“如期、安全、顺利、高水平、高质量”建成通车。开通运营后，客运量、客运收入、开行列次、平均满载率、列车正点率等均达到或超过国内同行同期水平。

从2006年开始，地铁集团已全力投入深圳地铁二期项目建设，并于2009年承担了三期工程7、8、11号的前期工作。由地铁集团负责建设的地铁二期工程包括1号线续建、2号线初期、2号线东延及5号线工程，线路总长度近100 km，计划于2011年6月底以前全部建成通车（其中1号线续建工程世界之窗站至深大站三站三区间已于2009年9月28日开通试运营；2号线初期工程15公里线路已于2010年12月28日开通试运营），届时深圳地铁将迈入网络化运营的新阶段，迎接“大运会”世界各地朋友的到来。

2009年4月，深圳市地铁集团有限公司（简称“地铁集团”）成立。同时原深圳市市政设计研究院有限公司划转至地铁集团旗下管理。地铁集团根据工程建设、运营服务及物业和附属资源开发三位一体可持续发展战略并结合地铁二期工程建设的阶段性任务目标的需要，对组织机构作了进一步的整合和优化调整。调整后公司设立董事会办公室、法律事务部、办公室、党群工作部、人力资源部、监察审计部、财务部、企业管理部（信息技术中心）、合约部、规划部、设计部、设备部、1、2、5号线3个建设分公司、8号线项目组、枢纽项目部、总工程师室、安全质量部、拆迁办公室（市政工程代建办公室）、运营分公司、物业开发分公司（保障性住房代建办公室）、资源开发分公司、市政设计研究院有限公司、物业管理发展有限公司、大铁项目工作组、地铁运营管理办公室。至2011年6月底，地铁集团在岗员工总数7 964人。

经过不懈努力，深圳市地铁集团有限公司目前已初步形成地铁建设、地铁运营和物业发展三位一体，经营发展的规划战略，并承担起深圳市轨道交通建设投融资平台的职能，企业的管理水平不断加强，企业精神文明建设得到长足发展。深圳地铁将继续注重企业中长期发展战略的研究，积极创造良好的企业管理体制和机制，以迎接未来进一步的繁荣和发展。

深圳市地铁集团有限公司是《都市快轨交通》理事会常务理事单位。

联系方式如下。

单位名称：深圳市地铁集团有限公司
单位地址：深圳市福田区福中一路1016号地铁大厦　邮编：518026
单位网址：www.szmc.net　电话：0755-23992600　传真：0755-23992555

6.2.12　沈阳地铁集团有限公司

2002年6月，经沈阳市委、市政府研究决定，“沈阳市轨道交通建设指挥部”更名为“沈阳市地铁建设指挥部”，为正局级事业单位，负责轨道交通建设和运营的实施工作。2004年4月，成立沈阳地铁有限公司，是地铁工程建设和运营的项目法人，与指挥部合署，一个机构、两块牌子。2011年4月，沈阳地铁有限公司正式更名为沈阳地铁集团有限公司，是承担沈阳市地铁工程建设、运营及相关产业多种

经营的国有独资大型企业。集团公司设有办公室、监察处、党委办公室、工会、人力资源部、企业管理处、总工办、预算合同处、计划处、财务处、预算审核中心、工程一处、工程二处、设备处、前期工作处、质量监督管理处、安全生产监督管理处和保卫处等18个处室及拥有沈阳地铁集团有限公司运营分公司、沈阳地铁房地产开发有限公司、沈阳地铁物业管理有限公司、沈阳地铁巴士有限公司、沈阳国际展览中心管理有限公司、沈阳城市通有限公司等6个所属公司，并与其他公司合作成立了沈阳地铁咨询公司、沈阳地铁报业传媒有限公司。其中，运营分公司于2010年4月21日注册成立，负责沈阳市地铁一号线、二号线的运营管理工作。目前，集团公司共有员工1万余人。

沈阳地铁集团有限公司以“安全地铁、人文地铁、科技地铁、绿色地铁”为理念，本着“团结进取、求真务实、甘于奉献、勇于担当”的地铁精神，坚持建设、运营、资源开发及多种经营“一体化”经营模式，以地铁工程建设、运营为主导，多种经营协调发展，高效整合各类资源，发挥协同效应，形成了强有力的多条线路建设、运营组织协调能力和资源整合集成能力。目前，集团公司及各所属公司经营范围包括地铁、轻轨工程建设，地铁、轻轨运营管理，物业管理服务，地铁、轻轨综合技术开发，产业投资及投资管理，机械设备租赁，房屋场地租赁，设计、制作、发布、代理国内外各类广告，机电设备安装、调试，房地产开发，商品房销售，智能卡开发制造及运营管理，电子设备维修，代理意外伤害保险，展览展示服务，会议服务，商业展具租赁，城市公共交通运输，旅游包车客运、出租客运，公共自行车租赁项目。

集团公司成立以来，坚持改革创新，科学管理，加强企业文化建设，在地铁建设、运营管理和多种经营等方面取得了令人瞩目的成就。2008年地铁公司在国内地铁建设单位率先通过GB/T 19001/ISO9001质量管理体系认证，2009年又通过了GB/T 24001/ISO14001环境管理体系和GB/T 28001职业健康安全管理体系认证。沈阳地铁一号线工程荣膺中国建设工程领域最高奖项——鲁班奖。集团公司先后荣获国家科技进步二等奖、“全国五一劳动奖状”，被确定为中纪委廉政风险防控体系建设试点单位，沈阳地铁团队当选2010年度“感动沈阳”人物。

沈阳地铁目前运营里程为49.8 km。地铁一号线全长27.93 km，于2010年9月27日正式开通，作为东北地区开通的第一条地下线路，为我国北方寒冷地区建设地铁工程积累了丰富的经验。地铁二号线全长21.86 km，于2011年12月30日正式开通，形成沈阳地铁的十字形骨架，为建设沈阳国家中心城市、促进沈阳经济区的形成和发展奠定坚实的基础。近期建设规划至2018年，计划开工建设地铁四号线一期工程、九号线工程、十号线工程，线路总长118 km。届时，城市轨道交通运营里程将达到168 km。

沈阳地铁有限公司是《都市快轨交通》理事会常务理事单位。

《都市快轨交通》理事会常务理事代表介绍如下。

高云胜：男，1966年9月生人，1989年7月毕业于同济大学与城市道路专业，教授级高级工程师，现任沈阳市地铁建设指挥部副总工程师兼工程二处处长。

2001年调入市地铁建设指挥部至今，参与编制了沈阳地铁线网规划、地铁建设规划、地铁多条线路客流预测、预可行性研究及可行性研究报告的编制工作，在确定地铁建设方案上起到了重要的指导作用。作为总工办主任和副总工程师期间，负责沈阳地铁建设的所有设计和技术管理工作，组织30余家设计单位完成了地铁1、2号线初步设计和施工图设计任务，目前顺利通车运营。参编的沈阳市地方规范《地铁混凝土技术规范》（DB2101/TJ05—2008）于2008年6月正式发布，在沈阳地铁建设中起到了规范和指导作用。并组织进行了沈阳浅层地铁工程地震响应及减灾研究、沈阳地铁浅埋暗挖施工法、新管幕法设计与施工关键技术研究等多项科研工作，为工程设计施工起到了一定的指导作用。在兼任工程二处处长期间，不但组织进行地铁二号线、二号线北延线、沈阳南站地铁配套工程、桃仙机场地铁配套工程及市府广场项目等多个工程的施工管理，并且还对地铁9、10号线的设计工作出谋献策，所有在建工程进展顺利，质量和安全状况良好，地铁9、10号线也进入工程招标阶段。

作为国内地铁方面较知名专家，多次参加沈阳、北京、哈尔滨、宁波、南京、大连、西安、广州等各地铁城市设计评审会议、研讨会和评标工作，并在《北方交通》、《现代城市轨道交通》、《混凝土》等国内知名期刊发表多篇专业论文。现为辽宁省评标专家库、陕西省专家库、宁波市评标专家库等专家。兼任《都市快轨交通》常务理事、沈阳地铁咨询公司董事、沈阳市沈河区政协委员等职。

联系方式如下。

单位名称：沈阳地铁集团有限公司

单位地址：辽宁沈阳市沈河区东滨河路28-3号　邮编：110011

单位网址：www.symtc.com　电话：024-24085101　传真：024-24084166

6.2.13 苏州市轨道交通集团有限公司

苏州轨道交通有限公司成立于2002年5月，2007年5月，苏州市委、市政府重组轨道公司。公司现有注册资本32.79亿元。经营范围为轨道交通工程建设、轨道交通运输服务、轨道交通项目投资与开发。轨道公司作为直属苏州市政府领导的大型企业，是承担苏州市城市轨道交通建设、运营和国有资产保值增值的独立法人实体。公司与苏州市轨道交通工程建设指挥部合署办公，现设7个处室和3家分公司，截至2011年年底，公司有员工1 551人，其中运营分公司员工有1 340人，除运营分公司外，公司员工中82%具有本科及以上学历、67%具有中高级以上职称。

自2007年12月26日开工建设苏州轨道交通1号线以来，公司安全、优质、高效地推进1号线建设。2009年12月25日，开工建设了苏州轨道交通2号线。在四年的轨道交通工程建设中，公司积累了宝贵的经验，截至2011年年底，1号线已顺利实现“洞通”、“轨通”、“电通”等重大节点目标，进入试运行阶段。2号线土建工程进度已超过八成。

公司始终坚持“民心工程、共建和谐”导向，以文明施工为管理主线，不断加强现场管理，尽可能减少施工影响，得到了广大市民的一致赞誉。自2007年起，苏州轨道交通工程连续四年被评为“苏州十大民心工程”。

伴随着轨道交通线网的延伸，公司一直探索企业发展壮大之路。尤其在轨道交通2号线开工后，形成了苏州轨道交通网络化建设的格局，公司审时度势，坚持“建设、运营、资源开发”一体化发展模式，大胆创新，成立建设分公司、运营分公司、资源开发分公司。为公司的可持续发展铺平了道路。

苏州轨道交通有限公司将秉承建设轨道交通工程，改善苏州城市交通结构，满足城市日益增长的交通客运需要，促进苏州地区经济发展，提高苏州人民生活水平和质量的宗旨，着力构建一个安全、快捷、舒适、环保的城市现代化轨道交通网络系统，为苏州经济和社会发展作出更大的贡献！

苏州轨道交通有限公司是《都市快轨交通》理事会理事单位。

联系方式如下。

单位名称：苏州市轨道交通集团有限公司

单位地址：苏州市干将西路668号　邮编：215004

单位网址：www.sz-mtr.com　电话：0512-69899999　传真：0512-69899030

6.2.14 天津市地下铁道集团有限公司

天津市地下铁道集团有限公司（以下简称“地铁集团”），前身为天津市地下铁道总公司，成立于2000年10月，2008年7月完成集团化改制后，成为市管国有企业。注册资本71.864 3亿元。截至2012年年底，总资产1 017.78亿元，员工总数3 000余人。

秉承市政府确立的“政府支持，企业化运作，专业化管理，多元化融资，特许经营”工作方针，地铁集团全面履行城市轨道交通的建设、运营、资源开发等工作职能。经过多年的发展，已经成为涵盖轨道交通线路和综合交通枢纽的建设、运营，沿线上盖物业开发、商业和广告经营、物业管理等业务领域，拥有4家专业子公司，10余家合资合作公司的大型企业集团。

公司成立以来，坚持以服务天津经济社会发展、服务市民出行为己任，致力于创造安全、舒适、快捷、准时、环保的高品质公共交通服务，营造文明和谐的出行环境。已开通的地铁1、2、3号线，以及天津站交通枢纽，天津西站交通枢纽，累计通车里程达78公里，城市轨道交通骨干网络基本搭建形成。在建的线路和枢纽包括地铁2号线机场延伸线、地铁5、6号线，天津滨海国际机场交通中心工程、文化中心交通枢纽工程、轨道交通控制中心工程。“十二五”期间，还将启动4、7、10号线建设以及1号线东延国家会展中心工程。到2017年，通车里程将达到246公里。

地铁集团以“员工与企业共同发展，共享地铁发展成果”为企业核心价值理念，以管理创新和创建学习型企业为有力抓手，通过提升建设标准化、运营规范化、开发市场化、管理精细化水平，不断增强企业综合实力和员工综合素质。

当前，地铁集团正以党的十八大精神为指引，以先进轨道交通企业为标杆，牢牢把握今后五年战略机遇期，努力向“全国一流地铁”目标迈进。

天津市地下铁道集团有限公司是《都市快轨交通》理事会常务理事单位。

联系方式如下。

单位名称：天津市地下铁道集团有限公司

单位地址：天津市和平区汉口西道3号和谐大厦　邮编：300051

单位网址：www.tjdt.cn　电话：022-87811512　传真：022-27825588

6.2.15　乌鲁木齐市轨道交通建设领导小组办公室

根据市委2006年第18次常委会的部署和要求，2006年底成立了乌鲁木齐市轨道交通建设领导小组。乌鲁木齐市轨道交通建设领导小组下设前期工作小组，负责乌市轨道交通建设规划工作及前期立项等工作。领导小组全面领导乌市轨道交通及乌昌快轨交通建设项目，负责解决乌鲁木齐地区轨道交通建设项目和建设中的重大问题。

2010年12月19日，乌鲁木齐市委2010年第16次常委会议决定成立乌鲁木齐市轨道交通项目建设执行办公室，下设综合计划科、总工办、项目前期科、规划研究室，负责轨道交通前期工作及建设、运营、管理工作。

2011年8月26日，乌鲁木齐市人民政府批准成立了“乌鲁木齐城轨集团有限责任公司”。主要负责乌鲁木齐市轨道交通项目的融资、建设、运营管理和综合资源开发。2011年9月，《乌鲁木齐城市轨道交通建设规划》获得自治区批准。2011年10月14日，《乌鲁木齐城市轨道交通建设规划》正式上报国家发改委，2012年11月16日建设规划获得国家发改委的批复立项。2013年1月22日，轨道交通1号线工程可行性研究报告正式上报国家发改委，待批复后，计划2013年完成部分管线迁移、征地拆迁及车站土建施工。

乌鲁木齐市轨道交通建设领导小组办公室是《都市快轨交通》理事会理事单位。

联系方式如下。

单位名称：乌鲁木齐市轨道交通建设领导小组办公室

单位地址：新疆乌鲁木齐市经济开发区嵩山街396号

邮　编：830026

6.2.16　无锡市轨道交通发展有限公司

无锡市轨道交通发展有限公司成立于2008年11月，与无锡市轨道交通规划建设领导小组（指挥部）办公室（正处级事业单位）合署办公，是无锡市政府直属大型国有企业。

公司从事城市轨道交通及相关配套开发与附属工程的投资、融资、建设、经营和管理等工作；承担市政府下达的其它城市基础设施建设和运营管理职能。公司首期注册资本10亿元，由无锡市建设发展投资公司，国联集团有限公司，交通产业集团有限公司合资组成。

2008年12月1日，经国务院批准，国家发改委正式下文批复了《无锡市城市快速轨道交通近期建设规划》，标志着无锡市城市快速轨道交通项目正式得到国家立项批准。根据规划，至2015年无锡市将首先建成轨道交通1号线、2号线，形成东西向和南北向的“十”字形轨道交通网络骨架，车辆和机电设备综合国产化率为70%以上。

两条线路估算总投资254.54亿元，其中项目资本金114.54亿元，占总投资的45%。项目资本金由无锡市政府出资，由城建资金和轨道交通发展资金构成，资本金以外部分通过国内商业贷款等形式筹集。公司秉承“建一流地铁 创运营典范”的愿景目标、“优质、安全、高效、文明、廉洁”的建设要求，坚持“小业主大监理”的“一模两化”管理模式，致力于打造无锡特色的精品人文地铁，为方便市民出行、提高城市品位作贡献。

2011年1月16日，无锡地铁2号线在其可研报告获得国家发改委批复后随即举行了启动仪式；12月10日，无锡地铁1号线19个地下车站中15个主体结构完成施工，附属结构施工及隧道掘进全面展开，将于2012年年底基本实现“洞通”；同时，为加快推进无锡轨道交通3、4号线前期工作，省发改委于8月在无锡组织召开了《无锡市城市轨道交通建设规划（2012—2017年）》预审会；11月，无锡市赴国家发改委汇报轨道交通3、4号线建设规划，争取早日进入国家审查程序。目前无锡地铁3号线、4号线前期工作正紧密推进，新一轮建设规划同步展开研究。

公司核心管理理念如下。

公司愿景：建一流地铁 创运营典范

建设理念：安全至上 品质至尊

建设方针：优质 安全 高效 文明 廉洁

运营原则：高安全 高品质 高效益

管理体制：品质化建设 一体化开发 人性化运营

公司文化：我爱我家 我家爱我

无锡市轨道交通发展有限公司是《都市快轨交通》理事会常务理事单位。

《都市快轨交通》理事会常务理事代表介绍如下。

徐政：男，自2008年6月起至今，受无锡市政府任命，担任无锡市轨道交通规划建设领导小组（指挥部）办公室常务副主任，无锡市轨道交通发展有限公司董事长兼总经理，从事无锡市轨道交通的规划、建设以及运营管理工作。

在过去的近两年时间里，带领无锡轨道交通建设团队从无到有，并不断壮大，顺利完成了无锡地铁1号线、2号线的规划报批、前期筹划工作，并在2009年顺利启动无锡地铁1号线建设。同时，为确保上海世博期间沪宁高铁的顺利通车，带领团队完成了沪宁高铁（无锡段）沿线工程协调工作、环境绿环整治等工作。

自1988年年7月参加工作以来，先后在无锡市政总公司、无锡市政工程质监站无锡市建设局工程建设管理处、无锡市城市重点工程建设办公室工作，在过去的二十多年里，参与无锡城市重点建设，特别是无锡新区、蠡湖新城重点道路建设，为无锡城市现代化发展和进步做出了重要的贡献。

联系方式如下。

单位名称：无锡市轨道交通发展有限公司

单位地址：无锡市北塘大街188号 邮编：214043

单位网址：www.wxmetro.net 电话：0510-81888189 传真：0510-82690051

6.2.17 武汉地铁集团有限公司

武汉地铁集团有限公司是经政府授权负责武汉轨道交通的建设、运营、管理和融资的大型国有独资企业，注册资金10亿元。公司内设办公室、人力资源部、计划财务部、合约法规部、前期策划部、质量安全部、总工办、纪监审计室等职能部门，同时下设建设事业总部、土地综合开发事业总部以及武汉地铁运营公司。

目前武汉轨道交通已建成运营1号线，自吴家山至堤角，全长28.8公里，共设站26座，双线设置，全线高架。其主要技术均达到国内同行业先进水平，设备系统在中国大陆首次采用居世界领先水平的移动闭塞信号系统，实现了列车自动驾驶、自动定点停车和无人自动折返功能。并首次采用铝合金B型车、车轮降噪阻尼片技术、钢铝复合接触轨技术，在环保防噪、节能降耗、城市环境等重要方面取得了突破性成果。

公司目前正在建设的主要项目包括：2号线一期工程由常青花园至光谷广场，全长27.73公里，设站21座，概算总投资154.57亿元，预计2012年底开通；4号线一期工程由武昌火车站至武汉火车站，全长16.5公里，设站15座，概算总投资105.11亿元，预计2013年开通；4号线二期工程由武昌火车站至汉阳火车站，全长16.9公里，设站13座，概算总投资112.3亿元，预计2014年开通；3号线一期工程由市民之家站至沌阳大道，全长33.2公里，设站23座，概算总投资201.5亿元，预计2015年开通。

公司积极实施“地铁+物业”的发展战略，充分依托轨道交通建设和运营，以市场化为原则大力开展衍生商业资源开发和土地综合开发。现有2个打包用地，总宗数131宗，总用地面积18 695.3亩，其中已实施或即将实施储备打包用地49宗，用地面积4 450.8亩。站点综合开发方面，轨道交通1号线、2号线一期和4号线一期沿线站点，累计可开发物业项目共计32个，规划综合开发建筑规模约280万平方米。

公司遵循现代企业制度，以人为本、崇尚创新，本着“诚信、敬业、高效、奉献”的企业精神，以发展武汉轨道交通为主线，综合开发相关资源，改善武汉市的投资环境和生活环境，努力提升和改善城市功能，为实现“创新武汉”、“和谐武汉”做出贡献。

武汉地铁集团有限公司是《都市快轨交通》理事会常务理事单位。

《都市快轨交通》理事会常务理事代表介绍：

刘玉华：男，中共党员，硕士研究生学历，高级经济师，现任武汉地铁集团有限公司总经理，中国公共交通协会轨道交通专业委员会副主任委员。

2005年度“武汉市市政工程金奖”、“湖北省市政示范工程金奖”及“中国市政金杯示范工程金奖”。主持开工建设武汉市轨道交通1号线二期、2号线一期、4号线一期工程、3号线以及4号线二期工程，全面开展武汉轨道交通6号线、7号线以及8号线等工程的前期研究工作，全面推动了武汉轨道交通的建设和发展。主持完成《数字轨道交通工程集成建设关键技术及应用》，分别获得2006年国家科技进步二等奖，2005年度湖北省科技进步一等奖。发表《城市基础设施建设数字化技术研究——武汉市轨道建设项目控制系统研究与开发》、《高架轻轨运行对室内振动环境和建筑物的影响》、《高架桥箱梁结构振动与噪声测试与分析》以及《武汉轻轨箱形梁的有限元模态分析》等论文。

曾荣获“武汉市重点工程建设先进工程者”、“湖北省重大科学技术成果奖”、“2008年武汉市五一劳动奖章”等奖项。

联系方式如下。

单位名称：武汉地铁集团有限公司

单位地址：武汉市硚口区京汉大道99号　邮编：430030

单位网址：www.whrt.gov.cn　电话：027-83749024　传真：027-83749036

6.2.18 西安市地下铁道有限责任公司

西安市地下铁道有限责任公司组建于2005年11月，为西安市政府直属国有独资企业，与市地铁办合署办公，担负着西安城市快速轨道交通建设、运营和管理的重任，同时经营以城市轨道交通相关资源开发为主的多元化产业。公司成立以来，坚持改革创新，科学管理，加强企业文化建设，形成了地铁建设、运营、开发三位一体的良好发展局面，现有员工3 000人左右。

西安市轨道交通线网规划为“棋盘加放射型”网状结构，由6条线组成，全长251.8 km，总投资1 000亿元。六条线路全部建设完成，公司将成为拥有资产超过1 000亿元，员工上万人的特大型企业。

2012年，地铁1号线顺利实现“洞通”、“轨通”、“电通”目标，设备安装及车站装修基本完成，单体设备调试全面启动；2号线南段4座车站主体结构全部封顶，区间隧道贯通；3号线和4号线试验段全面开工建设；共完成投资59.96亿元，比省、市年初下达的考核任务34.7亿元超额完成25.26亿元。2号线试运营平稳有序，总客运量达5 911.64万人次，日均16.15万人次，运行安全平稳。

西安地铁公司成立以来，本着“不辱使命、追求卓越、不留遗憾、铸造精品”的精神，坚持改革创新，科学管理，加强企业文化建设。在西安城市轨道交通系统线网规划、建设规划、地铁工程建设、运营管理、物业开发等方面取得了重大进展，为建设“人文西安、活力西安、和谐西安”做出了应有贡献。

企业使命：建设精品地铁、提供优质服务、造福古城人民

企业愿景：承载人文、畅通古城

企业精神：不辱使命、追求卓越，不留遗憾、铸造精品

核心价值观：服务社会、发展企业、成就人生

企业服务理念：地铁所至、爱心相随

管理理念：以人为本、和谐有序

西安市地下铁道有限责任公司是《都市快轨交通》理事会常务理事单位。

《都市快轨交通》理事会常务理事代表介绍如下。

陈东山，男，1954年5月出生，汉族，中共党员，大学学历，高级经济师，现任西安市地下铁道有限责任公司党委副书记、总经理；西安市人大代表；中国城市轨道交通协会常务理事；中国交通运输协会城市轨道交通专业委员会委员；陕西省项目建设管理协会理事；《西安社会科学》理事会副理事长；《都市快轨交通》理事会常务理事；《城市轨道交通研究》理事会理事；《现代企业》理事会理事。荣获“轨道交通产业榜2008科技创新十大人物”称号。

联系方式如下。

单位名称：西安市地下铁道有限责任公司

单位地址：西安市未央路132号经发大厦21层　邮编：710018

单位网址：www.xametro.gov.cn　电话：029-86516968　传真：029-86515126

6.2.19 香港铁路有限公司

香港铁路有限公司被公认为全球首屈一指的铁路系统，以其安全、可靠程度、卓越顾客服务及高成本效率见称，平均每周日的载客量逾430万人次。

1975年成立时，当时的地铁公司使命是为香港建造及经营一个铁路系统，采取审慎商业原则运作，配合本地的公共交通运输需求。当时香港政府是唯一的股东。

香港特区政府在2000年6月透过公开招股，出售地铁23%的股份，公司成为地铁有限公司，并于2000年10月5日在香港联合交易所上市。

2007年12月2日，九广铁路公司（由政府全资拥有）所经营的网络合并由公司营运。地铁有限公司的中文名称改为香港铁路有限公司（港铁公司）。这也标志着香港铁路发展的一个新里程。

合并不仅为乘客带来更高效率、票价更具吸引力的铁路服务，更为公司带来在本地和海外业务增长的机会。

合并后的港铁共有九条铁路线，网络覆盖香港岛、九龙及新界。同时，公司在屯门及元朗为当地小区提供轻铁及接驳巴士服务。

公司设有机场快线，为旅客提供高速铁路专线，连接市中心和香港国际机场及香港最新的展览及会议中心—亚洲国际博览馆。公司的城际客运服务，为往返广东省、北京及上海的旅客提供方便的铁路运输。

1. 车务资料

港铁公司被公认为世界级的公共交通运输机构，无论在可靠性、安全及效率方面，均一直保持在国际级最高水平。港铁乘客的99%的旅程均会准时到达目的地，是乘客往返香港各区甚至境外的最快捷便利网络。

目前港铁营运九条铁路线：观塘线、荃湾线、港岛线、东涌线、将军澳线、迪斯尼线、东铁线、马鞍山线及西铁线，并在新界西北提供轻铁服务。此外，港铁亦提供往返香港国际机场的机场快线，以及往返北京、上海和广东省的城际客运服务。

港铁的系统采用自动化列车运作，列车服务的安全和可靠性维持国际最高水平。所有列车营运、信号、维修及车站环境均透过四个车务控制中心中央监察和管理。

港铁设有九个维修车厂，分别位于九龙湾、荃湾、柴湾、将军澳、小濠湾、何东楼、大围、八乡及屯门，确保列车可以提供优质服务。公司亦在屯门及火炭设有巴士车厂。

港铁采用的八达通卡自动收费系统，为全球技术最先进和最具效率的票务系统，令乘客旅程更方便。

2. 中国及国际业务

为中国及国际市场引进铁路发展和物业管理专业知识，是港铁公司持续增长策略的核心元素。

中国内地是港铁公司的铁路营运、物业管理及相关业务顾问服务的重要市场。港铁公司在香港以外的业务发展策略的重点，是集中在内地城市铁路网络的开发投资。

公司与北京市基础设施投资有限公司和北京首都创业集团有限公司以公私合营的方式，投资建造全长29 km的北京地铁四号线，已在2009年9月开通，PPP公司负责营运该线三十年。

公司亦负责筹备全长16 km的深圳地铁四号线二期，沿途设有十个车站。工程总造价达60亿元人民币，公司以建设—营运—移交模式投资这个项目。该项目在2011年投入运营。

2006年，公司在北京市签订了三份北京市中心商业区办公室大楼和商铺项目的物业管理合约。

目前，公司在中国内地共持有七份物业管理合约，楼面面积超过100万平方米。公司获得一份长期总租约，在北京经营购物商场（银座Mall），并可于2011年之前享有按预定价格购买该物业的选择权，且其后亦享有优先选择权。

在欧洲方面，公司采用低投资额的发展策略，竞投各地铁路营运服务合约。

2007年11月，港铁公司的联营公司开始按所取得的专营权合约在英国伦敦营运营。该网络由五条铁路组成，总长107.2 km， 网络覆盖伦敦西部、北部及东部，为2012年奥运会的主要运输干线。此合营企业将管理整个网络内78个车站中的55个车站。

公司提供的专业顾问服务，范围包括铁路策划、建造及营运、物业发展和其他非车费收入的顾问服务。现在，公司的业务已扩展至中国、亚洲、澳洲、中东及欧洲的铁路项目，其中包括上海地铁九号线（申松线）、台湾高铁及高雄捷运。为期最长的顾问服务是香港国际机场旅客捷运系统的维修合约。顾问服务合计共为公司带来每年约两亿港元的收入。

香港铁路有限公司是《都市快轨交通》理事会副理事长单位。

联系方式如下。

单位名称：香港铁路有限公司

单位地址：香港九龙伟湾业街33号德福广场港铁总部大楼

单位网址：www.mtr.com.hk　电话：00852-29932111　传真：00852-27988822

6.2.20 重庆市轨道交通（集团）有限公司

重庆市轨道交通（集团）有限公司创建于1992年，是重庆市唯一承担城市轨道交通建设、运营和沿线资源开发工作的国有独资企业。集团公司现有资产300多亿元、职工6000多人，具有甲级轨道交通设计资质、甲级工程管理资质、甲级设备监理资质、甲级工程咨询资质和二级房地产开发资质，拥有一大批长期从事轨道交通技术研究与工程建设管理的轨道交通专业技术人才和运营管理队伍，具有承担城市轨道交通规划、建设和运营管理以及轨道交通技术咨询的能力，为实现重庆轨道交通的规划目标提供了技术和人才保障。

重庆市轨道交通（集团）有限公司主编完成了国家标准《跨座式单轨交通设计规范》、《跨座式单轨交通施工及验收规范》和建设部行业标准《跨座式单轨交通车辆通用技术条件》，填补了我国单轨交通设计、施工及车辆制造标准体系的空白。由重庆市轨道交通（集团）有限公司组织建设和运营的“重庆市轨道交通二号线工程”先后荣获2005年全国十大建设科技成就奖、2006年全国优先发展公共交通文明线路称号、国家市政工程金杯奖、2007年国家优质工程银奖、2008年中国施工企业管理协会科学技术创新成果一等奖、2008年国家环境友好工程奖、第八届中国土木工程詹天佑大奖等多项重要奖项，多次获得重庆市三峡杯、巴渝杯优质结构工程奖，并在跨座式单轨交通设计、施工、产品研发等方面多次荣获重庆市科技进步奖励。

重庆市轨道交通（集团）有限将以“便捷城市交通，加速城市发展”为使命，为“技术达到国内先进水平、管理位居西部一流地位，形象体现重庆特色文化”的企业奋斗目标而不懈努力，构建一个安全、快捷、舒适、环保的城市现代化客运骨干交通系统，为城市社会和经济发展做出更大的贡献。

重庆市轨道交通（集团）有限公司是《都市快轨交通》理事会常务理事单位。

《都市快轨交通》理事会常务理事代表介绍：

仲建华：男，1956年出生，现任重庆市轨道交通（集团）有限公司党委委员、总经理，教授级高级工程师，城市轨道交通中青年专家，国家建设部专家库轨道交通专家，国家发改委城市轨道交通国产化专家委员会委员，中国轨道交通专业杂志《都市快轨交通》、《现代城市轨道交通》、《电力机车》编委会编委，重庆市建设科技委员会委员。曾获“重庆市杰出专业技术人才”、“重庆市建设科技先进个人”、“建设部建设科技先进个人”、“全国建设系统劳动模范”及“全国劳动模范”等光荣称号。

联系方式如下。

单位名称：重庆市轨道交通（集团）有限公司

单位地址：重庆市渝中区大坪长江支路25号　邮编：400042

单位网址：www.cqmetro.cn　电话：023-68002123　传真：023-68808355

6.3 设计研究单位

6.3.1 北京城建设计研究总院有限责任公司

北京城建设计研究总院有限责任公司（BEIJING URBAN ENGINEERING DESIGN & RESEARCH INSTITUTE CO.,LTD，以下简称北京城建设计总院）前身是北京市城建设计研究院，成立于1958年，是专门为中国第一条地铁北京地铁1号线勘察设计而成立的，与共和国地铁建设事业相伴而生、共同成长。经过50多年的发展和积累，业已成长为以城市轨道交通、综合交通枢纽、地下空间开发为特色，具备为工业与民用建筑、市政、桥梁、道路提供全方位服务的综合型勘察设计咨询单位。曾承担过大量国内城市轨道交通勘察设计总体总包项目及国外工程咨询项目，是国内第一家城市轨道交通勘察设计总体总包单位。凭借着雄厚的技术实力、强大的专家阵容，以及品牌优势和行业影响力，引领着中国城市轨道交通业的发展，在国内外赢得了良好声誉。

北京城建设计总院按业务领域下设轨道交通院、建筑院、市政院、勘测院4个专业设计院，11个职能部门，在国内外设27个分支机构（分院），10家参股或控股投资公司。现持有工程设计综合甲级资质及工程咨询、工程造价、工程勘察综合类、工程测量、地质灾害评估及施工图审查等多项甲级资质，城市规划编制乙级资质，并具有对外承包工程、社会投资咨询评估等资格。

在城市轨道交通领域，北京城建设计总院作为全国第一家城市轨道交通设计的勘察设计单位，50年多来，从中国第一条地铁线开始，承接了北京地铁1、2、5、10、13号线和南京地铁1、2、3号线、上海、广州、深圳、重庆、杭州、天津、青岛、沈阳、大连、武汉等国内三十多个城市的城市轨道交通线路的研究、咨询、勘测与设计工作，以及朝鲜、伊朗、越南等国外工程的设计工作，规模约1 400 km。目前，北京城建设计总院承担的轨道交通设计总体总包线路中，已有20多条、500多km的线路通车运营，还有30多条线路正在开展设计工作。

在工业与民用建筑领域，北京城建设计总院广泛涉足居住区规划与住宅、体育场馆、学院建筑、商业办公及交通枢纽、控制中心、地下空间开发等领域，代表工程有国家体育馆、奥林匹克运动员村、五棵松奥林匹克文化体育中心、北京中关村地下空间开发及综合管廊、北京城建大厦、北京动物园公交枢纽等，安哥拉社会住宅项目正在开展大规模施工和现场管理工作。

在市政工程领域，北京城建设计总院轨道交通高架桥梁体系技术领先、隧道过轨工程与风险检测评估技术先进、快速公交工程经验丰富、交通规划分析日臻完善、大型市政给排水工程设计能力较强。先后承担了北京、南京、深圳等城市道路、交通、过轨、桥梁、BRT、给水厂、污水处理厂等工程。

在勘察测绘领域，北京城建设计总院是新中国成立后最早的甲级岩土工程勘察、测绘单位之一，是全国第一家从事地下铁道勘察、测绘的大型企业，从事各类工程的勘察、测绘、监测检测、地质灾害危险性评估、岩土工程设计与施工等，超大型工程精密施工测量技术全国领先。先后承担了国家体育场（鸟巢）、国家体育馆、奥运村、国家大剧院、毛主席纪念堂、国家博物馆、首都机场T3航站楼、北京正负电子对撞机工程、京沪高铁等工程勘测及地基基础施工工程。

在其他工程领域，北京城建设计总院在工程总包、项目管理、投资咨询、风险评估、施工图审查等方面具有丰富经验。

北京城建设计总院一直以科技创新促技术发展，具有较强的研发能力，并取得了突出的业绩，历年来取得各类科技进步奖一百多项，省部级、市级以上优秀设计、咨询奖近百项，主编和参编了几十项国家、行业和地方标准，拥有几十项技术的自主知识产权。

北京城建设计研究总院有限责任公司是《都市快轨交通》理事会副理事长单位。

联系方式如下。

单位名称：北京城建设计研究总院有限责任公司

单位地址：北京市西城区阜成门北大街五号　邮编：100037

单位网址：www.buedri.com　电话：010-88336666　传真：010-68300793

6.3.2　北京城建勘测设计研究院有限责任公司

北京城建勘测设计研究院有限责任公司（简称城勘院）创建于1958年，作为全国第一家从事地下铁道勘察、测绘企业，曾得到毛泽东主席为城勘院的亲笔题词。经过50多年的辛勤磨砺，城勘院经营管理体制实现了从计划经济向市场经济的跨越，2000年由全民所有制改为有限责任公司。在军旅与校园文化充分融合的发展背景下，城勘院依托雄厚的技术力量、一流的专家队伍、丰富的工程经验、密集的知识网络和精良的仪器设备，目前已发展成为我国现代轨道交通领域具有强大竞争实力的大型综合勘测设计企业。

城勘院在技术发展领域始终追求专业化，领先化、一体化发展，可在国内外承接轨道交通、市政、房建项目的勘察、测绘、监测、检测、监理、咨询、审图、岩土工程设计与施工、地质灾害危险性评估等多项工程任务。城勘院在同行中率先持有工程勘察综合类甲级资质、测绘甲级资质、CMA计量认证资质、工程桩动测资质，工程咨询甲级资质，地质勘查资质，地基与基础工程施工二级资质，施工图设计文件审查机构认定，地质灾害危险性评估资质等多项资质证书，并且于1997年在同行业中率先通过ISO9001国际质量体系认证，2001年通过国家技术监督局计量认证，2005年分别获得北京市安全生产管理局和北京市建委颁发的安全生产许可证。2011年城勘院又一次性通过了ISO14001环境和GB/T 28001职业安全健康管理体系认证，在企业运作管理中实现了质量、环境、安全三体系保障。

城勘院先后主编了《城市轨道交通岩土工程勘察规范》、《城市轨道交通工程测量规范》、《城市轨道交通工程监测技术规范》（在编）三个国家标准，前两项均已获得北京市科技进步二等奖。该院还参编了《北京地区建筑地基基础勘察设计规范》《建筑工程施工测量规程》《建筑与市政降水工程技术规范》《简明岩土工程勘察设计手册》《中国综合运输体系发展全书》等多项规范和手册，同时还编写了各种行业施工工艺20多项。

城勘院拥有精良的人才储备和设备仪器，目前已有工程技术人员700 多名，其中教授级及高级工程师80多名，工程师上百余名，各类注册工程师60多名。企业配备有国内外先进的莱卡全站仪、陀螺仪、三维激光扫描仪、天宝GPS全球定位系统、测量机器人以及地基基础检测等几千万元的仪器设备。城勘院在组织结构上精心打造，设有勘察专业院、测量专业院、测试专业院、岩土专业院四个专业院，在外埠设有广东分院、天津分院、华东分院、南宁分院、昆明分院、安哥拉分院及多个项目部，并且城勘院还投资设立了北京环安工程检测有限责任公司。

半个世纪以来，城勘院本着“立足地铁，面向社会；立足国内，面向世界” 的战略布局，经营领域不断巩固和发展。多年来，城勘院依托着难以枚举的众多第一，逐渐铸就出在轨道交通勘测领域首屈一指的技术品牌，先后承揽了绝大部分的北京地铁勘测项目，同时还承担了广州、深圳、东莞、上海、杭州、苏州、无锡、宁波、南京、天津、沈阳、郑州、西安、昆明、南宁、长春、大连、青岛、济南、南昌、武汉等国内二十几个城市的轨道交通勘测项目，目前，企业已建和在建地铁线路里程已达2000多km。城勘院依靠轨道交通创立品牌，通过市政工程巩固品牌，凭借奥运工程提升品牌，先后完成了以“鸟巢”为核心的多个奥运场馆、国家大剧院、国家博物馆、数字北京大厦、毛主席纪念堂、中国第一历史档案馆，京承、京包、京开等多条高速公路及北京50多个小区的工程勘测及岩土设计、施工项目，实现了企业在国内外行业市场领域全方位迅猛发展。

城勘院积极实施走出去战略，承担了多项境外项目的勘测任务，如安哥拉社会住房工程、伊朗德黑兰地铁1、2号线、越南河内城市轨道吉灵—河东线、朝鲜平壤地铁等，实现了海外市场的不断开拓。

质量是企业生存之本，创新是企业活力之源。2010年城勘院通过了北京市高新技术企业认定，成为同行业率先获此特殊荣誉的企业。近年来城堪院先后已有几十项工程项目获国家、建设部及北京市奖励。其中特大异型工程精密测量与重构技术研究及应用项目获得由中华人民共和国国务院颁布的国家科学技术进步二等奖，该奖项是该院有史以来在科技成果上获得的最高奖励，也是迄今为止全国工程测量界科技成果颁发的最高奖项。该院研发的《地基的处理方法》和《土建监测系统》分别于2002年和2010年获得国家知识产权局授予的发明专利证书和实用新型专利证书。

管理是企业发展之法，诚信是企业经营之道。城勘院始终坚持以“为客户增值”的“共赢”理念，立足市场，重合同、守信用，不断改进工作方法，提高服务水平。城勘院在1992年就被建设部授予“全国工程勘察先进单位称号”，自1994年起连续每年都获得北京市“重合同守信用”称号，2006年又被北京质量协会认定为“质量AAA级单位”和“质量卓越单位”，2008年被中国勘察设计协会评为“全国首批工程勘察与岩土行业诚信单位”，2012年被中国质量评价协会评为“全国重质量守信用企业”。

在全球经济一体化的时代背景下，城勘院把追求全面、协调、可持续发展作为强院之路的战略取向，始终贯彻“以质量求生存，以科技促发展，向管理要效益”的服务宗旨，并遵照“精心勘测，顾客满意；安全发展，员工健康；绿色施工，社会认可；管理科学，持续改进”的质量方针，继续为广大建设单位提供优质的服务，继续为城市建设和发展做出企业的贡献，以良好的品质回报社会，以卓越的业绩再创辉煌！

北京城建勘测设计研究院有限责任公司是《都市快轨交通》理事会常务理事单位。

《都市快轨交通》理事会常务理事代表介绍如下。

马海志：男，1967年出生，2008年7月获清华大学高级工商管理硕士学位。现任北京城建勘测设计研究院有限责任公司院长、党委副书记，教授级高工。

马海志同志先后从事的工程测量工作项目有：北京城市铁路西直

门至东直门施工控制网测量、北京地铁五号线施工控制网测量工程、北京城市铁路西直门至东直门铺轨基标测量、广州地铁二号线赤岗至客村区间盾构施工测量、珠江三角洲成际快速轨道交通广佛线精密导线网测量、北京地铁十号线（含奥运直线）施工控制网测量、国家大剧院施工测量技术研究与实践、国家大剧院施工测量、伊朗德黑兰地铁路2号线（M2-X2）断面和铺轨基标测量工程、国家体育场精密施工测量技术研究与实践等。已发表《构建和谐社会理论研究与执行方略》等论著7篇。曾获中国优秀职业经理人、2006中国建设行业百名管理英才、北京市第八届工程勘察一等奖、全国城市勘察测量优秀工程一等奖、北京奥运会、残奥会个人贡献奖、北京市人民政府国有资产监督监理委员会优秀共产党员等省部级以上奖励。所在单位被市政府、市委、市规委评为奥运先进单位。

现任中国城市规划协会理事、北京测绘学会第十一届理事会副秘书长、《都市快轨交通》常务理事、城市勘测杂志社副理事长等职务。

联系方式如下。

单位名称：北京城建勘测设计研究院有限责任公司

单位地址：北京市朝阳区安慧里五区六号　邮编：100101

单位网址：www.cki.com.cn　电话：010-64922389　传真：010-64921259

6.3.3 北京全路通信信号研究设计院

北京全路通信信号研究设计院有限公司成立于1953年，是中国铁路通信信号股份有限公司下属的全资企业。经过近60年的发展，已成为中国轨道交通安全控制和信息技术领域的领先企业。

公司作为中国轨道交通通信信号专业的国家队，集“标准制订、工程设计、科研开发、系统集成”为一体，拥有甲级工程咨询、甲级勘察设计、甲级工程造价咨询和计算机信息系统集成企业一级等多项资质；通过ISO9001:2008质量管理体系认证；是国内第一家通过国际铁路质量管理体系IRIS标准认证的设计单位，是北京市高新技术企业，全国工程勘察设计百强企业，入选2010、2011年中国软件业务收入百强企业，2006年至今，连续6年获得企业信用评级3A证书。

公司成立60年来，始终引领中国轨道交通通信信号行业发展，是铁道部通信信号设备制式标准化归口单位，累计编制了《铁道信号设计规范》等500多项通信信号设计规范、标准。公司以技术创新为驱动，以质量安全为根本，承担了一批国务院试点项目和国家重点工程设计；将70余项自主创新的系统技术首次应用于铁路和城市轨道交通领域，推广新技术百余项。荣获国家科技进步奖、国家优秀工程设计奖47项，省部级奖197项；拥有41个计算机软件著作权登记证书、39个软件产品登记证书；获得国家重点新产品计划项目6项；获得授权专利64项，其中发明专利26项，实用新型38项，受理专利43项。

近年来，公司不断追求卓越，致力于提供轨道交通通信信号领域全套系统解决方案，提供铁路干线、编组站、客运专线、城市轨道交通的全套信号设备，从应用科研、系统试验、现场供货、联调联试、系统交付、售后服务等方面为用户提供满意的系统集成交钥匙服务。目前，公司在国内高速铁路系统集成市场占据领先优势，承接了国家高速铁路和客运专线通信信号系统集成的建设任务，已经完成了北京—上海、北京—天津、武汉—广州、上海—南京、上海—杭州、温州—福州、宁波—台州—温州、合肥—武汉、海南岛东环线、广州—深圳、哈尔滨—大连等高速铁路和客运专线通信信号系统集成建设项目，正在开展杭州—宁波、厦门—深圳、天津—秦皇岛等高速铁路和客运专线通信信号系统集成建设项目。自行研发并成功实施的拥有完全自主知识产权的世界领先水平的大型编组站自动化控制系统（CIPS）已经在成都北、贵阳南、武汉北等地投入使用。

作为第一家从事城市轨道交通工程弱电系统设计的单位，经历了我国城市轨道交通从无到有、不断发展的过程，已先后完成了近30余条国内外地铁轻轨线路的设计及技术服务工作，目前正在承担的城市轨道交通工程设计任务遍布国内外多个城市，共计40余项，专业领域涉及通信、信号、自动售检票（AFC）、乘客信息（PIS）、综合监控、FAS、BAS、门禁、办公自动化（OA）等弱电控制系统。同时公司还承担了轨道交通行业通信信号部分的国家或行业标准编制。从1990年开始至今，公司先后编制完成了GB/50157—1992版《地下铁道设计规范》通信信号部分、GB/50157—2003版《地铁设计规范》通信信号部分、GB/T12758—2004《城市轨道交通信号系统通用技术条件》、GB/50490—2009《城市轨道交通技术规范》通信信号部分、原建设部建标104—2008《城市轨道交通工程项目建设标准》通信信号部分、住房和城乡建设部GCG101—2008《城市轨道交通工程投资估算指标》通信信号部分、住房和城乡建设部GCG103—2008《城市轨道交通工程预算定额》第六册通信工程及第七册信号工程以及《城市轨道交通综合监控系统工程设计规范》《地铁与轻轨运营管理规范》等。

公司致力于开发具有完全自主知识产权并同步取得欧标SIL4级安全认证的城市轨道交通列车自动控制系统（ATC），已经形成了3种不同制式和技术水平的ATC系统，能够覆盖所有城市轨道交通行业的应用及运营需求，为城市轻轨、地铁、市郊铁路、单轨等制式提供全套的信号系统解决方案。其中自主研发的FZL300 型点式列车自动控制（ATC）系统设备于2011年12月31日北京地铁8号线二期开通运营以来，运行稳定，反应良好。标志着公司在拥有自主知识产权的城市轨道交通ATC系统的研发和产品化方面迈上了新台阶。2013年将完成基于通信的列车自动控制系统（CBTC）的安全认证及上道运用。

公司的战略定位：在轨道交通安全控制和信息技术领域，以市场需求为导向，以技术创新为驱动，以质量安全为根本，成为国内领先、国际一流的集应用基础研究、标准制定、设计咨询、产品研发、试验验证和系统集成为一体的高新技术企业，构建产业技术平台，引领技术进步，促进产业发展，参与国际竞争。

北京全路通信信号研究设计院是《都市快轨交通》理事会理事单位。

联系方式如下。

单位名称：北京全路通信信号研究设计院有限公司

单位地址：北京市丰台区华源一里18号楼　邮编：100073

单位网址：www.crscd.com.cn　电话：010-51865894　传真：010-51846122

6.3.4　北京市轨道交通设计研究院有限公司

北京市轨道交通设计研究院有限公司是在北京轨道交通快速发展的背景下，为提高轨道交通网络化建设水平，经陈刚副市长批准命名组建的设计院。由北京市轨道交通建设管理有限公司、北京城建集团有限责任公司、北京城建设计研究总院有限责任公司、北京城市轨道交通咨询有限公司共同出资，于2012年11月15日正式成立。

公司以“为人至诚　为业至精”作为核心价值观，秉承“专业、创新、高效、奉献”的精神，为北京市的轨道交通建设提供专业的设计咨询服务。拟从业范围包括城市轨道交通的线网规划、建设规划、可行性研究、总体技术咨询、总体设计、设计、项目管理、技术审查、可行性研究评估、初步设计审查；城市设计、建筑设计、地下空间开发研究与设计、交通一体化开发研究与设计和设备技术咨询、安全评估、专项技术咨询及课题研究等。将拥有轨道交通工程专业甲级、建筑专业甲级和工程咨询资质甲级。公司目前设有线路规划所、建筑结构所、设备所、建设管理所、一体化开发所。现有工程技术人员60名，中高级职称占总人数83%，根据业务发展规划未来人员规模将达到150~200人。

公司定位为北京市轨道交通设计的“总体”业务角色、北京市轨道交通的工程技术中心，从事轨道交通规划设计与工程建设管理技术高端业务，主要职责是统一全网各线的技术标准和技术要求，总体技术审查，改进标准化设计及环保节能设计，开展前沿性及关键技术研究，提高轨道交通网络化建设水平，提升规划设计咨询层次，推动北京公共交通建设和世界城市建设。

北京市轨道交通设计研究院有限公司是《都市快轨交通》理事会常务理事单位。

《都市快轨交通》理事会常务理事代表介绍如下。

万学红：男，汉族，中共党员，毕业于长沙铁道学院铁道工程专业，大学本科，教授级高级工程师，北京城建设计研究总院副院长，北京市轨道交通设计研究院院长。《都市快轨交通》编委会员。

曾主持多个城市轨道交通线网规划和多条线路可行性研究报告的研究工作，组织完成5条轨道交通线工程可行性研究的评估报告，擅长轨道交通项目前期研究和评审工作。

近十年先后担任北京、南京、武汉3座城市4条轨道交通线设计总体工作，有较强的总体把握能力和工程设计管理工作经验，技术全面、组织协调能力强。

凭借“伊朗德黑兰地铁一、二号线线路咨询与设计”项目获北京市科技进步二等奖、北京市第十届优秀工程设计一等奖、2003年度全国优秀工程咨询成果一等奖；“上海市轨道交通明珠二期工程总体方案研究”项目获1999年度全国优秀工程咨询成果二等奖；“南京地铁1号线一期工程设计”项目获北京市第十三届优秀工程设计一等奖、2008年度全国优秀工程勘察设计行业市政公用工程二等奖；“武汉轨道交通二号线越江隧道系统工程方案综合研究”项目获2007年度全国优秀工程咨询成果一等奖。

联系方式如下。

单位名称：北京市轨道交通设计研究院有限公司

单位地址：北京市海淀区西三环北路87号国际财经中心B座7层　邮编：100089

单位网址：www.brtdri.com　电话：010-68404008　传真：010-68404008

6.3.5 北京市市政工程设计研究总院

北京市市政工程设计研究总院创建于1955年，是以咨询设计为主业，为工程建设项目全过程提供综合性服务的现代科技创新型企业。56年来，市政总院出色完成了万余项国内外工程咨询、设计、工程总包等项目，主编、参编了百余项国家和行业技术规范、标准和设计手册，为城市基础设施建设做出了突出贡献。积极履行社会责任，高质量圆满完成了奥运、国庆60周年、灾区援建等工程项目及服务保障工作，在践行奥运“三大理念”，建设“人文北京、科技北京、绿色北京”的行动中彰显了社会形象和技术实力。目前，市政总院在城市道路系统、高速公路系统、城市轨道交通系统、快速公共汽车交通系统、城市给水系统、城市排水系统、再生水系统、固体废弃物处理系统等专业设计及研究方面处于国内领先地位，其中部分领域已接近或达到国际先进水平。自1978年改革开放至今，市政总院共获得国家级、部、市级优秀设计和科技进步等奖项533项，其中获土木工程詹天佑大奖 12 项、全国优秀设计金奖 7 项、银奖 26项；获得“国家高新技术企业”、“中关村高新技术企业”以及“海淀区创新企业”证书；15次被评为“全国勘察设计行业百强单位”。

市政总院具有工程设计综合资质甲级，可承接各行业、各等级的建设工程涉及业务，以及从事许可范围内相应的建设工程总承包业务、项目管理和相关的技术与管理服务；具有工程咨询甲级资质，可从事相应专业的规划咨询、编制项目建议书、编制项目可行性研究报告、项目申请报告、资金申请报告、评估咨询、工程设计、招标代理、工程项目管理的咨询工作；工程造价咨询单位甲级资质；工程勘察专业类工程测量甲级及工程勘察专业类（岩土工程）乙级资质；工程招标代理机构资格暂定资质；施工图设计文件审查机构一类证书，可从事市政基础设施工程的施工图审查业务；具有对外承包工程资格证书。

市政总院是以专业技术人员为主体的知识密集型团队，从业人员规模1 400人左右。有设计大师4名，享受政府特殊津贴42人，享受突出贡献专家待遇8人，各类执业及注册人员250余人，是一支以设计大师为代表，以国内市政行业知名学科带头人为骨干，结构合理、专业配套、技术精湛、作风过硬的人才队伍。

该院轨道交通业务服务范围包括：城市轨道交通线网规划、项目建议书、可行性研究、总体设计、总包管理、土建和设备工程设计等多方面。拥有主要设计专业14项，专业配套、工种齐全、设备先进，可为轨道工程建设项目提供全过程的咨询设计服务。在轨道交通各个领域特别是线路、运营、轨道、限界、车站建筑、结构、区间、通风空调、动力照明、给排水、AFC、FAS/BAS、技经等专业具有丰富的设计经验和设计成果。至今，该院担任总体总包设计的工程有：北京首都机场线、北京地铁4号线、7号线、北京轨道交通亦庄线、15号线、16号线、海淀山后线。同时还承担了北京地铁5号线、6号线、9号线、13号线、大兴线、昌平线、燕房线等大量土建、设备工点设计工作。受投资方委托，该院还承担了多条地铁线路的前期工作。为实现北京轨道交通建设的宏伟目标，作出了突出贡献。

北京市市政工程设计研究总院是《都市快轨交通》理事会常务理事单位。

《都市快轨交通》理事会常务理事代表介绍如下。

刘勇：北京市市政工程设计研究总院副院长，教授级高工，分管院轨道交通和交通研究业务。现任中国城市轨道交通协会理事、北京交通工程学会常务理事副秘书长、北京土木建筑学会理事、道路工程执业注册工程师专业委员会委员、中国城市公共交通协会快速公交专业委员会第一届理事会副理事长、中国工程建设标准化协会常务理事、市政专委会主任。

从事市政工程设计及科研工作20余年，具有深厚的理论功底和丰富的工作经验，先后从事过城市专项规划、道路交通、桥梁工程、软件开发、经济评估、轨道交通等多专业咨询设计和管理工作，主持和参加了近百项工程设计研究，并多次获得国家、部、市级优秀设计奖和科技进步奖。

曾被授予北京市爱国立功竞赛标兵、首都劳动奖章、北京市先进工作者称号，2001年起享受国务院政府特殊津贴。担任第十、十一届全国政协委员。

联系方式如下。

单位名称：北京市市政工程设计研究总院

单位地址：北京市海淀区西直门北大街32号3号楼（市政总院大厦） 邮编：100082

单位网址：www.bmedi.cn 电话：010-82216888 传真：010-82216700

6.3.6 第二炮兵工程设计研究院

第二炮兵工程设计研究院，成立于1976年11月，具有工程勘察设计、工程监理、工程造价咨询等甲级资质。长期从事国防地下工程、隧道工程勘察设计研究，并在工业与民用建筑工程、人防工程、邮电通信工程、市政工程、岩土工程、压力容器设计和工程地质勘察、水文地质勘察、技术咨询、技术服务等领域积累了丰富经验，设计科研实力较强，目前位居军队勘察设计单位先进行列，特别是防护工程、人防工程和智能化工程勘察设计在国内同行业达到了领先水平。

该院技术力量雄厚，具有一支中国工程院候立安院士引领的精干高效、勇于创新的优秀人才队伍，2008年设立博士后科研工作站。现有博士30余名、硕士百余名、本科以上学历人员占98%，目前有高级职称人员80余名，中级职称人员150余名；专业覆盖建筑、结构、暖通、给排水、电气、人防、非标准、工艺、工程智能化、供油供气、压力容器、通信、道桥、地质勘测、机械、情报资料、计算机应用开发等二十多个专业。

三十多年来，该院锐意改革，不断创新，先后完成大量国家和军队重大勘察设计任务，获国家勘察设计金、银质奖和军队优秀勘察设计奖80余项，荣获国家和军队科技进步奖200余项。特别是从1988年开始，先后承担了北京、南京、沈阳、大连、长春等地20余条地铁线路的人防工程设计施工总承包任务。其中已完成的北京地铁“复一八”线、北京地铁4、5号线、北京地铁10号线一期（含奥运支线）、15号线一期、大兴、亦庄线及南京地铁1、2号线等均以优良工程通过验收。目前正在承担北京地铁6、7、8、9、10号线二期、14、15号线二期工程、沈阳地铁2号线一期及沈阳—铁岭城际铁路、大连地铁1、2号线、长春地铁1、2号线等地铁人防工程设计施工总承包任务。长期以来，在地铁人防工程建设中，开发出了一大批技术先进、防护可靠、经济合理、使用维护方便的防护设备，先后获得国家发明、实用新型专利30余项，并在全国人防工程建设中广泛推广应用。

该院具有完善的质量管理体系和健全的质量管理制度，2002年通过了ISO9001质量体系认证。当前，正紧紧抓住全国轨道交通建设大发展的重要机遇，依靠综合实力、优质服务和良好信誉，秉承“科学管理、质量为本、顾客至上、持续改进”的设计理念，以至善至美的服务态度，至诚至信的服务理念，与广大同仁开展广泛、深入、持久的合作和交流，为客户提供高质量的产品、技术和一流的服务，为加快我国国防工程、民用工程和地铁人防工程建设作出积极贡献。

第二炮兵工程设计研究院是《都市快轨交通》理事会常务理事单位。

《都市快轨交通》理事会常务理事代表介绍如下。

陈朝东：清华大学环境工程专业学士、硕士，浙江大学固体力学专业博士，现任第二炮兵工程设计研究院院长，大校军衔，高级工程师。兼任中国勘察设计协会、解放军工程建设协会、中国土木工程学会防护工程分会、《都市快轨交通》理事会、北京市勘察设计协会常务理事，中国土木工程学会防护工程分会工程设计与施工专业委员会主任委员、中国宇航学会发射工程与地面设备专业委员会副主任委员。

长期从事环境工程、工程防护等领域的设计、科研和工程建设管理工作。先后获国家科技进步一、二等奖各1项、军队科技进步二等奖5项，国家发明专利6项，主编出版《特殊废水处理技术及工程实例》《汉英环境科学与工程词汇》等学术著作12部，2006年被批准享受政府特殊津贴，今年，被评为“全军科技领军人才”。

联系方式如下。

单位名称：第二炮兵工程设计研究院

单位地址：北京市东城区安德里北街18号　邮编：100011

电话：010-66339519　传真：010-84113683

6.3.7　广州地铁设计研究院有限公司

广州地铁设计研究院有限公司（以下简称“广州地铁院”），前身是成立于1993年6月的广州市地下铁道设计研究院，2009年1月改制为有限责任公司，主要从事城市轨道交通、市政、人防、建筑和环境工程的规划、勘测、设计、咨询、科研及总承包等业务。秉承“追求设计经典，提升城市品质”的企业使命，经过多年发展，广州地铁院已成为一家实力雄厚、经验丰富、信誉良好、享誉全国的行业甲级设计研究院。广州地铁院下设施工图咨询有限公司、蓝图办公服务有限公司、南车时代电气技术有限公司等子公司。

资质：广州地铁院具备城市规划、勘察、设计（市政、建筑）、咨询等甲级资质，具备施工图审查资格，并通过了质量管理体系、环境管理体系、职业健康安全管理体系认证。先后获得“中国建设系统企业信用信誉AAA级单位”、“守合同重信用单位”等称号。

资源：广州地铁院共有员工人数887人（含子公司），其中具备高级、中级以上专业技术职称员工超过450人，具备国家注册专业资格员工近100人，专业门类齐全。目前建成了包含项目管理系统、办公自动化系统在内的信息管理系统，配备了众多专业软件，具备强大的远程设计和技术支持能力。

业绩：广州地铁院先后承担了广州市轨道交通1、2、3、4、5、6、7、8、9、10、11、13、14、16、21号线和广州—佛山城际快速轨道交通线等工程的前期咨询、勘察、工可研究、初步设计、施工图设计、设计咨询和总体总包工作。近年来业务范围已遍及佛山、东莞、深圳、南宁、成都、西安、北京、天津、沈阳、无锡、苏州、南京、宁波、福州、厦门、南昌、长沙、武汉、郑州、江门等20个大中城市，承担了多个城市轨道交通的总体总包设计任务，并完成了150多座轨道交通车站、180多公里区间隧道的施工图设计业绩，机电与系统设计涵盖了整个轨道交通工程。同时广州地铁院还完成了较多的轨道交通线网资源共享、线路沿线物业开发、轨道交通与其他交通接驳、地下空间利用、市政公用工程、综合交通枢纽等咨询和设计。

科研：广州地铁院始终坚持科技创新，成功研发了许多新技术并拥有多项国家专利，是广东省高新技术企业，下设建筑规划方案研究室、盾构技术研究所、广东省土木建筑学会地下工程专业委员会等学术研究机构。先后主编或参编《地铁设计规范》《盾构隧道工程设计规范》《城市轨道交通采暖通风与空气调节设计规范》《城市轨道交通直线电机牵引系统设计规范》《城市轨道交通结构安全保护技术规范》《盾构法开仓及气压作业技术规范》等20多项轨道交通的国家或行业标准。

荣誉：广州地铁院先后荣获国家、建设部、广东省、广州市颁发的科技进步和优秀规划、勘察、设计、咨询成果等各类奖励和荣誉称号170多项，其中重要的奖励和荣誉称号有"国家科学技术进步奖"、"国家环境友好工程环境保护设计优秀奖"、"国家优质工程奖"、"全国优秀工程设计奖"、"全国优秀工程勘察设计行业奖"、"全国优秀工程咨询成果奖"、"全国优秀勘察设计院"等。

广州地铁院将继续秉承"遵守法规、精心组织、诚信服务、创新发展、顾客满意、健康安全、节能降耗、持续改进"的管理方针，致力于安全、节能、经济、环保的城市轨道交通的设计与建设，为改善城市交通、提高出行质量、促进城市发展做出卓越贡献。

广州地铁设计研究院有限公司是《都市快轨交通》理事会常务理事单位。

《都市快轨交通》理事会常务理事代表介绍如下。

刘智成：1972年10月生，现任广州地铁设计研究院有限公司院长，西南交通大学地下工程与隧道专业毕业，教授级高级工程师，中国城市轨道交通协会常务理事，中国交通运输协会城市轨道交通专业委员会设计专委会副主任委员，广州市工程勘察设计行业协会副会长。主要侧重于轨道交通、结构工程的设计与研究，曾主持多项国家重点工程的设计与研究，经验丰富，业绩卓著。由其主持完成的"广州市轨道交通四号线工程设计"项目先后荣获"广东省优秀工程设计一等奖"和"全国优秀勘察设计行业二等奖"；由其主持完成的"城市轨道交通轨道工程关键技术研究"项目荣获"铁道部科学技术二等奖"。组织或参与了广州、长沙、苏州等多个国内城市地铁项目的审查。近年来发表论文近10篇，主编出版著作1本，是我国城市轨道交通领域的中青年专家。

联系方式如下。

单位名称：广州地铁设计研究院有限公司
单位地址：广州市环市西路204号　邮编：510010
单位网址：www.dtsjy.com　电话：020-83202600　传真：020-86692750

6.3.8 上海市城市建设设计研究院

上海市城市建设设计研究总院创建于1963年，是以从事城市基础设施勘察设计为主的综合性设计咨询研究单位，具有国家工程设计甲级、国家工程勘察综合甲级、工程测绘、工程咨询、工程造价、工程监理甲级资质，可以为工程建设全过程提供服务。业已通过质量、环境、职业健康安全三项管理体系认证、上海市高新技术企业认证。

城建院现有13个专业院和总承包部，6个职能部门，拥有独资子公司3家、外省市分院和驻外机构3家，并建有上海市企业技术中心、博士后工作站等（研发）机构，职工总数近1 200人。

上海城建总院在近50年的专业历程中屡创精品，在公路与城市道路、交通工程、桥梁工程、给水排水与环境工程、隧道与地下工程、轨道交通、工业与民用建筑、园林景观、电气自动化、工程造价以及勘察、测量、监测、监理等领域中硕果累累。荣获国家、部和市级优秀设计奖、优秀咨询奖和科技进步奖等420多项。拥有各类专利173项，其中发明专利26项。主编和参编各类标准、规范、通用图20项。

自1997年以来，城建总院始终位于上海市勘察设计单位综合考评前十名，全国百强之列，并跻身于中国工程设计企业60强；首批被授予上海市优秀公司，并连续荣膺此光荣称号。近年获得全国五一劳动奖状、上海市文明单位、金杯公司、质量管理奖、实施卓越绩效模式先进企业、职工最满意企业、专利试点企业、创新型企业等多项荣誉称号。

在激烈的市场竞争中，继城建总院担任轨道交通设计总体的上海市轨道交通7号线及北延伸段工程、11号线北段一期工程顺利通车运营后，11号线北段二期、16号线、迪斯尼线工程正在如火如荼建设中。至2013年6月底上海拟建成轨道线路总长为527 km，其中城建总院承担总体设计的线路达185 km。城建总院还参与了天津6号线、Z4线、北京6号、14号线、苏州地铁1号线、南京地铁4号线等诸多轨道交通设计、审图工作，并再次打开海外市场，承接了印度新德里地铁设计任务。城建总院在有轨电车领域的发展也走在了全国的前列，继上海张江有轨电车运营后，又承担了苏州高新区有轨电车1号线、珠海有规电车1号线、天津生态城有轨电车、上海临港新城有轨电车规划、设计等。

城建总院以锐意进取、精心设计、持续创新、优质服务的企业精神、张张图纸精心设计、项项工程顾客满意、节能环保、健康安全、持续改进、永创一流的质量方针，为上海以及全国各地的城市建设做出了卓越的贡献。

上海市城市建设设计研究院是《都市快轨交通》理事会常务理事单位。

《都市快轨交通》理事会常务理事代表介绍如下。

徐正良：上海市城市建设设计研究总院专业总工程师，教授级高级工程师。从事市政工程设计近30年，在轨道交通、有轨电车、地下空间、综合交通枢纽、排水工程等方面具有丰富的工程经验，负责承担了上海轨道交通7、11、16号线的总体设计、南京地铁4号线审图、打浦路隧道复线工程、上海崇明越江工程、上海站北广场综合交通枢纽及配套地下空间工程、天津于家堡金融中心地下空间等重大项目的设计、咨询工作。

自2003年以来、徐正良以广博扎实的专业知识、工程实际经验和“再坚持五分钟”的毅力，作为3条轨道交通线路的总体设计负责人，主持了上海170余km轨道交通的总体设计和科研工作，其中轨道交通7号线和11号线北段一期已于2009年底建成通车。徐正良同志在设计中注重工程的全寿命成本和科技创新，在全部为地下线的上海轨道交通7号线工程中通过精心设计和多项新技术的应用，工程平均造价仅5.5亿元/km，被评为国家市政工程金奖。轨道交通11号线工程中首次在国内采用最高运行速度为100 km/h的A型车；目前正在建设的轨道交通16号线首次采用直流1 500 V三轨供电的最高运营速度为120 km/h的舒适型A型车，快慢车组合的运营模式。在上海轨道交通网络中唯一的三条市域线换乘枢纽—徐家汇枢纽的设计中，应用利用既有地下空间改建为轨道交通车站和地下空间暗挖向下加层专利技术，很好地解决了商业中心地区建造车站的交通、环境和社会正常运行的矛盾。

由于杰出的专业水平和敬业精神，被首批授予上海市重点工程立功竞赛“杰出人物”称号、上海市劳模及上海市十大青年咨询精英等荣誉。多次获得部、市级优秀勘察设计奖、科技进步奖、优秀咨询奖，多项成果申请了专利并得到应用。

联系方式如下。

单位名称：上海市城市建设设计研究院

单位地址：上海市浦东新区东方路3447号　邮编：200125

单位网址：www.sucdri.com　电话：021-50891688　传真：021-63760994

6.3.9 深圳市城市交通规划设计研究中心有限公司

深圳市城市交通规划设计研究中心有限公司（前身是深圳市城市交通规划研究中心，以下简称我中心）成立于1996年，2007年底由事业单位划转为国有企业。

经过十几年的努力进取、不断发展，中心现已发展成为一支多学科、多专业、高学历、高素质，技术力量雄厚、业务经验丰富的专业团队，技术力量、业务范围及软硬件设施均居国内同类机构的前列，在同行业中具有良好的信誉。中心现有员工128人，中高级职称人数占71%（包括两名教授级高级工程师），博士硕士人数占43%。具备工程咨询甲级、城市规划乙级和工程设计乙级资质，并取得了ISO9001质量管理国内认证证书（CNAS）及英国皇家认证证书（UKAS）。

中心业务服务范围主要包括：城市交通发展战略与政策研究；区域交通规划和城市综合交通规划；干线道路网、公共交通、轨道交通、停车、慢行交通、智能交通等专项交通规划；重大交通基础设施建设项目的详细规划与城市交通综合治理改善规划；道路交通工程设计等多方向多层次的交通规划设计与咨询工作。

近年来中心在立足做好深圳市交通规划设计咨询服务的同时，也开始走出深圳，先后承担了香港、澳门、东莞、佛山、江门、河源、肇庆、福州、南昌等10多个大中城市的交通规划设计咨询项目。目前中心累计已完成400余项大中型项目，其中获部优6项，获省优10项，获市优25项。

随着深圳社会经济和城市建设的迅速发展，以及深港一体化进程的加快，轨道交通建设已成为深圳城市基础设施建设的重中之重。近年来，中心承担了大量的轨道交通规划设计项目，主要包括以下内容。

（1）深圳市轨道交通规划（2011—2030年）；

（2）深圳市城市轨道交通建设规划（2005—2010年；2010—2020年）；

（3）珠三角城际轨道深圳地区布局规划；

（4）国家铁路深圳地区布局规划；

（5）深圳轨道交通工程1号、2号、3号、4号、5号、6号、7号、8号、9号、10号线交通详细规划及交通设计；

（6）新深圳站、前海枢纽、福田枢纽、布吉枢纽、龙岗枢纽、机场枢纽综合规划及交通设计；

（7）港深机场轨道联络线前期研究；

（8）穗莞深城际线交通详细规划；

（9）广深港客运专线龙华—皇岗段交通详细规划；

（10）厦深铁路交通详细规划；

（11）深圳市轨道交通票务清分中心建设规划研究。

中心坚持开拓创新、与时俱进、持续发展的精神，竭诚为社会各界提供优质服务。

深圳市城市交通规划设计研究中心有限公司是《都市快轨交通》理事会常务理事单位。

联系方式如下。

单位名称：深圳市城市交通规划设计研究中心有限公司

单位地址：深圳市福田区红荔西路8009号规划大厦三层西　邮编：518040

单位网址：www.sutpc.com　电话：0755-83949392　传真：0755-83949389

6.3.10 中国中铁二院工程集团有限责任公司

中铁二院工程集团有限责任公司（简称中铁二院），原名铁道第二勘察设计院，成立于1952年9月。现隶属于世界500强企业——中国中铁股份有限公司。2000年至今，公司获科技进步奖国家级5项，省部级46项；获优秀工程咨询成果奖国家级12项，省部级34项；获优秀工程勘察奖国家级4项，省部级15项；获优秀工程设计奖国家级10项，省部级92项。其中勘察设计的成（都）昆（明）铁路荣获国家科技进步特等奖，南（宁）昆（明）铁路荣获国家科技进步最高奖项一等奖，是国内唯一两次荣获国家最高科技进步奖项的大型勘察设计企业。公司在2011年住房和城乡建设部公布的“2010年全国工程勘察设计企业营业收入前100名排序”中列第12位；名列ENR/建筑时报主办的“中国工程设计企业60强”第5位；在中国勘察设计协会举办的工程项目管理百名排序中列第2位。

中铁二院是全国大型综合性勘察设计咨询企业，近几年连续在国内勘察设计企业排名中位列前茅。公司持有国家甲级勘察、设计、咨询、监理、环境评价等资质证书和对外经营资格证书，是国内首批获得设计综合资质甲级的八家单位之一，同时也是国内唯一一家同时具有国家发改委批准的铁路和城市轨道交通咨询评估资质的勘察设计单位。公司设有线路、轨道、地质、路基、桥梁、隧道、站场、建筑、环保、通信、信号、电力、及航测等近四十个专业。业务范围涉及铁路、公路、城市轨道交通、市政工程、工程总承包、工程监理等各类工程建设领域以及房地产、金融证卷、矿产开发、技术产业化等多元化领域。

中铁二院集团公司下辖22个全资子公司、16个生产院，并在全国各地设有16个外埠经营分院。公司现有职工六千余人。其中：全国工程设计大师1人，四川省工程设计大师3人，教授级高级工程师及高级工程师1 326人、工程师2 598人，其他各类专业技术人员2 332人。国家人事部、全国博士后管理委员会在中铁二院设有“博士后科研工作站”。

汇聚设计精英，尽展勘察风采。半个多世纪以来，中铁二院伴随着共和国前进的步伐，先后勘察设计了包括新中国第一条铁路成（都）渝（重庆）铁路在内的铁路干线、支线上百条，累计60 000多公里；城市轨道交通30余条；高速公路1 000多公里；市政道路200余公里，大型立交枢纽30余处。在铁路工程、城市轨道交通工程设计领域保持国内领先地位，在公路市政工程设计领域进入行业一流队伍。

展望未来，中铁二院始将终坚持以人为本，构建和谐企业，坚持以效益为中心，以质量、科技、人才服务求发展，依法经营，诚实守信，不断推进理念创新、体制创新、机制创新、科技创新，为国家的现代化建设做出更大贡献。

中铁二院工程集团有限责任公司是《都市快轨交通》理事会常务理事单位。

《都市快轨交通》理事会常务理事代表介绍如下。

郑建伟：现任中国中铁二院工程集团有限责任公司副总经理、总法律顾问、教授级高级工程师。2003年至今，主管集团公司国内城市轨道交通项目。参加和主持过青岛经济技术开发区供热工程、广州地铁一号线、广州地铁二号线、黎南线、重庆轻轨、贵阳枢纽、襄渝线扩能、粤海通道、福厦线、深圳地铁一号线、成都地铁一期工程等项目的勘察设计和咨询工作，主持的广州地铁一号线芳村车辆段获铁道部优秀工程设计一等奖，担任机务专业技术负责人主持的重庆轻轨获2005年全国十大建设科技成就奖。翻译了2万余字的外文资料，发表了《机务段运用检修信息化管理系统工程设计的研究》《城市轨道交通工程设计中车辆选型的研究》等4篇对实际工作有指导价值的文章，2003年被国家发改委认定为注册咨询师（投资）。

联系方式如下。

单位名称：中铁二院工程集团有限责任公司

单位地址：成都市通锦路3号　邮编：610031

单位网址：www.creegc.com　电话：028-87668866　传真：028-87664569

6.3.11　中铁第四勘察设计院集团有限公司

由中铁第四勘察设计院集团有限公司担任总体设计的苏州轨道交通1号线是一条东西走向主干线路，为全地下线，起点位于吴中区,从西至东，横穿吴中区、苏州高新区、中心城区，止于苏州工业园区。线路全长25.739公里，总投资约为126亿元。全线共设车站24座，均为地下站。全线设两座主变电站，车辆段与综合基地一处，控制中心一处。该线采用B型车4辆编组，设计初期运行间隔为5分钟，远期为2分钟。该工程自2007年底开工建设以来，安全、质量、进度平稳可控，将于2011年底建成，2012年6月试运营，总工期为4年半。

控制中心工程概况及特点如下。

（1）工程概况：控制中心位于干将路和广济路交界口，地下二层和广济路站相连通，建筑形式为地上23层、地下3层，建筑高度99.9 m。结构形式为框架-剪力墙结构。

控制中心大楼内包括两部分功能：其一为苏州市轨道交通1、2、3、4号线的控制中心；其二为轨道公司和运营公司的办公用房。

（2）工程特点：本工程造型简洁明朗。由于用地紧张，因此将控制中心地上将近100米高的大楼横跨在地铁1、2号线联络线之上，结构采用了Y形型钢混凝土柱进行转换，建筑立面体现了结构形式的科学性、真实性，折形构架与幕墙系统展示出交通建筑的时代特征和科技感。

天平车辆段是苏州轨道交通网络中第一个车辆段，同时还兼顾2号线的厂、架修功能，它位于苏州风景名胜地天平山下，是国内第一个园林式车辆基地。

星港街站将六个采光天井设计成带有机翼状百叶的间接采光顶，通过对入室自然光线角度的控制，结合人工光源，达到最佳采光效果。

人民路站设计以“古韵今风”为主题，从古城区历史建筑街区中提取精华，以黑白灰为基调，造型简洁明快，符合轨道交通的特点，贴近时代。

星海广场站设计充分考虑周边地块与车站的对接与交流，使车站与商业形成一个完整、连续、活跃的地下步行空间。

中铁第四勘察设计院集团有限公司是《都市快轨交通》理事会常务理事单位。

《都市快轨交通》理事会常务理事代表介绍如下。

朱丹：男，汉族，中共党员，生于1961年5月；1982年1月毕业于西南交通大学隧道及地下铁道专业，工学学士；2001年4月中南大学桥梁和隧道工程研究生班结业。国务院政府特殊津贴获得者；全国劳动模范。

现任中铁第四勘察设计院集团有限公司副总工程师，教授级高级工程师；中国土木工程学会隧道及地下工程分会第七届理事会常务理事；中国岩石力学与工程学会隧道掘进机工程应用分会理事；《都市快轨交通》理事会常务理事。

在山岭隧道方面，主持并完成了京九、横南、赣龙、宜万等铁路干线300余座近400 km隧道的设计。

在水底隧道方面，主持完成了武汉长江水底隧道预可研和可行性研究报告；主持完成长江南京段上游过江通道的预可研报告；主持完成杭州市庆春路过江隧道可行性研究报告和初步设计。

在城市轨道交通方面，于2001年主持完成了武汉轻轨（一号线）一期的初步设计和施工图设计，采用高架车场、独柱墩车站、钢混结合梁等新型结构，在国内第一个采用移动闭塞信号系统，该工程已于2004年9月投入正式运营。2001年11月至2002年10月，主持完成广州地铁三号线总体设计和初步设计的设计咨询工作。2003年1月以来，主持完成或正在进行武汉市轨道交通一号线二期、二号线一期、四号线一期工程可行性研究、总体设计、初步设计和施工图设计；苏州市轨道交通一号线、二号线工程可行性研究、总体设计、初步设计和施工图设计；昆明市轨道交通首期工程初步设计、施工图设计。2001年以来，主持完成北京、上海、广州、深圳、南京、杭州等城市众多车站、区间、车辆段（场）和机电设备系统的初步设计和施工图设计。

联系方式如下。

单位名称：中国铁建中铁第四勘察设计院集团有限公司

单位地址：湖北省武汉市和平大道745号　邮编：430063

单位网址：www.crfsdicom.cn　电话：027-86812844、86816008　传真：027-86811444

6.3.12　中铁第五勘察设计院集团有限公司

中铁第五勘察设计院集团有限公司是集工程勘察、工程设计、工程咨询、工程监理、工程检测、科研开发、工程总承包于一体的综合性大型国有勘察设计企业，拥有各类甲级资质20项，具有商务部对外承包工程经营资格证，是北京市高新技术企业。通过了ISO 9001：2000质量三体系认证，是“中央国家机关文明单位”、“首都文明单位”。业务范围涵盖铁路、公路、城市轨道交通、建筑、市政等行业。专业齐全、人才荟萃。设有线路、站场、经调、行车、地质、路基、桥梁、隧道、机务、车辆、通信、信号、电气化、电力、建筑、结构、环保、给排水、工经等30多个专业。拥有高中级专业技术骨干1 500余人，其中，全国工程监理大师1名，各类注册工程师近300名，30余人荣获铁道部有突出贡献的中青年专家、青年科技突出人才、詹天佑专项奖、茅以升科学技术进步奖等奖项，有18名享受国务院政府津贴的高级技术专家。集团公司注重技术创新，曾获得科技进步奖和优秀工程勘察设计奖达300多项，其中国家和省部级奖项占1/3以上。

集团公司在城市轨道交通方面，持有工程咨询、工程勘察、设计、监理、检测等甲级资质。业务已遍及北京、天津、南京、深圳、西安等全国17个城市。先后承担了郑州地铁6号线、西安地铁1号线东延线可行性研究等工程前期研究项目；完成了哈尔滨地铁1号线施工图审查、哈西联络线施工图审查、昆明地铁3号线设计咨询等工程设计咨询项目；承担了北京地铁大兴线、成都地铁2号线等工程勘察项目；在北京、西安、郑州、长沙等14个城市开展地铁土建设计项目，共计标段26个，车站71座；承担了天津地铁6号线综合监控、福州地铁1号线接触网等工程系统设计项目；承担了哈尔滨地铁1号线、南京地铁1、2、3号线等工程施工监理项目；完成了北京地铁6、7、10号线等工程第三方监测项目。

面对未来，我们将秉承“科技创新、规范管理、持续改进、顾客满意”的质量方针，坚持与时俱进、开拓创新的精神，发挥优势，勇攀高峰，全力推进城市交通事业的和谐发展，谱写出更加灿烂的篇章。

中铁第五勘察设计院集团有限公司是《都市快轨交通》理事会常务理事单位。

《都市快轨交通》理事会常务理事代表介绍如下。

崔志强：男，汉族，1987年毕业于华东交通大学，教授级高级初设、工程师，现任集团公司副总工程师。1992 年进人城市轨道交通设计领域，先后负责主持了北京地铁复八线天安门东站、天安门西站工程施工设计，获部优秀设计一等奖，国家级优秀设计铜奖；青岛地铁纺织医院站、北岭站、水清沟站工程初步设计；南昆铁路百威段根龙站、平林站、八渡站、室外挡护工程施工及技术管理，获南昆线立功

奖章；深圳地铁一期工程华强路站、科学馆—华强路区间、车公庙—竹子林区间、竹子林—侨城东区间及竹子林车辆段出入线工程施工设计，获总公司优秀设计一等奖。

南京地铁鼓楼站设计；广州地铁3号线沥窖岗站、林和西路站设计，获总公司优秀设计二等奖；番禺广场站及两折返线一区间工程设计，广州地铁5号线广州火车站、小北站及12标（7盾构区间）工程设计等。在进行工程设计的同时还负责了集团北京地铁、深圳地铁、广州地铁、成都地铁、沈阳地铁、哈尔滨地铁、天津地铁的院审工作；作为副总审参加了成都地铁实验段工程（三站两区间）、天府广场设计监理、广州地铁3 号线南延线、广州地铁4 号线南延线设计审查土作。作为审查专家先后参加了北京地铁9号线、10号线（二期）、6号线、8号线、大兴线、亦庄线方案设计、总体设计及初步设计审查。

联系方式如下。

单位名称：中铁第五勘察设计院集团有限公司

单位地址：北京市大兴区康庄路9号　邮编：102600

单位网址：www.t5y.cn　电话：010-51011506、51011530　传真：010-60256246

6.3.13　中铁第一勘察设计院集团有限公司

中铁第一勘察设计院集团有限公司（简称“铁一院”），成立于1953年，总部设在陕西省西安市，是国家大型综合性勘察设计单位，是陕西省首批认证的“高新技术企业”，国家火炬计划高新技术企业，拥有国家批准设立的博士后工作站。铁一院在行业内具有人才领先优势，现有员工3 900余人，包括中国工程院院士1名，全国工程勘察设计大师3名，十八届中央候补委员1名，享受政府特殊津贴专家20名，教授级高级工程师200余人，高、中级专业技术人员2 400余人，获国家各类注册执业资格人员近970人次。

院总部大楼

重庆地铁TBM

铁一院拥有国家首批颁发的工程设计综合资质，拥有国家甲级勘察设计、工程咨询、环境评价、工程总包、施工监理等16项项专业甲级资质证书。1995年在全国大型甲级设计院中第一家通过覆盖工程勘察、设计，工程咨询、监理、总承包诸领域的ISO 9001质量体系认证。2009年又通过了质量、环境和职业健康安全管理三体系认证，同时获得了英国皇家UKAS质量体系认证。

铁一院拥有一流的科技实力，先后荣获国家和省部级科技进步、优秀工程勘察设计、优秀软件、优秀标准设计奖400余项。其中，国家科技进步特等奖3项，一等奖2项，全国优秀工程勘察设计金奖7项。仅轨道交通项目，“十一五”期间就获得国家、省部级科技进步奖11项，国家、省部级“四优”奖21项。

作为交通运输行业的大型综合性勘察设计单位，铁一院在铁路、公路、城市道路及城市轨道交通领域均有良好建树。在铁路领域，先后设计了我国第一条电气化铁路、第一条沙漠铁路、第一条盐湖铁路，世界第一条高原冻土铁路、第一条修建在湿陷性黄土地区的高速铁路。

西安地铁张家堡

在城市轨道交通领域，铁一院先后参与了北京、上海、广州、西安、重庆、兰州、青岛、太原、乌鲁木齐、南京、天津、石家庄等二十多个城市的轨道交通设计、咨询及监理工作，涵盖了全国主要的轨道交通建设地区。承担了西安、兰州、上海、太原、重庆、南京、沈阳、成都、青岛、西宁、银川等十多个城市轨道交通的前期工作；承担了西安地铁1、2、3号线一期、重庆地铁6号线一期、二期、上海地铁1号线南延伸段、沙特阿拉伯麦加轻轨、兰州地铁1号线工程、太原地铁2号线一期工程、乌鲁木齐地铁1号线工程等总体总包项目；承担了广州地铁5号线、6号线、7号线、13号线、青岛地铁2号线、长沙地铁3号线一期、珠江三角洲城际快速轨道交通广州至佛山段等工程设计总体咨询。承担了广东、山东、陕西、甘肃、四川、宁夏等地区城际轨道交通的前期工作；承担了莞惠城际轨道交通项目、珠三角城际铁路广州至清远设计、珠三角城际铁路惠莞深设计、珠三角城际铁路莞惠线设计咨询。在国际市场，参加了曼谷、阿根廷、伊朗、沙特等国家和地区地铁项目的咨询和策划，承担了世界上设计运能最大、运营模式最复杂的沙特阿拉伯麦加轻轨的设计管理工作。

北京地铁宋家庄

近年来，铁一院将城市轨道交通作为三大战略性支柱产业之一，成立了以中国工程院士为顾问、全国设计大师为首席专家的铁一院轨道交通专业技术委员会，为城市轨道交通设计提供强大的技术支撑。铁一院拥有充足的城市轨道交通综合设计能力，形成了以城市轨道交通设计研究院为主体，各专业设计处、分院、子公司全方位参与的强大的设计力量，专业设置涵盖了城市轨道交通设计的所有领域。成为国内为数不多的、具有轨道交通涉及的全部专业、掌握轨道交通的全套勘察设计技术的城市轨道交通设计综合性强院。

中铁第一勘察设计院集团有限公司是《都市快轨交通》理事会常务理事单位。

《都市快轨交通》理事会常务理事代表介绍如下。

安光保：中铁第一勘察设计院集团有限公司副院长，分管城市轨道交通、公路、市政等市场项目的营销和生产组织。现任城市轨道交通研究常务理事；西南交通大学地质工程系顾问教授。

作为分管城市轨道交通业务领域的领导，具有丰富的生产组织和管理经验。对城市轨道交通领域的发展前景、项目管理和技术发展方向有自己独到的见解，具有丰富的理论功底和实践经验。在工作中，充分发挥自己的管理经验，带领专业技术人员参与了北京、天津、广州、上海、重庆、杭州、南京、西安、青岛、成都、哈尔滨、南宁等城市的轨道交通建设任务，组织参加了西安地铁一、二、三号线，重庆地铁六号线一期、二期工程的总体总包设计，广佛江珠及广佛环城际轨道交通设计以及乌鲁木齐、兰州、太原、银川、西宁等城市的轨道交通前期研究工作。在工作中，他以技术支撑经营理念为基点，注重城市轨道交通复合型人才培养，强化城市轨道交通技术管理和技术总结，为我国方兴未艾的城市轨道交通建设、尤其是西部城市轨道交通建设做出了较大贡献。

联系方式如下。

单位名称：中铁第一勘察设计院集团有限公司

单位地址：陕西省西安市西影路2号　邮编：710043

单位网址：www.fsdi.com.cn　电话：029-82365023　传真：029-82365020

6.3.14　重庆市轨道交通设计研究院有限责任公司

重庆市轨道交通设计研究院有限责任公司成立于2003年10月，致力于城市轨道交通工程的设计、咨询、监理和科研工作，为轨道交通规划、轨道交通工程建设、城市建设等提供科学、系统的技术服务。是同时拥有城市轨道交通甲级设计、咨询和监理资质的三甲设计研究院。

该院技术力量雄厚，拥有一批具有丰富轨道交通建设经验的中高级技术人才，掌握跨座式单轨交通核心技术。能承担城市轨道交通工程的总体总包设计、咨询、监理和科研工作。该院拥有重庆市城市单轨交通工程技术研究中心，致力于产、学、研深度结合，成为我国自己的单轨交通创新、成果转化基地和人才培训基地。

该院以轨道交通事业为依托，以科技创新为先导，积极参与城市轨道交通建设，取得了骄人的成绩。先后获得国家建设部“十五”全国建设科技先进集体、全国实施用户满意工程先进单位、中国设备监理协会“贯标优秀单位”、首批重庆市“高新技术企业”和重庆市国企贡献奖“科技创新团队”等荣誉称号。编制了多项国家标准、行业标准和地方标准，同时还拥有多项发明和实用新型专利。

该院管理机构健全、管理制度完善。该院全体员工将秉承“科学管理、质量兴业、积极发展、顾客满意”的服务理念，凭借特有的跨座式单轨交通核心技术优势竭诚为社会各界服务。

重庆市轨道交通设计研究院有限责任公司是《都市快轨交通》理事会常务理事单位。

《都市快轨交通》理事会常务理事代表介绍如下。

林莉，女，重庆市轨道交通设计研究院院长。生于1968年6月，1989年7月毕业于重庆建筑工程学院，国家一级注册结构工程师，正高级工程师。

自1989年以来，从事城市轨道交通工程、建筑工程设计、咨询及项目管理工作已21年。自2003年10月重庆市轨道交通设计研究院成立之日，全面主持设计研究院工作，同时担任重庆市轨道交通一号线（沙坪坝—大学城段）工程勘察设计总承包设计总体。曾参加重庆市轨道交通一号线、二号线、三号线、六号线等工程预可行性研究、工程可行性研究；主持重庆市轨道交通一号线、二号线、三号线、六号线工程初步设计、施工图设计及设计审查工作；参加了《轻轨较新线一期工程临江门暗挖车站隧道修建技术》《轻轨二号线主体结构混凝土耐久性专题研究》《跨座式单轨交通装备关键技术研发及产业化》等多项科研项目，多次获得重庆市科技进步一、二等奖。作为主编之一完成《跨座式单轨交通设计规范》等多个国家标准。拥有轨道交通实用专利一项，为重庆市综合评标专家库专家。

联系方式如下。

单位名称：重庆市轨道交通设计研究院有限责任公司

单位地址：重庆市北部新区金童路轻轨童家院子综合基地　邮编：401122

单位网址：www.crtdri.com　电话：023-63358808　传真：023-63358801

6.4　施工单位

6.4.1　广东华隧建设股份有限公司

广东华隧建设股份有限公司是经广东省国有资产监督管理委员会批准、广东省建筑工程集团有限公司整合集团内部城市轨道交通工程板块优质资源控股成立的一家企业，注册资本金为2.5亿元。公司以城市轨道交通工程为主业，具有城市轨道交通工程专业承包、市政公用工程施工总承包壹级、地基与基础工程专业承包壹级、隧道工程专业承包贰级、管道工程专业承包叁级、城市及道路照明工程专业承包叁级、城市园林绿化企业叁级等资质，拥有各类专业技术人员800多人，是一家资金和技术密集型的总承包施工企业。公司发展起点高，实力强，规模迅速扩张，年承接任务量达30多亿元。

公司具有雄厚的设备实力和领先的施工技术，现拥有最先进的泥水平衡盾构机和土压平衡盾构机15台，其中2台为直径8.8 m的大型盾构机，1台为自主研发的直径4.35 m小型盾构机，是华南地区拥有盾构机数量最多的企业，也是华南地区同时拥有泥水平衡盾构机和土压平衡盾构机，同时掌握泥水盾构和土压盾构施工技术的企业。公司在吸收传统的地基与基础工程施工技术的基础上，不断提升城市轨道交通施工技术，泥水盾构施工技术处于国内同行领先水平，土压盾构施工技术在国内同行中达到先进水平，尤其在盾构施工技术的创新、盾构设备的改进等方面成果显著，已独立研发出复杂地质条件下的泥水盾构施工技术、盾构平衡始发及到达技术、大批量泥浆的泥水分离设备及其工法等多种施工方法和装置，并对进口设备进行结构改进和国产化改造，实现了盾构机及配套设备的自主研发、组装和生产。公司成立有广东省省级企业技术中心，先后获得数十项国家级工法、省级工法、发明专利、省级科技进步奖等奖项，备受业内同行的瞩目。公司被评为广东省优势传统产业转型升级示范企业、广东省创新型试点企业，并被国家科技部认定为“国家级高新技术企业”。

公司秉承“团结、诚信、廉洁、高效、奋进”的企业精神，创造精品工程，造福社会。先后承建了广州地铁三号线、五号线、六号线、九号线；深圳地铁二号线、五号线；珠江三角洲城际快速轨道交通广佛线、莞惠城际轨道；成都地铁二号线和广州市西江引水工程等多项盾构、地铁车站及市政公用工程的建设。各项工程均优质、高效、安全、按期完成，在业界享有盛誉，多次获得中国土木工程詹天佑奖、中国市政金杯示范工程、广东省及广州市市政优良样板工程、安全生产文明施工优良样板工地及多项国家级优秀QC成果奖。公司在广州市企业诚信综合评价体系排名中位列前茅，获得多家银行3A级授信。同时公司积极履行社会责任，热衷公益慈善活动，荣获广东省住房和城乡建设系统精神文明建设先进单位、外来务工人员工作先进集体等称号。

“穿越无界、创建未来”。公司将以饱满的热情、先进的技术、科学的管理、优质的服务致力于城市建设，竭诚希望与社会各界携手合作，共创辉煌。

广东华隧建设股份有限公司是《都市快轨交通》理事会理事单位。

联系方式如下。

单位名称：广东华隧建设股份有限公司

单位地址：广东省广州市天河区天河路101号兴业银行大厦9楼 邮编：510620

单位网址：www.ctc-cngd.com 电话：020-38105588 传真：020-85272530

6.4.2 上海城建（集团）公司

上海城建（集团）公司于1996年10月经上海市委、市政府批准成立。历经15年的发展，上海城建已成为城市基础设施投资建设、工程项目设计咨询、地下装备研发制造、房地产开发经营、新材料制造供应等多产业齐头并进，年综合营业额突破400亿元，“市外、海外”市场规模超过总营业额60%，并积极致力于成为“设计施工一体化、投资带动一体化”总承包、总集成能力的国内领先、国际一流的城市大型基础设施建设综合服务商。

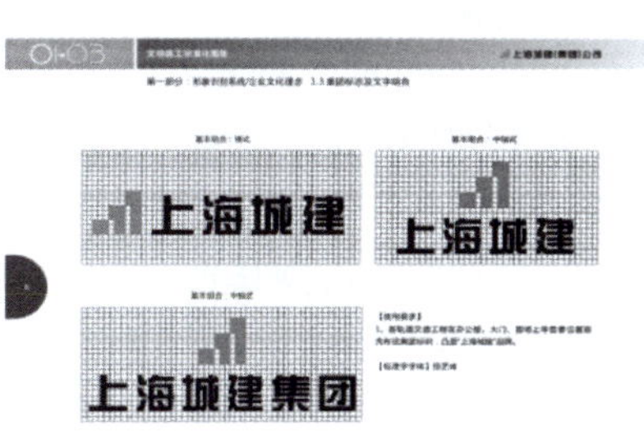

上海城建以设计施工总承包及运营管理为核心实力，全面形成了以超大直径盾构隧道、轨道交通、房地产开发、公路桥梁、超深基坑开挖维护、超高压超长距离燃气管线铺设及城市中心城区施工管理为特色的核心产业与科技实力。集团业务遍及20多个国家和城市，累计已建及在建的各地重大工程项目超过500项。依托扎实设计施工总承包能力和严谨的管理模式，上海城建正通过自身国家最高等级施工总承包特级资质及所属1家特级子公司、6家一级施工总承包企业和5家甲级设计勘察企业，将设计施工总承包及运营管理作为企业的核心竞争力，为业主提供全程式的系统服务和高质量的工程建设成果。

上海城建成立以来，坚持走科技创新之路，已形成了三级技术开发平台。集团拥有完全自主知识产权的地铁土压盾构和大直径泥水平衡盾构的成套技术，并具备产业化制造能力。依托投资、设计、建设、材料供应“全产业链”优势资源，打造PC住宅产业链，指引“绿色”住宅发展新方向。

上海城建连续10年荣列中国500强企业市政企业第一位，进入ENR中国承包商和工程设计企业“双60强”及国际承包商225强。集团共获得国家优质工程奖、鲁班奖、詹天佑大奖、中国市政工程金杯奖等50余项，上海市政工程金奖、白玉兰奖等200余项，科技进步及成果奖200余项。集团公司还获得全国“五一”劳动奖状、全国优秀施工企业、“十五”全国建设科技进步先进企业、全国建筑业诚信企业、全国优秀市政施工企业、中国房地产百强企业和地产中国最具品牌价值企业、全国用户满意施工企业、全国建筑业新技术应用先进企业、全国建筑业质量管理先进企业、上海房地产18年功勋企业、中国建设系统最具影响力品牌等荣誉称号。城建集团在为社会创造了巨大的财富的同时，也在不遗余力地献身公益事业，为社会的发展做出积极贡献。

地铁双圆盾构

上海城建正秉承“大气谦和、协作共进”的精神，以齐全的产业链条、高技术的隧道、桥梁、道路技术和先进的现代化项目管理体系，全力打造设计施工总承包及运营管理、基础设施投资建设、房地产开发经营“三大主业”联动发展，为客户提供从“设计咨询——项目投资——施工建设——运营管理”全方位“一站式”服务。

印度地铁

上海城建（集团）公司是《都市快轨交通》理事会常务理事单位。

《都市快轨交通》理事会常务理事代表介绍如下。

周文波：上海城建（集团）公司副总裁兼总工程师，工学博士，享受政府特殊津贴专家。在他的领导下上海城建成功建成了中国首条双圆隧道，成功研制了中国首台拥有完全自主知识产权的国产盾构机，上海城建成功地走出中国，迈向国际市场。

世博专线——轨交13号线世博大道站

周文波本人相继在上海延安东路隧道、上海外滩观光隧道、上海轨道交通网络化建设，上海世博配套基础设施建设等重大工程项目中担任技术和管理的领导者。“十五”和“十一五”期间，他担任了国家“863”计划“盾构地层适应性设计理论、方法和模拟试验平台”和“泥水平衡盾构关键技术与样机研制”等重点课题的项目负责人，并成功通过了国家科技部的验收。他所领衔研制的具有完全自主知识产权的国产盾构机覆盖了国内主要城市，并出口新加坡。2010年，作为项目负责人又承担了国家科技支撑计划“住宅建筑工业化生产关键技术及产业化研究”课题。在他的带领下研发的“盾构法隧道施工智能辅助决策系统”、“STEC盾构法隧道远程信息智能管理系统”分别在盾构法隧道施工中得到了广泛的应用，并取得了多项发明专利和软件著作权。

周文波本人曾获得全国十大杰出青年提名、全国劳动模范、上海市企业领军人才、上海实施发明成果优秀企业家、优秀共产党员等荣誉称号。

联系方式如下。

单位名称：上海城建（集团）公司

单位地址：中国上海福山路500号 邮编：200122

单位网址：www.sucgcn.com 电话：021-58301000 传真：021-58307000

6.4.3 中铁电气化局集团有限公司城铁公司

中铁电气化局集团有限公司成立于1958年，至今已走过55年的辉煌历程。是世界企业和世界品牌双500强——中国中铁股份公司的成员企业。公司具有国家铁路工程施工总承包特级资质，可承担各类铁路线、桥、隧综合工程及通信、信号、电力工程、房屋建筑施工；机电安装工程施工总承包一级资质和城市轨道交通、铁路电气工程、电务工程、公路交通工程等多个专业承包一级资质及对外经济合作经营资质，通过了质量、环境、职业健康体系认证，连年被授予AAA银行信用等级。“中铁电化”品牌已成为“中国行业龙头品牌”。

城铁公司是中铁电气化局集团整合优良资源组建的专门以城市轨道交通建设为主业的直属公司，总部设在北京，下辖北京、上海、广州、西南、沈阳、青岛、通号和机电8个分公司，主要承担城市轨道交通牵引供电、接触网、通信、信号、综合监控、旅客信息、屏蔽门、售检票、联调联试和常规机电等多个专业领域项目总承包和系统集成建设任务。

公司先后参加了北京、上海、广州、重庆、南京、长春、沈阳、深圳、杭州、大连、哈尔滨、昆明、宁波等10多个城市地铁、轻轨建设和运营保障，累计建成、开通线路总里程达1 000 km。所承建的项目荣获“鲁班奖”、“詹天佑奖”等全国优质工程奖7项、国家科学技术二等奖1项、省部级优质工程奖24项，拥有专利12项，形成了城市轨道交通领域“大服务、多系统、深集成、专施工、精联调”的独有优势及核心竞争力，在我国城市轨道交通领域建设史上的承担了多项首创：

首条采用DC1 500 V柔性悬挂接触网供电的上海地铁1号线；

首条采用DC1 500 V刚性悬挂接触网供电的广州地铁2号线；

首条采用跨座式单轨制式和设备系统总承包模式管理的重庆轻轨较新线；

首条采用直线电机运载系统及DC1 500 V三轨供电模式的广州地铁4号线；

首条采用BOT模式建设的北京首都机场线；

首条采用BT模式建设的北京地铁奥运支线；

首条采用PPP模式建设的南京地铁1号线南延线；

首条实现车载地面信号ATP系统同步投入运营的北京地铁5号线；

首条采用CBTC信号系统的北京地铁2号线改造工程。

中铁电气化局城铁公司以雄厚的科技实力、精细的项目管理、领先的施组工艺、精良的机械化装备和素质高作风硬的员工队伍，处于国内城市轨道交通站后设备系统建设领域的行业龙头地位，多次受到各级政府和组织的充分肯定和表彰。先后荣获北京市模范集体、首都文明单位、中华全国铁路总工会“火车头”奖杯和全国“安康杯”竞赛优胜单位等先进称号。

在党的十八大精神指引下，中铁电气化局城铁公司秉承“促创干，争一流”的电气化精神，一如既往坚持“为您服务、让您满意”的企业核心价值观，诚信为本，创新为魂，质量至上，着力打造“中国中铁电化城铁”品牌，竭诚在城市轨道交通建设领域谱写辉煌的新篇章，为社会提供时代精品。

中铁电气化局集团有限公司城铁公司是《都市快轨交通》理事会理事单位。

联系方式如下。

单位名称：中铁电气化局集团有限公司城铁公司
单位地址：北京市丰台区万寿路南口金家村1号　邮编：100036
单位网址：www.eebur.cn　电话：010-51871890　传真：010-51848190

6.4.4 中铁二局股份有限公司

中铁二局股份有限公司成立于1999年，是由中铁二局集团有限公司作为主发起人，联合中铁宝鸡桥梁厂、成都铁路局、铁道第二勘察设计院、西南交通大学等四家发起人，共同发起设立的股份有限公司。于2001年在上交所上市，是中国铁路建筑行业第一家上市公司。

公司注册资本14.59亿元，总资产319亿元，年生产能力超过600亿元，员工近2万人，其中有专业技术职称和取得技术等级的1.6万余人。公司拥有控股及参股子公司24家，在全国各地设有分公司（办事处）、指挥部（经理部）70余个。公司主营业务为项目投融资、项目建设管理、工程施工、商业物业开发、装饰装修、物流产业等。拥有铁路工程、房建工程施工总承包特级资质，公路、市政公用工程总承包壹级资质，桥梁、隧道、公路路面和路基工程专业承包壹级资质以及城市轨道交通工程专业承包资质。公司已通过ISO9001质量管理体系、ISO14001环境管理体系和OSHM18000职业健康安全管理体系认证，被认定为国家高新技术企业，先后被评为“创鲁班奖工程特别荣誉企业”、“全国建筑先进企业”、“上市公司投资者管理关系百强”企业、全国20家“最具影响力企业”之一、位居“中国国有上市企业社会责任榜”第52位。

中铁二局自20世纪90年代率先进入城市轨道交通建设领域以来，在20多年时间里，先后参与了北京、上海、广州、深圳、南京、天津、重庆、西安、苏州、杭州、宁波、成都、武汉、长沙、大连、青岛、东莞、昆明等近20个城市轨道交通建设，涉及土建、轨道、接触网、通信信号、机电设备安装、装饰装修等全部专业，截止2010年12月31日，中标地铁项目138项，金额近240亿元，修建隧道710 km，正线铺轨3 154 km，站线448 km，接触网3 257 km。公司拥有适应不同地质地层掘进的盾构机22台、其他施工设备共计3 891台（套），设备原值32.4亿元。公司始终坚持“科技先导、质量为本，重誉守约、用户至上”的质量理念，立足施工重难点组织开展多种形式的科技攻关，在土建、轨道铺设、“四电”及站后系统工程施工方面积累了丰富的施工管理经验，形成了一套系统的城市地下空间施工的综合技术体系。在城市轨道交通领域，先后创国家企业新纪录19项，荣获“中国建设工程鲁班奖”2项、“詹天佑土木工程奖”2项、“全国市政示范 工程”1项、“中国市政工程金杯奖”1项、“国家优质工程银质奖”2项，公司拥有城市轨道交通施工领域国家专利10项，省部级工法7项，创各类科技进步奖28项。

截止2010年12月31日，公司在全国近20个城市拥有在建轨道交通项目49个，合约总值133亿元，目前，各在建项目安全、质量、进度处于可控和良性循环状态。

中铁二局股份有限公司是《都市快轨交通》理事会理事单位。

《都市快轨交通》理事会理事代表介绍如下。

邓元发：中铁二局股份有限公司总经理、教授级高级工程师，自2001年担任总经理以来，团结带

领全体员工，紧紧抓住历史发展机遇，转变观念，求实创新，扎实推进企业各项工作，保持了企业生产经营、改革管理工作稳步推进。在10年时间里，企业营业收入从38亿元增加到547亿元，经营额从28亿元增加到529亿元，企业取得了连续10年的跨越式发展，先后被评为“全国优秀施工企业家”、“四川省优秀创业企业家”、“创鲁班奖工程项目经理”等荣誉称号。

联系方式如下。

单位名称：中铁二局股份有限公司

单位地址：成都市马家花园路10号　邮编：610031

单位网址：www.crec.com.cn　电话：028-86442199　传真：028-66752885

6.4.5 中铁六局集团北京铁路建设有限公司

中铁六局集团北京铁路建设有限公司，是通过整合北京地区公司资源，调整资产和资质结构，于2004年3月成功改制重组的大型施工企业。

公司始建于1953年，是以铁路既有线施工、新线建设、房屋建筑、顶桥及各式桥梁、隧道、公路施工为主要核心业务，集工程开发、施工、科研、物业管理等于一体的大型国有企业。企业注册资本金19 500万元，资产总额29.6亿元。具有铁路、房建、市政施工总承包一级，公路施工总承包二级，钢结构、地基与基础、装饰装修及土石方工程专业承包一级等资质。

公司按照现代企业制度建立了较完善的法人管理结构，公司下设2个分公司，14个行政职能部室，4个附属机构，30个项目部。企业现有员工2 632人，各类经济技术人员1 060人，其中工程技术人员962人。具有注册一级建造师59人，二级建造师91人。拥有各类施工机械设备，设备总功率30 016 kW。具有先进的检测手段，设有国家一级试验室和计量检测中心。

半个多世纪以来，公司先后参加了数十条重要铁路干线建设和重大枢纽建设，为中国铁路事业发展做出了重要贡献。特别是近年来，参建了我国首条时速350 km高速铁路——京津城际轨道交通工程、京沪高速铁路、北京南站、北京北站、天津站、天津西站及南仓特大桥、石家庄货迁、津秦客专工程；修建了我国首条具有独立知识产权的长沙磁悬浮列车试验线、唐山试验线；承建了北京市标志性工程——京新高速公路上地分离式立交桥工程、地铁10号线、14号线；多次承担高层建筑、高速公路、水利、城铁等工程建设。公司积累了一整套铁路新线建设、旧线改造、隧道施工、各式桥梁建设、机械化铺轨架桥、高层住宅、城市铁路、高速铁路的施工经验。

公司推行企业规范化管理，具有完善的规章制度、质量保证体系和安全监督体系，在建筑施工行业一直保持着良好的信誉和经营业绩，各类工程验交合格率达到100%，优良率始终保持在90%以上。创鲁班奖2项，国家优质工程奖10项，省部级优质工程23项，北京市长城杯工程18项；获得局级以上科技进步奖18项，省部级以上工法23项；授权专利35项，国家级QC成果18项。企业荣获“全国优秀施工企业”、“全国用户满意企业”、“首都文明单位”等称号。近年来，公司连续六年荣获集团公司“先进单位”，连续四年荣获集团公司“四好班子”等多项荣誉。

中铁六局集团北京铁路建设有限公司是《都市快轨交通》理事会理事单位。

联系方式如下。

单位名称：中铁六局集团北京铁路建设有限公司

单位地址：北京市海淀区万寿路2号　邮编：100036

单位网址：www.brec.com.cn　电话：010-51822257　传真：010-51825517

6.4.6 中铁三局集团有限公司

中铁三局集团有限公司是在山西省注册的国有大型企业，是建设部批准的铁路工程施工总承包特级、公路工程施工总承包一级、市政公用工程施工总承包一级、房屋建筑工程施工总承包一级企业，成立于1952年。主要从事新（改、扩）建铁路，电气化铁路、临管运营及公路、桥梁、隧道、市政、城市轻轨、地下铁道、工民建筑等土木工程的施工及勘测设计。公司注册资本221 068.95万元，各类机械设备5 933台（套），机械设备净值20亿元，年最大施工能力600亿元。

中铁三局集团有限公司1999年12月通过ISO 9002标准质量体系认证；2002年10月通过ISO 9001标准质量体系认证；2003年9月通过ISO 14001标准环境管理体系认证及GB/T 28001标准职业安全健康管理体系认证。1994年以来连续18年被建行山西省分行企业信用等级评定委员会评为AAA级企业。2003年来连续9年被认定为高新技术企业，全国“安康杯”竞赛活动“优胜企业”、山西省安全生产工作先进单位。连续25年被山西省及太原市工商行政管理局评为“守合同重信用”单位，并于2004年度以来连续8年荣获全国守合同重信用企业。2007年荣获山西省合同信用AAA级企业。2008年荣获中华全国总工会“全国五一劳动奖状”、山西省首届百家信用示范企业。2009年荣获山西省优秀建筑企业。2010年荣获山西省省城十大“诚信企业”。2011年荣获国家安监总厅“落实企业安全生产主体责任知识竞赛活动优胜单位”、山西省安全生产先进单位。

中铁三局集团有限公司作为城市轨道交通工程专业承包资质企业，有丰富的地铁施工经验，雄厚的技术力量，过硬的施工队伍及配套的机械设备。自1985年底参加上海地铁试验段工程以来，几乎参加了所有已开工城市的城市轨道交通工程建设，先后获得中国市政工程金杯奖，中国土工工程（詹天佑）大奖、中国建筑工程鲁班奖及各地设立的多种奖项。目前正在北京、天津、广州、南京、沈阳、成都、杭州、西安、宁波、青岛、郑州、福州、长沙、南昌、东莞、佛山等多个城市参与城市轨道交通工程的施工。

中铁三局集团有限公司北京地铁指挥部是《都市快轨交通》理事会理事单位。

《都市快轨交通》理事会理事代表介绍如下。

高令旗：1956年1月生，汉族、籍贯山东肥城、高级政工师，中铁三局集团有限公司董事长，具有丰富的项目管理和企业管理经验。秉承“知行合一、永争第一”的管理理念，坚持“诚信守约，服务用户，开拓创新，共创未来”的经营理念和“品质成就企业”的质量理念，发扬“忠诚立信义，品质赢市场”的企业精神，以一流的管理、一流的服务、一流的质量和良好的信誉，铸就了一座座不朽的历史丰碑。几年来，带领中铁三局勇闯市场，实现了在城市轨道交通领域营销额、营业额的逐年连续递增和各专业的均衡发展。

联系方式如下。

单位名称：中铁三局集团有限公司

单位地址：山西省太原市迎泽大街269号　邮编：030001

单位网址：www.ztsj.com.cn　电话：0351-4041076　传真：0351-4041893

6.4.7　中铁十八局集团有限公司

中铁十八局集团有限公司，作为世界500强企业中国铁建的核心企业，其前身是铁道兵第八师，组建于1958年10月。是全国首批工程施工总承包特级企业，并具有对外承包工程资质和对外经营权，可承担铁路工程施工总承包特级；公路、水利水电、市政公用、房屋建筑工程施工总承包一级；隧道、桥梁、城市轨道交通、机场场道、公路路面工程专业承包一级；地质灾害防治工程施工甲级资质；建筑行业甲级设计资质经营范围的施工和设计项目。集团现有职工1.8万余人，其中有职称的各类专业技术人员8 000余人，中、高级工程技术人员3 300余人，有资质项目经理（建造师）600余人。全集团注册资本金23.2亿元，年营业收入超过200亿元，多年被评为AAA级信用企业和诚信纳税企业，在国内建筑施工企业中具备较大的经济规模，拥有较强的经济实力。集团公司拥有TBM全断面隧道掘进机、盾构机10台（套），以及900吨架桥机等生产机械设备共6 000多台（套），总功率约70万kW，综合机械化程度达到90%以上，年施工能力达到300亿元以上。

集团公司获得中国土木工程詹天佑奖10项、鲁班奖15项、国家优质工程金质奖4项、国家优质工程银质奖32项、全国用户满意工程7项、全国市政金杯示范工程奖9项，获得国家科技进步奖8项、国家级工法12项、全国管理创新成果二等奖、国家施工企业管理优秀奖、技术进步先进企业等奖励，近3年成果转化项目达到21项，获得专利授权20项，在国内同行业中显现出独特的优势。

中铁十八局集团参与建设了北京、天津、沈阳、深圳、西安、东莞、昆明、无锡、重庆、南京、南昌、长春、青岛、石家庄等城市的地铁项目，在京曾参与北京地铁八通线、机场线、大兴线、8号线、10号线、13号线、15号线等重点工程的建设，获得全国市政金杯示范工程1项，市政基础设施结构长城杯工程8项，竣工投入运营的线路，为北京市民便捷出行发挥了重大作用。集团公司坚持“面向全国，开拓国际，突出主业，发挥优势，多元经营”的思路，于2008年6月成立北京地铁工程指挥部，先后中标北京地铁大兴线、8号线、15号线、7号线、6号线、昌平线、16号线、海淀山后线等工程，投资额高达44亿多元。目前在建工程项目有6号线、7号线、8号线、昌平线、16号线、海淀山后线等工程，合同额331 695万元。

用发展的眼光谋划未来，北京地铁工程指挥部全体职工团结一心，不辱使命，决心在北京市轨道交通建设的“黄金时代”中，继续坚持“规范管理、创誉增效、科学发展、和谐建设”的方针，为北京市轨道交通建设做出更大的贡献。

中铁十八局集团有限公司北京地铁指挥部是《都市快轨交通》理事会理事单位。

《都市快轨交通》理事会理事代表介绍如下。

童顺军：男，汉族，1967年8月生于山东省高唐县，1988年7月参加工作，中共党员，硕士研究生文化，高级工程师。历任中铁十八局五处处长、中铁十八局大都公司董事长、中铁十八局北京办事处主任等职，现任中铁十八局北京地铁工程指挥部指挥长兼书记。曾参与天津滨海大桥、北京地铁八通线、机场线、大兴线、8号线、10号线、13号线、15号线等工程施工，目前指挥着北京地铁6号线、7号线、16号线、昌平线、海淀山后等重点工程的建设任务。他见证了北京市轨道交通的发展，在多年的工作中积累了丰富的施工及组织经验，发表各级各类论文数十篇，参建的项目相继获得国家鲁班奖工程、全国市政金杯示范工程、国家优质工程、市政基础设施长城杯金质奖等。

联系方式如下。

单位名称：中铁十八局集团有限公司北京地铁工程指挥部

单位地址：北京市海淀区西翠路17号院24号楼3层　邮编：100036

电话：010-64207907　传真：010-64207907

6.4.8 中铁十六局集团北京轨道交通工程建设有限公司

中国铁建十六局集团北京轨道交通工程建设有限公司始建于1989年7月，所属集团公司前身是中国人民解放军铁道兵第十一师和第十三师，1984年集体兵改工，2002年改制成为有限公司。公司是以城市地铁建设为龙头的大型综合施工企业，以从事大跨度地铁车站及其区间隧道暗挖、盾构等地下工程施工而享誉建筑行业。多年的发展使公司成为地铁行业的王牌军、水利市政的国家队、高精尖新工程的开拓者。

企业施工资质为：市政工程施工总承包一级、房屋建筑工程总承包二级、地基与基础处理专业承包一级、起重设备安装工程专业承包一级、建筑防水工程专业承包二级、城市轨道交通工程专业承包和隧道工程专业承包一级资质。可承担城市地铁、铁路、公路、房建、市政、水利水电等各类工程的施工以及各类设备安装、加工制造等，年施工能力达26亿元以上。1998年通过了质量、环境、职业健康安全管理体系认证。企业信用等级为AAA级。总资产16亿元，注册资本金1亿元。

公司现有职工1 243人，人才结构合理，工种配套齐全，机械设备精良，综合机械化施工水平达到90%。施工技术领先，掌握了车站、盾构、顶管、磁悬浮、超深竖井、PCCP管道、机场APM捷运系统等各类高精尖工程的施工技术，拥有岩土地质、软土地质、砂卵石地层等不同地质条件下的盾构掘进经验和先进技术，成功解决了一系列世界性施工技术难题。施工业绩优秀，先后在十几个城市承建地铁工程，同时大力开拓南水北调水利市场，经营规模不断扩大，施工能力不断提高。所承建施工项目大多为国家和地区级重难点工程，在安全质量上全面创优，已建成的工程中有40多项获得国家和省部级优质工程，50多项被建设单位评为优质样板工程。科研成果卓著，研究开发新技术、新工法40余项、国家实用新型专利6项，创造了14项全国第一，获得国家和省部级科技进步奖10余项，6次荣获“中国企业新纪录奖”，14项QC成果荣获全国嘉奖。精神文明建设硕果累累，先后有60余项被团中央、国家和省市授予“青年文明号”、“安全文明样板工地”、“文明示范工地”等称号。公司荣获“鸟巢杯·2010中国建筑业优秀百强企业”称号，连续多年被评为“北京市重合同、守信誉单位”、“首都文明单位”，蝉联北京市、全国“安康杯”竞赛优胜企业，荣获“北京市优秀建筑企业”、“北京市质量AAA级单位、质量卓越单位”、“首都劳动奖状”、“首都模范职工之家”、“北京市群众性经济技术创新工程先进企事业”等称号，并通过“北京市高新技术企业”认证，两次入选中国铁建股份公司“工程公司二十强”；30余人获得全国五四青年奖章、国资委优秀党员、中央企业青年岗位能手、首都劳动奖章、北京市优秀党员等省部级以上荣誉。

中国铁建十六局集团北京轨道交通工程建设有限公司是《都市快轨交通》理事会常务理事单位。

《都市快轨交通》理事会常务理事代表介绍：

张化海：男，汉族，籍贯山东冠县，1954年11月生，1974年11月参加工作，1975年4月加入中国共产党，大学本科学历，高级工程师，现任中国铁建十六局集团北京轨道交通工程建设有限公司董事长。

多次荣获集团公司、中国铁建总公司“优秀共产党员、优秀党务工作者、劳动竞赛标兵、劳动模范”等称号，先后荣获“铁道部火车头奖章、首都劳动奖章、北京市优秀建筑企业家、北京市质量管理先进个人、中央企业劳动模范、2009中国优秀创新企业家、2009中国新经济发展杰出人物、鸟巢杯·2010中国建筑业50位杰出贡献企业家”等称号。

张化海同志身为公司董事长，把舵领航，抢抓机遇，夯实基础，追求卓越，为提升企业综合管理水平、专项施工能力、市场竞争力和社会影响力做出了突出贡献。他经营思路开阔，市场开拓能力强，扎实践行科学发展观，以“做专做强做优公司”为目标，结合实际建设性地提出了“五个两抓”的工作方针。坚持立足“三大支柱”、“四大区域”，紧紧抓住城市轨道交通大发展的历史机遇，统筹揽、干、管协调发展，生产经营规模逐年扩大，现场施工全面创优，经济运行态势良好，综合实力大幅提升。该公司目前已发展成为以城市轨道交通为龙头，以地铁、水利、高精尖新工程为支柱领域的大型施工企业。

联系方式如下。

单位名称：中铁十六局集团北京轨道交通工程建设有限公司

单位地址：北京市通州区新华西街26号　邮编：101100

单位网址：www.cr16gd.cn　电话：010-80882932　传真：010-69526115

6.4.9 中铁十一局集团城市轨道工程有限公司

中铁十一局集团城市轨道工程有限公司2007年11月成立，总部在湖北省武汉市东湖开发区，注册资本金3亿元，职工957人，其中中、高级职称人员200余人，拥有德国、日本进口的土压平衡盾构机22台，各类施工机械设备300余台套，年施工生产能力达20亿元以上。主要从事城市地铁、轻轨、城际等轨道交通工程，市政公用工程、隧道工程、各类地基与基础工程、房屋建筑工程的施工和各种强度等级的混凝土和特种混凝土的生产。五年来，城轨公司在激烈的市场竞争中始终致力于打造核心竞争力，打造地铁施工专业品牌，各项事业取得了突飞猛进的发展。

当前，公司发展势头强劲。在市场开发上，公司以诚信制胜，推行项目二次经营，以干促揽，承揽任务屡创新高，立足广州、沈阳市场，相继开发了武汉、杭州、苏州、西安、成都、无锡、郑州、昆明、苏州、北京、东莞、宁波、福州、南京、佛山、南宁等地铁和城际轨道建设市场，已构建以武汉为中心、辐射全国各大城市的经营格局。在安全质量上，公司致力于精细化管理，确保安全质量全面受控，取得了连续安全“零事故”的良好业绩。在施工生产上，公司重点围绕盾构掘进，创新项目管理，综合施工能力逐年显著提升，形成了三大竞争优势：一是擅长各种地质条件下的盾构法施工；二是擅长复杂地质条件下的矿山法隧道和明、暗挖地铁车站施工；三是擅长地铁管片预制和安装。在全面建设上，以建设现代企业和专业化公司为目标，聚集专业资源，革新项管理方式，优化资源配置，建立高效、精干的现代化、专业化管理团队，培育具有时代特色的企业文化。

科技领先，是城轨公司取得巨大成就的依托；质量一流，是城轨公司市场取胜的砝码。公司先后参建了重庆轻轨较新线一期工程，武汉市轨道交通一号线，上海市轨道交通二号线、六号线，广州市轨道交通三号线、四号线、六号线，沈阳市地铁一号线，苏州市轨道交通一号线，杭州市地铁一号线，成都市地铁一号线，西安市地铁一号线以及莞惠城际、无锡地铁等工程。其中重庆轻轨大坪车站为亚洲跨度最大的暗挖车站，重庆轻轨PC梁架设、广州地铁四号线直线电机车辆段综合技术、盾构穿越复杂地层和盾构穿越珠江等技术处于世界领先水平；复合式土压平衡盾构机过浅埋富水砂层施工技术2009年9月获得发明专利授权，2009年12月公司获得高新技术企业资质证书。2011年度中国铁建工程公司20强，沈阳地铁一号线获2010—2011年度中国建设工程鲁班奖（国家优质工程奖），还先后获得安康杯竞赛优胜单位、湖北省五一劳动奖状、湖北省总工会学习型组织标兵等一系列国家级、省部级荣誉。

中铁十一局集团城市轨道工程有限公司是《都市快轨交通》理事会理事单位。

《都市快轨交通》理事会理事代表介绍如下。

徐加兵：男，汉族，1970年9月生于湖北省天门市，中共党员，本科学历，高级工程师。先后担任过工程公司的项目总工程师、项目经理，集团公司的经营部副部长，城轨公司副总经理兼杭州地铁项目经理部经理，现任城轨公司总经理。在担任集团公司经营部副部长期间，多次参与集团公司各地铁工程项目投标方案的编制、工程施工方案的审定等工作，对地下工程施工组织设计和各施工工序方案的编制和审定有着丰富的经验。在担任公司副总经理兼杭州地铁项目经理部经理期间，在全面主管公司施工生产的同时兼管杭州地铁项目的项目管理，在盾构穿越上软下硬地层、浅埋地层、溶洞区、珠江以及管线林立地层、房屋密集区地层等方面具有独到的见解和施工组织方式，其负责的杭州地铁项目先后荣获全国总工会、中国铁建股份有限公司、杭州市等各级奖励和荣誉近20项，为公司树立了良好的信誉。在担任公司总经理期间，他牢固树立科学发展观，积极倡导以人为本的管理思想，致力各种资源的优化配置，承受住生产规模不断扩张与资源要素相对不足带来的各种考验，在安全、质量、施工产值、任务承揽、全面建设等方面均取得了历史性最好成绩，实现了健康快速发展的预期目标。荣获2009年度湖北省优秀建筑业企业经理，2010年度湖北省五一劳动奖章，2012年中国工程建设优秀职业经理人等荣誉。

联系方式如下。

单位名称：中铁十一局集团城市轨道工程有限公司

单位地址：武汉东湖开发区华光大道23号　邮编：430074

单位网址：www.cr11csgd.com　电话：027-87201501　传真：027-87785221

6.4.10 中铁隧道集团三处有限公司

中铁隧道集团三处有限公司注册资本2.1亿元。拥有公路工程、市政公用工程施工总承包一级、机电安装工程施工总承包二级，地基与基础工程、桥梁工程、隧道工程、公路路基工程专业承包一级、城市轨道交通工程专业承包资质、公路水运工程综合试验检测机构乙级资质。主要从事铁路、市政、公路、长大隧道、城市轨道交通、地基与基础、桥梁、水利水电、机电设备安装等工程的施工。年生产隧道能力80 000 m，桥梁12 000 m，路基1 000万m^3，年施工产值60亿元以上。通过了ISO 9001：2008质量管理体系、ISO 14001：2004环境管理体系和GB/T 28001—2001职业健康管理体系认证和GB/T 50430—2007工程建设施工企业质量管理规范，单位工程竣工一次验收合格率100%，每年取得新技术成果1～2项。

中铁隧道三处现有员工3 000多人，其中大专以上文化程度1 300多人，高级工程技术人员66人，中级工程技术人员308人，专业管理人员1 200多人，技术工人1 900多人。公司资产总额约12亿元，装备有TBM、盾构等世界先进的隧道、桥梁、地基与基础、路基土石方施工专业设备。

改革开放以来，中铁隧道三处面向市场，先后在全国二十多个省、市、自治区承建了数百项高速公路、市政、地铁、水利、地基与基础、矿山、码头等工程。在轨道交通领域，由公司承建的广州地铁二号线越秀公园站、重庆轻轨临江门车站、深圳地铁国贸——老街区间荣获中国土木工程詹天佑大奖；另外，深圳地铁国贸——老街区间1 890 t大轴力桩基托换和暗挖重叠隧道创中国企业新记录。

在近几年承建轨道交通工程中，中铁隧道三处发挥专业优势，积极开展科技攻关。在天津地铁文化中心交通枢纽工程成功实施了严寒气候条件下复杂地层超深地连墙施工和富水软弱地层中深孔水下钢管柱定位安装，取得《钢管柱在富水软弱地层中深孔水下的安装定位方法》发明专利；在天津地铁三号线施工中，盾构机成功穿越古建筑保护区、海河、天津站及京津城际高铁；杭州地铁施工中，盾构机成功完成了在京杭大运河下四线隧道重叠、交叉施工；在重庆地铁六号线光电园站、北碚站、曹家湾站施工中，顺利完成了大断面（410多平米）软弱围岩施工；在哈尔滨地铁施工中，顺利完成了7 381人防隧道扩建；在大连地铁同期进场施工中，兴工街站是全线第一个完成了暗挖施工车站。

面向未来，中铁隧道集团三处有限公司将以“一切为用户服务，一切让用户满意”为宗旨，真诚同社会各界广泛交流与合作，共谋发展，共创辉煌，以更多的精品工程服务人民，报效国家。

中铁隧道集团三处有限公司是《都市快轨交通》理事会理事单位。

《都市快轨交通》理事会理事代表介绍如下。

李少利：男，现年38岁，中共党员，大学本科学历，1996年7月参加工作，先后任职见习生、项目技术主管、工程部长、总工、经理、三处副总经理、总工程师、总经理等职务。在项目任职期间，主持或参与的重庆轨道交通一号线7标大坪车站科研项目《城市软弱围岩浅埋大跨下穿构造物、上跨既有线暗挖车站施工技术》，通过河南省鉴定，获中国中铁总公司科技进步二等奖、河南省科技进步二等奖；深圳地铁18标《复杂地质环境下地铁盾构硬岩段深孔微差爆破施工工法》，获河南省级工法；深圳地铁5307科研项目《双线四洞地铁暗挖区间隧道重叠交叉施工技术研究》通过了中国中铁总公司鉴定、获中铁总公司科技进步二等奖。在省部级刊物上发表论文4篇，其中2篇参加中铁隧道集团技术交流。

在任职三处总经理期间，李少利大力推行执行力建设和全面预算管理，以成本管理、经济活动分析为抓手，不断提升企业管控能力和盈利水平。他先后获得了中铁隧道集团科技拔尖人才、先进科技管理者、全国建筑企业优秀项目经理等诸多荣誉。

联系方式如下。

单位名称：中铁隧道集团三处有限公司

单位地址：广东省深圳市南山区建工村建厂路33号　邮编：518052

单位网址：www.crtg-3.com　电话：0755-61385161　传真：0755-86021559

6.4.11　中铁隧道集团有限公司广州指挥部

中铁隧道集团有限公司集设计、施工、科研、制造为一体，现有近万名专业技术人员、10多万从业技术工人，拥有隧道专用机械设备5 000多台（套），其中盾构、TBM达60台套，是国内拥有盾构、TBM设备数量最多、年隧道施工能力最强、隧道与地下工程市场份额最高的企业，创造并保持着多项全国隧道施工速度纪录。先后荣获鲁班奖、詹天佑大奖、国优金、银奖40多项，省部优工程70多项。集团公司被授予“全国优秀施工企业”、“中国优秀企业”、“全国五一劳动奖状”等荣誉。中铁隧道集团长期致力于隧道与地下工程领域新技术、新工艺、新方法、新设备的研究、开发与运用，长期同德国、法国、瑞典、荷兰、日本等10多个国家与地区开展技术交流与合作，盾构及掘进技术国家重点实验室、中国土木工程学会隧道与地下工程分会都设在中铁隧道集团。迄今，有150项科研成果达国际国内先进水平，获国家科技进步奖9项、创国家级工法20项，编制国家及行业标准21项。全面掌握了隧道和地下工程领域及相关工程领域的200多种施工方法，对各种工法都有成熟的配套技术、精湛的施工工艺和丰富的施工经验，拥有专业“绝活”，能适应各种复杂地质情况，被誉为“隧道与地下工程领域的国家队”。

中铁隧道集团有限公司广州指挥部是《都市快轨交通》理事会理事单位。

《都市快轨交通》理事会理事代表介绍如下。

郭卫社：1994年毕业于长沙铁道学院铁道工程专业，2008年获石家庄铁道学院隧道与地下工程专业工程硕士学位。现任中铁隧道集团有限公司广州指挥部总工程师、副指挥长，教授级高级工程师。历任中铁隧道集团有限公司工程部施工科科长、工程师；中铁隧道集团有限公司广州地铁3号线厦窖—大石区间工程项目总工程师，高级工程师；广州地铁5号线小北站项目总工程师，高级工程师；中铁隧道集团有限公司深圳指挥部副指挥长，高级工程师。2000 年被评为中国铁路工程总公司青年岗位能手；2009 年荣获中铁隧道集团科技拔尖人才称号。作为科研课题组主要负责人，带领团队成功攻克了广州地铁五号线小北站暗挖隧道近距离下穿摩擦桩建筑物、超近距离（24 cm）过高架桥桩基及超浅埋大跨隧道过含水砂层等技术难题。科研成果获中国铁路工程总公司科学技术一等奖和中铁隧道集团2008年度科技进步特等奖。

联系方式如下。

单位名称：中铁隧道集团有限公司广州指挥部

单位地址：广州市农林下路81号之三隧道大厦7楼　邮编：510080

单位网址：www.ctg.ha.cn　电话：020-61326483　传真：020-87760004

6.4.12　中铁一局集团新运工程有限公司

中铁一局集团新运工程有限公司成立于1951年，是以铁路铺轨架桥、城市轨道、承包运输和铁路综合工程为主业的大型专业化铁路施工企业。公司下设21个单位，现有在册职工4 205人。拥有先进施工设备630台（套），设备总功率达83 548 kW，拥有各型机车126台，主要检测试验仪器设备120台（套），具有同时在近60条铁路及城市轨道项目上施工、运输的能力。

61年来，公司先后承担了包括青藏线在内的260余条铁路的铺轨架桥、机械化养路及承包运输任务，累计铺轨近20 000 km，架梁约34 000孔，临管或承包运输线路12 000多km，铺轨里程占新中国建成铁路总里程的1/6，享有“开路先锋”和“铺架铁军”的美誉。公司参建的各项工程多次获得各级奖励，多项工程获得国家建筑工程鲁班奖、詹天佑土木工程奖、国家质量金、银奖和省部级优质工程奖，其中，青藏线格拉段轨道工程荣获新中国成立60年“百项经典工程奖”。公司多次创出铺轨架梁全国新纪录，有23项施工业绩入编《中国企业新纪录》。公司荣获“全国五一劳动奖状”、“全国模范职工之家”、“全国模范劳动关系和谐企业”等30余项国家级荣誉和50余项省部级荣誉。

2012年，面对国铁市场持续低迷的严峻形势，公司积极调整经营思路，转移营销工作重点，加大城市轨道和承包运输领域营销力度，通过全体员工的共同努力，全年新签合同额54.29亿元，其中城轨板块中标24.43亿元，创出历史新高。完成企业营业额65.6亿元，其中施工产值62.09亿元，附营产值3.51亿元，全面完成集团公司下达的各项任务目标，主要经营数据持续在集团公司排名第一。

同时，公司以保稳定、保质量、保安全为重心，全面强化施工组织管理，合理调配资源，56个在建项目有序推进，其中城铁项目21个，包括重庆地铁1号线、重庆地铁6号线、哈尔滨地铁1号线、北京地铁8号线二期、北京地铁10线二期、北京地铁14号线、西安地铁一号线、长沙地铁2号线、上海地铁12号线、无锡地铁1号线、大连地铁2号线、杭州地铁2号线等，彰显了公司雄厚的施工实力。

中铁一局集团新运工程有限公司是《都市快轨交通》理事会常务理事单位。

《都市快轨交通》理事会常务理事代表介绍如下。

贺庆：教授级高级工程师，1990年参加工作，主要参与了西延铁路、兰新复线、京九复线、朔黄铁路等工程，历任京九工程指挥技术室主任、朔黄铁路工程指挥部运技部部长、朔黄运输公司副经理、朔黄运输公司经理，公司副总经理兼朔黄运输公司经理，2007年9月任公司党委书记，2010年12月起任公司总经理。

参与的朔黄铁路工程获中国建筑工程鲁班奖；担任朔黄运输公司经理期间，朔黄运输公司2003年度被集团公司命名为“安全标准工地”，2004年被中国铁路工程总公司命名为“安全标准工地”；2005年度荣获“全国学习型组织先进单位”，并连续三年被集团公司命名为“模范职工之家”。

获得的主要荣誉有中国铁路工程总公司支持青年工作奖、中国铁路工程总公司“劳动模范”、中铁一局集团“优秀管理者”、“全国建筑业企业优秀项目经理”等。

联系方式如下。

单位名称：中铁一局集团新运工程有限公司

单位地址：陕西省咸阳市人民东路111号　邮编：712000

单位网址：www.ztxygs.com.cn　电话：029-33777751　传真：029-33777777

6.5 专业服务咨询机构

6.5.1 MSI环球有限公司

MSI环球有限公司是新加坡陆路交通管理局（陆交局）隶属的咨询服务公司。基于多年广泛的实践经验和卓越的成绩鉴定，MSI环球在陆路交通管理咨询领域享有盛誉并理解客户特别需要建造现代化的陆路交通的需求。

陆交局超过两千名专业工程人员，有多年的陆路交通网络开展与建设实践经验，为顾客提供理想的一站式的陆路交通顾问与咨询服务。

MSI环球的服务领域在交通管理方面，包括交通规划、全过程工程项目管理、地铁机电系统工程、自动收费系统、陆路基础设施管理、智能交通系统，交通需求管理方面，包括电子收费。

MSI环球的服务分布在世界各国区域，主要服务业绩在亚洲邻国，包括马来西亚、菲律宾、泰国、中国、印度、澳洲、中东、欧洲等国家和地区。

新加坡陆路交通管理局是《都市快轨交通》理事会理事单位。

《都市快轨交通》理事会理事代表介绍如下。

沈伟明：现任新加坡陆路管理局（陆交局）轨道交通总署长。负责陆交局地铁与轻轨全过程建设包括策划、设计要求管理、建造、机电系统测试和调试。曾参与新加坡1990年一二期东西线南北线地铁建设包括无兰南北地铁延伸线。1999年完成武吉班让轻捷运工程，并于1999年后升任为东北地铁线机电工程总监。东北地铁线在2003年中顺利通车，成为世界第一条成功投入运营的无人驾驶重轨地铁系统。同时，分别于2002—2004期间完成另两条轻轨系统。同时在2001年，新加坡地铁环线开始动工，总负责环线项目所有机电工程，总合同价新元18亿元。2007年，被任命为陆交局轨道总署长，监督执行所有轨道交通工程，除了在建环线，以及刚开工不久的市区地铁线建设工程，招标等前期工程。现在负责项目总价值超过新元210亿元。

联系方式如下。

单位名称：MSI环球有限公司
单位地址：No.1,Hampshire Road, Singapore 219428 邮编：219428
单位网址：www.msi-global.com.sg 电话：0065-63962208 传真：0065-6396-1152

6.5.2 奥雅纳工程顾问（香港）

奥雅纳（Arup）于1946年在英国伦敦成立，是一家集设计、工程、规划和业务咨询为一体的全球性公司，为世界各地的客户提供多样化的专业顾问服务。通过创新和高度整合的方法，运用全面的专业技术和知识来解决任何设计难题，对建筑环境产生深远的影响。公司是世界上众多最具创新性和可持续性设计背后的创造性力量。公司拥有1万多名员工，分布在全球逾38个国家的90多个分支机构。

奥雅纳在中国已有30多年的发展历史，香港为东亚地区总部。自1976年以来，公司在中国的业务持续增长，不断扩大。目前，公司在中国的分支机构遍布香港、上海、北京、深圳、澳门、广州、武汉、天津、重庆和台北，员工总数超过了2 000名。

北京南站

深圳地铁四号线二期

公司在中国从事了众多大型项目，涉及体育场馆、摩天大楼、机场、桥梁、高速公路和铁路等领域。其中最具影响力的项目包括2008年北京奥运会场馆（北京国家体育场（鸟巢）、国家游泳中心（水立方））、2010年上海世博会展馆、港珠澳大桥、北京长辛店低碳社区和广州塔和台北艺术中心等。

奥雅纳拥有丰富的铁路及相关项目设计经验，在中国参与的项目包括香港地铁线及机场快线、香港地铁欣澳站、广深港高速铁路、深圳地铁四号线、新北京南站、天津于家堡交通枢纽、广州火车站、深圳福田交通枢纽、安顺火车站、哈尔滨地铁一号线、杭州地铁一号线、北京地铁 8 号线平西府车辆段、北京地铁 9 号线郭公庄站与车辆段等。

奥雅纳轨道事业部秉承“一体设计”精神，在铁路及相关工程项目方面拥有丰富经验和骄人成绩。完成项目包括重型轨道、地铁、轻轨、轨道交通、重载运输、导轨公交、单轨铁路及自动人员输送车辆等；相关的经验包括铁路网络规划、轨道交通系统，车站和临近物业开发，车站地下空间与隧道段整体设计等，涵盖所有阶段的多种专业服务。

获奖情况如下。

北京南站荣获2009年英国皇家建筑师学会国际建筑大奖。

奥雅纳在《北京地铁9号线郭公庄站及车辆段的规划设计方案征集》中获得一等奖。

奥雅纳工程顾问（香港）是《都市快轨交通》理事会常务理事单位。

《都市快轨交通》理事会常务理事代表介绍如下。

孙启祥：奥雅纳董事、香港铁路组负责人，主管奥雅纳在亚洲的铁路业务。他拥有逾32年的铁路项目管理经验，并专精于相关的工程建设，包括车站、车辆段、队道及上盖物业发展等。

孙先生与承包商和其他顾问公司紧密合作，善于与政府部门沟通和与铁路上盖物业发展商在规划上统一设计。他谙熟香港的法规和设计要求，也熟悉大陆的工作方式，为本地区的铁路基础设施建设做出了卓越的贡献。

孙先生拥有丰富的管理铁路项目经验并在香港与亚洲其他国家的铁路基建项目中作出重大的贡献。在过去12 年间孙先生是奥雅纳香港铁路工项的首席技术审核工程师，负责保证铁路项目技术优质设计。他在处理与政府部门和公用专业公司及香港法定审批程度等方面有丰富经验。

孙先生早期参与香港观塘线、荃湾线及港岛线的建设和设计，其后带领大型、多领域设计团队完成了许多亚洲知名的铁路项目。包括香港机场快线、将军澳支线、东铁支线、西铁线、曼谷地铁蓝线北段、深圳地铁四号线二期，以及新加坡武吉士地铁站工程等。孙先生现为奥雅纳香港五条新建铁路中多个设计合约的项目总监，负责完成各项目的详细设计。

联系方式如下。

单位名称：奥雅纳工程顾问（香港）

单位地址：香港九龙九龙塘达之路80号又一城五楼

单位网址：www.arup.com/greaterchina 电话：00852-2268-3839 传真：00852-22683963

6.5.3 栢诚（亚洲）有限公司

栢诚成立于1885年，是一家全球性的专业工程顾问公司，在全球超过150间办事处拥有14 000名员工。

作为全球社区的一部分，公司承诺提供巩固可持续发展和宜居社区的基础设施和服务。

栢诚早于20世纪80年代初期已活跃于大中华市场，致力推动该地区的基础设施及楼宇发展。公司在大中华区拥有超过1 600名专业工程师及后勤人员，同时为公共与私人客户提供服务，并提供战略性咨询、规划、工程设计、项目与施工管理、运营与维护方面的技能与资源。

公司能够在不同市场，为最复杂和最具挑战性的项目提供综合的解决方案，包括以下各项。

- 楼宇建筑
- 规划
- 矿业
- 交通运输
- 城市基础设施
- 可持续发展的解决方案
- 创新技术的解决方案

自一百多年前纽约市首条地铁工程以来，公司已经规划、设计和管理了万多公里的铁路系统。公司以“客户至上”为宗旨，为客户提供顶尖的技术和管理服务。在亚洲地区各主要城市，栢诚在铁路运输及轨道交通系统的规划、设计和交付中继续担演着重要角色。公司的办事处专门提供以下服务：

- 路线和轨道设计
- 核心系统工程
- 环境、土木、结构、地质、机电和铁路系统工程
- 消防工程
- 运营和维护
- 项目和施工管
- 安全可靠性和系统保障
- 信号和通信系统
- 站点和车厂系统工程
- 测试及调试
- 售票及收费系统工程
- 轨道交通建筑

- 隧道通风和地铁环控系统
- 车辆检验及采购

栖诚近年在城轨领域取得的业绩包括:

- 石家庄至太原客运专线施工监理
- 郑州至西安客运专线项目管理咨询
- 长沙至昆明客运专线，贵州至湖南段施工监理
- 合肥至福州铁路客运专线一期施工监理
- 杭州地铁1号线工程总顾问
- 深圳地铁一期工程总联调咨询
- 深圳地铁三号线项目管理及联调咨询
- 澳门轻轨一期高架段及车辆段设计
- 澳门轻轨系统第二期可行性研究
- 澳门轻轨系统马会站公交换乘站设计顾问
- 广深港高速铁路瞬间压力研究顾问
- 香港铁路南港岛线隧道段、高架段及轨旁设备设计
- 香港铁路沙中线显径站、红磡站、东铁线改造及轨旁设备设计
- 新加坡地铁甘泉车厂设计
- 新加坡地铁滨海市区线第二及第三期机电设计
- 新加坡地铁汤臣线北段及车辆段机电设计
- 新加坡地铁环线四期和五期工程建筑和工程顾问
- 台湾高速铁路方案管理、规划、设计和施工顾问
- 台湾台北木栅(棕)线延长线系统集成顾问
- 印度德里铁路第一、二期总机电顾问
- 越南胡志明市铁路一号线
- 韩国首尔地铁9号线一期独立工程顾问、贷方工程师
- 斯里兰卡南部铁路伸延工

栢诚（亚洲）有限公司是《都市快轨交通》理事会常务理事单位。

《都市快轨交通》理事会常务理事代表介绍如下。

陈厚荣：机械工程学学士、屋宇设备工程硕士、澳洲工程师学会会员、英国机械工程师学会会员、香港工程师学会会员、香港工程师学会认可之工程师培训监督、美国供暖制冷及空调工程师学会会员。现任栢诚（亚洲）有限公司董事、栢诚公司认可项目经理、栢诚公司认可专业人员（隧道及轨道通风）。陈先生在铁路及轨道交通系统、机电及屋宇设备领域上拥有超过20多年的丰富经验。在亚太平洋地区的大型项目中担任隧道通风及火灾工程的专家，工作遍及香港、上海、北京、新加坡、韩国、悉尼、墨尔本、柏斯等地。

联系方式如下。

单位名称：栢诚（亚洲）有限公司

单位地址：香港九龙湾宏远街1号一号九龙7楼

单位网址：www.pbworld.com　电话：852-25798899　传真：852-28569902

6.5.4 北京安捷工程咨询有限公司

北京安捷工程咨询有限公司成立于2007年1月25日，是专门从事城市轨道交通领域安全风险评估、

风险管理、信息系统研发和推广、安全风险管理体系构建、诊断与评估及相关科学研究的合资企业。

目前，公司作为高新技术企业拥有城市轨道交通咨询甲级资质，服务于轨道交通建设安全风险管理新领域，可在全国范围内承接安全风险评估与管理、安全风险体系诊断与评估、安全隐患排查与治理、应急管理、第三方监测数据与管理、安全风险管理信息系统（分析、评估、控制与决策）、工程安全监理、安全风险相关的专题研究、技术研发与推广、信息管理系统开发与维护及安全风险相关的工程咨询和管理业务。公司运用先进的风险管理理念和技术，以及强大的团队优势及丰富的工程管理咨询经验，对工程建设实施标准化、规范化、信息化管理，采取科学、经济、有效的手段协助工程参建各方把各类安全风险降到尽可能低的水平。

公司现有员工100余名，包括教授级高工3名，高级工程师15名，博士、硕士学历人员占70%以上，常聘专家20余名，其中注册咨询工程师10人，注册岩土工程师3人，注册监理工程师2人，注册安全工程师4人，一级建造师3人等，并分别在北京、广州、合肥、西安、大连、昆明、长春、郑州、东莞等地设立了项目部。相信凭借公司强大的技术优势与丰富的管理经验，以及公司的核心经营理念与服务热忱，必定可以为业主及工程建设各方提供专业的优质服务。

北京安捷工程咨询有限公司是《都市快轨交通》理事会常务理事单位。

《都市快轨交通》理事会常务理事代表介绍：

吕培印，男，1964年10月出生，汉族，中共党员，博士后，教授级高工，现任北京安捷工程咨询有限公司总经理。多年来负责完成了北京、广州、深圳、西安等地铁工程建设的安全风险评估与管理工作，参与编写国家、行业标准6部。获省部级科技进步奖3项，在国内外核心期刊发表学术论文50余篇。学术团体兼职：中国土木工程学会工程风险与保险研究分会理事，北京市危险性较大分部分项工程岩土工程专家库成员、地铁分库专家，《都市快轨交通》编委，北京航空航天大学、北方工业大学兼职教授与硕士生导师。

联系方式如下。

单位名称：北京安捷工程咨询有限公司

单位地址：北京市西城区百万庄大街9号院1号楼2楼东侧　邮编：100037

电话：010-68356785、68356585　传真：010-68357855-888

6.5.5 国枫凯文律师事务所

国枫凯文律师事务所是中国领先的综合性律师事务所，总部设于北京，在上海、深圳、广州、重庆、成都和西安设有分所，目前拥有律师和专业人员超过500名。

国枫凯文律师事务所拥有一支成熟的对基础设施投融资项目架构设计、文件起草和合同谈判、项目实施有着丰富经验的专业团队。十多年来，国枫凯文律师事务所代表国内外投资者、政府部门、项目公司、银行、保险公司等国内外金融机构、境内外基金等财务投资人、开发商、承包商及项目其他参与方成功为一批大型基础设施项目提供项目融资、建设、运营、并购及行政许可等全方面法律支持，服务项目所涉金额近千亿元。国枫凯文律师事务所多年来在基础设施领域尤其是采用BT、BOT、TOT等特许经营融资方式的项目中高效专业的服务品质和丰富的实务经验，深得客户信赖与赞同。

国枫凯文律师事务所深刻了解基础设施项目中各方当事人对项目的不同关注，不同要求，和不同的期待，深入地设计、安排和处理各种项目实施过程中方方面面的法律问题，包括项目公司的设立、融资及担保的安排、特许经营权的取得、回购款的来源、环境、安全、施工招投标、工程建设、工程索赔与结算、保险、土地使用权的取得、税收优惠、外汇管制、项目提前终止后的政府补偿、各项行政审批和许可、与政府部门进行协调及其他诸多环节。国枫凯文律师事务所对基础设施项目的谙熟使得其律师不仅可娴熟地运用相关法律和政策，更擅于在法律缺失的情况下有效地进行创新性和建设性

的法律架构设计和风险安排，从而在最大限度实现客户商业目标的同时，使得客户的法律风险得到最大化的避免和控制。

国枫凯文律师事务所是《都市快轨交通》理事会常务理事单位。

《都市快轨交通》理事会常务理事代表介绍如下。

王霁虹：国枫凯文律师事务所执行合伙人，中国国际经济贸易仲裁委员会仲裁员，第八届北京市律师协会建设工程法律专业委员会主任，中华全国律师协会环境与资源法专业委员会副主任，住房和城乡建设部建设工程监理与项目管理战略发展专家委员会成员，中国城市轨道交通协会理事中华环保联合会法律专家委员会委员，中国水利水电建设集团科学管理委员会造价与合同管理专家，清华大学国际工程项目管理研究院特邀讲师，中国政法大学国际经济法学院兼职教授，中国人民大学律师学院客座教授。王霁虹律师于2010年入选Chambers中国建筑领域领军律师并名列第一；2010—2011连续两年入选Who’s Who Legal 全球顶尖建筑律师；2011年被中华全国律师协会授予2008—2010年度“全国优秀律师”、《方圆律政》年度精英建筑律师、ALB（《亚洲法律杂志》）年度最热门律师、Lawyer Monthly“建筑领域全球百名顶尖律师”；2012年，被北京市司法局、北京律师协会授予“北京市优秀律师”、ALB（《亚洲法律杂志》）十五佳中国女律师。

作为城市基础设施领域的知名法律专家，王霁虹律师负责国枫凯文律师事务所城市基础设施、建设工程及房地产业务，先后为涉及地铁、桥梁、高速公路、机场、港口、码头、石油化工、水厂、污水处理厂、电厂、危险废物处置、矿产、森林、草种等诸多领域的各种基础设施项目提供全过程、过程法律服务，尤其对BT、BOT、TOT等特许经营项目具有深入研究和丰富实践经验，如京沪高铁、山西太焦与侯月铁路（铁道部首条以BT特许经营方式建设的铁路）、深圳地铁、天津地铁、北京地铁、天津滨海国际机场、京石高速公路、福建武邵高速公路、四川成名高速公路、四川成简快速路、重庆朝天门大桥、吉林江湾大桥等。在这些基础设施项目中，王霁虹律师不仅代表投资人和地方政府进行特许经营合同的谈判，帮助地方政府和投资人实现发行债券、政府转贷款、融资租赁、集合信托等项目融资，提供项目建设环节的全方位法律支持，更在项目建成后的经营过程中提供持续法律服务，协助项目业主引进国内外战略合作伙伴，进行增资扩股、股权并购、境内外上市等筹划。

联系方式如下。

单位名称：北京国枫凯文律师事务所

单位地址：北京市西城区金融大街1号A座5、12层　邮编：100033

单位网址：www.grandwaylaw.com　电话：010-88004488　传真：010-66555566

6.5.6　广州轨道交通建设监理有限公司

广州轨道交通建设监理有限公司是广州市地下铁道总公司的全资子公司，是一家业务清晰、战略明确、法人治理、结构规范、资产管理合理、技术力量强大、管理科学的新型国有监理企业。目前，公司共有各类专业技术人员410余名，各类注册人员120余名，其中注册监理工程师95名。年完成工程建设产值近50亿元。

广州轨道交通监理有限公司源自成立于1997年的广州市地铁工程建设监理有限公司，2002年并入广州地铁设计院，于2006年12月成为设计院下属国有独立法人企业， 2011年3月通过股权变更，成为广州市地下铁道总公司的全资子公司。现拥有市政公用工程监理甲级、房屋建筑工程监理甲级（及开展相应类别建设工程的项目管理、技术咨询等业务）、招标代理、工程咨询资质。

十多年来，面临激烈的市场竞争，公司积极参与监理投标，承担了各类监理业务百余项，涉及地铁、市政、房建、交通等领域。单位监理实践经验丰富，城市轨道交通工程建设监理实力雄厚。公司先后承接了包括广州地铁一号线、二号线、三号线、四号线、五号线、六号线、二/八号线、三号线北延段、六号线东延段、九号线、十三号线、珠江新城市政交通项目旅客自动输送系统、广佛地铁，南京地铁一号线、二号线、一号线南延段、三号线、机场线，西安地铁一号线、二号线，深圳地铁五号线，

宁波地铁一号线，昆明地铁一号线、三号线，杭州地铁一号线，东莞地铁R2线工程，青岛地铁3号线，长沙地铁一号线、二号线，无锡地铁二号线等地铁工程建设监理项目，涉及土建专业监理、机电专业监理、地铁铺轨监理及设备采购集成项目管理等业务。同时成功进入工程项目总承包、项目管理、工程造价咨询、招标代理、技术咨询等领域。承接了220KV奥林变电站电缆隧道、厚德及犀牛变电站电缆隧道工程项目管理、太古汇人行隧道工程项目管理，梓元岗地下停车场及人防工程项目管理等业务。

公司先后有50多个工程获国家、省（行业）、市级和相关业主的表彰。其中，作为参建单位的广州地铁二号线获得国家科技进步二等奖，成为中国城市轨道交通监理企业首个获奖单位；广州地铁二号线赤鹭区间盾构工程获2005年度国家优质工程银质奖、南京地铁一号线一期工程获2007年度国家优质工程银质奖；广州地铁二号线越三区间盾构工程获国家第四届“詹天佑”土木工程大奖；广州市轨道交通三号线北延段施工8标土建工程被评为2010年度国家市政金杯示范工程；2006、2007、2008、2009、2010年连续被评为广东省监理行业先进工程监理企业。在长期的监理实践过程中，全司重视相关工程技术总结，积极开展各项科研项目的研究。曾出版《复合地层中的盾构施工技术》《广州地铁三号线盾构隧道工程施工技术研究》《盾构施工监理指南》《地铁盾构施工风险源及典型事故的研究》《广州地铁二/八号线拆解段盾构隧道工程施工技术研究》等。其中《广州地铁三号线盾构隧道工程施工技术研究》列为国家“十一五”图书出版规划项目、《广州地铁二/八号线拆解段盾构隧道工程施工技术研究》等丛书被列为国家“十二五”重点图书出版规划项目。其中的《复合地层盾构施工理论和技术创新的研究》科研项目获得2009年广州市科技进步一等奖。

广州轨道交通建设监理有限公司是《都市快轨交通》理事会常务理事单位。

《都市快轨交通》理事会常务理事代表介绍如下。

叶建兴：广州轨道交通建设监理有限公司董事长，副研究员、高级工程师。曾担任铁道科学研究院科研副研究员、广州地铁监理公司副总工、广州地铁设计研究院副总工、副院长等职。2002年被中国交通运输协会城市轨道交通专业委员会授予首届城市轨道交通中青年专家。现担任中国土木工程学会隧道及地下工程分会隧道掘进机（盾构、TBM）专业委员会副主任委员。

曾参与广州至深圳高速公路工程、珠海机场站坪隧道工程、广州地铁二号线海珠广场站、江海盾构区间、越三盾构区间、南京地铁一号线新街口站、三新盾构区间、玄武门—南京火车站盾构区间等工程监理。及广州地铁四号线高架桥、东晓南高架桥、黄埔大道黄村跨线桥、南京地铁二号线东延线高架桥、广州地铁五号线区杨盾构区间、广州地铁六号线天长盾构区间、广州地铁二八号线广州新客站—昌岗盾构区间、广州地铁三号线北延线广州东站—南方医院及人和—新机场南盾构区间、广州珠江新城集运系统盾构区间、广佛线祖庙—菊树盾构区间、武汉地铁二号线盾构区间、西安地铁二号线盾构区间、深圳地铁二号线东延线盾构区间等设计。参建的项目中，广州地铁二号线越三区间盾构工程获国家第四届“詹天佑”土木工程大奖、广州地铁二号线获得国家科技进步二等奖、广州市轨道交通三号线北延段施工8标土建工程被评为2010年度国家市政金杯示范工程。

叶先生自担任董事长以来，团结带领全体员工，紧紧抓住发展机遇，转变观念，求实创新，扎实推进公司各项工作，使公司的生产经营、改革管理工作稳步推进。公司2006、2007、2008、2009、2010年连续被评为广东省监理行业先进工程监理企业。

联系方式如下。

单位名称：广州轨道交通建设监理有限公司

单位地址：广州市环市西路204号龙飞205　邮编：510010

单位网址：www.gzdtjl.com　电话：020-83202146　传真：020-83202129

6.5.7 林同棪国际工程咨询（中国）有限公司

林同棪国际（TYLI）是世界著名工程咨询集团，在桥梁和交通基础设施领域处于世界领先水平，以创新精神、设计精良和成本效益合理而闻名于世。集团始建于1954年，总部设在美国旧金山，主要机构遍布美国、东南亚和中国等地。

林同棪国际是全球十强工程咨询集团达尔集团（Dar group）旗下重要一员，集团拥有超过13 000人的多学科、多语种专业资深员工队伍。

林同棪国际中国公司1994年成立于重庆，是中国政府批准的第一批中外合资甲级设计企业。2009年林同棪国际将中国总部设于重庆，在北京、上海、广州、南宁、成都、宁波、武汉、沈阳等城市已设立分支机构，主要从事桥梁、道路、轨道交通等基础设施工程设计咨询和研发，目前在中国员工600余人，其中院士1名，设计大师及享受国务院特殊津贴2人，外籍专家17人，高级工程师百余人。

近十年来，林同棪国际中国公司整合全球工程设计智力资源，参与到重庆、沈阳、广州、南宁、兰州、武汉等诸多大中城市的大桥、路网规划设计、交通枢纽、轨道交通等交通基础设施建设之中，已承揽完成了各类跨江大桥设计24座（其中长江大桥4座），完成近300 km^2城市道路交通基础设施设计，各类道路近2 100 km，重庆、大连、新加坡等多个城市轨道交通工程设计及咨询。

历年来设计项目共获得国际大奖4项、国家级奖项8次、省部级奖20余项。其中重庆菜园坝长江大桥、重庆石坂坡大桥复线桥双双荣获2009年度第九届詹天佑奖，天津大沽桥和沈阳浑河三好桥分别获国际桥梁大会尤金·菲戈奖。

林同棪国际工程咨询（中国）有限公司是《都市快轨交通》理事会理事单位。

《都市快轨交通》理事会理事代表介绍如下。

俞兆磊：高级工程师，林同棪国际中国公司轨道交通事业部总经理。十多年来主持及参与国内多条地铁设计，包括上海地铁一、二、七号线、南京地铁一号线、深圳地铁一、五号线、杭州地铁一、二、四号线、宁波地铁一、二号线、北京地铁八通线、北京地铁六、十三号线、北京有轨电车西郊线，重庆轻轨二号线、地铁六号线；同时参与及负责国内多条轨道交通前期研究，包括宁波地铁一号线、杭州地铁一、三、四号线、厦门地铁一号线、昆明地铁一号线、北京地铁六号线，北京有轨电车西郊线等，并参与宁波、昆明、厦门、成都等多个城市的线网规划、控规性规划的研究与编制。具有丰富土建工程、前期研究以及设计管理经验。

联系方式如下。

单位名称：林同棪国际工程咨询（中国）有限公司

单位地址：重庆市北部新区高新园芙蓉路6号　邮编：401121

单位网址：www.tylin.com.cn　电话：023-67033072　传真：023-67033072

6.5.8 上海申通轨道交通研究咨询有限公司

上海申通轨道交通研究咨询有限公司成立于2005年4月，是国内首家轨道交通网络综合技术的专业研究咨询机构。公司具备国家甲级工程咨询资质，是上海城市轨道交通专业学科中心的挂靠单位。公司以前期规划、宏观战略、技术决策为研究方向，通过联合知名高校、设计院、制造企业和科研院所，不断跟踪国际城市轨道交通投资、建设和运营管理方面的前沿技术，搭建和构筑轨道交通技术的综合研究平台和研究基地，采用项目管理组织方式开展项目咨询和研究工作。

公司集聚上海轨道交通投资、规划、设计、建设和管理方面的专业人才，依托轨道交通网络总体技术、网络优化技术、网络运行组织技术、机电集成专业技术和轨道交通建设技术管理方面的丰富经验，专业从事城市轨道交通工程项目的前期研究、专项研究、规划咨询、评估咨询和管理咨询，为政府部门和业主的决策提供技术支持服务。

2006年至今，公司获得国家级、上海市市级科技进步奖71项，获得国家级、上海市市级工程咨询奖46项，获授权专利28项。

公司于2007年3月通过ISO9001:2000质量管理体系、ISO14001:2004环境管理体系和GB/T 28001—2001职业健康安全管理体系的认证，2007年12月3日通过了“上海市高新技术企业”的认定。上海申通轨道交通研究咨询有限公司是《都市快轨交通》理事会常务理事单位。

《都市快轨交通》理事会常务理事代表介绍如下。

宋键：教授级高级工程师，担任上海申通轨道交通研究咨询有限公司常务副总经理、总工程师，同时任上海轨道交通技术研究中心副主任，兼任网络总体总监。长期从事轨道交通的总体规划、研究、设计和咨询工作。由他主持、参与的课题研究多次荣获市、部级奖项，其中有优秀勘察设计一等奖，国家优秀勘察设计金奖，华夏科技进步奖二等奖、三等奖，上海市科技进步三等奖两项，上海市优秀工程设计等诸多奖项。

由于宋键同志的突出表现，他多次被评为各类工作先进，2001年荣获上海市政工程管理局局级行政记大功、上海市建设功臣、2004年荣获国家政府特殊津贴等荣誉及称号、2007年荣获全国建设系统劳动模范荣誉称号；2008年度荣获申通集团领军人才和上海市领军人才。

宋键同志通过总结和分析，总结出了现代城市轨道交通规划和建设应该以“打造全新概念的城市轨道交通”为目标，并对“全新概念的城市轨道交通”给予了定义，提出了实现全新概念城市轨道交通的途径，对城市轨道交通的规划、设计理念的升华做出杰出贡献。

联系方式如下。

单位名称：上海申通轨道交通研究咨询有限公司

单位地址：中国上海市桂林路909号1号楼　邮编：201103

单位网址：www.shentongresearch.com 电话：021-51537881 传真：021-51537885

6.5.9 亚新工程顾问（国际）有限公司

亚新集团创业于1975年主要是为政府及私人企业提供包括基础建设、土地开发、建物结构、环境工程及信息科技等方面，并以综合性国际化的专业技术与管理技能的全方位专业服务；服务范围包括各项目的整体方案研拟、可行性研究、经济效益评估及适法性分析、工程规划及设计、营建管理等不同程度面的执行。目前，亚新集团已有一千余位具有不同专业领域的技术人员，各分公司依地理位置主要分布于大中华地区（北京、上海、香港、台北），湄公河流域地区（曼谷），以及东南亚地区（新加坡），借着从事专业活动的沟通与互动，将这些地区紧密的结合创造一个共和体，构建分享一个完整的专业服务网络。

亚新集团在都市快轨交通工程项目上的主要业绩包括：

1．高速铁路

（1）台湾高速铁路（对16个土建标内13个提供各项服务）。

- 路线规划, 现场调查, 细部设计：（C220，C230，C240，C250，C280，C291，C295，C296，机厂 D250）
- 统包商独立检核顾问（C260，C270，机厂 D250，新竹车站）
- 检测维修计画规划
- 减震措施规划设计及施工监造（台南科学园区）

（2）中国客运专线。

武广客运专线（协同荷兰Arcadis公司共同参与第四标段施工监理工程）

2. 大众捷运系统

（1）可行性评估：台湾桃园、新竹、台南捷运系统规划。

（2）总顾问及初步设计：台湾台中捷运及中正机场捷运；泰国曼谷捷运—蓝线（Blue Line）。

（3）细部设计：台湾台北捷运（包括木栅、淡水、中和、南港、土城、信义、松山、内湖和新庄芦洲线、台北县环状线）及高雄捷运（橘线及红线）；新加坡捷运（南北线405标）；泰国曼谷铁路通勤系统；澳门轻轨（220标）。

（4）地工风险管理：台湾台北捷运（共67公里长，包括6条路线及63个车站），桃园国际机场联外捷运系统（CA441A\CA450\CA450A标）。

（5）项目管理：泰国曼谷捷运—紫线（Purple Line）、蓝线（Blue Line）。

（6）施工监造：台湾高雄捷运（橘线及红线）；曼谷BTS（高架轻轨）素坤逸延伸线。

（7）第三方安全与可靠检核工程顾问：泰国机场连接市区铁路快线工程。

亚新工程顾问（国际）有限公司是《都市快轨交通》理事会理事单位。

《都市快轨交通》理事会理事代表介绍如下。

莫若楫：原籍浙江吴兴，于1953、1955及1961年分获台湾大学、美国爱奥华州立大学及麻省理工学院土木工程学士、硕士及博士学位。1961—1975年执教于美国耶鲁大学及亚洲理工学院副校长兼教务长。1975年起在香港、台湾、上海、北京及东南亚国家创建亚新工程顾问集团公司。

莫君在教学、研究及工程实务均有丰富的经验及贡献。曾发表一百余篇论文，并担任多种国际期刊编委、大学评鉴委员、新加坡南洋理工大学岩土工程顾问委员会主委，以及香港科技大学兼任教授。

1967年创办东南亚大地工程学会，曾任国际土壤及岩土工程学会副会长及理事，现为英国、美国、新加坡、香港、台湾、亚太注册工程师，并获颁亚洲理工学院荣誉博士，日本地盘工学会及亚澳道路工程协会荣誉会员，并入录世界名人录、美国工程名人录、美国科学名人录等。

联系方式如下。

单位名称：亚新工程顾问(国际)有限公司

单位地址：台湾新北市汐止区新台五路一段112号22楼东科大楼A栋 邮编：22102

单位网址：www.maaconsultants.com 电话：(886-2)2696-1555 传真：(886-2)2696-1166

6.6 设备厂商

6.6.1 艾默生网络能源有限公司

艾默生网络能源有限公司，是世界500强企业美国Emerson公司下属子公司，是全球通信/IT行业网络能源产品、动力一体化整体解决方案及一体化服务的主流供应商。艾默生网络能源拥有业界最宽、最完整的网络能源产品线，覆盖通信电源、UPS、精密空调、户外一体化通信机柜、服务器机柜系统、低压配电柜、动力网络与环境监控系统、电动车充电站、光伏发电以及风能发电产品等领域。艾默生网络能源在中国、美国、加拿大、印度、巴西以及欧洲多个国家和地区部署有设计与制造中心，并设有150多个服务网点，致力于为全球客户提供专业的动力技术和服务。

在中国，为了更好地满足客户应用需求，艾默生网络能源坚持实施“全球技术、本土研发、本土制造、服务本地”的企业发展战略。公司在深圳、西安、南京、苏州等多地设立了产品研发平台，并在全国设立了31个办事处及29个用户服务中心。除了依靠自身庞大的研发力量、技术与工程团队，艾默生网络能源还发展了超过200家核心代理商的分销团队，充分保障了国内用户能够随时随地获得公司创新的技术、优质的产品、完善的解决方案以及高效的服务响应。

深刻理解客户需求，不断推动产品创新，是艾默生网络能源发展的强大力量。尤其是针对物联网、云计算所引发的数据中心领域的深刻变革，作为业界主流的网络能源产品和一体化解决方案供应商，

艾默生网络能源基于在动力平台建设方面积累的丰富经验，倾力打造了智能数据中心解决方案，从供配电系统、制冷系统和智能管理系统等三大方面入手，为企业建设新一代数据中心打下稳固的基础设施平台，同时也为蓬勃发展的云计算和物联网构建强大的动力基础。目前，艾默生网络能源的产品和解决方案被广泛应用于我国通信、IT、金融、交通、能源、工业等行业领域。在北京奥运会、上海世博会、广州亚运会、深圳大运会、工农中建人等国有银行北京和上海总部IDC、上海证交所IDC、深圳证交所IDC、兴业银行IDC、平安银行IDC、深圳超算、上海超算、中石油总部IDC、中石化科研楼IDC、国家电网上海容灾中心，以及微软、腾迅、百度、阿里巴巴、中金、鹏博士、世纪互联IDC等等诸多大型项目中，艾默生网络能源均成为主要的动力设备和技术方案供应商。

艾默生网络能源始终将“关键业务全保障™”作为企业核心理念，坚持以客户需求为根本，以创新为源动力，公司也由此获得行业和市场的充分认可。在通信电源、精密空调、UPS以及机房动力环境监控等相关市场，艾默生网络能源长期保持着较高的市场份额。在刚刚过去的2011财年，在公司合作伙伴的共同努力下，艾默生网络能源在行业市场保持了36%的高速增长，巩固了公司的品牌地位。艾默生网络能源还多次荣膺金融、IT等领域权威媒体或机构颁发的奖项，显示了公司强大的行业影响力。

艾默生网络能源有限公司是《都市快轨交通》理事会常务理事单位。

联系方式如下。

单位名称：艾默生网络能源有限公司

单位地址：广东省深圳市南山区科技园科发路1号　邮编：518057

单位网址：www.emersonnetwork.com.cn　电话：400-8876510

6.6.2 北京CBE国际隧道模具有限公司

设计·制造·服务：用欧洲工业品质铸造您的品牌

法国CBE集团

隧道管片模具　真空吸盘　全自动化管片生产工厂

三大产品　配套完整　黄金组合　成熟可靠

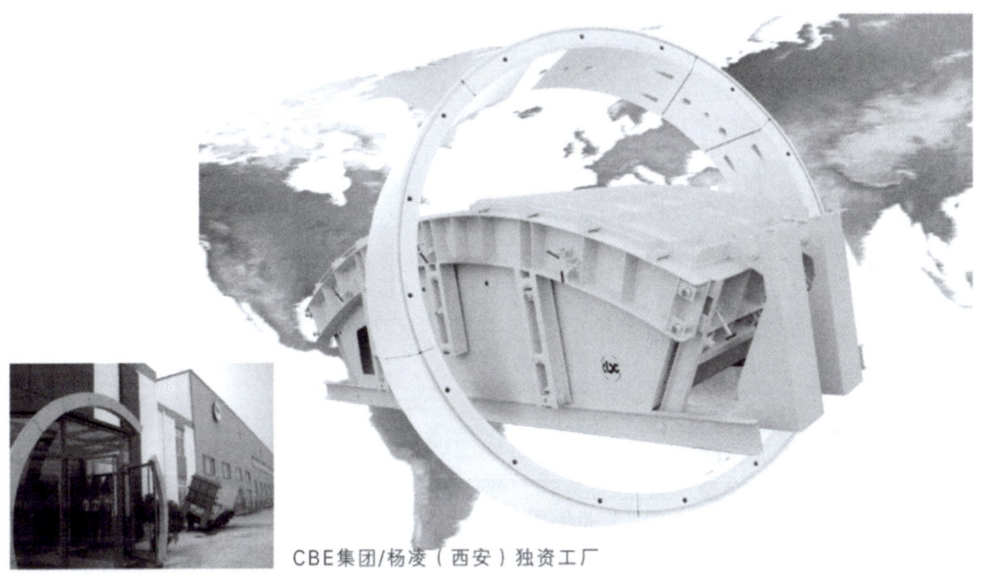

CBE集团/杨凌（西安）独资工厂

三十年专业蓄积　客户遍五洲　国际驰名品牌　技术引领世界

北京直径线(11,6m)

广深港客运专线(12,8m)

穗莞深城际铁路(8,5m)

香港高铁(8,9m)

北京港创全自动化工厂

英法海底隧道 巴黎地铁隧道 欧洲高速火车隧道 印度输水隧道 莫斯科地铁隧道 美国铁路隧道 北京地铁 深圳地铁 西安地铁 上海地铁 宁波地铁 郑州地铁 无锡地铁 长沙公路隧道 兰新高铁……

北京CBE国际隧道模具有限公司是《都市快轨交通》理事会常务理事单位。

联系方式如下。

单位名称：北京CBE国际隧道模具有限公司

单位地址：北京西直门外大街1号西环广场T2座8C10　邮编：100044

单位网址：www.cbe-group.com.cn，　www.tunnels.com

电话：010-58301156　传真：010-58301159

6.6.3 北京交大思诺科技有限公司

北京交大思诺科技有限公司成立于2001年6月，是北京交通大学参股的高新技术企业。公司于2005年首批通过铁道部铁路运输安全设备生产企业认定。

公司立足于铁路运输自动化控制领域，专注于列车控制系统的开发和技术服务，作为北京交通大学机车信号项目产学研结合的载体，公司致力于机车信号科研成果的转化和后续配套研发，并为产品生产和现场应用提供技术支撑。作为列控车载系统的关键技术装备，交大机车信号车载系统设备安全可靠、技术性能领先，在全国铁路得到大规模应用，为历次铁路大提速提供了关键技术保障，为推动铁路科学技术进步和保障铁路运输安全发挥了重要作用，相关技术也在国内多个城市的地铁和轻轨建设中得到广泛应用，取得了显著的社会效益和经济效益。迄今，交大机车信号车载系统共计荣获铁道部科技进步一等奖两项、国家科技进步二等奖一项。

为了构建完整的列控车载系统，全面掌握核心安全技术，多年来公司持续进步，坚持自主研发、原始创新，不断加大技术投入，取得了丰硕的成果。公司于2007年研制成功轨道电路读取器TCR，运用于京津、武广等高速客运专线动车组上，性能稳定可靠。公司于2008年研制成功的应答器系统（包括地面应答器、车载查询器、应答器地面电子单元），通过了铁道部技术评审，是国内首个拥有完全自主知识产权的应答器系统，填补了国内相关技术空白。这些新产品、新技术有力推动了中国铁路科学技术的进步，将逐步成为公司未来发展的支柱。

交大思诺长期以来坚持开放合作、互利共赢，与国内外铁路信号系统的多个开发、生产和集成企业保持着紧密的合作关系，并在长期的技术推广过程中与广大用户建立了深厚的友谊，形成了稳定的互赖关系。

2009年8月，公司应答器系统认定为北京市自主创新产品；2009年12月，北京交大思诺科技有限公司入选中关村国家自主创新示范区第三批百家创新型试点企业名单；2009年底，我公司“复杂与高速条件下车载信号安全控制系统关键技术及应用”项目经北京交通大学和教育部推荐获批国家科技进步二等奖；2010年9月，由我公司提供应答器设备的达成线东段既有线提速改造工程顺利开通投用；2010年12月，公司应答器系统系列装备成功应用于北京市轨道交通亦庄线、昌平线。2011年9月，应答器系统设备再次成功应用于重庆轨道交通三号线两路口至鸳鸯段。2012年11月，应用公司调车防护系统的福州南动车所投入试运行。

北京交大思诺科技有限公司是《都市快轨交通》理事会常务理事单位。

《都市快轨交通》理事会常务理事代表介绍如下。

李伟：1994年毕业于北京交通大学交通信号与控制专业，从2005年至今，任北京交大思诺科技有限公司总经理。曾先后在北京交大、美国CADENCE、北京瑞斯康达等单位从事过技术研发、产品管理、市场管理、企业管理等工作，在企业经营和市场营销方面拥有丰富经验；参加过多项科研项目的研究工作，包括“八五国家重点项目—LCF列车超速防护系统”项目；《机车信号远程监测系统》项目；《CTCS技术研究—CTCS-0级列控系统技术深化研究》项目等。整体负责公司的经营，并具体负责市场管理和市场开拓工作，成功打造了公司的核心产品—机车信号，目前该产品在全国18个铁路局全面应用，市场占有率达到80%以上。组织并策划完成了北京交大思诺科技有限公司的支柱产品系列“点式应答器系统”，该项系统产品填补了国内在该领域的技术空白，并获得较为广泛的认可，已经成功应用于北京地铁亦庄线、昌平线、重庆3号线城市轨道交通及相关国铁客专项目，部分产品已经开始销往国外。组织并完成了交大思诺公司的ISO 9000质量管理体系建设和相关完全认证工作，在其管理下，公司规模不断扩大，发展的步伐不断加快。

联系方式如下。

单位名称：北京交大思诺科技有限公司

单位地址：北京市海淀区大柳树北路富海大厦B座1608室　邮编：100081

单位网址：www.jd-signal.com　电话：010-62119891

6.6.4 北京交大微联科技有限公司

北京交大微联科技有限公司（简称“交大微联”）成立于2000年，注册资金1亿元，中关村科技园区注册高新技术企业。公司位于北京市海淀区西四环五棵松路，占地面积约10 000 m^2，正式员工320余人，其中高级职称以上30人，技术开发人员占全员90%。为适应城市轨道交通快速发展的需要，公司专门组建了城轨公司，集中从事城市轨道交通的系统集成、项目管理、产品研发、工程实施和售后服务等工作。

交大微联依托国家重点院校北京交通大学的信息与管理多学科技术优势和中国自动化集团的资本优势，专业从事高速铁路、普速铁路、城际铁路及城市轨道交通信号系统的设计、研发、制造、工程和系统集成，是一家专注于新技术、新产品自主研发与生产并实现规模销售的轨道交通信号控制安全设备生产企业，拥有铁道部认可的铁路运输安全设备生产资质和国家发改委认可的城市轨道交通信号系统总承包资质。公司主要产品包括计算机联锁系统（CI）、自动列车监控系统（ATS）、分散自律调度集中系统（CTC）、列控中心系统（TCC）、列车自动防护系统（ATP）、铁路信号微机监测系统（MSS）等。

公司产品广泛应用于全国18个铁路局逾1 300个车站，包括多项国家重点工程和干线铁路，如京沪、京哈、京广、京九、陇海五大干线、大秦铁路及时速350 km/h的郑西、武广高速铁路，时速250 km/h的温福、福厦、海南岛东环客运专线等，其中计算机联锁系统在国有铁路的市场占有率超过30%。

近年来，交大微联积极参与并完成了国内多个城市的轨道交通工程建设任务，除承担杭州、深圳、南京、苏州等多条地铁线路车辆段、停车场联锁设备的供货以外，还在北京地铁7号线、重庆3号线等项目中负责正线信号系统的供货及国产化工作。公司还作为牵头人，与日本信号株式会社合作，共同承担了北京地铁15号线一期工程CBTC信号系统的集成任务，该工程已分别于2010年12月底和2012年12月底完成了后备模式和全功能开通，投入载客试运营。公司正积极拓展市场，完善产品及服务，努力成为城市轨道交通信号系统的一流集成商。

在做好国内市场工作的同时，交大微联还积极拓展和开发国际业务。2006年按照欧洲铁路安全技术标准，承担了香港地铁机场摆渡线SKYPLAZA项目的计算机联锁系统供货任务，之后又以总承包人身份完成了香港九广铁路罗湖车站的信号系统改造工程，通过了独立第三方的安全评估和独立工程检查。

交大微联重视并积极推动行业的技术发展，主持或参与了包括《计算机联锁技术条件》、《分散自律调度集中系统技术条件（暂行）》等多项轨道交通信号产品技术标准的制定工作，并积极投入有关部门组织的微机监测、列控中心等系统的技术攻关活动，并荣获中国铁道学会科技进步一等奖、首届“智慧北京”大赛优秀应用示范奖等。

交大微联以“责任、关怀、创新”为经营理念，以“务实创新，技术领先；安全可靠，顾客满意”为质量方针，始终遵循“顾客满意是公司的目标，持续改进是公司的追求”思想，竭诚为用户提供一流的产品和服务，为我国铁路和城市轨道交通事业的大发展贡献绵薄之力。

公司资质

- 城市轨道交通信号系统集成设备总承包资质；
- 铁路运输安全设备生产企业认定证书；
- 2002年3月，率先获得铁道部工业产品制造特许证，成为具备进行铁路车站计算机联锁设备研制生产资格的四家企业之一；
- ISO9001:2000质量管理体系认证；
- 银行信誉等级AAA级；

- 担保授信信用A级；
- 北京市高新技术企业；
- 《福布斯》2011年中国最具潜力企业。

北京交大微联科技有限公司是《都市快轨交通》理事会理事单位。

《都市快轨交通》理事会理事代表介绍如下。

张伟：1960年生，高级工程师，现任北京交大微联科技有限公司执行董事。1985年毕业于北方交通大学电子资讯工程学院运输自动化专业，获工学硕士学位。1985—1993年在北方交通大学电子资讯工程学院及管理科学研究所任教，期间曾在日本东京大学做高级访问学者。1993—2000年先后在北京交通大学科技产业总公司、北京中飞电子新技术公司任部门经理及副总经理。2000年4月出任北京交大微联科技有限公司副总经理，2004年任总裁、执行董事。组织并策划完成了北京交大微联科技有限公司拳头产品之一“JD-IA型计算机联锁系统”和“EI32-JD型计算机联锁系统”的市场开拓工作；主持完成了微联公司1SO9001质量管理体系建设和认证工作，逐步建立了微联公司的管理制度体系。

联系方式如下。

单位名称：北京交大微联科技有限公司

单位地址：北京西四环五路桥西五棵松路49号新奥特大厦2-5层　邮编：100195

单位网址：www.bjmut.com　电话：010-51866888　传真：010-51866160

6.6.5 中国北车长春轨道客车股份有限公司

中国北车长春轨道客车股份有限公司（以下简称长客股份）前身长春客车厂，始建于1954年，是国家“一五”重点建设项目之一。2002年3月改制成为长春轨道客车股份有限公司，2009年随中国北车股份公司整体上市。

长客股份现有员工14 000余人，厂区占地面积320多万m2。自建厂以来，长客股份累计生产各类铁路客车（含动车组）30 000多辆，约占全部运营车辆的44%，产品覆盖全国所有的铁路局；累计生产各类城铁车6 000多辆（含长客—庞巴迪），约占全国运营车辆的50%，我国已开通城市轨道交通的16个城市中，有11个城市选用了长客股份的产品。经过50多年的建设和发展，长客股份已形成年产1 000辆高速车、1 200辆城铁车、500辆普通铁路客车和6 000个转向架的生产能力，成为世界上生产规模一流、装备水平一流、研发能力一流的高速车、城铁车和转向架的研发、制造和出口基地。

长客股份是首批“国家技术创新示范企业”，先后被国家有关部委认定为“创新型试点企业”、“国家创新型企业”、“第四批全国企事业知识产权试点单位”，公司产品荣获“国家名优产品”称号。长客股份拥有国家级企业技术中心、高速列车系统集成国家工程实验室、博士后科研工作站、吉林省轨道客车系统集成工程技术研究中心、吉林省高速轨道客车工程中心。拥有一支专业门类齐全的高水平科研队伍，每年可研发普通铁路客车、高速动车组、城铁车30多个品种，居于国内领先地位。

2003年按照国务院“引进先进技术、联合设计生产、打造中国品牌”的总体要求，长客股份开始全面引进国外动车组的设计和制造技术，通过消化、吸收、再创新，搭建了CRH5、CRH380两大系列动车组产品平台，自主开发研制了“和谐号”高速动车组CRH5、CRH380BL、CRH380B、CRH380C系列产品，是国内同类企业中动车组产品品种最丰富的企业。

在城铁车研制方面，长客股份拥有国内研发能力最强、品种最丰富、技术水平最高的城市轨道车辆研发制造平台，是国内唯一一个能够研发并批量生产铝合金、不锈钢、碳钢等不同材质，米轨、准轨、宽轨等不同轨道制式，单轨、双轨等不同轨道运行方式，旋转电机、直线电机等不同牵引方式，A、B、C、L不同车型的城市轨道车辆制造企业。

长客股份的产品已先后出口到巴西、澳大利亚、新西兰、泰国、伊朗、沙特、阿根廷等十几个国家和地区，公司在南美、北美、中东、东南亚、非洲、欧洲、大洋洲等主要市场上均有良好的市场业绩，目前，长客股份累计出口产品4 000多辆，出口创汇超39亿美元，出口产品数量稳居全国同行业之首。

中国北车长春轨道客车股份有限公司是《都市快轨交通》理事会常务理事单位。

《都市快轨交通》理事会常务理事代表介绍如下。

董晓峰：中国北车长春轨道客车股份有限公司董事长。董晓峰为企业提出了构建国内铁路客车、国内城铁车和出口车“三大目标市场”的战略思想，并制订了有针对性的营销策略。8年来，在他的带领下，长客股份公司已成长为世界一流的轨道客车研发、制造和出口基地。

在城铁车研制方面，董晓峰提出了“调整工艺布局，全力扩充城轨车辆制造能力”的发展战略，使公司城铁车生产能力由原来的300辆/年，提升到目前1 200辆/年以上的生产能力。同时带领公司创造了我国城铁车研制领域里的诸多第一，如首列A型不锈钢地铁车、首列A型铝合金地铁车、首列100%低地板轻轨车等等，使公司车辆研制技术达到世界先进水平。

2004年以来，董晓峰先后组织领导了200 km/h和300 km/h两个动车组平台的技术引进和消化吸收再创新工作。公司研制生产的CRH5、CRH380BL动车组都已经成为中国高速铁路的主力车型，极大地推动了中国铁路装备现代化的进程，其研制的CRH380B型高寒动车组填补了世界空白。

在海外市场开拓方面，董晓峰带领企业陆续打入中国香港、泰国、新西兰、澳大利亚、沙特、巴西等高端市场。目前，公司已累计出口产品4 000多辆，出口创汇超39亿美元，出口产品数量稳居全国同行业之首。

在任8年来，董晓峰亲自带队全力出击三大市场，取得了令业界惊叹的营销业绩，2005—2011年，长客股份取得近千亿市场签约额。公司的销售收入由2003年的15.6亿元，快速增长到2011年销售收入超过220亿元，再到2012年突破240亿元。董晓峰带领新一代长客人，正在奔向全面实现国际一流的新目标。

联系方式如下。

单位名称：中国北车长春轨道客车股份有限公司

单位地址：吉林省长春市青荫路435号　邮编：130062

单位网址：www.crc.chinacnr.com/ch_index.asp

电话：0431-87902301　传真：0431-82938740

6.6.6 常州市铭锦弹簧有限公司

常州市铭锦弹簧有限公司始建于1992年，地处常州太湖湾旅游开发区，现发展成为集科研、开发、制造、服务为一体的冷卷螺旋弹簧和轨道交通接触网弹簧补偿器的专业生产企业。公司是江苏省高新技术企业、江苏省民营科技企业、中国机械通用零部件弹簧工业专业协会理事单位、江苏省轨道交通产业技术协会会员，全国弹簧标准化工作先进单位。公司制定了和修定了《摩托车减震弹簧技术条件》、《电气化铁路接触网零部件第14部分：弹簧补偿装置》等10多个国家、行业标准。目前正在参加《热卷螺旋压缩弹簧技术条件》国际标准（ISO11891）的制定工作。

公司是ISO9001-2008和ISO14001-2004质量和环境管理体系认证企业，AAA级信用等级企业，计量合格确认单位，获得常州市质量管理奖，“铭锦”商标是“江苏省著名商标”。公司拥有产品的自主知识产权，获得发明专利1项，实用新型专利14项，外观设计专利7项。

公司摩托车减震、缓冲弹簧产品系列化的优势，生产专业化的规模及市场覆盖率和占有率均居国内前列。

公司自2003年进入轨道交通行业以来，凭自身的技术力量、研制开发了上海轨道交通一号线、三号线接触网国产化弹簧补偿器，其技术水平达到同类引进产品水平，填补了国内空白。产品认定为江苏省高新技术产品和国家重点新产品，为电气化铁路和轨道交通接触网工程建设的国产化配套部件提供可靠保障，弹簧补偿器在上海张江有轨电车项目、京九线、京沪线、昆沾线、洛张线、合武客专线等轨道交通和电气化铁路接触网中广泛应用，产生了明显的经济和社会效益。

公司抓住国内电气化铁路和城市轨道交通建设的黄金时期，加大创新投入、加快转型升级。2010年公司投资3.3亿元，新征用土110亩，新建生产车间85 000 m^2，购置国内外先进设备，开发生产国内领先的接触网零部件系统优势产品，目前项目的基础建设已完成90%，项目的建成投产，将成为常州市铭锦弹簧有限公司发展史上的又一个重要里程碑。

常州市铭锦弹簧有限公司是《都市快轨交通》理事会理事单位。

《都市快轨交通》理事会理事代表介绍如下。

马友芳：常州市铭锦弹簧有限公司总经理。20年来，他重视技术改造和技术创新，多次出国考察日本、西德、韩国、台湾等地多家弹簧设备及弹簧制造企业，引进了电脑自动卷簧机和电脑控制磨簧机，提高了公司弹簧制造的精确度，确保了弹簧的整体质量。并用国产材料油淬火回火钢丝和冷拔碳素丝替代了进口钢丝，成功研发轻骑摩托车减震弹簧，打破了国内摩托车减震弹簧长期依赖进口的局限。

2003年他领导公司科技人员，与大专院校，科研院所建立产学研合作关系，研发接触网弹簧张力补偿器，进入了企业第二次创业过程，接触网弹簧补偿器的研发成功，填补了国内空白，为电气化铁路、地铁、轻轨交通接触网工程建设的国产化配套部件提供了可靠保障。

2010年马友芳同志以企业家的实干精神，加快转型升级，抓住轨道交通和电气化铁路建设的黄金时期，投资了3.3亿元，新增用地110亩，新建车间85 000 m^2，开发生产先进的国产化接触网系统零部件，使企业第三次创业发展，将成为铭锦公司发展史上的重要里程碑。

马友芳同志在全国弹簧学术活动中成绩显著，被评为全国弹簧学术活动先进工作者，他带领研发的“大线径弹簧冷卷加工工艺”获得国家发明专利，“软横跨弹簧补偿器”、“摩托车嵌套式减震弹簧”等获得国家实用新型专利。

联系方式如下。

单位名称：常州市铭锦弹簧有限公司

单位地址：江苏省常州市武进区潘家工业集中区　邮编：213179

单位网址：www.mjspring.com　电话：0519-86547039　传真：0519-86544444

6.6.7　隔而固（青岛）振动控制有限公司

隔而固德国公司于1908年由德国工程师威廉·格尔布(GERB)在柏林创立。一百多年来，隔而固公司一直在世界各地从事于大中型设备和建筑工程的振动控制。

今天，隔而固公司的振动控制技术已应用到众多的工业和民用领域中：

- 电厂和核电厂中的汽轮机组、给水泵、磨煤机、碎煤机、风机的隔振，及管道减振；
- 金属加工业中各种锻锤、压力机和冲床等设备的隔振；
- 钢铁化工业中振动筛、离心机、制冷机、风机、泵等设备的隔振；
- 密设备，如试验台、三座标测量机、磨床的被动隔振及抗震；
- 建筑物中备用发电机组、变压器、中央空调、冷热水机组的隔振，及管道减振；
- 船舶行业中发动机、发电机组、泵、精密设备的隔振，及管道减振；

- 地铁、轻轨、高速铁路的道床隔振；
- 桥梁、钢索、桥塔、步行天桥、体育看台、电视塔、风力发电塔的阻尼消能减振；
- 浮置楼板、建筑物的整体浮置隔振和隔震抗震。

由于公司业务的不断扩大，隔而固公司先后在全球各地设立了分公司，形成了隔而固公司集团。今天，隔而固公司集团除在柏林设有总部，从事研究开发和生产及管理外，还在埃森市设有销售部、工程设计有限公司。另外还在法国、意大利、西班牙、捷克、美国、俄罗斯、巴西、阿根廷、印度等国设立了从事生产和/或销售的分公司。一百多年来，隔而固集团以其权威的技术和良好的质量及信誉在世界隔振领域一直占据领先地位。

在现代化的振动控制技术出现之前，传统方法是挖防振沟，或将设备固定到一个很大的水泥台座中，造价高，工期长，隔振效果差。有些厂家采用橡胶垫、软木垫或钢丝绳隔振振，但隔振效果差，容易老化，需经常更换。

隔而固隔振技术100多年的应用实践，证明了它具有如下优点：

- 可以有效隔离设备对周围精密设备和建筑物的振动影响，减振效果可达80%以上；
- 可以有效隔离轨道交通对周围精密仪器和建筑物的振动影响，减振效果可达12~25 dB；
- 可以同时衰减所有方向的地震作用，地震响应可以降低60%～70%；
- 隔振器和阻尼器寿命高达30～50年以上，基本无需维修；
- 降低设备零部件的疲劳应力，磨损及故障率，延长设备寿命；
- 可以简化台座和基础受力计算，动载可以忽略；
- 可以简化设备的调平，有效防止地面不均匀沉降对设备的影响。

1998年10月，隔而固中国公司顺利投产，填补了国内大型高性能隔振技术的空白。隔而固中国公司成立以来，在广大工程设计人员和客户的大力支持下，凭借集团公司的技术支持，成功地开拓了金属成型加工、汽车制造、发电、轨道交通、建筑等隔振市场，公司业务以平均每年50%的增速发展，中国分公司业已成为隔而固集团发展最快、规模最大的子公司。在公司发展的过程中，还培养锻炼了一支不断发展壮大、经验丰富、精通业务的专业工程师团队。

在中国，至今累计已有5 000多个项目采用了隔而固公司集团的隔振器，最早的工作已有40年之久。其中值得一提的项目有：

- 大众、通用、上汽、一汽、二汽、奇瑞等国内大多数汽车制造厂的冲压线隔振；
- 无锡叶片厂亚洲最大的22 400 t螺旋压力机隔振；
- 宝钢、首钢、鞍钢、武钢、邯钢等轧钢厂的轧辊磨床隔振；
- 葛洲坝输电、天广线输电之电容器抗震；
- 江苏田湾、岭澳、红沿河、阳江、宁德、福清、方家山、防城港核电站主机隔振；
- 国家大剧院、上海音乐厅、上海东方艺术中心、武汉大剧院建筑隔振；
- 浦东机场、虹桥机场、杭州湾大桥观光塔、世博会文化中心减振；
- 北京、上海、广州、深圳、南京、天津、杭州、成都、西安、哈尔滨等城市的地铁隔振。

作为国际上大型设备和建筑工程方面的知名隔振专家，隔而固公司中国分公司提供与隔振有关的全面服务，其中包括：

- 设备和建筑的弹性支承隔振系统设计；
- 常规和特种弹簧隔振器和阻尼器的制造；
- 隔振系统安装或安装指导；
- 基础施工图纸设计；
- 现场考察和咨询；
- 振动测量及分析。

振动控制技术应用范围广，环保效益和经济效益好，市场前景广阔，但还需广大设计人员和客户用慧眼去认识它，并推广应用。有了各行业有识之士大力支持，隔而固公司振动控制技术必将在各行各业推广开来，为现代化的中国创造一个安静和谐的环境，造福人民。

隔而固（青岛）振动控制有限公司是《都市快轨交通》理事会理事单位。

《都市快轨交通》理事会理事代表介绍如下。

尹学军：1996年获得柏林工业大学工学博士学位。现任隔而固（青岛）振动控制有限公司董事、总经理，青岛科而泰环境控制技术有限公司董事长（兼），中组部“千人计划”国家特聘专家、中国侨联特聘专家、青岛市侨联副主席、青岛市政协委员、中国环保产业协会噪声与振动控制委员会副秘书长、广州大学和西南交通大学兼职教授。

尹博士专门从事设备和结构振动控制的研究，博士毕业回国时创立了隔而固（青岛）振动控制有限公司，将德国高端弹簧阻尼隔振技术引入中国，填补了国内空白。在其带领下，公司业务迅速发展，产品被广泛应用于轨道交通、汽车、电力、钢铁、化工设备、建筑、桥梁等各行各业，参与了许多国家重大项目建设，创造了众多行业的国内第一，成为行业内的龙头企业。其中包括大多数汽车厂车身冲压线隔振；国内大部分新建核电站主机隔振；国家大剧院录音厅隔振、上海世博文化中心减振、上海音乐厅平移后隔振；浦东机场、虹桥机场2期大跨度登机廊桥的减振；北京、上海等近20个城市地铁的特殊隔振地段的隔振。

积极投身于振动控制和环保节能方面的研究和发明创造，已累计申请节能环保和抗震减灾等多个领域的专利76项，获得授权46项（其中发明专利34项）。在各种学术刊物上发表有关振动控制方面的专业文章50余篇，翻译数部国外标准，应邀参加编制了七部国家和部级标准，奠定了公司在行业内的权威地位。

2007年，尹博士又投资成立了青岛科而泰环境控制技术有限公司，并凭借“迷宫式约束阻尼钢轨和车轮”项目在2009年入选中央组织部“千人计划”。

曾获得中国侨联第一届、第二届科技创新人才奖、国侨办“第二届百名华侨华人专业人士杰出创业奖”、中国欧美同学会首届中国留学人才归国创业“腾飞”奖、山东省第五届“发明创业奖”二等奖、山东省侨界优秀企业家、山东省留学回国创业奖等奖励。

联系方式如下。

单位名称：隔而固（青岛）振动控制有限公司

单位地址：青岛市流亭空港工业聚集区金刚山路7号　邮编：266108

单位网址：www.gerbcom.cn　电话：0532-87716811　传真：0532-87723330

6.6.8 汉森（青岛）电气工程配电系统有限公司

汉森公司建立于1931年，82年来他已经成为一个活跃于全世界的电气企业集团，除位于德国总部Lennestadt的母公司以外，在重要的国外市场上设有众多子公司，从而在世界范围内建立了广泛的业务关系，实现了业务活动无国界。汉森公司于2001年建立了汉森（青岛）电气工程配电系统有限公司作为其中华区的总部，主要从事汉森产品的组装、仓储、销售及低压配电箱的生产、成套工作。

汉森产品中的塑料配电箱产品符合标准IEC 60439中的保护绝缘的规定。其箱体采用德国拜耳公司提供的聚碳酸酯材质，这种优质的高级工程材料以理想的方式达到了建筑安装用及工业配电系统所提出的各项要求：全绝缘、高防护等级（IP 65 以上）、耐腐蚀、机械强度高、设计与装配简便、耐热、阻燃、自熄、免维护使用寿命长达25年等特点。

汉森电气公司进入中国以来，已为800余项大型工程提供了产品或成套服务，包括内蒙古赤峰电厂、鞍钢发电厂等电厂工程项目；秦山、岭澳、宁德、台山核电站等核电工程项目；大连港、天津港、厦门港、振华港机等港口码头工程项目；中州铝厂、株洲冶炼厂等冶金、化工工程项目；北京银泰商务中心、上海虹桥机场等大型建筑工程项目；奔驰公司北京生产车间、诺基亚北京生产车间、沈阳华晨宝马项目等大型企业扩建和改造项目；宁夏石嘴山电站、青铜峡、西藏羊八井等光伏工程项目；青岛市北部电力局电表箱配套、上海电力集团表箱等电力局工程项目。

在轨道交通、隧道等交通工程项目中，汉森电气为沈阳地铁1号线、2号线、上海地铁3号线、天津地铁1号线、3号线、南京地铁1号线、深圳地铁、广州地铁3号线、4号线、重庆轻轨较新线、北京地铁大兴线、哈尔滨地铁1号线、大连轻轨3号线、青岛海湾大桥、四川雅泸高速、广州和谐型大功率机车检修基地、广州黄浦大桥、上海观光隧道、南京玄武湖隧道、广东猫山隧道等工程项目提供了优质的配电设备。

汉森产品的核心优点如下。

（1）从材料上全部采用聚碳酸酯工程塑料，以高防护等级，抗腐蚀，抗老化，抗撞击，全绝缘、设计与装配简便、耐热、免维护、阻燃、自熄、重量轻等技术特性，有效保护箱内电气元件，确保在恶劣、潮湿工况下的安全可靠配电。

（2）从箱体设计上充分考虑小三箱的“最常被操作，但操作者并不是专业电工”的特点，以防止误操作并达到对操作者的最大限度的安全保护。

（3）汉森是专业的小三箱成套厂家。不同于专业的低压柜厂家，公司因产品模数化的积木组合方式优于做这种数量庞大，图纸规格不一的三箱类产品，并能充分考虑安装接线及标识操作等方方面面的问题。

汉森（青岛）电气工程配电系统有限公司是《都市快轨交通》理事会理事单位。

《都市快轨交通》理事会理事代表介绍如下。

玛库斯•哥德：现任德国汉森电气集团全球子公司销售总监，汉森（青岛）电气工程配电系统有限公司总经理。

联系方式如下。

单位名称：汉森（青岛）电气工程配电系统有限公司

单位地址：青岛市城阳区兴海路8号　邮编：266108

单位网址：www.hensel-electric.cn　电话：0532-81106265　传真：0532-81108655

6.6.9 江门市中建科技开发有限公司

江门市中建科技开发有限公司是一家专业从事开发研究并生产新型绿色环保建材的国家高新技术企业，从事水泥基及相关材料研究 20 多年，具有强大的研发团队和研发能力。公司一直坚持“科技创新、品质超卓、诚信服务、用户满意”的经营理念，在发扬自身科技优势的情况下外联有关科研机构及大专院校，成功研究开发出“中建”牌超细水泥基灌浆材料系列、混凝土外加剂系列、快速防水堵漏系列；DOM“帝欧姆”干粉砂浆系列等高品质绿色环保型建材产品。在地下室、隧道、地铁、桥梁、道路、大坝、大型厂房、高层建筑等各类工程得到广泛应用，以优秀的产品品质及良好的售后技术服务受到用户好评。

公司被中国建材企业协会评为“全国知名建材企业”，“全国质量信用企业”称号，公司多次荣获江门市科技进步奖和省科技奖，公司为“广东省民营科技企业”、广东省材料研究学会、广东省防水学会、中国硅酸盐学会会员、广东省水泥技术情报网理事单位，同时产品被列为“全国建筑工程推荐使用产品”，“中建”牌还被授予广东省著名品牌。

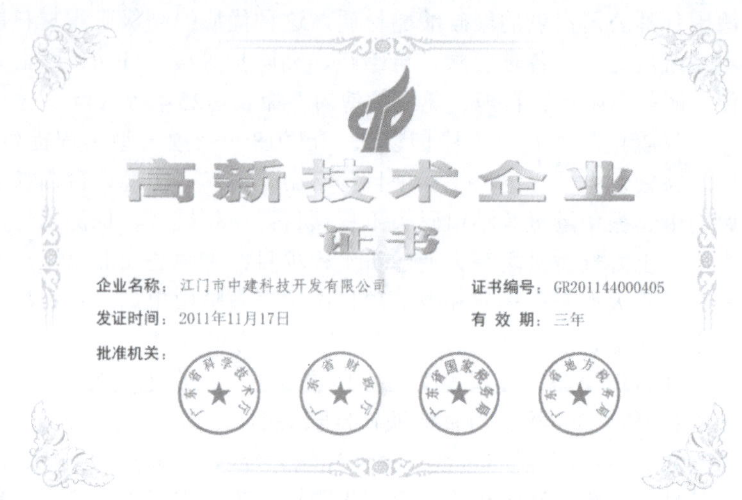

江门市中建科技开发有限公司是《都市快轨交通》理事会理事单位。

《都市快轨交通》理事会理事代表介绍如下。

徐奇威：江门市中建科技开发有限公司董事长兼总经理，华南理工大学（原华南工学院）硅酸盐专业毕业，高级工程师，现任广东省水泥技术情报网副理事长、广东省硅酸盐学会理事、广东省材料研究协会理事，获“广东省有突出贡献的专家”称号。从事特种水泥生产及开发研究、刚性结构自防水技术应用研究、混凝土掺和料技术应用研究等专业技术工作30余年，具有丰富的理论技术及实践经验。

联系方式如下。

单位名称：江门市中建科技开发限公司

单位地址：广东省江门市蓬江区杜阮乐宜居2幢108　邮编：529075

单位网址：www.jmzjtech.com　电话：0750-3810102　传真：0750-3820595

6.6.10 曼奈柯斯（上海）电气有限公司

曼奈柯斯（上海）电气有限公司是目前国内主要的专业从事生产工业接插装置和电气设备的厂家之一。企业始建于1997年，现拥有位于温州和台州的两大产业基地，在国内建立了200多家销售网点，是一家集制造、研发和信息服务于一体的生产型企业。

公司通过引进先进的工艺技术和设备，专业生产防水电气系列产品，产品有工业插头、插座和电缆连接器、机械连锁、组合插座箱、检修电源箱、塑料插座箱，金属插座箱等。防水电气产品系列具有防水、防尘、防潮、防腐、防爆和阻燃耐高温，抗老化，韧性大，抗冲击性好，光洁度高及大电流软接触的优点。产品广泛应用于各种用电场所，特别是在钢铁、化工、电力、电子、港口、机场、工况、石油勘探、食品、地铁、铝厂及汽车制造等各类企业得到成功应用。

近年来，曼奈柯斯（上海）电气有限公司取得了突飞猛进的发展，销售额平均每年以40%的速度在增长，并在上海、北京、南京、沈阳、天津、济南、大连、厦门、合肥、杭州、深圳、成都、重庆、广州、武汉等地设立了办事处，经销商遍布全国各大城市，使客户能够在第一时间内得到更便捷、更满意的服务，因此得到了众多客户的一致认可，并与客户建立了持久的战略合作关系。

面对全新的挑战，曼奈柯斯（上海）电气有限公司将继续发扬“用心制造 合作共赢”的经营理念，为致力于打造“国际一流专业防水电气品牌”不懈努力。

曼奈柯斯（上海）电气有限公司是《都市快轨交通》理事会理事单位。

《都市快轨交通》理事会理事代表介绍如下。

林晓敏：高级经济师、模具师。作为模具师出身，年轻的企业家林晓敏具备了与其他同行企业家不同的特质，对于工作细致入微；对于产品及品质的追求，如同对待每一套模具——精益求精。正是如此的态度，创造了三大品牌，7大系列，千余种产品，为开拓市场赢得商机创造了有力的先驱条件。

经济师的身份，充分体现林晓敏多年来在经济环境变化多端的情形下，审时度势、与时俱进，把握公司整体的发展，创造公司销售业绩不断地提升。

联系方式如下。

单位名称：曼奈柯斯(上海)电气有限公司

单位地址：上海市松江区新桥工业园区　邮编：201610

单位网址：www.manlakis.com　电话：400-711-5158　传真：021-33321166

6.6.11 南车四方车辆有限公司

南车四方车辆有限公司是中国南车股份有限公司的全资一级子公司。公司前身是四方机车车辆厂，1900年由德国人投资兴建，1902年建成，1903年投产使用。

公司本体主要从事各类机客车及城市地铁、轻轨等交通设备修理、加装、改造，公铁两用车及各类铁路用特种车制造，铁路机客车配件制造、机车车辆技术服务、金属热加工及进出口等业务。公司合资企业BST公司主要从事铁路高档客车、高速动车组的制造与修理业务。公司拥有铁路高档客车新造、铁路高档客车修理、铁路机车车辆零部件及能源设备配套、铸锻、物流五大产业板块，在四方区、城阳区、胶州市有三大生产基地，占地面积共计105万m^2。公司注册资本29 309万元，资产总额34.6亿元，现有在册员工3 315人。公司下设客车修理、转向架、车体、铝合金、电气、机械锻压、能源供应七个分厂，主要从事客车新造与检修、大部件配套等业务；公司下属一家控股子公司（物流公司）、一家全资子公司（铸锻公司）、一家合资企业（BST公司）。

公司拥有健全的现代企业管理制度、一流的员工队伍、雄厚的技术实力和生产制造能力以及完善的售后服务体系。通过了ISO 9001质量管理体系认证、GB/T 24001环境管理体系认证、GB/T 28001职业健康安全管理体系认证、IRIS体系认证和EN15085焊接质量认证等。目前公司拥有年产800辆高速动车组，年检修800辆铁路高档客车，年新造200辆公路铁路两用车、200辆铁路用特种车、800个转向架构架，年修造10 000条轮对和大批量生产铁路电气件、结构件的能力。依托中国铁路的快速发展和高铁技术优势，公司在巩固既有铁路整车和配件制造与修理业务的基础上，成功进入了工程机械、风力发电等领域，与铁道部各路局、国内主要铁路装备制造商和庞巴迪、GE、西门子等多家世界500强企业保持长期稳定合作关系。

2011年实现销售收入23.5亿元，位列青岛市百强企业第67位，2011青岛制造业企业100强第34位，2011年度青岛市纳税50强企业（第16名）。2012年，公司实现销售收入27.26亿元，位列青岛市百强企业第67位，2012青岛制造业企业100强第30位。

南车四方车辆有限公司是《都市快轨交通》理事会理事单位。

联系方式如下。

单位名称：南车四方车辆有限公司

单位地址：山东省青岛市城阳区宏平路9号　邮编：266111

单位网址：www.csrsf.com.cn　电话：0532-68017221　传真：0532-87808596

6.6.12 南京恩瑞特实业有限公司

南京恩瑞特实业有限公司是中国电子科技集团公司第十四研究所控股的有限责任公司，注册资本5 000万元人民币，位于风景优美的南京江宁经济技术开发区，是江苏省高新技术企业。公司拥有一支优秀的管理、技术队伍，现有员工390多人，其中工程技术人员245人。公司致力于在轨道交通、通用雷达、系统集成等领域为用户提供完善的研究、设计、开发、制造与服务。

公司控股方是从事雷达、通信、电子系统工程的大型综合性电子技术研究所，拥有天线与微波国家级重点实验室、EMC实验室、综合环境试验中心、柔性加工中心等优质资源；拥有一支包括3名中国工程院院士在内的优秀员工队伍，员工5 000多人，其中科研人员2 600多人，为公司新产品开发提供了良好的技术条件，有力推动了公司快速、健康发展。

公司通过了GB/T19001—2000质量体系、AS9100航空质量体系、环境管理体系认证，崇尚“尽责、创新”的核心价值观，遵循“掌握国际先进技术、创建行业知名品牌、提供顾客优质服务、实现业绩持续提升”的方针，坚持“为顾客创造价值，实现各合作方共同发展”的经营理念。

公司拥有计算机信息系统集成一级资质证书、建筑智能化工程专业承包二级资质证书、建筑智能化系统集成专项工程设计设计甲级资格证书、江苏省卫星地面接收设施安装许可证、计算机软件CMMI成熟度三级资质证书、高新技术企业认定证书、重合同守信用企业证书等资质。

1999年十四所成为国家计委确定的城市轨道交通设备信号系统国产化总成单位之一，承担了国家计委 “城市轨道交通信号系统国产化专项”。2001年得到了江苏省政府的支持，承建了“江苏轨道交通信号工程技术研究中心”。2002年承担了江苏省科技攻关项目“城市轨道交通综合自动化系统”，并于2005年通过了项目鉴定。2007年承担了江苏省科技成果转化专项资金项目“城市轨道交通列车自动控制系统”。

产品及应用具体如下。

信号系统：上海地铁6号线；上海地铁8号线；南京地铁1号线一期工程；南京地铁1号线南延线工程；南京地铁2号线一期工程；南京地铁2号线东延工程；南京地铁3号线信号系统总承包；南京地铁10号线信号系统总承包；苏州地铁1号线信号系统总承包；苏州地铁2号线信号系统总承包；哈尔滨地铁1号线信号系统总承包。

公安通信：南京地铁1号线公安通信保障系统。

乘客信息：南京地铁1号线乘客信息系统、南京至高淳城际轨道南京南站至禄口机场段工程乘客信息系统、南京地铁宁天城际一期工程乘客信息系统。

南京恩瑞特实业有限公司是《都市快轨交通》理事会理事单位。

《都市快轨交通》理事会理事代表介绍如下。

朱炳元：1963年出生，1983年本科毕业于成都电讯工程学院，1989年研究生毕业于电子科技大学，研究员级高级工程师。

朱炳元同志创新能力强，善于解决复杂问题。主持了多项重点工程信号处理研制和技术攻关，获电子部科技进步特等奖、国家科技进步一等奖各一次；是享受政府特殊津贴的专家，获江苏省“333”人才工程及江苏省青年科技奖，2006年获得江苏省青年科技创业带头人称号。

目前任中国电子科技集团公司第十四研究所所长助理兼南京恩瑞特实业有限公司总经理。

联系方式如下。

单位名称：南京恩瑞特实业有限公司

单位地址：南京市江宁经济开发区将军大道39号　邮编：211106

单位网址：www.nriet.com.cn　电话：025-52787088　传真：025-52787080

6.6.13　南京曼奈柯斯电器有限公司

南京曼奈柯斯电器有限公司是由中国普天集团南京普天通信股份有限公司与世界著名的专业电气公司德国曼奈柯斯电气公司合资创办的，是专业从事生产工业电气设备的专业厂家。南京曼奈柯斯通过引进德国先进的工艺技术和设备，生产符合IEC/CEE国际标准的1000 V以下，组合插座箱，照明配电箱、检修电源箱、动力配电柜、控制柜、冷藏箱插座屏、低压开关柜等成套产品。该产品具有防尘、防潮、防腐和阻燃耐高温，抗老化，韧性大，抗冲击性好，光洁度高及大电流软接触的优点。产品广泛适用于各种用电场所，已在钢铁、化工、电力、电子、港口、机场、矿山、石油勘探、食品、地铁、铝厂以及汽车制造等各类工矿企业得到成功应用。

南京曼奈柯斯电器有限公司于1995年10月15日成立，公司全体员工本着“团结、创新、务实、高效”的企业精神，于2000年9月1日通过德国TüV NORD ISO 9001国际质量体系认证；2011年2月获得了OHSMS18000职业健康安全管理体系认证证书和ISO14001：2004环境管理系统认证证书。公司生产的检修电源箱、照明箱、检修电源箱、动力配电柜等低压成套设备产品均通过中国国家强制性产品认证即CCC认证，并成为南京市轨道交通产业协会常务理事单位。公司销售额平均每年都以15%的速度增长，并在北京、上海、天津、重庆、广州、西安、武汉、沈阳、杭州、济南等地设立了办事处，我们的经销商遍布全国各大城市，使客户能够在第一时间内得到更便捷、更满意的服务。

南京曼奈柯斯电器有限公司是《都市快轨交通》理事会理事单位。

《都市快轨交通》理事会理事代表介绍如下。

倪海锦：现任南京普天南京曼奈柯斯电器有限公司总经理兼党支部书记，是一位开拓创新、科学决策、善于管理、勤奋实干的优秀企业家。自公司成立以来，倪海锦同志尽心尽力地履行总经理职责，本着“团结、创新、务实、高效”的企业精神，带领公司全体干部和员工，团结拼搏、努力工作，使得公司经济规模和效益持续、稳定、快速地增长。18年来，倪海锦同志一直伴随着企业的成长与壮大，并付出了艰辛的努力。在他的带领下，公司的社会知名度和影响力不断扩大，2003年8月获得南京市高新技术企业称号，2006年8月又获得南京市外商投资先进技术企业称号。与此同时，倪海锦同志本人也获得诸多荣誉，他多次被南京普天评为“先进工作者”和“优秀共产党员”，南京市公交委优秀共产党员，2006年被评为南京市劳模，2008年又荣获“南京市五一劳动奖章”。这些业绩和荣誉的取得都和倪海锦同志锐意进取、不断创新的精神是分不开的。2013年的南京曼奈柯斯将踏上新的征程，开启全新的篇章，在倪海锦同志的正确带领下，南京曼奈柯斯全体员工有信心在新的年度创造新的成绩，为把南京曼奈柯斯建成一流的低压电器设备专业厂家而全力奋斗！

联系方式如下。

单位名称：南京曼奈柯斯电器有限公司

单位地址：南京市江宁开发区秦淮路58号　邮编：211100

单位网址：www.nanjing-mennekes.cn　电话：025-52125588　传真：025-52125577

6.6.14 宁波东港紧固件制造有限公司

宁波东港紧固件制造有限公司成立于1987年4月，以专业生产高强度紧固件为宗旨，产品主要涵括地铁工程专用件、铁道建设专用件、风力发电专用件、核电专用配套、法兰面螺栓系列、内六角、外六角系列及各种非标产品，主要用于风电、核电、高铁、汽车配件、工程机械等行业。产品畅销国内外市场，深受各人商家的信赖。公司历经20多年的奋斗，经营方针从追求大批量生产调整为提高产品技术含量，增加产品附加值，现已发展成为一家年产6万吨、产值4亿元、拥有员工400多名的紧固件专业生产企业，在中国标准件行业中排名前五位。

宁波东港紧固件制造有限公司是行业内率先取得高新技术企业资格的单位，拥有强大的创新和研发能力。先后荣获中国驰名商标、浙江省名牌产品、浙江省著名商标、国家高新技术企业、机械十佳企业等荣誉。

近年来公司在材料处理、冷镦成型、热镦成型、产品热处理、产品包装、物流运输上，投入4 000万元资金进行技术改造，并引进了行业内最先进的冷镦机、拉丝机、热处理流水线及各种物流设备，使公司向自动化、专业化、高效化迈进。在完善硬件的同时，东港还大力提升软件实力，在近十年的发展中，持续改进、创新观念，以顾客满意为最大目标，1998年开始公司在标准件行业率先推行ISO9001质量体系，2004公司推行6S管理并通过ISO14001环保体系管理，2011年顺利通过ISO16949认证。同时公司大力倡导绿色环保概念，2006年被评为宁波市环境保护模范（绿色）工厂，节水型工厂等称号；并投资400万元成立东港慈善基金，先后被评为宁波市慈善总会、浙江省慈善总会慈善会员。

由于公司研发的产品刚刚进入城市轨道交通领域，目前产品主要供应中铁集团应用，暂无承担过重大项目。

宁波东港紧固件制造有限公司是《都市快轨交通》理事会理事单位。

《都市快轨交通》理事会理事代表介绍如下。

王巍：1994年毕业于中国纺织大学防化系专业，1995—2004年担任宁波东港紧固件制造有限公司副总经理，2004年至今一直担任宁波东港紧固件制造有限公司总经理一职。整体负责公司的经营，并具体负责市场管理和市场开拓工作。在其领导下公司从单独经营内销市场到一跃成为外贸出口年销售2 700万美元的外贸大户，公司销售额也从最初的几千万元到如今的近4亿元人民币。

注重品牌的他先后成立公司品牌宣传策划部，领导该部负责品牌相关事宜，先后荣获中国驰名商标、浙江省名牌产品、浙江省著名商标、国家高新技术企业、机械十佳企业等。2004公司推行6S管理并通过ISO14001环保体系管理，多年来每次顺利通过ISO9001质量管理体系复审认证，2011年顺利通过ISO16949认证。同时公司大力倡导绿色环保概念，2006年被评为宁波市环境保护模范（绿色）工厂，节水型工厂等称号；并投资400万成立东港慈善基金，先后被评为宁波市慈善总会、浙江省慈善总会慈善会员。在其管理下，公司规模不断扩大，发展的步伐不断加快。

联系方式如下。

单位名称：宁波东港紧固件制造有限公司

单位地址：宁波市鄞州区启明路78号　邮编：315105

单位网址：www.fastener.com.cn　电话：0574-88393779　传真：0574-88393783

6.6.15 庞巴迪公司

庞巴迪公司是一家世界领先的创新交通运输解决方案供应商，作为全球财富500强企业，其产品范围涵盖了商用飞机、公务飞机和轨道交通运输设备、系统和服务等。庞巴迪公司总部位于加拿大蒙特利尔，业务遍及全球五大洲60多个国家，拥有65 000多名经验丰富的管理骨干和技艺精湛的员工，在23个国家设有制造企业，并拥有覆盖全球的服务和支持网络。截至2011年1月31日的财政年度中，公司总收入达177亿美元，股票在多伦多证券交易所上市（股票交易代码为BBD）。庞巴迪被列为道琼斯可持续发展世界及北美指数的指数成员。

作为与人们生活和工作密切相关的航空业和轨道交通业的全球领导者，庞巴迪致力于打造可持续的交通运输解决方案。事实上这也正是庞巴迪对自己的独特定位。凭借其在全球的运营和在两个交通领域内的最广泛的产品线，庞巴迪拥有无可匹敌的稳定性和运作灵活性，并以此使客户、股东、合作伙伴和员工获益。

庞巴迪运输（集团）是全球轨道设备制造和服务的领导者，为轨道运输业提供最为广泛的富有创新性的产品和服务组合，包括生产轨道车辆、机车、货运车辆、转向架、牵引和控制系统、以及铁路控制解决方案。这些产品及服务正在为交通运输可持续发展不断确立新的基准。庞巴迪ECO4技术组合——建立于能源、效益、经济和生态四个基石之上——节约能源、保护环境并有助于提升列车总体性能。庞巴迪运输（集团）的全球总部设在德国柏林，业务遍及60多个国家，它为全世界提供的车辆总数已逾10万辆，并在全球为8 000多辆轨道车辆提供第三方车队维护服务。作为全球最大的铁路及轨道交通设备制造商，庞巴迪运输多年来一直十分关心并积极参与中国铁路和城市轨道交通建设，竭诚为中国市场提供环保型的产品和服务，在中国已经获得了超过4 000辆轨道车辆和500台电力机车的订单。

庞巴迪宇航（集团）作为全球第三大民用飞机制造商，以研制、提供创新型航空产品和服务著称，在公务、商用和水陆两栖飞机市场上处于领先地位。庞巴迪是中国公务飞机的主要供应商之一，占有约30%的公务飞机市场份额。此外，在大中华地区，有约30架庞巴迪商用飞机在五家航空公司旗下运营。

目前，庞巴迪在中国拥有四家合资企业和七家独资企业，总计雇员人数超过4 000人，并且在北京、上海、广州和香港设有办事处。无论是在轨道交通运输领域还是航空领域，庞巴迪业已与中国建立起持久且不断深入的合作伙伴关系，共同打造创新和可持续的交通运输解决方案。

庞巴迪公司是《都市快轨交通》理事会常务理事单位。

《都市快轨交通》理事会常务理事代表介绍如下。

张剑炜： 庞巴迪中国总裁兼国家首席代表，于2010年2月被任命为庞巴迪中国总裁，其职责包括领导、管理和协调庞巴迪与中国各政府机构的关系；同时在管理庞巴迪与其他重要机构的关系上提供战略支持。

张先生负责开发庞巴迪在中国的新业务并协调庞巴迪在中国的全部业务活动，包括协助三家合资制造公司和七家独资公司的管理，并与各产品分部协同工作，保证中国业务协调一致的战略举措。

张先生于1995年以项目经理的职位开始了他在庞巴迪的职业生涯。此后，他曾担任各种不同的职务，不断得到快速升迁。1997年他被提升为项目及业务开发总监，并于1998年被提升为庞巴迪运输副总裁负责中国业务。 2005年，他被任命为庞巴迪公司中国总裁兼首席代表，同时支持运输（集团）和宇航（集团）的业务。

在投身庞巴迪之前，张先生曾担任过多个学术界的职务，如助教和助理教授。另外，在1975—1982年，他还曾任中国地方政府的高级官员。

张先生1982年毕业于天津大学，获得（内燃机）工学士学位。他于1991年获得了加拿大蒙特利尔大学的工商管理硕士学位（MBA），并于1996年获得蒙特利尔大学管理博士学位（Ph.D.）。他的专业是企业战略。除博士论文外，他在加拿大和法国还发表过多篇管理科学方面的文章。

张先生现任多家董事会的董事并且是多家专业杂志的常务理事和顾问委员会的成员。

联系方式如下。

单位名称：庞巴迪公司

单位地址：北京市朝阳区建国门外大街2号银泰中心C座3901单元 邮编：100022

单位网址：www.bombardier.com 电话：010-85172268 传真：010-85172278

6.6.16 青岛立安德森电气工程科技有限公司

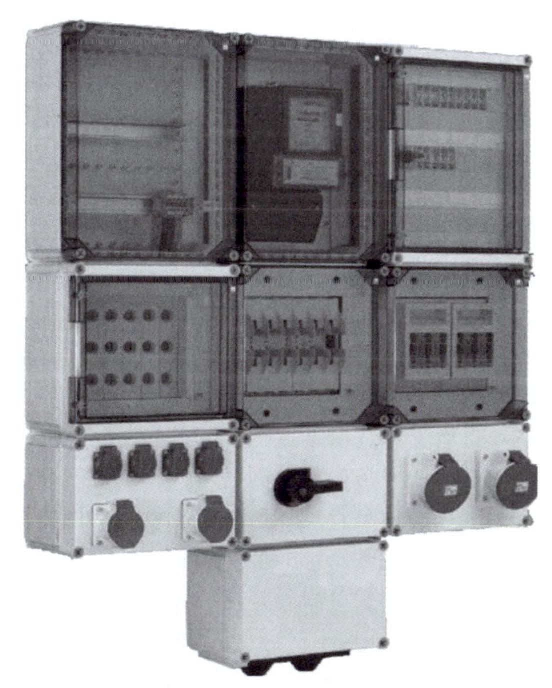

青岛立安德森电气工程科技有限公司（以下简称立安德森公司）坐落于美丽的海滨城市——青岛，主要从事高防护等级的低压配电工程，其中包括系列化的箱/柜体、组装成套用的安装附件及接线器材。主要应用领域包括地铁隧道配电、居住配电、公共建筑配电、露天基础建设、重型厂房配电、自动化通信系统、信号处理、轮船制造、光伏配电等。

2011年，具有108年历史的德国SPELSBERG 配电集团与立安德森公司在中国建立了唯一战略合作伙伴的友好关系，SPELSBERG集团在世界低压配电行业中一直处于领先地位。两家公司成功的将高端配电技术引进到中国，开拓了一个又一个配电新领域。

立安德森公司在提高低压配电设备及其安装的可靠性和安全性宗旨下，产品主要有以下特点。

（1）非标组装。灵活的模块组装配电箱体可以简单安装并无限扩大，满足了客户对各种柜体的非标要求。

（2）绝缘等级Ⅱ级，不需接地，避免箱体导电，对生命安全带来更好的保护。

（3）符合IEC标准，最高防护等级可达IP68，抗撞击强度可达IK 09，防水、防尘等特性能更好地保护箱体内的元器件，增加其使用寿命，增强用电安全。

（4）玻璃纤维加强聚碳酸酯材质不仅能满足带电的绝缘要求，而且还具有弹性好、抗紫外线、耐腐蚀等特点。不含卤素 、硅素等有害物质。

（5）透明化的设计让维修人员能更好地处理故障；简便地安装过程，节省成本和工作时间。

（6）根据特殊环境的需求，可提供特殊分线盒，如WKE 防火分线盒、IP68防水分线盒、IK09抗撞击分线盒、混凝土内置分线盒等。

（7）配电产品寿命高达20～50年，基本免维护。

立安德森的产品环保、安全，公司成立以来，得到了各界行业的好评，业绩逐年翻番递增。但还需广大设计人员和客户更多去了解，并推广使用。

立安德森配电系统——保护供电、保护财产、保护生命！

青岛立安德森电气工程科技有限公司是《都市快轨交通》理事会理事单位。

《都市快轨交通》理事会理事代表介绍如下。

孙元鹏：德国工学工程师，毕业于德国Siegen大学，德籍华人。现担任青岛立安德森电气工程科技有限公司总经理。长期从事高防护等级低压配电、自动化方面的研究。他将带领富有经验的团队在各行各业推广开来，为快速发展的现代化中国做好安全配电。

联系方式如下：

单位名称：青岛立安德森电气工程科技有限公司

单位地址：山东省青岛市城阳区流亭新型建材工业园裕亭路16号 邮编：266108

单位网址：www.liandessen.com 电话：0532-68955701 传真 0532-66735139

6.6.17 青岛四方车辆研究所有限公司

青岛四方车辆研究所有限公司（以下简称“四方所”），隶属于中国北车股份有限公司，是轨道交通行业车辆专业研究所，是轨道车辆关键系统技术和产品的重要供应商。

四方所实施“技术研发和技术产业化发展并举”的发展战略，重点发展轨道车辆电气、减振、钩缓、制动、工程装备核心产业以及、基础技术研究与行业技术支持等业务。在铁路装备现代化进程中，四方所积极参与高速动车组关键技术消化吸收再创新，核心技术已达到国内领先、国际先进水平，成为中国轨道车辆行业高端产业链的重要组成部分。已经投入运行的高速动车组和大功率交流传动电力机车批量装用四方所生产的电气、减振、钩缓、制动等产品。在城市轨道车辆领域，四方所公司攻克了国内城市轨道交通装备的牵引传动系统和制动系统两项核心的技术，成为国内唯一能够同时生产这两项核心系统的企业。四方所核心业务产品全面覆盖了国内开通地铁运营的城市，是我国城轨车辆钩缓装置和空气弹簧行业标准的制定者。在相关多元化和海外市场，成功进入轨道车辆运用维护装备、汽车减振以及工程减振等业务领域，并相继远销海外。

在核心业务发展的同时，四方所注重研发能力与生产能力建设。建立了较为完善的研发、试验体系和标准化、信息管理体系。建所以来，四方所获得了国家科学技术进步奖特等奖等国家、铁道部和省、市科技进步奖共150余项。通过持续的产业化建设投入，建成了规模化的电子/电气、机械和橡胶产业化平台，先进的生产设备、良好的作业环境和有效的过程控制，满足了轨道装备制造行业高可靠性的技术要求。

四方所是国家级企业技术中心。通过了ISO9001：2008质量管理体系、国际铁路行业标准（IRIS）、ISO14000环境体系、OHSAS18000职业健康与安全体系、ISO/TS16949质量管理体系认证。

铁道部在四方所设立了产品质量监督检验中心车辆检验站、车辆专业标准化技术归口单位和铁道车辆信息中心，中国铁道学会车辆委员会也设在四方所。

四方所将充分把握国内轨道车辆行业高速运行的机遇，加快现有业务领域在行业内的拓展。同时以核心技术为依托，开发海外市场和跨行业市场，迅速扩张产业规模。四方所以卓越的技术和以人为本的思想，竭诚为社会提供最有价值的产品。

青岛四方车辆研究所有限公司是《都市快轨交通》理事会理事单位。

《都市快轨交通》理事会理事代表介绍如下。

刘保明：青岛四方车辆研究所有限公司（下称四方所）董事长兼总经理、教授级高级工程师，国务院特殊津贴专家。

刘保明董事长长期从事铁路客车电气系统的技术研究、产品开发及技术管理工作，是轨道行业的知名专家。他主持承担了青藏客车供氧、空调、电气系统高原适应性技术研究的课题项目。他带领研发团队，成功解决了青藏高原铁路三大技术难题之一的供氧问题。在2008年国家科学技术奖励大会上，四方所作为“青藏铁路工程”项目主要完成单位之一被授予国家科学技术进步奖特等奖。他主持了“十一五”国家科技支撑计划“350 km/h动车组列车网络控制系统技术研究、试制及试验”，铁道部“动车组关键技术自主创新深化研究”课题项目中的“CRH5型动车组牵引及辅助控制系统、列车网络控制系统”，相关技术成果打破了国外的技术垄断，为中国轨道车辆行业关键技术的自主创新作出了重要贡献。同时，他还推进了城市轨道交通车辆牵引传动系统和制动系统这两项关键技术的国产化，使四方所成为国内唯一既能生产城市轨道牵引传动系统又能生产制动系统的企业。

在刘保明董事长的带领下，四方所业绩持续增长，2012年实现销售收入20多亿元，荣列青岛企业百强第75位，制造业企业百强第35位，并获得国家级企业技术中心称号。他个人也先后获得“茅以升铁道工程师奖”、“山东省富民兴鲁劳动奖章”、“青岛市劳动模范”等多项荣誉。

联系方式如下。

单位名称：青岛四方车辆研究所有限公司

单位地址：青岛市瑞昌路231号　邮编：266031

单位网址：http://www.srsri.com 电话：86-532-86083101 传真：86-532-86083101

6.6.18 萨克斯汽车零部件系统（上海）有限公司

萨克斯汽车零部件系统（上海）有限公司成立于1998年，是德国采埃孚集团在中国投资的第一家大型汽车零部件项目，位于上海莘庄工业园。本公司于2003年10月又成立了铁路减振器新工厂，占地约37 000 m^2，建筑面积5 700 m^2，主要生产和销售铁路及商用车减振器。2006年8月，德国总部再次增资900万欧元，公司现总注册资金为1 680万欧元，用以扩建新的动力传动部门。新工厂已于2007年2月完工，总建筑面积约为11 000 m^2。

铁路方面，萨克斯公司全面参与了中国高速铁路CRH3、CRH380、25T、25G客车、西门子上海地铁项目、长春上海地铁项目、以及北京、长春、沈阳、大连、天津、广州、深圳、香港地铁项目，其他大型国内项目还有大连东芝车、株洲DJ4、戚墅堰东风、戚墅堰和谐机、资阳DF8B。此外，出口项目也在不断增加，如四方纳米比亚机车、四方土库曼斯坦客车、资阳苏丹机车、韩国现代Rotem、韩国仁川地铁等国外各大项目。

动力传动新工厂主要产品为工业用液力变矩器、商用车离合器以及乘用车双质量飞轮，其客户主要有韩国现代、奇瑞、苏州金龙、郑州宇通、东风汽车和陕西重型汽车。

公司铁路减振器生产设备拥有多项极具竞争力的技术：最先进的管子和活塞杆焊接、焊接质量检验、液压件组装和实验、橡胶件压装、间整齐整体油漆等。厂内设有一个样品车间，三个疲劳试验台。生产车间装有空调设备以满足液压件组装对场地清洁的要求，并与2007年3月引入了集团GPS生产管理模式。同时，应用最高新高架技术的大型仓库和先进物流软件系统保证了对来自减振器最终用户，如地铁公司和当地铁路部门的备件需求的快速反应。生产线设备满足与德国同样的最新技术标准和环境标准，铁路减振器生产能力位居世界前三位。并应高速铁路和地铁客户的发展需求，于2010年10月成立了减振器维修车间，用以维修高速列车减振器。

萨克斯公司还有着一整套售后服务的网络体系，以区别于同行业企业，这来源于处于世界减振器生产第一位的德国萨克斯的强大支持，使我们处于竞争的领先地位，并更好地为我们的客户服务。

萨克斯汽车零部件系统（上海）有限公司是《都市快轨交通》理事会常务理事单位。

《都市快轨交通》理事会常务理事代表介绍如下。

叶国弘：博士，男，1960年出生于上海，毕业于德国亚琛工业大学，曾于1993—1998年担任德国菲斯特·萨克斯公司中国项目经理及上海办事处中国代表；1998年至今担任萨克斯汽车零部件系统（上海）有限公司总经理，2003年至今同时兼任采埃孚（中国）投资有限公司总裁。

联系方式如下。

单位名称：萨克斯汽车零部件系统（上海）有限公司

单位地址：上海市闵行区元江路4440号　邮编：201111

单位网址：www.zfsachscom.cn　电话：021-24169544　传真：021-24169402

6.6.19 上海新华控制技术（集团）有限公司

上海新华控制技术（集团）有限公司是为工业生产过程提供自动化控制系统设计、制造和整合相关产品的高科技企业。公司拥有齐全的技术解决方案和优秀的专业技术人才以及完善优质的售后服务，从事控制系统设计、软件开发、硬件制造和控制系统总成套，为用户提供各种规模的自动控制成套设备和自动化控制系统。自1985年成立以来，1000多家电力、冶金、交通、石化、环保、水泥、市政工程等行业的用户因为使用了新华集团提供的成套控制系统而获得效益，与新华集团成为自动化工程的伙伴与朋友。集团公司拥有多种专业高素质的研发队伍，不断创新技术，不断创新产品。集团将不断加大对研发的投入，以环保、节能、安全的设计理念，研发新产品与新技术。重点发展大型生产过程和连续生产过程综合自动控制、先进的工业控制技术、轨道交通自动控制、智能电网控制技术，帮助的用户以更经济的代价获得更满意的产品和服务。

新华集团一向注重严格的科学管理及全面的质量控制，建立了完整的质量管理体系，通过了ISO-9001:2000质量管理认证和国际认证。新华集团拥有研发中心、销售中心、工程技术中心、制造中心、培训中心、各种环境模拟试验设备、在线测试系统、CAD系统、计算机管理系统及办公自动化系统、被控对象的仿真系统及各类控制实验室。新华集团主要从事电力、环保、轨道交通、化工、造纸、水泥、钢铁、市政工程等系统的自动控制系统设计、制造及全面解决方案的提供与实施，并为成套设备制造厂提供OEM、ODM控制系统。

自2002年以来上海新华进入轨道交通行业以来，上海新华已经在轨道交通领域推出了多个自动控制系统产品和解决方案，分别是新华轨道交通综合监控系统（XISCS－100）、新华轨道交通变电所综合自动化系统（XISCS-SAS）、新华轨道交通电力监控系统（XISCS-PSCADA）、新华轨道交通环境与设备监控系统（XISCS-BAS）。新华的轨道交通自动控制系统已经成功运行于全国的十多条地铁线路。自投入运行以来，硬件运行可靠平稳，软件平台功能丰富，人机界面友好，使用维护方便。

在2010中国上海世博会期间，上海新华控制技术（集团）有限公司轨道交通事业部的工程技术人员作为上海轨道交通专业保障志愿者与上海地铁员工一起，确保了上海交通全路网的安全运营，集团被申通地铁集团授予世博保畅先进单位。

上海新华控制技术（集团）有限公司是《都市快轨交通》理事会常务理事单位。

《都市快轨交通》理事会常务理事代表介绍如下。

李培植：男，1933年生，教授级高级工程师。现任新华集团董事长。1953年考取上海交通大学造船系，1961年毕业于前苏联列宁格勒造船学院动力工程专业。回国后长期从事火电厂自动控制系统科技攻关工作。1983年至1984年赴美国进修自动控制技术。1985年创建集体所有制的中华电液控制技术联合开发中心（新华集团的前身），致力于火电厂自动控制系统国产化，建成了我国最大最具有实力的火电厂自动控制系统国产化研发、生产和工程基地，以其自主知识产权的产品和优质的工程服务推动了中国火电厂自动控制工程这个行业的整体进步，赢得了世界范围的尊重。

李培植董事长还是中国动力工程学会常务理事、上海市科技企业联合会副理事长、上海市欧美同学会常务理事。多次被授予“中国优秀民营企业家”、“上海市劳动模范”、“上海市优秀科技企业家”等称号，荣获“中国科技实业家创业奖”、“中国仪器仪表学会科学技术奖”。

联系方式如下。

单位名称：上海新华控制技术（集团）有限公司

单位地址：上海市徐汇区漕溪北路88号圣爱大厦25楼　邮编：200030

单位网址：www.xinhuagroup.com　电话：021-54253038　传真：021-54252999

6.6.20 浙江天铁实业股份有限公司

浙江天铁实业股份有限公司成立于2003年，是一家专业从事铁路橡胶减振产品的研发、生产和销售的省级高新技术企业。公司位于浙江省天台县境内，占地40 000多m^2，注册资金7 800万元。公司先后被认定为“浙江省高新技术企业”、“浙江省知名商号”、“浙江省名牌产品”、“浙江省高新技术企业研究开发中心”、“浙江省工商信用等级AAA级‘守合同重信用’单位”、“浙江省优秀民营企业”、“台州市专利示范企业”、“台州市能源计量示范单位”、“台州市企业技术中心”等。公司通过ISO9001质量管理体系认证、ISO14001环境管理体系认证、AA测量管理体系认证、AAA标准化良好行为认证；获得了1项国家重点新产品项目。公司采用德国橡胶减振降噪垫技术，主营轨道交通橡胶减振降噪垫产品。

天铁股份是国内轨道交通橡胶减振降噪产品的龙头企业之一，公司生产的橡胶减振降噪产品主要供应给中国中铁和中国铁建旗下各局，公司产品大量应用于高铁、地铁、城市轻轨等轨道交通领域。公司产品因具有突出的减振降噪性能，得到客户的广泛认可，产品远销欧洲。

浙江天铁实业股份有限公司是《都市快轨交通》理事会常务理事单位。

联系方式如下。

单位名称：浙江天铁实业股份有限公司

单位地址：浙江省天台县人民东路928号

单位网址：www.tiantie.cn　电话：0576-83086116　传真：0576-83086288

6.6.21 株洲时代新材料科技股份有限公司

株洲时代新材料科技股份有限公司（简称时代新材），公司专业从事系列高分子复合减振弹性元件、风力发电、高分子复合改性线路减振材料、新型绝缘材料及特种涂料等四大系列产品的研制、生产与销售，产品品种达300多种，主要应用于铁路、城市轨道交通及工程机械行业，产品覆盖全国铁路干线新型机、客、货车，以及城轨轨道和客运专线、风电发电等市场和领域，并已实现大批量出口。

公司是国家火炬计划重点高新技术企业，湖南省首批重点高新技术企业，中国铁路机车车辆工业总公司（现南、北车集团）认定的铁路机车车辆配件定点生产厂，铁道部运输局、中国铁道工程协会认定的铁道器材研究发展基地，为我国近年来交通装备全面提速、重载、轻量化、舒适性技术的进步做出了积极贡献。

公司建立了集新材料基础研究和工程化应用研究于一体的国家认定企业技术中心，拥有新材料、系统结构领域博士后科研工作站，是湖南省减振降噪工程技术研究中心的依托单位，拥有高分子材料、系统与结构设计、工艺配方研究和检测及可靠性试验等方面的四大核心技术优势。

公司质量体系运行完善，先后通过了ISO 9001和TS 16949国际质量体系认证，曾四度荣获GE公司“最佳供应商”和“最佳质量奖”，并成为了庞巴迪公司(bombardier)战略供应商，现已发展成为全国交通机械装备行业经营规模最大、整体科技实力最强的高分子复合材料减振降噪技术专业研究、开发基地。

公司近年来业绩一直保持高速增长，公司近年来业绩一直保持高速增长， 2012年实现销售34亿，2015年公司要全面实现“1125”目标，即销售规模达100亿元，年均增长率达到35%，其中海外销售额超过20亿元；净利润超过10亿元；人均劳动生产率达200万元/年；进入世界非轮胎橡胶制品行业前50强，成为全球轨道交通弹性元件和全国风电高分子复合材料制品的最大供应商，成为以新产品、新技术占领高端市场，以高质量、高效率取胜行业竞争者，拥有强大核心竞争力的，安全、健康、高效的国际型新材料公司。

“万里横戈探虎穴，铸得宝剑舞龙泉”。几年来，时代新材走出了一条有自己特色的发展之路，如今，时代新材凭借着诸多优势在资本市场上开始了新的征程，更多的市场机遇、更为广阔的发展空间，将为时代新材加速发展增添助力，为时代新材未来业绩飞跃发展提供坚固的保障，未来的日子里，公司将以快速的反应能力，可靠的产品质量，秉承“用户与公司的利益是我们最根本的利益”的经营理念，通过观念创新、管理创新、技术创新、市场创新、产品创新使公司成为全球交通装备领域的优秀供应商。

株洲时代新材料科技股份有限公司是《都市快轨交通》理事会理事单位。

《都市快轨交通》理事会理事代表介绍如下。

刘建勋：长期从事轨道交通领域的减振降噪研究，致力于高分子复合材料在轨道交通、汽车、风电领域的应用研究，为高分子材料在我国轨道交通领域的推广应用和机车车辆的减振降噪技术的发展做出了杰出贡献，对推动高分子复合材料、减振降噪技术在汽车、风电领域的应用发挥了重要作用。经过近二十年的专研和积累，通过技术创新带领公司进入世界非轮胎橡胶制品行业前50强，所主持研发的高分子复合材料减振降噪弹性元件远销欧洲、北美、澳洲，使公司成为世界主要机车车辆制造厂商的核心供应商，在世界轨道交通领域拥有广泛的影响，每年创造超过30亿元的经济效益，获得国家能源科技进步三等奖一次、湖南省科技进步二等奖一次，株洲市科技进步奖三次，出版专著一本，申报专利近20项，授权专利9项，发表学术论文近20篇，参与起草行业标准2项。

联系方式如下。

单位名称：株洲时代新材料科技股份有限公司

单位地址：株洲市天元区海天路18号　邮编：412007

单位网址：www.trp.com.cn　电话：0731-22837856　传真：0731-22837863

6.7 学　校

6.7.1 北京交通大学

北京交通大学是教育部直属，教育部、原铁道部、北京市人民政府共建的全国重点大学，是国家“211工程”、“985工程优势学科创新平台”项目建设高校和具有研究生院的全国首批博士、硕士学位授予高校。

北京交通大学作为交通大学的重要组成部分，历史渊源追溯到1896年，她的前身是清政府创办的北京铁路管理传习所，是中国第一所专门培养管理人才的高等学校，是中国近代铁路管理、电信教育的发祥地。1917年改组为北京铁路管理学校和北京邮电学校，1921年与上海工业专门学校、唐山工业专门学校合并组建交通大学。1923年交通大学改组后，北京分校更名为北京交通大学。1950年学校定名北方交通大学，由著名桥梁专家茅以升任校长。2000年与北京电力高等专科学校合并，由铁道部划转教育部直属管理。2003年恢复使用“北京交通大学”校名。学校曾培养出中国第一个无线电台创建人刘瀚、中国第一台大马力蒸汽机设计者应尚才，以及中国现代作家、文学评论家、文学史家郑振铎、中国第一本铁路运输专著作者金士宣、我国铁路运输经济学科的开创者许靖、我国最早的四大会计师之一杨汝梅等一大批蜚声中外的杰出人才，“东京审判”担任首席检察官的向哲浚、我国著名的经济学家、人口学家马寅初等都曾在我校任教。

一个多世纪以来，经过数代交大人励精图治、艰苦奋斗，北京交通大学已成为推动国家经济社会发展，特别是交通行业和首都区域科技创新和高层次人才培养的重要基地。近年来，学校紧紧抓住国家深入推进工业化、城镇化、信息化，建设综合运输体系特别是加快发展轨道交通，以及北京建设中国特色世界城市的重要机遇，为服务国家交通、物流、信息、新能源等行业及北京经济社会发展作出了积极贡献。目前，学校确定了到本世纪中叶初步建设成为特色鲜明世界一流大学的发展目标和“三步走”战略。

目前学校有有交通运输工程、信息与通信工程2个一级学科国家重点学科，产业经济学、桥梁与隧道工程2个二级学科国家重点学科，包括一级学科所涵盖的二级学科国家重点学科总数达到8个。建有15个博士后科研流动站，有20个一级学科博士点，34个一级学科硕士点，有MBA、工程硕士、会计硕士、法律硕士等10类专业学位。

北京交通大学大力实施人才强校战略，努力建设一流的师资队伍。全校教职工2 852人，其中专任教师1 716人（具有正高级专业技术职务的354人，副高级专业技术职务的674人，具有博士学位的占63%，具有硕士以上学位的占90.2%）。中国科学院院士4名，中国工程院院士8名，国家级教学名师5人，国务院学位委员会学科评议组成员4人，“973”首席科学家3人，国家“千人计划”入选者5人，在聘“长江学者”特聘教授和讲座教授7人，国家百千万人才工程7人，新世纪百千万人才工程国家级人选5人，国家杰出青年基金获得者7人，跨世纪优秀人才培养计划4人，新世纪优秀人才支持计划49人，享受政府特殊津贴专家162人。

“饮水思源，爱国荣校”，如今，有着116年辉煌历史的北京交通大学，肩负着新的历史使命，秉承“知行”校训，以谦虚谨慎、开拓进取的精神，努力实现交通大学百年华诞时江泽民同志题词“继往开来，勇攀高峰，把交通大学建设成世界一流大学”的要求，向着特色鲜明世界一流大学的目标迈进。

北京交通大学是《都市快轨交通》理事会理事长单位。

联系方式如下。

单位名称：北京交通大学

单位地址：北京市海淀区上园村3号　邮编：100044

单位网址：www.bjtu.edu.cn

6.7.2　哈尔滨铁道职业技术学院

哈尔滨铁道职业技术学院隶属于世界500强的中国中铁，由黑龙江省教育厅与中铁三局集团共建。2009年进入省级文明单位标兵行列，2010年被教育部、财政部确定为国家百所骨干院校首批立项建设单位。

学院在黑龙江省44所高职院校中率先实行了二级管理，提高了管理效率，降低了管理成本，推进了教书育人一体化。下设铁道建筑学院、城市轨道交通学院和计算机等5个二级分院，开设了高速铁道、城市轨道、道路桥梁和盾构等35个专业，并在31个省市和自治区招生，现有全日制在校生8 385人，专任教师408人，另有225人是来自生产一线的技术人员和专家担任兼职教师和客座教授。

学院占地53.9万平方米，教学仪器设备8 521万元。拥有城轨、道桥和检测3个中央财政支持建设的国家级实训基地。学院现为黑龙江省振兴东北老工业基地“城市设施人才培训中心”、国家技能人才培育突出贡献单位、中国中铁职业技能鉴定站和省测量工考核基地。

多年来，学院与中国中铁形成了“企亦校、校亦企、校企一家”的合作办学模式，形成了“双主体”的人才培养特点，即学生培养“双单位、双区域、双教师、双身份、双证书”。全部专业实施顶岗实习。按照企业岗位任职要求，引入行业技术标准，课程内容对接施工内容，开发了基于线路、桥梁、隧道、地铁、轻轨等工作过程为导向的课程体系。近二年，学院的领导和骨干教师多次到国外一些知名学校学习和交流，积极开拓国际合作办学之路。学院也积极与企业合作开展“订单”式培养，自2003年以来，先后与北京、广州、深圳、宁波和哈尔滨等地铁公司以及中铁一局等施工单位共同开办了订单培养班，校企共同制订人才培养方案，真正做到了人才供需无缝对接。

学院面向企业开展“四新”技术服务。主持或参与了中铁三局集团“大深度高水压条件下盾构管片背后注浆技术研究”及“长大无缝线路综合施工技术”等22项科技攻关项目。承担了石太客运专线、沈阳地铁施工实验室建设和南广铁路客运专线、哈大客运专线施工测量任务。为中国中铁编写了《测量工》、《桥梁工》等高、中级技师培训教材和配套教学资源库。连年承办了中国中铁CAD、测量的培训和大赛任务。

学院积极为企业承揽工程，仅在东北地区为企业承揽国家重点工程项目14个，资金总额30多亿元。

中国中铁投入10 560万元支持学院创建国家骨干高职院校。

哈尔滨铁道职业技术学院是《都市快轨交通》理事会常务理事单位。

《都市快轨交通》理事会常务理事代表介绍：

韩仁海：现任中国中铁宏达资产管理中心党工委书记兼任学院院长，1982年1月毕业于北京交通大学，教授级高级工程师，在企业管理和高等职业教育领域成绩斐然，是教育部办学水平评估专家、黑龙江省高等学校设置评审委员会专家、黑龙江省职业教育研究会副秘书长和建筑联合会副会长。

联系方式如下。

单位名称：哈尔滨铁道职业技术学院

单位地址：哈尔滨市南岗区保健路123号　邮编：150081

单位网址：www.htxy.net　电话：0451-57839200

6.7.3 武汉铁路司机学校

武汉铁路司机学校坐落于大专院校云集的武汉南湖之滨，始建于1972年，1994年被命名为“国家重点技工学校”，2001年被批准为“武汉铁路高级技术学校”，2007年被批准成立“武汉铁路技师学院”，是湖北省人力资源和社会保障厅直属、省财政全额拨款事业单位。

学校按照“特色办校、质量立校、品牌兴校、和谐强校”的办学理念，充分发挥铁路和城市轨道交通相关专业办学历史悠久的优势，打造了以地铁（铁路）驾驶、车辆检修、牵引供电和运输专业为特色品牌，机电技术应用、数控技术应用、计算机技术应用为辅助的专业体系；建成了地铁（铁路）列车模拟驾驶、车辆检修、牵引供电、运输管理、机电技术、数控技术、计算机技术应用等实习实训中心；拥有专业对口、理论扎实、动手能力强的“双师型”教师队伍，开发编写了城市轨道交通、电钳实训、铁路高技能人才培训等专业教材50余册，在全国率先开发了城市轨道交通列车驾驶员和车辆检修员等职业资格标准。

近年来，学校按照校企联合、定单式培养的模式，先后为武汉、南京、广州、深圳、杭州、无锡、苏州、宁波、成都、西安、重庆、南宁、青岛、哈尔滨、南昌等城市地铁运营单位，中国铁路集团、中国铁路建设集团所属的铁路和地铁建设单位，培养输送了大批司乘、检修、供电和运输人才，订单和定向就业率高达95%以上。面向地铁、铁路企业开展城市轨道交通车辆驾驶、车辆检修，电气化控制、铁路机车司机资格考试考前培训、机车转型、铁路专业技术干部、技师及高级技师的短期培训和技能鉴定，为武汉铁路局、南宁铁路局、上海铁路局等铁路运输局培养输送了3万多名运营管理专业技术人才，为提升我国城市轨道交通和铁路行业职工技术技能水平做出了突出贡献。

学校被誉为“火车司机的摇篮”，是铁道部铁路机车司机培训基地，全国培养输送地铁司机、车辆检修、供电维修和运营管理高技能人才的重要基地，湖北省高技能人才培养示范基地，武汉地铁集团实习教学基地，湖北省数控技术培训鉴定基地。学校被人力资源和社会保障部授予“国家技能人才培育突出贡献奖”，湖北省委授予“先进基层党组织”等荣誉称号。

武汉铁路司机学校是《都市快轨交通》理事会理事单位。

《都市快轨交通》理事会理事代表介绍：

李永红：武汉铁路司机学校校长。他锐意改革，勇于创新，不断探索职业教育发展的新路子，探究职业教育学校管理新方法，带领学校全体教职员工，紧抓城市轨道交通快速发展的良好机遇，抓基础、强管理、广合作、创品牌。

天道酬勤，一份耕耘，一份收获。在他的带领下，学校全体教职工解放思想、自主创新、主动探索、内强基础、外拓市场，学校发展实现了年年有进步，年年创新高。新建教学大楼、培训中心、学生宿舍、塑胶运动场、校园广场，完成实训楼、学生公寓、校园水电管网改造和校园循环道路改扩建及绿化亮化工程，办学环境得到根本改善；打造以铁路（地铁）驾驶、车辆检修、牵引供电和运输管理专业为特色品牌，机电技术应用、数控技术应用、计算机技术应用为辅助的专业体系，办学特色得到充分发挥；新建铁路（地铁）列车模拟驾驶、车辆检修、牵引供电、运输管理、机电技术、数控技术、计算机技术应用等实习实训中心，办学实力得到显著增强；年招生达1 200余人，在校注册学生近6 000人，办学规模得到持续扩大；与15家地铁公司、10余家铁路工程部门、武汉铁路局、南宁铁路局、上海铁路局等建立校企合作关系，学生就业率高达95%以上，就业市场得到强势拓展；“双师型”教师占比达56%，学生管理和教学质量受到企业认可，第二课堂活动丰富多彩，综合管理和后勤保障服务有力，学校发展目标明确，发展信心得到增强。

联系方式如下。

单位名称：武汉铁路司机学校

单位地址：湖北省武汉市新余家湾武南铁路新村147号　邮编：430064

单位网址：www.wtsxcom.cn　电话：027-51162259　传真：027-88037001

6

6.7.4 中国矿业大学（北京）

中国矿业大学（北京）

盾构施工信息管理系统

“盾构施工信息管理系统”可以通过因特网实现对盾构施工的实时监控和全过程分析，其基本功能主要有：

1、实时形象地显示工程进度及各级风险源影响区域。

2、形象显示施工参数，实现远程实时监控。

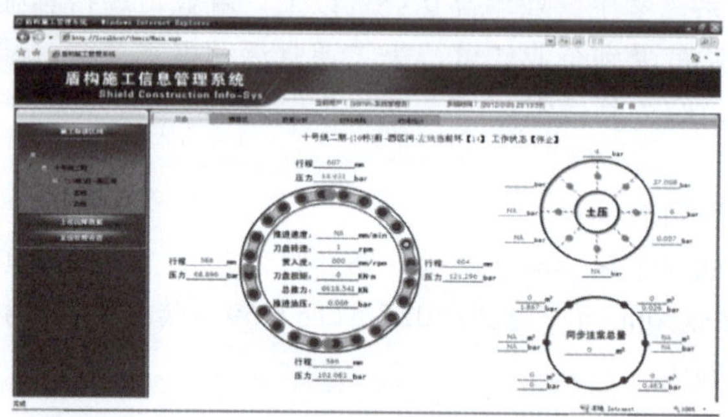

3、可对盾构施工数据进行各种条件下的查询、统计及分析。

4、可上传、下载、查询测点沉降数据。

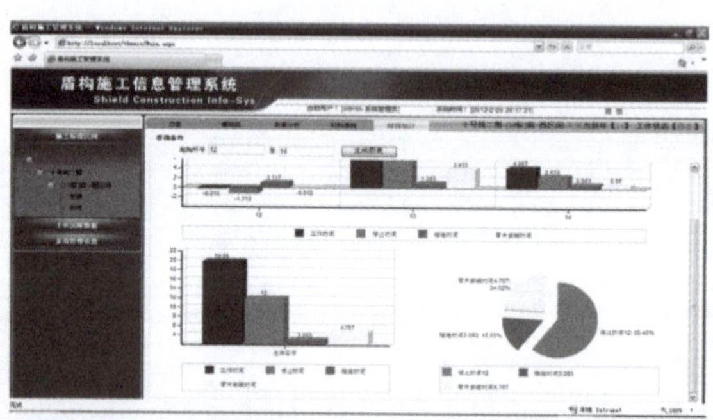

中国矿业大学（北京）是《都市快轨交通》理事会理事单位。

联系方式如下。

单位名称：中国矿业大学（北京）

单位地址：北京市海淀区学院路丁-11号保源公寓A2706室　邮编：100083

电话：010-51734765　传真：010-51734765

附录A 城市轨道交通行业常用网站

A.1 轨道交通公司网站

北京市地铁运营有限公司 www.bjsubway.com
上海申通地铁集团有限公司www.shmetro.com
广州市地下铁道总公司www.gzmtr.com
南京地铁集团有限公司www.nj-dt.com
深圳市地铁集团有限公司www.szmc.net
重庆市轨道交通集团（有限）公司www.cqmetro.cn
天津市地下铁道集团有限公司www.tjdt.cn
武汉地铁集团有限公司 www.whrt.gov.cn
成都地铁有限责任公司www.cdmetro.cn
沈阳地铁集团有限公司www.symtc.com
杭州市地铁集团有限责任公司www.hzmetro.com
西安市地下铁道有限责任公司www.xametro.gov.cn
苏州市轨道交通集团有限公司www.szgdjt.com
宁波市轨道交通集团有限公司www.nbmetro.com
福州市城市地铁有限责任公司metro.fuzhou.gov.cn
郑州市轨道交通有限公司www.zzmetro.com
哈尔滨地铁集团有限公司www.hrbdt.com
无锡市轨道交通发展有限公司www.wxmetro.net
南昌轨道交通集团有限公司www.ncmtr.com
长沙市轨道交通集团有限公司www.hncsmtr.com
东莞市轨道交通有限公司 www.dggdjt.com
昆明轨道交通有限公司 www.kmgdgs.com
合肥城市轨道交通有限公司www.hfgdjt.com
南宁轨道交通有限责任公司www.nngdjt.com
贵阳市城市轨道交通有限公司 www.gyurt.com
佛山市铁路投资建设集团有限公司www.fmetro.net
厦门轨道交通规划建设工作小组领导办公室www.xmbrt.com.cn
石家庄市轨道交通有限责任公司www.sjzmetro.cn
温州市铁路与轨道交通投资集团有限公司www.wzrailway.com/
太原市轨道交通建设管理办公室www.tymetro.com/

A.2 媒体类网站

《都市快轨交通》www.urt.cn
《城市轨道交通研究》umt.tongji.edu.cn
中国城市轨道交通协会www.camet.org.cn
中国城市轨道交通网www.chinametro.net
中国城市轨道交通网www.ccmetro.com
轨道交通纵横资讯网www.railwayvision.com
中国地铁网www.chinaditie.com

中华铁道网www.chnrailway.com
人民铁道网www.rmtd.com.cn
铁流网www.tieliu.com.cn
中国铁路工程建筑网www.zgtlgcjz.cn
中国铁路市场网www.zgtlsc.cn
中国铁道建设网www.tdjs.com.cn
中国铁路商务网www.china-railway.com.cn

A.3 轨道交通论坛

地铁族网www.ditiezu.com
海子铁路网bbs.hasea.com
上海轨道交通俱乐部club.metrofans.sh.cn
地铁北京论坛www.ourmetro.org
地铁网bbs.subways.cn

附录B 城市轨道交通2012年大事记

日期、城市、事件内容（轨道交通会议、出台的规范、法规）

20120104	宁波轨道交通2号线一期工程16个站点进入全面施工。
20120104	东莞市轨道交通有限公司召开2011年度工作总结会议。
20120106	南京地铁2号线汉中门站发生道床异常，市地铁指挥部及时全力抢修。
20120106	苏州市专家验收组对1号线清分中心系统标进行了交工验收。
20120108	石家庄新客站下城市轨道交通预留工程地铁2号线车站项目开工。
20120109	沈阳地铁二号线售票试运营的第一天客流量达82880人次。
20120112	苏州轨道交通1号线首次全线试运行，人工时速每小时40公里。
20120118	长沙地铁2号线最深车站湘江中路站主体完工。
20120121	长沙地铁首次盾构穿越湘江。
20120130	南京市重大项目建设暨招商引资工作会议公布三号线29座车站全面开工。
20120131	北京地铁13号线因信号故障临时停车导致多站站台出现客流拥堵。
20120202	上海地铁13号线一期工程西段顺利贯通，为西段通车打下了坚实基础。
20120203	成都地铁2号线一期工程正式开始动车调试。
20120209	苏州轨道交通一号线金鸡湖试验段工程正式开工，跨入建设施工阶段。
20120214	西安地铁办将“玫瑰单程票”免费向情侣赠送，用于纪念。
20120214	苏州地铁报首份于情人节试刊。
20120215	广州地铁一号线广州东站发生道岔故障，一号线双方向列车均有延误。
20120216	无锡地铁2号线盾构首发掘进，标志着全面进入盾构施工的崭新阶段。
20120217	沈阳2012年重大项目暨现代有轨电车项目开工仪式隆重举行。
20120219	成都地铁2号线一期最后一段区间顺利“热滑”成功。
20120221	澳门轻轨氹仔市中心路段建造工程正式启动。
20120221	西安地铁3号线首个施工标段正式开工。
20120222	海口现代有轨电车一期工程最初的线路设计被否决，新的路线需重新规划。
20120223	成都地铁4号线东段4片区正式封闭打围施工。
20120223	北京地铁10号线某工地打桩机发生侧翻，未造成人员伤亡。
20120223	成都地铁公司与中铁在成都红牌楼南站召开加快新一轮地铁建设动员大会。
20120224	我国首条跨省际城轨（上海至江苏昆山）上海地铁11号线北延伸工程开始架梁。
20120226	全国首列轨道交通“雷锋号”列车从重庆轨道交通2号线新山村站首发。
20120226	我国首条穿越长江的地铁——武汉地铁2号线全线贯通。
20120228	北京市残联举行新闻发布会，北京残疾人可免费乘坐公交地铁。
20120229	郑州地铁1号线一期工程区间隧道全部贯通。
20120301	上海地铁电视（广播）直播运营信息首度进入轨交移动电视平台。
20120305	长沙地铁2号线穿越湘江的溁橘区间实现双线贯通。
20120305	香港特区行政长官曾荫权到北京京港地铁公司视察并慰问员工。
20120306	广州地铁4号线石碁站停车场受槽罐车侧翻影响，停电停运数小时。
20120308	北京地铁机场线首次实现无人驾驶。
20120308	杭州地铁1号线首条地铁线路全线洞通。
20120311	武汉市轨道交通3号线一期工程已完成前期工作，进入建设阶段。
20120313	上海地铁7号线因设备故障造成大规模延误3个小时，向乘客致歉。
20120313	宁波市城市快速轨道交通建设规划（2013-2020）完成专家评估。
20120315	天津地铁运营公司列车在2号线成功进行首次试运行。
20120318	北京地铁14号线成功开掘第一个大盾构隧洞区间，地铁列车在洞内双线通行。
20120321	天津地铁2号线芥园西道主变电站成功送电，3号线隧道全线贯通。

20120324	哈尔滨地铁1号线正线盾构区间全面贯通。
20120327	天津地铁3号线列车正线上首次热滑成功。
20120327	北京地铁10号线二期工地施工竖井塌方致使1名工人被埋身亡。
20120328	北京地铁公司决定5号线实施新编平日列车运行图。
20120330	乌鲁木齐市1号线试验段线路确定，年内启动地铁1号线试验段项目建设。
20120331	由于滚梯故障和设计缺陷，北京国贸10号线换乘1号线通道拥挤难行。
20120331	沈阳地铁1号线某列车因车门故障在隧道内停6分钟，向乘客致歉。
20120401	北京市首个地方标准《地铁噪声与振动控制规范》正式实施。
20120407	苏州地铁1号线启用“万人试乘体验周”。
20120410	宁波轨道交通1号线进入机电设备安装阶段。
20120410	杭州地铁1号线轨道全线整体道床施工完成，实现轨通。
20120415	武汉“读书之城”建设启动仪式成功举行，武汉“地铁报”正式诞生。
20120415	我国首部地铁发展史《北京地铁发展史》正式发行。
20120418	无锡地铁2号线梅园站在地铁施工中首次引入静态爆破技术。
20120418	南京地铁部门开展“寻找100名地铁读书之星”活动。
20120420	上海地铁全路网客流达721.1万人次，创2012年新高。
20120421	南京地铁10号线首条过江地铁隧道盾构施工开工。
20120425	国家发展改革委正式批复《成都地铁3号线一期工程可行性研究报告》。
20120425	南昌地铁建设正式从站点施工转向区间施工。
20120426	第八届中国国际轨道交通技术展览会于北京国家会议中心盛大召开。
20120427	北京东单地铁站换乘通道内发生踩踏事故。
20120428	苏州地铁1号线举行通车运营仪式。
20120510	继前两日南京地铁二号线多次发生紧急制动后，二号线再次“趴窝”。
20120513	北京地铁15号线某列车下行至南法信站时出现故障，无法自行运行。
20120521	北京地铁8号线2期北段、9号线南段以及15号线1期东段开通试运营。
20120528	第四届全国地铁报联盟峰会暨国际地铁经济发展高峰论坛在南京开幕。
20120528	北京地铁官方微博在新浪微博正式上线。
20120601	港铁（深圳）公司招募新人举办主题婚礼以纪念龙华线全线开通一周年。
20120607	全国高考第一天，武汉地铁1号线在英语听力考试期间停运。
20120608	《都市快轨交通》杂志理事会2012年会在青岛举行。
20120608	“城市轨道交通专业委员会成立大会暨2012年年会”在京举行。
20120615	长沙地铁2号线溁湾镇站实现主体封顶，已有17个车站完成主体建设。
20120616	北京地铁10号线一期利用周末信号改造调试，影响周末首末车时间。
20120621	宁波轨道交通1号线一期隧道全线贯通。
20120624	北京地铁10号线二期隧道内灌入河水。
20120626	株机公司昆明基地首列地铁成功下线。
20120626	北京地铁部分车站向乘客发放1.2万件一次性雨衣。
20120628	上海地铁迎来第3000节列车抵沪。
20120628	昆明长水机场迎来了首航旅客、首列地铁、首批旅游团。
20120630	武汉地铁首次举行消防演练。
20120701	天津地铁2号线正式实行分段试运营，首日共载客56000人次。
20120702	上海1号、2号地铁在早高峰时连续发生故障，造成部分乘客滞留。
20120705	北京地铁1号线突发故障停运，导致大量乘客滞留。
20120709	兰州地铁1号线正式奠基动工。
20120712	宁波轨道交通一号线一期工程主线机械铺轨作业在望春桥站展开。
20120715	北京地铁开始进入今年的暑运，全路网15条线路日均客流总量已经突破800万人次。
20120723	沈阳地铁一号线保工街站接触网出现故障，导致一号线一度停运。
20120729	深圳一男子爬地铁站顶棚欲自杀，地铁龙岗线因此停运约一小时。

20120802	国家发改委正式批复了《石家庄市城市轨道交通建设规划（2012～2020）》。
20120802	南昌地铁标志正式发布。
20120807	杭州地铁召开1号线人防工程专项验收会。
20120808	受台风海葵逐步升级的影响，上海地铁将首次因台风影响而停运。
20120810	我国首列由中国南车株机公司自主研制的地铁车辆离港出口印度。
20120813	广州轨道交通14号线一期工程主线首次采用快车+站站停的方式运营。
20120816	中国北车重庆北车四方所科技有限公司在重庆揭牌。
20120816	青岛地铁2号线一期工程可研报告获得国家发改委批复。
20120821	南昌轨道交通集团与上海申通地铁集团正式签约。
20120828	中国首列耐高寒的地铁车在长春下线。
20120902	成都地铁2号线体验首日降雨，共计5.5万人次体验了2号线。
20120903	南京地铁迎来开通7周年，发布了地铁卡通形象代言人“地铁侠”。
20120904	由中国北车长春轨道客车股份有限公司出口巴西里约的地铁车正式上线运营。
20120905	《太原市城市轨道交通近期建设规划（2012—2018年）》正式获得国家发改委批准。
20120916	成都地铁2号线一期工程正式开通，实现“双线时代”。
20120928	石家庄举办市1号工程--石家庄市轨道交通开工典礼。
20121008	北京地铁5号线内电视屏幕只显示“王鹏你妹”四个字，官方致歉。
20121018	2012中国城市轨道交通关键技术论坛暨第三届中国长春国际轨道交通论坛开幕。
20121019	我国首列自主研发的100%低地板轻轨车在长春轻轨上线运营。
20121025	深圳市轨道交通建设三期工程7号线项目全面开工。
20121025	北京地铁5号线因信号故障，造成部分列车晚点，大量乘客滞留。
20121027	第二届中国轨道交通装备制造高层论坛在大连交通大学举行。
20121101	杭州地铁一号线举行首次运营突发事件综合应急演练。
20121101	深圳地铁蛇口线地铁信号受不明干扰，多趟列车临时停车，乘客被迫换乘。
20121115	武汉周黑鸭6年510万元冠名武汉地铁2号线江汉路站，引起市民争议。
20121115	西安地铁整治运营秩序，实行对车厢内乘客饮食开罚单。
20121116	专家对无锡第二轮轨道交通建设规划进行评审。
20121123	北京地铁4号线某区间信号系统发生故障，导致列车清客折返。
20121124	杭州地铁一号线正式开通试运营。
20121126	长沙地铁实现了2号线一期工程全线“洞通”。
20121126	武汉地铁取消“黑周鸭”对9个车站冠名。
20121127	第11届中国国际现代化铁路技术装备展览会在北京开幕。
20121128	2012第六届轨道交通与城市国际峰会在上海举行。
20121130	新疆乌鲁木齐城市轨道交通项目正式启动。
20121130	我国和谐号CRH6型城际动车组竣工下线。
20121204	上海地铁1号线上体馆至漕宝路隧道区间段，启动了集中换轨作业。
20121211	福州市地铁公司公布了福州地铁指挥中心的建设方案。
20121212	温州建设轨道交通市域铁路通过工商银行鹿城支行向社会募资15亿元。
20121213	两条搜爆犬在杭州地铁武林广场站首次亮相，正式上岗。
20121218	武汉地铁卡通吉祥物与安全文明乘车系列宣传动画片同亮相。
20121220	重庆轨道交通1号线沙坪坝至大学城段工程开通试运营。
20121222	武汉地铁运营公司表明“鹤鹤”、“豚豚”不充当地铁吉祥物。
20121225	无锡市轨道交通发展有限公司正式更名为无锡地铁集团有限公司。
20121228	我国首条穿越长江的武汉地铁2号线一期工程已全面建成通车试运营。
20121231	北京地铁6号线一期、10号线二期、8号线二期南段、9号线北段4线开通试运营。
20121231	哈尔滨地铁1号线工程按照预定目标开始通车试运行。